KRÜGER-LORENZEN

Deutsche Redensarten und was dahinter steckt

»DAS GEHT AUF KEINE KUHHAUT«
»AUS DER PISTOLE GESCHOSSEN«
»DER LACHENDE DRITTE«

MIT ZEICHNUNGEN VON FRANZISKA BILEK

WILHELM HEYNE VERLAG
MÜNCHEN

HEYNE SACHBUCH
Nr. 19/120

11. Auflage

6. Auflage dieser Ausgabe

Genehmigte, ungekürzte Taschenbuchausgabe
Copyright © by Econ Verlag GmbH, Düsseldorf und Wien
Mit Genehmigung des Econ Verlag GmbH, Düsseldorf
Printed in Germany 1998
Zeichnungen: Franziska Bilek
Umschlaggestaltung: Atelier Heinrichs & Schütz, München
Gesamtherstellung: Presse-Druck Augsburg

ISBN 3-453-01611-4

INHALTSVERZEICHNIS

Das geht auf keine Kuhhaut	Seite	6
Aus der Pistole geschossen	Seite	306
Der lachende Dritte	Seite	541
Schrifttum	Seite	786
Wortweiser	Seite	789

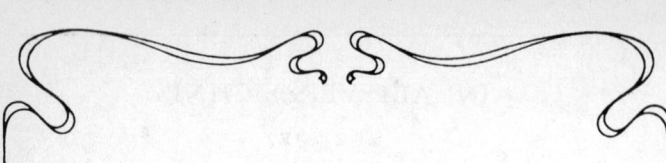

Das
geht auf keine
Kuhhaut

VORWORT

Lieber Leser!

«NUN SCHLÄGT'S ABER DREIZEHN! DAS GEHT JA AUF KEINE KUHHAUT!» werden Sie vielleicht empört ausrufen. «Der Autor will uns wohl AUF DEN ARM NEHMEN und BLAUEN DUNST VORMACHEN. Da SCHÜTTELT er einfach einen Haufen Redensarten AUS DEM ÄRMEL und MACHT UNS SOLANGE EIN X FÜR EIN U VOR, bis WIR AUS DER HAUT FAHREN!»

Gemach! Ich will Ihren Zorn NICHT AUF DIE LEICHTE SCHULTER NEHMEN und wünsche auch nichts zu BEMÄNTELN. Im Gegenteil! ICH WILL DIE RECHNUNG NICHT OHNE DEN WIRT MACHEN. ICH HABE AUCH KEINE GROSSEN ROSINEN IM KOPF: ich will nur erläutern, was Ihnen bei unseren Redensarten WIE BÖHMISCHE DÖRFER vorkommt. Es ist nämlich nicht nur amüsant, sondern auch lehrreich zu wis=sen, WO BARTHEL DEN MOST HOLT und was *hinter* unseren oft so blumigen Aussagen steckt. DAS IST DES PUDELS KERN!

Also, frisch ans Werk und hinein in die Lektüre! Sie werden hernach DEN TAG ROT IM KALENDER ANSTREICHEN, AN DEM IHNEN DAS bewußte LICHT AUFGEGANGEN IST! Sie können dann manch EINEN in der Unterhaltung IN DEN SACK STECKEN oder IHN sogar AUS DEM SATTEL HEBEN! DA LIEGT DER HUND BEGRABEN!

In diesem Sinne Ihr wohlgeneigter

PRÜGELKNABE,

der HOCH UND HEILIG versichert, an dieser Schrift

nichts VERBALLHORNT zu haben!

Allein in unserem kleinen Vorwort von fünfundzwanzig Zeilen sind zweiundzwanzig Redensarten enthalten. Ein Beweis für die große Rolle, die sie in unserer Sprache spielen. Der Mann von der Straße bedient sich ihrer genauso gern und häufig wie der Gebildete. Und beide verstehen genau den Sinn der Redensart, ohne meistens ihre Herkunft zu kennen. Aber es lohnt sich, zu den Quellen zurückzugehen.

Auf diesem Wege enthüllt sich uns der ganze Reichtum der deutschen Sprache und zugleich der Wandel unserer Kultur.

So begleiten uns die Redensarten auf Schritt und Tritt als kostbares Erbgut aus frühester Zeit.

Dies Buch ist weder ein Zitatenschatz noch eine landschaftlich, beruflich oder sonstwie gebundene Sprichwortsammlung. Daß es keinen Anspruch auf Vollständigkeit erhebt, versteht sich von selbst. Es beschränkt sich auf jene Wendungen, die uns besonders bemerkenswert erscheinen, die noch täglich gebraucht werden und über deren Entstehung wir uns zunächst den Kopf zerbrechen.

Die Entwicklung solcher Redensarten ist keineswegs ein abgeschlossenes Kapitel unserer Sprachgeschichte. Wir wissen, daß ständig neue Wendungen entstehen, deren Herkunft oft nur den «Eingeweihten», wie etwa Seeleuten, Fliegern, Technikern, Handwerkern, Studenten, fahrendem Volk oder gar Gaunern mit ihrem Rotwelsch, verständlich ist. Solche Wendungen gehen oft schon nach verhältnismäßig kurzer Zeit in den Sprachgebrauch, also in die Umgangssprache über. Das zeigt die Landsersprache der beiden Weltkriege und neuerdings die Teenagersprache. Das Buch soll es aber nur mit den *bleibenden Aneignungen* zu tun haben, denn es ist nicht ausgemacht, was von diesen Redewendungen schnell und spurlos wieder verfliegt! — Nur der Kuriosität halber bringe ich am Schluß einen kleinen, fröhlichen Anhang kurzer Ausschnitte aus der Seemanns=, Teenager= und Gaunersprache, lediglich um zu beweisen, daß keiner von uns ohne ein Speziallexikon die verwirrende Fülle solcher Ausdrücke versteht, wenn er nicht einer dieser Gruppen angehört.

Nicht jede Redensart hat einhellig einen ganz bestimmten Ursprung. Oft bieten sich zwei oder mehrere Deutungen an. Der Sprachforscher weiß ein Lied davon zu singen, wie schwierig es ist, auch nur zu einer halbwegs befriedigenden Lösung zu gelangen. Damit will ich meinen Leser nicht belästigen. Möge er seine Freude an der saftigen und humorvollen Bildhaftigkeit unserer Sprache haben! Wenn er dabei gelegentlich zum Nachdenken verführt wird, soll's genug sein!

Bad Homburg vor der Höhe
Herbst 1960   KURT KRÜGER-LORENZEN

Eigentlich hatte es sich in der Anordnung so ergeben, dies Buch mit dem Schimpfwort «altes Aas» zu beginnen und bei der «Zwietracht» aufzuhören. Ich überlegte aber dann, daß es wohl wenig liebenswürdig sei, den verehrten Leser mit einer Kränkung zu empfangen und ihn im Miß= klang eines Zerwürfnisses zu entlassen. Seien wir also nett zueinander und eröffnen den Reigen mit: *«Du bist mein A und O!»*

A

A

Das A und O sein: der Anfang und das Ende sein; die Hauptsache, das Wesentliche, das Bedeutungs= vollste darstellen. — In der Offenbarung des Johannes heißt es im Kapitel 1, Vers 8: «Ich bin das A und das O, der Anfang und das Ende, spricht Gott der Herr.» A (Alpha) ist der erste und O (Omega) der letzte Buchstabe des griechischen Alphabets.

AAL

Glatt wie ein Aal: aalglatt, schlüpfrig, listig, schlau, gerieben, diplomatisch, durchtrieben, raffiniert, doppelzüngig. — «Er ist glatt wie ein Aal», sagt man von einem schlauen Menschen, der immer wieder ent= schlüpft, wenn man ihn gefaßt zu haben glaubt.

Sich winden wie ein Aal: einer peinlichen Lage, einer Schwierigkeit zu entkommen, zu entschlüpfen suchen. — So wie sich der Aal mühelos den Händen entwindet, die ihn umschließen, gelingt es auch dem Men= schen, der «sich wie ein Aal windet», einer unangenehmen Situation Herr zu werden.

Sich aalen: sich behaglich rekeln; sich faul (nament=
lich am Strande in der Sonne) dehnen und strecken. — Der
Volksmund hat hier das « Sich=Winden des Aals » als eine
« lustbetonte Bewegung » gedeutet.

AAS

Altes Aas: Schimpfwort. Schon bei Hans Sachs auf
nichtswürdigen Menschen angewendet. — Abgeleitet von
der unangenehmen Empfindung, die beim Anblick und
Geruch eines Kadavers entsteht.

Dummes oder dämliches Aas: dummer und wider=
licher Mensch.

Schlaues Aas: durch besondere Gerissenheit als
peinlich und ärgerlich empfundene Person, aber auch im
Sinne von Bewunderung gebraucht.

Vornehmes oder feines Aas: anziehend wie ab=
stoßend wirkender Mensch in guten Verhältnissen; fein=
gekleidet und mit vornehmen Allüren.

Kein Aas: niemand. « Kein Aas war da! » be=
deutet, daß nicht einmal ein niederträchtiger, nichtswür=
diger Mensch oder gar eine Tierleiche zu sehen war.

Er is'n Aas uf de Baßjeije: hier « Aas » nicht nur
Schimpfwort, sondern im Sinne von « tüchtig », nicht auf
den Kopf gefallen, fähig (Berlinisch).

Aasen: vergeuden, verschleudern, verschwenden,
verprassen, durchbringen. — Berliner Ausdruck des
18. Jahrhunderts. Nicht abgeleitet von « äsen », sondern
von aasfressenden Vögeln (Geiern, Raben), die sich die
Beute gierig um den Schnabel schlagen, um sie so zu zer=
kleinern und dann zu schlucken. Ein Bild, das den Eindruck
erweckt, die Vögel verschleuderten ihren Fraß.

ABBLITZEN

Einen abblitzen lassen: jemand schroff abweisen;
eine scharfe Antwort geben; einem etwas versagen. — Bei
den alten Schießgewehren blitzte das Pulver auf der Ge=

Sich aalen ...

wehrpfanne häufig ab, ohne daß der Schuß losging. Dieser Vorgang wurde zum Bild für die unvermittelte Abfuhr (s. d.).

ABFUHR

Jemand eine Abfuhr erteilen: Wer seinen Gegner im Felde besiegt, ihn im Rededuell oder in einer Streitschrift schlägt, erteilt ihm eine Abfuhr. — Der Ausdruck stammt von der Mensur, dem studentischen Zweikampf. Hatte ein Paukant (Fechter, Zweikämpfer) so schwere Säbel= oder Schlägerhiebe erhalten, daß er von seinem Sekundanten abgeführt werden mußte, so galt das als Abfuhr.

ABGEBRANNT s. BRAND

ABGEBRÜHT

Ein abgebrühter Kerl: ähnlich dem «ausgekochten Jungen»: ein kaltschnäuziger, empfindungsloser, zynischer Mensch, den nichts anficht und der sich so leicht nicht aus der Ruhe bringen läßt. — Wer die Prozedur des Abbrühens oder Auskochens lebend überstand, den kann nichts mehr erschüttern. Wahrscheinlicher ist, daß «brühen» nicht aus der Küchensprache, sondern aus dem Bereich des Geschlechtslebens kommt. Brüden oder brüten meint: ein Mädchen zur Frau machen, entjungfern, schließlich allgemein den Geschlechtsverkehr. Ebenso stammt das Wort Brautnacht für Hochzeitsnacht von brüden, das allmählich die heutige Bedeutung von unverschämt, hemmungslos, schamlos angenommen hat.

ABGEFEIMT

Ein abgefeimter Bursche: wie «abgebrühter Kerl» ein durchtriebener, arglistiger, dickfelliger, mit allen Wassern gewaschener Mensch. — Althochdeutsch feim, mittelhochdeutsch veim ist die Bezeichnung für Schaum. Ein abgeschäumter Bursche ist ursprünglich ein echter und reiner Kerl. Erst später bekam das Wort feim (schon von Luther gebraucht) oder Schaum einen verächtlichen Sinn, wie im « *Abschaum der Menschheit* ».

ABKARTEN

Eine abgekartete Sache: eine vorher beschlossene, arglistig vereinbarte, verabredete Sache. — Dies Wort kommt ursprünglich aus der Rechtssprache und bezieht sich auf die durch Urkunde (charta) getroffene Verein= barung, den Vertrag. Erst später wurde die Redensart auch von Kartenspielern gebraucht, die miteinander ausmach= ten, einen Mitspieler hineinzulegen und zu schröpfen.

ABKNÖPFEN

Jemand etwas abknöpfen: ihn um Geld oder an= dere Wertgegenstände erleichtern; abnehmen, abnötigen, auch borgen. — Reiche Herren trugen früher häufig gol= dene und silberne Knöpfe, manchmal auch Münzen oder Medaillen (Goethes Gorgonenknöpfe!), an ihren Röcken. In Geberlaune schenkten sie gelegentlich solche Knöpfe dem Untergebenen, der seinem Herrn auf diese Weise wörtlich « etwas abknöpfte ».

ABSCHAUM DER MENSCHHEIT s. ABGEFEIMT

ACHILLESFERSE

Jemand an seiner Achillesferse treffen: nämlich die schwache, verwundbare Stelle eines Menschen. — Nach der griechischen Sage tauchte die Meeresgöttin Thetis ihren neugeborenen Sohn Achilles in den Unterweltsfluß Styx, um ihn unverletzlich zu machen. Nur die Ferse, an der sie ihn hielt, blieb unbenetzt und daher verwundbar. An dieser Stelle traf ihn der Pfeilschuß des in der Gestalt des Paris auftretenden Apollon tödlich. Die Redewendung ist erst in der Zeit des Humanismus zu uns gekommen wie das Wort « *Zankapfel* ».

ACHSEL

Etwas auf die leichte Achsel nehmen: etwas für leicht, unwichtig und unbedeutend ansehen und deshalb nicht beachten. — Freilich ist die Achsel weder leicht noch schwer. Gemeint ist vielmehr, ob man die Sache für leicht oder schwer hält, die man auf die Achsel nimmt. Ebenso: *« etwas auf die leichte Schulter nehmen »*.

Jemand über die Achsel ansehen: ihn geringschätzig ansehen, verachten. — Geht von der Vorstellung aus, daß man jemand nicht für wert hält, ihm voll ins Gesicht zu sehen, sondern sich damit begnügt, ihn mit einer leichten Wendung des Kopfes zu streifen, « über die Achsel anzusehen ». Ähnlich: *« jemand die kalte Schulter zeigen »*, sich nicht einmal mehr nach ihm umdrehen, ihn keines Blickes würdigen, ein kalt abweisendes Zeichen völliger Verachtung.

Mit den Achseln zucken: etwas mit Bedauern ablehnen. — Ursprünglich eine Reflexbewegung zu Abwehr und Selbstschutz. Erscheint im 17. Jahrhundert als Redensart mit dem Sinn der Zurückweisung.

AFFE

Einen Affen (sitzen) haben: betrunken sein. — *Sich einen Affen kaufen* = sich betrinken. Das seltsame Wesen eines Menschen wird nach altem Volksglauben durch einen Dämon oder ein Tier verursacht, das in den Wunderlichen hineinschlüpfte. Daß es beim Trunkenen der possierliche, spaßige Affe ist, kann man leicht einsehen. Man stellt ihn sich aber auch, wie beim Gaukler, auf den Schultern des Zechers hockend vor (Zeichnung Moritz v. Schwinds, 1804—71). Auf dieser Vorstellung beruht auch die Bezeichnung « Affe » für den fellüberzogenen Tornister (Soldatensprache seit 1870).

Seinem Affen Zucker geben: seiner Eitelkeit frönen. — Da der Affe liebend gern in den Spiegel schaut, hält man ihn für eitel. Gibt man ihm den begehrten Zucker, steigert man seine Eitelkeit — so die naive menschliche Auffassung! — Die *Affenschande* hat mit dem Affen nichts zu tun: sie ist eine *offene* Schande! (Siehe auch *Maulaffen!*) *Affenliebe* ist die übertriebene Elternliebe zu den Kindern, genommen vom Bilde der Zärtlichkeit, mit der die Affenmutter ihre Jungen hegt. In der Wendung *vom Affen gebissen* ist die Ansicht vertreten, der Affe könne durch einen Biß seine zeitweilige Unberechenbarkeit auf den Menschen übertragen. *Mich laust der Affe* s. Laus. *Nicht für einen Wald voll Affen:* Ablehnung eines unan=nehmbaren Vorschlags, s. Wald.

ALP

Es lag mir wie ein Alp auf der Brust: eine schwere Sorge bedrückte mein Herz. — Mittelhochdeutsch «alp» = drückendes Nachtgespenst, ängstigende Traumgestalt, dazu Alboin = Albwin, Albhard. Die Alben sind tückische Wesen (siehe *Daumen*). Das gleiche Wort wie engl. «elf». Alberich ist der Elfenkönig (ital. Alberico, franz. Auberon, daraus Oberon). Niederdeutsch «der Mahr» (engl. «night-mare», franz. «cauchemar»). Wenn nach dem bösen Traum der Druck des tückischen Kobolds gewichen ist, sagt man: «*Mir fiel ein Alp* (s. auch *Stein*) *vom Her=zen!*» (Hat nichts mit den *Alpen* zu tun!) Alptraum, Alp=drücken, Alpschluchzen.

AMTSSCHIMMEL s. SCHIMMEL

ÄRMEL

Etwas aus dem Ärmel schütteln: etwas vermeint=lich Schwieriges leicht, mühelos und spielend tun, beson=ders bei Dingen, die sonst einer Vorbereitung bedürfen, etwa bei einer Rede. — Der Ausdruck erklärt sich aus der spätmittelalterlichen Mode der weiten, taschenförmigen Ärmel, aus denen manchmal Überraschendes zutage ge=fördert wurde; auch auf Zauberkünstler und Taschen=

spieler gemünzt, die zum Erstaunen des Publikums ver=
blüffende Dinge aus dem Ärmel schütteln.

ANBÄNDELN

Mit jemand anbändeln: eine Liebelei beginnen —
nach der einstigen Sitte, sich unter Verliebten gemalte
Bänder als Symbole für Freundschafts= und Liebesbande
zu schenken. — Wer anbändelt, möchte sich dem anderen
nähern.

Mit jemand anbinden: mit ihm Streit anfangen. —
Vor dem Fechten wurden die Klingen kreuzweise über=
einander gelegt, «gebunden» — als Zeichen zur Einleitung
des Kampfes. Wer mit jemand anbindet, beginnt also die
Feindseligkeit.

Angebinde, ein Angebinde machen: ein Fest=
geschenk, das tatsächlich nach früherer Sitte Bräuten,
Wöchnerinnen und Kindern zum Geburts= oder Namens=
tage an den Arm gebunden oder um den Hals gehängt
wurde. Schickten Freunde oder Verwandte aus der Ferne
Geschenke, wurde ein Band zum Anbinden beigelegt.

Kurz angebunden sein: nennt man jemand, der
wortkarg, abweisend, schnippisch und barsch ist. —
Gegenteil von «weitläufig». Der an kurzer Kette gehaltene
Hofhund, der nicht «weit laufen» kann, gilt als bissig.
«Kurz angebunden» ähnlich wie «streng gehalten».

ANHÄNGEN

Jemand etwas anhängen: Nachteiliges über ihn er=
zählen; üble Nachrede führen; verleumden. — Im Recht
des Mittelalters waren sinnfällige, oft drastische Strafen
üblich. Dem Rechtsbrecher wurde beispielsweise ein an=
schauliches Zeichen seines Strafanlasses um den Hals ge=
hängt. Dem Dieb der gestohlene Gegenstand, Trinkern
eine Flasche, zänkischen Weibern ein Besen und Buhle=
rinnen Steine von obszöner Form. Während aber damals
den Missetätern etwas «angehängt» wurde, was auf ihr

Mit jemand anbinden . . .

Vergehen deutete, so wird heute mit der Redensart gerade der gemeint, dem zu Unrecht etwas «angehängt» wird. Ähnlich *« am Zeuge flicken »*. Siehe Zeug.

ANKRATZ

Guten Ankratz haben: viel begehrt werden. Besonders von schönen oder auch nur vermeintlich schönen Mädchen gesagt, die von einem Schwarm junger (auch älterer!) Männer umworben werden. — Kratzen hier im Sinne von schmeicheln, krabbeln. In galanten Zeiten begrüßte der höfliche Verehrer seine Angebetete mit einem sogenannten Kratzfuß. Tatsächlich wurde zum Zeichen der Ehrerbietung mit dem Fuß gekratzt (aus der Vogelwelt entlehnt!). Die Redensart stammt bereits aus dem 16. Jahrhundert, war eine Zeitlang verschollen und ist jetzt wieder in der Teenagersprache aufgetaucht.

ARGUS

Einen mit Argusaugen beobachten: ihn scharf oder gar mißtrauisch beobachten. — Aus der griechischen Sage von dem Riesen Argos Panoptes (daher auch «Panoptikum», in dem man alles sieht!), der, über den ganzen Körper verteilt, hundert Augen hatte und von der Göttin Hera zum Wächter über Jo bestimmt wurde. Der Götter= bote Hermes aber schläferte ihn mit seiner Hirtenflöte ein, tötete ihn und setzte seine Augen in den Schweif des Pfauen. Die Redensart ist seit der Zeit des Humanismus bei uns bekannt.

ARM

Einem unter die Arme greifen: ihm in einer augen= blicklichen Verlegenheit oder Not helfen. — Die ur= sprüngliche Vorstellung ist, daß man einem Umsinkenden oder Strauchelnden beispringt und ihm unter die Arme greift, damit er nicht zu Fall kommt. Dies tat der Knappe im Turnier, um dem verletzten Ritter behilflich zu sein. Ebenso verhielt sich beim Fechten der Sekundant gegen= über seinem Paukanten. Heute gebrauchen wir die Redens= art bildlich, indem wir einem Bedrängten mit Geld «unter die Arme greifen». Das Bild ist aber so plastisch, daß es meist mit einem leichten Unterton der Ironie angewendet wird, so in einem Tischgespräch, wenn der aufmerksame Herr zu seiner Nachbarin sagt: «Gnädige Frau, darf ich Ihnen mit etwas Krabbensalat unter die Arme greifen?»

Einen auf den Arm nehmen: jemand aufziehen, necken, zum Narren haben, veralbern, foppen; sich über ihn lustig machen. — Der Gefoppte wird wie ein Kind behandelt, das man auf den Arm nimmt, um mit ihm zu scherzen und zu spielen. Jüngere Redensart nach dem Zweiten Weltkrieg.

Einen langen Arm haben: großen Einfluß haben. — Der Arm bestimmt die Reichweite des Menschen. Wer einen langen Arm hat, ist anderen gegenüber im Vorteil.

Jemand am steifen Arm verhungern lassen: Dro= hung, einen unter Druck zu setzen; mit Gewalt jemand ausschalten. — Warnung eines Kraftmenschen nach dem Vorbild August des Starken, Kurfürsten von Sachsen.

Etwas aus der Armenkasse kriegen: Prügel bezie=
hen. — Witziges Wortspiel, in dem « Arm » nicht besitz=
los, sondern das Körperglied bedeutet. Kasse ist beidemal
der Ort, wo Gut und Geld oder Kraft angehäuft liegen.

AST

Den Ast absägen, auf dem man sitzt: sich selbst
einen wichtigen Lebens= oder Berufsvorteil zerstören; sich
großen Schaden zufügen. — Ein einfaches, plastisches
Bild: wer den Ast absägt, auf dem er sitzt, fällt herunter
oder verletzt sich gar. Anders hingegen die Redensart:

Sich einen Ast lachen: mit Ast hier nicht der Zweig
des Baumes gemeint, sondern der Buckel eines Menschen.
Ein seit Jahrhunderten im Volksmund geläufiges Wort. Bei
heftigem Lachen wird oft der ganze Mensch so erschüttert,
der Kopf so eingezogen, der Körper so gebeugt, daß er
wie bucklig erscheint. Andere halten sich den Bauch, damit
sie sich nicht « *ein Loch in den Bauch lachen* ». Daraus ist
die Redensart « *sich einen Frack lachen* » entstanden,
wahrscheinlich von der Vorstellung ausgehend, daß der
vordere Ausschnitt an der Stelle des Bauches ein Loch in
der Kleidung bildet.

Etwas auf den Ast nehmen: etwas auf die Schulter
nehmen. — Auch hier bedeutet « Ast » wieder Buckel.
Ausdruck aus dem Ersten Weltkriege. Damit zusammen=
hängend das Wort

Asten: auf der Schulter tragen.

Astrein: von einem einwandfreien, zuverlässigen
Charakter. — Astlochfreies Holz ist wertvoller als Holz
mit Astlöchern.

AUFDONNERN

Ist die aber aufgedonnert sagt man von einer Frau,
die geschmacklos und aufdringlich geputzt ist. — Die
Redensart, seit dem 19. Jahrhundert bekannt, ist nicht
dem Worte Donner entlehnt. Vielmehr ist Donner, im

Loch in den Bauch lachen ...

Niederdeutschen dunner, hier eine Entstellung und Ver=
quatschung von donna = Dame. Ursprünglich bedeutete
es ernsthaft: wie eine Dame gekleidet, erst später nahm
es die ironische Färbung an.

AUFHEBEN

Viel Aufhebens von etwas machen: ein großes
Aufheben von einer Sache machen: sie wichtigtuerisch
behandeln, mit ihr prahlen, viele Worte um sie machen. —
Dem Kampf von Schaufechtern ging als Zeremoniell das
Aufheben der Waffen voraus. Diese wurden auf den
Boden gelegt, gemessen und verglichen, ehe sie in um-

ständlicher und theatralischer Weise aufgehoben wurden,
um auf die Zuschauer besonderen Eindruck zu machen.
Mit dem Aufheben der Waffen begann der Kampf. So
auch Lessing (1778): «Endlich scheinet der Herr Haupt=
pastor ... nach so langem ärgerlichem Aufheben, welches
nur bei der schlechtesten Art von Klopffechtern in Ge=
brauch ist, zur Klinge zu kommen.» Vom Aufheben
stammt auch die Redensart

Es mit jemand aufnehmen: sich dem Gegner ge=
wachsen fühlen; zum Streit bereit sein. — «Es» bedeutet
«das gewaffen», die gesamte Rüstung (daher: das
Wappen!).

AUFSCHNEIDEN

Schneidet der aber auf sagt man von einem Münch=
hausen, einem Erzähler unglaublicher, lügenhafter Ge=
schichten, von jemand, der prahlt, «spinnt», übertreibt,
Märchen erzählt. — Im humorvollen Sinne meint Jäger=
und Anglerlatein oder Seemannsgarn dasselbe. Geht auf
die Vorstellung zurück, daß jemand mit dem großen Mes=
ser von einem Braten so übermäßige Stücke abschneidet,
daß sie von den Gästen kaum hinuntergewürgt werden
können. Davon abgeleitet *«Starke Stücke auftischen»*. —
In manchen Bierlokalen hängt über dem Stammtisch von
der Decke herab ein ansehnliches Messer, an dem eine
Glocke befestigt ist. Trägt einer zu dick auf, wird geläutet.

AUGE

Ein Auge zudrücken: eine Sache, ein Vergehen
mild beurteilen und nachsichtig behandeln. — Wer ein
Auge zudrückt, sieht weniger, als wer mit beiden Augen
hinschaut. (Gegensatz: Vier Augen sehen mehr als zwei!)
Das wachende Auge des Gesetzes ist gemeint, das zuge=
drückt wird, um den Fall menschlicher zu beurteilen. In
den altdeutschen Weistümern, den bäuerlichen Rechts=
anweisungen, wurde dem Richter manchmal aufgetragen,

«einen einäugigen Büttel mit einem einäugigen Pferd zu schicken», um sinnbildlich anzudeuten, daß er unter Umständen Gnade für Recht ergehen lassen möge.

Das paßt wie die Faust aufs Auge: Es paßt eben gar nicht zueinander, wenn das empfindlichste Organ, das Auge, mit dem plumpesten, der Faust, verglichen wird. So schon bei Luther: «das sich missa und Opfer zusammen reimen wie Faust und Auge».

Ein Auge riskieren: heimlich seitwärts schauen. — Wörtlich eigentlich, daß jemand ein Auge «riskiert», trotz der Gefahr, es zu verlieren, wenn er nämlich mit schnellem, neugierigem Blick eine verbotene Sache oder Situation zu beobachten wagt. Anfang des 20. Jahrhunderts.

Es steht auf zwei Augen sagt man von einem Land, einer Regierung, einer Partei, einem Industriewerk oder einer Organisation, wenn deren Schicksal von einem einzigen Menschen abhängt und bei seinem Weggang oder Tode eine unausfüllbare Lücke entsteht.

Unter vier Augen etwas besprechen bedeutet: ganz unter sich sein.

Mit einem blauen Auge davonkommen: mit geringfügigem Schaden oder Nachteil einer Gefahr entgehen, beispielsweise in einer Schlägerei das Auge nicht verlieren; ist es ihm nur blau geschlagen worden, so kann er noch von Glück reden. 18. Jh.

Das hätte ins Auge gehen können: ähnliche Bedeutung wie die vorige Redensart. Das hätte einen schlimmen Ausgang, eine böse Wendung nehmen können! — Auch hier bedeutet das Auge wieder ein kostbares, hochempfindliches Organ. Wenn etwas nicht ins Auge gegangen ist, so läßt sich's noch ertragen.

Seine Augen sind größer als der Magen heißt es von einem, der sich mehr auf den Teller getan hat, als er bewältigen kann. Auch in England, Frankreich und Italien verbreitet. In einem alten Sprichwort: *«Man füllt den Bauch eher als das Auge.»*

Ein Auge riskieren ...

Augen machen wie ein gestochenes Kalb: schmerz=
lich verblüfft, hilflos, töricht, dumm, stumpfsinnig, ein=
fältig dreinschauen wie ein verendendes Kalb.

Da bleibt kein Auge trocken: wenn allen beim An=
hören einer rührseligen Geschichte die Tränen in die
Augen treten.

Ein böses Auge haben, einen bösen Blick haben:
bei allen Völkern zu allen Zeiten weitverbreiteter Aber=
glaube, daß manche Menschen mit ihrem Blick einen
schädlichen, ja vernichtenden Einfluß ausüben. Noch heute
sträuben sich viele afrikanische Stämme genau wie primi=
tive Völkerschaften anderer Erdteile dagegen, fotografiert
zu werden. Sie sehen in der Linse der Kamera « das böse
Auge des weißen Mannes ».

Die Augen schonen: humorvolle Redensart für
schlafen. Seit dem Ersten Weltkriege, zuerst von Soldaten
gebraucht.

Augenpulver: eine den Sinn ironisch ins Umgekehrte
verdrehende Redewendung. Augenpulver ist ein Heilmittel.
Die Redensart meint jedoch einen winzig kleinen, eng ge=
schriebenen oder gedruckten Text, der die Augen beim Le=
sen überanstrengt. Kann auch von der Vorstellung abgeleitet
werden, daß die Buchstaben so klein wie Pulver wirken.

AUGIAS

Einen Augiasstall reinigen: großen Dreck beseiti=
gen, auch — bildlich — mit einer Vernachlässigung und
Schlamperei hohen Grades oder gar Korruption aufräu=
men. — Nach der griechischen Sage hatte der König von
Elis, Augias, einen Rinderstall mit 3000 Rindern, deren
Mist seit dreißig Jahren nicht mehr ausgekehrt worden
war. Herakles, der Sohn des Zeus, vollbrachte diese
Riesenarbeit an einem Tag, indem er zwei Öffnungen in
die Stallmauern riß und den nahen Fluß hindurchlenkte,
der den Unrat hinwegspülte. Wendung des klassischen
Altertums, im Deutschen seit dem 19. Jh.

AUSBADEN

Etwas ausbaden müssen: für eines anderen Ver=
gehen büßen; die Suppe auslöffeln müssen, die ein ande=
rer einem eingebrockt hat. — Wie wir von den Baderegeln
des Hans Sachs wissen, war es üblich, daß mehrere Per=
sonen nacheinander das gleiche Bad benutzten. Der letzte
hatte das schmutzige Wasser auszugießen und das Bad zu
säubern, also *auszubaden.* Die ursprüngliche Bedeutung
«am Schluß baden» wurde schon im 16. Jh. im über=
tragenen Sinne spöttisch aufgefaßt als «ausgenommen»
oder «ausgespielt haben». So dichtete Hans Sachs beim
Anblick eines Teufelsbildes am Dom:

> «Du bist wohl auch so arm als ich.
>
> Wer hat dich so gebadet aus?»

Eine andere Erklärung bezieht sich auf die mittelalterliche
Sitte, bei der Nachfeier einer Hochzeit die junge Braut ins
Bad zu begleiten. Das war auserwählten Gästen vorbe=
halten. Andererseits galt der Brauch als ehrenvolle Aus=
zeichnung für die junge Frau, die dafür den Gästen einen
kostspieligen Schlußschmaus, ein sogenanntes «*Ausbad*»,
spendieren mußte.

Baden gehen: fortgehen, ohne Erfolg gehabt zu
haben; mit einer Sache nicht durchdringen; wirtschaftlich
zugrunde gehen; ausgespielt haben. — Abgeleitet sowohl
von «ausbaden» als auch vom «Höllenbad». Hans Sachs
(1494—1576) schildert in seinem Schwank «Das Höllen=
bad» die Hölle als große Badestube, wo der Teufel als
Bader die Sünder bis aufs Blut schwitzen läßt. Wer hier
«baden geht», hat ausgespielt.

Das Kind mit dem Bade ausschütten: übereilt in
Bausch und Bogen (s. d.) ablehnen, «das Gute mit dem
Schlechten verwerfen». Bei Sebastian Franck (1541) steht:
«Wenn man ... ein Gespött daraus macht, das heißt
Zaum und Sattel mit dem Pferd zum Schinder führen, das
Kind mit dem Bade ausschütten. Das Kind soll man baden

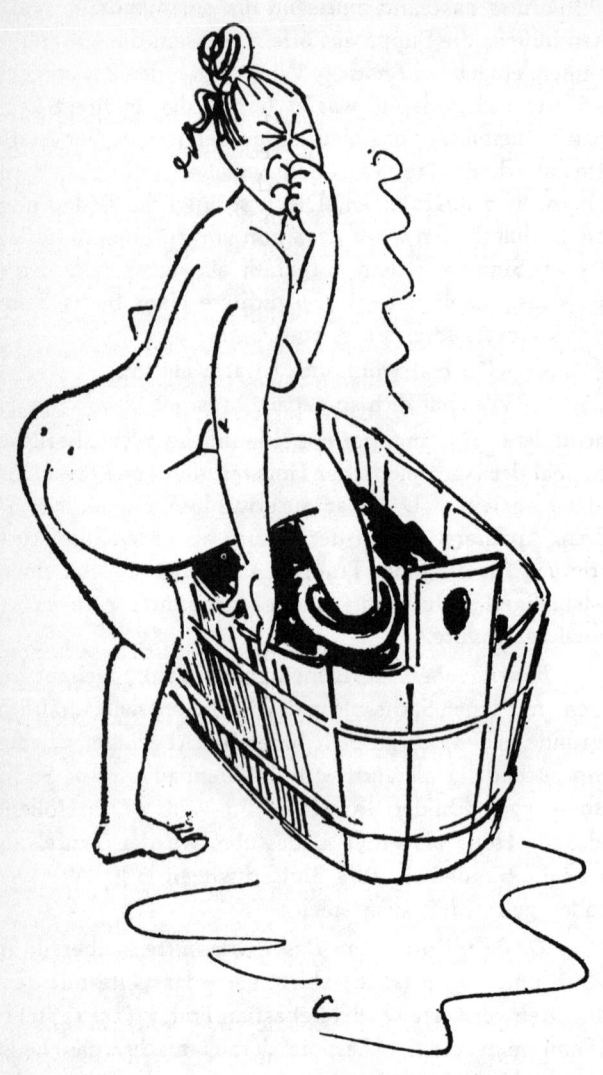

Etwas ausbaden müssen . . .

und von seinem Wuste säubern, darnach das Bad aus=
schütten und das Kind aufheben und einwickeln.»

AUSBUND

Ein Ausbund von Tugend sein: ein Ausbund von
Gelehrsamkeit, von Güte, von Frechheit oder von Schlech=
tigkeit wird der genannt, der sich in einer dieser Eigen=
schaften besonders hervortut; ein Muster seiner Gattung,
ein «Hauptkerl», der der Beste seiner Art ist (seit Beginn
des 16. Jh.). — Die Redensart, meist scherzhaft oder
ironisch gemeint, geht auf den früheren Kaufmannsbrauch
zurück, bei einer Ware ein besonders gutes Stück außen
auf die Packung zu binden, eben den sogenannten «Aus=
bund». So die Berliner Redensart: «Du bist der scheenste
von't halbe Dutzend. Du kommst uf't Paket!» Im Erz=
gebirge: «Du bist die Schönste vom Dutzend, du kommst
oben drauf!» Ähnlich: «Du mußt ofs Dutzend drof=
gebunn war'n!»

AUSMERZEN

Etwas ausmerzen: etwas als untauglich ausschalten,
ausscheiden oder ganz beseitigen. — Von ausmer=
kezen = ausmerken. Mit dem Merkezen wurden die aus=
zusondernden Schafe mit einem roten Strich auf dem Fell
markiert.

AUSSTECHEN

Einen ausstechen: jemand verdrängen, übertreffen.
— Der Ausdruck stammt vom ritterlichen Turnierwesen
und ist aus der Wendung «aus dem Sattel stechen» ver=
kürzt. Später auf andere Wettkämpfe und Spiele bezogen
und schließlich auf das praktische Leben angewandt.
Einen bei jemand ausstechen: im Turnier kämpften
die Ritter um die Gunst ihrer Damen, und der Sieger
«stach» den Unterlegenen bei seiner Dame «aus».

AUSWISCHEN

Jemand eins auswischen: ihm Schaden zufügen, ihn demütigen, überlisten. — Vom englischen «to out= wit» = überlisten, wörtlich «auswitzen». Eine andere Erklärung (s. S. 66) stützt sich auf die Raubritterzeit. Wernher der Gartenaere erzählt 1270 in seiner Dichtung vom wüsten Meiersohn Helmbrecht, der sich der traurigen Künste rühmt, die er bei Raubrittern lernte, um den Bauern zu foltern: «dem ich daz ouge uz drucke».

B

BACKFISCH

Du benimmst dich wie ein Backfisch: zu einem Mädchen, das weder Kind noch Weib ist. — «Backfisch» aus dem englischen «backfish». Das ist der Fisch, der beim Einholen der Netze «back», nämlich ins Meer zu= rückgeworfen wird, weil er zu jung ist und als marktreife Beute noch nicht zählt.

BAD s. AUSBADEN

BÄR

Jemand einen Bären aufbinden: ihm etwas vor= lügen oder weismachen. — «Bär» kommt von dem alten Ausdruck bar, das Last, Abgabe bedeutet. Möglicherweise sind hier auch zwei Redensarten durcheinandergeworfen worden, nämlich das ältere «einen Bären anbinden» für «Schulden machen» (Jagdgesellen banden dem Wirt einen lebendigen Bären als Pfand für ihre Zechschuld an die Theke!) und «einem etwas aufbinden», einem etwas vorlügen.

Jemand einen Bärendienst erweisen: einen un= zweckmäßigen Dienst, eine schlechte Hilfe erweisen. — Wahrscheinlich aus demselben Ursprung wie die vorige Wendung. Da diese Redensart jedoch erst in neuerer Zeit bekanntgeworden ist, wird sie mit der modernen Fabel

Jemand einen Bärendienst erweisen ...

vom Einsiedler und seinem gezähmten Bären erklärt, der stets bemüht war, seinem Herrn Gefälligkeiten zu erwei= sen. Als der Einsiedler eines Tages im Schlaf ständig von Fliegen und Mücken geplagt wurde, wollte der Bär die Störenfriede erschlagen und tötete mit der schweren Pranke zugleich seinen Herrn.

Den Bärenführer spielen: den Fremdenführer machen. — Erinnert an den Zigeuner mit dem Tanzbären, der von seinem Herrn an der Kette von Jahrmarkt zu Jahrmarkt geschleppt wird und überall die gleichen Kunststücke vorführen muß.

BAHN

Aus der Bahn geworfen werden: im Leben, im Beruf scheitern oder gar verkommen. — Aus der Turniersprache, in der die «Bahn» der Kampfplatz zwischen den Turnierschranken (wie heute Autobahn, Rennbahn, Eisbahn) war. Wer beim Turnier aus der Bahn geworfen wurde, hatte den Kampf verloren.

Reine Bahn machen: reinen Tisch machen, aufräumen, eine Sache in Ordnung bringen. — Ursprung wie bei der vorigen Redensart. Die Bahn mußte vor dem Turnier aufgeräumt, alle Hindernisse mußten beseitigt werden. Erst auf der sauberen, «reinen Bahn» konnte der Zweikampf ausgetragen werden.

BAHNHOF

Großer Bahnhof: großer, offizieller Empfang am Bahnhof, auf dem Flugplatz oder im Hafen. — Scherzhafte, unlogisch verkürzte Form für: großer Empfang am Bahnhof für Staatsoberhäupter, Regierungschefs und andere prominente Persönlichkeiten.

BANK

Auf die lange Bank schieben: eine Entscheidung hinausschieben; eine Sache verzögern; immer wieder vertagen. — Nach Einführung des römischen Rechts wurden in Deutschland auch schriftliche Akten vor Gericht eingeführt, zu deren Aufbewahrung nicht Schränke, sondern lange, bankähnliche Truhen dienten. Daher auch die Redensart «in die langen Truhen kommen». Was auf die Truhen kam, blieb meistens lange liegen, während der Richter das Aktenstück auf seinem Tisch sogleich bearbeitete.

Durch die Bank: ohne Unterschied, gleichmäßig. — Rührt von der Tischsitte her, alle auf einer Bank Sitzenden, ohne daß einer bevorzugt wurde, der Reihe nach zu bedienen. Seit dem Mittelalter.

Bankrott machen: zahlungsunfähig sein, pleite gehen. — Stammt aus dem Italienischen, banca rotta = zerschlagene Bank. Die Wechsler hatten früher ihre Geldsorten auf einer Bank ausgelegt (heute noch Bezeichnung für Geldinstitut). Wurde der Geldwechsler zahlungsunfähig, so zerschlugen ihm die Gläubiger die Bank.

BART

Einem um den Bart gehen: jemand umschmeicheln. Muß vollständig lauten: «mit der Hand um den Bart gehen», einem das Kinn streicheln. — Nach altgermanischer Vorstellung galt der Bart als wichtigster Teil des Männergesichtes. Beim Barte wurde geschworen. Nur der Freie durfte ihn tragen, Knechte und Gefangene wurden geschoren. (Daher der bayerische Ausdruck «die Gescherten», die Geschorenen; bedeutet die Frechen, Flegelhaften, Unmanierlichen.) Wer dem Herrn «um den Bart ging», also dem Zeichen seiner männlichen Würde schmeichelte, wollte die Person ehren.

Sich keinen Bart oder keine grauen Haare um etwas wachsen lassen: sich nicht aufregen; sich nicht ärgern über etwas. — Als Zeichen der Trauer ließ man sich früher den Bart unbeschnitten wachsen, oder schwur auch, sich den Bart so lange nicht scheren zu lassen, bis ein bestimmter Wunsch in Erfüllung gegangen war. Heute noch als Folge einer scherzhaften Wette geübt. Angeblich bekommt man bei ständigem Ärger oder anhaltenden Sorgen graue Haare.

Um des Kaisers Bart streiten: um eine nichtige Sache streiten; um eine belanglose Angelegenheit endlos diskutieren. — Früher als Verspottung von Gelehrten, die sich nicht darüber einig werden konnten, ob bestimmte deutsche Kaiser einen Bart getragen haben oder nicht; auch darüber, ob der rote Bart Kaiser Barbarossas inzwischen weiß geworden sei. In Wahrheit hatte dieser Ausdruck ursprünglich einen ganz anderen Sinn, als der Wortlaut heute erkennen läßt. Es handelt sich nämlich nicht um des Kaisers Bart, sondern um das in « Kaiser » entstellte schwäbische Wort Geißhaar. Aus Geißenbart wurde so Kaiserbart. Der Ursprung liegt in einer Äußerung des römischen Dichters Horaz, der sich über die müßige Streitfrage lustig macht, ob man Ziegenhaare (wie beim Schaf) auch als Wolle bezeichnen dürfe. Das lateinische « um Ziegenwolle streiten » (« de lana caprina rixari ») wurde auf diese Weise volkstümlich umgedeutet.

    Einen Bart haben: völlig veraltet, längst bekannt sein. Besonders auf Witze angewandt. — Mit Kaiser Wilhelm II. kam der Schnurrbart auf (« Soldaten, tragt den Bart — nach des Kaiser Art! »), während der Vollbart Kaiser Wilhelms I. veraltete.

Daher der « Bart » als Sinnbild des Überlebten. (Auch im Französischen der Ausruf: « la barbe! » = langweilig.) Gleiche Bedeutung: *so'n Bart!* — Aus demselben Ursprung kommt: *Der Bart ist ab* für « das Unternehmen ist gescheitert, die Sache ist endgültig vorbei ». Oder sollte der abgebrochene Bart eines Schlüssels gemeint sein, mit dem jeder Versuch, die Tür zu öffnen, mißlingen muß?

Einen Bart haben . . .

BARTHEL

Er weiß, wo Barthel den Most holt: sehr gewandt, schlau, gerissen, alle Schliche kennen. — Wahrscheinlich aus dem Niederdeutschen: «*he weet, wo Bartheld de Mus herhalt!*» Er weiß, wo der Storch (Bartheld) die Mäuse, nämlich die Kinder, holt. Wer weiß, woher die Kinder kommen, ist über den Kinderverstand hinaus; wer nicht mehr an den Storch glaubt, gilt als gewitzt. — Eine andere, ebenso einleuchtende Deutung ist die Ableitung der Redensart aus der Gaunersprache. Aus dem Hebräischen stammen die Worte «Barsel» = Eisen (Brecheisen) und «Moos» (ma'oth, kleine Münze) = Geld. Demnach: der Einbrecher weiß, wie er mittels des Brecheisens zu Geld kommt.

BASSERMANN

Bassermannsche Gestalten: fragwürdige, verdächtige Erscheinungen. — Der Ausdruck kommt von einer Rede, die der Abgeordnete F. D. Bassermann im November 1848 in der Frankfurter Nationalversammlung gehalten hat. In einem Bericht über die unruhigen Zustände in Berlin schilderte er das Aussehen der Menschen, die ihn spät abends in der Stadt erschreckt haben: «Ich sah hier *Gestalten* die Straßen bevölkern, die ich nicht schildern will.»

BAUSCH

In Bausch und Bogen: alles in allem, etwas im ganzen ohne Unterscheidung im einzelnen berechnen, etwas «pauschal» bezahlen oder fordern. — Die stabreimende Redensart kommt von den Flurbezeichnungen: die nach außen verlaufende Linie der Grenze wird als *Bausch*, die nach innen verlaufende als *Bogen* bezeichnet. Dabei stellt Bausch den Gewinn (daher aufbauschen) und Bogen den Verlust dar. Wurde ein Stück Land in Bausch und Bogen verkauft, so wurde nach einer nicht ins einzelne

gehenden Gesamtvermessung verfahren. — Aus dem Wort
«Bausch» in dieser Redensart hat sich in der Kanzleisprache das neulateinische Eigenschaftswort *pauschalis*
(unser «pauschal») entwickelt, das in der allgemein
üblichen *Pauschalsumme*, -quantum usw. wiederkehrt.
17. Jh. Siehe Goethe «Zahme Xenien»:

> «Nehmt nur mein Leben hin in Bausch
> und Bogen, wie ich's führe;
> andre verschlafen ihren Rausch,
> meiner steht auf dem Papiere.»

BEIN

Etwas ans Bein binden: etwas verloren geben,
etwas verschmerzen. Zum Beispiel: Diese zwanzig Mark
binde ich ans Bein, da ich die Hoffnung aufgegeben habe,
sie zurückzuerhalten. — Schon im Mittelhochdeutschen
bei Walther von der Vogelweide: «den schaden zuo dem
beine binden» und «min leit bant ich ze beine». Die Erklärung ist, daß man etwas nicht höher als bis zum Bein
kommen läßt, es sich also nicht zu Herzen nimmt. Im
Gegensatz dazu «einem etwas auf die Seele *binden*», so
wie *«ans Herz legen»*: mit Nachdruck bitten, sich einer
Sache anzunehmen.

Jemand etwas ans Bein binden: jemand in seiner
Bewegungsfreiheit behindern, so wie Hunde und Rind-
vieh Knüttel oder Klötze ans Bein oder an den Hals gebunden werden, damit sie nicht davonlaufen können.
Ähnlich die dem Strafgefangenen um das Bein geschmie-
dete Eisenkugel.

Noch etwas am Bein haben: verschuldet sein; eine
rückständige Verpflichtung auf sich lasten fühlen.

BELÄMMERT

Ihm geht es belämmert: es geht ihm schlecht, übel,
mies. — Vom niederländischen «belemmeren» = verhindern, hemmen, beschweren, ursprünglich lahm. Aber

auch von « Lammel », d. h. beschmutzter Rocksaum der Frau; belammeln = Rocksaum beschmutzen, im über= tragenen Sinne: beschmutzt, angeschmiert.

BEST

Etwas zum besten geben: im geselligen Kreise etwas zum leiblichen oder geistigen Genuß beitragen. — Eine Runde spendieren, meistens jedoch einen Witz oder eine Geschichte zum besten geben. In alten Wettkampf= spielen und Schützenfesten war der Siegerpreis « das Beste ».

Einen zum besten haben: ihn verulken, necken, verspotten, foppen, aufziehen. — Man tut so, als halte man den Gefoppten für den Besten und Tüchtigsten.

BEURGRUNZEN

Etwas beurgrunzen: es ergründen, näher unter= suchen, erforschen. — Eigentlich nach dem « Urgrund » forschen. Das « beurgrundsen » lehnte der Volkswitz an das lautgleiche « grunzen » an, um den Untersuchenden zu ironisieren.

BEUTEL

Von *Beutelschneiderei* wird gesprochen, wenn der geforderte Preis so hoch erscheint, daß man sich gleichsam betrogen, ja bestohlen vorkommt. Die Redensart stammt aus der Zeit, da man den ledernen Geldbeutel außen am Gurt trug. Für geübtes Diebsvolk war es ein leichtes, den Beutel unbemerkt abzuschneiden. Im gleichen Sinne spricht man auch von einer

Geldschneiderei. Doch ist das Wort von anderer Herkunft. Münzfälscher haben früher Gold= und Silber= münzen beschnitten, um sich betrügerischen Gewinn zu verschaffen, indem sie das auf solche Weise gewonnene Edelmetall veräußerten.

BIEN

Der Bien muß! lautet eine 1849 erstmalig belegte Redensart, die ausdrückt, etwas müsse auf alle Fälle zu schaffen sein, oder auch: der Mann muß das tun. — Zur Erklärung müssen verschiedene Anekdoten herhalten. Einmal ist es die Lügengeschichte eines ausländischen Rei=senden, der in gewöhnlichen Imkerkörben in Rußland Bienen in der Größe von Enten oder sogar Schafen ge=sehen haben wollte. Auf die Frage, wie denn diese Bienen durch das Korbloch kämen, legte der Düsseldorfer Maler Wilhelm Camphausen in seiner Illustration von 1849 dem Aufschneider die treffende Antwort in den Mund: «*Der Bien muß!*» — Nach einer anderen Anekdote aus Offen=bach wies der Buchhalter eines Geschäftshauses dem Chef der Firma das Konto eines Schuldners mit dem Namen Bien vor. «Der Bien=Soll», sagte der Buchhalter. «Was heißt hier Soll?» entgegnete der Chef, «der Bien muß!» (zahlen natürlich!).

BILD

Im Bilde sein: den Zusammenhang einer Sache er=fassen; sich eine deutliche Vorstellung von etwas machen können. — Seit Beginn der Photographie (Niepce, 1822). Kann aber schon von der Camera obscura herrühren, mit der Leonardo da Vinci bereits 1500 versuchte, gewisse Gegen=stände «ins Bild» zu bekommen. Im 19. Jh. in militärischen Kreisen in verneinender Form gebraucht: *nicht im Bilde sein* = über taktische oder strategische Vorgänge nicht orien=tiert sein, dann auf bürgerliche Vorstellungswelt übertragen. Ebenso im 19. Jh., unterstützt durch die Erfindung des Films (Skladanowski, Berlin; Lumiere, Paris, 1895): *auf der Bild=fläche erscheinen, von der Bildfläche verschwinden.*

BINSEN

Eine Binsenwahrheit heißt eine Erkenntnis, die sich von selbst versteht — eine Redensart, die auf die

Antike zurückgeht. — Die römischen Komödiendichter Terenz und Plautus sprechen bereits von «Knoten an einer Binse suchen», nämlich Besonderheiten und Schwierigkeiten ergründen, wo keine vorhanden sind. Der bekannte Universitätslehrer Professor Adolf Kußmaul (1822—1902) gibt in seinen «Jugenderinnerungen eines alten Arztes» für das Wort eine andere amüsante Erklärung. Während seiner Studentenzeit in Heidelberg, so erzählt er, sei mit dem Pfeifenrauchen ein neuer Erwerbszweig aufgekommen, der Handel mit Binsen, mit denen die Pfeifen gereinigt wurden. Dieses Geschäft betrieb ein törichter, als «Binsenbub» bekannter Mensch, der den Studenten als Urbild geistiger Beschränktheit galt. So nannten sie eine Binsenwahrheit alles, was sogar der Binsenbub verstand.

In die Binsen gehen: verloren gehen, verschwinden. — Kommt aus der Jägersprache. Die flüchtende Wildente rettet sich «in die Binsen», wohin ihr der Hund nicht folgen kann. Ähnliche Wendung: «*in die Wicken gehen*». Auch in den Wicken ist das Wild für den Jäger verloren, weil er es im Schlingwerk nicht wiederfindet.

BISSEN

Da bleibt einem der Bissen im Halse stecken: erschreckt, überrascht, empört sein. — Die Redensart erinnert an ein mittelalterliches Gottesurteil, bei dem der Angeschuldigte ein Stück trockenen Brotes oder harten Käses ohne Flüssigkeit hinunterschlucken mußte. Gelang es ihm ohne Schwierigkeit, so galt er als unschuldig. Blieb ihm jedoch der Bissen im Halse stecken, so war er in den Augen der Richter der Tat überführt. In diesem Augenblick überwältigte ihn vielleicht der Schrecken vor dem Erstickungstode oder doch vor dem grausamen Urteil, das ihm nun sicher war. In gleichem Zusammenhang steht die verwünschende Redensart: «*Mögest du daran ersticken!*»

Bleibt der Bissen im Hals stecken ...

BLATT

Kein Blatt vor den Mund nehmen: sich unumwun=
den äußern, sich ohne Scheu aussprechen. — Schon seit
Beginn des 16. Jh. im Sprachgebrauch: «sie spotteten
durch ein Rebblatt mit abgestollener Stimme», nämlich
mit verhaltener Stimme, sagt Fischart (Gargantua). Zur
Abdämpfung der Stimme nahm man häufig ein Laub=
oder Papierblatt vor den Mund, um eine peinliche Wahr=
heit nicht so laut hören zu lassen.

Das Blatt hat sich gewendet: die Verhältnisse
haben sich grundlegend geändert, die Sache hat sich in ihr
Gegenteil verkehrt; aus dem Unglück ist plötzlich ein
Glück geworden oder umgekehrt. — Bereits 1534 litera=

risch nachweisbar bei Sebastian Franck «Das blätlin wirt sich umbkören» (Weltbuch, Vorrede a4a). In mehreren Deutungen dieser Redensart wird das Kartenspiel ange= führt, bei dem jemand, der lange Zeit gute Karten hatte, plötzlich schlechte bekommt (natürlich auch umgekehrt!). Auch an die Guckkastenbilder der früheren Jahrmarkts= buden wird erinnert, in dem das letzte Bild die Bestrafung des Übeltäters darstellt. Die Redensart ist aber älter als die Guckkästen! Schließlich ist an das Wenden der Buch= blätter beim Lesen zu denken: die nächste Seite der Er= zählung bringt vielleicht Neues, Überraschendes! — Die beste Erklärung bietet zweifellos E. Kück (Wetterglaube in der Lüneburger Heide, 1915). Den Bauern ist es schon früh aufgefallen, daß sich «um Johannes» die Blätter, besonders deutlich die der Silberpappel, drehen und wen= den, weil die Bäume bei der veränderten Stellung der Blätter den Regen besser durchlassen. Der Naturvorgang fällt mit einem wichtigen Wendepunkt des Jahres, der Sonnenwende, zusammen. Das Blatt hat sich gewendet — was zuerst nur für die Jahreszeit galt — wurde im allge= meinen Sprachgebrauch zum Ausdruck für jede bedeut= same Wende.

BLAU

Blauer Montag: arbeitsfreier Montag. — In den allgemeinen Sprachgebrauch eingegangener Ausdruck der Wollfärber. Die mit Färberwaid, einem sich an der Luft schnell bläuenden, indigoartigen Farbstoff, gefärbte Wolle ließ man den ganzen Sonntag über im Bad, um sie montags an der Luft trocknen zu lassen. So konnten die Gesellen montags müßig gehen: *blau machen!*

Blau sein: betrunken sein. — Wer blau macht, trinkt meist viel und wird so selber «blau», womit die Verfärbung der Nase gemeint ist. Auch *redet er ins Blaue,* d. h. in den Himmel hinein, er schwätzt drauf los.

Blaustrumpf: Spottname für eine gelehrt tuende Frau, die ihre weiblichen Vorzüge vernachlässigt. — In der Mitte des 18. Jh. wurde im Londoner Salon der Lady Montague statt des üblichen Kartenspiels anspruchsvolle Unterhaltung gepflegt. Da der geistreiche Gelehrte Stillingfleet hier häufig in verwahrloster Kleidung mit blauen Kniestrümpfen auftrat, so nannte Admiral Boscawen diese Zusammenkünfte «Blaustrumpfgesellschaften». Der Ausdruck erhielt eine geringschätzige Bedeutung im Zeichen geistiger und politischer Selbständigkeitsbestrebungen der Frauen. — Die *Fahrt ins Blaue* ist eine Ausflugsfahrt mit ungenanntem Ziel. Der *blaue Brief* ist ursprünglich eine Aufforderung zur Einreichung des Abschiedsgesuches, die im blauen Umschlag versandt wurde; in der Hochschule: Benachrichtigung vom Nichtbestehen einer Prüfung. In der Schule: «Versetzung zweifelhaft» oder «Zurückstellung vom Abitur». — *Blaues Auge* siehe Auge, *blaues Blut* siehe Blut, *blauer Dunst* siehe Dunst, *blaues Wunder* siehe Wunder.

BLOSS

Sich eine Blöße geben: eine Schwäche verraten. — Stammt aus der Fechtersprache und bedeutet, daß der Fechter seine Deckung aufgibt und damit dem Gegner die Möglichkeit zu erfolgreichem Angriff bietet. Ein Beispiel aus dem Jahre 1744 bei Zachariae in «Der Renommist», einem komischen Heldengedicht: «Indessen sieht Sylvan, daß Raufbold Blöße gibt.»

BLUME

Durch die Blume sprechen: etwas nicht deutlich, sondern verhüllt, nur andeutungsweise, symbolisch aussprechen. — Seit jeher wurden zwischen Liebenden oder Freunden gern Blumen als Boten ihrer Gefühle ausgetauscht. So die rote Rose der Liebe, Männertreu, Vergißmeinnicht. In England darf zu Weihnachten jeder Mann eine Frau unter dem Mistelzweig küssen. Wer durch die Blume oder mit Blumen spricht, drückt sich mittelbar und sinnbildlich aus. Ähnlich, wenn jemand etwas «verblümt» zu verstehen gibt; gleichsam mit Blümchen verziert, um der Sache die Schärfe zu nehmen. Schon im Mittelhoch= deutschen begegnet man der Wendung: «mit geblüemten Worten». Hierauf beruht zweifellos die Redensart:

Etwas verblümt sagen. Ein humorvolles Beispiel, wie man etwas «verblümt» ausdrücken, also dem Betrof= fenen eine bittere Pille versüßen kann, gibt George Mikes in seinem Buch «How to be an Alien», in dem er, die Behörden in England charakterisierend, schreibt: «Die britische Behörde — völlig der brutalen Tyrannei unähn= lich, der wir so oft auf dem Kontinent begegnen — ist der gehorsame Diener der Öffentlichkeit. Vor dem Kriege er= hielt ein Ausländer den Befehl, dieses Land zu verlassen. Sein Antrag, die Aufenthaltsgenehmigung zu verlängern, wurde abgelehnt. Dennoch blieb er. Nach einer Weile erhielt er folgenden Brief: ,Sehr geehrter Herr! Der Herr Unter= staatssekretär übermittelt Ihnen seine besten Grüße. Er ist untröstlich, weil er sich außerstande sieht, Ihren Antrag noch einmal aufzurollen, und bittet Sie, davon Kenntnis zu nehmen, falls Sie dieses Land nicht liebenswürdiger= weise binnen 24 Stunden verlassen, daß er Sie gewaltsam hinauswerfen wird. Ihr gehorsamer Diener X.'» — Zum «Verblümten» gibt es auch klassische Beispiele aus dem Chinesischen, wie etwa die Absage eines Verlegers an einen Buchautor: «Ehrenwerter Herr! Ihr großartiges Werk hat alle Mitglieder unseres Verlages, welche den Vorzug hatten, es zu lesen, in höchstem Maße bewegt und begeistert. Das Buch strahlt nicht nur edle Größe aus, es darf sich auch in seinem Stile mit dem Bedeutendsten messen, was unsere Literatur hervorgebracht hat. Wir fürchten nur, daß unser mittelmäßiger Verlag dem Höhen= fluge Ihrer Gedanken nicht folgen kann. Es wäre Ihrer un= würdig, wenn unser unwichtiges Haus Ihr schönes Werk, das für die Ewigkeit bestimmt ist, herausbrächte. Wir beehren uns daher, Ihr wertvolles Manuskript in ausgezeichneter Wertschätzung zurückzusenden in der festen Überzeugung, daß Sie einen geeigneteren Verleger finden werden, den wir schon jetzt um Ihre Gunst beneiden. » — Eine andere Redensart in diesem Zusammenhang ist die schon im Altertum bekannte und noch heute bei uns gebräuchliche *Floskel* (flosculus, Redeblume). Wer etwas *unverblümt* sagt, spricht seine Gedanken gerade heraus, unverhüllt, deutlich aus.

Sub Rosa sprechen: etwas unter der Rose, unter dem Siegel der Verschwiegenheit mitteilen. — Die Rose ist seit alters das Sinnbild der Verschwiegenheit, der Geheimhaltung. Hing beim Gastmahl der reichen Römer eine Rose von der Decke, bedeutete es, daß die Unterhaltung vertraulich zu behandeln sei. Auch bei uns galt noch im mittelalterlichen Gerichtsverfahren die Rose als Zeichen, daß es um geheime Verhandlungen ging.

Damit ist kein Blumentopf zu gewinnen: Damit ist nichts zu erreichen, damit ist kein Erfolg zu erzielen. — Berliner Redewendung, in der « Blumentopf » vielleicht ironisierend und stellvertretend für den Blumenstrauß steht, der erfolgreichen Künstlern auf der Bühne überreicht wird. Wahrscheinlicher ist, daß der Ausdruck auf die Würfelbuden der Jahrmärkte zurückgeht, zumal da gelegentlich ein bezeichnender Zusatz gebraucht wird « Damit kannst du bei mir keinen Blumentopf gewinnen, und wenn du 19 trudelst ».

Blümchenkaffee ist sehr dünner, fader, mit wenig Kaffeebohnen zubereiteter Kaffee. — Stammt aus Sachsen, wo die Kaffeetassen innen auf dem Grunde oft mit einem Blumenmuster geschmückt waren. Konnte man die Blümchen durch den Kaffee hindurch erkennen, handelte es sich um einen typischen Fall von Blümchenkaffee.

Es wird einem blümerant: auch « plümerant », wenn es einem schwindelt, wenn es einem schlecht wird;

böse Ahnungen, Befürchtungen haben. — Entstelltes Wort aus dem französischen «bleu mourant»; blaßblau (wörtlich sterbendblau), das um 1650 eine von Frankreich ausgehende, über ganz Europa verbreitete Modefarbe war. Als man sich an ihr so satt gesehen hatte, daß sie einem körperliches Unbehagen verursachte, wurde «bleu mou= rant» in mundartlich verzerrter Form der Ausdruck für die entsprechende Gemütsverfassung. Ähnlich die Wen= dung *« Mir wird ganz grün und blau vor Augen! »*

BLUT

Blaues Blut: Ausdruck für Adel. — Paradebeispiel für die Langlebigkeit einer vor mehr als tausend Jahren geprägten Redensart. Das Reich der Westgoten in Spanien (aus Gotalanien wurde Katalanien!) zerfiel, als der letzte Westgotenkönig Roderich bei Jerez de la Frontera 711 fiel. Die germanische Herrschaft wurde von den arabisch=ber= berischen Mauren abgelöst. Die dunkelhäutigen Mauren stellten bei ihren Vorgängern fest, daß sich ihre Blutadern leuchtend blau auf der hellen Haut abzeichneten. So sagten sie mit betontem Respekt: «Die Goten haben **blaues Blut!**» Im Laufe der Zeiten wurde der Ausdruck «blaues Blut» sinngemäß für «edles Blut», «adeliges Blut» ange= wandt.

Er hat Blut geleckt: sagt man von einem, der auf einen gehabten Genuß nicht mehr verzichten will. — Der Ausdruck spielt auf den Wolf an, von dem behauptet wird, daß er, wenn er einmal Menschenblut geleckt hat, ganz gierig darauf ist. — Andere Redensarten: *bluten müssen* für schwere Opfer bringen, *das liegt mir im Blut* = das ist mir angeboren, *das erregt böses Blut* = das macht großen Ärger, vor Angst *Blut schwitzen* und *blutige Tränen wei= nen*, ein Ausdruck, der schon im Nibelungenlied vor= kommt. *Immer ruhig Blut!* sagt man zu einem Aufgereg= ten, um ihn zu beruhigen. «Blut» auch als verstärkende Vorsilbe in *blutjung* usw.

BOCK

Einen Bock schießen: einen Fehler, einen Mißgriff begehen, eine Dummheit machen. — Hergeleitet von den Schützenfesten, an denen das Wort «Bock» eine alte, volkstümliche Bezeichnung für Fehler, Fehlschuß war. Beim Preisschießen erhielt der schlechteste Schütze oft einen Bock geschenkt. So auch *« etwas verbocken ».*

Er hat einen Bockmist gemacht, geredet oder geschrieben: derbe Redensart für besonders groben Fehler. Zusammensetzung zweier gleichbedeutender Ausdrücke: Bock = Fehler, Mist = Unsinn.

Den Bock zum Gärtner machen: den Ungeeignetsten mit einer Aufgabe betrauen. Der Gärtner soll die Gewächse hegen und pflegen, der Ziegenbock hingegen zertrampelt die Beete und frißt die Pflanzen ab. — Diese Redensart kommt zu allen Zeiten und bei den meisten Völkern in ähnlicher Lesart vor, wie «dem Habicht die Tauben» oder «dem Wolf die Hammel anvertrauen».

Ihn stößt der Bock: Er wird übermütig, tollkühn. In diesem Fall ist mit «Bock» der häufig in dieser Tiergestalt dargestellte Teufel gemeint, der den Anstoß zum Übermut gibt.

Einen ins Bockshorn jagen: einen in Furcht und Angst versetzen, bange machen, einschüchtern, verblüffen. — Eine Deutung erinnert daran, daß man einst in Schulen für eigensinnige Kinder Strafecken oder =winkel einrichtete, die Bocksställe genannt wurden. Für das Wort «Ställchen» sei später «Horn» im Sinne von Winkel getreten. Wer also ins Bockshorn gejagt wurde, hatte eine Strafe zu erwarten. — Eine andere, überzeugendere Auslegung bezieht sich auf das ländliche Rügegericht früherer Zeiten. Das war ein Überbleibsel altgermanischer Strafjustiz, der «Friedloslegung», die über Schwerverbrecher verhängt wurde. Der Verurteilte hatte vor seinen Richtern in einer Bockshaut zu erscheinen. Wer in diese Haut gezwängt wurde, hatte nichts zu lachen. Das Bocksfell hieß

althochdeutsch «bokkes hamo» (Bockshemd), woraus all=
mählich, als man «hamo» nicht mehr verstand, «Horn»
wurde. Später entwickelte sich aus diesem germanischen
Gerichtsverfahren eine Art Privatjustiz für Vergehen, die
vom Strafgesetzbuch nicht erfaßt wurden. In Bayern wur=
den im vorigen Jahrhundert noch gefallene Mädchen ge=
meinsam mit ihren Verführern gegeißelt. — Eine noch ein=
fachere Erklärung, sofern man für «Bock» wieder Teufel
setzt: daß jemand in tödlicher Gefahr ist, der in des Teufels
(des Bocks) Horn gejagt wird, um aufgespießt zu werden.
Nach einer anderen Lesart war «Bockshorn» das Gestell,
in dem man Böcke kastrierte. Denselben Namen führte
auch ein Torturwerkzeug, worin dem Sträfling die Glied=
maßen auf das schmerzhafteste verrenkt wurden. Und
schließlich nannte man auch das Osterfeuer «Bockshorn»,
in das Menschen und Tiere gejagt wurden, um sich zu
feien, d. h. unverletzbar zu machen.

BODEN

Ihm brennt der Boden unter den Füßen: seine Lage
ist unhaltbar geworden. Es ist womöglich höchste Zeit, daß
er verschwindet. — Das Bild stammt von der Feuersbrunst,
vor der jemand noch Wertvolles zu retten versucht, doch
schon bemerkt, daß der Boden unter ihm brennt, so daß
ihm nur noch übrigbleibt, sein eigenes Leben zu retten.
Auch: *«Der Boden wurde ihm zu heiß!»*

Ihm geht es wie dem Reiter überm Bodensee: heißt
es von jemand, der erst nachher erkennt, in welcher Gefahr
er geschwebt hat. Nach einer schwäbischen Sage, die von
einem Reiter erzählt, der ahnungslos über die Schneefläche
des zugefrorenen Bodensees galoppiert war. Als er am
anderen Ufer erfuhr, daß er dem Untergang wie durch ein
Wunder entronnen war, fiel er vor Schreck tot vom Pferde.

Das schlägt dem Faß den Boden aus: Das macht das
Maß übervoll; das übersteigt alle Geduld; das führt die
lange drohende Katastrophe herbei; das geht über die Hut=

schnur. — Wenn der Böttcher die Reifen zu stark zur Mitte hin schlägt, kann es vorkommen, daß der Boden des Fasses herausspringt. Eine humorvolle Verquatschung dieses Ausdruckes ist « *Das schlägt dem Faß die Krone ins Gesicht!* » Sie ist zusammengesetzt aus « *Das schlägt dem Faß den Boden aus* »; « *Das setzt allem die Krone auf* » und « *Das schlägt allen Regeln des Anstands ins Gesicht* ».

BÖHMISCH

Das sind für mich böhmische Dörfer: Das ist mir völlig unverständlich, ganz unbekannt. — Wenn auch schon früher entstanden, so ist die Redensart doch erst im Dreißigjährigen Kriege volkstümlich geworden. Sie wurde von Soldaten aus Böhmen mitgebracht, die damit sagen wollten, es gehe ihnen mit einer Sache wie mit den Namen tschechischer Dörfer, die keiner von ihnen aussprechen, verstehen oder gar sich merken könne. Ähnlich *«Das kommt mir spanisch vor»*. Hierin spiegelt sich der Wider= stand protestantischer Kreise gegen die Einführung spani= scher Bräuche in Deutschland zur Zeit Kaiser Karls V., der zugleich König von Spanien war. Amüsanterweise wirft Goethe in seinem « Werther » beide Redensarten durchein= ander, indem er sagt: *«Das waren dem Gehirne spanische Dörfer.»*

BOGEN

Den Bogen nicht überspannen: nicht zu viel von einem erwarten, verlangen; eine Sache nicht zu weit trei= ben. — Die Redensart geht auf das klassische Altertum zurück. Herodot erzählt von König Amasis von Ägypten, daß sich dieser im Kreise fröhlicher Kumpane schon mit= tags dem Weine und anderen Freuden des Lebens ergab. Darauf vorwurfsvoll angesprochen, erwiderte er: «Hat man einen Bogen, so spanne man ihn ab. Bleibt er die ganze Zeit gespannt, so zerspringt er und ist nicht mehr zu gebrauchen, wenn man ihn nötig hat. So ist auch der Mensch eingerichtet. Wollte er immer ernsthaft arbeiten und gar nicht scherzen, so muß er eines Tages stumpfsin= nig werden. Ich ziehe es daher vor, jedem seinen Teil zu geben. »

Den Bogen heraus haben: eine Sache ausgezeichnet verstehen, sie meistern. — Eine Redensart der neueren Zeit, die sowohl vom Sport (Eiskunstlauf!) als auch vom Militär (Flugbahn eines Geschosses!) hergeleitet wird. Wer beim Eislauf « den Bogen heraus » hat, beherrscht diese Kunst. Wer beim Schießen « den Bogen heraus » hat, trifft ins Ziel. Andere Wendung: *Große Bogen spucken* für großsprechen.

BOHNE

Nicht die Bohne sagt man mit betont scharfer Ver- neinung. In der allgemeinen Vorstellung gilt die Bohne als ziemlich wertlos. Wer nicht einmal bereit ist, eine Bohne für etwas herzugeben, weist ein Ansinnen schroff zurück. Schon bei Walther von der Vogelweide findet sich der Aus= druck « Bohne » für etwas Geringfügiges « Min vorderunge ist uf in kleiner dann ein bone », und bei Gottfried von Straßburg heißt es im « Tristan » in hochdeutscher Über= setzung: « Sie hätten für ein besseres Leben nicht eine Bohne gegeben. » Die Redensart

Dumm wie Bohnenstroh: im höchsten Grade dumm und tölpelhaft, leitet sich ebenfalls von der geringen Ein= schätzung der Bohne her. Nach einer anderen Auslegung hat es früher nicht « Bohnenstroh », sondern « dumm wie ein Bund Stroh » geheißen. Auch diese Wendung würde bei dem geringen Wert des Strohs gut passen. Das « Bund Stroh » verwandelte sich dann später mundartlich in « Boh= nenstroh ».

Blaue Bohnen: Gewehrkugeln. Die Bleigeschosse wurden wegen Form und Farbe so genannt.

BOYKOTT

*Den Boykott über einen verhängen, jemand boy=
kottieren:* jemand schneiden, ächten, in Verruf erklären,
aussperren; geschäftliche oder gesellschaftliche Beziehun=
gen zu jemand abbrechen. — 1880 verhängte die Landliga
in Irland über den Güterverwalter James Boycott wegen
seines unehrlichen Verhaltens den Bann, worauf niemand
mehr mit ihm zu verkehren wagte.

BRAND

Einen Brandbrief schreiben: dringende und eilige
Aufforderung, etwa Geld zu schicken; Mahn= und Bettel=
brief. — Der Brandbrief war früher ein Bedürftigkeitsaus=
weis und «*Armutszeugnis*» für die, deren Hab und Gut
durch Feuer zerstört worden war. Die Betroffenen erhielten
amtlich eine solche Bescheinigung, damit ihnen überall ge=
holfen wurde. Mit solchen Brandbriefen wurde mancher
Betrug verübt. Darüber hinaus wurde mit «Brandbrief»
auch ein Erpresserbrief bezeichnet, in dem eine Brand=
stiftung angedroht wurde. Heute hat sich in abgeschwäch=
ter Form von allen diesen Bedeutungen etwas im «Brand=
brief» erhalten, der namentlich in Studentenkreisen noch
immer eine gewisse Rolle spielt. Will der Student seinen
Eltern die Ebbe in seiner Kasse andeuten, so kohlt er über
dem Feuer eine Ecke des Briefes ein wenig an, um damit
auszudrücken: *Ich bin völlig abgebrannt:* ich habe keinen
Pfennig Geld mehr.

Einen brandmarken: jemand öffentlich beschul=
digen, bloßstellen, die Ehre absprechen, ächten, tadeln. —
Die Redensart geht auf einen alten deutschen Rechts=
brauch zurück. Neben dem Stadtzeichen wurde dem Ver=
brecher das Sinnbild seiner Tat eingebrannt, so dem
Falschmünzer eine Münze in die Stirn. Die Schwerver=
brecher wurden mit dem Brandmal des Rades oder des
Galgens auf dem Wege zur Richtstätte dem Hohne der
Neugierigen preisgegeben.

Den Braten riechen ...

BRATEN

Den Braten riechen: etwas Angenehmes oder Un=
angenehmes, Überraschendes rechtzeitig spüren; ein Trug=
bild entlarven; eine irreführende Verlockung aufdecken.
— Aus einer Fabel, in der ein Bauer ein Tier zu sich ein=
lädt, das aber noch vor der Tür des Gastgebers umkehrt,
weil es wittert, daß ein bedauernswerter Gefährte bereits

in der Pfanne des Bauern schmort: der Gast «riecht den Braten»!

Da hast du den Braten (oder *die Bescherung, den Salat):* ironisch gesagt, um eine Enttäuschung, ein Mißvergnügen, ein Ärgernis zu bezeichnen.

BREDULLJE

In die Bredullje kommen: in arge Verlegenheit, in eine unangenehme Lage, in Bedrängnis, in eine Zwangslage, in die Patsche kommen; in Schwulität, in den Schlamassel geraten. — Das Wort wurde in der Franzosenzeit zu Beginn des 19. Jahrhunderts in den deutschen Sprachgebrauch eingeführt. Französisch *« bredouille »* heißt Matsch. Wer in den Matsch oder Schlamm sinkt, ist in einer unangenehmen Situation und kommt schwer heraus.

BRESCHE

Für jemand in die Bresche springen: für ihn eintreten. — Das germanische brekan (brechen) wurde ins Romanische übernommen und in Frankreich zu breche = Bruch, Lücke. So ist es als Bresche zu uns zurückgewandert und hat den gleichen Sinn in der vom Belagerer in die Festungsmauer geschlagenen «Lücke» behalten. Diese Bresche mußte von den Belagerten gehalten werden. War ein Verteidiger gefallen, so mußte ein anderer an seine Stelle treten.

BRETT

Ein Brett vor dem Kopf haben: dumm, beschränkt, verbohrt, töricht, einfältig, engstirnig, tölpelhaft, begriffsstutzig sein. — In diesem Falle ist mit dem Brett das Joch des Zugochsen gemeint, der als besonders dumm galt.

Da ist die Welt mit Brettern vernagelt: stößt der Pfad, der Weg oder die Straße an einen Bretterzaun, mag die einfältige Vorstellung entstehen, daß hier die Welt zu Ende sei.

BRIEF

Einem Brief und Siegel geben: ihm Gewißheit geben; Gewähr für etwas bieten. — Aus der Gerichtssprache entlehnt, in der «Brief» (lateinisch breve) soviel wie *Urkunde,* Erlaß bedeutet. Das hat sich in Ausdrücken wie «Adels=, Lehr=, Frachtbrief» erhalten. Auch das *«verbriefte Recht»* ist nichts anderes als ein urkundlich verankertes Recht. Ein «Brief» ohne Siegel war jedoch als Urkunde nicht rechtsgültig. Erst die vereinten Merkmale Brief *und* Siegel verbürgten den vollgültigen Rechtsanspruch, wobei das Siegel für den Wert der Urkunde von besonderer Bedeutung war. Früher hatte ein Schriftstück auch ohne Namenszug des Verantwortlichen Geltung, wenn es nur das Siegel mit Hausmarke oder Wappen des Briefschreibers trug.

BRIMBORIUM

Großes Brimborium um etwas machen: etwas mit wortreichen Umschreibungen, mit langem Gerede, mit endlosem Geschwafel erklären. — Aus dem lateinischen «breviarium» verballhornt ins französische «brimborion».

BRUCH

In die Brüche gehen: verlorengehen, nicht zustande kommen, untergehen, in Schwierigkeiten geraten. — Mathematiker bringen diese Redensart gern in Beziehung zu ihrer Wissenschaft. Eine Rechnung, die nicht glatt aufgeht, muß «in die Brüche gehen». Doch ist zu bedenken, daß bei einer Bruchrechnung nicht ohne weiteres Schwierigkeiten auftreten und daß nichts untergeht. Es läge näher, «Bruch» von «brechen» abzuleiten und den Ausdruck so zu verstehen, daß etwas «zerbricht», damit also verlorengeht. Das ist jedoch nicht richtig, denn Bruch heißt hier «Sumpf» (sumpfige Niederung wie Oderbruch!). «In die Brüche gehen» ist demnach soviel wie in den Sumpf geraten und darin umkommen. Schließlich bedeutete «bruch» im Mittelalter «Strafe» (Jacob Grimm: «den *Stab* brechen»). Ging etwas «in die Brüche», so hatte es — im mittelalterlichen Sinne — schlimme Folgen. Vergleiche auch «In die Binsen gehen», «In die Wicken gehen» (s. Binsen).

BRÜCKE

Dem Feinde goldene Brücken bauen: dem Gegner bereitwillig entgegenkommen; ihm Gelegenheit zum Rückzug bieten, ohne «das Gesicht zu verlieren» (s. Gesicht). — Die Redensart als taktvolles Entgegenkommen gegenüber jemand gemeint, der in eine ausweglose Lage geraten ist. So sagt man zu einem, der offensichtlich gelogen hat: «Vielleicht hast du dich geirrt?»

Alle Brücken hinter sich abbrechen: alle Verbindungen lösen. — Mit dieser Handlung will einer sich selbst den Rückweg verbauen, um seine Trennung von Menschen, von einer Stadt, von seinem Beruf, seiner bisherigen Umgebung endgültig, unwiderruflich zu machen.

Über die Brücke möchte ich nicht gehen: erscheint wenig glaubhaft. — Geht wahrscheinlich auf Christian Fürchtegott Gellerts Fabel «Der Bauer und sein Sohn» zurück, in der dem Sohn, um ihm das Lügen abzugewöhnen, vom Vater angedroht wird, daß auf der nächsten auf ihrem Weg liegenden Brücke sich jeder Lügner das Bein brechen würde.

BUCH

Er redet wie ein Buch: Er redet in unaufhörlichem Fluß, ohne Stockungen, als ob er aus einem Buche vorläse. — Meist ironisch gemeint, wenn einer «ohne Punkt und Komma», ohne Atempause spricht, ohne den anderen zu Worte kommen zu lassen.

Wie es im Buche steht: kunstgerecht, meisterhaft, ideal, wie gestochen, mustergültig, geschickt gemacht, vollendet. — Besonderes Lob wie «Eine Frau wie sie im Buche steht », « Ein Sommer wie er im Buche steht ». Gemeint ist « das Buch der Bücher », die Bibel mit ihren unübertrefflichen Weisheiten.

Ein Buch mit sieben Siegeln: Geheimnisvolles, Unverständliches; auch unbegreifliche, abgründige, geheimnisvolle Person. — Aus der Offenbarung Johannis 5, 1 ff. « ein Buch . . . versiegelt mit sieben Siegeln ». Andere Wendung: *« Das Buch der (vier) Könige lesen »:* Karten spielen. Hier werden die Spielkarten scherzhaft « Buch der Könige », aber auch *des Teufels Gebetbuch* genannt.

BUCHHOLZ

Da kennen Sie Buchholzen schlecht: so leicht ist die Sache nicht zu machen. — Johann August Buchholtz, seit 1753 Hofstaatsrentmeister und später Königlicher Schatzmeister Friedrichs des Großen, war ein so vorbildlicher und sparsamer Beamter, daß er vom König oft lobend in den Randbemerkungen (Marginalien) der Akten erwähnt wurde. Als das Ministerium einmal den König bat, er möge zur Reparatur der Langen Brücke zu Berlin durch den Schatzmeister einen größeren Betrag anweisen lassen, schrieb dieser: « Buchholtz hat kein Geld dazu! » Nicht selten bediente sich der König bei Ablehnungen von Geldforderungen auch der Wendung: « Da kennt Er Buchholtz schlecht! » Sie blieb als Redensart Berliner Ursprungs erhalten.

BUCKEL

Einen breiten Buckel haben: viel aushalten können, ob es sich nun um Beschwerde, Unglück, Verdruß, Ärger oder Kummer handelt. — « Buckel » bedeutet hier nicht den Höcker des Krüppels, sondern einfach den Rücken, der sich allerdings beim Tragen schwerer Lasten zu einem Buckel wölbt. Ähnliche Wendung *« einen breiten Rücken haben »:* Wer einen breiten Rücken oder Buckel hat, kann auch viel darauf tragen.

Achtzig auf dem Buckel haben: achtzig Jahre alt sein. — Alte Leute gehen oft krumm und gebückt. Bei ihnen hat sich der Rücken bereits zum Buckel gewölbt, auf dem sie gleichsam die schwere Last eines langen Lebens mit sich schleppen.

Rutsch mir den Buckel 'runter (entlang, 'rauf): zu jemand, mit dem man nichts zu tun haben will. So wie «Laß mich in Frieden». Meist mit einem Unterton von Geringschätzung, Widerwillen oder Verärgerung. — Die Redensart ist die verhüllte Form des als «Götz von Ber=lichingen» volkstümlich gewordenen Ausdrucks. — In Norddeutschland hatte der Landrat eines Kreises einem im Dienst ergrauten Bürgermeister einen groben Brief ge=schrieben. Das tat ihm nachher leid, und so besuchte er den Bürgermeister, um sich bei ihm wegen der Form seines Schreibens zu entschuldigen. «Als Sie meinen Brief be=kamen, werden Sie sicher gedacht haben, der Landrat kann mir den Buckel 'runterrutschen», leitete er das Gespräch ein. «Ach wissen Sie, Herr Landrat», entgegnete treu=herzig der Bürgermeister, «so hoch wollte ich Sie gar nicht bemühen!» — Andere Wendungen mit «Buckel»: «*Etwas auf seinen Buckel nehmen*», die Verantwortung für etwas auf sich nehmen. Sinnbildlich Verantwortung gleich Last. Ähnlich «*etwas auf seine Kappe nehmen*» (siehe Kappe). «*Sich einen Buckel lachen, sich bucklig lachen, sich den Buckel voll lachen*» (siehe Ast): herzlich, kräftig lachen. — Infolge der Erschütterung beim Lachen beugt und windet sich der Mensch unter Umständen so, daß er wie bucklig aussieht. Ähnlich «*sich ausschütten vor Lachen*». — «*Einen krummen Buckel machen*»: sich unter=würfig, kriecherisch, demütig verhalten, sich willfährig vor dem Vorgesetzten verbeugen; charakterlos sein, kein Rückgrat haben. In dem Zusammenhang auch «*katzbuk=keln*»: sich kriecherisch, unterwürfig benehmen. — Die Katze macht einen besonders großen Buckel, wenn sie an=greift oder abwehrt — aber auch, wenn sie schmeichelt.

Man täte jedoch der Katze unrecht, sie als kriecherisches, unterwürfiges Wesen zu bezeichnen.

BÜRSTENBINDER

Saufen (trinken) wie ein Bürstenbinder: maßlos, große Mengen trinken. — Die Redensart hat mit den Bürstenbindern nichts zu tun. In der Studentensprache war « bursa » die gemeinsame Kasse der mittelalterlichen Studentenvereinigungen. Ihre Mitglieder hießen « bursen », später « Burschen », und da eine nicht unwesentliche Beschäftigung der Studenten das Trinken war, wurde aus dem Hauptwort « Burschen » das Zeitwort « burschen », « bürschen », « bürschten », später « bürsten » in der Bedeutung von Trinken. Vom falsch verstandenen « bürsten » bis zum Bürstenbinder war dann nur noch ein kleiner Schritt.

Rennen (laufen) wie ein Bürstenbinder (Besenbinder): hasten, jagen, sich beeilen. — Bürsten= und Besenbinder, die ihre Ware als Wanderhändler im Umherziehen verkauften, mußten sich sputen, wollten sie bei ihrem armseligen Geschäft leidlich auf ihre Kosten kommen.

BUSCH

Auf den Busch klopfen: etwas zu erkunden, vorsichtig zu ergründen suchen; vorfühlen, vortasten. — Der Jägersprache entnommen. Der Jäger oder Treiber « klopft auf den Busch », um das Wild aufzuschrecken und es vor die Flinte zu bringen. Auch die Insektenforscher (Entomologen) klopfen auf den Busch. Sie halten nachts bei Taschenlampenbeleuchtung einen aufgespannten Schirm unter den Busch und klopfen die Insekten heraus. Mit dieser Wendung hängt auch die Kurzform *« etwas herauskriegen »* zusammen. So wie der Jäger oder Forscher das Tier aus Lager oder Versteck « herauskriegen » will, so sucht der Mensch durch Nachforschen etwas zu erfahren. — Ein damit verbundenes Sprichwort, das auch im Englischen, Französischen usw. wiederkehrt, heißt: «*Der eine klopft auf den Busch, der andere kriegt den Vogel.*»

Hinter dem Busch halten heißt es von jemand, der mit seinen Urteilen und Meinungen nicht offen hervortritt; der nicht aus sich herausgeht, der sich verstellt. — Ursprung und Bedeutung wie «*Hinter dem Berge halten*». Beide Redensarten entstanden im 16. Jh. aus der Vorstellung von Kämpfen, Aufständen und Überfällen, bei denen die Streitmacht hinter Bergen und Gebüschen solange den Blicken des Feindes entzogen wurde, bis der rechte Augenblick gekommen schien, den Gegner im plötzlichen Hervorbrechen zu überraschen. Dieses Bild steckt ebenfalls in dem Wort «*mit etwas herausrücken*». — Damit verwandt «*es ist etwas im Busch*»: es liegt etwas in der Luft (s. d.), es bahnt sich ein Geschehnis an; es zieht sich etwas, wie ein Gewitter, zusammen. — Weitere Ausdrücke «*sich seitwärts in die Büsche schlagen*»: sich unbemerkt entfernen, sich heimlich davonmachen, sich französisch empfehlen (s. d.), davonschleichen. Aus Johann Gottfried Seumes Gedicht «Der Wilde». «*Der Buschklepper*»: alte Schindmähre, verwahrloster Gaul, mit dem Wegelagerer und *Strauchritter* hinter den Büschen den Reisenden auflauerten, um sie auszuplündern.

BUSEN

Sie sind Busenfreunde: eng und innig befreundet. — Der Ausdruck wurzelt im altgermanischen Recht, in dem die Verwandtschaftsgrade nach den Körperteilen des Menschen benannt wurden. Was als «Busen» oder «Schoß» bezeichnet wurde, rechnete zur engsten Blutsverwandtschaft, zur Hausfamilie. Die in der Wortverbindung mit «Arm», «Bein», «Hand» und «Fuß» usw. angeführten Personen zählten zur entfernteren Verwandtschaft. Diese Charakterisierung war beispielsweise für die Erbschaftsprozesse von großer Bedeutung. Bei der Adoption (Annahme an Kindes Statt) wurde die Auf-

nahme des Kindes in die Familie bildhaft dadurch rechts=
kräftig, daß der Familienvater das Kind auf den Schoß nahm
oder an den Busen drückte. Daher auch das Wort « Schoß=
kind » für eine besonders beliebte und bevorzugte Person.

Eine Schlange an seinem Busen nähren: mit Güte
und Hochherzigkeit einen arglistigen, feindseligen Men=
schen behandeln, den man für seinen Freund hält und der
das Wohlwollen mit grobem Undank lohnt. — Aus einer
Fabel des Griechen Äsop, die durch den « Reineke Fuchs »
bekanntgeworden ist. Darin wird erzählt, daß ein Wan=
derer eine durch Frost und Kälte völlig erstarrte Schlange
am Wege aufgelesen hat. Um sie wiederzubeleben, ver=
wahrt er das Tier an seinem wärmenden Busen. Als die
Schlange wieder zu sich gekommen ist, versetzt sie ihrem
Wohltäter einen tödlichen Biß.

BUTTER

Es ist alles in Butter: es ist alles in Ordnung. Auch:
es ist alles in bester Butter, es ist alles in bester Ordnung,
es ist alles gut ausgegangen. — Berliner Ausdruck, von
einem selbstbewußten Gastwirt abgeleitet, der auf die
Frage, ob man in seiner Küche etwa auch billige Fette ver=
wende, entrüstet erwidert: *« Bei uns ist alles in Butter! »*
Vermutlich steht hinter dieser Redensart der Konkurrenz=
kampf zwischen Butter und Margarine, die 1869 auf
Grund eines Preisausschreibens Napoleons III. von einem
französischen Forscher hergestellt und 1875 in Deutsch=
land eingeführt wurde.

Hand von der Butter: laß die Finger davon, rühr'
nicht dran; die Sache ist so gefährlich, daß du dich ver=
brennen könntest. — Die Redensart geht auf die Wein=
butte (auch Bütte!) zurück, ein hölzernes Gefäß, in dem
die Trauben gesammelt wurden. Wer verbotenerweise
davon naschen wollte, dem wurde bei Androhung von
Strafe zugerufen: «Hand von der Butte! Es sind Trauben
drin!» Man sieht, daß sich hier ein sprachliches Mißver=

ständnis eingeschlichen hat. Aus «Butte» ist «Butter» geworden, aber der Sinn ist geblieben. Auch wer die Hand nicht von der «Butter» lassen kann, bleibt nicht ungestraft! — Ein ähnliches altes norddeutsches Wort ist: «*Hand vom Sack! Es ist Hafer drin!*» Schon im Lateinischen finden wir die verwandte Redensart: «Manum de tabula!» Hand von der Tafel! eine bis heute aktuelle Mahnung an die Schüler, während der Abwesenheit des Lehrers keine Albernheiten an die Tafel zu schreiben.

Daran habe ich zugebuttert: An diesem Geschäft habe ich empfindlich zugesetzt. — Auch diese Redensart hat mit Butter nichts zu tun, vielmehr hieß das Wort im Niederdeutschen ursprünglich: «toboten», was zuschießen bedeutet. Die «tobote» ist die Zugabe. Aus «toboten» wurde «tobottern» = zubuttern.

Er ist weich wie Butter: er ist fügsam, schmiegsam, empfindlich, weichherzig, nachgiebig. «Er hat ein *Herz wie Butter.*» Hergeleitet aus der Beschaffenheit der Butter, die unter Wärmeeinfluß beliebig formbar ist wie das zarte Gemüt eines empfindsamen Menschen.

Sich nicht die Butter vom Brot nehmen lassen: sich nicht übervorteilen, übertölpeln lassen. — Die Butter gehört zum Brot, das sie erst schmackhaft macht. Wer sich die Butter vom Brot nehmen läßt und es trocken ißt, gilt als töricht, tölpelhaft. Wer es hingegen nicht zuläßt, daß ihm die Butter genommen wird, beweist, daß er aufgeweckt und lebenstüchtig ist.

Butter auf dem Kopf haben: etwas angestellt haben und sich daher genieren; ein schlechtes Gewissen besitzen, weil man etwas Dummes angerichtet hat. — Die Redensart ist ein Teil des Sprichwortes «Wer Butter auf dem Kopfe hat, soll nicht in die Sonne gehen». Das erinnert an den bei vielen Völkern heute noch üblichen Brauch der Frauen, ihre Waren im Korbe auf dem Kopf zu tragen. Wer Butter im Korbe hat und damit in die Sonne geht, läuft Gefahr, daß die Butter schmilzt und herabtropft.

Übrigens wurden vor einem halben Jahrtausend in Frankreich Frauen, die ihre Butter durch Beimengung billiger Fette verfälscht hatten, solange in der Sonne an den Pranger gebunden, bis die Butter, die man ihnen auf den Kopf gelegt hatte, zerschmolz und zum Gespött der Gaffer an ihren Gesichtern herabfloß.

Wie Butter an der Sonne bestehen: nämlich versagen, Mißerfolg haben, nichts ausrichten, mit seiner Kunst am Ende sein. — Schon bei Luther findet sich öfters: «das ich da stehen müste wie butter an der sonne». So wie die Butter an der Sonne zerschmilzt, so verrinnen rasch Großmannssucht und Ruhmredigkeit.

BUXTEHUDE

In Buxtehude sein: ganz weit weg sein, an einem unbekannten Ort leben. — Der Duden vermerkt bei «Buxtehude» «Ortsname; scherzhaft für: Nirgendheim». Diese Erklärung für die im Jahre 959 zuerst erwähnte Stadt im niedersächsischen Kreise Stade wurzelt im Märchen von dem Swinegel und dem Hasen, deren berühmter Wettlauf «up de lüttje Heid bi Buxtehude» (auf der kleinen Heide bei Buxtehude) stattgefunden haben soll. Die Leser dieser später in die Grimmschen Märchen aufgenommenen Erzählung folgerten ganz logisch, daß nicht nur der Wettlauf, sondern auch der Ort der Handlung erfunden sei, und so glauben heute noch viele, daß Buxtehude gar nicht existiert!

In Buxtehude, wo die Hunde mit dem Schwanz bellen: Die Redensart soll das Unglaubwürdige dieser Stadt noch unterstreichen. In Wirklichkeit heißt es: *wo die Glocken mit dem Tau geläutet werden.* Die Glocke einer der ältesten deutschen Kirchen aus dem 13. Jh. in Buxtehude wurde mit Tau und Klöppel geläutet. Hunte sind Glocken, bellen heißt läuten (englisch: to ring the bell), und der «Schwanz» ist das ausgefranste, wie ein Pferdeschwanz aussehende Ende des Glockentaus. Eigentlich «wo die Hunde mit dem Schwanz gebellt werden».

C

CASANOVA

Er ist ein alter Casanova: ein gewissenloser Wei=
berheld. — Seit der Herausgabe seiner Memoiren 1822
haftet Jacques Casanova der schlechteste Leumund an, der
jemals einem Manne zugefallen ist. Das verdankt er dem
Sprachlehrer Jean Laforgue, dem Bearbeiter seines Wer=
kes «Geschichte meines Lebens», das dieser skrupellos
mit zusätzlichen erotischen Schilderungen verfälschte. Ein
Sprachlexikon vermerkt unter «Casanova» die Aus=
drücke: «Wüstling, Wollüstling, Lustgreis, Verführer,
Frauenschänder, Mädchenjäger, Ehebrecher, Blaubart,
Seelenverkäufer u. a.» — Erst die bisher unbekannte
wortgetreue Wiedergabe der Originalhandschrift seiner
Memoiren, die sogenannte Edition Intégrale (heraus=
gegeben 1960) zeigt ihn in einem ganz anderen Licht.
Casanova war besser als sein Ruf!

CHRISTBAUM

Der Christbaum brennt: Feindliche Flieger greifen
an. — Dieser Ausdruck entstand im Zweiten Weltkriege.
Alliierte Flieger schossen bei nächtlichen Angriffen hell und
lange brennende Leuchtkugeln in Bündeln ab, um das
Bombenziel zu kennzeichnen. Diese Leuchtzeichen erweck=
ten den Eindruck eines an den Himmel projizierten über=
dimensionalen Lichterbaums. Der mit beißendem Spott
von der Bevölkerung geprägte Ausdruck verbindet den
Christbaum als Symbol der Nächstenliebe mit dem Ver=
nichtungswerk eines Bombenangriffes.

Er hat sie nicht alle auf dem Christbaum: schwach=
sinnig, verrückt, närrisch, nicht ganz richtig im Kopfe
sein. — Das Licht ist das Sinnbild des klugen Verstandes.
So spricht man von einem «Licht der Gelehrtenwelt» oder
einer «großen Leuchte der Wissenschaft». Wer «nicht
alle» — nämlich Lichter — «auf dem Christbaum hat»,

dem fehlt es im Gehirn, der ist stumpfsinnig. Die Wen=
dung «nicht alle haben», noch mit verschiedenen anderen
Wörtern zusammengesetzt (siehe Tassen), bedeutet ur=
sprünglich, daß der Mensch nicht alle fünf Sinne beisam=
men habe.

Christbaumschmuck: der ganze Christbaum=
schmuck; bezieht sich auf Orden und Ehrenzeichen (siehe
Lametta).

COURAGE siehe ZIVILCOURAGE

D

DACH
Jemand aufs Dach steigen: schelten, tadeln, Vor=
würfe oder Vorhaltungen machen, bestrafen. — Eine der
ältesten Redensarten, die aus den Rechtsvorstellungen der

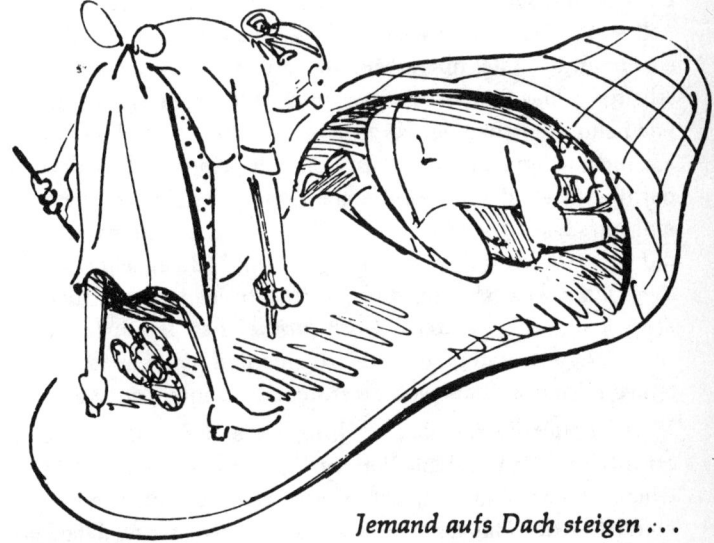

Jemand aufs Dach steigen ...

germanischen Frühzeit stammt. Das Dach galt als Symbol für das ganze Haus, dem es Schutz und Sicherheit verlieh. So heißt «ein Dach überm Kopf haben» ein Heim, ein Haus besitzen. Das Dach war so unverletzlich und heilig (tabu) wie das Haus. Es wurde aber abgedeckt, wenn jemand gegen die Rechtsordnung verstoßen und sich damit selbst aus der Gemeinschaft ausgeschlossen hatte. So auch, wenn ein Mann seine Stellung als Familienhaupt gegenüber der Frau nicht zu behaupten wußte, wenn er unter «den Pantoffel kam» (siehe Schuh) oder wenn er gar von ihr geschlagen wurde. Die Stammesgenossen zogen dann gemeinsam zum Haus des Pantoffelhelden, verrammelten seine Türen, «stiegen ihm aufs Dach» und deckten die Ziegel ab, um das Haus sinnbildlich zu zer= stören. Wenn der zweifach gedemütigte Ehemann dann später im Schweiße seines Angesichts das Dach allein repa= rieren mußte, «sah er rot» (siehe «rot») beim ständigen Anblick der Ziegel. Das verhalf ihm zur Anhäufung jenes Zornes, den er nachher zur Herstellung seines familiären Gleich= und Übergewichts an seiner ungehorsamen Ehe= hälfte ausließ, — ein Verfahren, das heute im Zeichen der sogenannten Gleichberechtigung etwas fragwürdig er= scheint. — Das Dach ist der Begriff des Obersten, Höchsten, wie beim Menschen der Kopf. So lautet später die Redens= art auch: *jemand auf den Kopf kommen* (Kopf als Schädel= dach). Andere damit verbundene Ausdrücke sind: *jemand eins aufs Dach geben, eins aufs Dach kriegen; jemand eins auf den Deckel geben* (Deckel hier für Mütze), *eins auf den Deckel kriegen, eins auf den Hut kriegen* (siehe Hut). Aus dem Liede «*Unterm Dach juchhe!* hat der Sperling seine Jungen» stammt der Jubelruf, der den Straßenpassan= ten vom Mansardenbewohner frohlockend entgegenschallt.

   Unter Dach und Fach bringen: ans Ziel kommen, etwas vollenden, abschließen, fertig machen. — Der Aus= druck ist vom Hausbau hergeleitet. Die wesentlichen Be= standteile des Hauses waren früher Fachwerk und Dach.

Wenn beide fertiggestellt waren, galt das Haus als « unter Dach und Fach», also bis auf Kleinigkeiten vollendet.

Einen kleinen Dachschaden haben: nicht ganz nor= mal sein, verrückt, närrisch, geistesverwirrt. — Auch hier wird Dach mit Kopf gleichgesetzt, und der Schaden am Dach des Hauses scherzhaft mit dem Schaden im Kopf des Menschen verglichen.

DALLES

Im Dalles sitzen: kein Geld haben, in Armut leben; im Druck, in der Klemme sitzen. — Dem Jiddischen entnommen, in dem «dalluth» Geldmangel, Armut be= deutet.

DAMM

Auf dem Damm sein: gesund, munter sein; sich körperlich und geistig wohlfühlen. — Damm ist im Nord= deutschen begrifflich mit Deich gleichzusetzen. Wer «auf dem Deich» ist, darf sich vor der Sturmflut geschützt fühlen. Damm ist aber auch der gut ausgebaute Weg, die gepflasterte oder betonierte Straße, auf der es sich besser geht oder fährt als in unwegsamem Gelände. Daher ist man lieber auf dem Damm.

DAMPF

Dampf vor etwas haben: Angst, Sorgen, Beklem= mungen vor etwas haben. — Ursprünglich ist die Bezeich= nung «Dampf» aus Schweiß, Atem hervorgegangen. Wer außer Atem, wer in Schweiß geraten war, hatte ein Gefühl der Beklemmung, fühlte sich bedrängt. Das ist auch die Bedeutung für «Dampf» in der Gaunersprache: unan= genehmes, dumpfes Gefühl.

Dampf dahinter machen: etwas beschleunigen, vorantreiben; rasch erledigen, zur Eile ermuntern, anspor= nen, drängen. — Ein neuerer Ausdruck aus der Welt der Technik, der sich auf den Wasserdampf als Antriebskraft der Dampfmaschinen bezieht.

Seinem Mitmenschen einen Dämpfer aufsetzen: den Übermut, die Ausgelassenheit eines anderen eindämmen; seine Keckheit zügeln, sein Selbstgefühl niederdrücken. — Der Ausdruck stammt aus der Musiksprache, aus der Bezeichnung einer Vorrichtung zur Abschwächung der Tonstärke (italienisch sordino). So wird der Geige eine Klammer auf den Steg gesetzt oder beim Klavier und Cembalo das Pedal getreten, um den Klang einzudämmen. Auch im Englischen und Französischen gibt es ähnliche Wendungen: Französisch etwas « à la sourdine » tun, heißt etwas heimlich machen.

DANAER

Ein Danaergeschenk: ein Geschenk von zweifelhaftem Wert, ja gefahrbringendem oder unheilvollem Charakter. — Von den Danaern sagt der Dichter Vergil: « Was es auch sei, so fürchte ich die Danaer, auch wenn sie Geschenke bringen. » Diese Bemerkung geht auf die Warnung Laokoons an die Trojaner zurück, das von den Griechen bei ihrem Scheinrückzug zurückgelassene hölzerne Pferd mit den in ihm verborgenen Kriegern in die Stadt zu schaffen. Die Trojaner holten das Pferd dennoch in ihre Stadt und überantworteten sich damit den Feinden. Danaergeschenke der heutigen Zeit, die tödliche Gefahr heraufbeschwören, sind vergiftete Kuchen und Pralinen oder das per Post zugestellte Paket, in dem sich eine Höllenmaschine befindet.

DANAIDEN

Ins Danaidenfaß schöpfen: unaufhörlich eine vergebliche Arbeit tun, wie Flüssigkeit in ein Faß mit durchlöchertem Boden schöpfen. — Nach der griechischen Sage haben die fünfzig Töchter des Königs Danaos, die sogenannten Danaiden, in der Brautnacht auf Befehl des Vaters ihre Männer, bis auf einen, ermordet. Wegen dieses Frevels mußten sie zur Strafe in der Unterwelt unablässig Wasser in ein durchlöchertes Faß schöpfen.

Pereat! — Er sei des Todes! (siehe *Daumen*)

DAUMEN

Einem den Daumen halten: einem in seinem Vorhaben mit guten Wünschen beistehen; jemand zu einer
für ihn bedeutsamen Sache Erfolg wünschen. — Dem
Daumen wird von alters her eine übernatürliche, zauberische Kraft beigemessen, die auch in der Volksmedizin
eine große Rolle spielt. So soll der unter die anderen
Finger geklemmte Daumen nachts vor bösen Träumen und
Alpdruck schützen. Dieses Drücken des Daumens, d. h.
das Festhalten des Daumens mit den übrigen Fingern,
stammt aus dem germanischen Brauchtum. Der Daumen
versinnbildlichte den Alben, den Kobold, den man so
festbannte, damit er den Freund, « dem man den Daumen
drückte «, bei seinem Vorhaben nicht störte. Im alten Rom
gab der Daumen bei den Gladiatorenkämpfen das entscheidende Zeichen für Sieger und Besiegten. Nach oben
ausgestreckt bedeutete er Beifall oder Gnade für den Mann
in der Arena, nach unten ausgestreckt hieß « pereat! » = er
sei des Todes! — Noch heute werden bei jeder passenden
Gelegenheit « die Daumen gehalten » oder « gedrückt », —
oftmals, namentlich in Künstlerkreisen, mit der Beschwö-
rungsformel « toi! toi! toi! », die soviel wie « unberufen! »
heißt (siehe Teufel).

Einem den Daumen aufs Auge setzen: jemand hart
zwingen, mit brutaler Gewalt unterwerfen, jemand die
Pistole auf die Brust setzen und ihm Zugeständnisse ab-
ringen oder gar erpressen. — Die Redensart wurzelt in
den rauhen Sitten des alten Kampflebens. Dem im Zweikampf Überwundenen wurde zuletzt gedroht, man werde
ihm das Auge mit dem Daumen ausdrücken, wenn er nicht
um Gnade bitte und sich endgültig geschlagen gebe. Eine
abgeschwächte Variante dieser Redensart ist die Wendung: *jemand eins auswischen,* nämlich ein Auge! Denselben Ursprung und gleichen Sinn hat der grausame
Ausdruck: *jemand das Messer an die Kehle setzen.*

Über den Daumen peilen: etwas grob, ungenau abschätzen, etwas in großen Zügen zusammenstellen, arrangieren. — Ein Ausdruck, der aus dem Seemanns=leben in die allgemeine Umgangssprache übergegangen ist. Peilen heißt in der Schiffahrt, ebenso in der Luftfahrt, den Standort bestimmen, die Richtung festlegen. «Über den Daumen peilen» ist die einfachste, aber auch ungenaueste Art der Standortsbestimmung. Wenn jemand sagt «Ich bekomme über den Daumen gepeilt 500 DM», so will er damit ausdrücken, daß er rund 500 DM bekommt.

Den Daumen auf etwas halten: etwas nicht heraus=rücken wollen, etwas in seiner Interessensphäre halten. — Der Daumen als stärkster Finger gilt hier stellvertretend für die ganze Hand. Nach altdeutschem Recht war die Handgebärde rechtsverbindlich (siehe Hand). Wird der Daumen auf etwas gelegt oder gehalten, so unterliegt die Sache der Gewalt des Berührenden. Andererseits spielt er auch beim Geldausgeben eine besondere Rolle. Mit dem Druck des Daumens wird das Geldstück aus der Hand entlassen oder einbehalten. Die beredte Geste der Be=wegung von Daumen und Zeigefinger bedeutet schlechthin «Geld» — entweder «das kostet etwas» oder im Sinne von «ich habe kein Geld». Ein Mensch, der «*den Daumen auf den Beutel hält*», gilt als geizig oder zum mindesten sehr sparsam.

Einem Daumenschrauben aufsetzen: jemand hart zusetzen, jemand zu etwas zwingen, im gleichen Sinne wie «den Daumen aufs Auge setzen». — Die Redensart ist der mittelalterlichen Folter entlehnt. Die eiserne Daumen=schraube wurde bei Kriminalprozessen dem Angeschul=digten an das mittlere Gelenk des Daumens gelegt und angezogen, um ein Geständnis zu erpressen. Wem heut=zutage «Daumenschrauben aufgesetzt» werden, der unterliegt einem Zwang oder einer Erpressung mit beson=ders verwerflichen Mitteln.

Unter einer Decke stecken ...

DECKE

Unter einer Decke stecken: im geheimen Einver=
ständnis mit jemand sein; in Verschwiegenheit oder auch
als Komplice mit jemand zusammenarbeiten. — Die
Redensart wurzelt in altgermanischen Kult= und mittel=
alterlichen Rechtsbräuchen. Es wird an den nordgerma=
nischen Brauch der «Blutsbrüderschaft» erinnert, die im
feierlichen «Rasengang» geschlossen wurde. Es wurde ein

breiter Rasenstreifen ausgestochen, dessen Enden auf dem Boden liegen mußten, in der Mitte mit einem Speer gestützt. Unter dieses Zelt traten die Männer, die sich verbünden wollten, ließen einige Tropfen ihres Blutes auf die Erde träufeln und schwuren einander so unter der Rasendecke Treue bis in den Tod, «bis uns der Rasen deckt». Eine zweite Erklärung: Die Decke, insbesondere die Bettdecke, hat im mittelalterlichen Eherecht hohe Bedeutung. Erst der öffentlich vorgenommene «Bettsprung», bei dem die Brautleute unter Zeugen ins Bett gingen und die Decke über sich schlugen, machte die Ehe rechtskräftig. In den höfischen Ritterepen ist zu lesen, daß die Helden oft zu zweien geschlafen haben, namentlich, wenn auf der Burg nicht genügend Platz war. Wenn Waffengenossen so «unter einer Decke steckten», war es selbstverständlich, daß sie auch sonst im Leben zusammenhielten. Der Ausdruck war damals noch ohne den unangenehmen Beigeschmack, der sich offenbar im Laufe der Zeit eingeschlichen hat.

Sich nach der Decke strecken: nicht mehr ausgeben, als man hat; seinen Verhältnissen entsprechend leben. — Humorvoll=bildhaft wird hier das Vermögen der Bettdecke gleichgesetzt. Wer eine große Bettdecke hat, kann sich nachts legen, wie er will; wer aber nur eine kleine besitzt und weder am Kopf noch an den Füßen frieren will, muß sich eben nach der Decke strecken. Bei Goethe kehrt die seit dem 17. Jh. bekannte Redewendung in den Versen wieder: «Wer sich nicht nach der Decke streckt, dem bleiben die Füße unbedeckt.»

Vor Freude an die Decke springen: sich unbändig freuen. — Übertriebener Ausdruck für hohes Glücks=gefühl.

An die Decke gehen: sehr wütend, ergrimmt, erbost sein. — Übertreibung des Ausdrucks «hochgehen». Seit Anfang des 20. Jh.

DECKEL

Eins auf den Deckel kriegen: gemaßregelt oder zurechtgewiesen werden. — Der Deckel kann als Dach des Topfes gelten, in diesem Sinne auch «eins aufs Dach (s. d.) kriegen»; andererseits erscheint um 1800 in der Sprache der Studenten, Soldaten und Handwerksburschen Deckel für Mütze, ähnlich also «eins auf die Mütze oder auf den Hut (s. d.) kriegen» für «ausgescholten werden».

DENKEN

Jemand einen Denkzettel geben: einen Tadel, einen Verweis erteilen, eine Strafe auferlegen; eine länger an-haltende Erinnerung einprägen, damit er eine Person oder Sache nicht vergißt; auch Prügel verabreichen. — Der «Denkzettel» war ursprünglich im hansischen Recht (15. Jh.) eine Vorladung, eine amtliche Benachrichtigung. Luther gebraucht den Denkzettel schon als Merkblatt für Dinge, die man nicht vergessen darf. In den Lateinschulen wurden die Denkzettel zu Sündenregistern der Schüler, die, wenn «das Maß voll war», mit Prügel verbunden waren. In diesem Sinne wird der Ausdruck noch heute gebraucht. — Die älteste literarische Form des Denkzettels findet sich in der Bibel 4. Mose, 15, 37 ff: «Und der Herr sprach zu Mose: ,Rede mit den Kindern Israel und sprich zu ihnen, daß sie sich Quasten machen an den Zipfeln ihrer Kleider samt allen ihren Nachkommen, und blaue Schnüre auf die Quasten an die Zipfel tun; und sollen euch die Quasten dazu dienen, daß ihr sie ansehet und gedenket aller Gebote des Herrn.' »

DEUT

Keinen Deut wert sein: so gut wie nichts wert sein, eine geringfügige Sache. — Der Deut war früher die kleinste holländische Münze mit geringem Wert, die man auch in Deutschland kannte. Dazu *ich kümmere mich kei-nen Deut darum!* Ähnlich wie Deut meint auch «Pfiffer-ling» bedeutungslos in *keinen Pfifferling wert sein.*

DEUTSCH

Deutsch mit jemand reden: geradheraus, offen, ohne Umschweife, ohne Hintergedanken, ja grob, schroff und derb reden. — Bei Hans Sachs lesen wir: «Wilt das ichs teutscher sagen soll?» und bei Schiller: «Wo will das hinaus — rede deutscher!» («Räuber»). Mit dem Worte «deutsch» verbindet sich hier seine ursprüngliche Bedeutung, denn es wurzelt im Althochdeutschen «diot», das «Volk» heißt. Deutsch war also die Volkssprache, im Gegensatz zum Lateinischen der Gebildeten. Im Deutschen konnte man sich klarer, einfacher und verständlicher ausdrücken. — «Latine loqui» bei den Römern und «parler francais» bei den Franzosen hat denselben Sinn von «kein Blatt vor den Mund nehmen».

DICK

Sich dicketun: protzen, prahlen, sich aufspielen. — Geht auf die Volkssprache zurück, in der die Reichen eines Ortes «die Dicken» hießen. Wer sich dicketut, täuscht einen Begüterten und Mächtigen vor.

Etwas dick haben: einer Sache überdrüssig sein, es satt haben, im Sinne «jetzt wird mir's zu bunt!» — Hier hat «dick» noch die alte Bedeutung (wie auch im Altfriesischen «thikke») von dicht, oft, häufig. Wer eine Sache zu oft erlebt, wird ihrer überdrüssig.

Mit einem durch dick und dünn gehen: ihm ohne Vorbehalt, blindlings folgen. — Eigentlich durch Kot und Wasser, aber auch mit jemand durch Dickicht und Lichtungen des Waldes marschieren.

Es faustdick hinter den Ohren haben siehe Ohr.
Dicke Luft siehe Luft.

DING

Aller guten Dinge sind drei lautet eine Redensart, bei der die Betonung auf der «Drei» liegt. — Die Drei ist seit alters eine Zahl von hoher kultischer Bedeutung.

Der Ausdruck wurzelt in der alten deutschen Rechts=
sprache. «Ding» ist hier nicht «Sache», sondern das alt=
deutsche Gericht, die Gerichtsversammlung oder Gerichts=
verhandlung, das «thing». Der Angeklagte mußte drei=
mal zum Ding oder Gericht geladen werden; erschien er
auch beim dritten Male nicht, wurde er in Abwesenheit
verurteilt. Auch in *einen dingfest machen* für verhaften
steckt noch diese Bedeutung.

Ein Ding drehen: einen Streich spielen; in verstärk=
tem Maße: ein Verbrechen begehen. — Stammt aus der
Gaunersprache, wo «Ding» als verhüllende Umschreibung
für «Verbrechen» gebraucht wird. Ähnlich die Wendung
einem ein Ding verpassen für «ihm eins auswischen».

Nicht mit rechten Dingen zugehen: auf rätselhafte,
unverständliche, unerklärliche Weise zugehen. — Im
Mittelhochdeutschen hat «Ding» eine Bedeutungswand=
lung durchgemacht. In «nicht mit rechten Dingen zu=
gehen» meint es noch «Zustand, Lage», während es
später in

Guter Dinge sein den Sinn von «Laune, Stimmung,
Heiterkeit, Zuversicht» erhalten hat. «Ding» hat sich
schlechterdings zu einem Allerweltswort entwickelt. Es
kann bei *jungem Ding* junges Mädchen oder *dummem
Ding* unreifes Mädchen bedeuten, sowohl liebenswürdig
als auch geringschätzig gedacht, während *Dings* ein
Gegenstand im verächtlichen, herabsetzenden Sinne, wie
«Zeugs» (s. d.), ist. Häufig wird es als Ersatz= und Ver=
legenheitswort für eine absichtlich nicht genannte oder
vergessene Person verwendet: *Ich traf gestern Fräulein
Dings.* Es kann aber auch Person *und* Sache darstellen, wie
Dingsda: Herr Dingsda, Frau Dingsda oder einen Ort, wie
beim *Vetter aus Dingsda* in der Operette von Eduard
Künneke. Ebenso *Dingskirchen*, zusammengesetzt aus
«Dings» und «kirchen», der alltäglichen und vertrauten
Endung von Orts= und Personennamen, für «irgendwo
und irgendwer» *(Dingsbums)*.

DRAHT

Auf Draht sein: auf der Höhe, tüchtig sein; sich ständig für Aufgaben bereit halten. — Man erinnert an das niederdeutsche «auf dem Faden sein», wobei Faden nicht nur Zwirns= oder Seidenfaden, sondern auch Draht bedeutet. Was sorgfältig genäht — «auf dem Faden» — ist, das ist in Ordnung. Aber auch die Elektrotechnik hat dem Draht die gebührende Volkstümlichkeit in der Sprache gegeben. Bismarck erklärte 1891 der Wiener Neuen Freien Presse: «Der Draht ist abgerissen, welcher uns mit Rußland verbunden hat.» *Einen Draht zu einer bestimmten Person haben* oder *der Draht zwischen zwei Ländern oder Personen ist gerissen* kommt offenkundig aus dem Fernmeldewesen.

Drahtig sein: fähig, energisch, tauglich, tüchtig sein; so hart aber auch so biegsam wie Draht. — Im Zu= sammenhang mit Draht finden wir noch die humorvollen Ausdrücke *Drahtverhau* für Dörrgemüse (aus dem Ersten Weltkrieg), *Drahtesel* für Fahrrad und *Drahtkommode* für Klavier. Der

Drahtzieher ist ein Bild aus dem Marionettenspiel und bezeichnet den Mann, der hinter den Kulissen seine Puppen am Draht oder an der Schnüre führt. Der Draht= zieher ist also jemand, dessen Lenkungskünste nicht in Erscheinung treten.

Draht heißt in der Gaunersprache Geld. — Ur= sprünglich hieß es *Zwirn*. Wie erwähnt, gewannen Zwirn, Faden und Draht gleiche Bedeutung, und allmählich trat Draht an die Stelle von Zwirn. Andere Ausdrücke für Geld: «Kohlen, Mäuse, Möpse, Pinkepinke, Penunzen, Kies, Knöpfe, Pulver» usw. (Siehe auch *Geld, Münzen* und *abknöpfen.*)

DRECK

Dreck am Stecken haben: kein reines Gewissen haben, etwas auf dem Kerbholz haben, eine Schuld mit sich herumtragen, « Butter auf dem Kopfe haben ». — Ist jemand (auch bildlich) durch den Schmutz gegangen, mag er sich noch so ändern, an seinem Stecken bleibt immer etwas haften, das gegen ihn spricht.

Durch Dreck und Speck: durch dick und dünn (s. d.) gehen, jemand blindlings und ohne Vorbehalt folgen. — « Speck » unterstreicht das Schmierige im Dreck und Schmutz. Beide Wörter sind in Lautgleichheit miteinander verknüpft. Sie gehören zu den formelhaften Wendungen mit End= oder Stabreim, wie Sack und Pack, Saus und Braus, Schimpf und Schande.

DREIZEHN

Jetzt schlägt's dreizehn! sagt man angesichts eines außerordentlichen, erstaunlichen, ungewöhnlichen, vielleicht unerwünschten Vorfalls. — « Dreizehn ist des Teufels Dutzend. » Die Zahl gilt als Unglückszahl und wird daher in vielen Hotels als Zimmernummer ausgelassen. Die Uhren schlagen nur bis zwölf; tritt etwas — meist Unangenehmes — völlig überraschend ein, hat es für den Abergläubischen dreizehn geschlagen!

DRUCK

Jemand unter Druck setzen: jemand bedrohen, ihm Furcht einjagen, ihn einschüchtern, die Pistole auf die Brust setzen, ins Bockshorn jagen. — Nach dem Bild eines unter Druck gesetzten Dampfkessels.

Im Druck sein: sich in augenblicklicher Notlage, in Bedrängnis, in prekärer Situation befinden. — Auch

In Druck kommen: in Bedrängnis kommen.

Sich drücken: heimlich weggehen. — Aus der Jägersprache. Eigentlich « sich klein machen ». Der Hase « drückt sich » vor seinen Feinden in die Furche, um nicht entdeckt zu werden. In diesem Zusammenhang der

Drückeberger: Faulenzer, Tagedieb. Ferner « Wissen, wo der Schuh drückt » s. Schuh.

DUMM

Bedeutet dumpf, ohne Geschmack und Würze. Matthäus 5, 13: «Ihr seid das Salz der Erde. Wo nun das Salz dumm wird, womit soll man's salzen? Es ist hinfort zu nichts nüt= ze...» Auch = stumpf= sinnig, taub (daher ber= linisch «doof» = däm= lich).

Viele große Gei= ster haben sich ebenso eingehend mit der Dummheit wie mit der Klugheit beschäftigt. Ein dummer Mensch

Dummheit mit Löffeln gegessen

wird als zurückgeblieben, einfältig, töricht, geistesarm, engstirnig und beschränkt bezeichnet. Aber diese Aus= drücke reichen bei weitem nicht aus, um eine so allgemein verbreitete Erscheinung auch nur halbwegs zu definieren, was helle Köpfe oft in brillanten Formulierungen versucht haben, ohne deshalb klüger geworden zu sein. Nach Nestroy ist sie durchaus keine Schwäche, sondern eine Stärke, denn sie ruht wie ein Fels im Meer des Verstandes! «Die Einfachheit des Geistes ist die Dummheit, die des Herzens Unschuld», sagt der mit reichen Erfahrungen ge= segnete Casanova. Paul Ernst meint: «Unergründlich ist nur die Dummheit!» Der Spötter Oscar Wilde hingegen erklärt: «Es gibt nur eine Sünde — das ist Dummheit!» und Schiller klagt: «Mit der Dummheit kämpfen Götter selbst vergebens!» Goethe drückt es härter aus: «Das Menschenpack fürchtet sich vor nichts mehr als vor dem

Verstande; vor der *Dummheit* sollten sie sich fürchten!»
Geben wir noch eine Prise französischen Charmes hinzu.
La Rochefoucauld findet: «Ein geistreicher Mann würde
ohne die Gesellschaft von Dummköpfen oft in Verlegen=
heit sein!» und Molière schlußfolgert: «Ein gelehrter
Dummkopf ist ein größerer Dummkopf als ein unwissen=
der Dummkopf!»

Ist es ein Wunder, daß die Dummheit uns in unse=
ren Redensarten vielfach begegnet? Etwa als *stockdumm,*
saudumm, dummer als dumm, dumm wie die Sünde oder
in Wendungen wie: *mit Dummheit geschlagen* (ähnlich
dem biblischen Ausdruck: «mit Blindheit geschlagen»),
die Dummheit mit Löffeln gegessen und als Bezeichnung
außergewöhnlicher Dummheit, *wenn Dummheit weh täte,*
müßte er (natürlich auch sie) *den ganzen Tag schreien!* Er
ist aus *Dummsdorf,* sagt man von einem hoffnungslos
Beschränkten. «*Sie denken wohl, daß Sie mich für dumm*
verkaufen können?» fragt mit Recht schnippisch die junge
Dame, die man für einfältig gehalten hat. Wenn von einem
gesagt wird, er sei

Dummer als es die Polizei erlaubt, findet diese seit
1870 bekannte Wendung eine höchst aktuelle Erklärung:
Natürlich kann die Polizei die Dummheit weder erlauben
noch verbieten, aber es gibt heute schon eine ganze Reihe
höchstrichterlicher Entscheidungen gegen Bürger, die ihre
aus Dummheit geborene Unwissenheit hinsichtlich neuer
Gesetze damit begründen wollen, daß sie weder die Zei=
tung lesen noch den Rundfunk hören. Der Staatsbürger
ist verpflichtet, sich zu informieren, — das wäre sozusagen
ein erster Schritt gegen die Dummheit.

Dumm geboren und nichts hinzugelernt, dumm
wie Bohnenstroh (s. Bohne) und *jemand dumm kommen,*
nämlich frech werden, sind überall geläufige Ausdrücke.
Man muß nur aufpassen, daß man am Schluß *nicht der*
Dumme ist, das heißt der Benachteiligte oder gar der Be=
trogene, dann geht alles gut!

DUNST

Keinen blassen Dunst von etwas haben: **keine Ahnung haben.** — Dunst, bei Goethe im Faust noch «Dust» (genau wie im Englischen «dust»), ist der in ein Nichts zerrinnende Staub. Ähnlich *keinen Schimmer haben*, nicht einmal ein Dämmerlicht ist ihm aufgegangen. *Bei ihm dämmert's.* Übertrieben «keinen Schimmer einer Ahnung haben».

Einem blauen Dunst vormachen: einem «etwas vorspiegeln», jemand blenden, täuschen, narren, ihm etwas weismachen wollen. — Nach altem Brauch ließen die Zauberer vor ihren Experimenten blauen Dunst aufsteigen (so Klingsor in Wagners «Parsifal»), damit die Zuschauer ihnen nicht allzu genau auf die Finger sehen konnten.

Dunst kriegen: gescholten werden, angefahren, getadelt werden. — Aus der Soldatensprache. Beim Einschlag einer Granate entwickeln sich Staub, Dunst und Dampf.

DURCHFALLEN s. KORB

DURCHSTECHEREI

Durchstechereien machen: heimliche Machenschaften (oft mehrerer Personen) betrügerischer Art. — Die Redensart geht auf das Fußturnier zurück, bei dem die Kämpfer über eine Schranke hinweg stechen mußten. Es war streng verboten, unter der Schranke hindurchzustechen und die ungeschützten Beine zu verletzen. Das galt als hinterlistig. Dieser Sinn von Heimtücke liegt auch heute noch in der Redensart.

E

ECKE

Jemand um die Ecke bringen: ihn still aus dem Wege räumen, jemand heimlich umbringen. — Wer um die Ecke biegt, entschwindet den Augen, ist nicht mehr sichtbar. So in Brechts «Dreigroschenoper»: «Und ein Mensch geht um die Ecke, den man Mackie Messer nennt.»

EHRE

Jemand die Ehre abschneiden: jemand herabsetzen, verleumden, lästern, verächtlich machen. — Oft in der Form «er ist ein Ehrabschneider», Verleumder, gebraucht. Erinnert an die altdeutsche Strafe, dem Verleumder das lange Gewand abzuschneiden, in welch beschämender Tracht er dann herumlaufen mußte.

EI

Das Ei des Kolumbus ist sprichwörtlich geworden für die überraschend einfache Lösung einer schwierigen Frage. — Nach der ersten Reise des Kolumbus gab Kardinal Mendoza dem Entdecker zu Ehren ein Mahl, bei dem der Kardinal meinte, daß die Entdeckung der Neuen Welt eigentlich gar nicht so schwer gewesen sei. Kolumbus nahm daraufhin ein Ei und fragte, wer von der Tafelrunde das Ei auf eine seiner beiden Spitzen stellen könne. Als alle verneinten, nahm der Admiral das Ei und schlug das eine Ende auf den Tisch — und das Ei stand. Der Sinn der Redensart ist, daß man zur Lösung einer schwierigen Aufgabe im rechten Augenblick eben den richtigen Einfall haben müsse.

Mit «Ei» sind eine ganze Reihe von Ausdrücken zusammengesetzt:

Wie aus dem Ei geschält (berlinisch *gepellt*): adrett, sauber, reinlich, blitzblank, elegant gekleidet sein. *Sich gleichen wie ein Ei dem anderen* ist schon bei Cicero zu finden. *Einen wie ein rohes Ei behandeln* — jemand äußerst vorsichtig behandeln. Wenn einer *wie auf Eiern geht*, so geht er behutsam und vorsichtig. Man denkt dabei an ängstliche Menschen, die überall fürchten anzustoßen. Wenn sich einer mit behenden Worten um heikle Dinge herumdrückt, so *führt er einen wahren (regelrechten) Eiertanz auf*, wie Goethes Mignon vor Wilhelm Meister. Und *wenn sich einer gar um ungelegte Eier kümmert*, so macht er sich Sorgen um Dinge, die noch gar nicht spruchreif sind oder die ihn überhaupt nichts angehen.

Jemand einwickeln

EINWICKELN

Jemand einwickeln: jemand für sich gewinnen, übervorteilen, betrügen. — Das Bild stammt vom Kleinst= oder Wickelkind, das «eingewickelt» alles willenlos über sich ergehen lassen muß, weil es sich nicht bewegen kann.

EIS

Jemand aufs Glatteis führen: irreführen, täuschen, prellen, hintergehen; in gemildertem Sinne auch: jemand mit verfänglichen Fragen in Gefahr bringen, ihm eine Falle stellen; jemand auf die Probe stellen, damit er ausgleitet. — Auf dem Eise kommt einer leicht ins Schwanken und Straucheln.

Eisbeine kriegen: kalte Füße bekommen. — «Eisbein» (Schienbein des Schweines) ein in Deutschland be=

liebtes Gericht. Früher wurden aus diesem Knochen im Norden Schlittschuhe gemacht, daher Eisknochen oder Eis= bein. Hier ein humorvolles Wortspiel.

EISENBAHN

Es ist die höchste Eisenbahn: Es ist die höchste Zeit, es ist brandeilig. — Aus der Posse des Berliner Satirikers Adolf Glaßbrenner «Ein Heiratsantrag in der Niederwall= straße». In ihr hält ein zerstreuter Briefträger um die Hand der Tochter eines Stubenmalers an. Plötzlich stürzt er davon, weil die von Leipzig eingetroffenen Briefe ausge= tragen werden müssen, wobei er sich in der Eile mit den Worten verabschiedet: «Es ist die allerhöchste Eisenbahn, die Zeit ist schon vor drei Stunden angekommen.»

ELEND

Im Elend sein: In Armut, Not, Drangsal, Kümmer= nis, Qual, Krankheit. — Ein Zeugnis der großen Heimat= liebe der Germanen, die das Leben im «Elend», das ist in der «Fremde» (auch Verbannung, Heimatlosigkeit) als beklagenswertes Los ansahen.

Das graue Elend haben: völlig niedergeschlagen, in tiefer seelischer Depression sein. — «Grau in grau» ist im Gegensatz zu «rosig» die Farbe der Asche, der Buße, des Schuldbewußtseins, der Einkehr. Das «graue Elend» ist vor allem in der Gaunersprache heimisch geworden, wobei eine Lautähnlichkeit mit einem seit hundert Jahren ge= fürchteten Arbeitshaus in Graudenz eine Rolle gespielt haben mag. — Das *heulende Elend* hat der Bezechte, der in hemmungsloses Weinen ausbricht und hinterher wie *ein Häufchen Elend* aussieht.

ELSTER s. RABE

ENDE

Das dicke Ende kommt nach: Das Schlimmste kommt zuletzt; im Sinne: «es wird noch eine unangenehme

Überraschung geben.» — Aus der Soldatensprache. Frü=
her drehten die Soldaten im Nahkampf das Gewehr um
und schlugen mit dem Kolben, mit dem «dicken Ende»,
aufeinander los. Auch bei der zivilen Rauferei wird häufig
der Stock umgedreht, weil das dickere Ende wuchtiger ist.

Das Ende vom Lied: der unerfreuliche, traurige
Ausgang einer Sache. — Erinnert an den Schluß eines
Volksliedes, das häufig traurig endet. Weitere Wendungen
dieser Art sind *da ist das Ende von weg!,* ein Berliner Aus=
druck für «das ist ein starkes Stück!» und die berühmte
Schraube ohne Ende, siehe Schraube.

ENTE

Eine Ente: eine lügenhafte Nachricht. — Unsere
«Zeitungsente» ist die Übersetzung für das französische
canard, das sowohl Ente als auch Flugblatt und später die
Falschmeldung bedeutet. Es gibt kein Tier, über das so
viele Fabeln verbreitet worden sind wie über die Ente.
Schon zu Luthers Zeiten sind die «blauen Enten» eine Be=
zeichnung für Schwindel. Die Ente ist als Brüterin sehr
unzuverlässig. Das hat ihr wahrscheinlich den schlechten
Ruf eingetragen.

ENTRÜSTEN s. HARNISCH

ERPICHT SEIN s. PECH

ESEL

Jemand einen Eselstritt geben: verächtliches Be=
nehmen gegenüber einem einst Angesehenen, der gefallen
ist; seinen Mut an einem ehemals Mächtigen und nun Ge=
stürzten auslassen. — Nach der Erzählung des Phädrus,
des ersten lateinischen Fabeldichters, in welcher der Esel,
als er sah, wie Stier und Eber einen sterbenden Löwen
mißhandelten, dem König der Tiere zum Schluß mit seinem
Huf die Stirn einschlug.

Eselsohr: die umgebogene Ecke einer Buchseite. — Die Ohren des Esels klappen oft wie Hundeohren um.

Eine Eselsbrücke benutzen: sich unerlaubter Hilfs-mittel bedienen (bei Schülern); sich's bei der Lösung von Aufgaben bequem machen. — Die Redensart spielt auf die weitverbreitete Meinung an, der Esel sei dumm und faul — eines der typischen Fehlurteile! (Daher *alter Esel* oder *das war eine Eselei!*) Es wird damit angedeutet, daß der «faule» Esel eine Brücke braucht, um über den Gra-ben zu kommen, während das Pferd hinüberspringt.

ESPE

Zittern wie Espenlaub: heftig zittern. — Die Blät-ter der Espe oder Zitterpappel beginnen mit ihrem merk-würdig drehbaren Stiel schon beim leisesten Luftzug zu zittern. Nach der Legende soll dies eine Folge des Hoch-mutes dieses Baumes sein, der beim Tode Christi als ein-ziger unbeweglich geblieben sei. Dafür sei er mit ewiger Unruhe bestraft worden. In Schweden und Schottland ist der Aberglaube verbreitet, das Kreuz Christi sei aus der Espe gefertigt worden, die deshalb nicht mehr zur Ruhe kommen könne.

ESSE s. SCHORNSTEIN

ETEPETETE

Ist die aber etepetete: ist die aber zimperlich, über-vornehm, peinlich ordentlich. — Ironisierte Verdoppelung des niederdeutschen Wortes ete, öte = geziert.

EULE

Eulen nach Athen tragen: etwas Überflüssiges, Wirkungsloses, ja Absurdes, Widersinniges tun. — Die Eule ist als Sinnbild der Weisheit Athene beigegeben, der Schutzgöttin Athens. Da der Vogel dort sehr häufig vor-kam und sein Bild überall, auch auf den Münzen, den sogenannten «Eulen», erschien, so galt es als überflüssig, Eulen nach Athen zu tragen. Im Deutschen in ähnlichem Sinne üblich: *Bier nach München bringen,* niederdeutsch: *Water in de See dragen* oder *Bäckerkindern Stuten schenken.*

F

F

Nach dem Schema F erledigen: etwas bürokratisch behandeln. — Im preußischen Heere waren sogenannte Frontrapporte üblich, die mit einem F bezeichnet wurden. Das Muster solcher Frontrapporte, die nach bestimmten Gesichtspunkten aufzusetzen waren, wurde kurz «Schema F» genannt.

Etwas aus dem ff verstehen: etwas ausgezeichnet können, eine Sache gründlich beherrschen, mit ihr bestens vertraut sein. — Aus der Rechtssprache. Die Pandekten (griechisch «alles enthaltend»), ein wesentlicher Teil des Corpus juris, der Justinianischen Gesetze, wurden unter dem lateinischen Namen «Digesten» mit der Signatur *D* geführt. Dieses *D* war durchstrichen und sah deshalb einem FF sehr ähnlich. Wer den Inhalt der Pandekten meisterte, wurde mit der Redensart bedacht: «Er versteht seine Sache aus dem ff.» Daher auch die Form: «Etwas aus dem ff beweisen (aus den Digesten, aus dem Corpus juris).» Dazu paßt die elsässische Wendung: «Dies ist einer us dem ff — ein Pfiffikus.»

FACKEL

Nur nicht lange gefackelt: Frisch vorwärts, nicht gezögert! Nur keine Flausen machen. — Hergeleitet aus dem altdeutschen Wort facken (hin und her bewegen). Aus «facken» ist «fackeln» geworden, was den gleichen Sinn ergibt: die offene Flamme der Fackel schwankt unstet hin und her.

FADEN

Den Faden verlieren: nicht weiter wissen; verges= sen, was man eigentlich sagen wollte. — Bezieht sich auf den «Ariadnefaden» der griechischen Sage, das Garn= knäuel, das Ariadne, die Tochter des Königs Minos von Kreta, dem geliebten Theseus gab, damit er sich aus dem Labyrinth wieder herausfände. Er durfte also nicht den Faden verlieren. Daraus ist auch der *Leitfaden* in der Wis= senschaft entstanden, ein Lehrbuch, durch das man sich in ein Fach hineinfindet. Ein abgenutzter Wollstoff ist *faden= scheinig,* weil die einzelnen Fäden an ihm sichtbar werden. Im übertragenen Sinne gilt auch ein angeblicher Beweis oder eine Begründung als «fadenscheinig», wenn sie als Ausrede zu durchschauen ist. Nach *Strich und Faden,* so= viel wie gründlich, tüchtig, kommt aus der Weberei (die sich kreuzenden Fadenrichtungen: Kette und Einschlag). *Alle Fäden in einer Hand haben* wurzelt im Puppenspiel (siehe Drahtzieher), und *keinen guten Faden an jemand lassen,* heißt es, wenn von einem nur Schlechtes gesprochen wird.

Es hängt an einem seidenen Faden: Die Lage ist sehr bedrohlich. — Nach germanischer Vorstellung span= nen die Schicksalsgöttinnen den Lebensfaden der Men= schen, den sie ebenso wieder zerschneiden konnten, wenn das Leben zu Ende gehen sollte: Von der Stärke des Fa= dens erschien die Lebensdauer des Menschen abhängig. Hing sein Leben nur noch an einem seidenen Faden, drohte ihm tödliche Gefahr. — Auf die antike Sage vom lobprei= senden Damokles geht diese Redensart nicht zurück, da über dessen Haupt ein Schwert am Roßhaar aufgehängt worden war (siehe Haar).

Der rote Faden, der sich durch eine Sache zieht, ist eine vielangewendete Redensart aus Goethes «Wahlver= wandtschaften». Der Dichter erklärt ihren Ursprung im 2. Kapitel des 2. Teils: «Wir hören von einer besonderen Einrichtung bei der englischen Marine. Sämtliche Tau=

Es hängt an einem seidenen Faden

werke der königlichen Flotte, vom stärksten bis zum schwächsten, sind dergestalt gesponnen, daß ein roter Faden durch das Ganze durchgeht, den man nicht herauswinden kann, ohne alles aufzulösen, und woran auch die kleinsten Stücke kenntlich sind, daß sie der Krone gehören. Ebenso zieht sich durch Ottiliens Tagebuch ein *Faden* der Neigung und Anhänglichkeit, *der alles verbindet und das Ganze bezeichnet.* »

FAHNE

Die Fahne hochhalten: zu einer Sache stehen. — Die Fahne hat seit je hohe symbolische Bedeutung als Sinnbild des Kampfwillens. Solange sie frei im Winde flattert, ist die kriegerische Auseinandersetzung noch im Gange, wird sie gesenkt, so heißt das Niederlage. — Auch *die Flagge streichen* gehört hierher. Wird sie eingezogen (gestrichen), kann das Abbruch des Kampfes bedeuten. In der Marine wird die Flagge jedoch auch bei Sonnenuntergang niedergeholt (Flaggenparade). Bei *Fahnen auf halbmast (halbstocks),* wird die Fahne zum Zeichen der Trauer auf halbe Höhe gesetzt. Die Wendung *die Segel streichen* wird heute im geistigen Kampf als Ausdruck einer Niederlage gebraucht. In früheren Seekämpfen strichen die Schiffe, die zur Kapitulation bereit waren, ihre Segel.

Eine Fahne haben: nach Alkohol riechen. — Moderner burschikoser Ausdruck für Bezechte, abgeleitet von der Rauchfahne.

FAHREN

Was ist in dich gefahren? sagt man zu einem, dessen unerwartete Handlung man mißbilligt. — Die Wendung beruht auf der alten Vorstellung, daß der Teufel in den Menschen fährt und seinen Geist verwirrt. Konnte sich der Teufel jedoch nicht im Menschen halten, so mußte er den Körper wieder verlassen. Das tat er unter Hinter-

Einem Fallstricke legen ...

lassung eines üblen Schwefelgestanks. Daher der Ausdruck *er ist abgestunken* = er ist durchgefallen (als Schauspieler oder Redner).

FALLSTRICK

    Einem Fallstricke legen: ihm zu schaden suchen, ihn
in eine gefährliche Lage locken; jemand zu einem Fehltritt
verleiten, wodurch ihm Schaden entsteht. — Fallstricke
waren im früheren Jagdwesen Stricknetze, in die sich
Vögel und andere Jagdtiere verfingen. Ähnlicher Ausdruck: *jemand eine Falle stellen.* Auch

    Jemand berücken: so bei Mädchen, die durch
Charme, Schönheit und Liebreiz einen Mann gewinnen. —

Ebenfalls aus der Jagdsprache. Die Vogelsteller « rückten » das Netz über den Vogel, um ihn zu fangen.

FANFARE

Fanfare blasen: Trompetensignal zum Angriff.

Schamade blasen: Trompetensignal zum Rückzug. — Die berühmte « Emser Depesche », das Vorspiel zum Krieg 1870/71, redigierte Bismarck, ohne etwas zu ändern oder hinzuzufügen, durch geschickte Zusammenfassung so, daß der überraschte Moltke sagte: « Vorher klang es wie eine Schamade, jetzt wie eine Fanfare! »

FARBE

Farbe bekennen: klare Stellung beziehen; seine Meinung offen darlegen, ehrlich zu erkennen geben. — Aus dem Kartenspiel, in dem man die geforderte Farbe nachspielen muß. Hierzu eine Reihe anderer Ausdrücke wie: *va banque spielen, gute Miene zum bösen (falschen) Spiel machen, die Hand im Spiel haben, alles auf eine Karte setzen, sich nicht in die Karten gucken lassen, seine Trümpfe in der Hand behalten* und *den höchsten Trumpf ausspielen* usw.

FASS siehe BODEN

FAUST siehe AUGE

FECHTEN

Fechten gehen: betteln, um Unterstützung bitten. — Im ausgehenden Mittelalter gab es viele Fechtschulen, in denen auch wandernde Handwerksburschen Unterricht nahmen. Sie zogen dann durch die Lande und zeigten ihre Fechtkunst, wobei sie auf Geld und Gaben der Zuschauer rechneten. So nahm *fechten* im Sprachgebrauch die Bedeutung von « betteln » an *(Fechtbruder)*.

FEDER

Sich mit fremden Federn schmücken: mit dem an=
geben, das anderen (auch geistig) gehört; sich mit Ver=
diensten anderer brüsten. — Nach der Fabel des Phädrus
«Die Krähe und der Pfau», in der es der Krähe schlecht
bekam, daß sie sich mit den Federn des Pfaus aufputzte.

Nicht viel Federlesens machen: kurzen Prozeß
machen, barsch vorgehen, keine Umstände bereiten. —
Die ursprüngliche Bedeutung war, in kriecherischer Schmei=
chelei vornehmen Damen und Herren angeflogene Federn
vom Gewand abzulesen, um sich dadurch bei ihnen be=
liebt zu machen. Das wurde verächtlich als «Federlesen»
(der Federleser) verurteilt. Heute tritt die Redensart nur in
der (verneinten) Form auf, in der Goethe sie auch ge=
braucht hat: «Nicht so vieles Federlesen! Laß mich immer
nur herein.» (Westöstlicher Diwan.)

Der Federfuchser: verächtlicher Ausdruck für
Schreiberling. — «Fuchsen» kommt von «fucken» (wie
«facken») = unruhig hin= und herbewegen, hier peinigen,
martern, plagen, quälen. Einer der die Feder quält, ist ein
solcher Federfuchser (Schiller).

FEHDE

Jemand den Fehdehandschuh hinwerfen: ihn
herausfordern, mit ihm Streit anfangen. — Wurzelt in
ritterlichen Bräuchen des Mittelalters, die oft symbolischer
Natur waren. Ritter durften sich nicht prügeln. Wollte
einer den anderen beleidigen, so warf er diesem als Sinn=
bild eines Schlages den Handschuh vor die Füße. Hob der
Gegner ihn auf, so war der Kampf angenommen. Daher
auch heute noch im gleichen bildlichen Sinne *den Hand=
schuh aufheben.* Siehe Schillers Ballade «Der Handschuh».

FELL

Seine Felle fortschwimmen sehen: seine Hoffnun=
gen schwinden sehen. — Aus dem Berufsleben der Loh=
gerber.

Einem das Fell über die Ohren ziehen: jemand betrügen, prellen, benachteiligen. — Nicht aus dem Jagdwesen, sondern aus der Bauernsprache. Die Redensart bezieht sich besonders auf betrügerische Händler, die arglose
Käufer ausbeuten. Auch der Abdecker zieht das Fell, nachdem die Ohren abgetrennt worden waren, über den Kopf.
«Fell» wird oft derb für die menschliche Haut gebraucht:
ein dickes Fell haben, ihn juckt das Fell, jemand *das Fell
gerben* für prügeln.

Das Fell versaufen: derbe Redensart für «nach
einem Begräbnis im Wirtshaus einen Umtrunk zum Gedächtnis des Toten halten». — In dieser Wendung über-
schneiden sich zwei alte Sitten: der Leichenschmaus zu
Ehren des Verblichenen (Totenopfer) und der bäuerliche
Brauch, den Erlös aus dem Verkauf des Gemeindebullen
gemeinsam zu vertrinken.

FERSE

Fersengeld geben: fliehen, sich davonmachen. —
Seit 1250 in der Rechtssprache bezeugter Ausdruck, beispielsweise Bußgeld für rechtswidriges Verlassen der Ehefrau. Die Wenden durften ihre Ehefrauen verstoßen,
mußten aber dafür ihrem Herrn drei Schilling «Fersengeld» geben. Ebenso wurde im germanischen Volksrecht
das Strafgeld genannt, das der Deserteur zu zahlen hatte.
Die Redensart ist auch im Volkswitz verankert, wohl von
dem Bild des flüchtigen Schuldners, ob Zechpreller oder
Bankrotteur, verursacht, der statt mit springenden Münzen mit springenden Fersen «zahlte».

FETT

Sein Fett bekommen: sich eine Rüge zuziehen;
seine verdiente Schelte, Strafe erhalten. — Im Volksmund
heißt «eine geschmiert bekommen» so viel wie eine Ohrfeige erhalten. So auch im Englischen «schoolbutter» für
Hiebe. Ursprünglich aber ist die Redensart harmlos gemeint: Beim Schweineschlachten und Buttermachen erhielt

jeder sein Fett, je nach Mitarbeit und Bedarf. Die Wendung wurde erst später im ironischen Sinne üblich.

Ins Fettnäpfchen treten: durch eine unbedachte Äußerung es mit jemand verderben; durch Ungeschicklichkeiten jemand kränken, verstimmen. — In erzgebirgischen Bauernhäusern stand zwischen Tür und Ofen ein Fettnäpfchen, mit dessen Inhalt die nassen Stiefel der Heimkehrenden sogleich geschmiert wurden. Wer durch Unbedachtsamkeit das Näpfchen umkippte und so Fettflecken auf der Diele verursachte, zog sich den Unwillen der Hausfrau zu.

FEUER

Für einen die Hand ins Feuer legen: für einen voll einstehen, sich für ihn verbürgen. — Geht auf das mittelalterliche «Feuerurteil» zurück, das in verschiedenen Formen verbreitet war. Der Angeklagte mußte, um seine Unschuld zu beweisen, entweder seine Hand eine Zeitlang ins Feuer halten, mit entblößtem Arm einen Stein aus siedendem Wasser holen («Kesselfang») oder ein glühendes Eisen eine Strecke weit tragen. Der Grad der dabei erlittenen Verbrennungen bestimmte Schuld oder Unschuld des durch «Gott Gerichteten». Die Wunden wurden stets sofort verbunden. Als unschuldig galt nur, wer in kürzester Frist wiederhergestellt war.

Für jemand durchs Feuer gehen: ihm zuliebe das Schwerste auf sich nehmen, die größten Opfer bringen. — Im mittelalterlichen Gottesurteil galt der Gang durchs Feuer oder über glühende Pflugscharen als äußerstes dem Angeschuldigten angebotenes Beweismittel. — Es ist naheliegend, auch an das Feuer zu denken, aus dem einer Mitmenschen oder Hab und Gut unter Gefährdung des eigenen Lebens rettet.

Die Feuertaufe erhalten: während des Krieges zum erstenmal im feindlichen Feuer stehen. — Kommt wörtlich vor im Neuen Testament Matthäus 3, 11.

Mehrere Eisen im Feuer haben: umsichtig sein, für die Zukunft besorgt und vorbereitet sein. — Ein dem Schmiedehandwerk entlehntes Bild. Der Meister, der zugleich mehrere Eisen im Feuer hält, spart Material und Zeit und hat die Wahl, welches Eisen zuerst bearbeitet werden soll. Entsprechend seiner hohen Bedeutung nimmt das Feuer auch im Sprachgebrauch einen großen Platz ein: *Die Feuerprobe bestehen* sowohl prozessuales Beweismittel als auch im Feuer vorgenommene Goldprobe, um die Reinheit des Metalls zu prüfen. Der Sinn ist: prüfen, ob sich ein Mensch in der Not des anderen bewährt. — *Sich die Finger verbrennen* und *auf glühenden Kohlen sitzen* hängt ebenfalls mit dem mittelalterlichen Rechtsbrauchtum zusammen. — *Feuer und Flamme* ist einer, der sich schnell für etwas begeistert, der im Nu *Feuer fängt.* Das *Strohfeuer* hält jedoch meist nicht lange an. Wer *mit dem Feuer spielt,* geht verantwortungslos mit einer ernsten Gefahr um. Man verwendet diesen Ausdruck auch gern im tändelnden Feld der Liebe, im Sinne des Flirts. Ebenso *zwischen zwei Feuer kommen,* was «in doppelte Gefahr kommen» heißt. Man denkt an den Soldaten, der zwischen das Feuer der beiden Fronten gerät; oder an jenen Gutmütigen, der zwei Gegner zu versöhnen versucht, und es dabei mit beiden verdirbt. Das Bild paßt auch recht gut auf jenen Mann, der gleichzeitig in zwei Schönheiten verliebt ist. — *Feuer dahinter machen* (oder *Feuer unterm Frack machen*) sagt man, wenn eine Sache beschleunigt werden soll, und *Feuer im Dach* hat einer, der besonders heißblütig, leidenschaftlich oder gar zornig ist. In humorvollem Sinne bedeutet es auch « rotes Haar » haben, was den Rothaarigen liebenswürdig bestätigt, daß sie zu den Temperamentvollen und nicht zu den Langweiligen gehören.

FIASKO

Er hat Fiasko gemacht: Er ist gescheitert, durchgefallen. — Auf mißglückte Theateraufführungen ebenso wie auf geschäftliche oder politische Unternehmungen angewandt. In Italien wurde durchgefallenen Sängern oder Schauspielern zum Spott eine Flasche (italienisch: fiasco) umgehängt. (Vergleiche unseren verächtlichen Ausdruck « eine Flasche ».)

FINGER

Durch die Finger sehen: Nachsicht walten lassen, milde beurteilen. — Wer durch die Finger sieht, schaut nicht mit vollem Blick. Er kann und will nicht genau sehen, was vorgeht (3. Mose 20,4).

Sich die Finger danach lecken: begierig auf etwas sein. — Aus der Zeit, als man noch nicht mit Gabeln aß und sich die Finger ableckte, damit von den Resten des Mahles nichts verlorengehe.

Aus den Fingern gesogen: aus der Luft gegriffen; etwas Erfundenes, Ausgedachtes behaupten. — Alter Aberglaube bei allen Völkern, daß die Finger eine Mitteilungsgabe besäßen. Später ironisch entstellt. Andere Ausdrücke sind *jemand auf die Finger sehen,* ihn scharf beobachten, und *einen um den Finger wickeln,* nämlich einen Gutmütigen und leicht Lenkbaren, der sich wie Garn um den Finger wickeln läßt.

FISCH

Im trüben fischen: sich Unkenntnis, Unordnung oder Sorglosigkeit anderer heimlich zunutze machen, um zu seinem Ziel zu kommen; Händel stiften, um seinen Vorteil wahrzunehmen. — Aus der Anglersprache, in der es heißt, daß im trüben Wasser die Fische schneller anbeißen.

Weder Fisch noch Fleisch: nichts Halbes und nichts Ganzes, nichts Bestimmtes, nichts Rechtes, ein lauer Mensch. — Die Redensart stammt aus der Reformationszeit. Mit ihr sollten die Wankelmütigen, ewig Lahmen und Unentschlossenen gegeißelt werden, die sich weder zum

Katholizismus, der den Freitag zum Fischtag bestimmte, noch zum Protestantismus, für den es kein Fleischverbot gab, bekannten.

FISIMATENTEN

Fisimatenten: Ausflüchte, nichtige Einwände, Flausen, künstliche Schwierigkeiten machen; sich albern oder zimperlich gebärden. — Möglicherweise ist die Redensart die Entstellung des griechischen Ausdrucks physema (Mehrzahl: physemata), was Aufgeblasenheit, Geschraubtheit bedeutet. Wahrscheinlicher jedoch ist die Erklärung aus der Geschichte vom alten Wappenmaler, der mit den Fremdwörtern auf Kriegsfuß stand. Als er einen Lehrbuben ermahnte, sein Augenmerk mehr auf Schild und Helm und nicht so sehr auf den Zierat, die sogenannten «Visamente», zu richten, rief er aus: «Mach doch nicht dauernd solche Fisimatenten!», und dieser Ausdruck erhielt sich bis heute. Er hat später im 19. Jh. durch zwei französische Wendungen noch einen erheblichen Nachschub erhalten. So leitet man ihn von einem fadenscheinigen Besuchsgrund her, den die französischen Kriegsgefangenen in einem Berliner Gefangenenlager 1813 angeben mußten, um Ausgangsurlaub zu erhalten. «Wohin?» fragte der wachhabende Offizier. «Visiter ma tante!» (Meine Tante besuchen) war die Antwort, die dann von deutschen Posten verballhornt wurde. — Eine andere, noch amüsantere Geschichte besagt: Als die Franzosen wieder einmal Teile unseres Landes besetzt und in sommerlicher Jahreszeit irgendwo ihr Feldlager aufgeschlagen hatten, war das für die neugierigen Bürger verständlicherweise eine ebensolche Attraktion, wie es die lebhaften, fremdartigen Soldaten für die Weiblichkeit waren. Die französischen Soldaten riefen nun den hübschen Mädchen die unmißverständliche Einladung zu: «Visitez ma tente!» (Besuch mein Zelt), und manche brave Bürgersfrau mußte ihrer Tochter, wenn sie spazierengehen wollte, vorher ausdrücklich sagen: «Mach mir keine ‚visitez ma tente'!», wodurch die uralten Fisimatenten neue, kräftige Nahrung erhielten.

FLACHS (FLAX)

Mit jemand flachsen: mit jemand Scherz, Spott, Neckerei treiben. — Zusammengezogen aus «filaxen» = aufziehen.

FLAPS

Er ist ein richtiger Flaps: ein ausgesprochener Flegel. — Kommt vom niederdeutschen «Flappe», der «herunterhängenden Lippe», die bei einem bärbeißigen, trotzigen Menschen das Bild der Flegelhaftigkeit noch verstärkt; «*flapsig*» (Kleist: «Zerbrochener Krug»).

FLASCHE

Er ist eine Flasche: Er ist ein völlig unfähiger Mensch. — Flasche im Italienischen «fiasco», siehe dies.

FLAUSEN

Mach doch keine Flausen: Umschweife, Ausflüchte machen; Vorspiegelungen, törichte Einfälle. — Flausen, ältere Wortform Fausen, das sind Flocken, Wollfasern oder lose Bündel Wolle, die hier dummes Zeug oder lockere Reden versinnbildlichen. Im Gegensatz dazu das solide, feste Gewebe als Symbol der Zuverlässigkeit.

FLECK siehe WESTE

FLEEZEN

Sich fleezen: sich ungesittet benehmen, sich faul hinflegeln und strecken. — Vom pommerschen Fleez gleich Tenne; auf das Benehmen der Drescher anspielend.

FLITTER

Die Flitterwochen verleben: die erste glückliche Zeit der Neuvermählten, die «Kosewochen» verleben. — Hat mit Flitter = Glanz nichts zu tun. Gemeint ist vielmehr die Zeit, in der «gevlittert» wird. Das mittelhochdeutsche «vlittern» bedeutet kichern, flüstern, liebkosen.

FLÖTEN

Er ist flöten gegangen: Er ist verschwunden, verlorengegangen. — Hat mit der Flöte nichts zu tun. Stammt vielmehr aus dem Hebräischen peleta «Flucht des Betrügers», von wo auch «Pleite» kommt. «Peleta» gelangte in portugiesisch=hebräischer Aussprache als «feleta» in die Niederlande und dann als «flöten» nach Deutschland. Diese Erklärung ist schon deshalb nicht von der Hand zu weisen, weil sowohl in «Pleite» als auch in «flöten gehen» der Sinn des Zugrundegehens, des Ruins liegt. Hingegen ist *einem die Flötentöne beibringen* offensichtlich auf den sanften Charakter der Flöte zurückzuführen. Es bedeutet, jemand Höflichkeit lehren, ihm eine feinere Tonart beibringen, aber auch «ihn ins Gebet nehmen».

FOLIE

Als Folie dienen: bescheiden als Hintergrund dienen, von dem sich etwas anderes um so strahlender abhebt. — Der Ausdruck stammt aus der Goldschmiedekunst. Als Folie wird dort das Gold= oder Glanzblättchen bezeichnet, das die Unterlage zur Glanzsteigerung eines Edelsteines bildet. In Schillers «Kabale und Liebe» sagt Luise zu Lady Milford: «Hat Ihre Wonne die Verzweiflung so nötig zur Folie?»

FRACK siehe AST

FRAKTUR

Fraktur mit einem reden: seine Ansicht deutlich und ungeschminkt ausdrücken, deutsch mit einem reden (siehe dies). — Die eckige deutsche Schrift (Frakturschrift) ist kräftiger und ausdrucksvoller als die weiche, rundliche lateinische Schrift (Antiqua). Seit Anfang des 17. Jh. bezeugt, jedoch in den vierziger Jahren des 19. Jh. als Schlagwort der Demokraten weiter bekanntgeworden.

FRANZÖSISCH

Sich französisch empfehlen: sich aus einer Gesellschaft heimlich entfernen, ohne sich zu verabschieden. — Jedes Volk wälzt diese unhöfliche Sitte immer auf ein anderes ab. Im Englischen heißt «to take French leave» (französisch Abschied nehmen) sogar «durchbrennen, ohne seine Schulden zu bezahlen».

FUCHS

Das kann einen fuchsen: das ärgert, erzürnt einen. — Hat mit Fuchs nichts zu tun. Der Ausdruck kommt wahrscheinlich von «fucken» = unruhig hin= und herlaufen, reiben. Daraus sich seelisch reiben, erbosen. Es ist aber auch möglich, daß es eine Umbildung von «vexieren» = quälen, mißhandeln ist.

Wo sich die Füchse gute Nacht sagen: irgendwo in weiter Ferne. — Manchmal sagen sich auch die Wölfe oder Fuchs und Hase gute Nacht, alles Tiere, die menschliche Siedlungen meiden und sich gern in entlegenen Gegenden aufhalten.

Die Flitterwochen verleben

FUCHTEL

Unter der Fuchtel stehen: in strenger Zucht gehalten werden; unbedingten Gehorsam leisten. — Die Fuchtel ist ein unscharfer Degen, dessen Hiebe besonders
schmerzhaft sind. Davon « *herumfuchteln* » und « *fuchtig
sein* » wütend, zornentbrannt sein.

FÜNF

Er kann nicht bis fünf (drei) zählen: er ist ein
großer Dummkopf. — Die fünf Finger waren für den
Naturmenschen das erste Rechengerät. Im römischen
Altertum sagt der Dichter Plautus bereits: « Er weiß nicht,
wieviel Finger er an der Hand hat! »

Fünf gerade sein lassen: etwas nicht so genau nehmen, eine Sache nachsichtig behandeln. — Wer die Fünf
gerade sein läßt, ist nicht so streng in seinem Urteil.

FUSS

Sich auf den Fuß getreten fühlen: gekränkt sein,
sich beleidigt fühlen. — Die Redensart wurzelt in der
altdeutschen Rechtssymbolik. Wer seinen Fuß auf etwas
setzte, nahm davon Besitz, wie der Sieger vom Besiegten.
Der Bräutigam mußte seinen Fuß auf den der Braut setzen,
um zu bekunden, daß er nunmehr Gewalt über sie habe.
Im gewöhnlichen Leben jedoch kommt diese Handlung
einer Kränkung gleich.

Kalte Füße kriegen: Bedenken bekommen, Angst
kriegen, einen Rückzieher machen. — Fritz Reuter
(1810—1874) stellt uns in seinem « Ut mine Stromtid »
einen kartenspielenden Rektor vor, der, als er gewonnen
hat, plötzlich behauptet, « kolle Fäut » — kalte Füße —
bekommen zu haben. Mit dieser Ausrede beendet er das
Spiel und geht mit seinem Gewinn nach Hause.

Auf gespanntem Fuße mit jemand leben: sich nicht
mit ihm vertragen. — Aus dem 17. Jh. stammende
Redensart, die bei Lessing im « Nathan » in der Form « mit

jemand über den Fuß gespannt sein» vorkommt. Daraus leitete man ab: «feindliche Spannung zwischen dem Fuß des einen und dem Fuß des anderen», so daß bei gemein= samem Auftreten Schmerz empfunden wird. Einleuchten= der ist jedoch die Deutung, daß Fuß früher die Bedeutung von Maß, Grundlage hatte (Zinsfuß, Münzfuß). Aus die= ser Wendung stammen dann ähnliche Ausdrücke wie *auf schlechtem* oder *vertrautem Fuße mit jemand leben*, ebenso

Auf großem Fuße leben: flott, kostspielig, üppig leben. — Die Wendung geht vielleicht auch auf eine Anekdote des französischen Mittelalters zurück. Ein auf= fallend lebenslustiger, schöner und eleganter Mann, der Graf von Anjou, ließ sich lange Schnabelschuhe anfertigen, um den häßlichen Auswuchs seines Fußes zu verbergen. Die Mode hatte einen so durchschlagenden Erfolg, daß jeder, der sich vornehm dünkte, sich möglichst lange Schuhe machen ließ. Als diese Modetorheit dann ausartete, wurde sie durch gesetzliche Maßnahmen unterbunden.

Auf tönernden Füßen stehen: auf unsicherer Grundlage ruhen. — Biblischen Ursprungs. In Daniel 2 deutet Daniel Nebukadnezars Traum von den vier Welt= reichen und dem ewigen Reiche Gottes. Im goldenen Haupt des Bildes, das dem König Nebukadnezar in der Nacht erschien, erkennt der Deuter die Macht des Königs, in den tönernden Füßen den Untergang der Weltreiche, die vom Reiche Gottes abgelöst werden: «Des Bildes Haupt war von feinem Golde, seine Brust und Arme waren von Silber, sein Bauch und seine Lenden waren von Erz, seine Schenkel waren Eisen, seine Füße waren einesteils Eisen, und einesteils Ton. Solchest sahest Du, bis daß ein Stein herabgerissen ward ohne Hände; der schlug das Bild an seine Füße, die Eisen und Ton waren, und zermalmte sie.» (Daniel 2, 31 ff.)

Auf freiem Fuße sein: ungehindert, unbeaufsich= tigt, frei sein. — Die Wendung stammt aus der Rechts= sprache des Mittelalters. Gefangenen, die ihre Strafe ver=

büßt hatten oder begnadigt worden waren, löste man die Fesseln oder Ketten von den Füßen. Sinnbildlich bedeutet der Ausdruck «in seiner Handlungsfreiheit nicht beschränkt sein».

Mit linkem Fuß zuerst aufstehen: frühmorgens schlechte Laune haben. — In abergläubischer Vorstellung bedeutet Links das Unheilvolle. Wer morgens mit dem linken Fuß zuerst aus dem Bett klettert, beschwört Unglück herauf.

Festen Fuß fassen: sich eine Stellung sichern. — Aus der Fechtersprache. Im Zweikampf kommt es darauf an, daß man sich mit dem Fuß eines festen Standorts versichert.

Stehenden Fußes etwas tun: es sofort tun. — Bedeutsamer Ausdruck der altdeutschen Gerichtssprache. War jemand mit einem Gerichtsurteil nicht zufrieden, konnte er es «schelten», d. h. Einspruch erheben. Das mußte er «stehenden Fußes» (lateinisch: stante pede), also noch vor den Gerichtsschranken tun, sonst erlangte das Urteil Rechtskraft.

Er fällt immer auf die Füße: trotz vieler Mißerfolge, kommt er immer wieder zurecht, geht es ihm nie schlecht. — Bei dieser Wendung stand das Bild der Katze Pate, die durch ihre Gewandtheit und Zähigkeit verblüfft. Man kann sie werfen, wie man will, sie landet stets mit den Füßen zuerst auf dem Boden.

Das Recht mit Füßen treten: es schwer verletzen. — Die Redensart wurzelt in einem mittelalterlichen Strafbrauch. Wucherer und Ehebrecher mußten an drei Sonntagen hintereinander barfuß um die Kirche gehen, sich dann hinlegen und die Leute über sich treten lassen, eine symbolische Handlung, in der vermeintlich Gleiches mit Gleichem vergolten wurde.

Anderer Ausdruck *Hand und Fuß* siehe Hand, *Fußtapfen* siehe Schuh.

FUTSCH

Es (er) ist futsch: verloren, verschollen, verschwunden, zunichte. — Lediglich ein lautmalendes Wort ohne besonderen Ursprung, auch nicht aus dem Italienischen, mögen auch scherzhafte Erweiterungen, wie «futschikato perdutti» vorkommen. Wie beim Aufflattern von Tauben vermittelt es sehr plastisch den Eindruck des Verschwindens.

G

GALGEN

Jemand eine Galgenfrist geben: ihm Zeit lassen, bis er das ebenso Unangenehme wie Unvermeidliche tun muß; letzter Aufschub vor einer unabwendbaren Entscheidung. — Die Galgenfrist war früher eine kurze Gnadenfrist, die dem Verbrecher vor der Hinrichtung gewährt wurde. Weitere Zusammensetzungen mit Galgen sind *Galgenstrick* = verkommener Mensch, bei dem der zum Aufhängen bestimmte Strick dem Verbrecher gleichgesetzt wird. *Galgengesicht*, Verbrechergesicht, *Galgenvogel* und *falsch wie Galgenholz* heißt es von einem treulosen Menschen. «Ich will ihr sonst nichts nachsagen, aber falsch ist sie, falsch wie Galgenholz» (Theodor Fontane: «Irrungen und Wirrungen»). Der unter dem Galgen stehende Verbrecher, der in dieser Lage noch fähig ist, Witze zu reißen, hat *Galgenhumor*. Typische Proben dafür sind folgende Aussprüche von Verbrechern kurz vor ihrer Hinrichtung. Als solch ein Galgenvogel eines Montags in der Frühe zum Richtplatz geführt wurde, meinte er zu seinem Henker: «Die Woche fängt ja gut an!» — In einem anderen Falle hielt der Todgeweihte unter dem Galgen noch eine kleine Ansprache an das versammelte, sensationslüsterne Volk: «Entschuldigen Sie bitte», rief er höflich, «wenn ich mich etwas ungeschickt benehmen sollte, aber es ist das erstemal in meinem Leben, daß ich gehängt werde!»

GAMASCHEN siehe MANSCHETTEN

GANG

Gang und gäbe sein: üblich, gebräuchlich sein. — Stabreimende Formel, die schon aus mittelhochdeutscher Zeit bezeugt ist — zuerst bei Münzen, später bei Sitten und Gebräuchen angewendet. Gang von gehen, was um= laufen kann. Was gang und gäbe war, befand sich im Umlauf, weil es gültig war. So Luther: «Abraham wog das Geld, nämlich vierhundert Seckel Silbers, das im Kauf gang und gäbe war.»

GARAUS

Einem den Garaus machen: ihn umbringen, töten, vernichten. — Die Redensart hatte früher eine wesentlich mildere Bedeutung. Wollte man im Wirtshaus den Zech= bruder zum Austrinken veranlassen, prostete man ihm mit den Worten «Gar aus!» zu. Daher der Sinn «Schluß machen», «etwas zu Ende bringen». In Regensburger und Nürnberger Schenken wurde die Polizeistunde mit dem «Garaus=Rufe» angekündigt, das hieß «vollständig vor= bei!». Die «Garaus=Glocke» bezeichnete das Ende des Tages.

GARDINE

Gardinenpredigt: nächtliche Strafrede einer Ehe= frau an den spät heimkehrenden Mann. — Vor den Bet= ten hingen früher Vorhänge oder Gardinen, hinter denen die Eheliebste den aus dem Wirtshaus Kommenden höchst unsanft begrüßt.

Hinter schwedischen Gardinen sitzen: im Gefäng= nis sein, sich hinter Kerkergittern befinden. — Aus dem Gaunerjargon in die Gemeinsprache übernommen. Die Bezeichnung «schwedisch» soll an gewisse Grausamkei= ten der Schweden im Dreißigjährigen Kriege erinnern. Die Gitterstäbe Gardinen zu nennen, ist eine der in der Um=

gangssprache nicht selten vorkommenden ironischen Be=
schönigungen.

GARN

Einem ins Garn gehen: in die Falle gehen, auf den
Leim kriechen, sich zu seinem Schaden verlocken lassen.
— Aus der Jägersprache der Vogelsteller entnommen,
die mit Garnnetzen, Leimruten und anderen Fallen
arbeiten.

Ein Garn spinnen: Lügengeschichten erzählen. —
Aus der Seemannssprache. Auf den alten Segelschiffen
mußten die Schiffsjungen und Matrosen einst während
ihrer Freizeit auf See aus abgenutzten Tauenden Garn
spinnen. Während dieser Arbeit erzählten sie ihre Aben=
teuer. Die Bezeichnung «Garn» übertrug sich vornehm=
lich auf ihre phantastischen Geschichten, von denen der
Binnenländer meist das Erlogene glaubt und das Glaub=
würdige in Zweifel zieht. Hier ein typisches Beispiel von
Seemannsgarn, das immer eine richtige Mischung von
Dichtung und Wahrheit sein muß! Ein junger Matrose
schreibt an seine Mutter: «Liebe Mutter! Ich will Dir noch
schnell von unserer letzten Reise berichten. Wir fuhren
bei wunderbarem Wetter von Colombo auf Ceylon durch
den Indischen Ozean über die Nordspitze Sumatras nach
Singapur. Auf dieser Fahrt begleiteten uns Hunderte von
Fliegenden Fischen. Sie schnellen mit Hilfe ihrer sehr
kräftigen Schwanzflossen meist gegen den Wind aus dem
Wasser und segeln über die Wasseroberfläche. Dabei
breiten sie ihre übermäßig großen Brustflossen weit aus
und benutzen sie so als Tragflächen. Wir haben welche
gesehen, die wohl zweihundert Meter elegant durch die
Luft flogen. Das war ein wunderbares Bild! In Singapur
herrschte leider eine furchtbare Hitze, denn diese berühmte
Hafenstadt liegt ja direkt am Äquator. Als wir dort auf
der Reede unsere Anker auswarfen, hatten wir ein wahres
Seemannspech. Nach einer Stunde wollten wir in den

Hafen einlaufen, aber stell Dir vor, als wir versuchten, sie zu lichten, waren unsere Anker im kochendheißen Meereswasser geschmolzen. Der Kapitän bekam einen Wutanfall, denn nun muß er in Singapur neue Anker kaufen, und das ist immer ein umständlicher Kram. — Bald hörst Du mehr. Viele Grüße Dein Jens.» Die Mutter antwortete darauf ihrem Sohn: «Lieber Jens! Wir haben alle Deinen Bericht mit großer Begeisterung gelesen. Wegen seines Pechs haben wir Euren Kapitän sehr bedauert. Das kann man sich so richtig vorstellen, wie in tropischen Gewässern selbst *die Anker schmelzen.* Aber, aber, lieber Junge, Du mußt immer schön bei der Wahrheit bleiben: die Geschichte mit den *Fliegenden Fischen* haben wir Dir alle nicht geglaubt. Das ist doch sicher Seemannsgarn! In Liebe Deine Mutter.»

GEBET

Einen ins Gebet nehmen: ihm ins Gewissen reden, ihn scharf anfassen, zur Rechenschaft ziehen. — Irrtümlicherweise hat man längere Zeit angenommen, daß die Redensart auf die Beichte der katholischen Kirche zurückgehe. Das ist ein sprachliches Mißverständnis, denn es handelt sich nicht um das Gebet, sondern um das falsch verstandene *Gebett,* das Gebiß. Wer ins Gebiß genommen wird, kann nicht mehr ausbrechen, sondern muß gehorsam sein wie das Pferd, das *an die Kandare genommen* wird. Dieser sehr ähnliche Ausdruck bedeutet: jemand schärfer zügeln, straff vornehmen, streng halten. Kandare (ungarisch kantár = Zaum) ist die zwischen das Gebiß geklemmte Eisenstange, mit der das Pferd geknebelt wird. Im übertragenen Sinne gebraucht wie im «Biberpelz» von Gerhart Hauptmann: «Dem (Gastwirt Fiebig) woll'n wir mal bißchen Kandare anlegen.»

GEHEGE

Einem ins Gehege kommen: einem in die Quere kommen, seine Pläne stören, sich unbefugt in seiner

Sphäre zu schaffen machen. — Wörtlich eigentlich: «in sein umzäuntes, umhegtes (hag!), umfriedetes Gebiet eindringen». In seinem umhegten Gebiet fühlte sich der Germane «behaglich». Hier war er geschützt, und niemand durfte ihn stören.

GEIGE

Einem die Wahrheit geigen, auch heimgeigen: ihm derb die Meinung sagen, den Standpunkt klarmachen. — Die Redensart wurzelt in der bekannten Vorstellung, wonach der Tod mit seinem Geigenspiel dem Menschen das Ende ankündigt.

Nach seiner Geige tanzen müssen: nach seinem Wink handeln. — Auch *nach seiner Pfeife tanzen.* Stammt vom Tanzboden, wo der Geiger den Takt und die Tonart angibt, nach der sich die Paare drehen.

Der Himmel hängt voller Geigen: in gehobener, verzückter Stimmung sein. — Erinnert an die antike Vorstellung von der Sphärenmusik, die durch die Bewegung der Planeten hervorgerufen wird. Später meinte man, daß die Engel im Himmel musizieren. Eine andere Wendung ähnlicher Bedeutung *die Engel im Himmel pfeifen hören,* wird jedoch ironisch bei einem Menschen gebraucht, der große Schmerzen hat, etwa beim Zahnarzt. Unter dem Wort «pfeifen» wurde früher das Musizieren schlechthin verstanden, daher war «Stadtpfeiferei» der Name für die Kapelle der Stadtmusikanten.

Die erste Geige spielen: der geistige Mittelpunkt eines Kreises, die führende Kraft eines Unternehmens sein; an erster Stelle stehen, den Ton angeben. — Mit der Bildung des Streichquartetts in der Kammermusik (17. u. 18. Jh.) wurde der erste Geiger Spieler und Dirigent in einer Person. Nach ihm mußten sich die drei anderen Mitspieler richten. Er *gab* nicht nur sinnbildlich, sondern auch wörtlich *den Ton an,* nämlich das A.

GELD

Geld stinkt nicht: Kurzform des Sprichwortes: «Am Gelde sieht man's nicht, womit es verdient ist!» Noch kürzer das lateinische «non olet» = es stinkt nicht! Eine vom römischen Kaiser Vespasian (69–79 n. Chr.) überlieferte Geschichte erzählt, daß er im Zuge einer durchgreifenden Verwaltungsreform sich nicht scheute, Steuern auf die Bedürfnisanstalten zu erheben. Von seinem Sohn Titus in vorwurfsvollem Tone darauf angesprochen, hielt der Kaiser diesem das erste Geld aus jener «Urinsteuer» unter die Nase und fragte ihn, ob es rieche, was der Sohn verneinte. Nach diesem Vorgang heißen noch heute in Frankreich die Bedürfnisanstalten «vespasiennes». — Eine moderne, krassere Form solcher vespasiennes sind Spielbanken und öffentliche Häuser, aus denen der Fiskus Gewinn zieht. (Siehe auch *Draht* und *Münzen*.)

GELEGENHEIT

Die Gelegenheit beim Schopfe fassen: den günstigen Augenblick wahrnehmen, ausnutzen. — Der griechische Bildhauer Lysippos stellte Kairos, «die günstige Gelegenheit» (eigentlich «die günstige Zeit»), als Jüngling mit flatterndem Schopf an der Stirn und kahlem Nacken dar. (Einzige antike Kopie in Trogir, dem alten Tragurion in Dalmatien.) Dazu der alexandrinische Dichter Poseidipp: «Warum fällt die eine Haarlocke in die Stirn? Damit mich greifen kann, wer mir begegnet. So ist's, beim Zeus! Warum bist du kahl am Hinterkopf? Wenn ich mit geflügelten Füßen an jemand vorbeigeflogen bin, wird mich keiner von hinten erwischen, so sehr er sich auch mühe!» In der älteren deutschen Literatur finden wir die «Gelegenheit» als Weib ebenfalls mit Stirnlocken und unbehaartem Hinterkopf. — Da die Gelegenheit flüchtig wie der Wind ist, muß man sie wie das Mögliche in Goethes «Faust» (Vorspiel) «beherzt sogleich beim Schopfe fassen».

GELIEFERT

Er ist geliefert: um ihn ist es geschehen, er ist verloren, er ist nicht mehr zu retten. — Die Redensart erinnert an den Strafvollzug, in dem der Verurteilte morgens vor der Hinrichtung seinem Scharfrichter «mit gebundenen Händen» ausgeliefert wurde.

GERÄDERT siehe RAD

GERUCH

In keinem guten Geruch stehen: keinen guten Ruf haben, sich keiner Wertschätzung erfreuen. — Man könnte an die «faule Sache» denken, die nicht gerade gut riecht, aber auch an das biblische Brandopfer, das mit seinem wohlgefälligen Geruch zu Gott emporsteigt. Die Wendung hat jedoch mit beidem nichts zu tun. Vielmehr stammt sie aus dem altdeutschen Rechtsverfahren, in dem mit dem «Geruch» oder dem «Gerüften» eine Klage vor Gericht eingeleitet wurde. Das Gerüfte richtete sich gegen den Verklagten. Es griff ihn in scharfer Weise an, um seine Position zu erschüttern. Siehe Schiller, der Don Carlos zu König Philipp sagen läßt: «Dein Geruch ist Mord. Ich kann dich nicht umarmen!»

GERUHEN

Etwas zu tun geruhen: bei Herrscherhäusern in bezug auf den regierenden Fürsten heute noch ernst gemeint; in der allgemeinen Umgangssprache jedoch ironisch gesagt, als ob sich jemand herabließe, etwas zu erledigen. — Dieses Wort kommt nicht von «ruhen», sondern vom mittelhochdeutschen «ruochen»: bestrebt sein, die Gedanken auf etwas konzentrieren. Es heißt also eigentlich «ernstlich bemüht sein, etwas zu tun».

GESCHLAGEN

Ein geschlagener Mann sein: Einfluß, Achtung und Ansehen völlig verloren haben. — Das Entehrende in dieser Redensart wurzelt in der altdeutschen Strafe des Stäupens mit Rutenschlägen. Dieser Strafvollzug war nicht viel weniger entwürdigend, wenn er nur symbolisch vorgenommen und etwa der Verurteilte mit einer Rute um den Hals durch die Stadt geführt wurde.

GESCHREI

Viel Geschrei und wenig Wolle: viel Aufhebens um eine unbedeutende Sache machen; viel Wesens um eine Angelegenheit machen, ohne daß etwas Nennenswertes dabei herauskommt, viel Staub aufwirbeln. — Von der Schafschur. Geschrei ist hier eine Entstellung des «Geschererei» (der Schafe). Trotz sorgfältigen Scherens wurde manchmal nur wenig Wolle gewonnen. Der Ausdruck bezieht sich auch auf das Hausschwein, das bekanntlich viel Geschrei macht, wenn man es einzufangen sucht. Dazu die scherzhafte niederdeutsche Redensart: «Veel Geschrie un wenig Wull, sä de Düwel, do schor he'n Swien.»

GESCHÜTZ

Ein grobes Geschütz auffahren: einem Menschen massiv entgegentreten, eine Auseinandersetzung in derber Form führen. — Aus dem alten Festungskrieg von der Vorstellung, das schwerste Geschütz entscheide den Kampf. Auch bildlich auf politische und kulturelle Streitigkeiten angewandt.

GESICHT

Das Gesicht wahren: eine würdige Haltung bewahren, sein Ansehen hüten. — Chinesischen und japanischen Ursprungs. Die Tugend der Selbstbeherrschung wird die Kinder dieser asiatischen Völker nicht gelehrt, sondern sie ist Bestandteil ihres Charakters. Die Haltung oder «das Gesicht verlieren» gilt unter ihnen als einer der beschämendsten Vorfälle, die einem sittlichen Makel gleichkommen.

Ins Gesicht schlagen: widersprechen.

GESTERN

Nicht von gestern sein: mehr können und wissen, als einem andere zutrauen. — Die Wendung ist eine Umkehrung der Stelle aus Hiob 8, 9: «Denn wir sind von gestern her und wissen nichts.»

GEWICHT

Großes Gewicht auf etwas legen: es für wichtig nehmen, es hoch bewerten. — Aus der Kaufmannssprache. In die eine Schale der Waage muß man so viel Gewichte legen, wie die Ware in der anderen Schale wiegt. Ebenso *Einem gewogen sein:* ihm wohlwollend zugetan sein. — Man ist bereit, einem Menschen, dem man gewogen ist, viel auf der Waagschale zuzuwiegen. Allerdings auch im gegenteiligen Sinne ironisch: *Er kann mir gewogen (gestohlen) bleiben!*

GIFT

Darauf kannst du Gift nehmen: darauf kannst du dich fest verlassen; Beteuerungsformel, daß eine Behauptung wahr sei. — Nicht vom Gottesurteil genommen, das im germanischen Bereich niemals mit Hilfe von Gift vollzogen wurde, sondern vom Bibelwort Markus 16, 18: «und so sie etwas Tödliches trinken, wird's ihnen nicht schaden.» — Daneben die Ableitung von der ärztlichen Praxis, dem Patienten eine gifthaltige Arznei anzuempfehlen, ohne daß er einen Schaden davonträgt.

GLAUBEN

Er hat daran glauben müssen: eine schmerzliche Erfahrung machen, ein tiefes Mißgeschick erleiden oder gar sterben. — Religiösen Ursprungs. Die Wendung ist unvollständig. Sie muß heißen: «Er hat daran glauben müssen, daß es einen Gott gibt, oder daß Gott die Sünder straft.»

Wer's glaubt, wird selig: ich glaube das nicht. —

Ironischer Hinweis auf die Stelle bei Markus 16, 16: «Wer da glaubet und getauft wird, der wird selig werden.»

GLEICH

Gleiche Brüder, gleiche Kappen: gleiche Rechte und gleiche Pflichten haben. — Das Wort geht auf die Bruder=schaften (Mönchsorden) zurück, bei denen alle zu einem Orden gehörigen Brüder gleiche Kleidung und gleiche Kappen tragen. Der Ausdruck hat aber im Laufe der Zeit eine ironische, verächtliche Bedeutung bekommen.

Etwas auf seine Kappe nehmen: die Verantwortung für etwas übernehmen. — Kappe ist hier für Kopf ge=setzt. Jemand übernimmt die Verantwortung und bürgt dafür mit seinem Kopf.

GLOCKE

Etwas an die große Glocke hängen: etwas aus=posaunen, was nicht für die Allgemeinheit bestimmt ist; es überall herumerzählen, obwohl es nicht jedermann wis=sen soll. — Die Wendung geht auf den alten Brauch zurück, öffentliche Bekanntmachungen durch Gemeinde=diener mit der Schelle ausrufen zu lassen. Besonders wich=tige Ankündigungen wurden mit der großen Kirchenglocke ausgeläutet, so daß auch die entfernter Wohnenden unter=richtet werden konnten.

Er weiß, was die Glocke geschlagen hat: erfahren haben, daß einem Unangenehmes droht.

Er hat etwas läuten hören: oft mit der Ergänzung «weiß aber nicht, wo die Glocken hängen». Von jemand, der unvollständig unterrichtet ist. Die Redensart zielt auf Glockengeläute, deren Herkunft schwer zu bestimmen ist, weil der Wind die Klänge verweht.

GLÜCK

Auf gut Glück: etwas ohne Vorbereitung in der Hoffnung tun, daß es gelingen werde. — Im Mittelhoch=deutschen hat das Wort Glück noch die Bedeutung von

Zufall. Wer etwas auf gut Glück versucht, tut es in Erwartung eines freundlichen Zufalls.

Glückspilz ist einer, der unverhofft und oft Glück hat. — Gegen Ende des 18. Jh. unter Einfluß des englischen «mushroom» = Pilz und Glückspilz, aufgekom= men.

GNADE

Den Gnadenstoß geben: die Qualen eines Menschen oder Tieres durch rasche Tötung ab= kürzen. — Früher galt diese Redensart nur dem Menschen. Die mittel= alterliche Justiz kannte den Tod durch Rädern (siehe Rad). Bei dem «Rädern von oben» konnte der Henker die

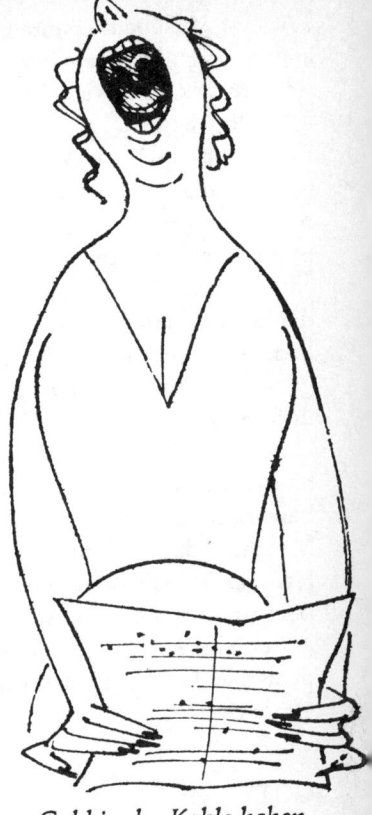

Gold in der Kehle haben . . .

Leiden des Verurteilten durch Gnadenstoß verkürzen. Ein schneller, geschickter Stoß mit dem Degen machte seinem Leben ein Ende. Das war der «Gnadenstoß», der in der Jägersprache heute noch bekannt ist. Daher auch *Gnaden= schuß.*

GOLD

Seine Worte auf die Goldwaage legen: sie genau abwägen und prüfen, ob sie nicht eine unbeabsichtigte

Wirkung ausüben könnten. — Die Goldwaage ist ein äußerst empfindliches Gerät. Der Vergleich war schon den Römern bekannt. Auch in der Bibel (Sirach 28, 29) heißt es: «Du wägest Dein Gold und Silber ein; warum wägest Du nicht auch Deine Worte auf der Goldwaage?»

Gold in der Kehle haben: eine hervorragende Stimme besitzen. — Die Redensart ist doppelsinnig. Eine Stimme, namentlich die Tenorstimme, gilt als besonders schön, wenn sie metallischen (Gold=) Klang hat. Zugleich denkt man daran, daß der berühmte Sänger das metallische Gold in seiner Kehle durch große Honorare in klingende Goldmünzen verwandeln kann. — Andere Ausdrücke dieser Gattung sind *Goldgrube* für ein einträgliches Unternehmen; oft auf kleine, aber stark besuchte Wirtshäuser angewandt. Der *Goldfisch* ist nicht nur der aparte Bewohner der Hausaquarien, sondern auch das reiche Mädchen, das als Ehepartnerin begehrt wird. Sofern das Heiraten als ein Angelsport aufgefaßt wird, erscheint die Bezeichnung recht passend. Die Wendung *goldig* für «allerliebst» und «entzückend» wird bereits seit 1890 in deutschen Landen als Backfisch=Superlativ über alle Maßen strapaziert.

GOTT

Er lebt wie Gott in Frankreich: Ihm geht es besonders gut, er genießt sein Leben sorglos und in Freuden. — Entstand in der großen Französischen Revolution von 1789, in der Gott «abgesetzt» wurde und der Kultus der Vernunft an die Stelle des Christentums trat. Man stellte sich Gott gleichsam pensioniert vor, der nun in Frankreich besonders sorglos und glücklich leben könnte.

GRAS

Das Gras wachsen hören: sich äußerst klug dünken. — Die Redensart wird ironisch da angewendet, wo sich jemand ganz besonders schlau vorkommt. Schon in der Jüngeren Edda (Gylfaginning, Kap. 27) vorhanden, in der von Heimdall, dem treuen Wächter der Götter, er= zählt wird: «Er bedarf weniger Schlaf als ein Vogel und sieht bei Nacht ebensogut wie bei Tage hundert Meilen weit. Er kann auch hören, daß das Gras auf der Erde und die Wolle auf den Schafen wächst.» Im 16. Jh. kam der Zusatz auf: *er hört die Flöhe husten.*

Ins Gras beißen: im Kampfe fallen, aber auch — allgemein — sterben. — Wie der Mensch bei heftigen Schmerzen zur Linderung der Qual *die Zähne zusammen= beißt*, so sucht der tödlich verwundete und zu Boden ge= stürzte Krieger in die Erde oder «ins Gras zu beißen». Der Ausdruck findet sich bereits bei Homer in der Ilias: «Ehe so viel Achäer den Staub mit den Zähnen gebissen» (19. Ges. 61).

Wo der hinhaut, da wächst kein Gras mehr: er schlägt gewaltig zu. — Von Berlin aus verbreitete Redens= art.

Darüber ist längst Gras gewachsen: wird bildlich von einem längst vergessenen Vorfall, einem alten Streit oder einer unangenehmen Sache gesagt, die man auf sich beruhen lassen sollte. — Die Redensart stammt aus dem Flurschadensrecht: War über einen Flurschaden Gras ge= wachsen, daß man ihn nicht mehr sehen konnte, so konnte man ihn auch nicht mehr einklagen. — Die Redensart kehrt in diesen Versen wieder: Wenn über eine dumme Sache nun endlich Gras gewachsen ist, kommt sicher ein Kamel gelaufen, das alles wieder 'runterfrißt!

GROSCHEN

Nicht bei Groschen sein: nicht bei Verstande, geistig unbemittelt sein. — Ursprünglich «nicht bei Gelde sein». Aus der Einstellung entwickelt, daß einer, der nicht bei Gelde ist, auch nicht bei Verstande sein kann.

Endlich ist der Groschen gefallen: Endlich hat er es kapiert! — Eine junge Redensart, die von der Verwendung des Groschens zur Ingangsetzung eines Verkaufs= oder Musikautomaten herrührt. Der Groschen muß erst fallen, ehe der Mechanismus ausgelöst wird. Ähnlich ist der Eindruck, wenn ein Gesprächspartner eine Aussage oder einen Witz erst mit einer gewissen «Spätzündung» begreift. Der Groschen, der den Denkmechanismus in Bewegung setzt, scheint noch nicht bei ihm gefallen zu sein.

GRÜN

Einem nicht grün sein: nicht gewogen, nicht wohlgesinnt sein. — Grün ist die Farbe des frischen Wachstums in der Natur. Grün ist belebend und wohltuend. Wer einem nicht grün ist, will einem nicht wohl. Die positive Bedeutung von «günstig, wachsend, blühend» für grün hat auch Pate gestanden bei der Redewendung

Komm an meine grüne Seite: komm an meine Herzseite, die dir wohlgesinnt ist. — Grün ist auch im Verkehr das Zeichen für «freie Fahrt», während rot Warnung oder Stop bedeutet.

Etwas über den grünen Klee loben: etwas übermäßig loben. — Die Dichter des Mittelalters priesen in ihren Liedern vielfach den grünen Klee. Wer über den grünen Klee hinaus lobt, bewundert und verherrlicht eine Person oder Sache über alle Gebühr.

Auf keinen grünen Zweig kommen siehe *Zweig.*

GRÜTZE

Grütze im Kopf haben: besonders gescheit, klug sein. — Grütze ist grob gemahlenes, ausgehülstes Getreide, das besonders nahrhaft ist. Wer Grütze im Kopf hat, kann sich im Besitz von Geisteskräften wähnen. Auch wer *Grips im Kopf hat*, gilt als begabt, denn «Grips» kommt von begreifen. Das Gegenteil: *Stroh im Kopf haben.*

Haare lassen...

H

HAAR

Es hing an einem Haar: Die Entscheidung hing von einem kleinen Zufall ab, fast wäre es schiefgegangen, wäre das Haar gerissen. — Nach Cicero hatte der Tyrann von Syrakus, Dionysius der Ältere, einst bei einem Gastmahl über dem Kopf seines Höflings Damokles, der Macht, Reichtum und Glück des Herrschers überschwenglich gepriesen hatte, ein scharfes Schwert an einem Pferdehaar aufhängen lassen, um drastisch die Vergänglichkeit allen Lebens und die Gefahr anzudeuten, in der auch der vermeintlich Mächtigste zu jeder Zeit schwebt. Daher *Damoklesschwert*.

Haare auf den Zähnen haben: sich nichts gefallen lassen, sein Recht verteidigen, energisch sein; aber auch

grimmig, ja zänkisch, streitsüchtig sein. — Alte Redens=
art, mehr auf Frauen als auf Männer gemünzt. Starke Be=
haarung gilt ja — vom Haupthaar abgesehen — als Zei=
chen der Männlichkeit. Im alten Volksglauben hatte der in
den Werwolf (Mannwolf) verwandelte Mensch sogar
Haare zwischen den Zähnen. Eine Frau, die «Haare auf
den Zähnen hat», wird daher nicht für sanft=weiblich, son=
dern streitbar gehalten. Im Ersten Weltkrieg war «poilu»,
wörtlich der Behaarte, der Ausdruck für den rauhen und
selten vorbildlich rasierten französischen Frontkämpfer.

Ein Haar in der Suppe finden: eine unangenehme
Entdeckung, eine peinliche Erfahrung machen und daher
aufgestört, abgeschreckt sein. — Wie sehr das Haar in der
Suppe Ekel und Abscheu erregt, bestätigt schon Grim=
melshausen im «Simplicissimus», in dem er den Prediger
Abraham a Santa Clara sagen läßt: «Es gibt Köch, die so
säuisch mit den Speisen umgehen, daß man zuweilen so
viel Haar in der Suppe findet, als hätten zwei junge Bären
darin gerauft. Pfui!»

Die Haare stehen einem zu Berge: als Zeichen höch=
sten Entsetzens. — Die Redensart findet sich bereits in der
Bibel «Und da der Geist an mir vorüberging, stunden mir
die Haare zu Berge».

Etwas an den Haaren herbeiziehen: etwas zur Be=
gründung seines Standpunktes gewaltsam ins Feld füh=
ren, was nicht zur Sache gehört; sich um jeden Preis, auch
gegen die Logik, durchsetzen wollen. —

Jemand die Haare vom Kopfe fressen: jemand aus=
beuten, ihn bis zum letzten in Anspruch nehmen — meist
wirtschaftlich.

Haarspalterei: Kleinigkeitskrämerei.

Haare lassen: mit Schaden noch davonkommen. —
Stammt ebenso von der Wirtshausrauferei wie der Aus=
druck «an den Haaren herbeiziehen». Einer muß «Haare
(auch Federn!) lassen», wenn sich die Streitenden *in den
Haaren liegen.*

Groß ist die Zahl der Redensarten mit «Haar». Die wichtigsten von ihnen seien hier in einer kleinen erfundenen Geschichte untergebracht: Im Gasthof «Zum Schwarzen Schaf» saßen drei Männer, die sich eine *haarige* Geschichte von einem Jäger erzählten, der von einem Löwen *mit Haut und Haaren* gefressen worden war. Den Gästen *standen die Haare zu Berge.* Plötzlich fing einer Streit an. Seine törichten *Haarspaltereien* und Dinge, die er *an den Haaren herbeigezogen* hatte, ließen *kein gutes Haar* an den Kumpanen. Der Wirt aber, so gutmütig, daß er niemand *ein Härchen krümmen* konnte, und von dem mit Recht behauptet wurde, *ihm fräßen seine Kinder die Haare vom Kopfe,* machte dem Streit ein Ende. Er wies dem Störenfried *haarscharf* nach, daß er unrecht hatte, gab eine Runde Bier aus und beruhigte seine Gäste mit den Worten, sie möchten sich *keine grauen Haare wachsen lassen.* So hing der Gasthausfrieden *an einem Haar,* weil einer *Haare auf den Zähnen* hatte und überall *ein Haar in der Suppe* fand. Wäre es aber zu einer Keilerei gekommen, so hätte der Zanksüchtige gewiß mächtig *Haare lassen* müssen!

HAFER
   Ihn sticht der Hafer: Er wird übermütig. — Ein reichlich mit Hafer gefüttertes Pferd wird leicht unbändig und mutwillig.

HAGESTOLZ
   Ein echter Hagestolz: ein eingefleischter Junggeselle, der von der Ehe nichts wissen will. Auch im Sinne von Einzelgänger, Weiberfeind, Sonderling. — Das Wort hat ursprünglich weder etwas mit Stolz noch mit Ehegegnerschaft zu tun, es stammt vielmehr — entstellt — vom althochdeutschen Hagustalt, dem armen Hagbesitzer. Das Hauptgut ging in altgermanischer Zeit auf den Erstgeborenen über. Die jüngeren Söhne mußten sich mit

Nebengütern oder Hagen zufriedengeben, deren Ertrag ihnen keine Heirat erlaubte, zumal der Freier damals einen ansehnlichen Kaufpreis für die Braut zahlen mußte. Der «Hagestolz» war also, bei Licht betrachtet, Junggeselle wider Willen. Erst später kam die Bedeutung des Einspän= ners hinzu.

HAHN

Hahn im Korbe sein: der Meistbegünstigte in einer Gruppe sein; besonders gern bei einem Manne ange= wendet, der als einziges männliches Wesen von einer Ge= sellschaft junger Mädchen umgeben ist. — Wurzelt in der älteren Redewendung vom Hühnerkorb, der den ganzen Hühnerhof meint, von dem als bestes Stück wegen seiner wichtigen biologischen Funktion der Hahn gilt. Wird aber auch auf die in romanischen Ländern zum Teil heute noch üblichen Hahnenkämpfe zurückgeführt, bei denen die Favoriten vorher im Korbe dem Publikum gezeigt werden, der «Hahn im Korbe» also zum Gegenstand der Bewun= derung wird.

Nach dem kräht kein Hahn mehr, auch *es kräht kein Hahn danach:* Niemand kümmert sich um ihn, für die Umwelt ist er gestorben; um die Sache wird kein Auf= hebens gemacht. — Da die Hähne viel krähen, muß es um eine Person oder Sache schlecht stehen, nach der kein Hahn mehr kräht.

Einem den roten Hahn aufs Dach setzen: einem das Haus in Brand stecken. — In der altnordischen Götter= sage verkündet der rote Hahn Fjalar mit seinem Krähen den Anbruch der Götterdämmerung. Aus der Vorstellung, daß der Hahn in der Frühe den Tag ankündigt, wurde er zum Symbol des anbrechenden Lichtes, der rote Hahn aber zum Sinnbild des flackernden Feuers. In den Breslauer Malefizbüchern wird berichtet, daß Fehde= oder Absage= briefe, um ihnen mehr Nachdruck zu verleihen, mit ein= schüchternden Zeichen wie Schwertern und Armbrüsten

versehen wurden. Ähnlich haben später Gauner und Bett=
ler den Bürgern, die ihnen Almosen verweigert hatten, mit
Rotstift gezeichnete Hähne als Drohung ans Haus gemalt.
Die sinnfälligste Erklärung dieser Redensart bietet jedoch
ein plastisches Bild aus der Geschichte: Als der fränkische
Reichsritter Wilhelm v. Grumbach, ein Schwager Florian
Geyers, 1563 Würzburg überfiel, ließ er ein Haus abbren=
nen (heute noch zum « Roten Hahn » genannt), auf dessen
Dach ein verängstigter, krähender Hahn aufgescheucht
wurde. Seine Federn fingen Feuer und von Dach zu Dach
flatternd, zündete er die halbe Stadt an, wie die Legende
erzählt.

HAKEN

Die Sache hat einen Haken: sie weist eine ver=
steckte Schwierigkeit oder gar Gefahr auf. — Der Fisch
stürzt sich auf den Köder an der Angel, ohne den Haken
zu erkennen, der ihn das Leben kostet. So wird der Mensch
von vermeintlichen Vorteilen gereizt, blind für die ver=
derblichen Folgen.

HALBLANG

Mach mal halblang: übertreibe nicht, schneide
nicht auf. — Ausdruck vom Entfernungsschätzen, bei dem
ein zu hoher Wert angegeben wird.

HALBSTARK

Sich wie ein Halbstarker benehmen: sich laut und
anmaßend, dummdreist, ungezogen, frech, flegelhaft be=
tragen. — Wahrscheinlich aus der Seemannssprache. Ähn=
lich « *halbmast* », « *halbstocks* » (das Setzen der Flagge in
halber Höhe als Zeichen der Trauer). Unter « *halbseemän=
nischer* Bevölkerung » verstand man nach alter Definition
die See=, Küsten= und Haff=Fischer, später auch das Ma=
schinen= und Bedienungspersonal an Bord. An Stelle der

Bezeichnung «Leichtmatrose» hat man im Mecklenbur=
gischen während des 18. Jh. das Wort «Halfmatrose» ver=
wendet. Der vollwertige Matrose hieß «Vollmatrose» (so
Kapitän Ernst Wagner, Leiter der Seemannsschule Ham=
burg). Sicher stellte der «Half»= oder «Halbmatrose»
gegenüber dem Vollmatrosen auch nur eine halbe Arbeits=
kraft dar, er war gleichsam «halbstark». Da der «Halb=
matrose» im Alter zwischen dem Schiffsjungen und dem
erwachsenen Vollmatrosen stand, wurde der Ausdruck
«*halbstark*» dann in Norddeutschland ganz allgemein auf
die Altersgruppe der 16= bis 21jährigen angewandt, zu=
nächst mit leicht ironischem, doch durchaus nicht abwer=
tendem Beiklang. Seinen abfälligen, ja problematischen
Sinn bekam er erst nach dem Ersten Weltkrieg.

HÄLFTE

Die bessere Hälfte: die Ehefrau. — Meist ironisch
oder in einer Mischung von Humor und Galanterie von
der Bibelstelle abgeleitet, nach der Mann und Frau ein
Leib sind.

HALLELUJA

Hallelujamädchen: weibliche Angehörige der Heils=
armee. — Berlinischen Ursprungs. Anspielung auf die
frommen Gesänge der Heilsarmee, in deren volkstüm=
licher, nicht selten gassenhauerähnlicher Weise oft das
Wort «Halleluja» vorkommt. Ähnlich *Hallelujabruder* für
den männlichen Angehörigen der Heilsarmee und *Halle=
lujapalme* für Weihnachtsbaum.

HALS

Die Sache hängt mir zum Halse heraus: ich bin
einer Sache gründlich überdrüssig, ich habe genug davon.
— Es gibt Tiere, die sich so überfressen, daß ihnen ein Teil
der Nahrung noch aus dem Maule heraushängt. Wenn
Federwild das zuviel Gefressene wieder ausspeit, nennt

Die Sache hängt mir zum Halse heraus

dies der Jäger: «Das Geäs aushalsen.» Hier als Sinnbild des Überdrusses.

Hals= und Beinbruch: Glückwunsch vor wichtigem Ereignis; vor einer nicht alltäglichen Entscheidung, die mit einem Risiko verbunden ist, wie beim Fliegen, in der See= fahrt, vor Bergtouren, aber auch vor Premieren im Thea= ter oder vor Prüfungen. Nach altem Aberglauben werden bei unverhüllten Glückwünschen die bösen Geister ange= lockt, die dann erst recht Unheil stiften. Wird jedoch das Gegenteil ausgesprochen, werden die Dämonen hinters Licht geführt, und alles geht gut. Zuerst in der Fliegerei des Ersten Weltkrieges.

Hals über Kopf: überstürzt, in toller Hast. — Die Redensart bedeutet eigentlich: den Hals vor den Kopf setzen, sich überschlagen.

Dann steh' ich da mit dem gewaschenen Hals: dann ist alles umsonst; dann bin ich der Blamierte, der Bloß= gestellte, der lächerlich Gemachte, der Dumme. — Schluß= satz eines jüdischen Witzes, in dem die Mutter den kleinen Moritz auffordert, sich den Hals zu waschen, weil die Tante zu Besuch komme. Der Sohn antwortet darauf: «Und wenn die Tante nicht kimmt, steh' ich da mit dem gewaschenen Hals!» — Von den verwandten Wendungen sind im Sprachgebrauch: *Er kann den Hals nicht voll kriegen* für einen, der nicht genug bekommen kann; *einem den Hals stopfen*, wenn jemand zum Schweigen gebracht werden soll; *etwas in den falschen Hals kriegen*, wenn jemand eine Sache gründlich mißverstanden hat, als Vergleich mit der Speise, die versehentlich in die Luftröhre gelangt ist. Weiter: *Es kostet ihn den Hals*, womit unmiß= verständlich auf die Strafe des Enthauptens angespielt wird. *Er bricht sich den Hals*, das heißt, er fordert seinen Unter= gang heraus, er ruiniert sich, sagt man, wenn jemand *wag= halsige* Dinge unternimmt, die fast zwangsläufig zur Ver= nichtung führen. Manchem gelingt es jedoch, *den Hals aus der Schlinge zu ziehen*, wie jenem, der im letzten Augen= blick noch unter dem Galgen begnadigt wurde. *Bleibt mir vom Halse!* ruft der von Zahlungsbefehlen verfolgte Schuldner seinen Gläubigern zu, denn *er steckt bis über den Hals in Schulden*. Sein Pech ist, daß ihm außerdem seine Braut davongelaufen ist. *Sie hat sich einem anderen an den Hals geworfen*, sich ihm aufgedrängt. Als der ver= lassene Bräutigam das hörte, *blieb ihm vor Schreck das Wort im Halse stecken*. *Das Wasser steht ihm nun bis zum Halse*, und es bleibt ihm nichts anderes übrig, als sich Braut und Schulden *vom Halse zu schaffen*.

HALTEN

Einen kurzhalten: jemand nur geringe Bewegungs= freiheit einräumen — sei es geistig, sei es materiell. — Aus der Reitersprache vom Pferd, dessen Zügel kurz gehalten werden, um es nicht, wie bei hingegebenem Zügel, frei ausschreiten zu lassen.

Er muß dafür herhalten: er muß die Verantwor= tung übernehmen, womöglich eines anderen Zeche be= zahlen. — Aus der Rechtssprache. Der Verurteilte muß seinen Kopf für die Tat und den Strick oder den Scharf= richterblock herhalten!

Jemand hinhalten = ihn durch Versprechungen vertrösten.

HAMMEL

Um wieder auf besagten Hammel zurückzukommen: nach einer Abschweifung wieder das eigentliche Thema der Unterhaltung aufnehmen. — Von einer Geschichte, die der deutsche Schriftsteller August v. Kotzebue einem französischen Bühnenautor des 15. Jh. und dieser wieder dem römischen Dichter Martial (1. Jh. nach Chr.) entlehnt hat. Von wem dieser sie abgeschrieben hat, ist unbekannt. In der französischen Posse schweift der Kläger, der sich von einem Schäfer um seinen Hammel und von dem Anwalt des Beklagten um sechs Ellen Tuch betrogen fühlt, andauernd vom Thema ab und spricht schließlich nur noch von dem Tuch. Darauf ermahnt ihn der Richter, sachlich zu bleiben, mit dem Zuruf: «Um wieder auf besagten Hammel zurückzukommen!» (Kotzebue «Die deutschen Kleinstädter»).

Jemand bei den Hammelbeinen kriegen oder *die Hammelbeine langziehen:* jemand scharf herannehmen, ihn drankriegen, auch quälen, schikanieren. — Seit dem Ersten Weltkrieg aus der Soldatensprache.

HAMMER

Unter den Hammer kommen: öffentlich, gerichtlich versteigert werden. — Der Hammer hat seit alters rechtssymbolische Bedeutung. In der nordischen Sage weiht der Gott Thor (deutsch Donar) mit dem Hammer Verträge, auch Eheverträge. Durch Herumsenden eines Hammers als Vollmachtzeichen wurden früher die Gemeinden zu Gerichtssitzungen und Beratungen einberufen. Grenzen wurden so festgelegt, wie die rivalisierenden Herren den Hammer weit werfen konnten. Mit dem Hammer, dem Sinnbild der Machtbefugnis, wird bei der Versteigerung

der Zuschlag erteilt, somit der Verkauf abgeschlossen (da=
her: zuschlagen).

Zwischen Hammer und Amboß: zwischen Tür und
Angel, in sehr bedrängter Lage. — Kommt in den mei=
sten toten und lebenden europäischen Sprachen vor. Da=
von die Variante *Hammer oder Amboß sein:* entweder
Bedrücker oder Bedrückter, Schlagender oder Geschlage=
ner, Herr oder Diener sein. In Goethes zweitem «Koph=
tischen Liede» heißt es: «Du mußt steigen oder sinken,
du mußt herrschen und gewinnen oder dienen und ver=
lieren, leiden oder triumphieren, Amboß oder Hammer
sein.»

HAND

Die Hand auf etwas legen: von ihm Besitz ergrei=
fen, es sich aneignen, es mit Beschlag belegen. — Die
Hand galt nach altdeutschem Recht als vollgültiger Stell=
vertreter der Person. Mit der Handgebärde wurden Rechts=
verbindlichkeiten geschlossen. Die Hand auf eine Person
oder Sache gelegt, bedeutete: von ihr Besitz ergreifen, sie
seiner Gewalt unterwerfen.

Die Hand über jemand halten: ihn beschützen, ihm
Beistand leisten, helfen, zur Seite stehen. — Herren,
denen im Mittelalter das Begnadigungsrecht zustand,
konnten die Hand über Angeklagte oder Verurteilte hal=
ten und sie so außer Verfolgung setzen. Auch im Zwei=
kampf genügte es, wenn der Sekundant die Hand über
seinen Paukanten hielt, um den Kampf zu unterbrechen
oder zu beenden und den Kämpfer vor weiteren Angriffen
zu schonen (Boxkampf).

Von der Hand weisen: etwas ablehnen, abschla=
gen, verschmähen, abweisen, verweigern, verwerfen. —
Das Gegenteil der Geste von «die Hand darauf legen»;
jede Beziehung, jede Berührung von sich weisen.

Hand und Fuß haben: von einer Sache, die als
wohlbegründet gilt. — Im Mittelalter waren die rechte

Hand und der linke Fuß für den wehrfähigen Ritter von besonderer Bedeutung, denn mit der rechten Hand wurde das Schwert geführt, und den linken Fuß setzte der Mann zuerst in den Steigbügel. Als schwerste Strafe galten deshalb Abhauen der rechten Hand und des linken Fußes.

Hand aufs Herz! rufen wir jemand zu, wenn wir ihn ermahnen wollen, ehrlich seine Meinung zu sagen. — Mit der Beteuerungsformel, die Hand aufs Herz gelegt, wurden im Volksglauben die innersten Kräfte zur Wahrheit aufgerufen. Nach altem Recht mußten Frauen und Geistliche beim Schwur vor Gericht die Hand auf die linke Brust legen. (Freie Männer schworen im allgemeinen beim Barte.)

Um die Hand eines Mädchens anhalten: ihm unmittelbar oder mittelbar bei den Eltern einen Heiratsantrag machen. — Das germanische Recht kennt den Brautkauf durch Vertrag vom Vater oder Vormund. Mit der Handgeste (der Vater legte die Hand seiner Tochter in die des Bräutigams!) wurde der Vertrag rechtskräftig.

Seine Hände in Unschuld waschen: seine Unschuld beteuern, sich schuldlos erklären. — Matth. 27, 24 im Neuen Testament berichtet von dem bekannten Ausspruch des Landpflegers Pontius Pilatus. Bei Römern und Juden war es Brauch, sich vor versammeltem Gericht die Hände zu waschen, um seine Unschuld zu beteuern. — Zahlreiche andere Redewendungen mit «Hand» in dieser Kurzgeschichte: *Willy Winter hielt um Sophie Sommers Hand bei ihrem Vater an.* Der aber *schlug die Hände über dem Kopf zusammen* und sagte: «*Hand aufs Herz! Sie leben doch von der Hand in den Mund,* darum kann ich Ihnen meine Sophie nicht *in die Hand geben.*» «*Das stimmt nicht*», antwortete der Freier, «*ich werde nicht mit leeren Händen kommen,* denn *ich habe alle Hände voll zu tun. Ich bin nämlich die rechte Hand* meines Chefs. *Wir legen nicht die Hände in den Schoß,* sondern *wir arbeiten* fabelhaft *Hand in Hand*. Wir sind keine Leute, die *zwei linke Hände haben,* im Gegenteil: uns *geht das Tages=* pensum *leicht von der Hand.* Ich werde Ihre Sophie buch= stäblich *auf Händen tragen!*» «Das sagen sie alle!» ent= gegnete der Vater. «Diese Heiratsanträge *nehmen wirk=* lich *überhand.* Alle wollen sie Sophie *mit Handkuß neh=* men. *Mir sind übrigens die Hände gebunden.* Ein anderer *hat die Hand im Spiele.* Sophies Verlobung mit Friedrich Frühling ist *von langer Hand vorbereitet.* Er hat mir *unter der Hand* mitgeteilt, daß er sie *kurzerhand* heiraten werde.» «*Hand von der Butter!*» (siehe Butter) rief nun Willy Winter empört, «sonst werde ich *handgreiflich! Ich lege meine Hand dafür ins Feuer,* daß keiner außer mir Sophie freien wird!» «Nun denn!» kapitulierte der Vater. «*Mit hohler Hand* stehe ich vor Ihnen und lasse mich be= stechen: *eine Hand wäscht die andere.* Hier mein *Hand=* schlag! Aber wenn Ihr nicht glücklich werdet, *wasche ich meine Hände in Unschuld!*»

HANDSCHUH siehe FEHDEHANDSCHUH

HANDWERK

Jemand das Handwerk legen: den unerlaubten Machenschaften, dem schädlichen Treiben eines Menschen ein Ende bereiten. — Die alten Handwerkerinnungen, die sogenannten Zünfte, ließen die Ausübung eines Hand= werks nur unter strengen Vorschriften zu. Wer dagegen verstieß, konnte zeitlich oder für immer von dem Beruf ausgeschlossen werden. Dies nannte man «das Handwerk legen», heute «stillegen».

HANEBÜCHEN

Eine hanebüchene Grobheit: eine unverschämte Flegelei und Rücksichtslosigkeit; eine derbe, grobe, uner= hörte Roheit. — Hanebüchen kommt von Hainbuche, Hagebuche, plattdeutsch Hanebuche, einem Birken= gewächs, das erst nach 30 bis 40 Jahren Frucht trägt. Das

Holz der Hainbuche ist besonders hart und druckfest und wird als Maschinen=, Drechsler= und Stellmacherholz verwendet. Die Eigenschaften des Holzes kommen in Redensarten wie hanebüchener Witz, hanebüchener Kerl, hanebüchene Geschichte zum Ausdruck.

HANSE

Jemand hänseln: ihn necken, üblen Scherz mit ihm treiben. — Die Redensart hat nichts mit dem Vornamen Hans zu tun, sondern mit den zur Hanse (althochdeutsch «hansa»=bewaffnete Schar), zusammengeschlossenen bevorrechtigten Genossenschaften oder Gilden deutscher Kaufleute, die auswärtigen Handel trieben. Wie es zum Beispiel heute noch beim Gautschen der Buchdrucker Brauch ist, mußte sich der Anwärter für die Aufnahme in die Hanse allerlei drastischen Handlungen und Zeremonien unterziehen, bei denen er schließlich auch noch die Zeche zu bezahlen hatte. «*Hänseln*», also für die Aufnahme in die Hanse reif machen, wurden diese derben Scherze genannt. Dazu gehörte das «Hobeln», Vorbeiziehen des Körpers an einem harten, rauhen Gegenstand, und das «Rasieren», eine schmerzhafte Bearbeitung des Gesichts. Es handelt sich hier um eine symbolische Reinigung wie bei der Taufe: der Neuling sollte unschuldig und rein in die Bruderschaft aufgenommen werden.

HARKE

Einem zeigen, was eine Harke ist: ihm begreiflich machen, was er zu tun habe; ihm gründlich Bescheid sagen, ihn handgreiflich belehren. — Schon im 16. Jh. bei Ackermann «Der ungeratene Sohn» bezeugt. Glaubhaft aus der weitverbreiteten Anekdote hergeleitet, daß ein Bauernsohn, der in der Fremde gewesen war, weder seine Heimat noch seine Muttersprache, ja nicht einmal das Feldgerät wiedererkennen wollte; als er dann aber aus Versehen auf die Zinken der Harke trat, daß ihm der Stiel an den Kopf schlug, rief er: «Verfluchte Harke!» — «He kennt de Harke nich» ist heute noch in Holstein die ironische Bezeichnung für einen dünkelhaften, hochmütigen Menschen.

HARNISCH

Jemand in Harnisch bringen: ihn zornig machen. — Aus der Kriegersprache. Wer im Harnisch war, galt als gerüstet und bereit zum Waffengang. *Im Harnisch sein,* kampfbereit, aber auch zornig sein. Gleiche Bedeutung: *entrüstet sein.* Nicht von Rüstung, sondern vom alten Wort Rüste = Ruhe («Der Tag geht zur Rüste»). *Entrüstet:* aus der Ruhe gebracht, ähnlich wie *entsetzt* = aus dem Sitzen gebracht = *aufgebracht!*

HASE

Mein Name ist Hase ... Es gab wirklich einen Studenten *Viktor Hase,* von dem die berühmte Redensart: «Mein Name ist Hase, ich weiß von nichts!» stammt. Sein Bruder erzählt in seinen Erinnerungen von ihm folgende Geschichte: «Ende des vorigen Semesters 1854/55 hatte mein Bruder einem fremden Studenten einen Dienst erwiesen. Dieser hatte das Unglück gehabt, im Duell einen anderen zu erschießen, war auf der Flucht nach Heidelberg gekommen, von wo er in Straßburg über die französische Grenze wollte. Dieser Student wandte sich an Viktor um Zuflucht und Hilfe. Nun war jeder Mißbrauch der Studentenlegitimationskarte streng verboten, aber das ließ sich nicht verbieten, die Karte zu verlieren. Viktor verlor sie, jener fand sie, kam glücklich über die Grenze und ließ die Karte wieder fallen. Sie wurde gefunden und als verdächtig dem Universitätsgericht übersandt. Zur Untersuchung gezogen, äußerte sich der junge Jurist sofort: «*Mein Name ist Hase,* ich verneine die Generalfragen, *ich weiß von nichts!*» Der Fall Hase hat sich rasch herumgesprochen.

Da liegt der Hase im Pfeffer: das ist der Punkt, auf den es ankommt; da liegt der Hund begraben (siehe Hund). — Der ehemalige Sinn der Wendung war: das Unglück ist geschehen und ebensowenig zu ändern wie der Tod des Hasen, über den man, wie beim Hasenpfeffer, bereits die scharf gewürzte Sauce gegossen hat. Heute ist unter Betonung des Wortes «da» nur noch «Darum dreht es sich!» gemeint.

Wissen, wie der Hase läuft: sich gut auskennen, sich nicht hinters Licht führen lassen. — Um Hund und Jäger zu täuschen, läuft der Hase im Zickzack. Goethe sagt in «Sprichwörtlich» dazu: «Lief' das Brot, wie die Hasen laufen, es kostete viel Schweiß, es zu kaufen.» Wer klug ist, läßt sich nicht von Finten beirren; schaut zu, wie der Hase läuft. Englisch: «To see how the cat jumps» — sehen, wie die Katze springt. — *Das Hasenpanier ergreifen:* die Flucht ergreifen, ausreißen. Der Hase richtet bei der Flucht seine Blume (Schwanz) in die Höhe wie ein Banner. *Angst= hase, Hasenfuß* liegen in der gleichen Richtung, während *alter Hase,* zum Beispiel: *alter Rundfunkhase,* auf eine langjährige Erfahrung zielt. Wer *mit allen Hunden gehetzt* und doch davongekommen ist, ist ein *alter* und *kein heu= riger Hase!*

HAUBE

Unter die Haube kommen: einen Mann kriegen, heiraten. — Während die Mädchen früher in Deutschland offenes, herunterhängendes Haar als Zeichen der Unbe= rührtheit trugen, banden die verheirateten Frauen das Haar hoch und steckten es unter eine Haube.

HAUEN

Nicht gehauen und nicht gestochen: nichts Ordent= liches, schlecht oder doch mittelmäßig. — Aus der Fechter= sprache. Die Waffe wurde so schlecht geführt, daß nicht zu erkennen ist, ob Hieb oder Stich.

Das haut hin: das trifft sich gut, das trifft ins Ziel. Dagegen: *Das haut einen hin!* — Ausdruck des Erstaunens aus der Soldaten= und Studentensprache.

Abhauen: weggehen, abziehen, sich davonmachen, verschwinden. — Aus der Sprache des fahrenden Volks und Wandergewerbes. Nach den Schützenfesten und Jahrmärkten werden von den Budenbesitzern Pfähle und Latten abgeschlagen, abgehauen. Wer abhaut, will weiter= ziehen.

HAUS

Auf den hätte ich Häuser gebaut: dem hätte ich besonders vertraut, auf den hätte ich mich bedenkenlos ver= lassen. — Eigentlich: dieser Mensch erschien mir so solide wie der feste Grund, auf dem man Häuser bauen kann.

Er ist ganz aus dem Häuschen: vor Freude und Überraschung närrisch oder von Sinnen sein. — Wenn einer «zu Hause ist», dann ist er verständig, dann hat er seine Sinne beisammen. Im übertragenen Sinne bedeu= tet es auch, daß jemand zum Beispiel in einer Kunst, einer Wissenschaft bewandert ist. Ist er «aus dem Häuschen», so ist er von Sinnen. Eine andere Erklärung ist, daß es früher in den Städten kleine Tobhäuschen für Geistes= gestörte gab. Wer also «aus dem Häuschen» war, war tobsüchtig, zornig. Diesen Sinn hat die Wendung auch bei Goethe («Feindseliger Blick», 1825): «Warum bist du gleich außerm Haus, warum gleich aus dem Häuschen, wenn einer Dir mit Brillen spricht.» Heute wird die Redens= art nur noch im Zusammenhang mit Freude gebracht.

Einfälle haben wie ein altes Haus: wunderliche, sonderbare Einfälle haben. — Ein Wortspiel, das scherz= haft das Einfallen, den Einsturz eines alten Hauses mit Einfällen im Sinne von Gedanken verbindet.

Da hängt der Haussegen schief: die Ehefrau grollt ihrem Manne; das Ehepaar liegt im Streit; aber auch: mit der Wirtschaft geht es abwärts. — Der Querbalken über dem Eingang oder der Torbogen des Fachwerkhauses trug eingekerbt oder in bunter Zierschrift den Haussegen. Liegt, steht oder hängt dieser schief, so ist das Haus verwahrlost oder altersschwach. Der Wurm sitzt im Gebälk, das Fundament ist angegriffen. Der Hausvater hat es an nötiger Sorge fehlen lassen. — Eine andere Auslegung, die auf das Versagen der Ehefrau abzielt, erinnert an den «Haussegen», der früher in bürgerlichen Wohnküchen über dem Herd hing mit Sprüchen wie: «Eigener Herd ist Goldes wert!», «Sich regen bringt Segen!» oder «Trautes Heim, Glück allein!» Wenn Mann und Frau Streit hatten und die Untertassen flogen, konnte es leicht geschehen, daß der Haussegen eins abbekam und dann schief hing. Wenn es mit der Wirtschaft bergab ging, lag es oft daran, daß die Frau eine Schlampe war (mittelhochdeutsch «slampen» = herabhängen) und sich nicht die Mühe machte, den Haussegen geradezuhängen.

HAUT

Seine Haut zu Markte tragen: die unangenehmen Folgen einer Sache auf sich nehmen, sich mit voller Verantwortung für etwas einsetzen. — Im Mittelhochdeutschen findet man schon den Ausdruck «Er muß seine Haut dafür geben». In einer märkischen Lehre heißt es, man solle seine Haut selbst zum Markte tragen, wenn man sie günstig verkaufen wolle. Hierbei ist noch die Tierhaut gemeint. Erfährt man jedoch bei dem römischen Geschichtsschreiber Tacitus, daß bei den Germanen Vieh oder Viehhäute als Bußgeld galten, so ist leicht vorzustellen, wie in dem Wort «seine Haut zu Markte tragen» die Viehhaut im Laufe der Jahrhunderte in menschliche Haut umgedeutet wurde.

Aus der Haut fahren: wütend werden, außer sich sein, die Fassung verlieren. — Die Haut als äußere Hülle des Menschen wird gleichsam gesprengt, so groß ist die Erregung. Das Gegenteil liegt in der Wendung *nicht aus*

seiner Haut herauskönnen — in seinen Grundsätzen, sei=
ner Haltung unbeweglich, ja starr sein. Erinnert entfernt
an die biblische Mahnung, man solle den «alten Adam»
aus= und den neuen anziehen.

Auf der faulen Haut, auf der Bärenhaut liegen:
müßiggehen, faul sein. — Geschichtsklitterung (=fäl=
schung) der Humanisten, die Tacitus die Behauptung
unterstellten, die Germanen hätten meist auf Bärenhäuten
gefaulenzt. Zur Verbreitung dieser Meinung hat später
das Studentenlied von Kunitz und Ruer «Tacitus und die
alten Deutschen» beigetragen, in dem es heißt: Die alten
Deutschen, sie wohnen auf beiden Seiten des Rheins, sie
liegen auf Bärenhäuten und trinken immer noch eins! —
Weitere Verbindungen: *Mit Haut und Haaren* (siehe
Haar), *mit heiler Haut davonkommen, ich möchte nicht in
seiner Haut stecken* und *er ist nur noch Haut und Knochen*
für einen erschreckend abgemagerten Menschen.

HECHEL

Einen durchhecheln: unverblümt, mit spitzer Zunge
über die schlechten Eigenschaften eines Abwesenden
sprechen. — Von der Hechel, einem kammartigen Werk=
zeug mit Drahtspitzen abgeleitet, durch dessen Zähne der
Flachs hindurchgezogen wird (daher auch: *durch die Zähne
ziehen!*), um ihn zu säubern. Abgekürzte Form: *jemand
durchziehen* oder auch *jemand durch den Kakao ziehen*,
wobei «Kakao» als Verhüllung eines derberen Kraftaus=
drucks aufzufassen ist.

HECHT

Der Hecht im Karpfenteiche sein: eine aktivierende,
ebenso belebende wie störende Rolle in einer trägen Masse
spielen. — Der Hecht gilt als angriffslustiger, behender
Raubfisch, der die langsamen und schwerfälligen Karpfen
im Teich hin= und herjagt und sie nicht fett werden läßt.
Das politische Witzblatt der «Kladderadatsch» bildete

Auf der faulen Haut liegen ...

1867 Bismarck als « Hecht im europäischen Karpfenteiche »
ab. Man spricht auch von einem *alten* oder *tollen Hecht*
im Sinne von Draufgänger, Schürzenjäger, Frauenfreund.
Dabei klingt der Volksglaube an, der dem Hecht Langlebigkeit und dauernde Geschlechtskraft zuschreibt. *Hier
zieht es wie Hechtsuppe*, heißt es, wenn ein starker Luftzug durch das Zimmer geht. Die Redensart beruht vielleicht
auf dem Wortspiel: Hechtsuppe muß lange ziehen! Wahrscheinlicher jedoch ist die Eindeutschung aus dem jiddi-

schen *hech supha* = wie Sturmwind. — *« Bei euch ist ein furchtbarer Hecht!»* ruft einer aus, der einen Raum voller Tabaksqualm betritt. Das plattdeutsche Eigenschaftswort « hecht » = dicht ist hier substantiviert worden.

HEFT

Das Heft in der Hand haben: über Macht verfügen, die Lage beherrschen. — Gemeint ist das Schwert, das man nur gut führen kann, wenn man den Griff, also das Heft, fest in der Hand hält. Wer *das Heft aus der Hand gibt,* begibt sich der Macht, des Einflusses.

HEIDEN

Eine Heidenangst haben: sich besonders ängstigen, sich sehr fürchten. — « Heiden » als Verstärkungsvorsilbe, wurzelt in der früheren christlichen Auffassung vom Heidentum. Die Nichtbekehrten, die Heiden, galten als barbarisch, wild, ungestüm, unfügsam, kriegerisch. Ihnen war daher nach ihrem Tode ein Höchstmaß von Strafen und Qualen zugedacht. Redensarten mit « Heiden » be= kräftigen einen Ausdruck, wie *Heidengeld* (viel Geld), *Heidenlärm* (Riesenkrach), *Heidenangst* (große Angst).

HEIM

Einem heimleuchten: ihm eine Abfuhr erteilen; ihm gründlich die Meinung sagen. — Erst im Laufe der Jahr= hunderte hat die Redensart ihren ironischen Sinn erhalten. Ursprünglich bedeutete er eine friedlich=bürgerliche, höf= liche Sitte. Als es noch keine Straßenbeleuchtung gab, wurde dem Besucher für den Heimweg ein Diener mit einer Laterne mitgegeben. Die freundschaftliche Geste verwandelte sich mit der Zeit zu einem höhnischen Brauch. So als Graf Hermann von Thüringen 1232 unverrichteter Sache wieder von Fritzlar abziehen mußte und die Ver= teidiger voller Spott auf den Mauern ihrer Stadt Stroh= wische anzündeten, damit er schneller den Weg nach Hause fände. Oder wenn 1311 der Rat der Stadt Schweid=

nitz den Rädelsführer ihrer Bäckermeister, die auswan=
dern wollten, verbannte, indem man «ihn mit großem
Gefolge, und zwar zu seinem Hohn am hellen Tage mit
angezündeten Fackeln zur Stadt hinausgeleitete». — In
der Wendung *jemand heimgeigen* steckt eine ähnliche
Vorstellung. Wohlhabende Leute wurden früher, wenn
sie von Tanz oder Fest heimkehrten, von spielenden Musi=
kanten begleitet. (Siehe auch Geige.)

HEIN

Freund Hein: verhüllende Bezeichnung des Todes.
— Hein ist die Kurzform von Heinrich. Im Schweizerischen
Beinheinrich für Tod, im Englischen *Old Henry.* In Hein
steckt der Totengott Henn(e). Im Niederdeutschen (auch
im Sächsischen) sind «Heinz und Henne» die volkstüm=
liche Bezeichnung für den Tod.

HENKER

Seine Henkersmahlzeit halten: scherzhaft für Ab=
schiedsessen. — Den zum Tode Verurteilten wurde das
Recht eingeräumt, sich ihr Lieblingsgericht als letztes Mahl
zu wünschen, das der Henker servieren mußte.

HERAUS

Er nimmt sich viel heraus: er ist unverschämt, an=
maßend, frech. — Die Wendung geht auf die Zeit zurück,
als man noch keine Gabeln benutzte, sondern das Fleisch
mit den Fingern aus der gemeinsamen Schüssel holte. Da=
bei fehlte es nicht an Leuten, die sich durch dreistes
Zulangen unbeliebt machten und «sich mehr heraus=
nahmen», als ihnen zustand.

Jemand herausstreichen: ihn rühmen; ihn lobend
hervorheben; ihn anerkennend erwähnen; verherrlichen.
— Hängt wahrscheinlich mit dem Pferd zusammen, das
vom Roßtäuscher vor dem Verkauf «herausgestrichen»,
d. h. besonders schön gestriegelt wird, um seine Fehler zu
verbergen und es teurer zu verkaufen. (Siehe auch *Zahn.*)

HERZ

Aus seinem Herzen keine Mördergrube machen: offenherzig sein, seine wahren Gedanken nicht verbergen. — Nach Matth. 21, 13 (und Jeremias 7, 11), wo Luther etwas ungenau übersetzt: «Mein Haus soll ein Bethaus heißen; ihr aber habt eine *Mördergrube* daraus gemacht.» Muß eigentlich «Räuberhöhle» heißen. — Andere Zusammensetzungen mit «Herz» in dieser *herzhaften* Kurzfassung: Bei dem Gedanken, dem Vater seine Missetat beichten zu müssen, *fiel ihm sein Herz in die Hosen.* Er mußte schon *sein Herz in beide Hände nehmen* und *seinem Herzen einen Stoß geben, um sein Herz auszuschütten.* Er trug zwar *sein Herz auf dem rechten Fleck,* aber *nicht auf der Zunge.* So *faßte er sich* schließlich doch *ein Herz,* nachdem *er sich selbst auf Herz und Nieren geprüft hatte,* ob er dem Vater versprechen könne, nicht rückfällig zu werden. *Der Vater hatte* Gott sei Dank *ein weiches Herz!* Außerdem *war ihm sein Sohn* von Jugend an *ans Herz gewachsen,* ja er hatte ihn richtig *ins Herz geschlossen.* So *konnte er es nicht übers Herz bringen,* ihn zu bestrafen. Dem Vater waren die reuevollen Worte des Sohnes *aus dem Herzen gesprochen.* Er dankte ihm *von ganzem Herzen* und *drückte den demütigen Sünder tief bewegt ans Herz,* und so *waren sie beide* wieder *ein Herz und eine Seele.* Das nicht *herzig* zu finden, wäre *herzlos!*

HESSEN

Ein blinder Hesse: altes Scheltwort für einen kurzsichtigen, geistig beschränkten Menschen. — Musterbeispiel für die Lebensdauer einer über die Jahrhunderte erhaltenen Redensart. Stammt von einer Anekdote aus dem thüringisch=hessischen Erbfolgekriege (1247—1264), in dem Sophie von Brabant, die Tochter der heiligen Elisabeth, gegen die Wettiner Ansprüche Hessen zugunsten ihres Sohnes Heinrich, des Stammvaters der hessischen Fürsten (Haus Brabant), von Thüringen löste. In

einem dieser Gefechte sollen die Hessen in der Abend=
dämmerung Heu= und Misthaufen, die sie irrtümlich für
ihre Feinde hielten, angegriffen haben. Die Wendung ist
1541 bei Sebastian Franck bezeugt (Sprichwörter): «,Du
bist ein blinder Hesse!' wolt einen groben dölpel und
fantasten damit anzeigen.» Der Ausdruck bekam im
18. Jh. eine neue, sarkastische Wendung, als hessische
Fürsten zahlreiche Landeskinder an England als Söldner
für den Krieg nach Nordamerika verkauften. Man sagte
damals: «Die Hessen sind so blind, daß sie nicht einmal
die verbrecherische Geldgier ihrer Fürsten erkennen.»
Kassel war zu der Zeit der Sammelpunkt der unglück=
lichen, zu diesem Zweck gepreßten jungen Leute. Daher
stammt auch der Ausdruck: «*Ab nach Kassel!*», der nach
der Kapitulation von Sedan (2. 9. 1870) neue Nahrung
erhielt, als Napoleon III. auf das Kasseler Schloß Wil=
helmshöhe verbannt wurde.

HEXE

Einen Hexenschuß bekommen: heftiger, meist
plötzlich auftretender Kreuz= und Lendenschmerz, der die
Beweglichkeit behindert. — Nach mittelalterlicher Vor=
stellung Pfeilschüsse von Hexen und Kobolden die Ur=
sache.

HIMMEL siehe GEIGE

HINEIN

Er ist hineingefallen: Pech gehabt haben; getäuscht,
übervorteilt worden sein. — Zu ergänzen: in die Grube,
wie das Wild in die Falle. Dazu die scherzhafte Wendung:
«Das war ein Reinfall von Schaffhausen» als Zusammen=
klang beider Bilder: Reinfall und Rheinfall!

HINTER

Hinter etwas kommen: eine Sache erfassen, er=
gründen, begreifen; ein Rätsel lösen. — Gemeint ist, daß

man um einen Gegenstand herumgeht und ihn so betrach=
tet, daß man ihn rundherum, von allen Seiten zu kennen
glaubt.

Ins Hintertreffen geraten: hintangesetzt werden,
in Nachteil geraten. — Geht auf die Kriegersprache zu=
rück. Wer von der vordersten Schlachtreihe in eine hintere
gedrängt wurde, konnte keinen bedeutenden Einfluß auf
den Ausgang des Kampfes nehmen. Das wurde als so
peinlich empfunden, daß sich der Ausdruck mit der Vor=
stellung von Mißgeschick und Pech verband.

Sich auf die Hinterbeine stellen: sich sträuben,
widersetzen, weigern; Widerstand leisten. — Das Bild
kommt vom störrischen Pferd, das sich aufbäumt.

In der Hinterhand sein: der letzte sein, der sich
äußert, handelt oder entscheidet. — Vom Kartenspiel. Der
letzte, der ausspielt, ist «in der Hinterhand».

HOCH

Hochgehen: verschiedene Bedeutungen. — Im
Sinne von sich aufregen, aufbrausen. Was in die Luft ge=
sprengt wird, geht hoch. Eine Rakete, eine Granate, eine
Bombe geht hoch. Daher gleichbedeutende Ausdrücke:
*explodieren, platzen. Die Konferenz platzt, geht hoch,
fliegt auf* (wie die Vögel, die auf= und davonfliegen).
Außerdem kann «hochgehen» verhaften bedeuten. «Je=
mand hochgehen lassen» = jemand verhaften lassen.

Jemand hochnehmen: necken, jemand drillen, scharf
zurechtsetzen, auch verhaften (Variante: *hoppnehmen*).

Hoch und heilig etwas versprechen: etwas fest ver=
sprechen. — Stabreimende Redensart, bei der mit «hoch»
das Erheben der Schwurfinger gemeint ist.

HOF

Jemand den Hof machen: sich um seine Gunst be=
werben, ihm schmeicheln, ihm seine Verehrung und Er=
gebenheit bezeugen, sich eifrig um jemand bemühen. —
Wörtliche Übersetzung aus dem französischen «faire la

cour à quelqu'un». Entstammt der Zeit, in der das fran=
zösische Hofleben die Gesellschaft Europas bestimmte.
Unter «Hof» war die gesamte Umgebung eines Fürsten
zu verstehen. Die ihm dienten, stellten den Hof dar und
«machten ihm den Hof». Wurde später auch auf das Um=
werben einer Frau bezogen: *die Cour schneiden* oder *die
Cour machen*. Wie bei Wilhelm Busch: «Und war doch
der größte Narr am Hofe der Königin seines Herzens.»

HÖHLE
    Sich in die Höhle des Löwen wagen: seinen ganzen
Mut zusammennehmen, sich ein Herz fassen und der
Gefahr mutig ins Auge sehen. — Die Redensart wurzelt
in der Fabel des Äsop, in der ein schlauer Fuchs die List
eines alten Löwen rechtzeitig durchschaut. Dieser hatte
sich krank gestellt und den Fuchs gebeten, ihn in der
Höhle zu besuchen, damit er ihm leicht zur Beute falle. Der
Fuchs erwiderte, er würde den König der Tiere gern be=
suchen, aber es mache ihn stutzig, daß viele Spuren in die
Höhle hinein=, aber keine herausführten.

HÖLLE
    Einem die Hölle heiß machen: ihn einschüchtern,
ängstigen, durch Drohungen in Schrecken versetzen. —
Nach den grellen Schilderungen von höllischen Folter= und
Feuerqualen, mit denen die christliche Kirche einst ihre Zu=
hörer in Angst und Schrecken versetzte. «Machen» heißt
hier darstellen, also die Hölle so heiß schildern, daß der
Gläubige fügsam und fromm wird.

HOLLAND
    Da ist Holland in Not: es herrscht große Not und
Bedrängnis. — Stammt aus der Zeit der spanischen
Schreckensherrschaft in den Niederlanden und der Zeit
Ludwigs XIV., als dieser in Holland einfiel. Um sich des
Angreifers zu erwehren, durchstachen die Holländer ihre
Dämme und setzten das Land unter Wasser.

HOLZ

Auf dem Holzwege sein: fehlgehen, im Irrtum sein. — Holzwege sind im Walde nur zum Abfahren des Holzes bestimmt; sie führen zu keinem Ziel und sind meist in schlechtem Zustand. «Holzwege» hat der Philosoph Martin Heidegger sein 1950 erschienenes Buch genannt.

Sie hat Holz vor der Tür: sie ist vollbusig. — Anspielung auf die aufgestapelten Holzvorräte vor dem Bauernhaus. Bayerisch *sie hat Holz vor der Hütten.* Nordostdeutsch *se häft god Holt vor de Dör.*

HOPFEN

An dem ist Hopfen und Malz verloren: es wird nichts mehr aus ihm, bei ihm ist alle Mühe vergeblich. — Hopfen und Malz galten bereits um das Jahr 800 in Deutschland als feste Bestandteile des Bieres. Die weite Verbreitung der Redensart erklärt sich daraus, daß die Hausfrau früher selber für den Bedarf des Hauses braute. Wenn der Trunk trotz vieler Mühe mißlungen war, dann waren eben Hopfen und Malz verloren.

HORN

Einem Hörner aufsetzen: den Ehemann betrügen, entweder seine Frau verführen oder als Ehefrau sich verführen lassen. — Das Horn ist sprichwörtlich bald ein Zeichen der Kraft, bald das Sinnbild der Dummheit. Schon die Griechen kannten diesen Ausdruck, der sich aus der Vorstellung herleitet, der Mann, der vom Betrug seiner Frau nichts merkt, sei so dumm wie der gehörnte Ochse. Der betrogene Ehemann wird *Hahnrei* genannt. Das ist der niederdeutsche Name für den Kapaun, den verschnittenen Hahn. Die Endsilbe «rei» kommt vom ostfriesischen «rein» (niederländisch ruin) und bedeutet «kastriert» (Wallach). Der Ausdruck geht auf den grausamen Spott zurück, dem Kapaun seine abgeschnittenen Sporen in den Kamm einzupflanzen, wo sie wie Hörner festwuchsen.

Eine dritte Lesart beruht auf dem alten astrologischen Glauben, die im Zeichen des Steinbocks Geborenen neigten zu ehelichem Unglück. Daher nennt der Franzose den betrogenen Ehemann auch « Widder ».

Er hat sich die Hörner noch nicht abgelaufen (abgestoßen): noch keine Erfahrungen — vor allem in der Liebe — gesammelt haben; in jugendlichem Übermut unüberlegt und ungestüm auf sein Ziel losgehen. — Geht auf eine Beobachtung in der Tierwelt zurück. Hirsche und Rehböcke werden wesentlich ruhiger, wenn sie sich die Hörner an den Bäumen abgestoßen haben.

Den Stier bei den Hörnern packen: eine Sache mutig bei ihrer gefährlichen Seite anpacken; ohne Umschweife beherzt auf sein Ziel losgehen. — Um den Stier wehrlos zu machen, muß er bei den Hörnern gepackt werden, über die dann ein Seil geworfen wird.

In ein Horn blasen; in eines anderen Horn blasen; ins gleiche Horn blasen: mit einem anderen gleicher Meinung sein, ihm beistimmen, beipflichten, dieselbe Ansicht bekunden. — Nicht selten als Ausdruck für jemand, der eines anderen Einfluß unterliegt. — Luther schreibt: « Nicht mit ihnen heulen — und in ein Horn blasen. » Das Horn als Blasinstrument gab früher nur einen Ton her. Ganz gleich wer hineinblies, es kam immer derselbe Ton heraus.

Es geht aus wie das Hornberger Schießen heißt es von einem eindrucksvoll angekündigten Unternehmen, das ergebnislos verläuft; von einer Sache, aus der nach großem Ausposaunen und lauten Ankündigungen nichts wird. — Bezieht sich auf eine Begebenheit, die in Hornberg im Gutach-Tal (Schwarzwald) passierte. Nach dem Dreißigjährigen Kriege kündigte der Herzog von Schwaben den Hornbergern seinen Besuch an. Die Bürger waren sich der hohen Ehre bewußt und setzten alles daran, dem Herzog einen glänzenden Empfang zu bereiten. Man lud alle wehrhaften Mannen und Schützengilden eine Tagereise in der Runde ein, um für den Fürsten ein großes Schützenfest zu veranstalten. Als es an einem heißen Sommertag soweit war, versammelten sich die angesehensten Hornberger mit ihren Gästen auf der Burg und sprachen schon morgens eifrig dem Wein und Bier zu. Da der Herzog mit Kanonendonner und Gewehrsalven empfangen werden sollte, hielten die Wächter auf Bergfried und Rondell Ausschau, um durch ein Hornsignal die Ankunft des hohen Gastes zu melden. Schon früh bezecht, glaubten sie mal in einer Postkutsche, mal in einem Krämerkarren oder einer Rindviehherde den fürstlichen Troß zu erkennen, und ihre ständigen falschen Alarme lösten eine fast pausenlose Schießerei aus. Als der Herzog verspätet abends eintraf, gab es kein Pulver mehr für Salut und Schützenfest!

HUCKE siehe Lüge

HÜLLE

Alles in Hülle und Fülle haben: sich im Überfluß befinden, aus dem vollen leben. — Genau das Gegenteil meinte die Redensart ursprünglich. Wenn Luther sagt: «Da er keinen Lohn verdient hatte, denn Hülle und Fülle», so bedeutet das, er habe kein Geld, sondern nur Kleidung (Hülle) und Nahrung (Fülle) erhalten, was — nach heutiger Auffassung — einen niedrigen Lebensstandard bedeutet. Das Wort «Hülle» gewann aber im Laufe der Zeit einen anderen Sinn, und so lesen wir schon 1691 bei Stieler: «Hülle und Fülle haben, d. h. Überfluß haben», und fast hundert Jahre später bei Gottfried August Bürger in «Des Pfarrers Tochter von Taubenhain»: «Da trieb es der Junker von Falkenstein in Hüll' und Füll' und in Freude!»

HUHN

Ein Hühnchen mit jemand rupfen: mit jemand einen Streit austragen; ihn zur Rede stellen, ihm aufs Dach steigen. — Rupfen war im Mittelalter soviel wie tadeln, schelten, Vorwürfe machen. Diese Bedeutung wandelte sich, und aus « jemand rupfen » ist « mit jemand ein Hühnchen rupfen » geworden. Nach einer anderen Auslegung meinte die Redensart früher « Händel pflegen » das heißt « einen Streit austragen ». Dieses « Händel » sei in Süddeutschland als « Hähndl » (Hähnchen) verstanden worden. So wurde « Händel pflegen » in « Hühnchen rupfen » verfälscht.

HUND

Da liegt der Hund begraben: da liegt der Hase im Pfeffer; das ist das Entscheidende, das Wichtige; das ist der Punkt, auf den es ankommt; das ist die Ursache der Schwierigkeiten. — Eine der merkwürdigen Redensarten, die aus einem sprachlichen Mißverständnis entstanden ist. Die Wendung hat nichts mit unserem ältesten Haustier zu tun, kommt vielmehr vom mittelhochdeutschen « hunde », das Beute, Raub, Schatz bedeutet. Es müßte also eigentlich heißen: « Da liegt *die hunde* begraben », somit die Stelle, wo ein Schatz vergraben liegt. Auf diese Weise kehrt die alte Redensart, obwohl mißverstanden, zu ihrem ursprünglichen Sinn zurück.

Auf den Hund kommen: herunterkommen, verkommen, scheitern. — Es ist sonderbar, daß der Hund als ältester Freund des Menschen trotz seiner Treue in den Redensarten so schlecht wegkommt. Ursprünglich galten die Hunde Wotans sogar als geheiligte Tiere. Erst das späte Mittelalter hat sie verächtlich gemacht, wie es heute noch in den Ausdrücken *Hundeleben, Hundewetter, Hundekälte, falscher Hund, feiger Hund, frecher Hund, hundemüde, hundeelend* ausgesprochen wird. Nach altdeutschen Rechtsbräuchen wurden Verbrecher oft zwischen Hunden gehenkt. Ein adliger Missetäter mußte zur Strafe öffentlich Hunde tragen; damit war er « auf den Hund gekommen ». — Eine andere Erklärung geht bis in die

Antike zurück, wo «vom Pferd auf den Esel kommen» heruntergekommen heißt. Ist einer auf den Hund gekom= men, so ist er noch tiefer gesunken. — Bergleute verbinden den Ausdruck gern mit ihrem Förderwagen, dem soge= nannten Hund. Wer nicht mehr vor der Kohle arbeiten, sondern nur noch den «Hund» bedienen darf, erhält weniger Lohn, kommt also auf den Hund. — Der Jäger= sprache entstammen die Wendungen: *mit allen Hunden gehetzt* und

Vor die Hunde gehen: verkommen, verludern. — Krankes und schwaches Wild wird leicht ein Opfer der Jagdhunde. Ein Mensch, der keine Widerstandskraft hat, verludert.

Mit allen Hunden gehetzt: verschlagen, schlau, mit allen Wassern gewaschen, in allen Kniffen erfahren. — Rührt vom Wild her, dem es gelingt, immer wieder den nachsetzenden Hunden zu entkommen. Dem steht das Bild des Vagabunden gegenüber, der mit den Hunden vom Hofe des Bauern gehetzt wird.

Damit lockt man keinen Hund vom Ofen: das ist nichts wert; da muß schon Besseres kommen, mit etwas vergeblich reizen; es müssen gewichtigere Gründe ins Feld geführt werden, um Erfolg zu haben. — Gewöhnlich läßt sich der Hund schon mit dem kleinsten Bissen von seinem warmen Platz weglocken. Der Anreiz muß also sehr klein sein, lohnt sich das Aufstehen nicht einmal für ihn.

Von ihm nimmt kein Hund ein Stück Brot: er wird von allen gemieden, verachtet, in Verruf erklärt. — Hunde haben meistens eine gute Witterung für schlechte Menschen. Von ihnen nehmen sie nichts.

Hundstage: die heiß=schwülen Tage von Ende Juli bis Ende August. — Nach dem hellsten aller Fixsterne ge= nannt, dem Hundsstern oder Sirius, der zu dieser Zeit den Himmel beherrscht.

Andere Redensarten vom Hunde sind: *eine Sache verhunzen*, sie entstellen, verunstalten, verzerren. — Die

Ein ganz dicker Hund

Wendung bedeutet, etwas so schlecht wie einen Hund be=
handeln und müßte eigentlich «verhundsen» oder «ver=
hundzen» geschrieben werden. Wenn einer heftig weint,
sagt man: *«Er heult wie ein Schloßhund.»* Gemeint
ist nicht ein Hund im Schlosse, sondern der angeschlossene
Kettenhund, der viel heult. *Lumpenhund* und *Himmel=
hund* sind gerade keine Auszeichnungen, und wenn einer
bekannt wie ein bunter Hund war, so war das früher auch
nichts Schmeichelhaftes. Ein «bunter», das heißt ein ge=
fleckter Hund fällt mehr auf als ein einfarbiger. Manchmal
ist es *so schlechtes Wetter, daß man keinen Hund vor die
Tür jagt.* — Es gibt Leute, die, obwohl sie aufeinander an=
gewiesen sind, sich von morgens bis abends zanken. Von
ihnen sagt man: *«Sie sind wie Hund und Katze»*, eine
Redensart, die nur bedingt richtig ist, denn es gibt viele
Hunde und Katzen, die sich vorbildlich vertragen. *Einen
dicken Hund* nennt man alles, was erstaunt, überrascht,
erfreut oder auch entsetzt. Im übrigen ist es *hundsgemein*,
daß wir dem Hunde alle schlechten Eigenschaften andich=
ten. *Was kann der arme Hund dafür?*

Wo die Hunde mit dem Schwanz bellen, siehe *Buxtehude.*
Der Knüppel liegt beim Hund, siehe *Knüppel.*

HUNDERT

Vom Hundertsten ins Tausendste kommen: während eines Gespräches fortwährend vom Thema abschweifen, den Faden verlieren, über nichtige Einzelheiten das Wesentliche vergessen. — Hergeleitet von der vom 15. bis 17. Jh. vielbenutzten Rechenbank, bei der es irrtümlich passieren konnte, daß man «das Hundert in das Tausendste warf».

HUNGER

Am Hungertuche nagen: hungern, darben, ärmlich leben, sich kümmerlich behelfen. — Hier liegt ein ähnliches Mißverständnis wie beim «begrabenen Hund» vor. Ursprünglich hieß es «am Hungertuche nähen». Das Hungertuch, auch Fastenvelum genannt, ist ein großer, schon um das Jahr 1000 nachweisbarer, meist weißlinnener Vorhang, der während der Fastenzeit bis zum Karmittwoch in den meisten Kirchen am Eingang des Chores angebracht wurde. Es sollte den Altar verhüllen und zur Buße mahnen. Das Hungertuch war manchmal mit gesticktem oder gemaltem Bildwerk, vornehmlich Passionsdarstellungen, verziert. Weil es am Mittwoch der Karwoche während der Passion bei den Worten: «Velum templi scissum est!» («und der Vorhang im Tempel zerriß ...») entfernt zu werden pflegte, hieß es auch «velum templi». In nachmittelalterlicher Zeit kam sein Gebrauch allmählich ab, ist jedoch bis heute nicht ganz ausgestorben (z. B. im Münster zu Freiburg i. Br.). — Die einzelnen Stücke des Vorhangs mußten zusammengenäht werden: es wurde am Hungertuche genäht. Als man den Sinn des Wortes nicht mehr verstand, wurde aus «nähen» «nagen», weil man sich in Verbindung mit dem «Hunger» leichter vorstellen konnte, daß dieser eher durch Nagen als durch Nähen gestillt werde.

An den Hungerpfoten saugen: hat den gleichen Sinn wie die vorige Redensart: am notwendigsten Mangel leiden. -- Bezieht sich auf den Bären, der in seinem warmen Winterlager keine Nahrung zu sich nimmt und mehr aus Zeitvertreib als aus Hunger an seinen Tatzen saugt.

Kohldampf schieben: Hunger haben oder leiden. — Verkoppelung mehrerer Ausdrücke gleicher Bedeutung aus der Gaunersprache, dem Rotwelsch. Sowohl «koll» (verkürzt aus «koller») als auch «Dampf» meinen Hunger; auch «schieben» ist aus dem rotwelschen «scheffen» = sich befinden eingedeutscht, das wiederum auf dem Hebräischen fußt.

HUT

Unter einen Hut bringen: einen bestimmten Personenkreis zu einer gemeinsamen Ansicht bekehren, für dasselbe Ziel gewinnen; aber auch von Sachen und Fragen, die auf einen Nenner gebracht werden. — Dazu «Viel Köpfe, viel Sinne!» Die Redensart geht von der gewagten Auffassung aus, daß unter *einen* Hut gebrachte Köpfe auch dieselben Gedanken hegen müßten. Hut ist hier als bildliche Bezeichnung für Herrschaft gesetzt. In den alten Rechtsbräuchen galt bei Übertragungen von Gut und Lehen der Hut als Symbol. Man denke an Geßlers Hut auf der Stange im «Tell», an die Fürstenkrone als Zeichen monarchischer Gewalt (ursprünglich auch nichts weiter als ein Hut mit Zacken!) oder an die Mitra, die Bischofsmütze. Was unter *einen* Hut kam, ob Land oder Leute, kam unter *eine* Herrschaft; und hier regierte dann tatsächlich ein Wille, und zwar der des Herrn! — Daß Verschwörer früher zur Bekundung ihrer Einigkeit in einen Hut greifen mußten, ist ein weiterer Beweis für diese Symbolik des Hutes.

Das geht über die Hutschnur: das geht zu weit, das ist zu arg. — Die Hutschnur war nach einer neuerdings in Eger gefundenen Urkunde vom Jahre 1356 ein Maß für den aus der Leitung fließenden Wasserstrahl. Das Wasser

. . . wie der Igel

sollte nicht stärker aus den Röhren kommen «danne als ein hut snur» — als eine Hutschnur. Wer gegen diese gewiß aus Sparsamkeit erlassene Vorschrift verstieß, machte sich strafbar. — Heute denkt man begreiflicherweise an die wirkliche Hutschnur als Steigerung des Ausdrucks «Es geht mir bis an den Hals». — Weitere Ausdrücke: *Auf der Hut sein* = bedachtsam, vorsichtig sein (von hüten). *Eins auf den Hut kriegen* = getadelt werden. Hut ist hier bildlich für Kopf. *Der Ladenhüter* ist ein scherzhaftes Bild für eine schwer verkäufliche Ware, die gleichsam den Laden bewacht. *Da geht einem der Hut hoch!* ist eine Wendung jüngeren Datums. Der Hut geht hoch, wenn sich die Haare sträuben, und diese sträuben sich in Zorn, vor Schrecken oder aus Erregung. *Er hat Spatzen unterm Hut!* sagt man von einem ungehobelten Menschen, der zu faul oder unerzogen ist, um beim Grüßen den Hut abzunehmen.

I

IGEL

 Das paßt wie der Igel zum Taschentuch (Handtuch): es paßt wie die Faust aufs Auge, nämlich überhaupt nicht.

— Scherzhaft=mildere Form für die schon im 17. Jh. be=
zeugte weit derbere Redensart: «Das paßt wie der Igel
zum Arschwisch!»

J

JAGD

Das ist ein echtes Jägerlatein: das ist erfunden,
übertrieben, erdichtet, aufgeschnitten. — Für die aufge=
bauschten Erzählungen der Waidleute von ihren Jagd=
abenteuern. Ebenso *Anglerlatein* und *Seemannsgarn* (siehe
Garn).

JAKOB

Das ist der wahre Jakob: das ist der richtige Mann;
das rechte Mittel, das wir schon lange suchen; das ist der
begehrte Gegenstand. — Die spanische Stadt Santiago de
Compostela birgt das Grab des heiligen Jakob, des Schutz=
heiligen Spaniens, zu dem im Mittelalter auch viele
Deutsche wallfahrteten. Diese sahen verächtlich auf jene
Pilger herab, die den weiten beschwerlichen Weg nach
Spanien scheuten und lieber die näher liegenden Gräber
von Heiligen gleichen Namens aufsuchten, von denen
jedoch — nach dieser Auffassung — keiner «der wahre
Jakob» war!

JEMINE

O Jemine! Ausruf des Mitleids oder Entsetzens,
der Überraschung. — Entstellt aus «*O Jesu Domine*», der
lateinischen Anrede für «Herr Jesus!»

JOCH

Jemand unter das Kaudinische Joch beugen: jemand
in die Knie zwingen, kränken, demütigen. — Der Aus=
druck wurzelt in der römischen Niederlage bei den kau=

dinischen Engpässen zwischen Capua und Benevent 321 v. Chr. Die samnitischen Sieger ließen die entwaffneten vier römischen Legionen schmachvoll zwischen einem Spalier von zueinander gesenkten Spießen hindurchgehen (siehe Spießruten laufen).

JOTA

Nicht ein Jota: gar nichts. — Jota ist der kleinste Buchstabe des griechischen Alphabets.

JUBEL

Das kommt nur alle Jubeljahre vor: das kommt höchst selten, in großen Zeitabständen vor. — Das Jubeljahr (auch Halljahr) kehrte bei den Israeliten alle fünfzig Jahre mit einer Neuverteilung des Landbesitzes wieder, die dem sozialen Ausgleich dienen sollte. Dieses Jubeljahr wurde im ganzen Lande durch Posaunenschall (mit dem Widderhorn, hebräisch «jobel») angekündigt. Im späten Mittelalter verschmolz das hebräische jobel mit dem lateinischen jubilus (Jauchzer), nachdem die christliche Kirche um 1300 die jüdische Einrichtung auch bei sich eingeführt hatte, jedoch nicht mit einer Neuverteilung des Bodens, sondern mit einem Sündenablaß, der in gewissen Zeitabständen gewährt wurde. In *Jubiläum* umgebildet, wurde der Ausdruck auch auf weltliche Feiern angewendet, die in größeren Zeitabständen wiederkehren.

K

KADAVER

Kadavergehorsam: blinder Gehorsam, unterwürfige Folgsamkeit. — Die Wendung spielt auf Ignatius von Loyola an, den Gründer des Jesuitenordens, der seinen Ordensbrüdern befahl, sich von der göttlichen Vorsehung durch die Oberen führen zu lassen, «als wären sie ein

Leichnam, der sich überallhin tragen und auf jede Weise behandeln läßt».

KADI
Zum Kadi laufen: jemand vor Gericht verklagen. — Der Kadi ist die arabische Bezeichnung für den islamischen Richter, der nach dem Glaubensgesetz entscheidet.

KAFFEE
Das ist kalter Kaffee: für ein Geschwätz, bei dem nichts herauskommt. — Jüngere Redensart der städtischen Umgangssprache. Eigentlich « abgestandener Kaffee », der sein Aroma verloren hat.

KAIN
Das Kainszeichen tragen: gebrandmarkt sein. — Das Kainszeichen war ursprünglich ein Schutzzeichen, denn im 1. Mose 4, 15 steht: «Und der Herr machte ein Zeichen an Kain, daß ihn niemand erschlüge, wer ihn fände. »

KAKAO siehe HECHEL

KALT
Jemand kaltstellen: seinen Einfluß schwächen; ihn lahmlegen oder ganz ausschalten. — Die Volkstümlichkeit dieses Wortes geht auf Bismarck zurück, der 1858 seiner Schwester aus Petersburg schrieb: « Sehr schön wäre es, wenn Ihr uns hier besuchen wolltet, ehe ich an der Newa ‚kaltgestellt' werde. » Halb wörtlich, halb bildlich gemeint. Freilich denkt man im allgemeinen an das Kaltstellen der Speisen, damit sie nicht verderben.

Einen kaltmachen: ihn töten, ermorden. — Das Wort «morden» wird hier mit der Wirkung (Kaltwerden der Leiche) umschrieben. Weitere Ausdrücke: *auf kaltem Wege* = ohne Aufsehen, unauffällig; und *kalter Krieg* = politischer Nervenkrieg ohne Schießen.

KAMM

Alles über einen Kamm scheren: nach einem Schema abtun, ohne Rücksicht auf die Unterschiede. — Vom Wollscheren hergeleitet, bei dem grobe und feine Wolle über den gleichen Kamm geschoren wird. Wahrscheinlicher jedoch liegt die Wurzel des Ausdrucks in einer altgermanischen Rechtseinrichtung: das lange Haar (siehe Bart), Zeichen des freien Mannes, zu scheren, kam einer Entehrung gleich. Die Redensart will also sagen, daß man nicht alle gleich scharf verurteilen sollte; dies vor allem in der negativen Form: *nicht alle über einen Kamm scheren.* Auch die Wendung: «*Laß mich ungeschoren!*» will eine Beleidigung zurückweisen.

Ihm schwillt der Kamm: er wird übermütig, anspruchsvoll, herausfordernd. — Dem Hahn schwillt der Kamm, wenn er wütend ist oder zum Angriff gereizt wird.

KANDARE siehe GEBET

KANONE

Unter aller Kanone: unter aller Kritik, unter jedem Niveau. — Hat mit der Kanone nichts zu tun, sondern müßte «unter allem Kanon» heißen. Geht zurück auf die Geschichte von einer deutschen Lateinschule, deren Schüler so schlecht waren, daß die Professoren eine Stufenleiter von fünf Zensuren, einen sogenannten Kanon, einführten. Diese Neuerung scheint nicht viel genützt zu haben, denn die Arbeiten fielen weiterhin meist so schlecht aus, daß die Zensur lautete: «sub omni canoni» = unter allem Kanon, was die Schüler scherzhaft mit *unter aller Kanone* übersetzten. Derberer Ausdruck: *Unter aller Sau.*

KANTE

Sein Geld auf die hohe Kante legen: sparen. — Wenn Geldmünzen aufbewahrt werden sollen, verpackt man sie in Papierrollen. Nach dem Zählen werden die

Rollen auf die Kante, also hoch gestellt: daher «hohe Kante».

Jemand am (beim) Kanthaken nehmen (kriegen): jemand derb anpacken, ihn in seine Gewalt nehmen. — Die Redensart stammt aus der Seemannssprache und hängt mit dem plattdeutschen Wort «kentern» zusammen. Kentern, das Umkippen eines Schiffes, heißt eigentlich «sich auf die Kante legen». Das Wort bedeutete ursprünglich «den Walfisch zum Bearbeiten auf die Kante legen», was mit dem sogenannten «Kenter= oder Kanthaken» geschah. Der Ausdruck müßte also genaugenommen lauten: «Jemand *an den* Kanthaken kriegen oder *beim* Kanthaken *haben*, damit man ihn richtig bearbeiten kann.» Da das Kanten des Wals auf sehr robuste Weise vor sich geht, ist das Bild für «jemand grob zur Rechenschaft ziehen» gut gewählt.

KANTONIST

Ein unsicherer Kantonist: ein Mensch, auf den man sich nicht verlassen kann, eine wankelmütige Person. — König Friedrich Wilhelm I. von Preußen, der Soldatenkönig, teilte für die Aushebung der Truppen das Land in Kantone oder Aushebungsbezirke ein. Die jungen Leute, die sich dem Militärdienst durch die Flucht entzogen, wurden als «unsichere Kantonisten» bezeichnet.

KAPPE siehe GLEICH

KARNICKEL

Das Karnickel sein: der Verantwortliche, der Übeltäter, der Anstifter sein. Auch in der Bedeutung von Sündenbock (siehe dies). — Geht auf eine alte Berliner Geschichte zurück, die Heinrich Lami in den dreißiger Jahren des 19. Jh. in Verse gebracht hat: Auf dem Markt zerreißt der Pudel eines Herrn das lebende Kaninchen einer Hökerin. Trotz der angebotenen zehnfachen Entschädigung verlangt die Frau, daß man zusammen zur Polizei gehe. Darauf bietet sich ein Schusterjunge, der dabeistand, für ein Trinkgeld als Zeuge mit der Feststellung an: « *Der Karnickel hat angefangen!* »

KARTE

Jemand in die Karten sehen: die geheimen Absichten des anderen ergründen. — Diese Redensart stammt, wie viele andere, vom Kartenspiel. Wie es Spieler gibt, die versuchen, ihrem Nachbarn in die Karten zu sehen, so versteht sich, daß sich die meisten *nicht in die Karten schauen lassen* möchten. Man kann auch *mit offenen Karten spielen*, wenn man seinem Partner gegenüber ehrlich ist: und zwar im regelrechten Spiel, wie im Skat, allerdings nur beim Null ouvert! Manche müssen hingegen nachdrücklich verwarnt werden, *ihre Karten aufzudecken*. Es gibt Leute, die *alles auf eine Karte setzen*, häufig haben sie allerdings *auf die falsche Karte gesetzt*. Sie bemühen sich, ihren Freund hineinzulegen. Das ist ein *abgekartetes Spiel* (siehe auch abkarten). Der hat aber noch *alle Trümpfe in der Hand* behalten und *spielt sie* zum Ärger der anderen *aus*. Damit ist ihr Plan *wie ein Kartenhaus* zusammengefallen.

KASSEL siehe HESSEN

KASTANIE

Die Kastanien aus dem Feuer holen: für einen anderen sich einer Gefahr oder doch einer Unannehmlichkeit aussetzen, ohne selbst etwas davon zu haben. — Die Wendung wurzelt in einer orientalischen Fabel, die durch Lafontaine bekanntgeworden ist. Der Affe Bertram bewegt die Katze Raton, geröstete Kastanien aus dem Feuer zu holen, die er sofort selber frißt.

KATZE

Die Katze im Sack kaufen: unüberlegt, ohne nähere Kenntnis und Prüfung etwas kaufen oder hinnehmen. —

Eine Redensart, die in den meisten Sprachen und Dialek=
ten vorkommt und wegen ihrer Anschaulichkeit keiner
Erklärung bedarf. Wer allerdings *die Katze aus dem Sack
läßt*, der verrät, daß er etwas Böses vorhatte, als er sie in

Katzenjammer

den Sack steckte. Läßt er die Katze heraus, so gibt er damit
ein Geheimnis preis. Wenn jemand *wie die Katze um den
heißen Brei geht*, macht er Ausflüchte und drückt sich um
die Wahrheit. *Der Katze die Schelle umhängen* = ein Ge=
heimnis ausplaudern, eine Sache laut werden lassen.
Kommt von der Fabel mit den Mäusen, die den Einfall
hatten, der Katze eine Schelle umzuhängen, damit sie vor
ihren Überfällen geschützt waren. Ein Ausdruck der Ge=
ringschätzigkeit ist: *Das ist für die Katz!* Er bedeutet: das
nützt nichts, das ist vergeblich, das ist nichts wert. Die
Wendung ist ein Teil des Sprichworts «Was einer erspart
mit dem Mund, das ist für die Katz' und den Hund!» Wer

einen Kater hat, spürt die Folgen eines starken Rausches. Der «Kater» ist hier die Verkürzung von *Katzenjammer*, was eigentlich «Kotzenjammer» hieß und die Nachwirkung durchzechter Stunden besser charakterisierte. Nach dem «Kater» kommen der erfrischende *Katerbummel* und das *Katerfrühstück*. Während dieses Frühstücks auf den Gedanken zu kommen, mit dem Trinken von vorne anzufangen, dürfte eine *Kateridee* sein. Kinder, die sich nicht gern waschen, begnügen sich mit einer *Katzenwäsche*, einer oberflächlichen Reinigung. Die Katze, so sauber sie ist und so gern sie sich putzt, scheut das Wasser. Während die Großen tafeln, wird den Kleinen am *Katzentisch* serviert. Ein kurzer Weg ist nur ein *Katzensprung*, denn unser beliebtes Haustier ist nicht dafür bekannt, daß es *große Sprünge macht*. Mit ohrenbetäubendem Lärm bringen Studenten einem unbeliebten Professor ein nächtliches Ständchen, auch *Katzenmusik* genannt. Wenn sie dann später zur Rechenschaft gezogen werden, *katzbuckeln* sie vor dem Professor und sind *katzenfreundlich*, benehmen sich also liebedienerisch und heucheln Ergebenheit. *Hund und Katze* siehe Hund.

KAUF

Etwas in Kauf nehmen: etwas Unangenehmes um einer Aufgabe willen hinnehmen; sich mit einer ärgerlichen Geschichte im Interesse einer Sache, einer Idee abfinden. — Allerorts und jederzeit versuchten Händler, die begehrte Ware gemeinsam mit dem Schund loszuwerden. Der Kunde «nahm das in Kauf», sofern die gute Ware ihm das wert war.

Sich jemand kaufen: einen beim Kanthaken nehmen, den Standpunkt klarmachen, herunterputzen. — Geht von der Vorstellung aus: jemand mit Geld bestechen; für sich und seine Ziele gewinnen. Das geschieht fast immer unter vier Augen. Der Ausdruck machte einen Bedeutungswandel durch. Die geheime Aussprache blieb, an

die Stelle der Bestechungen traten jedoch ernste Vorhaltungen.

KEGEL siehe KIND

KEILEN

Jemand für eine Sache keilen: für etwas zu gewinnen suchen, beispielsweise jemand zum Eintritt in eine
Studentenverbindung bewegen. — Die Korporationen bemühten sich, neueingeschriebene Studenten als Mitglieder
zu «keilen». Hergeleitet aus zwei Ursprüngen: einmal
aus der Vorstellung, daß der in das Holz getriebene Keil
langsam aber sicher eindringt. Ebenso beharrlich gilt es,
den Studenten zu «bearbeiten». Nach der anderen Lesart
stammt es von dem alten, im Rheinland gebräuchlichen
Wort «kallen», das reden, beschwatzen bedeutet.

KERBE

In dieselbe Kerbe hauen: jemand unterstützen, mit
ihm auf dasselbe Ziel hinarbeiten. — Aus der Sprache
der Holzfäller. Der Baum kommt schneller zu Fall, wenn
mehrere in dieselbe Kerbe hauen.

Etwas auf dem Kerbholz haben: ein Vergehen be-
gangen haben; kein reines Schuldkonto, etwas ausgefressen haben. — Das Kerbholz ersetzte auf dem Lande bis
ins 19. Jh. bei den des Lesens und Schreibens Unkundigen
das Schuldbuch; es waren zwei aufeinander passende
Holzstäbe, in welche die Schulden des Käufers eingekerbt
wurden. Einen Stab erhielt der Gläubiger, den anderen
der Schuldner. Zur Abrechnung schickte der Gläubiger
dem Schuldner seinen Stab, der sich durch Zusammenlegung mit dem seinen von der Richtigkeit der Rechnung
überzeugen konnte. Die Schulden auf dem Kerbholz wurden in der Redensart mit der Zeit zu Schuld und Missetaten.

KIEKER siehe KORN

KIND

Mit Kind und Kegel: mit der ganzen Familie. — Hat nichts mit dem Kegelspiel zu tun. Kommt schon im 13. Jh. als «kindes kegel» vor. Zunächst verächtliche Bezeichnung für Kind (wie Blag und Göre), dann für «uneheliches Kind». «Mit Kind und Kegel» heißt: mit ehelichen und unehelichen Kindern, die ebenfalls im Hause des Vaters aufgezogen wurden.

KINKERLITZCHEN

Kinkerlitzchen (machen): Flausen (machen). — Entlehnt dem französischen «quincaille» = Kurzwaren, Tand oder Flitterkram und unter Anhängung der beiden Verkleinerungssilben «litz» und «chen» nach dem Wortklang ins Deutsche übernommen.

KIRCHE

Die Kirche im Dorf lassen: überlegt und umsichtig denken und handeln. — Absage an die wilde Bauwut mancher Epochen. Durch radikales Vorgehen kann man viel zerstören. Läßt sich im Dorfe auch manches ändern, die Kirche sollte man klugerweise stehenlassen.

KITTCHEN

Jemand ins Kittchen bringen: ihn ins Gefängnis bringen. — Kittchen bedeutet im Gaunerjargon Gefängnis, Zuchthaus. Verkleinerungsform des hebräischen «kitt(e)» = Haus. Es steckt allerdings auch das mittelhochdeutsche «kîche» (keuchen) = Gefängnis, Kerker, darin.

KLAMM

Klamm sein: kein Geld haben. — In der Gaunersprache wird klamm sein auch mit *in der Klemme sitzen* — sich in großer Geldverlegenheit befinden — gleichgesetzt. «Klemme» ist das gespaltene Stückchen Holz, in das sich beim Vogelstellen der Vogel verfängt.

KLEE

Über den grünen Klee loben, siehe *Grün*.

KLINGE

Einen über die Klinge springen lassen: jemand fallenlassen, ja, ihn zu Fall bringen, beseitigen. — Die Redensart bedeutete früher nicht weniger, als daß der Kopf beim Schwerthieb über die Klinge springt. Luther sagt: «Die ihm den Kopf über eine kalte Klinge hatten hüpfen lassen.»

KLIPP

Klipp und klar: ganz eindeutig. — Stabreimende Formel. Klippen = passen, stimmen. Geht auf den Zuschlag beim Viehhandel zurück, bei dem in die Hände geschlagen wird: *klipp, klapp* (auch von der zugeschlagenen Falle!). Daher: *es hat geklappt!* Die Redensart *Klar wie Kloßbrühe!* muß eigentlich «Klosterbrühe» heißen, womit eine besonders dünne und durchsichtige Suppe gemeint ist.

KNALL

Knall und Fall: unvermittelt, plötzlich. — So schnell wie auf den Knall der Flinte der Fall des Wildes auf der Jagd folgt. Ähnlich: *gesagt, getan!*

KNIE

Eine Sache übers Knie brechen: etwas ohne Überlegung, ohne Vorbereitung oder gewaltsam erledigen. — Wird ein Stück Holz über dem Knie zerbrochen, ist die Bruchstelle unsauberer als beim Zersägen. Der Sinn des Ausdrucks: schneller, aber unordentlicher!

KNOTEN

Den gordischen Knoten lösen: eine unlösbar scheinende Schwierigkeit auf verblüffend einfache Weise entwirren. (Ähnlich « Ei des Kolumbus » siehe dies). — An einem Wagen des Zeus zu Gordium in Phrygien befand sich nach der griechischen Sage ein unlösbar verschlungener Knoten. Ein Orakel verhieß dem, der ihn zu lösen verstehe, die Herrschaft über Asien. Um den Spruch zu verhöhnen oder zu erfüllen, durchschlug Alexander der Große den Knoten mit dem Schwert.

Er ist ein Knoten: er ist ein ungebildeter Mensch mit schlechten Manieren. — Kommt vom plattdeutschen « Gnoten » = Genosse, d. h. der Handwerksbursche als Mitglied einer Genossenschaft (Studentensprache).

KNÜLLER

Knüller: besonderer Schlager (Zugstück) in der Publizistik. — Vom studentischen Ausdruck « knülle » für betrunken. Der « Knüller » ist eigentlich der im Rausch entstandene glänzende Einfall. Es kann sich auch um eine aufsehenerregende Tatsache handeln, die einen Artikel lesenswert macht. Ein « Knüller » in einem Programm, schlechthin die Attraktion. Gegensatz die *Schnapsidee,* ein alberner Einfall.

KNÜPPEL

Einen Knüppel am Bein haben: in seiner Beweglichkeit und Freiheit behindert sein. — Wem ein Knüppel ans Bein gebunden ist, fühlt sich im Gehen behindert. Wer jemand *einen Knüppel zwischen die Beine wirft,* bringt ihn zu Fall. *Der Knüppel liegt beim Hund:* es liegt untrennbar beieinander. — Eigentlich: es gehört so natürlich zusammen wie Hund und strafdrohender Knüppel.

KOHLEN

Feurige Kohlen auf jemandes Haupt sammeln: jemand durch Großmut beschämen. — Nach dem Brief des Paulus an die Römer 12, 20: « So nun deinen Feind

hungert, so speise ihn ... Wenn du das tust, so wirst du
feurige Kohlen auf sein Haupt sammeln.» In einer jüngeren Redensart ist Kohlen gleich Geld: «Hauptsache, die
Kohlen stimmen!»

KORB

Jemand einen Korb geben: ihm eine Absage erteilen. — Unerwünschte Anbeter wurden früher in einem
schadhaften Korb zum Kammerfenster der Burg emporgezogen, in der die Geliebte wohnte. Bei dieser Prozedur
fielen sie häufig mit dem Sitz durch. Daher auch *« durchfallen »* beispielsweise bei einer Prüfung, «aus allen Wolken fallen », «er ist unten durch », «einen abfallen lassen ». «Hahn im Korbe » siehe Hahn.

KORN

Aufs Korn nehmen: die Aufmerksamkeit auf eine
Person oder Sache lenken; etwas nicht aus den Augen verlieren. Der Jäger- und Soldatensprache entlehnt. Das Korn
ist das Stiftchen vorn am Gewehrlauf, die Kimme der dahinter liegende Einschnitt. Der Schütze stellt sein Gewehr
ein, indem das visierende Auge über Kimme und Korn
mit dem Ziel eine Gerade bildet, er «nimmt sein Ziel aufs
Korn ». Ähnlich: *es auf jemand oder etwas abgesehen
haben.* Die Kimme wurde früher auch die « Absicht » genannt. Gleichbedeutend das plattdeutsche *einen auf dem
Kieker haben* (von kieken = sehen).

KRAGEN

Es geht um Kopf und Kragen: es geht ums Leben.
Kragen ist der mittelhochdeutsche Ausdruck für Hals,
daher sind heute noch Geizkragen und Geizhals ein und
dasselbe. Die Redensart spielt auf die Hinrichtung an.
Ähnlich: *es geht ihm an den Kragen* = es geht ihm an den
Hals. Der neuere Ausdruck: *da platzt einem der Kragen*
(scherzhaft auch «Papierkragen») für *da packt einen die*

Wut meint, daß Wut die Halsadern anschwellen läßt und das Gefühl erzeugt, der Kragen werde einem zu eng.

KRAM

Das paßt ihm nicht in den Kram: das kommt ihm ungelegen, unerwünscht. — Kram ist die Ware des Krä= mers; dieser empfindet es als eine Zumutung, eine Ware zu führen, die er sonst nicht feilhält, die nicht in seine Branche, « in seinen Kram paßt » und die leicht als Laden= hüter (s. d.) liegenbleibt. Anderer Ausdruck: *der ganze Kram,* verächtliche Bezeichnung für eine Sache, die man für wertlos, für unnütz hält. In gleichem Sinne die stab= reimende Verstärkung *Krimskrams* für Plunder, Gerümpel oder auch törichtes Gerede. *Jemand den ganzen Kram vor die Füße werfen (schmeißen)* = eine übernommene Arbeit brüsk niederlegen.

KRAWATTE

Er ist ein Krawattenmacher: ein Wucherer oder — stärker — ein Halsabschneider. — In Krawatte steckt Kroate! Im Dreißigjährigen Kriege trugen kroatische Landsknechte ein buntes Halstuch, das von den Franzosen in Anklang an Kroate « cravate » genannt und später als modisches Attribut der Herrengarderobe populär wurde. Die Redensart erinnert an einen Menschen, der einem anderen die Halsbinde oder Krawatte so fest zuzieht, daß dieser zu ersticken droht. Auch: *Krawattendreher.*

KREDENZEN

Jemand den Becher kredenzen: einen Becher Wein als Willkommentrunk darbieten. Die Redensart hatte früher einen ganz anderen Sinn. Kredenzen kommt von credere = glauben und bedeutet soviel wie beglaubigen, bestätigen, bezeugen. Wurde einem Fürsten Speise oder Trank « kredenzt », so waren sie vorher von dem « Vor= koster » auf Gift geprüft und als unschädlich « beglaubigt »

worden. Solche Aufgaben hatten die heute noch im Lon=
doner Tower postierten mittelalterlich gekleideten, mit
Hellebarden bewehrten englischen Leibgardisten, die so=
genannten «beefeaters» oder Rindfleischfresser bei ihren
Königen, deren Hauptmahlzeit das Beefsteak war.

KREIDE

In der Kreide stehen: Schulden haben. — Früher
schrieb der Wirt die Schulden der Gäste mit Kreide an die
Tafel. Joseph Viktor v. Scheffel verwendet die Redensart
scherzhaft=doppelsinnig in seinem bekannten Gaudeamus=
Lied «Der Ichthyosaurus» vom Übergang aus der Lias= in
die Kreideformation: «Sie (die Saurier) kamen zu tief in
die Kreide, da war es natürlich vorbei» (das heißt: sie
starben aus!). Einem etwas ankreiden = einem etwas
nachtragen, ebenso: es einem anstreichen. Hingegen: wer
gut angeschrieben ist, erfreut sich der Sympathie des Gast=
wirts, weil er bei diesem keine Schulden hat.

KRETHI

Krethi und Plethi: zusammengewürfeltes Volk,
Gesindel. — Eigentlich die Leibwache des Königs David,
die aus Kretern und Philistern bestand, von Luther in
«Krether und Plether» übersetzt. 2. Sam. 8, 18: «Benaja,
der Sohn Jojadas, war über die Krether und Plether, und
die Söhne Davids waren Priester.»

KRIEGSBEIL siehe STREITAXT

KRIPS

Jemand beim Krips nehmen: jemand am Genick
ergreifen, am Kanthaken nehmen (siehe dies), in seine
Gewalt bringen. — Das plattdeutsche Krips kommt von
griepen = greifen. Krips ist das, was man anfassen kann;
hier das Genick oder der Rockkragen. Hingegen Grips
(siehe Grütze).

KRÖTE

Die paar Kröten: geringschätzige Bemerkung für einen Geldbetrag, der als zu gering erscheint. — Hat nichts mit der Familie der Froschlurche zu tun, sondern stammt vom niederdeutschen « Groschen » oder « Groten », einer wenig kaufkräftigen Münze, die in diesem Falle eigentlich « Gröten » heißen müßte.

KROKODIL

Krokodilstränen weinen: Tränen heucheln; sich traurig stellen. — Nach der Sage von dem Krokodil, das die Stimme eines weinenden Kindes nachahmt, um seine Opfer anzulocken.

KRUMM

Etwas krummnehmen: etwas übelnehmen. — Im Gegensatz zu gerade wird das Krumme im Volksglauben als das Böse, Schlimme gewertet. Wer *krumme Wege* geht, ist vom geraden Pfad der Tugend abgewichen. Eine *krumme Sache* ist wie die *krumme Tour* höchst bedenklich. Auch bei Luther krumm im Sinne von « böse »: « Wer weiß, warumb unser Sachen so krumb gehen », nämlich so schief gehen. Schief hat die gleiche Bedeutung: daher *einen schief ansehen.* « Der große Krumme » heißt der Bösewicht in Ibsens « Peer Gynt ». Anders jedoch ein seit 1745 bezeugter studentischer Ausdruck *krummliegen* für ohne Geld sein, darben, Not leiden. Spielt auf das Bild des Hungernden an, der sich in Magenschmerzen *krümmt;* kann jedoch auch auf den in Schuldhaft « krummgeschlossenen » Häftling zurückgehen.

KUCKUCK

Das mag der Kuckuck wissen sagt man, wenn man ratlos, unentschlossen ist und nicht weiß, wie es weitergehen soll. — Die Redensart wurzelt im alten Volks=

Krokodilstränen weinen

glauben von der wahrsagerischen Fähigkeit des Kuckucks. Schon im Mittelalter galt er als Künder der Lebensjahre. Außerdem glaubte man, daß er dem Menschen Geld bringe, sofern man während seines Rufes auf die Geld= börse geklopft hatte. — Allerdings ist Kuckuck auch das Hehlwort für Teufel. *Zum Kuckuck!* oder *hol dich der Kuckuck!* sind entsprechende Ausdrücke. Weil er seine Eier in fremde Nester legt und ein übler Brutparasit ist, gilt er als teuflisch, böse, herzlos. In diesem Zusammen= hang ist die Bezeichnung *Kuckuck* für den Hoheitsadler auf der Siegelmarke des Gerichtsvollziehers ironisch auf= zufassen.

KUH

Das geht auf keine Kuhhaut: das überschreitet die Grenze des Zumutbaren, das ist unbeschreiblich. — Im Mittelalter wurden Verbrecher auf einer Kuhhaut zur Richtstätte geschleift, Ehebrecherinnen wurden in eine Kuhhaut genäht und im nächsten Fluß oder Teich ertränkt. Was auf keine Kuhhaut geht, erscheint schlimmer als übelster Rechtsbruch. — Eine andere Erklärung: Wie man früher oft auf präparierte Tierhäute schrieb, so wurde dem Teufel nachgesagt, daß er die Sünden der Menschen auf einer Kuhhaut aufzeichne, um sie den Sterbenden als Rechnung zu präsentieren. Der Mensch, dessen Untaten nicht mehr auf des Teufels Kuhhaut gingen, mußte schon ein besonders hartgesottener Sünder sein. In Wolfhart Spangenbergs Drama «Mammons Sold» von 1614 sagt ein schurkenhafter Bauer: «Summa, ich habe so viel getrie= ben, wann es alles solt seyn beschrieben, es gieng auff keine Kuhhaut nicht.» Schließlich eine Deutung aus der Antike, in der sich die Opfernden während der kultischen Handlung auf eine weitgespannte Stierhaut setzten. Wer auf der Stierhaut keinen Platz fand, durfte am Opfermahl nicht teilnehmen. (Siehe auch *Sündenregister* unter *Sünde*.)

KULISSE

Hinter die Kulissen schauen: begreifen, wie es um eine Sache wirklich bestellt ist; unvermittelt eine Enttäuschung erfahren. — Der Theaterfreund erlebt oft eine Entzauberung, wenn er hinter die Bühne oder die Kulissen sieht. Der volkstümliche Ausdruck wird auf alle möglichen Gebiete angewendet.

KUNTERBUNT

Kunterbunt: durcheinander, verworren. — Um 1500 aus dem mittelalterlichen Latein von «contrapunctum» vielstimmig, später verworren.

KUPPELN

Sich den Kuppelpelz verdienen: eine Heirat vermitteln. — Kuppeln ist hier ohne anrüchige Nebenbedeutung im alten Sinne von zusammenfügen (koppeln) gemeint. Die Wendung geht auf das germanische Eherecht zurück. Der Pelz, der Kaufpreis des Bräutigams für die «Muntgewalt», das heißt die Herrschaft des Gatten über das Mädchen, ist längst zur bloßen Redensart geworden. Vater oder Vormund der Braut erhielten den Pelz.

KURZ

Den kürzeren ziehen: verlieren, leer ausgehen, im Nachteil sein. — Von einem bereits bei den alten Juden, Griechen und Römern bekannten Losspiel mit Stäbchen, Streifen oder Halmen. Wer den kürzeren zieht, geht beim Ausspielen eines Gegenstandes leer aus. *Zu kurz kommen, schlecht wegkommen,* niederdeutsch «to kort scheeten» meint, daß der Schuß das Ziel nicht erreicht, weil zu kurz visiert worden ist. *Kurz angebunden sein:* siehe Angebinde.

LACHEN

Der lachende Dritte ist derjenige, der den Vorteil davon hat, wenn zwei sich streiten.

Erst können vor Lachen! sagt man, um anzudeuten, daß eine Sache nicht so einfach sei. — Die Wendung ist nur ein Teil der Redensart: «Erst können vor Lachen! sagte der Gehenkte, als er pfeifen sollte.» Typischer Fall von Galgenhumor. Weitere Beispiele siehe Galgen.

LACK

Wir sind die Lackierten: Wir sind die Hereingefallenen, die Betrogenen. — Der Lackanstrich gibt einer minderwertigen Ware oft ein glänzendes Aussehen. Wenn jedoch der Lack abbröckelt, tritt die trügerische Absicht zutage. Scherzhafte Varianten: *gelackmeiert sein* (berlinisch) und *dastehen wie ein lackierter Affe.*

Fertig ist der Lack: Schlußsatz bei der Erklärung eines Vorschlages, dessen Verwirklichung als sehr einfach hingestellt wird. — Stammt von der Verwendung des Siegellacks beim Verschließen eines wichtigen Briefes. Auch hier kommt der Lack zum Schluß. *In Frack und Claque und Lack* (in Frack und Klappzylinder und Lackschuhen) bezeichnete früher den Festanzug des Herrn beim Ball.

LÄUTEN siehe GLOCKE

LAMETTA

Lametta: Orden und Ehrenzeichen auf Uniform und Frack. — Weiterbildung des Ausdrucks «Christbaumschmuck» (siehe dies); wurde nach 1933 von Claire Waldoff mit ihrem Chanson «Hermann heeßt er!» bekannt gemacht.

LAMPE siehe LEBEN

LANZE

Eine Lanze für jemand brechen: jemand verteidigen, für ihn eintreten. — Geht auf den mittelalterlichen Zweikampf zurück, in dem der Sekundant im Augenblick der Gefahr seinem Schützling beisprang und seine eigene Lanze riskierte (vergleiche Stange).

LAPPEN

Durch die Lappen gehen: entwischen, entkommen. — Die Redensart stammt aus der Jägersprache. Um das Wild am Ausbrechen aus dem Jagdrevier zu hindern, wurden bunte Zeuglappen zwischen den Bäumen aufgehängt, vor denen die Tiere zurückscheuten. Oft genug durchbrachen sie in ihrer Todesangst die Absperrung und «gingen so durch die Lappen». Seit dem 18. Jh. wird die Wendung auch auf Menschen angewandt.

LARIFARI

Das ist Larifari: das ist dummes Geschwätz. — Nach einer Erklärung ist das mittelhochdeutsche lari = leer mit dem bedeutungslosen «fari» nur des Reimes und Klanges wegen verbunden worden, wie bei «Krimskrams» und «Zickzack». Die andere Auslegung spielt darauf an, daß «la re fa» Trällersilben der Solmisation sind, das heißt jener jahrhundertelang gebräuchlichen Methode, durch bestimmte Tonsilben die Stufen der Sechstonreihe und damit vor allem den Unterschied von Ganz- und Halbtönen festzulegen.

LATEIN

Mit seinem Latein zu Ende sein: keinen Rat mehr wissen, nicht weiter können. — Ursprünglich Anspielung auf den Lateinschüler, der mitten in seiner Rede steckenbleibt, weil ihm die notwendigen Vokabeln fehlen. Dann schlechthin auf alle Künste und Wissenschaften bezogen,

von der Vorstellung ausgehend, daß der ratlose Gebildete
hilfloser sei als der Ungebildete (siehe unter «dumm»
Ausspruch Molières).

LAUBE

Fertig ist die Laube: die Sache ist rasch erledigt,
eilends abgemacht, ebenso schnell, wie eine Gartenlaube
aus wenigen Brettern gezimmert wird. — Diese Berliner
Redensart wird meist am Schluß eines Berichts gebraucht,
um anzudeuten, daß alles ganz glatt geht.

LAUF

Auf dem laufenden sein: ständig über alle Neuig=
keiten und Fortschritte unterrichtet sein; genau und zeit=
nah Bescheid wissen. — Die Wendung ist eine Über=
setzung des französischen *être au courant.*

Einem den Laufpaß geben: ihn wegschicken, ent=
lassen, mit ihm brechen. — Im 18. Jh. bekamen die ent=
lassenen Soldaten einen «Laufpaß», auch «Laufzettel»
genannt, der ihnen als Ausweis und Empfehlung bei der
Suche nach Arbeit diente. Noch im selben Jahrhundert
bekam der Ausdruck einen geringschätzigen Sinn, wie in
Schillers «Parasit», in dem der Ministerialangestellte La
Roche sagt: «Mein Platz ist vergeben. Seit gestern abend
hab' ich meinen Laufpaß erhalten.»

Wie ein Lauffeuer verbreitet sich ein Gerücht, das
schnell die Runde macht. — Lauffeuer, auch «Boden=
feuer», ist ein durch Entzündung von trockenem Gras und
Heide entstandenes Feuer, das im Gegensatz zum
«Stammfeuer» nur die Bodenfläche erfaßt und sich sehr
schnell ausbreitet. Man kann freilich auch an Fernzündun=
gen älterer Art oder an Lauffeuer bei Feuerwerken denken.
Seit 1617 ist eine Methode bezeugt, nach der das Pulver
im Laufen als Strich auf den Boden ausgestreut und in
Brand gesetzt wurde.

LAUS

Ihm ist eine Laus über die Leber gelaufen: er ist verärgert. — Die Leber gilt als äußerst empfindliches Organ des menschlichen Körpers. Läuft die ekelerregende Laus darüber, so verursacht sie besonderen Widerwillen und Gereiztheit. Der so Betroffene *spielt dann die gekränkte Leberwurst*, wobei die «Wurst» nur eine komisch=spöttische Hinzufügung ist. Die *Läuse im Pelz* sind schwer zu finden, außerdem vermehren sie sich rasch. Schon bei Geiler von Kaisersberg (1445–1510), dem größten Sittenprediger des Mittelalters, finden wir: «Man darf nit lüs in den belz setzen, sie wachsen selbst darin.» *Einem eine Laus in den Pelz setzen* = ihm Ärger bereiten, ihn schädigen. Ähnlich ist die Redensart *jemand einen Floh ins Ohr setzen,* ihn mit einer Mitteilung beunruhigen; ihm etwas einreden, woraus ihm Nachteile erwachsen. Die Berliner Redensart *Ich dachte, mich laust der Affe!* wendet an, wer sich unangenehm überrascht sieht. Gedacht ist an das Bild des wandernden Schaustellers, dessen dressierter Affe gelegentlich auf die Schulter eines Zuschauers springt und ihm nach Affenart die Kopfhaare untersucht. Die Wendung geht von der falschen Vorstellung aus, der Affe suche nach Läusen, während er in Wirklichkeit auf die Kopfschuppen aus ist. — «Laus» als verächtliche Verstärkung in *Lauselümmel* und ähnlichen Ausdrücken.

LEBEN

Jemand das Lebenslicht ausblasen: ihm das Leben rauben, ihn töten (auch bildlich). — Die Nornen, die Schicksalsgöttinnen im altgermanischen Glauben, stellen nicht nur das Schicksalsgewebe her, dem niemand entrinnen kann (siehe Faden), sie wachen nach den «Deutschen Rechtsaltertümern» von Jacob Grimm auch über das Lebenslicht an der Wiege. Verlischt das Licht, so stirbt der Mensch. Ein Rest dieser bis in die mythischen Zeiten zurückreichenden Vorstellungen ist in dem norddeutschen Aberglauben erhalten geblieben, daß von den Lichtern, die dem Geburtstagskind angezündet werden, keines von einem anderen gelöscht werden darf. Im Liede von den zwei Königskindern, die einander so lieb hatten, ist es eine böse Nonne, die den Jüngling heimtückisch ertrinken läßt, indem sie das als Zeichen vereinbarte Licht auslöscht. Ohne Zweifel ist mit der Nonne ursprünglich eine Norne gemeint, aus der in christlicher Zeit wegen der Klangähn=lichkeit die Nonne wurde. — Das «Lebenslicht» wird humorvoll zur «Lampe» in der Berliner Redensart *Einen auf die Lampe gießen* für Alkohol trinken. Nach der volks=tümlichen Meinung wecken geistige Getränke die Lebensgeister. Wer Wein, Bier oder Kognak trinkt, hofft die Brenndauer seines Lebenslichts zu verlängern. Der=selbe Sinn liegt im «glühenden Lämpchen» des bekannten Volksliedes «Freut euch des Lebens». Vergleiche auch Gottfried August Bürger, der aus der Beichte des Archi=poeta des 12. Jh. übersetzt: «Echter Wein ist echtes Öl zur Verstandeslampe.»

LEBER

Frei von der Leber weg reden: freimütig, rückhalt=los, ohne Scheu sprechen. — Vielleicht geht die Wendung auf einen alten norddeutschen und thüringischen Brauch beim Opferschmaus zurück, bei dem die Tischsitte, «Leberreime» zu erfinden und vorzutragen, eine große Rolle spielt. Wer sich seine Leberstücke aus der Schüssel geholt hatte, mußte einen selbstverfaßten Vers ohne langes Besinnen «frei von der Leber weg sprechen». Eine andere Deutung spielt darauf an, daß Leber und Galle als Sitz des Zorns und Ärgers galten (siehe Laus). Wer seinen Ärger von der Leber herunterredete, machte seinem Her=zen Luft. Goethe schreibt am 8. April 1812 an Zelter: «Ich höre es gern, wenn Sie von der Leber weg referieren und urtheilen.»

174

LEDER

Vom Leder ziehen: angreifen, scharf vorgehen, los= schlagen, sich rücksichtslos äußern. — Unter « Leder » ist hier die lederne Schwertscheide zu verstehen. Der Angrei= fer « zog das Schwert vom Leder », um loszuschlagen.

LEIB

Beileibe nicht! Zwischenruf im Sinne von: nur ja nicht! — Leib hatte im Mittelhochdeutschen die Bedeu= tung von Leben, wie es in *Leib und Gut* = Leben und Gut, *sich entleiben* = sich das Leben nehmen, und *Leib= rente* = Lebensrente zutage tritt. Auch der *Leibarzt* ist für das Leben seines Patienten verantwortlich. *Beileibe nicht!* heißt also: bei Strafe des Lebens nicht! Andere Wendun= gen: *Sich jemand vom Leibe halten, einem zu Leibe wol= len, gehen, rücken. Bleib mir vom Leibe!*

LEIM siehe GARN und PECH

LEISTEN

Schuster, bleib bei deinem Leisten: sprich nicht von Dingen, die du nicht verstehst; mache dich nicht an irgend etwas heran, was du nicht gelernt hast, was du nicht kennst. — Der griechische Maler Apelles (4. Jh. v. Chr.), ein Freund Alexanders des Großen, soll mit dieser Wendung einen Schuster gemaßregelt haben, der an einem Gemälde des Künstlers nicht nur die Schuhe, sondern auch anderes abfällig beurteilt hatte.

Alles über einen Leisten schlagen: alles nach einem Schema machen, ohne Unterschiede zu berücksichtigen; Verschiedenartiges nach der Schablone behandeln; alles über einen Kamm scheren, alles in einen Topf werfen. — Der Schustersprache entlehnt.

LETZT

Zu guter Letzt: zum erfreulichen Beschluß, zum guten Ende, zuletzt. — Müßte eigentlich « zur guten

Letze » heißen. Die vielfach auch ironisch gebrauchte Wendung hat nichts mit « zuletzt » zu tun. « Letzt » ist aus dem mittelhochdeutschen « letze » = Abschied hervorgegangen. Letzen heißt ein Ende mit etwas machen, Abschied feiern, auch laben, erquicken. Man sagt ja auch heute noch: sich an etwas letzen, das heißt sich laben. Die Grundbedeutung der Redensart ist somit: zum guten Abschiedstrunk oder =schmaus. Im gleichen Sinne noch Wieland: « Wie sie zu guter Letze den goldnen Becher mir bot. »

LEVITEN

Jemand die Leviten lesen oder *die Lektion erteilen:* ihm eine Strafpredigt halten, einen Verweis erteilen, ihn zurechtweisen. — Die Redensart, schon mehr als zwölf= hundert Jahre alt, geht auf den Bischof Chrodegang von Metz zurück, der — um der Zügellosigkeit seiner Geistlich= keit zu begegnen — einen Kanon aufstellte, nach dem die « Canonici » sich fortan zu gemeinsamem Speisen, Schla= fen, Singen und Beten zu versammeln hatten. Bei diesen Gelegenheiten las der Bischof einen Abschnitt aus dem 3. Buch Mosis vor (dem sogenannten « Leviticus », weil es vornehmlich Gesetze für Leviten, nämlich Priester, behan= delt). Diese *Lektion* wurde durch Mahn= und Strafreden ergänzt.

LICHT

Mir geht ein Licht auf: ich fange an zu begreifen, mir werden die Zusammenhänge klar. — Häufig in Luthers Bibelübersetzung, so im 97. Psalm, 11: « Dem Gerechten muß das Licht immer wieder aufgehen und Freude den frommen Herzen. » Wem ein Licht aufgeht, dem hellt sich eine dunkle Sache auf, so daß er besser sehen kann: *ihm dämmert's, es leuchtet ihm ein.* Bayerisch: *einen Funken von etwas kriegen.* Berlinisch: *Mir geht ein Seifensieder auf!* Eine Verquatschung: an Stelle des Lichtes tritt der Seifensieder, der neben der Seife auch

Kerzen herstellt. *Einem ein Licht aufstecken* heißt ihn auf=
klären, aber auch ihn zur Rede stellen. Dabei ist an das
Aufstecken eines Lichtes auf den Leuchter gedacht. In
Schweden werden am 13. Dezember, dem Tage der hei=
ligen Lucia, einem hübschen Mädchen, der Lucia=Braut,
brennende Kerzen aufs Haar gesteckt. *Etwas ans Licht (an
den Tag) bringen* bedeutet etwas entdecken und bekannt=
machen. *Manche lassen ihr Licht leuchten,* was meint, *Sie
wissen sich ins rechte Licht zu setzen,* sie bringen sich zur
Geltung. Andere wieder *stellen ihr Licht unter den Schef=
fel,* das heißt: sie sind so bescheiden, daß sie am liebsten
unbeachtet bleiben möchten. Wenn ihr Licht unter dem
Scheffel (veraltet für: Hohlmaß) steht, wird es nicht ge=
sehen. *Wer einen anderen hinters Licht führt,* ist ein
Schuft, denn er will ihn täuschen. «Hinterm» Licht ist es
ebenfalls dunkel, so daß der Betrug leichter durchzuführen
ist. *Er ist kein großes Licht (keine große Leuchte)* sagt man
von jemand, der nicht als besonders klug gilt. Das be=
rühmte *Kirchenlicht* (lumen ecclesiae) war früher als
Auszeichnung für einen bedeutenden Kirchenlehrer ge=
meint. Seit dem 18. Jh. wird es nur noch ironisch im Sinn
von *Er ist kein großes Kirchenlicht* angewendet. Die derb=
sarkastische Redensart: *vom Kirchenlicht zum Arm=
leuchter!* (seit 1933) bezeichnet den geistigen und mora=
lischen Abstieg eines Kirchenmannes, wobei «Armleuch=
ter» ein doppelt verhülltes Schimpfwort darstellt.

LIED

Ich kann ein Lied davon singen: aus schlimmer Er=
fahrung berichten können. — Johannes Agricola, Hof=
prediger in Berlin, schreibt 1529: «Ich wolt einem wol ein
liedlien darvon singen. Ich habe etliche vil weysigen er=
zogen, aber den dank und lon, ja ein muck fueret yhn auff
dem schwantze hynweg». (Davon kann ich ein Liedlein
singen: Ich habe viele Waisenkinder erzogen, aber den
Dank und Lohn trägt eine Mücke auf dem Schwanze hin=

weg!) Die Redensart geht auf die alten Volkslieder meist traurigen Inhalts zurück. So auch: *Es ist das alte Lied, das Ende vom Lied* (siehe Ende), *die alte Leier*. Diese Wendungen stammen fast alle aus dem mittelalterlichen Berufssängertum, so auch: *Wes Brot ich ess', des Lied ich sing'*.

LIEGEN

Wir liegen richtig! Wir treffen mit unseren Plänen, Absichten oder Erzeugnissen ins Schwarze; unsere Meinung wird von der Öffentlichkeit geteilt; wir ernten das Lob unserer Arbeitgeber. — Aus der Seemannssprache: vom Schiff, das «richtig» auf Kurs «liegt», und auch von den U-Booten des Ersten Weltkrieges gesagt, die in getauchtem Zustande «richtig liegen» mußten, d. h. nicht bug- oder hecklastig (usw.) sein durften.

LILIE

Dastehen wie eine geknickte Lilie: traurig sein, den Kopf hängen lassen. — Bild für verletzte Unschuld.

LIPPE

Eine (dicke, große) Lippe riskieren: kecke Äußerungen machen, sich ungebeten in ein Gespräch mischen. — Redensart jüngeren Datums; ähnlich wie bei «ein Auge riskieren», wird hier eine Lippe riskiert, selbst auf die Gefahr, eins draufzukriegen.

LOCH

Einem zeigen, wo der Zimmermann das Loch gelassen hat: einen hinauswerfen. — Müßte heute eigentlich heißen, «wo der *Maurer* das Loch gelassen hat». Die Redensart stammt aus der ersten Zeit des Fachwerkbaus, wo der Zimmermann in den Balken die Lücke für die Tür freiließ, durch die der Unerwünschte hinausgejagt wird.

Jemand ins Loch stecken: ins Gefängnis sperren. — Im Englischen heißt to lock up einsperren. Die Grund=bedeutung von Loch ist Gefängnis, Verschluß, Zelle. Daher auch *jemand einlochen* = ihn ins Gefängnis werfen.

Ein Loch kriegen (haben): schadhaft werden (sein), ramponiert, defekt, entzwei, zerbrochen; der Draht ist gerissen. — «Die Freundschaft kriegt (oder hat) ein Loch» heißt es, wenn sie «in die Brüche geht» oder «einen Riß bekommt». Loch kann jedoch auch «Ausweg» bedeuten. Wer viel essen kann, wer unersättlich ist, hat *ein Loch im Magen.* Ähnlich: *Er säuft wie ein Loch,* viel=leicht als Anspielung auf das Erdloch, das begierig Wasser aufnimmt. *Jemand ein Loch in den Bauch reden* meint un=gestüm und unaufhörlich auf jemand einreden — eine saftig=scherzhafte Wendung, die vorgibt, man könne je=mand durch Reden schadhaft machen. Ebenso: *Ich lass' mir lieber ein Loch ins Knie bohren* = «ich tue alles andere eher als . . .» Wer Schulden aufnimmt, um alte zu decken, *stopft ein Loch mit dem anderen zu* oder *macht ein Loch auf, um ein anderes zuzumachen.* Er darf sich dann nicht wundern, wenn er schließlich *auf dem letzten Loche pfeift,* am Ende, ruiniert ist. Das «letzte Loch» ist der höchste Flötenton, weiter geht es nicht.

LÖFFEL

Jemand über den Löffel barbieren: ihn betrügen, benachteiligen. — Dorfbarbiere schoben früher alten, zahnlosen Männern mit eingefallenen Wangen einen Löffel in den Mund, um die für die Rasur erforderliche feste Wölbung zu erzielen. Ursprünglich bedeutete der Ausdruck also: mit jemand nicht viel Umstände machen. «Rücksichtslos behandeln» wurde dann im Laufe zweier Jahrhunderte zum «betrügen». — *Die Weisheit mit Löf=feln gegessen* (oder *gefressen*) heißt es von einem sich sehr klug dünkenden Dummkopf. In diesem Ausdruck liegt eine doppelte Ironie, denn die geistige Nahrung läßt

Der Salonlöwe

sich nicht wie leibliche aufnehmen; schon gar nicht löffel=
weise in großen Mengen. Die Ostfriesen verstärken die=
sen Spott noch, indem sie den Dummkopf die Weisheit
mit dem Schaumlöffel essen lassen, durch dessen Löcher
die Hälfte der Weisheitssuppe wieder in den Topf zurück=
fließt: « De hett de Verstand mit Schumlepel freten. »

LÖWE

Den Löwenanteil bekommen: den größten Teil
erhalten. — Nach einer Fabel des Äsop, wonach sich der
Löwe bei einer Jagd mit dem Esel und dem Fuchs auf einen
Hirsch die ganze Beute aneignete. Als der Esel drei gleiche
Teile machte, schlug ihn der Löwe nieder. Nun befahl der
Löwe dem Fuchs, die Teilung vorzunehmen. Als dieser
dem Löwen die gesamte Beute anbot, fragte der König

der Tiere lachend Reineke, wie er zu dieser Weisheit komme. Der wies nur stumm auf den zerschundenen Esel. — *Die Höhle des Löwen* (siehe auch Höhle) ist das Zimmer (Büro) eines Gefürchteten. *Der Salonlöwe* ist der elegante Frauenfreund, der in einer Gesellschaft dominiert.

LOS

Einen loseisen: einen aus einer schwierigen Lage befreien; mit Mühe frei machen; jemand aus einer Veranstaltung geschickt herausholen. — Zwei Ableitungen: einmal von « Eis », dann von « Eisen ». Loseisen, im Sinne von Freimachen des Schiffes aus dem Eis, im 18. Jh. an der deutschen Nord= und Ostseeküste bezeugt. Der ältere Ursprung bezieht sich jedoch auf die Befreiung von der eisernen Wildfalle, in die der Fuß geraten ist.

LOT

Im Lot sein: in Ordnung sein. — Ursprünglich: genau senkrecht, so wie der Maurer beim Hausbau mit dem Richtlot oder Senkblei prüft, ob die Mauer ganz senkrecht steht, damit sie nicht umfällt. Auch *etwas ins Lot bringen,* etwas in Ordnung bringen.

LÜCKE

Das ist nur ein Lückenbüßer: das ist gerade gut genug, um eine Lücke auszufüllen. — Hat mit « büßen » nichts zu tun, vielmehr entstanden aus dem mittelhoch= deutschen büezen = ausbessern, verschließen, flicken. Ein Lückenbüßer ist also ein Lückenschließer. So auch in der Bibel Nehemia 4,1: « Da sie aber hörten, daß die Mauern zu Jerusalem zugemacht wurden und daß sie die Lücken angefangen hatten zu büßen, wurden sie sehr zornig. »

LÜGE

Lügen, daß sich die Balken biegen: stark lügen. — Da Lügen als schwere Last empfunden werden, können sich schon die Balken biegen. Wer einem anderen *die Hucke voll lügt*, lügt ihm in den Rückenkorb. Im «Sim= plicissimus» von Grimmelshausen heißt es sogar «Er log ihr einen ganzen Lastwagen voll». Manche *lügen nach Strich und Faden*, und wahre *Lügenmeister* bringen es fertig, *das Blaue vom Himmel herunterzulügen*. Eine jüngere Wendung, die zuerst bei Adelbert v. Chamisso vorkommt, ist: *er lügt wie gedruckt*. Darin offenbart sich die ebenso weit verbreitete wie nicht gerade respektvolle Meinung über Zeitungen und andere Druckerzeugnisse.

LUFT

Es hängt in der Luft: eine schwebende Sache, die noch nicht entschieden, noch nicht spruchreif ist. — Die feinen Unterschiede der Redensarten mit «Luft» werden erst verständlich, wenn diese Wendung ergänzt wird: es hängt etwas *völlig* in der Luft. Hinter dem anscheinend harmlosen Ausdruck steht eine altgermanische Rechts= anschauung von grausiger Bedeutung: gemeint ist nämlich der Gehenkte, der «in der Luft hängen» muß, weil er den irdischen und den Frieden der Götter verletzt hat. So darf er also weder hier noch dort eine Ruhestatt finden und erst vom Galgen genommen werden, wenn ihn die Raben gefressen haben und seine Spuren vom Winde verweht sind.

Es liegt etwas in der Luft hat zweierlei Bedeutung: es bahnt sich etwas an, es bereitet sich etwas vor, es droht etwas Unangenehmes oder Unheilvolles (siehe auch unter «Busch»). Die andere Bedeutung ist: die Zeit ist für eine Idee so reif, daß diese nur ausgesprochen oder verwirklicht zu werden braucht, um allgemein Anklang zu finden. — Während die erste Deutung leicht zu verstehen ist, wenn wir nur an das Gewitter denken, das sich in der Luft zu= sammenzieht, so erinnert die zweite an Erfindungen und Entdeckungen, die fast gleichzeitig in verschiedenen Län= dern gemacht wurden (Dampfmaschine: Papin und

Savery. Fotografie: Nièpce, Daguerre, Talbot — u. a.).
Jedesmal «lag der Gedanke in der Luft». *Aus der Luft
gegriffen* = erfunden, auch erlogen. Stammt vom Gaukel-
spiel der Zauberkünstler, die mit ihrer Geschicklichkeit bei
den Zuschauern den Eindruck erwecken, sie könnten
Gegenstände «aus der Luft greifen». Die Wendung ist
besonders anschaulich, weil alle aus der Luft gegriffenen
Dinge keinen soliden, festen Boden unter sich haben.
Trugbilder entwerfen, sich kühne, unerfüllbare Hoffnungen machen, das heißt *Luftschlösser bauen* — ist ein bereits
im römischen Altertum bekannter Ausdruck. Die sogenannte *dicke Luft* stammt aus dem ersten Weltkrieg. Die
Angst einflößende, von Staub und Pulverdampf erfüllte
Luft wurde sinnbildlich für Ärger und Verdruß. Der
Luftikus ist ein «windiger» Bursche.

LUMP
Sich nicht lumpen lassen: sich nicht knauserig, geizig, schäbig zeigen; freigebig, großzügig sein. — Muß
vollständig heißen: sich nicht für einen Lumpen ansehen
lassen.

LUNTE
Lunte riechen: Gefahr wittern, Verdacht schöpfen.
— Die Lunte, vom mittelhochdeutschen lünden = brennen, ist die Schnur oder der Strick, der früher abgebrannt
wurde, um die Geschützladungen zu entzünden. Der weithin spürbare, unangenehme Geruch der schwelenden Lunte
warnte oft den Gegner rechtzeitig vor dem folgenden
Schuß. Ähnlich *den Braten riechen* (siehe Braten).

LYNCHEN
Einen lynchen oder *der Lynchjustiz übergeben:*
eine Strafe aus angemaßter Machtvollkommenheit ohne
legalen Richterspruch vollziehen, eigenmächtige Volks-
justiz üben. — Der Ausdruck stammt von dem amerika-

nischen Farmer John Lynch, der sich im 17. Jh. angesichts der gesetzlosen Zustände im neubesiedelten Carolina sein Recht auf eigene Faust verschaffte. Diebe und Schwerverbrecher hängte er ohne Richterspruch und wurde dafür nicht zur Verantwortung gezogen.

M

MACHE

In die Mache nehmen oder *kriegen*: unter die Hände bekommen; beeinflussen, erziehen; auch herunterputzen, tadeln. — Bei Schiller in « Räuber » II, 3: « weil sie ihr einziges Paar in die Mache gegeben » (einziges Paar Schuhe zum Flicken). Der Ausdruck ist aber schon im 17. Jh. bezeugt. Später bekam er auch einen abschätzigen Sinn wie: *das ist alles Mache!* für « das ist alles Getue, Angabe ».

MADIG

Jemand oder *etwas madig machen*: eine Person oder Sache schlecht machen, einem etwas verleiden. — Die Wendung spielt auf Nahrungsmittel an, die ungenießbar sind, weil sie von Maden befallen wurden. Immer im Sinne von schlecht, minderwertig. Ähnlich: *da ist der Wurm drin!* Siehe Wurm.

MAGEN

Jemand im Magen haben: ihn nicht ausstehen können; auf ihn zornig, wütend, geladen sein. — Das Bild rührt von der unverdaulichen Speise her, die *einem schwer im Magen liegt* und Beschwerden macht. Derber: *einen gefressen haben. Seine Augen sind größer als sein Magen* (siehe Auge). *Der Magen hängt mir schief* = Hunger haben. *Die Nachricht schlug ihm auf den Magen, der Ma-*

Jemand im Magen haben . . .

gen drehte sich ihm um: das heißt, sie verdarb ihm die
Laune.

MAKULATUR
    Makulatur reden: dummes Zeug, Unsinn reden. —
Makulatur ist unbrauchbares Druckpapier. Da es wertlos

geworden ist, läßt es sich nur noch zum Verpacken oder als Tapetenunterlage benutzen — ist also minderwertig.

MANN

Seinen Mann stehen: die Pflichten, die einem Mann zufallen, gewissenhaft erfüllen. — Ähnlich die platt= deutsche Redensart: «Dar bin ick Mann vör», was soviel heißt wie: Dafür bürge ich! Die Redensart wird auch auf die berufstätige Frau angewendet, die heutzutage ebenfalls «ihren Mann steht».

Mit Mann und Maus untergehen: mit allem in die Fluten versinken, was an Bord ist. — Hat nichts mit der Schiffsmaus zu tun, sondern Maus, niederländisch meisje = Mädchen, ist das Weib. Das Schiff geht also mit Mann und Weib unter. — Der *Mann Gottes* wird im Alten Testament unter anderem im 5. Mose 33, 1 erwähnt: «Dies ist der Segen, damit Mose, der Mann Gottes, die Kinder Israel vor seinem Tod segnete.» «Mann Gottes» ist heute jedoch ein mißbilligender Ausdruck. *Der Mann an der Spritze* ist jener, der eine wichtige Rolle spielt; dem Bereich der Feuerwehr entnommen. Wer *etwas an den Mann brin= gen will,* sucht einen Kunden, um eine Ware loszuwerden. Man kann aber auch eine Geschichte oder einen Witz «an den Mann bringen», ebenso eine Nachricht. *Wer den wil= den Mann spielt,* führt sich hemmungslos auf, sucht bei= spielsweise im betrunkenen Zustand Unfrieden und Streit. Tatsächlich ist der «Wilde Mann» eine alte Sagengestalt. *Voll wie tausend Mann* ist die übertriebene Bezeichnung eines schwer Bezechten.

MANSCHETTEN

Manschetten vor etwas haben: Angst, Respekt, Furcht vor etwas haben. — Die Redensart stammt aus dem 18. Jh., als die Herren noch weiße, lange, überfallende Spitzenmanschetten trugen, ständig in Angst, sich zu be= schmutzen. Die Studenten verspotteten die vornehmen

Jünglinge, weil die Manschettenmode den Gebrauch des Degens beeinträchtigte. So wurde die Manschette mit Angst gleichgesetzt. Ein weiterer Hinweis bietet sich im «Manschettenfieber», der Angst vor den eisernen Hand= schellen, die dem Verbrecher im Kerker oder auf dem Gang zum Richtplatz angelegt wurden. Ähnlicher norddeutscher Ausdruck: *Gamaschen vor etwas haben*, wobei die Ga= maschen die «spanischen Stiefel», ein mittelalterliches Folterwerkzeug, bezeichnen.

MANTEL

Eine Sache bemänteln: eine Sache anders oder bes= ser erscheinen lassen; bei einer Schwäche oder nicht ganz sauberen Angelegenheit schweigen und so tun, als be= merke man sie nicht. Eine Sache der Vergangenheit über= lassen und jenen, der sie verschuldete, nicht in Verlegen= heit bringen. — Der Mantel, von großer symbolischer Bedeutung, wurde bei der Schutzgewährung, bei der Adoption und bei der Legitimierung unehelicher Kinder im mittelalterlichen Recht verwendet. In der Kirche wurden voreheliche Kinder während der Trauungszeremonie unter dem weiten Mantel der Mutter verborgen, aus dem sie dann heraustraten, als ob sie nun von *ehelichen* Eltern «neugeboren» wären und so die Schande «bemäntelt», von ihnen genommen sei («Mantelkinder»). Fürsten, Rit= ter und Edle gaben ihrem Begnadigungsrecht sinnbildlich Ausdruck, indem sie dem Schuldigen ihren Mantel um= hängten oder ihn damit zudeckten (daher der *Deck= mantel!*). So entstand auch der Ausdruck: *der Sache ein Mäntelchen umhängen* oder *etwas mit dem Mantel der christlichen Nächstenliebe zudecken.* Im Corpus juris canonici wird mitgeteilt, der römische Kaiser Konstantin (306—337), der das Christentum zur Staatsreligion erhob, habe gesagt: «Wahrscheinlich, wenn ich mit eigenen Augen einen Priester Gottes oder jemand im Mönchs= gewand hätte sündigen sehen, so würde ich meinen Mantel

abnehmen und ihn bedecken, damit er von niemand ge=
sehen würde» (Decretum Gratiani, Kap. 8, 96). So ist es
auch kein Zeichen von Vertraulichkeit, sondern eine Bitte
um Schutz, wenn in der Wartburgsage der Sänger Heinrich
von Ofterdingen unter den Mantel der Landgräfin flüchtet.

Den Mantel nach dem Winde hängen: mißbilligend
von jemand gesagt, dessen Taten sich nur nach maßgeben=
den Personen oder Umständen richten; von einem nur auf
den Nutzen bedachten, ja charakterlosen Menschen, der
feste Grundsätze verschmäht. — Ursprünglich war die
Redensart harmlos und ohne bitteren Beigeschmack ge=
meint. Der mittelalterliche Mantel war ein rechteckiges
Tuch, das nur eine Schulter bedeckte und auf der anderen
Seite zugesteckt wurde. Natürlich wurde die Schlitzseite
immer der Wetterseite abgekehrt: «Man hängte den Man=
tel nach dem Winde.»

MARSCH

Einem den Marsch blasen: einen zurechtweisen, zur
Pflicht ermahnen, abkanzeln, schelten. — Aus dem 19. Jh.
Die Regimentsmusiker gaben den Soldaten mit der Blas=
musik das Zeichen zum Ab= oder Vormarsch und «rüttel=
ten» sie dann auf. Ähnlicher Vorgang bei der Zurecht=
weisung.

MASCHE

In die Maschen geraten: Unglück, Pech haben, Miß=
geschick erleiden. — Die seit 1650 bezeugte Redensart be=
zieht sich auf das Netz des Vogelstellers oder des Fischers
und meint ursprünglich: *ins Garn gehen* (siehe Garn), ge=
fangen werden. Daher auch: «In die Maschen des Gesetzes
geraten.» Der Gegensatz dazu ist: *durch die Maschen (des
Gesetzes) schlüpfen,* das heißt: entkommen, noch einmal
Glück haben; aber auch: raffiniert die Lücken des Gesetzes
aufspüren und mit Hilfe ihrer Kenntnis zum Erfolg gelan=
gen. Aus dieser Wendung ist in jüngerer Zeit auch der

Ausdruck: *die große* oder *tolle Masche* von einem «glänzenden Einfall», von einem «glücklichen Vorhaben» entstanden.

MATTHÄUS

Bei dem ist's Matthäi am letzten: er hat kein Geld
mehr, mit ihm ist's aus; auch: er wird bald sterben. — Aus
der evangelischen Kirchensprache, dem letzten Kapitel des
Matthäus-Evangeliums über das Ende der Welt. Luther
verwendet die Redensart im gleichen Sinne: «Da unser
Herr Jesus spricht Matthäi am letzten...» Gottfried
August Bürger machte in seiner Ballade «Die Weiber von
Weinsberg» (1777) den Ausdruck volkstümlich: «Doch
wann's Matthä' am letzten ist, trotz Raten, Tun und Beten,
so rettet oft noch Weiberlist aus Ängsten und aus Nöten.»

MATZ

Mätzchen machen: Unsinn treiben, sich sträuben,
zimperlich widerstreben; auch: lächerlich übertreiben. —
Matz, Verkleinerungsform von Matthias, ist der Spitzname für einen kleinen, unbedeutenden, lächerlichen Menschen (wohlmeinende Verniedlichungen: *Hosenmatz, Hem-
denmatz*). Wer sich wie ein Matz benimmt, macht Mätzchen.

MAUL

Einem das Maul stopfen: ihn bestechen, damit er
nichts verrät; ihn (auch gewaltsam) zum Schweigen bringen, damit er nicht gefährlich wird. — Nach einer Geschichte des ersten lateinischen Fabeldichters Phaedrus
versucht ein Dieb dem kläffenden Hofhund ein Stück Brot
anzubieten, um «ihm das Maul zu stopfen», damit er nicht
mehr belle (siehe Hals).

Maulaffen feilhalten: dumm seine Verwunderung
äußern; auf törichte Weise Neugier bekunden; mit offenem
Munde staunen und untätig zusehen. — Die Redensart

hat nichts mit dem Affen zu tun. Sie ist vielmehr eine Ver=
hochdeutschung der plattdeutschen Wendung «dat Mul
apen halten» = das Maul offenhalten. Bei einem unge=
wöhnlichen Anblick oder beim Anhören einer bestürzen=
den Geschichte reißen wir unwillkürlich die Augen und
den Mund weit auf. Schon Geiler von Kaisersberg schreibt
um 1500: «Denn es sein etlich also geartet, daß sie nicht
hören können, wenn sie nicht das Maul aufsperren und
gaffen, gleichwie ein Esel, der Distel frißt.» Nun kamen
im 13. Jh. eiserne Halter für den Kienspan auf, mit dem
damals das Haus erleuchtet wurde. Diese Halter hatten die
Gestalt eines Menschenkopfes mit geöffnetem Munde und
hießen deshalb «Maulauf». Der offene Mund diente zur
Aufnahme der Kienspäne. Wenn man diese Tatsache be=
rücksichtigt, darf man feststellen, daß unser Bild von
«Maulaffen *feilhalten*» besonders humorvoll und plastisch
gewählt ist, weil die staunenden und mit geöffnetem Mund
gaffenden Menschen auf der Straße wirklich so aussehen,
als seien sie lebendig gewordene Kienspanhalter, die sich
gleichsam selbst zum Kauf anbieten (feilhalten!). Andere
Zusammensetzungen mit «Maul», wie *das Maul auf=
reißen*, erklären sich von selbst.

MAUS

Daß dich das Mäusle beiß': scherzhafte Verwün=
schung, harmloser Zwischenruf der Verwunderung. —
Die Wendung hat nichts mit der «Maus» zu tun. Sie war
auch ursprünglich keineswegs harmlos, sondern drohend
gemeint. Maus kommt hier von «Meisel», der «misel=
sucht», einem unheilbaren, tödlichen Aussatz. Wörtlich
also: Daß dich die Miselsucht befalle!

Arm wie eine Kirchenmaus: sehr arm. — Seit dem
18. Jh. auch in Frankreich bekannt, wo aus der Maus die
dort mehr verbreitete Ratte wurde. Zum Leidwesen der
Mäuse gibt es in der Kirche keine Speisekammer, so daß
sie dort verhungern müssen.

Da beißt keine Maus einen Faden ab: das steht un=
abänderlich fest. — Hergeleitet von der Fabel, in der die
dankbare Maus den in einem Netz gefesselten Löwen be=
freit, indem sie die Fäden zernagt. Wird allerdings auch
glaubhaft mit dem Schneider erklärt, der von einem Kun=
den Tuch zur Anfertigung eines Anzugs erhält und be=
teuert, daß er von dem Stoff nichts unterschlagen werde:
«Da beißt keine Maus einen Faden ab!»

Mausetot sein: ganz tot sein. — Geht von der Vor=
stellung aus, daß die Maus schon beim ersten Schlag tot
ist. Eine andere Deutung leitet den Ausdruck von
«maveth=tot» aus dem Rotwelsch ab. Im Hebräischen
heißt maveth totsein. Es läge hier also einer der Fälle vor,
bei denen in einer Redensart mehrere Ausdrücke gleicher
Bedeutung verkoppelt sind: «Todestot»!

Er macht sich mausig: sich vordrängen, unan=
genehm bemerkbar machen; keck hervortun, auch angrei=
fen. — Die seit dem 16. Jh. bekannte Wendung hat eben=
falls nichts mit der Maus zu tun, sondern mit der Mauser,

Mausetot sein ...

dem Federwechsel der Vögel. Es ist beobachtet worden, daß Jagdfalken nach der Mauser besonders angriffslustig sind. Aus mausern wurde mausig. Erst als der Ausdruck auf den Menschen bezogen wurde, bekam er einen gering= schätzigen Unterton. — *Mit Mann und Maus untergehen* siehe **Mann.**

MENKENKE

Machen Se keene Menkenke: machen Sie keine Fisi= matenten (siehe dies), keine Umstände, Schwierigkeiten; Durcheinander. Versuchen Sie nicht zu täuschen. — Ber= liner Ausdruck seit 1860. Lautmalende Streckform von «mengen». Durch Mengen, Drängen, Mischen kann ein Wirrwarr entstehen, der Täuschungs= und Betrugsver= suche erleichtert.

MESSER

Das Messer sitzt ihm an der Kehle: er befindet sich in höchster Gefahr, in arger Geldnot. — Das Bild erinnert an einen Menschen, dem der Gegner im Kampf bereits das Messer an die Kehle gesetzt hat, so daß ihm Todesgefahr droht. Ähnlich: *Das Wasser steht ihm schon bis zum Hals,* von einem Unglücklichen gesagt, der bei einer Über= schwemmung oder Wasserflut kurz vor dem Ertrinken ist.

MITSPIELEN

Jemand übel mitspielen: einem beträchtlichen Scha= den zufügen, ihn niederträchtig behandeln. — Die Re= densart hat nichts mit dem Kartenspiel, sondern mit dem mittelalterlichen Kampfspiel zu tun, in dem der nieder= gestreckte Gegner oft schwere Verletzungen davontrug.

MITTEL

Sich ins Mittel legen: zwischen zwei Parteien ver= mitteln; einen Vergleich vorschlagen. — Hieß ursprüng= lich nicht «sich ins Mittel», sondern «sich in die Mitte legen» oder «schlagen», so wie sich jemand zwischen zwei Streitende wirft, um den Kampf abzubrechen und sie zu versöhnen.

MOND

Hinter dem Monde sein; früher: wirklichkeits=
fremd leben, über aktuelle Geschehnisse nicht unterrichtet sein. Heute: besonders fortschrittlich, aufgeklärt und in=
formiert sein. — Wer «auf» oder «hinter dem Monde lebte», wobei «hinter» noch eine wesentliche Steigerung darstellte, galt als äußerst weltfremd, denn auf oder gar hinter dem Mond war man, nach den damaligen Vorstel=
lungen, weit weg von den Ereignissen unserer Erde, konnte also nicht mitreden. Diese Bedeutung hat sich in ihr Gegen=
teil verwandelt. Am 4. Oktober 1959 wurde der sowjet=
russische Satellit Lunik 3 gestartet, dessen Bahn über die Mondbahn hinausreicht. Diese automatische Weltraum=
station oder Mondsonde fotografierte die bisher völlig unbekannte Rückseite des Mondes. Wer also heutzutage «hinter dem Mond ist», darf als gründlich informiert, als up to date und aufgeschlossen angesehen werden.

In den Mond gucken: das Nachsehen haben, leer ausgehen. — Der Mond spielt im Aberglauben eine große Rolle. Einerseits werden ihm negative Einflüsse auf Mensch und Tier zugewiesen, andererseits ist er für die Romantiker der große Mittler in Liebes= und Zauberwün=
schen. Er gilt ebenso als verantwortlich für die *Mondsucht,* die bekannten Dämmerzustände und Erscheinungen der Schlaftrunkenheit, wie auch für das *Mondkalb,* die Miß=
geburt einer Kuh, woher das Schimpfwort für eine dumme, einfältige Person abgeleitet wird. Nach dem Volksglauben werden Menschen, die viel in den Mond gucken, blöde. Hier ist eine Redensart unter Verwechslung von Ursache und Wirkung entstanden. Ähnlich: *durch die Röhre guk=
ken.* Gemeint ist das Fernrohr, mit dem man in den Mond schaut! Auch da bedeutet die Wendung: das Nachsehen

haben, wie in: *dumm aus der Wäsche gucken. Wenn eine Uhr nach dem Mond geht*, so geht sie falsch — im Gegen= satz zur Sonnenuhr. *Den Mond anbellen* heißt auf jemand schimpfen, dem das nicht schaden kann. *Schlösser, die im Monde liegen*, sind Luftschlösser (siehe Luft). Wer die Ber= liner Redensart: *Du kannst mir mal im Mondschein* (auch: *am Abend*) *begegnen*, anwendet, der meint soviel wie «Du kannst mir gestohlen bleiben» oder gar im Grunde seiner schwarzen Seele den vielzitierten «Götz von Ber= lichingen».

MOPS

Sich mopsen: sich langweilen. — Der Mops hat seinen Namen vom mittelhochdeutschen «mupf» erhalten, das ist Hängemaul, daher auch *muffig* = verdrießlich. Im niederländischen moppen steckt ebenso maulen, schmol= len, den Mund verziehen wie im englischen to mop. Wenn der Mops auch ein Hängemaul hat, so ist es doch falsch, ihn als mürrisch zu bezeichnen. Er ist im Gegenteil ein fröhlicher Bursche, daher wird mit dem Ausdruck *mops= fidel* sein Gemüt viel besser charakterisiert. Das schließt nicht aus, daß er sich manchmal langweilt, also *mopst*.

MOOS und MOSES

Moses und die Propheten haben: viel Geld haben. — Ursprünglich lautete die Redensart *viel Moos haben* = reich sein, viel Geld haben. Der Ausdruck Moos für Geld wanderte aus dem hebräischen ma'oth = Pfennige, Kleingeld über die Gauner= in die Studentensprache (siehe «Barthel»). Im Studentenmund wurde aus Moos scherz= haft Moses; später gesellten sich die Propheten ganz von selbst nach der biblischen Erzählung vom reichen Mann dazu, der, Höllenqualen leidend, Abraham bittet, seine noch lebenden Brüder vor einem sündhaften Leben zu war= nen, worauf Abraham spricht: «Sie haben Mose und die Propheten; laß sie dieselben hören.»

MOTTE

Du kriegst die Motten! Ausdruck des Erstaunens, scherzhafte Verwünschung. — Da von Motten befallene Sachen unbrauchbar und zerstört werden, war die Wendung zuerst ernst gemeint, wie sie heute noch mit einem Anflug von Zynismus Patienten in Lungenheilstätten verwenden. «Die Motten haben» bezeichnet dort die offene Tuberkulose nach dem Röntgenbild, auf dem ein tuberkulöser Lungenherd oft einer Ansammlung von Motten gleicht. Im allgemeinen Sprachgebrauch spaßig gemeint.

MUCKEFUCK

Das schmeckt nach Muckefuck: das schmeckt nach Blümchenkaffee (siehe Blume), einem dünnen, gehaltlosen Aufguß, der mit Bohnenkaffee wenig Ähnlichkeit hat. — Aus dem deutsch=französischen Kriege 1870/71, in dem die preußischen Soldaten das französische «mocca faux» (falscher Mokka) in Muckefuck eindeutschten.

MUFFIG siehe MOPS

MUMPITZ

Rede keinen Mumpitz: mache kein dummes Gerede, laß das Geschwätz. — Entstanden aus «mombotz» = Schreckgestalt oder «Mummelputz» (Vogelscheuche). Mumme bedeutet Maske (vermummen), das mittelhoch= deutsche butze Kobold. Seit 1870 an der Berliner Börse als Ausdruck für Schwindel, Unsinn aufgetaucht.

MÜNZE

Mit gleicher Münze heimzahlen: etwas vergelten. — Die schon im Mittelalter bekannte Redensart erklärt sich von selbst aus der Vorstellung, daß jemand so behandelt wird, wie er selber den anderen behandelt.

Das ist auf mich gemünzt: das geht auf mich, das spielt auf mich an, zielt auf mich. — Die Wendung stammt von den Gedächtnismünzen des 16. und 17. Jh., die mit anzüglichen Ornamenten und allerhand Anspielungen «auf den sie gemünzt waren», geprägt wurden.

Etwas für bare Münze nehmen: es ernst nehmen, obwohl es scherzhaft gemeint war. — Seit dem 18. Jh. bezeugter Ausdruck, der so viel bedeutet wie eine versprochene Zahlung schon als bares Geld werten. (Siehe auch *Draht* und *Geld*.)

MUND

Morgenstund' hat Gold im Mund: wer früh aufsteht, erreicht etwas im Leben. — Hat nichts mit dem «Mund» zu tun, sondern geht auf das altdeutsche Wort «munt» = Hand zurück. Im altgermanischen Recht versinnbildlichte die Hand Macht, wie sie sich noch heute im «Vormund» darstellt, der über seine Schutzbefohlenen die Hand hält und Gewalt über sie hat. Morgenstunde hat somit Gold in der Hand, das sie unter den Frühaufstehern freigebig verteilt.

Einen mundtot machen: jemand zum Schweigen bringen. — Auch hier ist es nicht der sprechende Mund, sondern die altdeutsche «munt», die tot gemacht werden soll. Ursprünglich also: jemand die Gewalt aus der Hand nehmen, ihn entmachten.

Sich den Mund verbrennen: unbedachte Worte sprechen, die einem Unannehmlichkeiten eintragen; sich zu einer unüberlegten Bemerkung hinreißen lassen. — Bei Luther «sich das Maul verbrennen» als Vergleich mit dem Essen heißer Suppe, mit der man sich den Mund verbrennt. Dazu ein sinnreiches plattdeutsches Sprichwort: «De kann swigen, de heet eten kann» = der kann schweigen, der heiß essen kann. — Viele andere Redensarten mit Mund in dieser Kurzgeschichte: «Jetzt werde ich es ihm aber geben!» rief Egon Mundfaul wütend. «Morgen früh gehe ich zu meinem Chef und verlange Gehaltserhöhung. Schließlich bin *ich nicht auf den Mund gefallen.* Meine Leistungen werden überhaupt nicht anerkannt. *Ich werde kein Blatt vor den Mund nehmen!»* (siehe «Blatt») Am nächsten Morgen betrat er das Büro seines Brotgebers. «Sie haben mir doch schon lange eine wesentliche Gehalts= aufbesserung versprochen!» log Egon Mundfaul. «Ich habe Ihnen gar nichts versprochen!» *fuhr ihm der Chef über den Mund. «Wie können Sie mir so die Worte im Munde herumdrehen?»* «Das stimmt nicht!» tobte Egon los. «*Halten Sie gefälligst den Mund!»* rief der Chef em= pört. «*Ich lasse mir nicht den Mund verbieten!»* ent= gegnete Mundfaul. Doch der Lohnherr erwiderte: «Sie waren ja schon immer *mit dem Mund vorneweg.* Sie kön= nen sich ruhig *den Mund fusselig reden.* Sie werden sich immer *den Mund verbrennen! Ich mache Sie hiermit mundtot,* indem ich Sie fristlos entlasse!» Betroffen schlich Egon davon und klagte ironisch: «*Morgenstund' hat Gold im Mund!»*

MUT

Sein Mütchen an jemand kühlen: seine Laune, seinen Übermut oder Zorn an jemand auslassen. — Die Redensart wurde volkstümlich durch Luthers Übersetzung des Bibelverses 2. Mose 15, 9: «Der Feind gedachte: ich will nachjagen und erhaschen und den Raub austeilen und meinen Mut an ihnen kühlen.» Die verkleinerte Form findet sich in Sirach 10, 6: «Räche nicht an deinem Nächsten alle Missetat; und kühle dein Mütlein nicht, wenn du strafen sollst.» Der Ausdruck ist schon Anfang des 13. Jh. im Nibelungenlied bezeugt.

N

NACHSTELLEN

Jemand nachstellen: sich an jemand heranmachen, ihn verfolgen, jemand nicht aus den Augen lassen. — Im Mittelhochdeutschen hieß es «stellen nach». Gemeint ist das Fallenstellen auf der Jagd nach Vögeln und Wild. «Einer Frau nachstellen.»

NAGEL

Den Nagel auf den Kopf treffen: genau das Richtige sagen, erraten, treffen oder tun; die rechte Lösung im rechten Augenblick finden. — Die Redensart hat eine andere Bedeutung, als wir sie uns gewöhnlich vorstellen. Man könnte leicht daran denken, daß der Nagel, den man in die Wand einschlagen will, genau mitten auf den Kopf getroffen wird, so daß er wunschgemäß ohne Verbiegung in die Wand eindringt. Da die Wendung aus der Schützensprache stammt, ist hier nicht der Nagelkopf gemeint, auf den der Hammer schlägt, sondern der Nagel als Mittelpunkt der Scheibe, auf den der Schütze treffen soll. Dieser Nagel hieß Zweck oder Zwecke (Heftzwecke, Reißzwecke). Das Wort wurde um 1600 vom Gegenständlichen ins Geistige übertragen: so entstand daraus Zweck als Absicht, Ziel. Wer den Nagel oder den Zweck auf den Kopf traf, hatte *ins Schwarze getroffen;* wer nicht traf, hatte den Zweck verfehlt. Luther: «Es ist not, daß ein guter Schütz allwegen den Nagel treffe!»

Die Nagelprobe machen: genau nachprüfen. — Ein aus altskandinavischer Zeit stammender, in Deutschland seit 1494 bezeugter Trinkerbrauch, der darin besteht, das auf das Wohl eines Zechkumpans geleerte Trinkgefäß umgestülpt auf den Daumennagel der linken Hand zu setzen, zum Beweis, daß kein Tropfen mehr im Becher ist.

Es brennt einem auf den Nägeln: man hat große Eile, mit einer Arbeit in letztem Augenblick fertig zu werden; die Sache ist «brandeilig», wenn man mit der Erledigung einer Angelegenheit in starker Bedrängnis ist. — Vielleicht spielt die Wendung auf die Folterung an, bei der glühende Kohlen auf die Fingerspitzen gelegt wurden. Eine sinnfälligere Deutung liegt jedoch in den Beleuchtungsverhältnissen jener Zeit. Bei der Frühmesse und abends klebten sich die Mönche beim Lesen kleine Wachskerzen auf die Nägel, die oft schon abgebrannt waren, ehe der Leser die Lektion beendet hatte. — Weitere Redensarten mit «Nagel»: *Nägel mit Köpfen machen* = ganze Arbeit machen, etwas logisch zu Ende denken. Nägel mit Köpfen sind besser als Drahtstifte, die sich beim Einschlagen leicht verbiegen. *Er hat einen Nagel (im Kopf)* heißt es von einem eingebildeten, dünkelhaften, anmaßenden Menschen, als stelle man sich vor, daß diesem ein langer Nagel in den Kopf bis tief in den Hals getrieben wurde, so daß er den Kopf nicht bewegen kann. Dazu gehört die niederdeutsche Wendung «enem den Nagel daal kloppen» = einem den Nagel herunterschlagen, ihn demütigen. Der Nagel, die Ursache des Dünkels, wird durch Ab- oder Herunterschlagen unsichtbar und damit unwirksam gemacht. *Etwas an den Nagel hängen* = einen Beruf abbrechen, eine Sache aufgeben, bevor sie beendet ist. Spielt auf den Schneider an, der ein halbfertiges Kleidungsstück an den Nagel hängt, um mit einem anderen zu beginnen. *Ein Nagel zu meinem Sarg* ist jedes Verhalten, das mich meinem Ende näherbringt. Es bedeutet Verdruß, Ärger bereiten, die frühzeitiger zum Tode führen. *Das Schwarze unter dem Nagel* ist eine Geringfügigkeit, eine Kleinigkeit. Wer sie mir mißgönnt, ist geizig. *Sich etwas unter den Nagel reißen* ist eine Redensart des 20. Jh., soviel wie sich etwas widerrechtlich aneignen. Das Bild stammt von dem Raubtier, das sich die Beute «unter die Krallen reißt».

NARR

Einen Narren an jemand gefressen haben: törichterweise für jemand (etwas) eingenommen sein, närrisch auf ihn sein. — Die Wendung entspricht den Ausdrücken «jemand vor Liebe fressen» oder «hab' dich zum Fressen gern». In Hans Sachsens Fastnachtsspiel «Narrenschneiden» schneidet der Arzt einem Kranken die Narren des Geizes, der Unkeuschheit, der Völlerei und des Zornes aus dem Leibe heraus. Die Redensart ist in ihrer heutigen Form unsinnig und kann nur bedeuten, daß man auf etwas oder in jemand vernarrt ist. Das Gegenteil: «jemand gefressen haben» (siehe Magen).

NASE

Sich selbst an (bei) der Nase fassen: seine Schuld eingestehen; sich einsichtig, selbstkritisch verhalten; auch sich Vorwürfe machen. — Nach Jacob Grimms Rechtsaltertümern gab es im altdeutschen Recht eine symbolische Strafe, daß der verurteilte Verleumder sich vor seinen Richtern selbst an der Nase ziehen mußte.

Ick bin neese! sagt der Berliner, wenn er ausdrücken will, er habe das Nachsehen, er gehe leer aus. — Um die Rechtsansprüche der verschiedenen Sippenglieder, der sogenannten mâgen, zu regeln, wurden in der alten germanischen Rechtsordnung die einzelnen Verwandtschaftsgrade nach Körpergliedern bezeichnet. Dabei gingen die «Nasenmâgen» bei Erbteilungen leer aus, weil sie zu den entfernten Verwandten zählten: sie waren tatsächlich «neese»!

Jemand an der Nase herumführen: mit ihm mutwillig oder willkürlich umgehen; ihn anführen, verulken; ihn mit trügerischen Hoffnungen erfüllen, ihn mit falschen Versprechungen hinhalten. — Verkürzt: jemand *nasführen.* Die sehr alte Redensart bezieht sich auf den Tanzbären, der an einem Nasenring so herumgeführt wird, wie es dem «Bärenführer» (siehe dies) gefällt. Auch Stiere werden so gelenkt. Andere Ausdrücke: *Jemand auf der Nase herumtanzen* = sich mit jemand alles erlauben; erinnert an ungezogene, kleine Kinder, die Erwachsenen ungestraft im Gesicht und auf der Nase herumspielen. *Einem etwas auf die Nase binden* = ihm etwas weismachen, ihn anführen, veralbern, auch betrügen. Spielt auf die Pappnase an, die man einem anderen aus Schabernack aufbindet, aber auch auf das besonders gute Musterstück, das die Kaufleute früher — oft irreführend — außen auf die Packung banden (siehe Ausbund). *Einem nicht alles auf die Nase binden* = einem nicht alles mitteilen. Was auf die Nase gebunden wurde, liegt unübersehbar nahe vor den Augen. Das soll in dieser Wendung vermieden werden.

Jemand etwas unter die Nase reiben = ernste Vorhaltungen machen. Die Nase ist besonders empfindlich. So wie jemand sich nicht gern einen vielleicht auch noch übelriechenden Gegenstand unter die Nase reiben läßt, so will er auch nicht an einen Fehler erinnert werden. *Die Nase voll haben*, auch halbfranzösisch: *die Nase plein haben* kommt aus der Gaunersprache. In manchen Gefängnissen bekamen die Gefangenen früher bei Strafverschärfung «eins über die Nase gehauen». Daher: «ich habe die Nase voll» (ähnlich «den Hosenboden voll hauen»). *Die Nase begießen* = sich betrinken. Eigentlich so hastig oder gierig trinken, daß die Nase feucht dabei wird. Oder: die Nase wird als Pflänzchen betrachtet, die durch ständiges Begießen zur Trinkernase wird. *Auf der Nase liegen* für krank sein.

Wer die Nase in alles steckt, kümmert sich unbefugterweise *um jeden Dreck* und gilt als besonders neugierig. Dem faulen Schulkind wird vorgehalten: *Steck' deine Nase ins Buch! — Etwas in der Nase haben* oder *eine feine Nase für etwas haben* kommt aus der Jägersprache und bedeutet: schon im voraus wissen, was geschieht, nach dem Jagdhund, dessen feine Nase rechtzeitig das Wild wittert. *Einem etwas vor der Nase wegschnappen* ebenfalls vom Hund, der einem anderen oder der Katze den zugeworfenen Bissen «vor der Nase wegschnappt». Beim Menschen in allen Lebenslagen angewendet, wo einer dem anderen *mit einer Nasenlänge* zuvorkommt (auch beim Flirt). *Alle naselang* heißt jeden Augenblick, kurz hintereinander. Hier wird kurioserweise der Anschaulichkeit halber das Längenmaß als Zeitmaß verwendet. *Wer einem anderen eine Nase dreht*, hat ihn zum besten. *Mund und Nase auf-sperren* (siehe auch Maul) = äußerst erstaunt drein-blicken. Da man die Nase nicht aufsperren kann, sind hier wohl die geblähten Nasenflügel gemeint. *Das sieht man ihm an der Nasenspitze an* kommt schon bei Luther vor.

Ein *naseweiser* Mensch ist vorlaut. Früher war «naseweis» eine Anerkennung für den Hund, der mit seiner Nase die Spur «weist». *Die Nase hoch tragen* oder *rümpfen* bedeutet hochmütig, «hochnäsig» sein. Die *«verliebten Nasenlöcher»* sind eine scherzhafte Wendung für Verliebtsein, und *daß du die Nase ins Gesicht behältst!* ist ein Lieblingsausruf Onkel Bräsigs, einer Figur des mecklenburgischen Dichters Fritz Reuter (1810–1874).

NASSAUER und NASS

Er ist ein Nassauer: ein Schmarotzer, ein Schnorrer; einer, der gern auf Kosten anderer lebt, der sich gern frei-halten läßt oder sich auch vom Bezahlen drückt. — Anfang des 19. Jh. erhielten Göttinger Studenten von ihrem nas-sauischen Landesvater Freitische. Blieb einer der Stipen-diaten aus, so fand sich immer ein unbefugter Student für den leeren Platz als «Nassauer». Das Scheltwort bezog sich also nicht auf die Nassauer, sondern auf die unge-betenen Gäste. Der Ausdruck naß = umsonst, unentgelt-lich ist aber schon seit dem 15. Jh. bekannt. Berlinisch *per naß* oder *für naß* = irgendwo gratis hineinkommen, etwas umsonst genießen. So spricht man von «nassen Knaben, die viel verzehren und wenig haben» (Thomas Murner). Als Beispiel für diese Redensart eine Geschichte vom sprichwörtlich geizigen, nassauernden Schotten: In Paris lud ein Franzose einige Ausländer zum Essen in sein Haus mit der Bitte, jeder möge zu diesem Abend mit einer Kost-barkeit seines Landes beitragen. Der französische Gast-geber stiftete Rehrücken und Weine, der Deutsche west-fälischen Schinken, Spargel und Schnaps, der Italiener

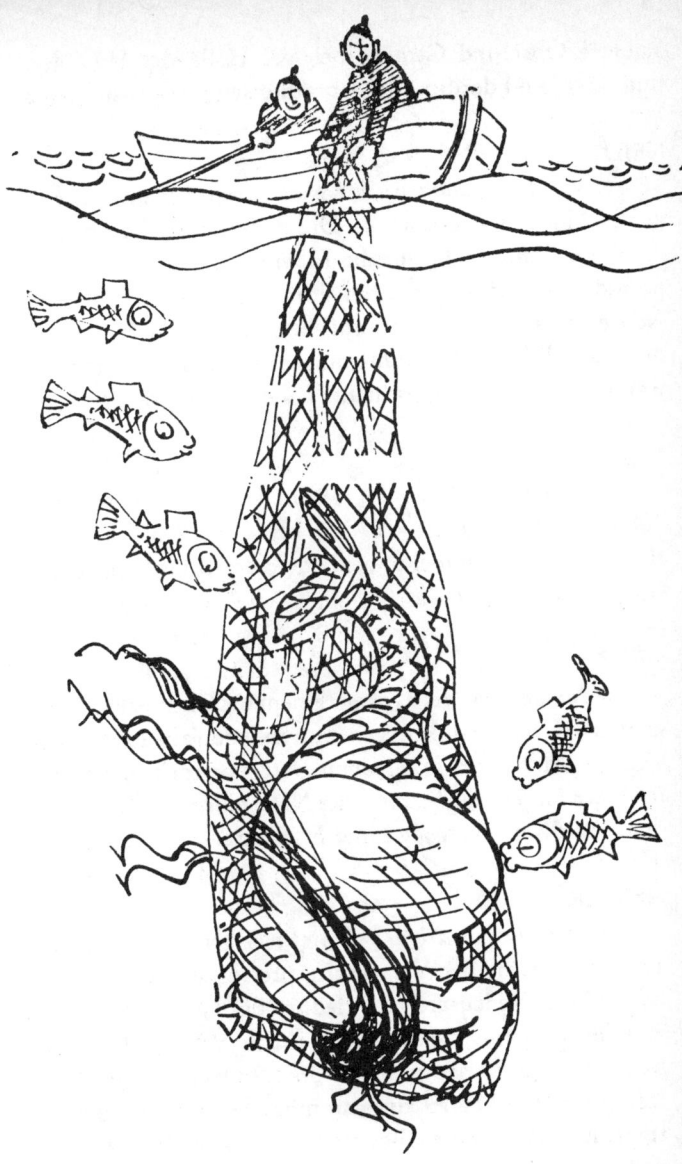

Ins Netz gegangen

steuerte Obst und Gemüse bei, der Holländer Hummer und Käse, und der Schotte — brachte seine Schwester mit.

NEID

Vor Neid platzen: vor Neid aus der Haut fahren, vor Neid außer sich sein. — Die Redensart, schon in der Antike bekannt, geht auf die Fabel des Phaedrus zurück, nach der ein neidischer, eitler Frosch, der so groß werden wollte wie ein Ochse, sich aufblies, bis er platzte. In der mittelalterlichen Vorstellung mußte der Neid sich schämen, wenn er in den Spiegel schaute, daher: *der blasse Neid!*

NESSEL

Sich in die Nesseln setzen: sich in eine unange= nehme Lage bringen. — Bedarf keiner großen Erklärung für den, der sich einmal unbekleidet anstatt ins Gras in die Nesseln gesetzt hat.

NETZ

Jemand ins Netz gehen: einem ins Garn (siehe dies) gehen, auf den Leim kriechen, sich in eine Falle locken las= sen. — Auch: *sich im eigenen Netz verstricken, jemand ins Netz locken, in des anderen Netz fallen* — alles Bilder vom Weidwerk, von Jagd und Fischfang.

NIEDRIG

Das muß niedriger gehängt werden: etwas anpran= gern, eine Sache der Verachtung preisgeben. — Als Ur= heber dieser Redensart gilt Friedrich der Große. Bei einem Ritt durch Berlin begegnete er einem Volksauflauf, der sich um eine Karikatur des Alten Fritzen scharte. Der König rief den Leuten zu, man möge die Zeichnung nied= riger hängen, damit alle sie sehen könnten. Das be= geisterte die Berliner dermaßen, daß sie das Plakat zer= rissen und ein Hoch auf ihren König ausbrachten.

NIERE

Das geht mir an die Nieren: es trifft mich empfind=
lich. — «An die Nieren gehen» war im Mittelalter eine
schwere Strafe für Ehebrecher. Die Niere wurde als Sitz
des Geschlechtstriebes angesehen, und deshalb wurde der
Ehebruch mit dem Herausschneiden der Niere geahndet.
Später galten die Nieren, ähnlich wie das Herz, als Sitz der
Seele, des Gemütes. Daher: *jemand auf Herz und Nieren
prüfen,* eine Wendung, die auf dem 7. Psalm, Vers 10, be=
ruht: «... denn du, gerechter Gott, prüfst Herzen und
Nieren.»

NIESEN

Etwas beniesen: ein hingeworfenes Wort, einen
ausgesprochenen Wunsch oder eine vollzogene Tat durch
Niesen in wohlmeinender Absicht bekräftigen. — Nach
dem alten Volksglauben verließ beim Niesen ein böser
Dämon den Körper des Menschen. Um dessen Rückkehr
abzuwenden, wurde dem Niesenden ein «Gott helfe dir»
zugerufen. Heute heißt es «Prost!» von «prosit» = es
nütze. Dieser Aberglaube ist zu allen Zeiten bei allen Völ=
kern verbreitet. Schon im Awesta, dem uralten Religions=
buch der Zarathustra=Anhänger, erscheinen Gesundheits=
wünsche beim Niesen als Mittel, die bösen Geister zu
bannen. Penelope, die Gemahlin des Odysseus, beruft sich
in der «Odyssee» auf das Niesen ihres Sohnes, um den
vermeintlichen Fremdling (Odysseus) in den Saal zu bit=
ten: «Sahst du nicht, wie der Sohn die Worte mir alle
beniest hat?» Heute im Volksmund veralbert: «Er hat
es benossen!»

O

OBER

Oberwasser haben: im Vorteil sein; den anderen
voraus sein, obenauf sein. — Das durch das Wehr ge=

staute Wasser, das oberhalb der Mühle das Rad antreibt, das «Oberwasser», bewirkt schnelleres Arbeiten der Mühle als das «Unterwasser», das unterhalb des Mühl= rads abfließt. Karl Friedrich Zelter schreibt 1831 an Goethe: «Das gab Reichardten Oberwasser.» Ähnlich: *die Ober= hand haben* = im Vorsprung sein, jemand überlegen sein. Alter Ausdruck aus der Sprache der Krieger und Zwei= kämpfer. Der Sieger hielt solange die Hand (die Ober= hand) über dem Besiegten, bis sich dieser geschlagen gab.

ÖL

Öl ins Feuer gießen: bereits flammende Leiden= schaften noch verstärken; ein Übel noch ärger machen. — Schon in den Satiren von Horaz (65—8 v. Chr.): «Oleum addere camino.» In der Namenlosen=Sammlung von 1532: «Laß den Hund schlaffen, schüt nit öhl ins feur.» Das Gegenteil

Öl auf die Wogen gießen: eine Erregung beschwich= tigen; Leidenschaften besänftigen, eindämmen, beruhigen. — Es war schon im Altertum bekannt, daß sich die Wogen glätten, sobald Öl auf die stürmische See gegossen wird.

Dastehen wie ein Ölgötze: stumm, steif und dumm dastehen. — Mit «Ölgötzen» sind die früher auf Straßen und Plätzen aufgestellten, mit Öl bestrichenen Götter= pfähle der heidnischen Welt gemeint, später die hölzernen Hauskobolde, an denen die Öllampen aufgehängt wurden. Die primitive, plumpe Form dieser Ölgötzen mag zu der Redensart geführt haben. Bezeugt ist sie zum erstenmal 1520 bei Luther, der als «Ölgötzen» die mit heiligem Öl gesalbten römischen Priester angreift. Sein Widersacher, der Satiriker Thomas Murner, revanchiert sich kurz darauf mit dem gleichen Ausdruck in dem Streitgedicht «Vom großen Lutherischen Narren». Gelegentlich wurden mit Ölgötzen auch die im Garten von Gethsemane am Ölberg schlafenden Jünger Jesu bezeichnet, die, häufig im Bilde dargestellt, auch den Namen «Ölberggötzen» führten.

OHNE

Die Sache ist nicht ohne: die Sache ist nicht übel; sie hat ihre gute Seite. — Muß vollständig heißen: die Sache ist nicht ohne «Berechtigung, Grund, Nutzen, Zweck». Volkstümlich im gleichen Sinn: *es ist etwas dran!*

OHR

Sich etwas hinter die Ohren schreiben: sich etwas genau merken. — Die Redensart geht auf einen alten deutschen Rechtsbrauch zurück, der von einer höchst merk= würdigen, dennoch vernünftigen Pädagogik zeugt. Zu Grundsteinlegungen, wichtigen Grenzziehungen und Ab= schluß bedeutender Verträge holten unsere Vorfahren ihre Kinder hinzu, damit diese notfalls in der nächsten Gene= ration als lebende Zeugen aussagen könnten. Da Kinder solche Vorgänge erfahrungsgemäß nicht sonderlich inter= essieren, gab man ihnen, als Denkzettel sozusagen, ein= fach eins hinter die Ohren, um die Erinnerung an den denkwürdigen Tag, an das bemerkenswerte Ereignis zu stärken: man «schrieb» es ihnen hinter die Ohren.

Halte die Ohren steif: sei wachsam; geh aufmerk= sam durch die Welt; laß dich durch nichts beirren; auch: bleibe standhaft. — Das Bild stammt aus der Tierwelt, namentlich von Hund, Pferd oder Esel genommen, die ihre Ohren aufrichten und steif halten, wenn sie aufmerksam zuhören, sie jedoch hängenlassen, wenn sie unbeteiligt oder müde sind. Ähnlich: *die Ohren spitzen* = aufmerk= sam zuhören, wachsam sein. Das Gegenteil: *die Ohren hängenlassen,* soviel wie mutlos werden.

Es faustdick (knüppeldick) hinter den Ohren haben: schlau, gerissen, durchtrieben sein; unter der Maske des Harmlosen oder des Biedermanns raffiniert sein, ohne daß es einem ohne weiteres zugetraut wird. — «Es» kann in diesem Ausdruck auch der Schalk, Schelm, Kobold sein wie bei: *den Schalk im Nacken* oder *hinter den Ohren haben.* Nach altem Volksglauben hat die Verschla=

genheit ihren Sitz hinter den Ohren. Je größer die Ver=
schlagenheit, desto größer die Wülste hinter den Ohren.

Einen übers Ohr hauen: einen übervorteilen, be=
trügen. — Aus der Fechtersprache, in der «Ohrenschlag»
den kräftigen Hieb über das Ohr meint, durch den der
Gegner vorübergehend taub und damit hilflos wird.
Andere Ausdrücke mit Ohr: *das Fell über die Ohren zie=
hen* (siehe Fell). *Jemand bei den Ohren nehmen* = ihn hart
anfassen. *Bis über die Ohren verliebt sein* oder *bis über
die Ohren in Schulden stecken,* nämlich «ganz und gar»
verliebt sein oder «ganz und gar» in Schulden stecken, ein
komisches Bild, das auf den Versinkenden oder Ertrin=
kenden deutet, der bis über die Ohren in Sumpf oder See
steckt. *Wer noch nicht trocken hinter den Ohren ist,* gilt als
naseweis und zu unreif, um schon mitreden zu können. Die
über ganz Deutschland verbreitete Wendung spielt auf das
neugeborene Kind an. Bei Schiller («Räuber» I, 2) ruft
Karl Moor wütend: «Feuchtohrige Buben fischen Phrases
aus der Schlacht bei Cannae.» *Wenn man tauben Ohren
predigt,* mahnt man vergeblich wie bei jenen, *die auf ihren
Ohren sitzen,* oder solchen, *die etwas zu einem Ohr herein=
und zum anderen herauslassen,* nämlich sofort wieder ver=
gessen, was eben gesagt wurde. *Wem aber die Ohren klin=
gen,* so glaubt der Volksmund, über den wird just etwas
Gutes erzählt. Alle diese Wendungen sind Jahrhunderte
alt, oft im frühen Mittelalter bezeugt, manchmal sogar
schon in der Antike.

O JEMINE! s. JEMINE

O.K.

O.K. (englisch: okay; sprich: okeeh): alles in Ord=
nung! — Friedrich Wilhelm von Steuben (1730—1794),
hervorragender Offizier Friedrichs des Großen, nahm seit
1777 entscheidend am nordamerikanischen Unabhängig=
keitskampf gegen England teil. 1778 von Washington zum

Generalinspekteur des amerikanischen Heeres ernannt, wurde er dessen eigentlicher Organisator. Da General v. Steuben die englische Sprache nur mangelhaft beherrschte, zeichnete er die von ihm gebilligten militärischen Aktenstücke mit *o.k.* anstatt mit a.c. = all correct ab. Für den «drillmaster» der amerikanischen Armee schrieb sich *all correct* eben «oll korrect». Nach dem Ersten Weltkrieg drang der Ausdruck in die deutsche Sprache ein und wurde nach dem Zweiten Weltkrieg noch volkstümlicher.

OLIM

Zu Olims Zeiten: vor langer Zeit. — Aus dem lateinischen «olim» = «einst, in alter Zeit» wurde scherzhaft eine Persönlichkeit gemacht. Der Ulkname aus der Gelehrtenschule ist schon zu Beginn des 17. Jh. bezeugt. Der Dichter Johann Christian Günther sagt 1738 in «Curieuse Lebensbeschreibung»: «Du weißt, ich bin dein Freund aus alter Olims=Zeit!»

ONKEL

Über den großen Onkel laufen: über die große Zehe, einwärts laufen. — Berliner und sächsische Redensart aus dem französischen *«le grand ongle»* («ongle» = Nagel, Klaue, Kralle, Huf).

P

PAAR

Zu Paaren treiben: in die Flucht schlagen, in die Enge treiben. — Die Wendung hat nichts mit unserem Paar zu tun. Sie ist ein Mißverständnis aus dem mittelhochdeutschen «barn», das Krippe heißt. Man meinte das ausgerissene Vieh, das zur Krippe zurückgetrieben wurde. «Baren» bedeutet aber auch das sackförmige Fischnetz, in das die Fische mit Stangen getrieben wurden. «Zum baren bringen » ist daher auch: ins Netz treiben. Erst als man dieses Wort nicht mehr verstand, wurde daraus « zu Paaren treiben ».

PAFF

Paff sein: sprachlos, überrascht sein. — Auch « baff » sein. Lautmalendes Wort, das vom Schießen stammt. Man ist paff, nämlich überrascht, wenn unerwartet ein Schuß knallt.

PALAVER

Das Palaver: Unterhaltung, Besprechung; aber auch abschätzig: endloses Geschwätz. — Aus dem portugiesischen « palavra » von den Negern als Bezeichnung für ihre Ratsversammlungen übernommen. Während der deutschen Kolonialzeit ins Marinedeutsch eingedrungen. Palavern = reden, sich unterhalten. *Palaverkiste* scherzhaft für Rednerpult.

PANTOFFEL s. SCHUH

PAPPE

Das ist nicht von Pappe: das ist eine Sache, die Hand und Fuß hat; das ist kernig, solide, handfest. — Bezieht sich nicht auf unsere Pappe, sondern kommt von « Papp » oder « Papps », dem weichen Kinderbrei. Wenn « einer nicht von Pappe ist », so wurde er nicht mit Kinderbrei großgezogen, sondern mit solider, kräftiger Nahrung. — Auch auf Sachen angewendet.

Das ist kein Pappenstiel: keine Kleinigkeit, nichts Geringes. — Auch diese Wendung hat nichts mit der Pappe zu tun, sondern mit dem Löwenzahn, der niederdeutsch « Papenblume » und lateinisch « pappus » heißt. Die Pflanze mit dem leicht zerbrechlichen Stiel wird wegen ihrer großen Verbreitung nur gering geachtet. Etwas für einen Pappenstiel kaufen = sehr billig kaufen.

Ich kenne meine Pappenheimer: ich kenne diese fragwürdigen Menschen besser als du; ich weiß, mit welch üblen Burschen ich es zu tun habe. — Schiller meint in «Wallensteins Tod» (III, 15) die Worte an die Kürassier=abordnung des Pappenheimschen Regiments: «Daran erkenn' ich meine Pappenheimer!» noch voller Anerken=nung. Unsere Redensart wird in geänderter Form nur noch ironisch und abschätzig gebraucht.

PAPST

Päpstlicher als der Papst sein: sich übertrieben an=stellen, unerbittlich sein; eine Verordnung oder ein Gesetz strenger auslegen, als der Gesetzgeber es gemeint hat. — Steht in Verbindung mit der Unfehlbarkeitserklärung des Papstes 1870 und der ultramontanen Bewegung, die eine Bindung des deutschen politischen Katholizismus an alle Weisungen der «jenseits der Berge» (lateinisch ultra mon=tes) sitzenden päpstlichen Kurie forderte. Der Ausdruck wird jetzt ganz allgemein angewendet. Konstantin Prinz von Bayern liefert in seinem Lebensbild «Der Papst» (S. 179) ein treffliches Beispiel von der hohen Überlegen=heit und dem feinen Humor Papst Pius' XII. (1876—1958). Darin wird von einem Priester berichtet, der päpstlicher als der Papst sein wollte: Bei einer allgemeinen Audienz erschien im Vatikan eine junge, hübsche Französin, die in ihrer modischen Aufmachung und mit ihrem kurzgeschnit=tenen Haar nicht ganz den Vorschriften des Protokolls ent=sprach. Daher wurde sie vom diensttuenden Hausprälaten gebeten, den Saal zu verlassen. Erst ihre heißen Tränen bewogen den Priester, sie in die letzte Reihe zu stellen, damit sie der Papst nicht sähe. Als Pius XII. erschien, stand die junge Dame aber bereits wieder in der ersten Reihe, und der Hausprälat entschuldigte sich beim Heiligen Vater wegen des extravaganten Haarschnitts der jungen Besucherin. «Seit wann wird die Tugend einer Frau nach

der Länge der Haare gemessen? » fragte der Papst mit ver-
nehmlicher Stimme den erstaunten Priester.

PARADE

Jemand in die Parade fahren: jemand zurückweisen,
ihm schlagfertig antworten, einen Strich durch die Rech=
nung machen, dazwischenfahren. — Aus der Fechter=
sprache: die Parade, die Deckung des Gegners, durch einen
erfolgreichen Stoß durchbrechen. Seit dem 17. Jh. parieren
= einen Hieb abwehren.

PAROLI

Jemand ein Paroli bieten: es jemand heimzahlen,
ihm scharf entgegentreten, ihm Einhalt gebieten. — Paroli
ist ein italienischer Ausdruck für das französische Pharao=
spiel, ein Kartenglücksspiel, bei dem der Einsatz verdop=
pelt und in die Karte ein Ohr geknifft wurde; daher auch
« Paroli biegen ». Symbolische Bedeutung seit dem 19. Jh.

PATSCHE

In der Patsche sitzen: sich in Verlegenheit befinden,
in der Klemme sitzen; in Bedrängnis, in Not sein. —
Schallwort des 17. Jh. Von der Straßenpfütze hergeleitet.
Wer in der Pfütze, in der Patsche, im Dreck sitzt, ist in
arger Verlegenheit.

PAUKE

Auf die Pauke hauen: groß angeben; im Über=
schwang etwas anstellen; rauschendes Zechgelage veran=
stalten; turbulentes Fest feiern. — Pauke kommt vom
mittelhochdeutschen « puken » = drauflosschlagen, trom=
meln. Im übertragenen Sinne auch angestrengt lernen,
büffeln, ochsen. In der Schülersprache *Pauker* = Lehrer,
der auf den Hosenboden paukt. *Wer mit Pauken und
Trompeten durchfällt,* hat die Prüfung eindeutig nicht be=
standen, hat völlig versagt. Ironische Siegerehrung für

den «Ersten von hinten». Hier wird die Lautstärke der Instrumente dem Grade der Unwissenheit gleichgesetzt (Kügelgen 1853). In der Wendung «auf die Pauke hauen» sind sowohl die Pauke als auch die vergnügliche Veranstaltung unüberhörbar.

PECH siehe auch GARN

Pech haben oder ein Pechvogel sein: Mißgeschick, Unglück haben. — Stammt von der Vogelstellerei. Der an der Pechrute hängende Vogel geht an den verklebten Federn zugrunde. Wird die Rute statt mit Pech mit Leim bestrichen, *so geht der Vogel auf den Leim. Er läßt sich leimen* heißt: er läßt sich betrügen, hinters Licht führen. *Auf etwas erpicht sein:* nicht davon lassen können, versessen darauf sein, auf etwas begierig sein. Auch hier bleibt man dank seiner Gier an etwas hängen, wie der Vogel an der Pechrute.

PENNE

Penne: Schule. — Aus dem lateinischen pennale = Federkasten, =etui, entstanden. Hat nichts mit «pennen» = nächtigen, schlafen zu tun. *Pennäler* war der mit einem «Pennal» ausgerüstete Schüler, der die Lateinschule besuchte und später als angehender Student dem älteren Semester mit seinem Schreibzeug aushelfen mußte. Heute höherer Schüler. *Pennbruder,* aus der Gaunersprache (jiddisch pannai = schlafen), der in der Spelunke übernachtende Landstreicher.

PETTO

Etwas in petto haben: etwas vorhaben; etwas im Rückhalt haben, wie den Pfeil im Köcher. — Wörtlich aus dem italienischen «in petto» = in der Brust, symbolisch auch «im Herzen» (lat. pectus = Brust). Der Papst hat einen Geistlichen «in petto», den er zum Kardinal ernennen will.

PETZEN

Etwas petzen, jemand verpetzen: verraten, anzei=
gen, jemand denunzieren. — Eigentlich «pezetten» vom
hebräischen «pazah» = den Mund auftun. Im 18. Jh.
über das Rotwelsch in die Studenten= und Schülersprache
übernommen.

PFANNE

Etwas auf der Pfanne haben: etwas vorhaben;
etwas in Bereitschaft, in petto haben. — Geht auf die
«Pfanne» der alten Gewehre zurück, jene kleine Mulde,
in die das Zündpulver geschüttet wurde. — *Einen in die
Pfanne hauen:* ihn unschädlich machen, vernichten, be=
siegen, zusammenhauen. — Auch «im Wortgefecht be=
siegen». Aus der Küchensprache: das Ei wird in die
Pfanne gehauen und gebraten. Schon 1687 in einem Lied
auf die Schlacht bei Patras auf die Türken gemünzt: «Also
er zweimal stürmet an, uns in die Pfann zu hauen.» In der
Schlacht des Großen Kurfürsten gegen die Schweden bei
Fehrbellin (1675) ruft Marschall Derfflinger beim Angriff:
«Mit den Eiern in die Pfanne, so werden keine bösen
Kücken draus!»

PFEFFER

Dahin gehen, wo der Pfeffer wächst: weit weg,
ganz aus dem Blickfeld. — Die Redensart stammt aus dem
Mittelalter, in dem man das Ursprungsland des Pfeffers
kaum kannte und nur wußte, daß er von weit herkam.
Später wurde die Wendung auf Cayenne, die Hauptstadt
von Französisch=Guayana in Südamerika, bezogen, die seit
dem 19. Jh. eine französische Strafkolonie ist, berüchtigt
wegen ihres mörderischen Klimas. Dort wächst der be=
kannte Cayenne=Pfeffer.

PFEIFE

Nach jemandes Pfeife tanzen: jemand blind gehor=
chen, sich unbedingt nach ihm richten (siehe auch Geige).

— Nach der Sage tanzen die Hexen auf dem Hexentanz=
platz im Harz nach des Teufels Pfeife. Auch der Tanzbär
dreht sich nach der Pfeifenmusik seines Herrn. Nach den
Pfeifentönen des Rattenfängers von Hameln wurden die
Kinder der Stadt ins Verderben gelockt. Gleichen Ur=
sprungs sind die Ausdrücke: *jemand einen Tanz machen,
ihm heimgeigen* (siehe Heim), *einem aufspielen* = jemand
gehörig Bescheid sagen. *Auf dem letzten Loch pfeifen*
(siehe Loch), *bei dir piept's wohl* (siehe Vogel). *Auf etwas
pfeifen* = auf etwas verzichten, es ablehnen. Wer statt
einer Antwort pfeift, drückt seine Mißachtung aus. Ähn=
lich das niederdeutsche: *Das ist mir piepe!* soviel wie: das
ist mir « schnuppe », « schnurz », gleichgültig. Gemeint ist
die Pfeife, mit der gepfiffen, nicht die, aus der geraucht
wird.

PFERD
       Das Pferd am Schwanze aufzäumen: eine Sache
verkehrt anfangen. — Wer ein Pferd vom Schwanze her
aufzäumen will, merkt bald, daß er nicht zurechtkommt.
Luther in einem Schreiben an « Frankfurt am Meyen »:
« Das heißt der rechte Meister Klügle: der das Roß am
Hintern zäumen kann und reitet rücklings seine Bahn. »
— *Mit jemand Pferde stehlen können* = jemand zu allem
brauchbar finden; scherzhaft: zu jeder Schandtat bereit.
Dazu die Verniedlichung: *mit jemand kleine Ponys mau=
sen können. — Sich aufs hohe Pferd setzen* = hochmütig,
anmaßend, überheblich sein. In engem Zusammenhang
damit: *hochtrabend* (« mit hochtrabenden Reden »). Der
Reiter im Sattel hat unwillkürlich ein Gefühl der Über=
legenheit und des Stolzes gegenüber dem Fußgänger, auf
den er herabschaut. In « Wallensteins Lager » (11. Auf=
tritt) sagt der erste Kürassier: « Frei will ich sein und also
sterben, niemand berauben und niemand beerben und auf
das Gehudel unter mir leicht wegschauen von meinem
Tier. » *Immer sachte mit den jungen Pferden!* ist eine War=

nung, nichts übereilt zu tun. *Da guckt der Pferdefuß hervor* oder *Das trabt auf einem Pferdefuß.* Rein äußerlich betrachtet sieht die Sache ganz annehmbar aus — bei näherem Hinsehen stellt man jedoch fest, daß sie «einen Haken hat». Der Teufel versucht den Menschen in allerlei Gestalt, kann aber bei keiner Verkleidung sein Wesensmerkmal verbergen: den Pferdefuß. Daher hinkt der Teufel. Aber auch: *der Vergleich hinkt,* weil die aufgestellte Behauptung nicht beweiskräftig erscheint. Sie trabt ebenfalls auf einem Pferdefuß. (Zu *Pferd* s. auch *heraus* und *Zahn.*)

PFINGSTEN

Geschmückt wie ein Pfingstochse: geschmacklos gekleidet, aufgedonnert (siehe dies). — Der Brauch, die geschmückten Herden zu Pfingsten auf die frischen Weiden zu treiben, stammt aus der kultischen Verehrung unserer Vorfahren gegenüber der erwachenden Natur. In Mecklenburg wurde früher wenige Tage vor dem Fest der zum Pfingstbraten bestimmte fetteste Ochse, der sogenannte «Pfingstochse», mit Kränzen, bunten Bändern und bemalten Hörnern feierlich durch die Stadt geführt.

PFLASTER

Das ist ein teures Pflaster: ein teurer Ort. — Ursprünglich war ein ganz anderes Pflaster gemeint, nämlich das teure Pflaster, das der Arzt seinem Patienten verschrieb. Heute wird der Ausdruck nur noch auf das Straßenpflaster und damit auf Orte mit hohen Preisen und teuren Lebensverhältnissen bezogen.

PFLAUMEN

Pflaumen: spotten, necken, anzügliche Bemerkungen machen, verulken. — Auch: *anpflaumen.* Hat nichts mit der Frucht zu tun, sondern mit dem Flaum, dem zarten Federwuchs, der sich früher ebenfalls mit «Pf» schrieb.

Das «Flaumen»= oder Federnausrupfen ist für lebendes Geflügel zweifellos eine ärgerliche Sache.

PFIFF s. SCHLICH

PFLOCK
Einen Pflock zurückstecken: etwas milde beurteilen; nachsichtig sein; etwas einmal nicht ganz genau nehmen. — Das Bild stammt vom Bauernhof. Wird der Stellpflock des Pfluges mit der Kette zurückgesteckt, so geht der Pflug leichter, zieht aber nicht so tiefe Furchen.

PFROPFEN
Auf dem Pfropfen sitzen: in großer Verlegenheit sein; im Druck sitzen; in Geldnot sein. — Volkstümlich auch: «auf dem Proppen sitzen». Hat nichts mit dem Flaschenkorken zu tun. Gemeint ist der Stöpsel auf dem Pulverfaß. Wer darauf sitzt, kann jeden Augenblick «hochgehen». Daher: *auf dem Pulverfaß sitzen.*

PIEPEN s. PFEIFE

PIESACKEN
Jemand piesacken: ihn quälen, plagen. — Muß eigentlich heißen: «jemand mit dem Ossen=Pesek bearbei= ten». «Ossenpesek» ist das niederdeutsche Wort für Ochsenziemer (=peitschen)

PIKE
Von der Pike auf dienen: in seinem Beruf von der untersten Stufe auf emporgestiegen sein, wie der General, der früher als einfacher Soldat mit der Pike (Spieß) in der Hand begann. — *Er hat einen Pik auf mich,* heißt es 1691 in Stielers «Der Teutschen Sprache Stammbaum»; das bedeutet: er grollt mir, er mag mich nicht leiden. Das fran= zösische pique = Spieß hat sich hier zu Groll verwandelt.

Auch *pikant* = reizvoll, prickelnd hat diesen Ursprung. Ebenso *pikiert* = empfindlich, gereizt von *piquer* = stechen.

PINGELIG

Seien Sie nicht so pingelig! sagte Bundeskanzler Dr. Adenauer in einer politischen Fernsehrede Anfang des Jahres 1960 und meinte damit: Seien Sie nicht so empfindlich! — Abgeleitet vom kölnischen «*Ping*» = Pein, Schmerz (mittelhochdeutsch «pine», plattdeutsch «Pin», verwandt mit dem lateinischen «poena» = Strafe, Pein; französisch «pénible», daraus unser «penibel»), bedeutet empfindsam, empfindlich, ängstlich. «Bes nit esu pingelig!» sagt man in Köln, wenn es heißt, zum Zahnarzt zu gehen.

PLEITE siehe auch FLÖTEN

Pleitegeier: Symbol des betrügerischen Bankrotts (siehe dies). — Hat nichts mit dem aasfressenden Raubvogel zu tun. Im Jiddischen ist «Geier» der «Geher», — einer der pleite geht. Das Bild mit dem Raubvogel paßt aber ausgezeichnet.

POCHEN

Auf etwas pochen: mit etwas prahlen, auf etwas bestehen. — Früher schlug oder pochte der Reiche auf seinen Geldbeutel, um damit zu prahlen.

POLEN

Noch ist Polen nicht verloren! Noch ist Hoffnung berechtigt. — Diese vielgebrauchte Redensart ist der Anfangstext des Dombrowski=Marsches, der zum ersten Male von der polnischen Legion gesungen wurde, die General Dombrowski 1796 unter Napoleon in Italien aufstellte. — *Die polnische Wirtschaft* für heilloses Durcheinander, schlimmste Unordnung ist seit 1835 bezeugt. Zuerst in den deutschen Nachbarprovinzen aufgekommen.

POMADE

Pomadig sein: phlegmatisch sein; sich lässig, arrogant Zeit lassen. — Aus dem polnischen «pomalus» = gemächlich. Allmählich von Studenten des 17. Jh. «mit Pomade vermischt» in pomadig umgewandelt.

PONTIUS

Jemand von Pontius zu Pilatus schicken: ihn planlos hin- und herschicken; jemand von einer Stelle zur anderen verweisen. — Die Redensart, die auf den ersten Anblick unsinnig zu sein scheint, da Pontius und Pilatus ein- und dieselbe Person sind, beruht auf der Vorliebe für den Stabreim. Aus der Leidensgeschichte Christi, der von Kaiphas zu Pontius Pilatus, von diesem zu Herodes und dann wieder zu Pilatus zurückgeschickt wurde. Die Wendung ist eine Ironisierung des «Instanzenweges», der seit Jahrhunderten in den Passionsspielen drastisch vor Augen geführt wird.

POPLIG

Er ist poplig: er hat eine niedrige Gesinnung; er ist ordinär, schäbig, geizig, ohne jede Noblesse, knauserig. — Vom lateinischen populus = Volk. Daher auch «Pöbel». Das Wort bezieht sich also auf das «gemeine Volk», was nicht ausschließt, daß sich «poplige» Leute auch in anderen Schichten befinden. Scherzhaft halbfranzösisch: *GrandPopel* = eine besonders ordinäre Person oder Sache.

POSAUNE

Sie sieht aus wie ein Posaunenengel: sie hat ein pausbäckiges, rosig-gesundes Gesicht. — Besonders die Barockzeit liebte kleine posauneblasende Engel als Schmuck an Kirchen- und Jahrmarktsorgeln. Gustav Freytag schreibt in «Graf Waldemar»: «Die Welt sieht mir rosa und goldgelb aus, und alle Menschen wie liebenswürdige Posaunenengel auf einer Dorfkanzel, die Backen vorn und hinten gleich rund und gleich wohlwollend.» Andere Wendungen mit Posaune, deren Name aus dem lateinischen «bucina» (ursprünglich «bovi=cina» = «Rinder»=horn bzw. Hir= tenhorn) kommt: *etwas ausposaunen* = prahlerisch kund= geben, *die Posaunen von Jericho, die Posaune des Jüng= sten Gerichts.*

POTEMKIN

Potemkinsche Dörfer zeigen: falsche Tatsachen vor= spiegeln; Kulissen statt der Wirklichkeit vorweisen; Blend= werk, leerer Schein. — Die Wendung geht auf den rus= sischen Fürsten Potemkin zurück, einen Günstling der Kaiserin Katharina II. (1729–1796). Als ihr politischer und militärischer Ratgeber unterwarf er die Krim und zeigte seiner Monarchin dort gelegentlich einer Reise rasch aufgebaute und zum Schein bevölkerte Dörfer, um den Wohlstand des Landes vorzutäuschen.

PRANGER

Einen an den Pranger stellen: jemand bloßstellen, der öffentlichen Mißbilligung oder Verachtung preisgeben. — Pranger (von «prangen» = klemmen, drücken) war im Mittelalter der Holzpfahl oder steinerne Pfeiler, an den verurteilte Verbrecher zur öffentlichen Schaustellung mit Halseisen angeklemmt wurden. So Schiller im «Tell» (III, 3): «Höre, Gesell, es fängt mir an zu däuchten, wir stehen hier am Pranger vor dem Hut.» Häufiger: *ange=*

Als Prügelknabe herhalten

prangert werden = der öffentlichen Verachtung ausgesetzt sein.

PREUSSEN

So schnell schießen die Preußen nicht: so schnell geht das nicht; hier wird nicht so rasch gehandelt! — Als 1875 die französischen Zeitungen zur Revanche gegen Deutsch= land aufriefen und die französische Regierung stark auf= rüstete, brachten die «Kölnische Zeitung» (5. April) und die Berliner «Post» (8. April) alarmierende Artikel wie «Kriegsgefahr am europäischen Horizont» und «Ist der Krieg in Sicht?». Bismarck beantwortete darauf die von einem englischen Journalisten gestellte Frage, ob «viel= leicht deutsche Eroberungspläne die Ursache zu der fran= zösischen Nervosität» seien, mit dem Satz: «So schnell schießen die Preußen nicht!»

PRÄSENTIERTELLER

Auf dem Präsentierteller sitzen: allen Blicken aus= gesetzt sein. — Diener, Zofen, Dienstmädchen brachten früher auf dem Präsentierteller Visitenkarten, Briefe, Zei= tungen und anderes herein, wie es heute noch in manchen Hotels geschieht. Wer «auf dem Präsentierteller sitzt» (Goethe 1824), auf den sind alle Blicke gerichtet.

PRÜGEL

Als Prügelknabe herhalten: von jemand, der für einen anderen leidet, gestraft oder getadelt wird; Sünden= bock für einen anderen spielen, die Schuld eines anderen auf sich nehmen. — An jungen Edelleuten durfte früher die an sich verdiente Prügelstrafe nicht vollzogen werden. An ihrer Stelle mußten arme Kinder, die für diesen Zweck gehalten wurden, die Schläge auf sich nehmen. Die wirk= lich Schuldigen mußten dieser Prozedur zusehen, die von Rechts wegen ihnen galt. Ähnlich heute der «Sitzredak= teur» einer Zeitung.

PÜTSCHERIG

Pütscherig sein: vom Putzteufel, vom Reinlich=
keitsfimmel besessen sein; im übertragenen Sinne: eng=
herzig, kleinlich, pedantisch, bürokratisch sein. — Aus
dem englischen pitch = Pech, pitchy = pechig ins Nord=
deutsche eingedrungen. Wer an etwas wie Pech klebt,
kommt nicht davon los. Die Redensart spielt auf die
emsige Hausfrau an, die den ganzen Tag auf den Knien
liegt, um den Boden zu reinigen. In dieser Bedeutung
entspricht es auch dem englischen Zeitwort to pitch =
sich niederstürzen, niederfallen.

PULVER

Er hat das Pulver nicht erfunden: er ist dumm,
beschränkt. — Die Erfindung des Schießpulvers gilt als
eine der bedeutendsten Leistungen. *Er ist keinen Schuß
Pulver wert* = er ist nichts wert. Der Tod durch Erschie=
ßen gilt im Gegensatz zum Erhängen oder Hinrichten
durch Beil, Guillotine oder Gas als ehrenvoll. Wer keinen
Schuß Pulver wert ist, ist ein verächtliches Subjekt.

PUNKT

Das ist der springende Punkt: das ist die Haupt=
sache; darauf kommt es an; da liegt der Hund begraben;
da liegt der Hase im Pfeffer. — Aristoteles (389—322
v. Chr.) stellte sich den Ursprung des Lebens als Blutfleck
im Weißen des Eies vor, der sich als Herz des werdenden
Vogels hin= und herbewegt. Von den Humanisten über=
kommen. Noch Schiller (1795) folgt dieser Irrlehre im
«Genius»: «Da noch das große Gesetz ... verborgen im
Ei regt den hüpfenden Punkt.»

Einen wunden Punkt berühren = von einer unan=
genehmen Sache sprechen. Ursprünglich ist hier das Ge=
schwür gemeint, das beim Berühren schmerzt.

Auf dem toten Punkt anlangen = mit einer Sache nicht weiterkommen. Seit dem 19. Jh. der Technik entnommen: eine Dampfmaschine befindet sich auf dem toten Punkt, wenn Pleuelstange und Kurbel eine gerade Linie bilden. Der Punkt als Schlußzeichen eines Satzes muß herhalten beim Ausdruck: *Nun mach aber einen Punkt!* = Jetzt mache Schluß!

PUPPE

Bis in die Puppen: sehr weit, auch sehr lange. — Friedrich der Große hatte am Großen Stern im Berliner Tiergarten Statuen aus der antiken Götterwelt aufstellen lassen, die von den Berlinern « die Puppen » genannt wurden. Da der Große Stern damals weit von der Stadt entfernt war, so galt der Spaziergang zu den Standbildern, «bis in die Puppen», als beachtliche Leistung. Die Wendung wurde dann nicht nur in der räumlichen, sondern auch in der zeitlichen Dimension gebraucht: *bis in die Puppen tanzen, schlafen* oder *arbeiten.*

PYRRHUS

Das ist ein Pyrrhussieg: ein Sieg, der mit so schweren Verlusten errungen worden ist, daß er einer Niederlage gleichkommt. — Geht auf einen Ausruf des Pyrrhus, des Königs von Epirus (279 v.Chr.), nach der Schlacht bei Ausculum gegen die Römer zurück: «Noch ein solcher Sieg, und wir sind verloren! »

Q

QUACKSALBER

Ein übler Quacksalber: ein Kurpfuscher. — Zusammensetzung aus quaken = laut schreien und Salber = Arzt. Ursprünglich war der mittelalterliche Heilkundige gemeint, der auf den Märkten mit lauter Stimme seine Salben anpries.

QUINTESSENZ

Quintessenz: das Entscheidende, der wesentliche Punkt einer Sache, Hauptinhalt, Kern. — Lateinisch «das fünfte Wesen», bei Aristoteles der Äther als fünftes Element neben Feuer, Wasser, Luft und Erde. Bei den Alchimisten der Alkohol wegen seiner stärkenden Wirkung.

QUIVIVE

Auf dem Quivive sein: auf der Hut, auf dem Posten, immer bereit sein. — Nach 1870 ins Deutsche eingedrungen vom französischen Postenruf: «Qui vive?» = «Wer da?» (wörtlich: «Wer lebt?»).

R

RABATZ s. TRARA

RABE

Ein Rabenvater sein: seine Kinder schlecht, ja grausam behandeln. — Schon 1350 berichtet Konrad v. Megenberg im «Buch der Natur», die Raben würfen ihre Jungen aus dem Nest, wenn sie ihrer überdrüssig wären. Daher *Rabenvater, Rabenmutter, Rabeneltern.*

Stehlen wie die Raben. «Er stielet wie ein Rabe» ist bei Stieler in «Der Teutschen Sprache Stammbaum» (1495) zu lesen. Hergeleitet von der Vorliebe der Raben und Elstern («Die diebische Elster») für blitzende Gegenstände.

Ein weißer Rabe = eine große Seltenheit. Nebenbedeutung: ein Guter, wo es gewöhnlich nur Schlechte gibt.

RAD

Sich wie gerädert fühlen: sich elend, wie zerschlagen fühlen. — Die Wendung wurzelt in der mittelalterlichen Todesstrafe des Räderns, einer besonders grausamen Art der Hinrichtung. Vor dem Rädern wurden dem Verbrecher die Knochen gebrochen, damit er aufs Rad geflochten werden konnte — eine Prozedur, von der sich der Ausdruck *radebrechen* herleitet, wie in der Bedeutung «eine Sprache stümperhaft sprechen».

Das fünfte Rad am Wagen findet sich bereits in einer lateinischen Sprichwörtersammlung des 11. Jh.: «Wer uns lästig ist, der ist uns das fünfte Rad am Wagen!»

Unter die Räder kommen = zugrunde gehen, bedarf keiner Erklärung.

RAND

Das versteht sich am Rande: das versteht sich von selbst, man braucht in die Sache nicht tiefer einzudringen. — Westfälisch: «Dat de Pankauken (Pfannkuchen) rund is, süt me am Rande.» Dies Bild erklärt die Redensart auf einfachste Weise.

Außer Rand und Band sein = übermütig, mutwillig sein; die Grenzen des Erlaubten überschreiten. Dem Böttcherhandwerk entnommen: Wenn ein Faß außer Rand und Band ist, wenn also Randeinfassung und Bänder gelockert sind, fallen Seitenbretter (Dauben) und Boden auseinander.

Mit einer Sache zu Rande kommen = mit ihr zu Ende kommen. Siehe Lessing im «Nathan» (III, 7): «Du bist zu Rande mit deiner Überlegung.»

RANG

Einem den Rang ablaufen: jemand zuvorkommen, ihn übertreffen, überflügeln. — Hat nichts mit Rangstufe zu tun. Die Wendung meint, daß jemand dadurch seinen Vorteil wahrnimmt, daß er die Wegkrümmung, den «Rank» (Mehrzahl Ränke) «abschneidet», indem er geradeaus läuft. Der Hinweis auf diese List steckt ebenso in dem Ausdruck: *Ränke schmieden* = Listen aushecken.

RATTEN

Die Ratten verlassen das sinkende Schiff: Schmarotzer ziehen sich zurück, sobald es dem Gönner schlecht geht; Schmeichler verschwinden, wenn ein Unglück naht. — Der Seemann weiß, daß die Ratte nicht erst das sinkende Schiff verläßt, sondern daß sie oft schon Tage vorher ins Meer springt, wenn sie die Anzeichen der Katastrophe (Untergang, Explosion, Vergiftung) spürt. Die Ratten ertrinken lieber auf offener See, als daß sie mit dem Schiff untergehen. Daher ist ihre Flucht für die Besatzung eine große Warnung.

RECHNUNG

Die Rechnung ohne den Wirt machen: sich täuschen; bei einer Planung Wesentliches außer acht lassen. — Wer die Gasthausrechnung nach eigener Schätzung veranschlagt, ohne die Hauptperson — den Wirt — zu berücksichtigen, verrechnet sich meistens.

Jemand einen Strich durch die Rechnung machen siehe Strich!

RECHT s. FUSS

REDE

Jemand Rede stehen: ihm Auskunft erteilen, Rechenschaft geben; auch *Rede und Antwort stehen.* Ferner: *jemand zur Rede stellen* = von jemand Rechenschaft fordern. In diesen Wendungen bedeutet «Rede» nicht das gewöhnliche Gespräch, sondern die vor Gericht gehaltene Rede nach dem altdeutschen Gerichtsverfahren. Redner war der Fürsprecher (heute Anwalt) der Partei.

Einrede = Widerspruch.

REFF

Ein altes Reff: alte, häßliche Frau. — Aus der Seemannssprache. Von reffen (raffen) = Segel verkürzen. Bei
aufkommendem Wind werden die Segel gerefft, nämlich
zusammengeschnürt oder aufgerollt. Das Reff, die Segel-
kürzvorrichtung, wird mit dem alten Weib verglichen,
denn ein Schiff mit gerefften Segeln bietet im Vergleich
zu dem unter vollen Segeln fahrenden Schiff für den Seemann keinen schönen Anblick. Ähnlich: *abgetakelte Fregatte* für eine alte, häßliche, verlebte Frau.

REGEL

Nach allen Regeln der Kunst: so wie es sich gehört.
— Der oft ironisch gebrauchte Ausdruck spielt auf das
Gesetzbuch der Meistersinger, die «Tabulatur», an, in
der die Regeln für die Kunst des Gesanges festgelegt
waren.

REGEN

Aus dem Regen in die Traufe kommen: aus einem
schlimmen Zustand in einen noch schlimmeren geraten.
— Nach dem Bild von dem Manne, der vor dem Regen
unter das Dach flüchtet und dort von dem Strahl aus der
Dachrinne = Traufe (von träufeln) begossen wird. Siehe
Wilhelm Busch: «Aus dem Regen in die Traufe» 1861.
Beiträge zu den «Fliegenden Blättern».

REGISTER

Alle Register ziehen: etwas mit aller Kraft betrei-
ben; alle verfügbaren Mittel anwenden, um zu überzeugen oder sonst zu seinem Ziel zu gelangen. — Von der
Orgel, bei der die Register selbständige Reihen aus Pfeifen
gleicher Bauart, Mensur und Klangfarbe darstellen, die
durch Registerzüge betätigt werden.

Das rote Tuch ...

REST

Der Rest ist für die Gottlosen sagt man scherz=
haft, wenn der Gast die letzten Tropfen aus der Kanne
oder Flasche bekommt. Nach dem Bibelspruch im Psalm
75, 9: «Denn der Herr hat einen Becher in der Hand und
mit starkem Wein voll eingeschenkt und schenkt aus dem=
selben; aber die Gottlosen müssen alle trinken und die
Hefen aussaufen.» Anderer Ausdruck vom Zechgelage:
einem den Rest geben = jemand völlig zugrunde richten,
auch töten. Ursprünglich nur: ihn gänzlich betrunken
machen.

RICHTIG s. LIEGEN

ROSA s. BLUME

ROSINE

Große Rosinen im Kopfe haben: ironisch für: hoch hinaus wollen; überspannte Pläne haben; große Hoffnungen hegen. — Ursprünglich hatte der reiche Kauf= mann große Rosinen im Sack.

ROT

Im Kalender rot anstreichen soll man den Glücks= tag. — Die römischen Rechtslehrer pflegten wichtige Über= schriften mit roter Tinte zu schreiben. Daher rührt die Sitte, die Sonn= und Festtage in unseren Kalendern rot zu drucken. Andere Wendung: *Das ist für ihn das rote Tuch* = das regt ihn bis zum äußersten auf, wie das rote Tuch (capa) den Stier, das der Torero im Stierkampf schwenkt. Diese Auffassung beruht auf einem Irrtum. Den Stier reizt nicht die rote Farbe als solche, sondern die Bewegung des Tuches. Ähnlich: *rot sehen*, siehe auch « aufs Dach steigen ».

RUDER

Ans Ruder kommen: die Leitung, Führung, Herr= schaft, Regierung übernehmen. — Aus der Seemannsspra= che seit dem 18. Jh. Gemeint ist das Steuerruder, durch dessen Bedienung der Kurs des Schiffes bestimmt wird.

RUMMEL

Den Rummel kennen: sich auskennen, hinter die Kulissen schauen; wissen, wie es gemacht wird, etwa wie man Menschen behandelt (im verächtlichen Sinne). — So bei Lessing « Minna von Barnhelm » III, 2: « Mein Herr versteht den Rummel. » Hat nichts mit dem geräuschvol= len Jahrmarktsrummel, sondern mit dem Kartenspiel

«Rummel» oder «Rommel» und mit den gleichfarbigen Karten zu tun, auf die es im Pikettspiel vornehmlich ankommt.

S

SACK

Einen in den Sack stecken: jemand seine geistige oder körperliche Überlegenheit zeigen. — Hergeleitet vom mittelalterlichen Ringkampf, bei dem der Sieger den Be= siegten zur Volksbelustigung in den Sack steckte. Da der frühere Hosensack heute Tasche genannt wird, so auch: *jemand in die Tasche stecken.* Mittelalterlicher Vers: «Swer den andern übermac, der stôzet in in sinen sac.»

In den Sack hauen = «abhauen», türmen, ver= schwinden, flüchten, auch eine Stellung kündigen. Aus der Sprache des Handwerksburschen, der rasch seine Habe in den Sack haut, sein Bündel schnürt, wenn er weiter= ziehen will.

SALBADER

Dieser lästige Salbader! sagt man von einem lang= weiligen Schwätzer, einem albernen Dauerredner. — Seit dem 17. Jh. von Jenaer Studenten verbreitet — nach einem Bader namens Kranich, dem Besitzer eines Bades an der Saale, der sich durch besondere Redseligkeit hervortat.

Einen langen Salm machen = «eine lange Rede halten» kommt von der Langatmigkeit gewisser Psalmen im Gottesdienst.

SAND

Einem Sand in die Augen streuen: einen täuschen, irreführen, blenden. — Geht zurück auf die römischen Gladiatoren, die auf diese Weise versuchten, den Gegner kampfunfähig zu machen. Auch als Fechtertrick bekannt, den Gegner in eine Stellung zu zwingen, daß der Wind ihm den Staub in die Augen trieb und ihn am Sehen behinderte.

Den Kopf in den Sand stecken, die Dinge nicht sehen wollen; sich der Wirklichkeit verschließen; Vogel-Strauß-Politik treiben. Dem Strauß, dem größten der lebenden Vögel, wurde angedichtet, er stecke seinen Kopf in den Sand, weil er glaube, dann nicht gesehen zu werden.

SATTEL

Jemand aus dem Sattel heben: ihn besiegen, aus dem Felde schlagen, von seinem Posten verdrängen. — Hergeleitet vom ritterlichen Zweikampf zu Pferde. Wer den Gegner mit der Lanze aus dem Sattel hob, durfte nach den Turniergesetzen ihn, sein Pferd, seine Rüstung und seine Waffen als Beute betrachten, mit der er nach Belieben verfahren konnte.

Wer fest im Sattel sitzt, ist nicht zu verdrängen. Ebenso *sattelfest sein. Wer umsattelt*, setzt sich und setzt auf ein anderes Pferd, so, wenn er den Beruf wechselt. *Wer in allen Sätteln gerecht ist*, gilt als wendig, geschickt, tüchtig. «Gerecht» ist alte Form von «richtig»: er sitzt in allen Sätteln richtig, kennt sich in allen Dingen aus («allroundman»)! Heute ein Lob, jedoch gelegentlich ironisch gefärbt, im 17. Jh. noch allgemein abschätzig gebraucht. Gerlingius (1649): «Unbeständiger als ein zweyfüßiger schuch. Der ist auf alle Sättel gerecht.» Wer von allem etwas kann, kann nichts richtig!

SAUER

Er reagiert darauf sauer: er weist es ab; er nimmt es unwillig auf, verhält sich ablehnend. — Chemischer Fachausdruck aus der Schülersprache. Blaue Kupfervitriol-kristalle reagieren im Wasser sauer. Verfärbt sich blaues

Lackmuspapier in gelöster Substanz rot, so spricht man von saurer Reaktion.

Das wird ihm sauer aufstoßen = er wird die schlimmen Folgen noch merken. Spielt auf das säuerliche Aufstoßen vom Magen her an. Allgemein üblich: *er (sie) ist sauer.* Gib ihm Saures = pack' ihn hart an!

SAULUS

Aus einem Saulus zu einem Paulus werden: aus dem Bekämpfer einer Ansicht zu ihrem Verteidiger wer= den; seine Meinung völlig ändern. — Der Jude Saulus in Palästina, zuerst einer der grimmigsten Christenverfol= ger, wurde auf seiner Reise nach Damaskus zum Paulus bekehrt und war von da ab einer der unbeirrbarsten Anhänger. Daher auch: *seinen Tag von Damaskus erle= ben* = ein ganz anderer Mensch werden.

SAUS

In Saus und Braus leben: verschwenderisch, aus= schweifend, herrlich und in Freuden leben. — Lautma= lender Reim im Anklang an Wind und Wellen, die ziel= los dahinsausen und =brausen.

SCHABERNACK

Jemand einen Schabernack spielen: jemand zum Narren halten, ihn necken, ihm einen Streich spielen. — Im germanischen Recht galt es als schimpflich, den «Nak= ken zu schaben» oder zu scheren (siehe Kamm). Die Wendung verlor seit 1200 allmählich ihre entwürdigende Bedeutung.

SCHACH

Schachmatt sein: ganz entkräftet sein. — Hat mit unserem «matt» nichts zu tun, sondern aus dem Schach= spiel dem Persischen entlehnt «schah matt» = der Kö=

nig ist tot. Mit diesem Ausruf kündigt der Sieger seinen letzten Zug an.

Jemand in Schach halten = ihn nicht zur Ruhe kommen lassen, ihn ständig bedrängen. Ebenfalls vom Schachspiel, wo der Ausdruck meint: ununterbrochen den König bedrohen, für dessen Schutz der Gegner jeden Zug verwenden muß und daher nicht zur Entwicklung des eigenen Angriffs kommt.

SCHAF

Sein Schäfchen ins Trockene bringen: sich einen Vorteil wahren; seinen Gewinn in der Tasche haben. — Der Regen schadet den Schafen überhaupt nicht, denn ihr Vlies ist fettig und wasserabweisend. Jedoch verursachte früher der in sumpfigen Gegenden vorkommende Leber= egel mit der sog. Egelseuche häufig ein Massensterben unter dem Vieh, namentlich bei Schafen. Die Infektions= gefahr konnte fast ausgeschlossen werden, indem man die Schafe nicht mehr an sumpfigen Stellen oder am Was= ser weiden ließ, sie also «ins Trockene brachte». Das Ver= ständnis für den Ursprung der Redensart wurde mit der Einführung der Baumwolle verschüttet, als die Schaf= haltung zum großen Teil zum Erliegen kam, und als die moderne Veterinärmedizin Mittel gegen die Egelseuche fand. — Der Ausdruck hat aber wahrscheinlich noch einen anderen Ursprung. Im Niederdeutschen heißt «schepken» Schiffchen! Das Schiffchen wird ins Trockene gebracht, um es auszubessern und zu streichen. Es wird auch vor dem heran= nahenden Unwetter aufs Land gezogen, damit es der Sturm nicht losreißt und forttreibt. Vielleicht haben die «Land= ratten» aus dem «schepken» ein «Schäfchen» gemacht.

Ein Schäferstündchen halten = eine Liebesstunde verbringen. Im 17., vor allem aber im 18. Jh. spielten Hirten und Schäfer in der Darstellung von Liebesidyllen eine wichtige Rolle, die sich in allen Zweigen der Kunst widerspiegelt.

Das schwarze Schaf

Das schwarze Schaf = der von einem bestimmten Personenkreis wegen seiner extravaganten oder gar unsittlichen Haltung abstechende Mensch. — Vom Bibelwort 1. Mose 30, 32: «Ich will heute durch alle deine Herden gehen und aussondern . . . alle schwarzen Schafe.»

SCHALK s. OHR

SCHAMADE s. FANFARE

SCHANZE

Sein Leben in die Schanze schlagen: einsetzen, aufs Spiel setzen. — Nicht von der «Schanze» als Wehrbau, sondern vom mittelhochdeutschen schanze = Einsatz beim Würfelspiel. Derselben Wurzel entstammt das französische «chance». In der Zimmerschen Chronik heißt es: «Er hat harnasch und das roß in die schanz geschlagen und verloren.» Der Sinn ist also: sein Leben mit der Chance wagen, es zu behalten.

Einem etwas zuschanzen = ihm etwas zukommen, wörtlich « ihn gewinnen lassen ».

Mummenschanz = Würfelspiel der Maskierten während der Fastnacht.

SCHARTE

Eine Scharte auswetzen: einen Fehler, einen Miß= erfolg, eine Niederlage wiedergutmachen. — Aus der Bauernsprache. Sichel und Sensen, die Scharten bekom= men haben, werden mit dem Wetzstein wieder ausge= schliffen.

SCHARWENZELN

Um jemand scharwenzeln: sich ergeben, dienstbe= flissen zeigen; kriecherisch schmeicheln. — Gemischt aus dem italienischen servente (Diener, Verbeugung, Kratz= fuß) und dem tschechischen cervenec = Herzbube (deutsch: Wenzel), Allerweltsdiener.

SCHATTEN

Nicht über seinen Schatten springen: sein Wesen nicht verleugnen. — Im Volksglauben gilt der Schatten des Menschen als Symbol seiner Seele. Siehe Chamissos « Peter Schlemihl ».

SCHAU

Jemand die Schau stehlen: jemand listig über= trumpfen, den Effekt rauben; ihm den Erfolg streitig ma= chen; einen anderen an die Wand drücken und sich selbst in den Vordergrund spielen. — Wörtliche Übersetzung des englischen: to steal someone's show oder someone's thunder = jemand die Schau oder den Donner stehlen. Ursprünglich vom Theater hergeleitet, in dem ein Schau= spieler mit seiner Rolle glänzen möchte, jedoch von einem Kollegen an die Wand gespielt und um den Applaus gebracht wird. Auch im politischen Leben angewandt.

So wie man sagt, daß Chruschtschow bei der Pariser Gipfelkonferenz im Mai 1960 Eisenhower die Schau gestohlen habe. Der Ausdruck kam erst nach 1945 nach Deutschland.

SCHEREN

Scher dich zum Teufel! Fluch. — Hat mit scheren nichts zu tun (vgl. Kamm), sondern scheren meint soviel wie scharen. Wer sich zum Teufel schart, gehört zu der Gefolgschaft des Bösen. Marinesprache: «Aus einem Geschwader ausscheren» = durch Kurswechsel aus der Kiellinie des Verbandes ausbrechen. Andere Ableitung vom althochdeutschen scero = schnell, mittelniederdeutsch scheren = eilen. «Scher dich weg!»

SCHIEF

Du bist schief gewickelt: du bist falsch informiert, irrst dich, hängst einer verkehrten Ansicht an und wirst dich deshalb in deinen Erwartungen getäuscht sehen. — Wie bei der Wendung: *Du bist als Kind zu heiß gebadet worden*, geht die Redensart scherzhaft von der Vorstellung aus, daß unrichtige oder verschrobene Ansichten auf falsche Behandlung in der Säuglingszeit zurückzuführen seien.

Schief ansehen vergleiche krumm.

SCHIESSHUND

Aufpassen wie ein Schießhund: sehr aufmerksam sein; scharf achtgeben. — Im «Versuch eines grammatisch-kritischen Wörterbuches» von Adelung 1780 (Bd. 4): «Wie ein Schießhund aufmerken». «Schießhunde» waren Jagdhunde, die darauf abgerichtet wurden, angeschossenes Wild zu verfolgen und zu holen. In der Jägersprache ist dieser Ausdruck völlig verlorengegangen, dafür lebt er in der Umgangssprache als Redensart weiter.

SCHIFF

Seine Schiffe hinter sich verbrennen: alles hinter sich lassen — ohne die Möglichkeit zur Rückkehr. — Als der Spanier Hernando Córtez, der Eroberer Mexikos, 1519 mit elf Schiffen von Kuba nach Mexiko segelte, gründete er Veracruz und ließ die Schiffe verbrennen, um seine Mannschaften zu zwingen, ihm ins Innere zu folgen. Ebenso: *alle Brücken hinter sich abbrechen* (siehe Brücke).

SCHIKANE

Mit allen Schikanen: mit allen Feinheiten, mit allen Raffinessen. — Das Wort hat seine Bedeutung häufig gewandelt. Ursprünglich vom mittelniederdeutschen « schicken » = ordnen, zuwege bringen (sich in etwas schicken = sich fügen) nach Frankreich gewandert, wo es den fast gegenteiligen Sinn chicaner = « das Recht verdrehen » erhielt. Von dort ist es zurückgekehrt als Schikane = Gemeinheit, Quälerei, Tücke, Ränke (schikanieren), schließlich verfeinert: Raffinessen, Feinheiten, alle erdenklichen Mittel. Umgangssprachlich: « Das Haus ist mit allen Schikanen eingerichtet » = mit allen neuzeitlichen Errungenschaften versehen.

SCHILD

Etwas im Schilde führen: etwas vorhaben, was der andere nicht ahnt; auch Ränke schmieden. — Den Unterton des Hinterhältigen hatte diese Redensart ursprünglich nicht, denn « im Schilde führten » (nach Tacitus' « Germania ») schon die Germanen die ihre Stämme kennzeichnenden Farben. Im Mittelalter waren die Schilde der Ritter mit dem Familienwappen geschmückt, um sich beispielsweise beim Turnier den Eingeweihten und Freunden kenntlich zu machen. Wenn der Wächter auf dem Burgfried das Nahen einer Reiterschar meldete, bekam er den Befehl: « Schau zu, was führen sie im Schilde? Sind

Schlafmütze . . .

sie Freund oder Feind?» (was man an ihren Wappen sehen konnte!).

Jemand auf den Schild erheben = ihn zum Füh=rer machen, groß herausstellen. Auch dieser Ausdruck stammt aus germanischer Zeit, in der unsere Vorfahren den gewählten König auf den Schild erhoben, um ihn der Menge sichtbar zu machen.

SCHIMMEL

Der berüchtigte *Amtsschimmel:* die Herrschaft der Verwaltungsbürokratie. — Dieser Ausdruck hat nichts mit dem wirklichen Schimmel zu tun, dem ungerechterweise vorgeworfen wird, er ziehe langsamer als andere Pferde. Er stammt vielmehr von dem in Österreich gebräuch=lichen vorgedruckten Musterformular «Simile», nach dem bestimmte Angelegenheiten ähnlich schematisch geregelt wurden wie in Preußen nach dem «Schema F» (siehe dies). «Simile», vom lateinischen similis = ähnlich, wurde nach dem Wortklang in Schimmel entstellt und später zum Amtsschimmel befördert oder degradiert — je nachdem!

SCHINDEN

Mit jemand Schindluder treiben: ihn niederträchtig behandeln; ihm übel mitspielen. — Schindluder ist der Kadaver, der zum Schinder (Abdecker) gebracht wird, um dort geschunden (abgehäutet) zu werden. Die Redensart meint also recht drastisch: jemand wie ein Aas behandeln, dem die Haut abgezogen wird.

Etwas herausschinden = etwas herausholen.

Schinden = ohne Bezahlung, Vorteile auf Kosten anderer genießen (ein Lokal schinden, Kollegs schinden usw.).

SCHIPPE

Einen auf die Schippe nehmen: auf den Arm nehmen; ihn veralbern, foppen, sich über ihn lustig machen. — Man behandelt den Verulkten wie ein Häuflein Sand, das mit der Schippe aufgehoben und verstreut wird.

Dem Tod von der Schippe springen, hopsen = bei einer schweren Krankheit noch einmal davonkommen.

Die Schippe = die schmollend aufgeworfene Unterlippe.

SCHLAFEN

Schlafmütze: temperamentloser, verträumter, unaufmerksamer, schläfriger, oft geistesabwesender Mensch. — In der Umgangssprache gilt bei allen Völkern, daß man das ist, was man hat. So der «Dickkopf» (der Eigensinnige), die «Stupsnase» (die Kecke), der «Flaps» (herunterhängende Unterlippe bildlich für Schlaffheit), die «Gabel» (für den Fresser) und die «Schlafmütze». Der Körperteil oder die Sache stehen für die Person, die nächtliche Kopfbedeckung für den Träger. Ein humorvoller Trost für Schlafmützen ist das kubanische Sprichwort: «Wer die ganze Nacht geschlafen hat, darf sich am Tage auch ausruhen!» Die Verbreitung dieses geflügelten Wortes wurde übrigens von Fidel Castro 1960 unter Strafe gestellt.

SCHLAFITTCHEN

Einen beim Schlafittchen nehmen: ihn derb zurecht= weisen, am Kanthaken nehmen. — Schlafittchen kommt von «Schlagfittichen». Die Erklärung findet sich bereits 1743 bei M. Richey in seinem «Idioticon Hamburgense» (S. 57): «Slafittje will meines Erachtens nichts anderes sagen, als Schlag=Fittich, das ist ein Flügel mit den Schlag= oder Schwing=Federn. Daher die Redensart: eenen by der Slafittje kriegen, so viel bedeutet, als einem beym Flü= gel erwischen, das ist, beym Aermel oder beym Kleide zu packen kriegen.» (Siehe Krips.)

SCHLAMASSEL

Im Schlamassel sitzen: Unglück, Pech haben; sich in einer unangenehmen Lage befinden. Aus dem aramä= ischen «che=lâ=massâl» = «was nicht Glück ist». Eine andere Deutung weist auf einen jiddischen Ausdruck in der Zusammensetzung des deutschen Wortes «schlimm» mit dem hebräischen «mazol» = Glück hin: also «Schlimm= glück», Unglück.

SCHLAWINER

Ein richtiger Schlawiner: durchtriebener, findiger, pfiffiger, listiger Mensch. — In dieser Wendung liegt ne= ben den genannten Eigenschaften auch noch die Bedeu= tung von «ungepflegt, schäbig gekleidet». Der Ausdruck stammt aus Österreich von «Slowene» und «Slawonier». Die zerlumpten, hausierenden Slowenen und Slowaken galten als besonders geschäftstüchtig und durchtrieben.

SCHLECHT

Etwas schlecht und recht machen: etwas einfach, aber richtig machen. — Alte Reimformel, in der «schlecht» noch die mittelhochdeutsche Bedeutung von «gerade, rich= tig, *schlicht*» hat. Erst später bekam «schlecht» einen «schlechten Ruf». Einen ähnlich negativen Bedeutungs=

wandel machten auch die Wörter «gewöhnlich» und «gemein» durch.

SCHLICHE

Einem auf die Schliche kommen: seine Absichten durchschauen: Seine wahre Natur erkennen. — Aus der Jägersprache. Der Jäger kennt die Schleichwege des Wildes, seine Schliche. *Er kennt auch den Pfiff,* mit dem man Wild und Vögel lockt.

SCHLÜSSEL

Die Schlüsselgewalt haben: Rechte der Ehefrau, die sie hinsichtlich ihres häuslichen Wirkungskreises ausübt. — Früher bekam die Ehefrau, wenn sie zum erstenmal das Haus ihres Mannes betrat, die Schlüssel zu Schränken und Truhen, womit ihr symbolisch die Herrschaft über den Hausrat übertragen wurde. Heute ist die Schlüsselgewalt ein feststehender Rechtsbegriff, der auch in der katholischen Kirche bei der Rechtsprechung des Papstes (die «Schlüssel Petri») eine wichtige Rolle spielt.

SCHMARREN

Einen Schmarren davon verstehen: so gut wie nichts davon verstehen. — Der Schmarren ist ein in Bayern und Österreich beliebter Eierkuchen. Da er offenbar dort so häufig auf den Tisch gebracht wird, hat die Bezeichnung den Sinn des Alltäglichen und später sogar des Wertlosen erhalten, womit der äußerst schmackhaften Mehlspeise großes Unrecht getan wird.

Das geht ihn einen Schmarren an = das geht ihn nichts an.

SCHMIEDE

Vor die rechte Schmiede kommen: gut bedient werden, die richtige Auskunft erhalten. — Die Redensart ist schon im Mittelalter bekannt. An der Schmiede wird das Pferd beschlagen. So ist auch der *gut beschlagen* (kennt sich gut aus), der vor die rechte Schmiede gekommen ist. Die Wendung «Wer an den Richtigen kommt», ist jedoch ironisch gemeint. «An den Richtigen kam» der Teufel, als er den Schmied von Jüterbog holen wollte. Dieser band einen Kohlensack vor das Schlüsselloch, fing so den Teufel ein und ließ ihn von seinen Gesellen auf dem Amboß weich schmieden.

SCHMIERE

Schmiere stehen: bei Diebstahl oder anderen Vergehen und Verbrechen aufpassen, daß die Täter nicht überrascht werden. — Aus der Gaunersprache, dem hebräischen schemîrâh = Bewachung, Beaufsichtigung, entlehnt.

Einem eine schmieren = eine herunterhauen, *einen schmieren* = einen bestechen. *Es geht wie geschmiert* = es geht vortrefflich.

Die Schmiere = wandernde Schauspielertruppe, armselig und meist von fragwürdigem Rang. Vom Zusammenschmieren der Theaterstücke, unsachgemäßem Schminken (ins Gesicht schmieren!) und Schmieren als mangelhafter Textbeherrschung und niveaulosem Improvisieren.

SCHNEE

Sich freuen wie ein Schneekönig: sich von Herzen freuen. — Die Wendung bezieht sich auf den Zaunkönig, auch «Schneekönig» genannt, der selbst im strengsten Winter sein munteres Lied anstimmt.

SCHNEIDEN

Jemand schneiden: ihn ignorieren, absichtlich übersehen, ihn nicht grüßen. — Wörtliche Übersetzung des englischen «to cut a person». Seit 1850 bezeugt. Hingegen: sich schneiden = sich täuschen, muß vollständig «sich mit dem Messer schneiden» heißen.

Aus dem Schneider sein = über dreißig Jahre alt sein. Spöttisch von Mädchen gesagt, die, wie man meinte, das heiratsfähige Alter überschritten haben. Stammt aus der Sprache des Kartenspielers, der höhnte, der Schneider wiege nicht mehr als dreißig Lot (ein Neulot = 50 g). Ein Spieler, der mehr als dreißig Punkte hat, ist «aus dem Schneider».

SCHNIPPCHEN

Jemand ein Schnippchen schlagen: ihm einen Streich spielen; einen Plan vereiteln. — Schnippchen, der mit Daumen und Mittelfinger ausgeführte Schnalzer, meinte um 1500 herum Nichtachtung, Geringschätzung. Wer dem anderen ein Schnippchen schlug, wollte ihm seine Überlegenheit anschaulich machen. (So ruft man heute noch — nicht gerade vornehm — den Kellner!)

SCHNITT

Einen guten Schnitt machen: gutes Geschäft machen; Gewinn erzielen. — Nach alter Rechtsanschauung gehörte einem das Getreide auf dem Felde erst dann, wenn es geerntet war. Von hohem Gewinn konnte also erst sprechen, wer einen «guten Schnitt» gemacht hatte.

SCHNITZER

Einen Schnitzer machen: einen Fehler begehen. — Hergeleitet von den Holzschnitzern, die durch falsche Schnittführung ein Bildwerk verunstalten, einen groben «Schnitzer» machen können. Seit Luther bezeugt.

SCHNULZE

Schnulze: kitschiger, süßlicher Heimatfilm (*Heimatschnulze*) oder Schlagerlied gleicher fragwürdiger Qualität. — Drastischer Berliner lautmalender Ausdruck seit dem Zweiten Weltkrieg, zusammengezogen aus «Schnuller» und «Schmalz». Der Schnuller oder Lutschbeutel lullt den Säugling ein, und auf der fetten Bahn des Schmalzes rutschen die Gefühle aus. *Der (die) Schnulzensänger(in)*.

SCHNUPPE

Das ist mir schnuppe: das ist mir Wurst, gleich= gültig, egal. — Berliner Ausdruck seit 1870. Muß eigent= lich heißen: «Das ist für mich ebenso wertlos wie die Schnuppe», das ist der verkohlte Docht, der mit der Lichtputzschere entfernt wurde. «Ein Licht schnuppen» = die Schnuppe abschneiden.

SCHNUR *(Hutschnur* siehe HUT)

Über die Schnur hauen: über die Stränge schlagen; sich übermütig, liederlich verhalten; das erlaubte Maß überschreiten. — Stammt vom Handwerk des Zimmer= manns, der früher, um einen Balken gradlinig zu behauen, über diesen eine Schnur zog und nicht daneben hauen durfte.

Es geht wie am Schnürchen = es wickelt sich flott, reibungslos ab. Geht auf den Puppenspieler zurück, dessen Marionetten an Schnüren und Drähten jede ge= wünschte Bewegung machen (siehe auch Drahtzieher un= ter Draht).

SCHORNSTEIN

Etwas in den Schornstein schreiben: als verloren ansehen; nicht mehr auf Rückzahlung rechnen; etwas ab= buchen. — Was man in den Schornstein oder «*in die Esse*» schreibt, wird bald durch Rauch und Ruß unleserlich, überdies weht es der Wind oben hinaus.

SCHRANKE

Jemand in die Schranken fordern: ihm öffentlich gegenübertreten; ihm offen den Kampf ansagen; sich mit ihm auseinandersetzen. — Aus der alten Gerichts= und

Turniersprache. Die Schranken sicherten den Gerichts= wie den Turnierplatz gegen den Andrang der Menge. Sym= bolische Anwendung der Redensart bei Schiller im « Don Carlos » (I, 9): « Arm in Arm mit dir, so fordr' ich mein Jahrhundert in die Schranken! »

Jemand in die Schranken weisen = ihn zurecht= weisen, wenn er zuweit gegangen war.

SCHRAUBE

Bei dem ist eine Schraube los: er ist nicht ganz bei Verstande, nicht ganz zurechnungsfähig. — Das Ge= hirn wird hier mit einer Uhr oder Maschine verglichen, bei denen alle Schrauben festsitzen müssen, wenn sie funktionieren sollen.

Eine Schraube ohne Ende = ein Vorgang, bei dem sich die Schwierigkeiten ständig vergrößern und das Ende nicht abzusehen ist. Fortgesetzte Preissteigerung (Preis= spirale) durch Lohn= oder Steuererhöhung (Steuerschraube) werden mit der Spiralwindung der Schraube verglichen. Aus der Technik.

Alte Schraube, auch *alte Schreckschraube* = altes Weib, das wegen seiner Häßlichkeit Schrecken einjagt. Wurzelt im vulgärlateinischen « scroba » = weibliche Scham. Die vulgäre Sprache spielt bei alten Leuten gern frivolisierend auf die Geschlechtsteile an.

SCHROT

Ein Mann von echtem Schrot und Korn: ein Mann von gerader, aufrichtiger Art; ein Mensch von gutem, offenem Charakter. — Die Wendung stammt aus dem Münzwesen. « Schrot » bezeichnet das Gewicht, « Korn » den Feingehalt der Münze. In Zeiten der Münzverschlech= terung wurden Münzen von echtem Schrot und Korn be= sonders hoch bewertet. Die Redensart bezeichnet somit die unverfälschte Münze, im übertragenen Sinne die Ehrlich= keit des Charakters.

SCHUH

Wissen, wo einen der Schuh drückt: wissen, wo eine Sorge, ein Kummer wurzelt. — Diese Redensart ist bei allen Völkern zu Hause. Der Prediger Geiler von Kaisersberg (1445—1510) sagt: «Es weisz nieman besser, wo der schuh drückt als wer in an hat.» So vergleicht der Volksmund diese körperliche Beschwerde mit der Herzensnot, die eben nur der kennt, den sie plagt. Der griechische Schriftsteller Plutarch berichtet von dem Römer Ämilius Paulus, der sich von seiner schönen, tugendhaften und reichen Frau nach langer Ehe hatte scheiden lassen und deshalb von seinen Freunden getadelt wurde. Der Römer hielt seinen Freunden als Antwort seinen Schuh mit den Worten hin: «Auch dieser Schuh ist schön anzusehen und neu; aber niemand als ich allein weiß, wo er mich drückt.»

Jemand etwas in die Schuhe schieben = ihm die Schuld zuschieben. Nach I. Mose 44 ließ Joseph seinem Bruder Benjamin seinen kostbaren silbernen Becher in den Sack legen, um ihn des Diebstahls zu verdächtigen. Dieser Kniff wird immer wieder und überall vom Gaunervolk angewandt. So wenn ein Dieb in der Herberge aus Furcht, erwischt zu werden, den gestohlenen Gegenstand des Nachts einem anderen in die Schuhe schmuggelt, um den Verdacht auf den Schlafgenossen zu lenken. Ausdrücke wie: *sich etwas an den Schuhsohlen abgelaufen haben* (es längst wissen) und *umgekehrt wird ein Schuh draus* — erklären sich von selbst. Siehe auch *Socke.*

Unter dem Pantoffel steht ein Mann, der sich vollständig dem Willen seiner Frau unterwirft (siehe auch *Dach*). Im germanischen Rechtsleben spielte der Schuh oder der Fuß (siehe Fuß) eine wichtige Rolle als Symbol der Herrschaft über den anderen. Ende des 16. Jh. wurde der Pantoffel zur typischen Frauentracht. Wer also als *Pantoffelheld* in den Hausschuhen seiner Frau einher-

spazierte, hatte, bildlich gesprochen, auch ihre Rolle über=
nommen.

In die Fußstapfen eines von ihm Verletzten mußte
der Verbrecher *treten,* um symbolisch zu bekennen, daß
er für seine Tat einstehe. Erklärt sich seiner heutigen Be=
deutung nach aus dem Marsch durchs Moor, wo der
Fremde genau in die Fußstapfen des ortskundigen Führers
treten muß, will er nicht versinken.

SCHULE
Aus der Schule plaudern: über geheimzuhaltende
Dinge berichten. — In den Athener Philosophenschulen
wurden die Angehörigen zum Schweigen verpflichtet. Das
gleiche galt für die Ärzte und Handwerkszünfte. Wer *aus=*
plauderte, gab die Geheimnisse eines bestimmten Kreises
preis, zu dessen Nutzen das Schweigegebot erlassen wor=
den war.

Schule schwänzen (rotwelsch = bummeln).

SCHULTER s. ACHSEL

SCHUPPE
Es fällt mir wie Schuppen von den Augen: ich sehe
plötzlich klar. — Bibelwort aus der Apostelgeschichte
9, 18: «Und alsobald fiel es von seinen Augen wie Schup=
pen und ward wieder sehend.»

SCHÜRZENJÄGER
Schürzenjäger: ein Mann, der jeder Frau mit Kose=
oder Liebesworten schmeichelt. — Nach dem Satz: «Was
man hat, das ist man» (siehe schlafen), steht die «Schürze»
stellvertretend für «Frau». Wer jeder Schürze nachjagt,
ist in der Liebe nicht ernst zu nehmen.

SCHURIGELN
Jemand schurigeln: quälen, plagen, peinigen. —
Vom althochdeutschen scurigen = stoßen, in dem das

heutige «schüren» = «antreiben» enthalten ist. Der Ge-
schurigelte wird mit Prügel, Stößen und Püffen angetrieben.

SCHUSTER

Auf Schusters Rappen: zu Fuß. — Die schwarzen
Schuhe werden scherzhaft Rappen des Schusters genannt.

SCHWABE

Ins Schwabenalter kommen: diese keineswegs
boshaft gemeinte Redensart wurzelt in der volkstümlichen
Meinung, daß die Schwaben erst mit vierzig Jahren
gescheit werden. Der Dichter Wieland (1733—1813) schrieb
an F. H. Jacobi, den Philosophen und Freund Goethes:
«Ich habe nun endlich das Schwabenalter erreicht, und ich
bekenne williglich, daß ich wenig Lust habe, mich alle
Augenblicke hofmeistern zu lassen.»

SCHWAN

Mir schwant nichts Gutes: ich ahne Unheilvolles.
— Im Volksglauben hat der Schwan seit alters weissagende Kraft. So ist das Zeitwort «*schwanen*» entstanden.

Die Schwanenjungfrauen waren in weissagende
Schwäne verwandelte Jungfrauen, die beispielsweise
Hagen an der Donau den Untergang der Burgunden vor-
aussagten.

Andere Ausdrücke: *Mir wachsen Schwansfedern*
= ich beginne etwas zu ahnen — und *ich habe schon
lange Schwansfedern* = ich habe es schon lange geahnt.

Der Schwanengesang meint das letzte Werk eines
dem Tode nahen Dichters. Schon im Altertum glaubten
Griechen und Römer, daß der sterbende Schwan melo-
dische Klagelaute von sich gebe.

SCHWARZ

Warten, bis man schwarz wird: sehr lange warten, eigentlich: bis man tot ist. — «Schwarz werden», ein alter bildhafter Ausdruck für sterben, weist auf das Verfärben des Leichnams hin.

Sich schwarz ärgern = sich tot ärgern.

Ins Schwarze treffen = das Richtige tun oder sagen. Aus der Schützensprache. Gemeint ist der Schuß in den schwarzen Mittelpunkt der Scheibe.

Das Schwarze unter dem Nagel gönnen (siehe Nagel).

Schwarzsehen = pessimistisch sein, aber auch: ohne amtliche Genehmigung fernsehen. Dazu *schwarzhören, schwarzfahren* = unberechtigt Rundfunk hören, ohne Bezahlung fahren. Schwarz als Sinnbild der Nacht (Rotwelsch «swerze» = Nacht): *was das Licht scheut!*

Schwarz auf weiß = mit Tinte auf Papier geschrieben; gilt mehr als das gesprochene Wort. Vergleiche Goethes «Faust» I: «Denn was man schwarz auf weiß besitzt, kann man getrost nach Hause tragen.»

SCHWEIN

Das kann kein Schwein lesen: das kann kein Mensch lesen. — Im 17. Jh. gab es in Schleswig eine Gelehrtenfamilie namens Swyn (plattdeutsches Wort für «Schwein»). Zu ihr kamen die des Lesens und Schreibens unkundigen Bauern, um sich Briefe oder Urkunden vorlesen oder Schriftsätze abfassen zu lassen. Wenn aber eine Aufzeichnung selbst für die Swyns unleserlich war, sagten die Bauern: «Dat kann keen Swyn lesen!»

Schwein haben = großes Glück haben. Hergeleitet vom Kartenspiel des 16. Jh. Auf der höchsten Karte, dem Schellendaus oder =as, war ein Schwein abgebildet (Studentensprache), denn das As hieß im deutschen Kartenspiel «Daus» oder «Sau»: «Er haut die Eichelsau in den Tisch, daß es nur so kracht!» Zudem gilt das

dauernd mit dem Rüssel arbeitende Schwein als Schatz=
finder.

Wir haben doch keine Schweine zusammen gehü=
tet, bedeutet eine scharfe Zurückweisung plumper Ver=
traulichkeit. Hierfür muß die « Schildbürger »=Anekdote
(aus der Schwanksammlung des 16. Jh.) herhalten, wonach
ein Schweinehirt Bürgermeister der Schildbürger wurde.
Als ein Gefährte aus der Sauhirtenzeit den Bürgermeister
zu duzen wagte, verbat sich dieser die Intimität mit unse=
rer Redensart.

SCHWERT

Sein Schwert in die Waagschale werfen: eine Ent=
scheidung auf drastische Weise erzwingen. — Der Gal=
lierkönig Brennus, der 390 v.Chr. die Römer an der Allia
besiegt hatte, warf mit den Worten: « Vae victis! » (Wehe
den Besiegten!) höhnisch sein Schwert in die Waagschale,
als die Römer ihre Goldpfund=Kriegstribute nicht mit den
schweren Gewichten des Siegers aufwiegen wollten.

Schwert des Damokles siehe Haar.

SEELE

Nun hat die liebe (arme) Seele Ruh'! sagt man
scherzhaft zum Abschluß einer befriedigenden Tätigkeit.
— Diese gemütliche Redensart wurzelt in der makabren
Vorstellung, nach der die Seelen der Missetäter so lange
ruhlos auf Erden umherirren, bis sie die göttliche Gnade
erlöst. Unserer Bedeutung kommt der Bibelspruch Lukas
12, 19 am nächsten: « Liebe Seele, . . . habe nun Ruhe, iß
und trink und habe guten Mut. »

SEGEL s. FAHNE

SENSE

Bei mir ist Sense: es ist aus: ich mache nicht mehr
mit; ich habe es satt. — Alles Leben der Pflanzen ist aus,

wenn sie die Sense hinwegmäht. So auch der Tod als Schnitter («Sensenmann»). Hier im übertragenen Sinn auf alles gemünzt, was man für beendet erklären will.

SIEBEN

Im siebten Himmel sein: überglücklich sein; in höchster Wonne schweben; höchster Grad freudiger Erregung. — Im Talmud der Juden und im Koran der Mohammedaner gibt es eine Lehre von den «sieben Himmeln», von denen der siebte der höchste ist, denn in ihm wohnt Gott. Eine Vorstufe davon kennt auch das christliche Neue Testament im 2. Kor. 12, 2: «... ward derselbe entzückt bis in den dritten Himmel.»

SIELE

In den Sielen sterben: mitten in der Arbeit sterben; bis zu seinem Tode arbeiten. — Die Sielen sind die Seile oder Riemen der Zugtiere. Die Redensart spielt auf das Pferd oder den Ochsen an, die tot im Geschirr bei der Arbeit zusammenbrechen. Gegenteil: *ausspannen* (aus dem Geschirr spannen) = sich erholen.

SISYPHUS

Eine Sisyphusarbeit verrichten: trotz größter Mühe nicht zum Ziele kommen. — Nach der griechischen Sage mußte Sisyphus, der König von Korinth, um seine Schuld zu sühnen, einen schweren Felsblock den steilen Berg hinaufrollen. Oben angekommen, rollte der Stein immer wieder herab.

SOCKE

Mit qualmenden Socken laufen: angestrengt marschieren, davoneilen. — Aus der Soldatensprache des Zweiten Weltkrieges. Humorvolle Übertreibung für «sich warm laufen». *Sich auf die Socken machen* = sich rasch entfernen. Socke kommt vom lateinischen soccus = leichter Schuh. Ursprünglich war also der kurze Strumpf ein leichter Schuh. Daher auch: *von den Socken sein* = überrascht sein. Man ist in diesem modernen Ausdruck sozusagen vor Überraschung aus den Schuhen gefallen. Daher auch: *Das zieht einem die Schuhe aus!*

SONNE

Die Sonne bringt es an den Tag: die Redensart weist auf die große Bedeutung der Sonne im germanischen Gerichtsverfahren hin. Es durfte nur so lange Gericht gehalten werden, wie die Sonne schien. Mit dem Blick auf die Sonne wurden die Verhandlungen eröffnet. Mit dem Gesicht zur Sonne, der nichts verborgen blieb, wurde der Eid abgelegt. Darum: « Die Sonne bringt es an den Tag », ebenso: *Das ist doch sonnenklar!*

SPERENZIEN

Sperenzien machen: sich sperren, sträuben; Umstände machen; zögern, sich auflehnen. — Auch: « Sperenzchen » machen, vom lateinischen « sperantia » und dem italienischen « speranza » = Hoffnung entlehnt, wurde zu « sperren » eingedeutscht, weil man seine eigenen Hoffnungen gegenüber der Wirklichkeit geltend machte, und damit scheinbar in seinen entgegengesetzten Sinn verkehrt.

SPIEGEL

Den Brief wird er sich nicht hinter den Spiegel stecken: den Brief wird er sich nicht gern zur Erinnerung aufheben. — Spielt auf eine frühere Gewohnheit an, angenehme Briefe halb verdeckt hinter den Rahmen des Spiegels zu stecken, damit sie leicht gesehen und auch von andern gelesen werden konnten. *Spiegelfechterei* = leeres Getue, Heuchelei, betrügerisches Verhalten. Unter « Spiegelfechten » verstand das Mittelalter ein Scheingefecht, bei dem das spiegelblanke Schwert in der Luft herumgeschwungen wurde, ohne einen Gegner zu treffen; auch Schaufechten.

SPIESS

Den Spieß umdrehen: die Rollen tauschen; von der Abwehr zum Angriff übergehen. — Die Wendung läßt sich am besten so verstehen, daß der Angegriffene im Handgemenge dem Angreifer den Spieß entreißt und ihn nun gegen den Gegner richtet.

Spießruten laufen = vor der Öffentlichkeit bloß= gestellt werden; kritischen Blicken oder spöttischen Be= merkungen seiner Mitmenschen ausgesetzt sein. — Rührt von der seit dem 17. Jh. bezeugten (auch noch im Zweiten Weltkrieg geübten) grausamen Soldatenstrafe her, den Verurteilten zwischen zwei Reihen zu jagen, wobei mit spitzen Ruten — «Spießruten» — auf ihn eingeschlagen wurde. Angewendet bei Kameradendiebstahl und ähn= lichen Vergehen.

Ein Spießbürger meint ursprünglich den mit einem Spieß bewaffneten Bürger der mittelalterlichen Klein= stadt, ebensowenig ironisch wie *der Spießgeselle.* Erst als die Kleinstädter anfänglich den Fortschritt der Feuer= waffen ignorierten, bekam die Wendung einen abschätzi= gen Klang im Sinne von «beschränkter Mensch», niedri= ger Geisteshaltung, *Banause* (griech.: banausos = Hand= werker).

Der Spieß für Degen und damit für Hauptfeldwe= bel ist seit 1900 bekannt.

SPITZE

Einer Sache die Spitze abbrechen: sie entscheidend mildern, entschärfen, so daß keine nachteiligen Folgen erwachsen. — Stammt wie viele Wendungen aus der Fech= tersprache: ein Degen mit abgebrochener Spitze ist zum Kampf unbrauchbar. «Spitz» hatte früher auch die Be= deutung «fein ausgedacht, ausgeklügelt», daher *spitzfin= dig* und *etwas spitzkriegen* für dahinterkommen, etwas ausfindig machen, ergründen.

Wer sich auf etwas spitzt, macht sich Hoffnung auf etwas. Man sieht richtig, wie sich der Mund spitzt, um der lüsternen Zunge einen leckeren Bissen zuzuschieben.

SPOREN

Sich die Sporen verdienen: sich durch besondere Tat oder Leistung auszeichnen. — Die Redensart spielt auf den alten Ritterbrauch an, jungen Helden beim Ritterschlag goldene Sporen anzuschnallen. So Schiller im «Don Carlos» (II, 8): «Ich habe den schnellen Einfall, nach Brabant zu gehen, um — bloß um meine Sporen zu verdienen.»

SPRINGEN

Jemand auf die Sprünge helfen: ihm zeigen, wie es gemacht wird, oder auch: ihm weiterhelfen. — Aus der Jägersprache vom Jagdhund, der sich von dem Hakenschlagen des Hasen nicht beirren läßt, diesem den Weg abschneidet und damit dem Jäger «auf die Sprünge hilft». *Keine großen Sprünge machen können* = sich einschränken müssen. In der freien Bewegung wie der Hund an der Kette behindert sein. Siehe anbändeln (kurz angebunden sein).

Auf dem Sprunge sein: bereit sein, etwas zu tun. — Das Bild rührt vom Raubtier her, das zum Sprunge ansetzt, um sein Opfer zu überfallen.

Etwas springen lassen = einen ausgeben; andere freihalten. Der Ausdruck erinnert an den früheren Brauch, beim Bezahlen Geldmünzen kräftig auf den Tisch zu werfen, um durch den hervorgerufenen Klang der Münzen ihre Echtheit zu beweisen, oder auch nur, um damit aufzutrumpfen, daß man welche besitze.

STAB

Über jemand den Stab brechen: ihn verurteilen; ein hartes, abschätziges Urteil über ihn fällen. — Der Stab, das Hoheitszeichen des Richters, spielte im germanischen Rechtswesen eine große Rolle. In der peinlichen Gerichtsordnung wurde bei der Verkündung des Todesurteils ein Stab über dem Haupte des Verbrechers zerbrochen und ihm vor die Füße geworfen. Daher auch: *jemand etwas vor die Füße werfen* = mit ihm nichts mehr zu tun haben wollen und *ihm etwas vorwerfen* = ihn tadeln, belasten, ihm Vorhaltungen machen; am Zeug flicken, ihm etwas in die Schuhe schieben. Dazu: *mit jemand brechen* (nämlich den Stab!) = ihm die Freundschaft aufkündigen. Durch Goethe und Schiller volkstümlich gemacht.

STACHEL

Wider den Stachel löcken: sich gegen den Zwang wehren; sich auflehnen, aufbäumen, widerstreben; Widerstand leisten. — Das Bibelwort in Luthers Übersetzung findet sich in der Apostelgeschichte 9,5, als Saulus Jesus vor Damaskus trifft: «Der Herr sprach: Ich bin Jesus, den du verfolgst. Es wird dir schwer werden, wider den Stachel zu lecken.» Das uralte Wort «lecken» oder «löken» existiert in Laut- und Sinngleichheit bereits im griechischen laktizein, im gotischen laikan und heute im deutschen froh*locken* = hüpfen, springen, ausschlagen. Pflügende Pferde oder Ochsen schlugen gegen den antreibenden Stachelstab aus.

STANGE

Einem die Stange halten: ihm Hilfe leisten; beistehen, beispringen, ihn beschützen; seine Partei ergreifen. — Hergeleitet aus dem Altdeutschen vom gerichtlichen Zweikampf, bei dem die Sekundanten mit einer Stange im gefährlichen Augenblick ihrem Schützling beispringen mußten. Forderte ein Kämpfer Stangenhilfe, so bekannte er sich als besiegt.

Bei der Stange bleiben = ausharren, bei der gewünschten Meinung oder Tätigkeit bleiben. Man denkt

hier an das Pferde=Doppelgespann, das durch die Deich=
selstange zusammengehalten wird. Wenn ein Pferd nicht
«bei der Stange bleibt», sondern ausbricht, stört es die
Fahrt.

STAR

Einem den Star stechen: ihm die Augen über etwas
öffnen; ihn über eine Sache aufklären. — Ursprünglich
bedeutet die Redensart: einen Starblinden durch Opera=
tion von seinem Leiden erlösen. Nach der Befreiung Wiens
1683 wurde gegen die besiegten Türken das Wortspiel
geprägt: «Graf Starhemberg kann dir den Staren wohl
stechen!», woraus erhellt, daß die Staroperation bereits
im 17. Jh. bekannt war.

STAUB

Sich aus dem Staube machen: davonlaufen, flüch=
ten. — Spielt auf den Feigling im Kampfe an, der den auf=
gewirbelten Staub geschickt als Tarnkappe benutzt, um
sich zu entfernen.

Die Geschichte hat viel Staub aufgewirbelt = sie
hat großes Aufsehen erregt. Vom vorüberfahrenden Wa=
gen. Die Wendung ist sehr alt: «Tanzt ein Alter, so macht
er viel Staub.»

Das geht dich einen feuchten Staub an. Variante
von: «Das geht dich einen Dreck, Schmutz, Kehricht an»,
nämlich gar nichts!

STECKEN

Es einem stecken: ihm etwas beibringen; ihn zu=
rechtweisen; ihn warnen, daß er sich in acht nehme. —
Zielt auf einen alten Rechtsbrauch, nach dem jemand
die Vorladung zum Femegericht heimlich an die Tür ge=
steckt wurde. Daher auch der *Steckbrief.* In Schillers
«Kabale und Liebe» I, 1: «Ich hätt' gleich alles Seiner
Exzellenz, dem Herrn Papa, stecken wollen.»

Das Steckenpferd = Liebhaberei ist hingegen der einfache Stecken mit Pferdekopf, einst ein beliebtes Spielzeug der Knaben.

STEGREIF

Aus dem Stegreif sprechen: ohne Vorbereitung reden. — Stegreif hieß früher die einfache Ringform des Steigbügels. Königs= und Fürstenkuriere verlasen die Erlasse ihres Herrn, ohne abzusitzen, « aus dem Stegreif », um dann eiligst weiterzureiten.

STEIN

Einen Stein auf jemand werfen: ihn beschuldigen; jemand belasten. — In der Bibelgeschichte von der Ehe= brecherin sagt Jesus zu den Schriftgelehrten: « Wer unter euch ohne Sünde ist, der werfe den ersten Stein auf sie » (Joh. 8,7). Man braucht nicht auf diese Quelle zurückzu= gehen, auch die germanischen Völker kannten die Steini= gung als Todesstrafe.

Stein und Bein schwören = etwas eidlich versi= chern. Stammt von dem alten Rechtsbrauch, beim Schwö= ren vor Gericht bestimmte Gegenstände zu berühren: in der heidnischen Zeit den Stab des Richters, in der christ= lichen die steinerne Altarplatte oder den Reliquienschrein eines Heiligen, in dem dessen Gebeine ruhten.

Einen Stein bei jemand im Brett haben = sein besonderes Wohlwollen genießen. Hergeleitet vom Brett= spiel, in dem ein Stein, in die hinterste Reihe des Gegners gebracht, das Spiel siegreich entscheiden kann.

Der Stein des Anstoßes geht auf das Jesaja 8,14 entnommene Bibelwort zurück: « So wird er ein Heilig= tum sein, aber ein Stein des Anstoßes und ein Fels des Ärgernisses den beiden Häusern Israel ... » Aus « uralt wie Stein » ist *steinalt* geworden, während *steinreich* « reich an Edelsteinen » meint.

Deswegen fällt ihr (oder auch ihm) *kein Stein (keine Perle, keine Zacke) aus der Krone* = sie (oder

auch er) vergibt sich dadurch nichts. Nach dem Aber=
glauben gilt es als böses Vorzeichen, wenn aus der Krone
(auch Brautkrone) eine Perle oder ein Edelstein fällt. Un=
sere Redensart bezieht das Bild auf den Hochmütigen,
der sich gebärdet, als trage er eine Fürstenkrone. Der
Stein als schwere Bürde war Vorbild für den Ausdruck:
mir fiel ein Stein vom Herzen.

Den Stein ins Rollen bringen bedeutet den Anlaß
zur Aufklärung einer Sache oder zur Ingangsetzung einer
Angelegenheit geben.

STICH

Jemand im Stich lassen: ihm nicht helfen; ihn in
der Gefahr verlassen, aufgeben. — Martin Luther hat 1521
«auf des Bocks zu Leipzig Antwort» (gemeint ist Johann
Eck, der Hauptgegner der Reformation, mit dem Luther
1519 in Leipzig disputierte) die Erklärung für diese Re=
densart gegeben: «Die weil ich sihe, das du deyne seele
daran setzen wilt, und wie eine tzornige bien das leben
ym stich lassen.» Die Biene geht an ihrem Stich aus Not=
wehr zugrunde. Die Wendung müßte also vollständig
heißen: «Sein Leben im Stich lassen.» — Kann aber auch
aus der Rittersprache erklärt werden: Jemand im Stich
(den Gestochenen) lassen (zurücklassen, allein lassen).

Stich halten = standhalten, etwas taugen, die Pro=
be bestehen. Aus der Fechter= und Kriegersprache. Die
Wendung spielt auf den Schild an, der die Lanzenstiche
aushalten und abwehren muß. In einem Gedicht des Drei=
ßigjährigen Krieges ist zu lesen: «Die spanischen Reuter
wichen hinter sich, das Fußvolk hielt noch lange den
Stich, auf sie wurd hart geschossen.» *Etwas ist nicht
stichhaltig* = taugt nicht viel.

Einen Stich haben = nicht ganz richtig sein. Be=
zieht sich auf den säuerlichen Geschmack von Lebens=
mitteln, deren Qualität dadurch gemindert wird.

Eine Stichprobe nehmen = von einem aus einer Menge beliebig herausgegriffenen Teil auf das Ganze schließen. Die Redensart stammt aus dem Hüttenwesen, in dem mit einer Schöpfkelle aus der Schmelzmasse eine Probe zur Bestimmung des Metallgehalts entnommen wurde. Seit dem 16. Jh. bezeugt und später auch ins Geistige übertragen. So Stichproben eines musikalischen oder literarischen Werks.

STIEFEL

Einen Stiefel vertragen können: viel Alkohol trinken und vertragen können. — Seit dem 16. Jh. bezeugt und auch im übertragenen Sinne angewandt. Erinnert an das Gedicht von G. Pfarrius (1860) «Der Trunk aus dem Stiefel»: Der Ritter von Waldeck ertrinkt sich das schöne Dorf Hüffelsheim, indem er einen Kurierstiefel auf einen Zug leert. Bei Studentenkommersen spielte der gläserne Stiefel eine große Rolle.

Wer sich einen Stiefel einbildet, bildet sich unberechtigterweise viel ein, tut so, als ob er «einen Stiefel vertragen könne».

STRANG

Über die Stränge schlagen: leichtsinnig sein; übermütig, ausgelassen sein; leichtfertig leben, zu weit gehen. — Die Wendung bezieht sich auf das mutwillige Pferd, das über den Strang seines Geschirrs schlägt, so daß es den Wagen nicht mehr ziehen kann.

Wenn alle Stränge reißen = wenn alles fehlschlägt, in äußerster Not, wenn nichts anderes mehr hilft. — Auch aus dem alten Fuhrwesen: die Stränge der Zugtiere vor dem schwerbeladenen Wagen rissen auf der Steigung leicht.

An einem Strang ziehen = nach demselben Ziele streben; im selben Sinn arbeiten; ins selbe Horn blasen (siehe Horn); einer Gesinnung sein. — Seit dem 17. Jh.

bezeugt. Ebenfalls von den Pferden hergeleitet, *die am gleichen Strang ziehen*, im selben Geschirr gehen.

STRAUSS s. SAND

STRECKE

Jemand zur Strecke bringen: ihn überwältigen, besiegen, vernichten oder töten. — Aus der Jägersprache: «Die Jäger strecken das Wild, wenn sie es auf den Boden der Länge nach hinlegen.» (Adelung: «Versuch eines grammatisch=kritischen Wörterbuches», Bd. 4, 810. 1774.) Das geschieht, um die Größe der Tiere anschaulich zu machen. «Strecke» ist waidmännisch die Gesamtheit des erlegten Wildes nach einer Jagd. *Auf der Strecke bleiben* = nicht mehr mitmachen; erledigt sein; ausscheiden.

STREICH

Jemand einen Streich spielen: ihm einen Schabernack (s. d.) oder Schlimmeres antun. — «Spielen» ist hier ironisch gemeint, wie auch «Streich» nicht vom Geigenspiel herzuleiten ist. Mittelhochdeutsch ist Streich gleich Hieb, mag damit nun eine scherzhafte oder eine schurkenhafte Tat gemeint sein. *Auf einen Streich* = auf einen Hieb, auf einmal. «Sieben auf einen Streich» rühmt sich das tapfere Schneiderlein in Grimms Märchen.

STREIT

Die Streitaxt begraben: Frieden schließen; die Feindseligkeiten einstellen. — Der Ursprung der Redensart liegt bereits im nordgermanischen Sagengut, in der Edda. Der Donnergott Donar (daher Donnerstag!) oder Thor zog mit seiner Streitaxt, auch Hammer genannt, aus, um die Thursen und die Midgardschlange zu bekämpfen. Der Götterfriede dauerte jeweils so lange, wie Donars Hammer vergraben lag. Auch: *das Kriegsbeil begraben.*

STRICH

Das geht mir gegen den Strich: das habe ich nicht gern; das ist mir unangenehm; das paßt mir nicht. — Wird der Katze gegen die Richtung ihres Haarwuchses, das heißt «gegen den Strich», über das Fell gestrichen, «*fühlt sie sich unangenehm berührt*» und wird leicht gereizt.

Jemand auf dem Strich haben = ihn nicht mögen; ihm grollen; ihm feindlich gesinnt sein. — «Strich» nennt der Jäger die als Fortsetzung des Flintenlaufs gedachte Luftlinie. Wer jemand auf dem Strich hat, zielt also auf ihn, um ihn «*abzuschießen*» (auch das eine neuerdings verbreitete Redensart!).

Auf den Strich gehen = auf Männerfang gehen (von Dirnen, die auf der Straße ihrem Gewerbe nachgehen). Auch diese Wendung kommt aus der Jägersprache. Das Männchen der in Mitteleuropa lebenden Bekassine (Sumpfschnepfe) oder der Waldschnepfe durchstreift bei seinem abendlichen Balzflug, dem «*Schnepfenstrich*», in Baumhöhe den Wald. Daher auch «Schnepfe» für Straßendirne.

Einem einen Strich durch die Rechnung machen = seine Absichten durchkreuzen. Muß eigentlich heißen: einen Strich durch die Berechnung machen. Damit ist der Lehrer gemeint, der die falsche Lösung des Schülers durchstreicht.

Nach Strich und Faden = gehörig, tüchtig. Dem Weberhandwerk entlehnt. Gewebe, die nach Strich und Faden erlesen sind, geben eine vorzügliche Ware ab.

STRICK

Stricken: lästern, intrigieren, verleumden. — Seit dem Zweiten Weltkrieg. Hehlwort für «über jemand losziehen, in den Schmutz ziehen». Das Bild zielt auf klatschende Weiber, die beim Stricken Abwesende durchhecheln (siehe Hechel).

Wenn alle Stricke reißen = wenn alle Stränge reißen (siehe Strang).

Jemand aus etwas einen Strick drehen = jemand wegen einer Äußerung oder Tat zu Fall bringen. Es kann der Fallstrick der Vogelstellerei gemeint sein, überzeugender jedoch ist das Bild vom Strick, der für den zum Hängen Verurteilten gedreht wird.

STROH

Strohwitwer: vorübergehend von seiner Frau getrennter Ehemann. — Viel älter als die Bezeichnung «Strohwitwer» ist die «Strohwitwe», im Niederdeutschen auch «Graswitwe» genannt. Der Ausdruck erinnert an die Entjungferung im Freien, entweder im Gras oder auf Stroh. Solche Mädchen durften bei der Hochzeit keinen Myrtenkranz, sondern nur einen Strohkranz tragen und wurden dann die «Strohbraut» genannt. Beispiel für den auffälligen Bedeutungswandel eines Ausdrucks. «Strohwitwer» und «Strohwitwe» werden heute völlig harmlos=humorig gebraucht.

STRUMPF

Sich auf die Strümpfe machen: eilig verschwinden; sich schnell auf den Weg machen. — Da in der Eile keine Zeit zum Schuhanziehen bleibt, läuft man auf den Strümpfen davon. Anders: «Sich auf die Socken machen» (siehe Socke).

STÜCK

Große Stücke auf jemand halten (geben): ihm voll vertrauen; viel von ihm erwarten; ihn hochachten. — Die Redensart stammt aus dem Münzwesen. «Große Stücke» waren früher wertvolle Münzen. Wenn man also etwas Gutes kaufen wollte, mußte man eben «große Stücke darauf geben».

STUHL

Einem den Stuhl vor die Tür setzen: ihn aus dem Hause weisen; auch kündigen. — Der Stuhl kommt schon im frühgermanischen Recht als wichtiges Symbol für den Besitz vor. Hatte jemand ein Grundstück erworben, so demonstrierte er sein Eigentum, indem er einen dreibei= nigen Stuhl auf das Grundstück stellte und sich darauf setzte, um es zu «be=sitzen». Wollte man jemand das Eigentumsrecht nehmen, setzte man ihm den Stuhl vor die Tür!

SÜNDE

Sündenbock sein: für einen anderen unschuldig leiden oder gestraft werden; die Schuld eines anderen auf sich nehmen; der Prügelknabe sein (siehe dies). — Das Bild ist dem Alten Testament entlehnt. In biblischer Zeit entsühnte am Versöhnungstage (hebräisch Jom Kippur) der Hohepriester das Heiligtum, das Volk und sich selbst. Dabei wurden ihm zwei Böcke übergeben, von denen der eine als Schlachtopfer für den Herrn bestimmt war, wäh= rend dem anderen symbolisch die Sünden des Volkes auferlegt wurden (Sündenbock).

Ein langes Sündenregister hat ein Mensch, der viel «auf dem Kerbholz hat» (siehe Kerbholz). Musika= lisch bezeugt in der berühmten Registerarie des Lepo= rello in Wolfgang Amadeus Mozarts Oper «Don Juan». Hier hat der Diener Leporello das umfangreiche Sünden= register seines Gebieters Don Juan, das heißt die Liste der von diesem verführten Mädchen und Frauen, ange= legt, um sie warnend jenen Damen vor Augen zu halten, die gerade im Begriffe sind, dem Herzensbrecher zu verfallen.

Nach mittelalterlicher Vorstellung schrieb der Teu= fel alle Sünden des Menschen auf eine Kuhhaut (siehe dies), um sie ihm in seiner Todesstunde vorzuhalten. Die St.=Georgs=Kirche auf der Insel Reichenau im Bodensee

besitzt eine Darstellung aus dem 14. Jh., auf der vier Teu=
fel eine Kuhhaut halten, die ein fünfter bekritzelt. Dieser
fünfte notiert die Sünden zweier Weiber, die in der Nähe
klatschen, so sagt die Inschrift. Vielleicht kommt der Teu=
fel zu dem Ergebnis: *Das geht auf keine Kuhhaut!*

T

TAFEL

Die Tafel aufheben: das Mahl beenden. — Bei
den Germanen bestand der Tisch aus einem Gestell, auf
dem eine Platte ruhte. Zum Mahl wurde die Platte mit
den Gerichten hereingetragen und auf das Gestell gesetzt.
Nach dem Essen wurde die Platte wieder fortgetragen,
so daß die Redensart «die Tafel aufheben» wörtlich zu
verstehen ist.

TAMTAM s. TRARA

TANTALUS

Tantalusqualen erleiden: von unerfüllter Sehn=
sucht oder ungestillter Begierde gepeinigt werden. —
Nach der griechischen Sage mußte der phrygische König
Tantalus zur Strafe für seine begangenen Frevel in der
Unterwelt bis zum Kinn im Wasser stehen. Über ihm
wuchsen Früchte. Wollte er vom Wasser trinken, so ent=
wich es; wollte er nach den Früchten greifen, so blies der
Wind sie fort.

TAPET

Etwas aufs Tapet bringen: es zur Sprache brin=
gen. — Tapet, dasselbe wie Tapete (englisch tapestry),
ist ursprünglich der Wandteppich, später der grüne Bezug
der Tische in den Sitzungszimmern. So erklärt sich die
Redensart «*etwas vom grünen Tisch her* bestimmen».

Wer also etwas auf die Tischdecke, den Tischbezug legt, macht es so sichtbar, daß darüber gesprochen werden muß. Seit dem 17. Jh. bezeugt. In Schillers « Räuber » (I, 27): « Wie wär's, wenn wir Juden würden und das Königreich wieder aufs Tapet brächten. »

TARANTEL

Wie von der Tarantel gestochen: jäh, plötzlich, wie von einem heftigen Schmerz besessen, hochfahren oder umherrennen. — Der Biß der zur Wolfsspinnenart gehörenden, in Erdhöhlen lebenden Tarantel ist zwar schmerzhaft, aber ungefährlich. Sie hat ihren Namen nach dem süditalienischen Tarent (Apulien), wo sie auch vor= kommt. Im Mittelalter glaubte man, der Tarantelstich verursache veitstanzähnliche Zuckungen. Nach dieser Spinne heißt auch der neapolitanische Volkstanz « Taran= tella », bei dem die Tänzer springen, « wie von der Taran= tel gestochen ».

TASSEN

Nicht alle Tassen im Schrank haben: nicht ganz bei Verstand, nicht ganz bei Trost sein (siehe Trost). — Die Wendung ist ein humorvoller Hehlausdruck für « nicht alle Sinne haben », wobei der Nachdruck auf « *nicht alle haben* » liegt. Das andere ist Beiwerk. Ebenso: « *Nicht alle Windeln in der Kommode haben.* » Im Volks= glauben machen die gesunden fünf Sinne den gesamten Verstand aus. Wenn etwas daran fehlt, so « hat er sie nicht alle » (!). Seit 1940. Von dem Schauspieler Heinrich George geprägt.

TECHTELMECHTEL

Techtelmechtel: Liebelei, Liaison, Flirt. — Öster= reichische Redensart, ursprünglich aus dem Italienischen: tecomeco, das heißt « mit dir — mit mir », soviel wie ge= heimes Einverständnis, « *unter vier Augen* ».

TEPPICH

Auf dem Teppich bleiben: sich anständig beneh=
men. — Der Lümmel im Frack benimmt sich immer bes=
ser als der in Hemdsärmeln *(hemdsärmeliges Benehmen!).*
So veranlaßt auch der weiche oder gar kostbare Teppich
die Menschen, sich gesitteter zu verhalten als auf Stein=
oder Holzboden. Auch das glattgebohnerte Parkett
zwingt zur Vorsicht, daher: *er weiß sich auf dem Parkett
zu bewegen.*

TEUFEL

Den Teufel an die Wand malen: so lange von ihm
reden, bis er kommt! — Nach altem Aberglauben erschei=
nen Dämonen, böse Geister oder Teufel durch Aufzeich=
nen oder bloßen Anruf. Deshalb soll man ihre Namen
besser nicht nennen oder aufmalen. Um ihr Kommen zu
verhüten, bedient man sich der Abwehrformel: *unberu=
fen!* Der Gegensatz dazu: *auf Teufel komm 'raus! =* sehr
stark. Er lügt auf Teufel komm 'raus! Das heißt, er lügt
ohne Rücksicht darauf, daß der zitierte Teufel auch
erscheinen wird.

Den Teufel durch Beelzebub austreiben = ein
Übel durch ein größeres ersetzen; statt ein Mißgeschick
zu verhindern, es noch vergrößern. — Dem Neuen Testa=
ment entlehnt, in Matth. 12, 27: «So ich aber die Teufel
durch Beelzebub austreibe, durch wen treiben sie eure
Kinder aus? Darum werden sie eure Richter sein.» Beel=
zebub (hebräisch) = der oberste Teufel.

Scher dich zum Teufel: siehe scheren.

TINTE

In der Tinte sitzen: sich in der Klemme, in der
Patsche befinden. Schon 1520 bei Geiler v. Kaisersberg:
«Du bist voller sünd ... du steckst mitten in der tincten.»

Du hast wohl Tinte gesoffen = du bist wohl ganz
und gar verrückt! In diesem Sinne bei Gottfried Keller

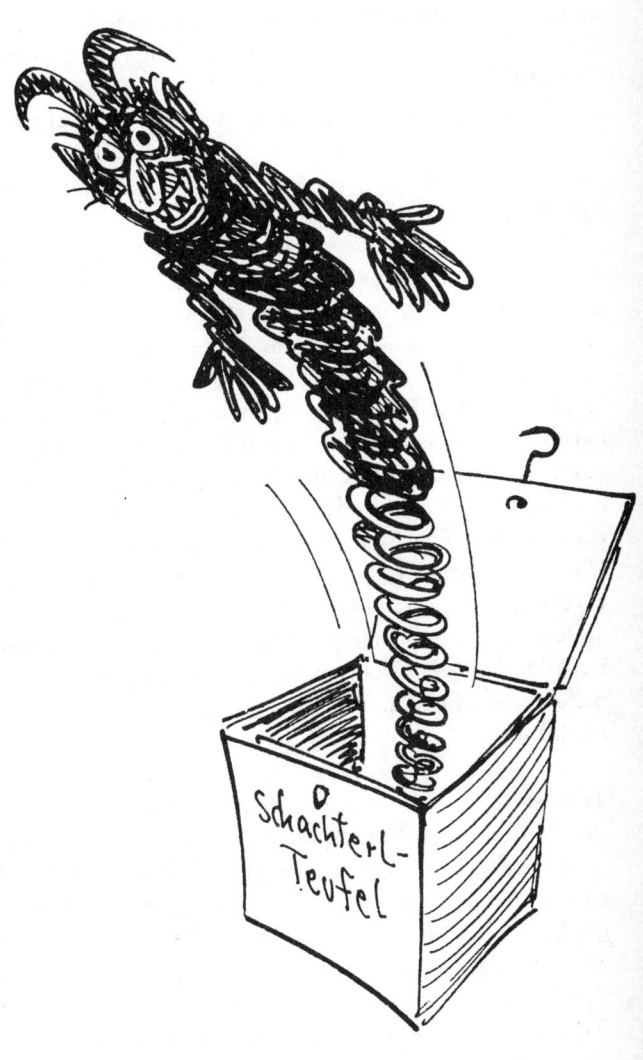

Auf Teufel komm 'raus ...

in «Mißbrauchten Liebesbriefen»: «O du Erznarr! Du mußt Tinte gesoffen haben, daß du ein solches Weiblein kannst fahren lassen!»

TIPPTOPP

Tipptopp: hochfein, tadellos. — Wörtlich aus dem Englischen tiptop.

TISCHTUCH

Das Tischtuch zerschneiden: die Freundschaft auf= kündigen; eine Gemeinschaft auflösen. — Nach einem alten Rechtsbrauch unserer Vorfahren, bei der Eheschei= dung das Tischtuch zu zerschneiden, das die Ehegatten anfassen mußten. Jeder behielt das Stück, das er in der Hand hatte. Für Edelleute war es im Mittelalter eine der härtesten Ehrenstrafen, wenn ihnen das Tischtuch zer= schnitten und sie damit aus der Gemeinschaft ausgesto= ßen wurden. Einen solchen Fall erzählt Ludwig Uhland vom Grafen Eberhard dem Greiner, als dessen Sohn Ulrich 1377 die Schlacht bei Reutlingen verloren hatte: «Dem Vater gegenüber sitzt Ulrich an dem Tisch, er schlägt die Augen nieder; man bringt ihm Wein und Fisch; da faßt der Greis ein Messer und spricht kein Wort dabei und schneidet zwischen ihnen das Tafeltuch ent= zwei.»

TOAST

Einen Toast auf jemand ausbringen: einen Trink= spruch halten. — Nach einer englischen Tischsitte, bei der eine geröstete Brotschnitte (englisch: toast!) demjenigen ins Glas getan wurde, der einen Trinkspruch auf jemand ausbringen sollte.

TOPF

Alles in einen Topf werfen: alles miteinander ver= mengen, ohne die Eigenart des einzelnen zu berücksich=

tigen. — Schon im 16. Jh. üblich. Siehe auch Leisten und Kamm.

TOR

Kurz vor Torschluß: im letzten Augenblick. — Erinnert an die bis ins 19. Jh. geübte Gepflogenheit, die Stadttore abends zu schließen. Wer nicht rechtzeitig kam, mußte im Freien übernachten. Daher: *Torschlußpanik* einer Frau, die fürchtet, keinen Mann mehr zu bekommen.

TRAB

Jemand auf den Trab bringen: ihn antreiben, zurechtweisen, ausschelten, maßregeln. — Aus der Kavallerie. Eigentlich das Pferd «zum Traben bringen». Da es dabei nicht immer ohne Peitsche und Sporen abging, liegt der Sinn der Wendung auf der Hand.

TRAN

Im Tran sein: verschlafen, verdöst sein; auch betrunken sein (norddeutsch). — Eine mit Tran gespeiste Lampe brennt nur schwach und trübe, daher der Ausdruck. Auch im Westfälischen bedeutet «Tran» «Tropfen Alkohol». Wer «im Tran ist», bewegt sich langsam; sein Gehirn ist getrübt. Bei Heinrich Heine finden wir: «Hat er einen Groschen in der Tasche, so hat er für zwei Groschen Durst, und wenn er im Tran ist, hält er den Himmel für ein blaues Kamisol und weint wie eine Dachtraufe.»

TRAUFE s. REGEN

TRARA

Ein großes Trara um etwas machen: viel Aufhebens (siehe dies) machen; Aufsehen erregen; viel Lärm um nichts. — «Trara» ist ein vom Klang des Posthorns abgeleitetes Schallwort. Ähnlich *Tamtam*, der in der deutschen Kolonialzeit um die Jahrhundertwende von afrikanischen Eingeborenen übernommene Ausdruck für deren Trommel und andere Schlagzeuge.

Tamtam machen heißt ebenfalls Lärm, Umstände machen. Dazu das Marinewort «Rabatz» = Lärm, Radau, auch Betrieb. Steigerung *Rabatz im Kettenkasten* für den ohrenbetäubenden Lärm, den die Ankerketten verursachen. Im übertragenen Sinne für «laute Auseinandersetzung», aber auch für «turbulentes Fest» gebraucht.

TREPPE

Treppenwitz: treffende Entgegnung, die einem erst nachträglich beim Weggehen, auf der Treppe einfällt. — Wie häufig ärgert es den Menschen, daß ihm nicht sofort, während einer Unterredung, der richtige Einfall gekommen ist. Die Wendung ist schon alt, wurde aber wieder volkstümlich durch W. Lewis Hertslet, der 1882 sein Buch «Treppenwitz der Weltgeschichte» herausgab, in dem er sagt: «Der Geschichte fällt, gerade wie dem von der Audienz herunterkommenden Bittsteller, ein pikantes, gerade passendes Wort fast immer hinterher ein.»

TRETEN

In der Tretmühle leben: sich im ewigen Einerlei abrackern und schuften. — In der Tretmühle tritt man auf der Stelle, ohne den Erfolg seiner Anstrengung zu merken, während sich das Rad ständig dreht.

TROST

Nicht recht bei Troste sein: nicht bei Sinnen, bei Verstand sein. — In dieser Redensart hat Trost noch die mittelhochdeutsche Bedeutung von Zuversicht, Hoffnung. Sie müßte also lauten: du hast wohl keine Hoffnung mehr, und daher benimmst du dich so bejammernswert.

TÜR

Mit der Tür ins Haus fallen: etwas unvorbereitet vorbringen; ohne Umschweife, plump aufs Ziel losgehen. — Das Bild erinnert an einen Menschen, der, anstatt ruhig die Tür zu öffnen und dann einzutreten, die Tür aus den Angeln reißt und mit ihr ins Haus fällt. Seit dem 16. Jh. bezeugt. 1639 schreibt Lehmann in «Ungeschicklichkeit 1»: «Der ungeschickt fällt mit der Tür ins Hauß, ist auß der Plumpardey ...»

Mit der Tür ins Haus ...

Offene Türen einrennen = einen erledigten Fall zur Sprache bringen.

Zwischen Tür und Angel = in einer bedrängten Lage, in der Klemme; aber auch «in Eile». Bezieht sich auf die Situation eines Menschen, der zwischen zwei Möglichkeiten eingekeilt ist, ohne zu wissen, welche er ergreifen soll. Es kann aber auch eine Unterhaltung zwischen Tür und Angel kurz vor dem Gehen gemeint sein. Schon seit dem 14. Jh. bezeugt.

Die Tür von außen zumachen = sich entfernen.

Du kriegst die Tür nicht zu! Burschikoser Ausdruck der Verwunderung und des Staunens seit 1930.

TÜRKE

Einen Türken bauen: hinters Licht führen; etwas vorspiegeln; aus dem Stegreif etwas erfinden; etwas so stellen, als ob es echt wäre; es dem Original gleichtun, um Eindruck zu machen. — Besonders in Kreisen des Rundfunks, des Films und der Presse verbreitet: der gestellte Partner (das Double) statt des echten im Interview oder die gestellten Filmszenen statt der Dokumentation! Die Wendung stammt aus der Kaiserlichen Marine. Als 1895 Kaiser Wilhelm II. den nach ihm benannten Kaiser=Wilhelm=Kanal (heute Nordostseekanal), eine der wichtigsten Weltseeverkehrsstraßen, einweihte, trafen sich im Kieler Hafen Kriegsschiffe aller seefahrenden Nationen. Der Kaiser hatte aus diesem Anlaß zu einem Galadiner auf dem Flottenflaggschiff SMS «Deutschland» eingeladen. Jedes Boot, das den Vertreter eines Staates an Bord der «Deutschland» brachte, führte die entsprechende Nationalflagge. Sobald ein hoher Würdenträger seinen Fuß auf das oberste Fallreeppodest setzte, präsentierte die Sicherheitswache, und die Marinekapelle spielte die Nationalhymne des betreffenden Landes. Als plötzlich ein Boot mit der roten türkischen Halbmond=flagge anrauschte, stellte der Kapellmeister bestürzt fest, daß weder die Noten der türkischen Nationalhymne vorhanden waren noch einer seiner Musiker diese kannte. Als dann die türkischen Seeoffiziere mit Fez und Halsorden das Fallreep heraufstiegen, intonierte die Marinekapelle kurz entschlossen: «Guter Mond, du gehst so stille durch die Abendwolken hin.» So wurde der erste Türke gebaut.

TZ

Bis zum TZ: bis zum Ende. — Die Redensart stammt von alten Kinderfibeln, in denen das ABC nicht mit dem Z, sondern mit dem TZ schloß. Wer bis zum TZ gelernt hatte, beherrschte das Alphabet auswendig bis zum Ende.

U

ÜBER

Jemand überfahren: ihn übervorteilen; ihn übergehen, an die Wand drücken. — Aus der Kraftfahrersprache.

Jemand überführen: ihm seine Schuld nachweisen. — Die Wendung aus dem mittelalterlichen Recht hieß ursprünglich nicht «er wurde überführt», sondern «er wurde vorübergeführt». Es war nämlich Brauch, daß Mordverdächtige an der Bahre des Erschlagenen vorübergeführt wurden, wobei sie den Leichnam dreimal berühren mußten. Blutete der Tote dann, so galt der Verdächtige als «überführt». So wurde in der Nibelungensage auch Hagens Verbrechen an Siegfried bewiesen.

UNBEKANNT

Der große Unbekannte: ist die geheimnisvolle, niemals zu ermittelnde Person, der die Schuld für alle Verbrechen aufgebürdet wird und die seit Menschengedenken in den Gerichtsverhandlungen aller Völker herumgeistert.

Die Redensart ist dem Bibelwort aus der Apostelgeschichte 17, 22 entlehnt: «Paulus aber stand mitten auf dem Gerichtsplatz und sprach: Ihr Männer von Athen, ich sehe, daß ihr in allen Stücken gar sehr die Götter fürchtet. Ich bin herdurchgegangen und habe gesehen eure Gottesdienste und fand einen Altar, darauf war geschrieben: Dem unbekannten Gott.»

UNBERUFEN s. HALS u. TEUFEL

UNBESCHOLTEN

Unbescholten sein: einen guten Ruf haben. — Wenn man im Mittelalter jemand Verachtung, Abscheu und Haß ausdrücken wollte, ließ man einen sogenannten «Scheltbrief» mit den Vorwürfen öffentlich anschlagen. Die angegriffene Person war dann «bescholten», solange sie sich nicht im ordentlichen Rechtsverfahren rechtfertigte. Heute wird der Ausdruck meistens nur noch negativ gebraucht.

UNKE

Unken: ein schlechtes Ende prophezeien; eine Sache miesmachen; ein Unglück voraussagen; schwarzsehen. — Die Unke oder Kröte (aus der Familie der Froschlurche) galt früher als böser Geist, dem ein schädlicher Einfluß auf Haus und Familie nachgesagt wurde.

V

VA BANQUE

Va banque spielen: alles auf eine Karte setzen; leichtfertig auf gefährliche Wagnisse in meist verzweifelter Lage eingehen. — Aus der Sprache der Glücksspieler: Im Bakkarat setzt der Spieler die ganze Summe, die der Bankhalter im Spiel hat, gegen die Bank.

Die Unke

VERÄPPELN

Jemand veräppeln: ihn zum besten haben; ihn ver=
spotten, verulken. — Die Wendung hat nichts mit Äpfeln
oder «Äppeln» zu tun. Das Wort kommt vom jiddischen
eppel = nichts. Wenn man jemand «veräppelt», will man
ihn zunichte machen. In diesem Sinne auch ein franzö=
sisches Sprichwort: «Die Lächerlichkeit tötet in Frankreich
sicherer als jede Waffe.»

VERBALLHORNEN

Eine Sache verballhornen: sie entstellt wieder=
geben; ein geistiges Erzeugnis durch willkürliche Änderung

abwerten. — Die Redensart geht auf den Lübecker Buch=
drucker Johann Ballhorn (1528—1603) zurück, der die ihm
anvertrauten Manuskripte eigenmächtig änderte oder sie
mit unsinnigen Zusätzen versah — also das tat, was man
heute «verschlimmbessern» nennt. Auf die Titelseiten
seiner Druckerzeugnisse pflegte er dazu noch die Worte zu
setzen: «Vermehrt und verbessert durch Johann Ball=
horn.»

VERBEISSEN

Sich in etwas verbeißen: sich verkehrterweise stur
auf etwas festlegen. — Aus der Jägersprache: der Hund
verbeißt sich manchmal so stark in das Wild, daß ihn der
Jäger schwer davon trennen kann. Der Ausdruck «*ver=
bissen*» etwas verfolgen oder *mit verbissenem Groll*
kommt jedoch vom «auf die Lippen beißen», um den
Schmerz zu unterdrücken.

VERFLUCHT

Verflucht und zugenäht: Diese viel gebrauchte
Redensart ist der Strophenschluß eines alten Studenten=
liedes, der lautet: «Und da fast täglich, wie zum Hohn,
ihm Knopf um Knopf abgeht, so hat er seinen Hosenlatz
— verflucht und zugenäht!»

VERFRANZEN

Sich verfranzen: sich verirren. — Fliegersprache.
«Franz» wurde im Ersten Weltkrieg der Beobachter eines
Flugzeugs genannt. Der Pilot hieß «Emil». Hatte sich
«Emil» verflogen, weil ihm «Franz» als Beobachter einen
falschen Kurs angegeben hatte, so hatte sich die Maschine
verfranzt.

VERGLEICH HINKT s. PFERD

Verknallt ...

VERHASPELN

Sich verhaspeln: sich beim Reden verwirren. — Von der Haspel hergeleitet, einer Winde, von der das Garn abgespult wird. Dabei kann es passieren, daß sich die Fäden verwirren.

VERKNACKEN

Einen verknacken: ihn verurteilen, bestrafen. — Geht auf eine altgermanische Wurzel zurück, in der «knik= ken» = entmachten («er ist geknickt») und auch das eng= lische to knock over = zusammenschlagen enthalten sind. Hingegen stammt der Ausdruck *Knast* = Gefängnis und *schwerer Knast* = Zuchthaus (Kerker) vom jiddischen Knas für Strafe.

VERKNALLEN

Sich in ein Mädchen verknallen: sich in ein Mäd= chen verlieben. — «Verknallt sein» ist das gleiche wie «verschossen sein». Es muß eigentlich heißen «geschos= sen» oder «angeschossen sein» — nämlich vom Liebespfeil Amors. Das «Knallen», das gleichzeitig die Schnelligkeit, mit der die Liebe kommt, kennzeichnet, ergab sich später mit dem Aufkommen der Feuerwaffen von selbst.

VERSCHÜTTEN

Verschüttgehen: verlorengehen, verschwinden; verderben. — Entstanden aus dem niederdeutschen «schütten» = einsperren. Ausgerissenes oder streunendes Vieh durfte in Norddeutschland vom Flurschütz verschüttet, das heißt eingesperrt, unter Umständen sogar gepfändet und versteigert werden. Was «verschüttging», war weg.

VERZETTELN

Sich verzetteln: planlos arbeiten; die Kräfte nicht auf ein Ziel richten, sondern zwecklos vergeuden, nicht bei der Sache bleiben. — Das Wort kommt aus dem mittel= hochdeutschen zetten = verstreuen.

Etwas anzetteln = zu einem Streik, einer Intrige, einem Komplott, einer Rebellion anstiften. Auch hier handelt es sich um dieselbe Wurzel. Der Ausdruck kommt aus dem Weberhandwerk. «Anzetteln» heißt hier den Aufzug eines Gewebes machen, mit dem das Weben beginnt (über die ganze Breite «verstreute» Fäden!).

VOGEL

Einen Vogel haben: nicht bei Verstande, hirnverbrannt sein. — Nach altem Volksglauben waren Geistesgestörte nicht nur behext, in manchen Fällen nisteten Vögel in ihrem Kopf. Daher: *bei dir piept's wohl!* (siehe Pfeife). *Er hat Spatzen (Vögel) unterm Hut* (siehe Hut).

Den Vogel abschießen = die beste Leistung erzielen; obenauf sein; den wertvollsten Teil bekommen. — Aus der Schützensprache vom Vogelschießen hergeleitet, in dem der Schützenkönig den Rest des Vogels, der als Scheibe dient, auf einmal herunterschießt.

Für vogelfrei erklären: einen für schutzlos erklären; verrufen; ausstoßen. — Die schwerste Strafe bei unseren Vorfahren war die «Friedloserklärung». Mit ihr war der Mensch aus seiner Gemeinschaft ausgestoßen. Jeder hatte das Recht, ihn zu töten. Die Schicksalsformel lautete: «Er ist dem Vogel in der Luft, den wilden Tieren im Walde, den Fischen im Wasser zum Fraße freigegeben.» «Vogelfrei» war auch der Leichnam des Geächteten. «Den Vögeln war es erlaubt«, ihn zu fressen. Dazu ein Ausspruch des «Hauptmanns von Köpenick». Im Oktober 1906 leistete sich der Schuhmacher Wilhelm Voigt seine Köpenickiade. Mit einigen auf der Straße angehaltenen Soldaten verhaftete er in Hauptmannsuniform im Rathaus zu Köpenick den Bürgermeister und beschlagnahmte die Stadtkasse. Da er während seiner Gefängniszeit aus aller Welt Sympathiekundgebungen und Geschenke erhalten hatte, so sprach er, nach einem Gnadenerweis des Kaisers aus der Strafanstalt Tegel entlassen, auf eine Walze des Edisonschen

Phonographen die Worte: «Ich danke allen, die an mich gedacht haben. Ich bin jetzt frei — hoffe aber, niemals mehr vogelfrei zu werden!»

VORSICHT

Vorsicht ist die Mutter der Porzellankiste: eine humorvolle Berliner Umformung der alten Wendung: «Vorsicht ist die Mutter der Weisheit.» — Wenn die Vorsicht die Mutter der Porzellankiste ist, wer aber war der Vater? Man weiß es nicht. Also ist auch die Vorsicht einmal unvorsichtig gewesen!

VORTEIL

Seinen Vorteil wahren: auf seinen Gewinn bedacht sein. — Aus der Kriegersprache. Nach der Schlacht wurde von der Kriegsbeute für den Feldherrn und seine Unterführer ein Teil «vorweg» genommen. Das war der «Vorteil», der der allgemeinen Aufteilung vorauszugehen hatte.

W

WALD

Den Wald vor lauter Bäumen nicht sehen: unmittelbar vor einer gesuchten Sache stehen, ohne das zu erkennen; sich durch Nebensachen den Blick für das Wesentliche trüben lassen. — Die Redensart ist schon beim römischen Dichter Ovid (43 v. Chr. — 17 n. Chr.) bezeugt. Goethe schreibt in seinen «Materialien zur Geschichte der Farbenlehre»: «Man sieht lauter Licht, keinen Schatten, vor lauter Hellung keinen Körper, den Wald nicht vor Bäumen; die Menschheit nicht vor Menschen.»

Nicht für einen Wald voll Affen: unter keinen Umständen, nein, nimmermehr, um keinen Preis, nicht um alles in der Welt, keineswegs, der Himmel verhüte! Gott bewahre, das sei ferne von mir, auf keinen Fall! — Der große englische Dramatiker William Shakespeare (1564 — 1616) stand bei dieser oft zitierten Redensart

Pate, denn in der 1. Szene des 3. Aktes vom «Kaufmann von Venedig» läßt er Tubal sagen: «Einer zeigte mir einen Ring, den ihm Eure Tochter für einen Affen gab.» Worauf Shylock antwortet: «Daß sie die Pest! Du marterst mich, Tubal, es war mein Türkis. Ich bekam ihn von Lea, als ich noch Junggeselle war. Ich hätte ihn *nicht für einen Wald voll Affen* weggegeben!» Wörtlich heißt es im Englischen: «I would not have given it for a wilderness of monkeys», also «Ich würde ihn nicht für eine ‹Affenwildnis› weggegeben haben»; der bei uns eingebürgerte *«Wald voll Affen»* ist aber humorvoller und anschaulicher.

WALZE

Auf der Walze sein: sich auf der Wanderschaft befinden (vom Handwerksburschen). — Ursprung ist das althochdeutsche walzan, das sich drehen oder fortbewegen heißt. Daher auch *Walzer.* Die *Walze* der Drehorgel hat bei der Wendung «immer dieselbe Walze» = «immer die alte Leier» Pate gestanden.

WASCHEN

Dumm aus der Wäsche gucken: leer ausgehen, das Nachsehen haben und daher einfältig dreinschauen. — (Siehe auch Mond.) Im Zweiten Weltkrieg aufgekommen. *Ein Kerl, der sich gewaschen hat* = ein tüchtiger Mensch.

Das ungewaschene Maul ist ein Lästermaul. *Ein waschechter Berliner* ist ein unverfälschter Berliner. *Seine Hände in Unschuld waschen:* siehe Hand.

Schmutzige Wäsche wäscht man besser zu Hause und nicht in aller Öffentlichkeit. Das heißt im übertragenen Sinne, daß man private Angelegenheiten peinlicher Natur unter sich ausmachen sollte.

WANDALISMUS

Hausen wie die Wandalen: in blinder Zerstörungswut selbst Kostbarkeiten vernichten; alles kurz und klein schlagen. — In der Zeit der Völkerwanderung waren die von König Geiserich angeführten germanischen Wandalen eine im spätrömischen Reich gefürchtete Macht. Henri Grégoire, Bischof von Blois (1750—1831), prägte in einem Bericht an den Konvent das Schlagwort vom «Wandalismus» für angebliche Verwüstungen von Kunstwerken, deren er die Wandalen bei einer vorübergehenden Besetzung Roms unter Geiserich beschuldigte. Im italienischen Strafrecht gibt es heute noch einen Paragraphen gegen den «Wandalismus». Erst Julius Miedel wies 1905 in seiner Abhandlung «Vandalismus — Eine Ehrenrettung» nach, daß sich die Wandalen nicht ungesitteter als andere ehrenwerte Krieger der Weltgeschichte benommen haben. Sie waren besser als ihr Ruf (siehe Casanova und Xanthippe!). Es gibt jedenfalls keine Beweise für eine Zerstörungswut, die ihren schlimmen Leumund rechtfertigten.

WASSER

Mit allen Wassern gewaschen: gerieben, listig, verschlagen, mit allen Hunden gehetzt. — Bezieht sich auf den welterfahrenen und weitgereisten Seemann, der in den Wassern aller Ozeane gebadet und sich gewaschen hat.

Vom reinsten Wasser = unverfälscht, ganz echt. Seit dem 16. Jh. Fachausdruck der Edelsteinhändler. Es gibt entsprechend ihrer Qualität (Lupenreinheit) Diamanten «vom ersten Wasser», «vom zweiten Wasser» und so fort. In übertragenem Sinne Jean Paul («Leben Fibels», 1812): «Wir besitzen Dichter vom ersten Wasser, vom zweiten, vom dritten.» 1848 wurde die Redensart politisches Schlagwort als «Demokrat vom reinsten Wasser».

Einem nicht das Wasser reichen können = tief unter einem stehen. — Spielt auf die Zeiten an, als man noch nicht mit der Gabel aß und die Diener nach dem Essen Wasser zum Händewaschen herumreichten wie heute als Fingerschalen noch nach Obst. An Fürstenhöfen mußten Edelknaben (heute: Pagen) die Waschschüsseln den hohen Gästen kniend darbieten. Die Wendung meint

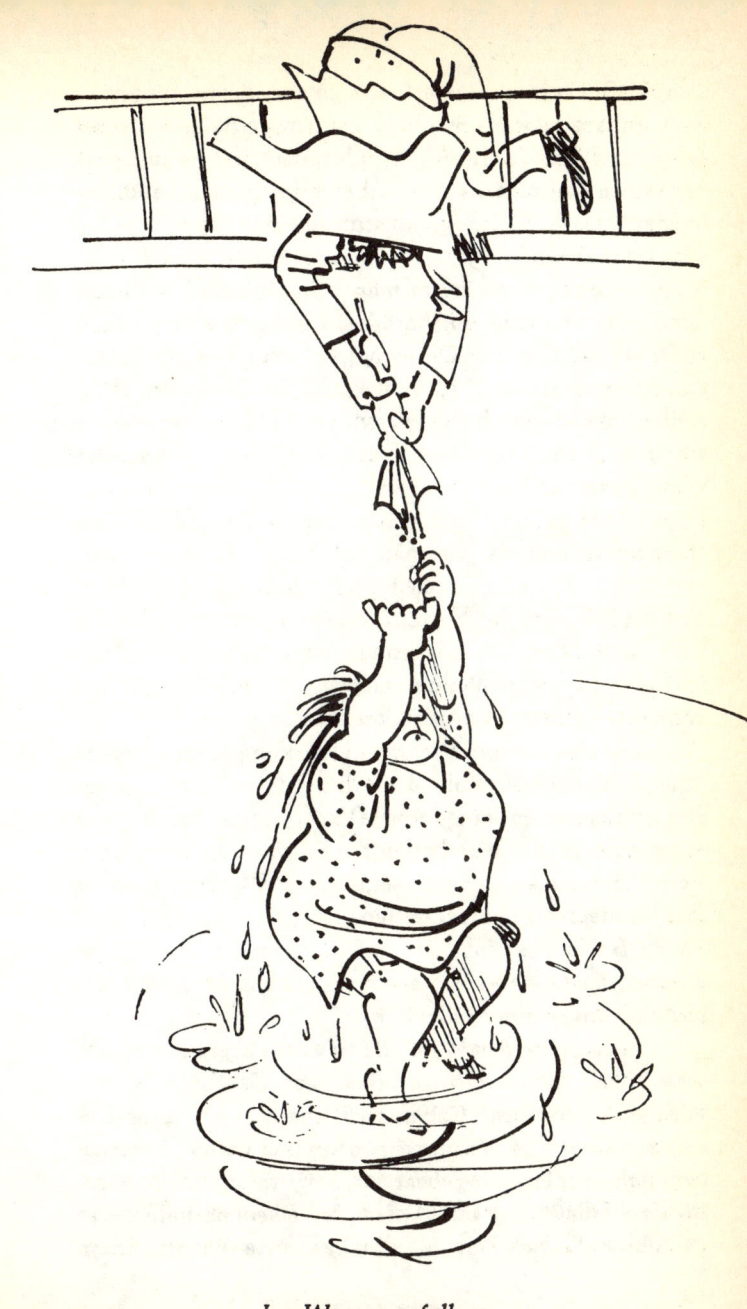

Ins Wasser gefallen . . .

also, daß einer nicht wert sei, einem diesen niedrigen Dienst zu erweisen. Symbolische Anwendung des Ausdrucks seit dem 16. Jh. Siehe auch in Goethes «Faust» (I) die Worte Valentins: «Aber ist eine im ganzen Land, die meiner trauten Gretel gleicht, die meiner Schwester das Wasser reicht?»

Aussehen, als wenn man kein Wässerchen trüben könnte = unschuldvoll, harmlos aussehen, obwohl man es faustdick hinter den Ohren hat. — Wurzelt in der Fabel des Äsop (6. Jh. v. Chr.) vom Wolf, der das Lamm frißt, weil es ihm angeblich das Wasser getrübt habe, obwohl es am unteren Lauf des Baches getrunken hatte, während der Wolf oben stand.

Jemand das Wasser abgraben = jemand die Existenz vernichten, das Geschäft verderben. Wird der Bach, der die Mühle treibt, abgeleitet oder doch ein wesentlicher Teil des Wassers durch Abgraben entzogen, so ist das der Ruin der Mühle. Das Gegenteil: *das ist Wasser auf die Mühle* = das kommt ihm gelegen. Bekommt die Mühle vermehrt Wasser, so arbeitet sie besser.

Ein Schlag ins Wasser = wirkungsloses, vergebliches Tun, ein Mißerfolg, denn das Wasser läuft ja immer wieder zusammen. *Einen über Wasser halten* (auch: sich) = jemand in der Not helfen, damit er nicht untergehe. Vom Schwimmer, der sich selbst über Wasser hält oder einen anderen, um ihn zu retten.

Ins Wasser fallen = mißlingen; nicht verwirklicht werden; ausfallen — wie ein Gegenstand, der unwiederbringlich ins Wasser fällt.

Wasser in den Wein gießen = die Begeisterung abschwächen. In «Sprichwörtlich» sagt Goethe: «In des Weinstocks herrliche Gaben gießt ihr mir schlechtes Gewässer! Ich soll immer unrecht haben und weiß es besser.» *Wer nahe ans Wasser gebaut hat*, neigt rasch zum Weinen. *Bis dahin fließt noch viel Wasser den Rhein herunter* = es vergeht noch viel Zeit, bis das Erwartete eintritt. Schon

1507 bezeugt. Der Zeitbegriff wird durch den **ewigen** Strom des Flusses deutlich veranschaulicht. Je nach der Landschaft wechselt in der Redensart der Fluß.

Auch da wird mit Wasser gekocht = auch da hat man keine bessere Arbeitsweise; auch da ist nichts Ungewöhnliches zu erwarten; es geht überall natürlich zu. *Wasser in die See tragen* (siehe Eule). *Das Wasser steht ihm bis zum Hals* (siehe Messer).

WEG

Einen Weg einschlagen: in einer bestimmten Richtung wandern. — Die Wendung spielt auf alte Zeiten an, in denen erst Bäume und Sträucher niedergeschlagen werden mußten, um sich einen Weg zu bahnen.

Etwas zuwege bringen = etwas fertigbringen. Eigentlich: eine Sache zu dem Weg bringen, auf dem sie fehlt.

WEIS

Jemand etwas weismachen: ihm etwas aufbinden, einreden; das Falsche als richtig erzählen. — Bedeutet wörtlich «weise, wissend machen», in Kenntnis setzen. Später ins Ironische abgewandelt. 1594 bei H. J. v. Braunschweig: «Ich wil meiner Frauen (der Ehebrecherin) weis machen, ich wil verreisen.»

WEISHEIT s. LÖFFEL

WEIT

Das ist nicht weit her: das taugt nicht viel, das ist nichts Besonderes; unbedeutend, minderwertig. — Wurzelt in der schon von Grimmelshausen (1673) im «Teutschen Michel» verspotteten und angeprangerten deutschen Sucht, «das Einheimische zu mißachten und das Fremde zu überschätzen». — Markus 6,4: «Ein Prophet gilt nirgend weniger denn im Vaterland und daheim bei den Seinen.»

WESTE

Eine weiße Weste haben: untadelig, anständig, gut beleumundet sein. — Von Bismarck geprägt und öfter ge= braucht; zu Moltke (1866): «Wir haben bisher keinen Flecken auf der weißen Weste.»

WICKEN s. BRUCH u. BINSEN

WINKEL

Winkelzüge machen: nicht geradeheraus reden; Ausflüchte, Ausreden, Vorwände machen. — Wer den Stift an das Winkelmaß anlegt, weicht von der geraden Linie ab. Anhänger Bismarcks, die «Getreuen von Jever» in Oldenburg, sandten dem Kanzler jedes Jahr zu seinem Geburtstag am 1. April die von ihm hochgeschätzten Kiebitzeier. Als die Kiebitze eines Jahres erst Mitte April legten, schickten die Getreuen die Eier mit dem platt= deutschen Vers: «De Kiewitt lewt de Winkeltög just wie de Diplomaten, drum hett he uns in diesem Johr allwedder luern laten.»

WIPPCHEN

Mach keine Wippchen: mache keine Ausflüchte, flunkere mir nichts vor, mache keine Fisimatenten (siehe dies). — Hat sich vom niederdeutschen «Wippken» = Sprung (des Seiltänzers, Gauklers) über Seitensprung zur Lüge entwickelt. Ähnlich «Kapriolen» = Bocksprünge, wunderlicher Einfall.

WOLF

Mit den Wölfen muß man heulen: ist eine bereits in spätmittelhochdeutscher Zeit bezeugte Wendung zur Entschuldigung, daß man sich in Wort und Tat nach einer schlechten Gesellschaft gerichtet hat. Gleiche Wendung auch im Russischen. — Ludwig Körner, Präsident des Deut= schen Bühnenklubs Berlin, reimt: «Mit den Wölfen muß man heulen, eine alte Weisheit spricht, aber mit dem Schwein zu grunzen braucht man drum noch lange nicht!»

Ein Wolf in Schafskleidern ist ein Scheinheiliger nach Matthäus 7, 15: «Sehet euch vor vor den falschen Propheten, die in Schafskleidern zu euch kommen; inwendig aber sind sie reißende Wölfe.» Bei Burkard Waldis (16. Jh.) heißt es im «Verlorenen Sohn»: «Wan der wulf wil roven (rauben) gan, so tuet he schapes kleder an.»

WOLKE s. KORB

WOLLE

In der Wolle gefärbt sein: echt, gerade, treu, unverfälscht sein. — Wird schon die Wolle gefärbt, so hält die Farbe länger, als wenn man das fertige Gewebe färbt.

In die Wolle geraten = sich ereifern, streiten, zornig werden. «Wolle» ersetzt hier scherzhaft «Haare». Ähnlich also: «in die Haare geraten», «in den Haaren liegen» (siehe Haar).

WUNDER

Sein blaues Wunder erleben: peinlich überrascht sein; eine unangenehme Erfahrung machen. — Leitet sich wie der «blaue Dunst» (siehe Dunst) von dem Zauberkünstler ab, der vor Ausführung seiner Tricks berauschende blaue Dämpfe erzeugt, um seine Zuschauer zu benebeln und ihre Sinne zu täuschen.

WURM

Die Würmer aus der Nase ziehen: jemand durch geschickte Fragen seine Geheimnisse entlocken. — Den Aberglauben, daß Würmer Krankheit erregende Dämonen seien, machten sich Kurpfuscher des 17. und 18. Jh. zunutze, indem sie auf Jahrmärkten behaupteten, Schwermütige dadurch heilen zu können, daß sie ihnen die Würmer durch die Nase aus dem Gehirn zögen. Im übertragenen Sinne auch von Frosch in Auerbachs Keller

Würmer aus der Nase ...

(«Faust» I) gebraucht, als Faust und Mephisto durch ihr
Erscheinen die Neugier der Studenten erregen: «Laßt mich
nur gehn! Bei einem vollen Glase zieh' ich, wie einen
Kinderzahn, den Burschen leicht die Würmer aus der
Nase.»

    Es wurmt mich = es beunruhigt, ärgert und quält
mich wie der Wurm im Leibe.

    Da ist der Wurm drin! = das ist zum Scheitern ver=
urteilt; das muß schiefgehen; das haut nicht hin. — Wurm=
stichiges Obst zerfällt und ist ungenießbar. Gemeint ist
aber auch der Holzwurm im morschen Gebälk des Hauses
(s. Haussegen). Die feine Arbeit jener Legionen von Holz=
würmern, die das Innere des Balkenwerks in Holzmehl
verwandeln, ist nur im mitternächtlich stillen Hause ver=
nehmbar und kündet die kommende Katastrophe an. Daher:
«Der Totenwurm pickt!» oder: «Die Totenuhr tickt!»

WURST

Das ist mir Wurst: das ist mir gleichgültig; das interessiert mich nicht. — Ähnlich wie «*das ist Jacke wie Hose*» = das ist eins wie das andere. Da die beiden Enden der Wurst völlig gleich sind, so ist es egal, welches Ende der Wurst man anschneidet. Der Ausruf: *Wurst wider Wurst!* heißt: Gleiches mit Gleichem vergelten. Ursprünglich gar nicht so böse gemeint, denn die Redensart kommt von der Sitte, sich beim Schlachtfest gegenseitig mit Würsten, Fett und Fleisch zu beschenken (siehe: «Fett abbekommen») — ein Brauch, der sich noch aus der frühgermanischen Zeit der Opfergemeinschaften erhalten hat.

Mit der Wurst nach der Speckseite werfen: durch eine kleine Gefälligkeit einen größeren Vorteil einzuhandeln suchen. — J. Gotthelf erzählt im «Bauernspiegel» (1837) von einem gerissenen Bauern: «Er wußte wie keiner Würste nach Speckseiten zu werfen, und selten mißlang ihm ein Wurf.» Fritz Reuter reimt plattdeutsch: «He smitt mit de Pink (Wurst) na de Schink.» Diese anschauliche, seit dem Mittelalter bekannte Wendung erklärt sich so: In den Bauernhäusern hingen früher die geräucherten Schinken, Würste und Speckseiten Stück neben Stück an Haken an der Decke, so hoch, daß man sie nur mit einer langen Stange herunterholen konnte. Die jungen Burschen, denen der Bauer beim Schlachtfest nur eine Wurst geschenkt hatte, machten sich nun einen Spaß daraus, mit der Wurst nach dem Schinken oder der Speckseite zu werfen und so zu treffen, daß sie sich vom Haken löste und herunterkam. Daß sie nicht wieder hinaufgehängt wurde, versteht sich.

X

Jemand ein X für ein U machen: ihn betrügen. — Das Zeichen X ist sowohl Buchstabe X als auch Zahl zehn. Das Zeichen U wurde früher wie V geschrieben und bedeutet zugleich die Zahl fünf. Wenn ein Gläubiger ein X aus einem V machte, indem er die Striche verlängerte, betrog er seinen Schuldner, denn er machte aus der 5 eine 10!

XANTHIPPE

Xanthippe: ein unverträgliches, zänkisches, streitsüchtiges Weib. — Gattin des griechischen Philosophen Sokrates (470—399 v. Chr.), die zu Unrecht zum Inbegriff des launenhaften, zänkischen Weibes wurde. Trotz Lessings Rechtfertigungsversuch (1747) gilt sie heute noch als Typ der unverträglichen, rechthaberischen Frau (ähnlich falsche Ansichten über » Casanova « und die »Wandalen«, siehe dies).

Y

YPERN

Aussehen wie der Tod von Ypern: totenblaß, elend und krank aussehen. — Die in Deutschland, Flandern und Holland gebräuchliche Wendung spielt auf den schauervollen Anblick einer Figur des Todes an, die zur Erinnerung an die Pest in der Hauptkirche von Ypern (Belgien) aufgestellt wurde. Varianten dieser Redensart sind: *aussehen wie der Tod von Basel* oder *das Leiden Christi.* Ältere niederländische Redensart: «... *wie der Bleikedoot (bleiche Tod) von Haarlem.* »

Z

ZACK

Auf Zack sein: tüchtig, schlagfertig, auf Draht (siehe dies) sein. — Das lautmalende «Zack» steht symbolisch für die schnelle Bewegung wie der Blitz, der im Zickzack einschlägt. Stammt vom Militär, bei dem auf schnelle, exakte Ausführung der Dienstobliegenheiten, auf «Zackigkeit», großer Wert gelegt wird. So entwickelte sich zackig dort zu «hervorragend».

ZAHN

Einem auf den Zahn fühlen: ihn unauffällig, schnell und gründlich auf seine Kenntnisse und Fähigkeiten prüfen. — Bezeugt seit 1700. Stammt wahrscheinlich vom Pferdehandel. Um einen alten Gaul als halb so alt loszuschlagen, fütterte man Tage vorher nur Hafer und mischte der Tränke Arsen bei, um das Fell glänzend und die Augen feurig zu machen. Ein gewiegter Pferdekenner fiel aber darauf nicht herein. Er *fühlte* nämlich dem Gaul einfach *auf den Zahn.* Da spürt der geübte Finger den Grad der Abnutzung auf den Kauflächen der Mahlzähne und stellt so das Alter fest. Dieses Merkmal ist untrüglich, selbst wenn der Zahn gefeilt ist (auch das machte man!). Daher auch das Sprichwort: «Einem geschenkten Gaul sieht man nicht ins Maul!» (Siehe auch *heraus.*)

Der Zahn der Zeit, der alles zernagt und zerfrißt, ist bereits bei den alten Griechen (z. B. Simonides von Keos) und Römern bekannt.

Durch die Zähne ziehen = durchhecheln, sich abfällig äußern (siehe Hechel). *Haare auf den Zähnen haben* (siehe Haar).

ZANK

Der Zankapfel sein: den Gegenstand des Streites bilden. — Die Wendung geht auf die griechische Sage von Paris zurück, der im Streit der Göttinnen Hera, Athene und Aphrodite zum Schiedsrichter über ihre Schönheit erwählt wurde. Indem er den als Preis für die Schönste bestimmten Apfel der Aphrodite reichte, wurde dieser zum «Zankapfel» im *Paris-Urteil.*

ZAPFEN

Bis zum Zapfenstreich müssen die Soldaten wieder in der Kaserne sein. — Diese ausschließlich im militärischen Sinne gebrauchte Wendung stammt von Wallen-

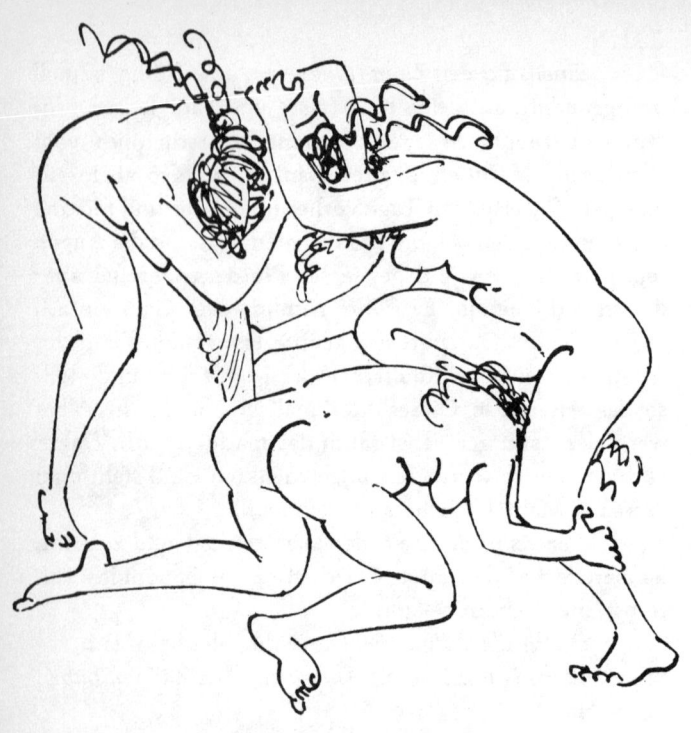

Der Zankapfel

stein (1583—1634), der seinen Marketendern befahl, ihren
Ausschank zu einer bestimmten Stunde einzustellen. Der
Zapfen wurde dann mit einem Schlag (Streich, siehe dies)
ins Faß geschlagen und über Faß und Zapfen ein Kreide=
strich gezogen, um prüfen zu können, ob das Faß etwa
über Nacht unbefugt geöffnet worden war. Beim *Großen
Zapfenstreich* wirken Fackelträger und Musikkorps mit.

Über den Zapfen hauen = den Urlaub über=
schreiten.

ZAUN

Etwas vom Zaun brechen: einen Streit, einen Krieg unverhofft, unberechtigt und mutwillig entfesseln. — Schon seit 1500 bezeugt. Spielt auf den Landstreicher an, der unerwartet eine Latte vom Zaun bricht, um jemand zu überfallen. v. Kaisersberg (1500): «Sie brechen ein ursach vom zaun.»

Mit dem Zaunpfahl winken = allzu deutlich auf etwas anspielen; etwas grob und plump zu verstehen geben. Auch hier wieder das Bild des Vagabunden, der, um eine milde Gabe bettelnd, unmißverständlich drohend den abgebrochenen Zaunpfahl zeigt. Dabei ist «winken» natürlich ironisch gemeint. Der mittelhochdeutsche Epiker des 13. Jh., Ulrich von Türheim, sagt in «Willehalm»: «Im wirt gewinket mit der stangen.»

ZEICHEN

Er ist seines Zeichens ... wird heute noch gesagt, wenn wir vom Beruf einer Person sprechen. — Wurzelt in alten Zunftbräuchen. Wandernde Gesellen, die sich in einer Herberge trafen, malten auf den Tisch vor ihrem Platz ihr Gesellenzeichen und legten den Hut darauf. Wenn nun der Altgeselle als Vorsitzender die Tafelrunde mit feierlichem Handwerksgruß geehrt hatte, ließ er einen Bierstiefel herumgehen. Jeder, der beim Umtrunk an der Reihe war, hob seinen Hut auf, worauf der Altgeselle ihn mit den Worten vorstellte: «Das ist ... Er ist seines Zeichens Zimmermann (oder Maurer, Seiler, Brauer, Schmied und so fort).»

ZEIT

Das Zeitliche segnen: sterben. — Der Segnende ist nicht der Sterbende, sondern Gott. Eine seit dem 17. Jh. bezeugte Wendung, die von dem Brauch ausging, die «Zeitlichkeit», das ist die irdische Welt, in der Sterbestunde von Gott segnen zu lassen: «Nun sieht mich kein

Mensch nimmermehr, Gott gesegn euch alle, wo ihr seyt!»
(In Jakob Ayrers Drama «Melusine» — 1620.)

ZEITUNGSENTE s. ENTE

ZEUG

Einem etwas am Zeuge flicken: ihm etwas anhaben;
ihm schaden; ihm Vorwürfe machen. — Eigentlich die des
Flickens bedürftige, schadhafte Stelle am Zeug herausfin=
den und tadeln. Eine Erklärung findet sich schon 1771 im
«Bremisch=Niedersächsischen Wörterbuch», Bd. 5: «Enem
wat an dem Tüge flikken: einem Ungelegenheit machen,
Verdruß und Händel erwecken, sich an einem reiben.»
Gottfried Aug. Bürger (1785) in «Der Kaiser und der
Abt»: «Der Kaiser will mir gern am Zeug was flicken.»
Das Zeug zu etwas haben = die notwendigen
Voraussetzungen für eine Aufgabe haben. Zeug ist eine
militärische Bezeichnung, wie sie im «Feldzeugmeister»
oder «Zeughaus» wiederkehrt und «Ausrüstung» meint.
So auch: *das Rüstzeug für etwas mitbringen.* Aber auch im
zivilen Leben bedeutet es wie bei «Handwerkszeug»
allgemein Gerät. Die Redensart stammt wahrscheinlich aus
der Landsknechtssprache: der Landsknecht mußte seine
Waffen selber stellen, «das Zeug haben».
Sich ins Zeug legen = sich für etwas einsetzen;
große Anstrengungen machen; ins Geschirr gehen. —
Zeug bedeutet hier das Geschirr der Zugtiere, wie auch in
was das Zeug hält = aus Leibeskräften. Literarisch bei
Lessing (1778) in «Eine Parabel» bezeugt: «Schreiben Sie,
Herr Pastor, und lassen Sie schreiben, so viel das Zeug
halten will: ich schreibe auch.» *Scharf ins Zeug gehen* =
scharf, rücksichtslos vorgehen. *Zeugs* = verächtlich für
Sache, Gegenstand.

ZIGARRE

Jemand eine Zigarre verpassen: eine Rüge, einen
Verweis erteilen; ihm Vorhaltungen machen. — In der

deutschen Kaiserlichen Marine leitete der Kommandant seinen Rüffel an einen jüngeren Offizier damit ein, daß er ihm zuerst eine Zigarre anbot. Verließ der Offizier nach dem Anpfiff die Kommandantenkajüte mit einer brennenden Zigarre, wußte jeder an Bord, was «die Glocke geschlagen hatte».

ZIVIL

Zivilcourage: der Mut, sich im bürgerlichen Leben für die eigene Überzeugung einzusetzen. — Von Bismarck geprägt, der 1864 zu seinem engsten Freunde Robert v. Keudell sagte: «Mut auf dem Schlachtfelde ist bei uns Gemeingut, aber Sie werden nicht selten finden, daß es ganz achtbaren Leuten an Zivilcourage fehlt.» (R. v. Keudell «Fürst und Fürstin Bismarck», 1901.)

ZUG

In den letzten Zügen liegen: im Sterben liegen. — Hier sind nicht die letzten Atemzüge des Sterbenden gemeint. Luther gebraucht die Wendung noch ohne den Zusatz «letzt»: «In den Zügen liegen.» Der Sterbende *zieht davon,* daher kommt der Ausdruck. Das Gegenteil: *das Leben in vollen Zügen genießen,* geht auf den Zug beim Trinken zurück, bedeutet «das Leben genießerisch bis zum letzten auskosten» — gelegentlich ironisch auf das überfüllte Eisenbahnabteil angewendet.

Der Zug durch die Gemeinde = nacheinander viele Gasthäuser besuchen.

ZWEIG

Auf keinen grünen Zweig kommen: es im Leben zu nichts bringen, kein Glück haben. — Die Redensart spielt auf einen alten deutschen Rechtsbrauch an. Hatte jemand ein Grundstück erworben, überreichte ihm der Vorbesitzer bei der Übergabe eine kleine Rasenscholle mit eingestecktem grünem Zweig. Wer also arm und besitzlos blieb, kam nie auf einen grünen Zweig!

ZWIETRACHT

Zwietracht säen: Unfrieden stiften. — Der grie=
chische Sagenheld Jason, Führer der Argonauten, säte auf
Kolchis Drachenzähne, aus denen grimmige, sich be=
kämpfende Männer emporwuchsen.

ZWITSCHERN

Einen zwitschern: einen trinken. — Eine alte Trin=
kersitte ist, den feuchten Korken am Flaschenhals oder
=leib zu reiben, ehe man den Schnaps aus der Flasche
trinkt. Das geht besonders gut an den flachen, kleinen
Flaschen, die man in der Tasche trägt. Der Ton, den man
dann hört, wird prägnant mit « zwitschern » getroffen. So
kann man wirklich « einen » (Schluck) « zwitschern » !

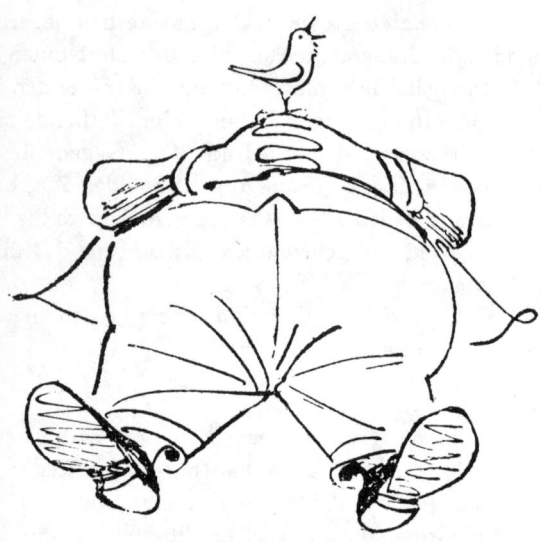

Einen zwitschern

BEISPIELE

AUS DEM SPITZBUBENLATEIN

MARINEDEUTSCH

TEENAGERJARGON

SPITZBUBENLATEIN AUS DEM JAHRE 1900
(auch *Gaunersprache* oder *Rotwelsch genannt*)

Diebesbrief

Lieber Collex, an den ich Naches!

Daß ich letzten Kiesow= und Mooskuppen=Masematten
mit Sore, Tandel und masse Porum treefe verschütt gewor=
den; durch Flammertip von Balmischpeet gebumst. Ein
leffer Ganneiwe aber kein Maure. Als Schien beileile ge=
glitscht kam Pachulka mit Achelputz ließ Deele auf, ich
türmte Khan Palmer vorbei und masel toof bevor Jom=
schmiere kam und koffscher. Paloppen, Greiferei, ganze
Polente in Dampf. Aber Kies und Lappen ins Kraut ka=
bohrt tippelte bei jom und beileile nach N., wo ich den
kessen Paddenklauer P. der in D. im Näck schewwenete.
An Kober L. gimmel Männchen, keine geputzten, weil er
Flebbe, Obermann und Stenz gab; L. nicht kess, noch
witsch. Zwei Jahre rowitschen und dann zu Dir nach B.
zum Flattern, habe Naches an mein Collex.

Grüße Kalle und vergiß nicht

Deinen M. (josche gut)

(Aus Ernst Rabben: Die Gaunersprache, Hamm in Westfalen, 1906.
Durch freundliche Vermittlung des Bundeskriminalamtes Wiesbaden)

Übersetzung

Lieber Kollege, an dem ich Freude habe!

Daß ich bei dem letzten Silber- und Geldschrankdiebstahl mitsamt dem Diebesgut, Schlüsseln und Schrankzeug abgefaßt und festgenommen worden bin, ist Dir bekannt. Durch einen Lichttropfen auf meinem Stiefel hat mich der Untersuchungsrichter überführt. Ein herzhafter Dieb hat aber keine Angst. Als der Aufseher des Nachts zuletzt revidiert hatte, kam bald der Kalfaktor mit dem Essen und ließ die Zellentür und das Tor offen; ich flüchtete im günstigen Augenblick aus dem Gefängnis an der Schildwache vorbei und kam zum Glück frei, bevor der Tagesaufseher eingetroffen war. Schutzmänner, Kriminalisten und die ganze Polizei werden in großer Erregung gewesen sein, hatte aber ein wenig Kleingeld sowie einige Hundertmarkscheine in meinem Kopfhaar untergebracht und marschierte bei Tage und bei Nacht bis nach N., wo ich mit dem gerissenen Taschendieb P., der in D. in der Nebenzelle saß, zusammengetroffen bin. Gib dem Schankwirt der Verbrecherkneipe L. drei Taler, aber echte, weil er mir Papiere, Hut und Stock besorgte; L. ist nicht ganz verschwiegen! Nun will ich zwei Jahre lang redlich arbeiten und komme dann wieder zu Dir nach B. — zum Wäschestehlen —, denn ich habe große Freude an meinem lieben Kollegen.

Grüße meine Liebste und vergiß nicht

Deinen M. (schlafe gut!)

Kameradenbrief

Mein lieber Jörn!

Gestern nachmittag liefen wir mit unserem Salutdampfer in Schlicktau ein. Unter Seitepfeifen ging unser Kom=modore in elegantem Rippenbezug, mit blanken Kolben=ringen und großer Backspier an Land. An der Stelling war eine Wuhling, und um ein Haar hätte er den Oberver=dachtschöpfer gerammt. Das war das Signal, um mit Olaf zu einem Marinefangessen im Rüstringer Villenviertel aus=zulaufen. Als unsere Elbkähne Kurs auf das Eingangs=schott nahmen, öffnete uns eine seute Deern — Ilse, Toch=ter des Hauses, ein prima Steuerbordmädchen! Der Haus=herr verschaffte uns durch einige kühle Blonde, die wie Salatöl das Hauptlenzrohr hinunterliefen, und etliche Wel=lenbrecher die nötige Vo. Unseren netten Antennenakro=baten Christian, der in Schlickazien wohnt, durch das Ver=ulkungsbändsel heranzulotsen, mißlang.

Heute, Sonntag, ist endlich Ruhe! Nach Backen und Ban=ken dampft der Kaffee in der Pauline; der Schmutt hat mal wieder die Bohnen hindurchgeschossen! Aber nach dem frugalen Mahl einer Kaiser=Wilhelm=Gedächtnissuppe, der Außenbordskameraden mit Bootsmannsmaatenobst und Jadeschlamm schmeckt auch die Karpfenteichbrühe, wenn man noch ab und zu einen Schluck aus der Laterne für Innenbeleuchtung nimmt. Der Knösel knistert, alles schreibt, palavert, spinnt Garn, liest in des Teufels Gebet=buch oder spielt Schach und wartet nur noch auf die Befehle «Pfeifen und Lunten aus!» und «Ruhe im Schiff!». Dann wollen wir wieder beide Augen auf Null stellen und uns der Röcheldetrie hingeben, denn das «Reise! Reise!» kommt immer zu früh!

Herzlich Dein Erwin

Mein lieber Jörn!

Gestern nachmittag liefen wir mit unserem Kreuzer in Wilhelmshaven ein. Mit der seemännischen Ehrenbezeigung ging unser Kommandant, der zur Zeit Admiralsdienste tut, in elegantem Rock, mit blanken Ärmelstreifen und großer Ordensschnalle an Land. Am Laufsteg war ein Gewühle, und um ein Haar hätte er den Kriegsgerichtsrat über den Haufen gerannt. Das war das Signal, um mit Olaf zu einem Essen im Rüstringer Villenviertel zu gehen, bei dem Mariner als Schwiegersöhne gekapert werden sollen. Als wir die Haustür erreichten, öffnete uns eine süße Maid — Ilse, Tochter des Hauses, ein Mädchen zum Heiraten! Der Hausherr verschaffte uns durch einige kühle, helle Biere, die wie Salatöl die Gurgel hinunterliefen, und etliche harte Schnäpse die nötige « Vau=Null » (= Anfangsgeschwindigkeit). Unseren netten Funker Christian, der in Wilhelmshaven wohnt, telefonisch heranzuholen, mißlang. Heute, Sonntag, ist endlich Ruhe! Nach dem Essen dampft der Kaffee in der Kanne; der Koch hat mal wieder die Kaffeebohnen hindurchgeschossen! Aber nach dem spärlichen Mahl einer dünnen Suppe, der Heringe mit Zwiebeln und Kartoffelbrei schmeckt auch der Blümchenkaffee, wenn man noch ab und zu einen Schluck aus der Schnapsflasche nimmt. Die Pfeife knistert, alles schreibt, plaudert, schneidet auf, spielt Karten oder Schach und wartet nur noch auf die Befehle « Pfeifen und offene Lichter aus! » und « Ruhe im Schiff! ». Dann wollen wir wieder schlafen und uns dem Schnarchen hingeben, denn das Wecken (reise = to rise, aufstehen) kommt immer zu früh!

Herzlich Dein Erwin

Liebesbrief

Geliebte Dorothea! Einzige Klammer!

Ich schreibe Dir heute vom Stall aus, um Dir eine spitze Schaffe mitzuteilen, obwohl mich mein brüderlicher Tastenhengst unentwegt stört. Du kennst ihn doch: der mit dem auffallenden Pennerkissen und der stumpfen Schramme Anny als Brieze, ein typischer Fall von be= scheuertem Eckzahn!

Du sollst es wissen, liebe steile Haut, daß ich jetzt eine Zentralschaffe im Fernsehen als Beleuchter bekommen habe, so daß die Kohlen endlich stimmen, und ich die Miete nicht mehr scharf zu sein brauche. Nun wird keiner mehr an mir herummotzen! Morgen lasse ich mir eine Korea= peitsche machen und kaufe mir kanische Röhren! Die erste Rate für den flinken Hirsch ist bezahlt. Du bekommst neue Kutten. Setz' die Schlägerpfanne auf! Und hinaus geht's ins Grüne in die dufte Gammeltimpe, wo Gichtstengel, Pfann und Schießbude unsere Verlobungsmusik spielen! Dort werden wir ein Faß aufmachen; sehen, was läuft und ein Rohr nach dem anderen anbrechen. Du, süße Edel= schaffe, wirst mit Deinem schauen Laufwerk, das so viel Ankratz hat, mit mir einen hinrocken mit Überhebe und Anschmeiße, daß meine Neider vom Feuerstuhle fallen! Und wenn ein Zickendraht meine reizende Wuchtbrumme zu scharf beäugt, dann kann ich ihn fix mit einem harten Brando bedienen.

Abends sehen wir uns noch den letzten Heuler an, und da= nach werde ich Dir bei Superscheibe und Lulle den gol= denen Ring aufstecken!

Du bist leider sehr dufte, mein bedienter Zahn!
Küß mich, denn darauf stehe ich!

Dein Macker Billy

Geliebte Dorothea! Einzige Freundin!

Ich schreibe Dir heute von zu Hause, um Dir eine groß=
artige Sache mitzuteilen, obwohl mich mein Bruder, der
Pianist, unentwegt stört. Du kennst ihn doch: der mit dem
auffallend langen Haarschnitt, der die besonders dumme
Gans Anny als feste Freundin hat, ein typischer Fall von
blödem Mauerblümchen!
Du sollst es wissen, liebes, flottes Mädchen, daß ich jetzt
eine prima Stellung beim Fernsehen als Beleuchter be=
kommen habe, so daß meine Finanzen endlich in Ordnung
sind und ich die Miete nicht mehr schuldig bleibe. Nun
wird keiner mehr an mir herummäkeln! Morgen lasse ich
mir einen Bürstenhaarschnitt machen und kaufe mir ameri=
kanische Röhrenhosen! Die erste Rate für das Motorrad
ist bezahlt. Du bekommst neue Kleider. Setz den Sturz=
helm auf! Und hinaus geht's ins Grüne in das gemütliche
Lokal, wo Klarinette, Banjo und Schlagzeug unsere Ver=
lobungsmusik spielen! Dort werden wir froh und ausge=
lassen sein; zuschauen, daß alles klargeht und eine Flasche
nach der anderen aufmachen. Du, süßes, patentes Kind,
wirst mit Deinen schönen Beinen, die so viel Zuspruch
haben, mit mir einen Rock=n=Roll mit Luftsprung und
Tuchfühlung hinlegen, daß meine Neider vom Motorrad
fallen! Und wenn ein Spießbürger mein hübsches, nettes
Mädchen zu scharf ansieht, kann ich ihn schnell mit einem
Kinnhaken bedienen.
Abends schauen wir uns noch einen ausgezeichneten Film
an, und danach werde ich Dir bei schöner Schallplatten=
musik und einer Zigarette den goldenen Ring aufstecken!
Du bist ganz große Klasse, Mädchen mit Sex=Appeal!
Küß mich, denn das liebe ich!

Dein Freund Billy

ZU GUTER LETZT

(siehe LETZT)

Wie ich dazu kam

Sie fing eigentlich schon in der Sexta an: diese aben=
teuerliche Wanderung durch das Gestrüpp unserer un=
erklärbaren Redensarten! Damals jedenfalls schienen sie
für mich undurchsichtig und geheimnisvoll wie die Nebel=
schwaden unserer heimatlichen Deiche und unergründlich
wie die Nordsee selbst. Da hatte jemand erzählt, direkt
vor unserem Hafen sei ein Schiff um ein Haar mit Mann
und Maus untergegangen. Was hatten denn Haar und
Mäuse an Bord zu tun? Und beinahe wäre unser Dienst=
mädchen Alma mit ertrunken, hätte sie nicht ein Matrose
gerettet, mit dem sie schon lange ein Techtelmechtel ver=
band! — *Was* hatte sie mit dem Matrosen? Ein Techtel=
mechtel? Das mußte ja eine schlimme Sache sein!

Ein Freund berichtete mir unter dem Siegel der
Verschwiegenheit, über der Villa unseres Nachbarn
schwebe der Pleitegeier. Wie kam der Geier an unsere
Küste? Ich habe jeden Morgen heimlich aus dem Dach=
fenster geschaut und diesen unübersehbaren großen Vogel
nicht entdecken können! Außerdem behauptete mein
Freund, in einem Geschäft unserer Stadt gebe es einen
Prügelknaben, der immer den Sündenbock spielen müsse.
Was war das für ein grausam=lustiges Spiel? Und wie
war das mit dem Amtsschimmel, dem ich so gerne Zucker
bringen wollte?! Aber der Pförtner vom Finanzamt hat
mich grob hinausgeworfen, als hätte ich etwas Böses aus=
gefressen!

Und dann kam unser Vater nach Hause und sagte,
der Kommandant seines Linienschiffes habe dem inspi=
zierenden Admiral einen tollen Türken gebaut. «Warum
findest du das nicht komisch?» fragte er mich. «Erstens,
weil ich nicht geahnt habe, daß man Türken bauen kann.

Zweitens, weil ich nicht weiß, wie man Türken baut. Drittens, weil ich die zweite Scheibe in dieser Woche zertrümmert habe!» war die Antwort. «Deine Zerstörungswut geht ja wirklich auf keine Kuhhaut!» herrschte mich mein Vater an. «Und was hat die Kuhhaut mit den Scheiben zu tun?» forschte ich arglos. «Siehst du, das frage ich mich auch!» erwiderte der alte Herr zu meiner Verblüffung.

Ermutigt jagte ich den phantasievollen Wendungen nach: «Und warum ist die reizende Irene das schwarze Schaf ihrer Familie, obwohl sie blond ist, und ihr Vater ein weißer Rabe seiner Zunft, obgleich er schwarze Haare hat?»

«Du hast recht, mein Junge, von heute ab werden wir den Dingen auf den Grund gehen!»

Und von dem Tage an sammelte ich Redensarten wie andere Buben Schmetterlinge oder Briefmarken, leicht verständliche und unfaßbare, lustige und traurige, alberne und ernste, frivole und fromme!

An den Universitäten Berlin, München, Leipzig, Marburg, Göttingen zogen mich die Werke Savignys und seines Schülers Jacob Grimm, des genialen Sammlers und Deuters der deutschen Rechtssprache und der «Poesie des Rechts», und das gewaltige Unternehmen des Deutschen Wörterbuches der Brüder Grimm in ihren Bann. Reisen im deutschen Vaterlande halfen den Sprachschatz vertiefen, Besuche im nahen und fernen Ausland verführten immer wieder zu fruchtbaren Vergleichen mit den Redensarten anderer Völker. Aber je mehr ich hörte und las, desto unlösbarer erschien mir die Aufgabe, dieses stürmische Meer von Wissen und Vermutungen zu bändigen. Erst mein verlegerischer Poseidon mit dem Dreizack Fleiß, Sorgfalt und Zeitnot brachte mich dazu, im fünften Jahrzehnt meines Lebens dieses bescheidene Büchlein auf dem Altar der fröhlichen Wissenschaft demütig niederzulegen!

K. K-L.

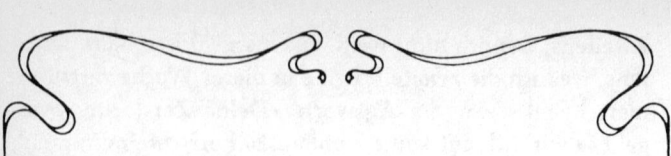

Aus der
Pistole
geschossen

Als das deutsche Redensartenbuch DAS GEHT AUF KEINE KUHHAUT 1960 veröffentlicht wurde, das der amerikanische Botschafter EDWARD M. KORRY »das schmunzelnde Alpha und Omega der deutschen Sprache« nennt, haben Verleger und Autor wohl mit einem angemessenen Ergebnis, kaum aber mit solch einer überraschend weiten Verbreitung gerechnet. Es wurde nicht nur an den Universitäten verschiedener Kontinente den jungen Germanisten, also den Wissenschaftlern, ein humorvoller Steuermann auf der Entdeckungsfahrt zu den Quellen unseres Geistes, sondern es hat schlechthin an allen Orten, wo man Deutsch liest, liebt, spricht und schreibt, erstaunlich viele Freunde gefunden — und nicht zuletzt durch die treffenden Zeichnungen von FRANZISKA BILEK.

Der KUHHAUT wurde nur eine begrenzte Aufgabe gestellt: Sie sollte die geheimnisvollsten und bildhaftesten Redensarten kurzweilig entblättern, strebte also keine Vollständigkeit an. Nun haben aber viele Leser — der deutschen Gründlichkeit noch nicht entronnen — ihren berechtigten Anspruch auf erhebliche Erweiterung des Buches angemeldet. So entstand die Fortsetzung: das ebenfalls alphabetisch geordnete Nachschlagewerk AUS DER PISTOLE GESCHOSSEN.

Wer längere Zeit im Ausland lebt, wird für seine Muttersprache oft in hohem Maße hellhörig und feinfühlig. Der tägliche Umgang mit fremden Sprachen schärft den Sinn für die Besonderheiten der eigenen. Daß ich

mein zweites ECON-Buch in der kaiserlichen Hauptstadt
Äthiopiens schreibe, in der neben dem Amharischen
Gallinja, Tigrinja, Somali, Arabisch, Englisch, Italienisch,
Französisch, Armenisch, Griechisch, Türkisch, Hindustani
und manchmal auch ein wenig Deutsch gesprochen wird,
mag trotz oder gerade wegen der »babylonischen Sprach-
verwirrung« dem fröhlichen Werk einige ermunternde
Impulse und der PISTOLE frische Munition geben!

Addis Abeba, als 1966 der große Regen kam.

Kurt Krüger-Lorenzen

HEITERES GELEIT DURCH DAS REIZVOLLE
DICKICHT DER DEUTSCHEN SPRACHE

Auf der Vierten Nobelpreisträger-Tagung in Lindau am Bodensee prägte der große Physiologe und Chemiker Professor Otto *Warburg* am Schluß seiner Vorlesung den klassischen Satz:

»Die Natur ist viel klüger und geistreicher als alle
Naturforscher zusammen!«,

wofür er bei seinen in- und ausländischen Kollegen langanhaltenden Beifall erntete. Als ich den Berliner Gelehrten dies sagen hörte, fiel mir Heinrich Heines Vers aus dem »Buch der Lieder« ein:

»Sie sprechen eine Sprache,
die ist so reich, so schön,
doch keiner der Philologen
kann diese Sprache verstehen!«

Man darf nur wünschen, daß wenigstens die Dichter unsere kraftstrotzende, bildkräftige Sprache ausloten. Aber auch das ist in vielen Fällen nicht sicher! Wir Sprachdeuter jedoch können den tausendpfadigen, geheimnisvollen Dschungel vielleicht bewältigen, wenn unsere Sprachfrüchte sich wie Lianen an toten und lebenden Ästen und Zweigen emporranken, um endlich Licht zu bekommen — wenn wir das Ohr des gebildeten Musikers und das Auge des geübten Malers haben. Darüber hinaus sollten wir die Fähigkeit und Sicherheit des Wünschelrutengängers offenbaren, um die lebensspendenden Wasseradern der Erkenntnis aufzubrechen. Das ist ein bißchen viel verlangt, nicht wahr?

Gewiß ist, meine ich, daß wir wie arme Teufel vor unserer prägekräftigen Sprache stehen, wenn wir nicht genug Humor mitbringen. Sie lächelt und schmunzelt uns aus allen Ecken an. Das geht vom breiten Lachen bis zum leichten Augenzwinkern; vom Scherz zur Satire über die Ironie bis zur tieferen Bedeutung! — Oder ist es etwa nicht leichte Ironie, wenn die trauernde Witwe eines im harten Schaffen verblichenen Mannes ihm in der Zeitung nachruft, er sei »in den Sielen gestorben«. »In den Sielen« heißt »in den Seilen sterben« und bedeutet, daß der Ochse mitten in der Arbeit tot im Geschirr zusammengebrochen ist! Oder das Pferd. »Ein braves Pferd stirbt in den Sielen!« Mit diesen Worten schloß Bismarck 1881 den Gedanken an seinen Rücktritt aus. Und selbst wenn wir den Ursprung dieser Redensart kennen, finden wir sie dennoch fast dichterisch schön! — Ist es nicht auch ein durchsichtiger Spott, daß man »einem auf den Zahn fühlt«, wenn man ihn schnell und gründlich prüfen will? Man vergleicht ihn dann nämlich mit dem ausgedienten Gaul, den der Roßtäuscher durch unredliche Mittel (Arsen) aufputscht und als edlen Araber losschlagen möchte. Durch Befühlen der Kaufläche der Zähne erfährt man ihre Abnutzung und damit das Alter des Pferdes.

Wenn auf das Erkennen, Erschließen und Deuten unserer Redensarten ein klassischer Satz angewendet werden sollte, dann doch dieser aus Goethes »Faust«:

> »Greift nur hinein ins volle Menschenleben!
> Ein jeder lebt's, nicht vielen ist's bekannt,
> und wo ihr's packt, da ist's interessant.«

Da ich das Glück habe, seit Generationen mit der Küste und der christlichen Seefahrt verbunden zu sein, konnte ich einen bescheidenen Teil zu der Redensartenforschung beitragen und eine kleine marktreife Beute »an Land ziehen«, wie »einen Türken bauen«, »lausig in Lee sitzen«, »Kattun kriegen«, »Backfisch«, »halbstark«, »eine Zigarre verpassen« und andere.

Daß solche Wendungen, auch wenn sie tausend Jahre

alt sind, gelegentlich sterben, dann aber wieder von den Toten erweckt werden und aus einer ganz anderen Quelle *Nach-schub* erhalten, wie ich es nenne, gibt einen schönen Vergleich zur Weltraumfahrt. Mit Umschreibungen wie »das Stirb und Werde der Sprache«, »sie ist immer im Fluß«, »sie lebt und webt« oder »sie ist unsterblich« ist es also nicht getan. Manchmal rudern Teile der Sprache unter dem Floß mit, um plötzlich und unerwartet als lebendiges Treibholz wieder aufzutauchen.

Kaspar von Stieler (1632—1707), der Wortschatzgräber seiner Zeit, hat einmal gesagt: *»Man laß' ein Wörterbuch nur den Verdammten schreiben!«* In diesen Chor der Mißvergnügten stimmen viele Sprachforscher ein, und ich wäre der letzte, der bestreiten wollte, daß jenes Absuchen der Sprachbäume in einem jahrtausendalten Urwald eine erdrückende Kärrnerarbeit ist. Aber wer will ebenso leugnen, welch helle Freudenfeuer nach solch einer mühseligen Safari durch das reizvolle Dickicht in uns entfacht werden, wenn es gilt, das Entdeckte bei Licht zu besehen?! »Unser größter Schatz ist unsere Sprache« und »Sprachgeschichte ist Menschheitsgeschichte«, diese beiden Kernsätze Ernst Wasserziehers sollte man nur zusammen mit dem Denkspruch seines Nachfolgers Werner Betz zitieren: »Ein Wörterbuch kann nie fertig sein, weil die Sprache nie fertig ist!«

Und da unsere Sprache nie fertig ist, noch einen Hinweis auf die immer wieder aufgeisternden *Fremdwörter:* Wenn ich Zeit genug habe, sie zu vermeiden, weiche ich ihnen aus. Professor Peter Raabe, der gefürchtete Sprachreiniger, früher Präsident der Reichsmusikkammer, den der ungarische Rundfunk bei einem Konzert, das er in Budapest dirigierte, als »Präsidenten der Reichsmusikanten« ansagte, nahm einmal in seiner leidenschaftlichen Art jenen auf die Hörner, der nicht aufhörte, sich selbst den »Garanten der Nation« zu nennen. Da sprang Peter

Raabe auf und rief: »Aber warum nennen Sie sich eigentlich immer den ›Garanten der Nation‹? Warum sagen Sie nicht ›Bürge‹? — Stellen Sie sich vor, Schiller hätte sein berühmtes Gedicht anstatt ›Die Bürgschaft‹ — ›Die Garantie‹ genannt!«

Der gedankenlose Gebrauch von Fremdwörtern, die entbehrlich sind, ist ein Frevel an unserer reichen Sprache. Daher freue ich mich über solche neuen Wortschöpfungen wie »Wortweiser« für »Index«. Mit diesem liebenswerten Gebilde erlebte ich allerdings eine heitere Geschichte in Afrika. Einer meiner schwarzen Studenten fragte mich kürzlich, was denn eigentlich »Wortweiser« bedeute; er könne es im Duden nicht finden. Darauf habe er einen englischen Kommilitonen um Rat gebeten, der recht gut Deutsch spreche, und der habe ihm nach einigem Nachdenken eröffnet: Ein »Wortweiser« müsse ein kluger Mann sein, der geschickt mit Worten zu streiten verstehe. — Nach diesem vergnüglichen Zwischenfall habe ich mir angewöhnt, hinter »Wortweiser« die Bezeichnung »Index« in Klammern zu setzen, damit unsere ausländischen Freunde, die oft eine heimliche, aber unglückliche Liebe zu unserer schweren Sprache haben und ihr so viel Mühe opfern, einen Wegweiser zum Wortweiser finden.

Wer vermeidbare Fremdwörter ablehnt, braucht noch nicht an der Austreibung der *Lehnwörter* teilzunehmen. Den Ausdruck »Gewürzbranntwein« für »Likör« finde ich noch gar nicht einmal so schlecht. Wenn aber unsere deutschtümelnden Sprachputzer so weit gehen, »die Natur« in »die Zeugemutter«, »die Maschine« in »den Zieh«, »die Parfümerie« in »die Duftei« und »die Pistole« in »den Meuchelpuffer« zu verwandeln, so »schütten sie das Kind mit dem Bade aus« (»Kuhhaut«, siehe AUSBADEN). Dann müßte ich dieses Buch ja umbenennen in:

»Aus dem Meuchelpuffer gefeuert!«

Und das möchte ich meinen Lesern doch nicht zumuten!

DEUTSCHE
REDENSARTEN

von A – Z

A

A

Wer A sagt, muß auch B sagen: etwas folgerichtig fortsetzen und vollenden; *die Suppe auslöffeln, die man sich eingebrockt hat;* nach Adam Riese schließen; etwas logisch weiterführen; die Konsequenz aus etwas ziehen. — Mit der Erklärung des Alphabets, jener Gesamtheit der geordneten Buchstaben eines Schriftsystems, erfährt der »Abc-Schütze« die ersten Grundlagen seiner Geistesbildung. Die Buchstaben des Alphabets dienen ihm später zur Gliederung seiner Aufsätze oder wissenschaftlichen Arbeiten, und so steht das Abc oft vergleichend oder stellvertretend für die Ausgangspunkte verschiedener Gelehrsamkeiten (z. B. »Das Abc der Weltraumforschung«). Wer A sagt, muß folgerecht auch B sagen. Der A-Sager steht unter einem gewissen Zwang, B zu sagen, wenn er sich durch das ganze Alphabet hindurchkämpfen will. Diese Redensart finden wir bereits im 16. Jahrhundert in der anziehenden und lehrreichen Familiengeschichte der schwäbischen Grafen v. Zimmern (1564—1566), der sog. Zimmerischen Chronik (IV, 194). — Der bereits erwähnte, bedauernswerte

Abc-Schütze, also der junge Pennäler (»Kuhhaut«, s. PENNE), der im 15. und 16. Jahrhundert beim älteren

Die Suppe auslöffeln!

fahrenden Schüler das Abc lernte, mußte als Honorar
für den Unterricht seinem gewissenlosen Lehrer Brot und
Geld zusammenbetteln oder stehlen; vornehmer ausgedrückt: Er mußte für ihn »fechten« gehen (»Kuhhaut«, s.
FECHTEN). Daher wurde er nach dem lateinischen »tiro«
(Anfänger), verdeutscht »Rekrut« oder »Schütze«, genannt, also einer, der für den Lehrer etwas »schießt«
(»Schieß mir mal was vor!«) und dessen dunkler Ehrentitel »tiro« in hintergründiger Beziehung zum italienischen »tirare di scherma« = fechten(!) steht.

    Von A bis Z erlogen: Die Geschichte ist von An-
fang bis zum Ende frei erfunden; die Nachricht ist in allen
Einzelheiten gefälscht; der Bericht ist völlig unwahr; das
ist eine Falschmeldung; hier werden Behauptungen auf-
getischt, *daß sich die Balken biegen.* — Diese Redensart
bot sich ebenfalls aus dem Alphabet an, da man »von A

bis Z« jeden Bereich umfassen und begrenzen kann. Eine Steigerung dieses Ausdrucks ist die Wendung *bis aufs TZ* oder *bis zum TZ* (s. »Kuhhaut«). »Sie quält mich mit ihren Vorwürfen *bis aufs TZ!*«

AB

Ab dafür! Alles klar! Bitte anfangen! Auf geht's! (Zustimmen, beipflichten, bejahen, einverstanden sein.) — Entstammt dem Wortschatz der Glücksspieler aus dem Jahre 1919 und bedeutet soviel wie: »Das Geschäft ist perfekt. Es kann losgehen!« Beim Bakkarat, das mit zwei vollen französischen Kartenspielen gespielt wird und in dem der Bankhalter und zwei Mitspieler die gleichen Gewinnaussichten haben, ruft der Bankhalter: »Ab dafür!«, wenn er die gesetzten Beträge halten will und das Spiel beginnen kann. In diesem Sinne auch umgangssprachlich gebraucht.

Ab durch die Mitte! Verschwinde, geh mir aus den Augen! Marsch, marsch! Aber auch: von der Bühne abtreten, oder »jemanden Spießruten laufen lassen«. — Die Redensart hat zwei Quellen: Einmal wurde sie der Theatersprache entnommen, wo im Textbuch des Bühnenstücks die in Klammern gesetzte Regieanweisung (»ab durch die Mitte«) klarmacht, in welche Richtung der Autor den Darsteller verschwinden sieht. Zum anderen ist die Wendung aus einem glücklicherweise unmodern gewordenen »Soldatenspiel« zu uns gekommen, das weit grausamer war als ein Theaterstück es je vorzutäuschen vermag. Es handelt sich um das »Spießrutenlaufen« (»Kuhhaut«, s. SPIESS), bei dem der Übeltäter auf das Kommando »Ab durch die Mitte!« durch zwei einander gegenüberstehende Reihen Soldaten gejagt wurde, die mit spitzen Ruten seinen entblößten Rücken auspeitschten.

Ab geht die Post! Los geht's mit Windeseile! Ab mit affenartiger Geschwindigkeit! Auf und davon mit

Ab die Post!

Blitzesschnelle! — Mit der Bedeutung von hoher Anfangsgeschwindigkeit auch von Rundfunk- und Fernsehrepor-
tern beim Start aller möglichen Rennen (Pferdesport,
Automobilrennen usw.) gebraucht. Als Ausdruck der Bewunderung abgeleitet von der hervorragend funktionie-
renden Post, welche die Fürsten Thurn und Taxis als
Generalpostmeister von 1500 bis 1866 im Deutschen
Reich und darüber hinaus in ganz Mitteleuropa einführten. Die berittenen Eilkuriere der Regensburger Fürsten
wurden zum Symbol für Schnelligkeit. Johannes Prinz
von Thurn und Taxis (geb. 1926) bemerkt hierzu: »Im
Jahre 1640, als wir die eigene Post hatten, dauerte ein
Eilpaket von Brüssel nach Rom fünf Tage. Unsere Reiter
schafften das. Unlängst habe ich ein Paket in Brüssel nach
Rom aufgegeben, auch Expreß — es brauchte neun Tage.«

> *Ab nach Kassel!* (»Kuhhaut«, s. HESSEN)
> *Der Bart ist ab!* (»Kuhhaut«, s. BART)

ABBLASEN
Eine Veranstaltung abblasen: Eine Festlichkeit,
eine Reise, eine Aufführung, eine Verabredung absagen;

Auf hohem Roß

einen Befehl, eine Anordnung, eine Anweisung, eine Verfügung, eine Vorschrift rückgängig machen; einen Plan aufheben oder eine beabsichtigte Fernsehsendung vom Programm absetzen — überhaupt jede geplante oder vorbereitete Handlung vorzeitig abbrechen oder nicht durchführen. — Aus der Jäger- und Soldatensprache: Die räumlich weit getrennten Jäger oder Soldaten verständigen sich durch bestimmte Hornsignale. So verkündet das Jagdhorn den Waidmännern mit dem musikalischen Motiv »Jagd vorbei«, daß mit diesem Signal die Jagd »abgeblasen« ist.

ABBRECHEN

Brich dir keine Verzierung ab! (oder auch: *Brich dir nur keinen ab!*): Benimm dich nicht so unnatürlich, so gekünstelt, so geschwollen! Sei nicht so geziert, so gespreizt und überheblich! Du bist zu hochmütig, zu übertrieben vornehm, zu hochtrabend! Deine hochfahrenden Ansichten sind übersteigert und verrannt. Deine Phrasen sind schwülstig, überspannt und hochtönend. Du überschätzt dich sehr: Alles, was du tust, ist extravagant, überschwenglich und hochgestochen! Sei nicht so dünkelhaft und hochnäsig! Mir scheint, *du sitzt auf hohem Roß!* Verhieltest du dich ungezwungener, *fiele dir keine Perle aus der Krone!* — In unserer allgemeinen Vorstellung ist der Vornehme eine »hochgestellte« Persönlichkeit. So wird in der dichterischen Umschreibung des japanischen Kaisers »der Tenno« mit einem riesigen Portal verglichen (Mikado heißt »Erhabene Pforte«); der Titel für die ägyptischen Könige war »Großes Haus« (Pharao). Den übertrieben Vornehmen stellt man gern mit einer *Krone* dar, *aus der* unschwer *eine Perle herausfallen* oder eine Zacke abbrechen kann. Wer »hochnäsig« ist, kann sich leicht den »Gesichtserker« einstoßen oder den »Giebel« verbiegen. Wie man auch immer den Dünkelhaften, Gespreizten oder Hochmütigen illustriert — mit einer Krone geschmückt oder in voller Kriegsbemalung, aufgedonnert oder die »Fassade« barock herausgeputzt — diese im Ersten Weltkrieg bei Soldaten und Studenten entstandene Redensart *trifft ins Schwarze: Brich dir keine Verzierung ab!*

Auf Abbruch heiraten: einen vermögenden Todeskandidaten ehelichen; einen Reichen zum Traualtar führen, der mit einem Fuß im Grabe steht. — Hier geht es nicht um den »Abbruch diplomatischer Beziehungen«,

sondern um den Abbruch eines Gebäudes. Der zartfühlende Bewerber reicht also dem wohlhabenden Partner *die Hand fürs* — stark verkürzte — *Leben* in der begründeten Hoffnung, daß der (die) Erwählte bald hinscheiden werde. In beißendem Spott wird das umschmeichelte Opfer mit einer Bauruine verglichen, deren an- und abfallende Baustoffe gleichsam in einer »Trümmerverwertungsanlage« aufbereitet und wiederverwendet werden. Erbarmungsloser Berliner Witz und ein entfesseltes Mundwerk von der Spree machen daraus: »Sie nimmt een' bejüterten Ollen *uf Abbruch un behält die Baustelle!*«

ABEND

Es ist noch nicht aller Tage Abend! Die letzte Entscheidung ist noch nicht gefallen; ehe die Dinge nicht heranreifen, kann man die Lage nicht beurteilen; *man soll den Tag nicht vor dem Abend loben;* das letzte Wort ist noch nicht gesprochen. — Der römische Geschichtsschreiber Titus Livius (59 v. Chr. bis 17 n. Chr.), der in 142 Büchern die römische Geschichte von der Gründung Roms (753 v. Chr.) bis zu Drusus' Tod (9 v. Chr.) darstellte, meint in 39, 26, 9, noch sei »die Sonne aller Tage nicht untergegangen« (nondum omnium dierum solem occidisse). Paradebeispiel für die Langlebigkeit einer vor zweitausend Jahren geprägten Redensart, die durch Martin Luther (1483—1546) in seinen Briefen erneuert wurde: »Ists doch noch nicht aller Tage abend, so sind noch zwölf Stunden des Tages, es kann ja nicht immer wolkig seyn und Regen« (Ausgabe De Wette u. Seidemann, IV, 397). In ganz Europa bekannt. Französisch: »Il n'est pas encore soir tous les jours.«

Je später der Abend, desto schöner die Gäste! Je nach Tonart: laute oder leise Bewunderung oder Brüskierung der verspäteten Gäste. — Nach einem Wort Ludwigs XVIII. (1814–1824), des von Napoleon I. lange verfolgten französischen Königs, ist »die Pünktlichkeit die Höflichkeit der Könige«. Sie sollte die Höflichkeit aller Bürger schlechthin sein, denn nichts ist unangenehmer als der unpünktliche Gast. Manche Menschen kommen oft ohne einen triftigen Grund zu spät. Sie möchten sich eben dadurch einen besonderen Auftritt verschaffen, um Aufmerksamkeit zu erregen. In solchen Fällen wird meist eine den Sinn ins Spöttische kehrende Wendung gebraucht. Irgendeiner ruft: »Je später der Abend, desto schöner die Gäste!« Solange diese Redensart — namentlich Damen gegenüber — mit Liebenswürdigkeit und Charme ausgesprochen wird, empfindet die Angesprochene sie vielleicht noch als Schmeichelei. Die Ironie darin ist jedoch unüberhörbar. Seit der Jahrhundertwende sind die Ausdrücke *bunter Abend*, für ein künstlerisches Unterhaltungsprogramm, und *feuchter Abend*, für ein Zusammensein, bei dem viel Alkohol getrunken wird, bekannt. Ebenso alt sind die euphemistischen Wendungen *angebrochener Nachmittag* für Abend und *angebrochener Abend* für Mitternacht.

ABGESPANNT

Abgespannt sein oder *sich abgespannt fühlen:* übermüdet sein; abgehetzt, überfordert, ganz erledigt sein; *gerädert, erschlagen, erschossen sein.* — Möglicherweise wird dieser Ausdruck in hundert Jahren, wenn das Pferd den Kindern nur noch im zoologischen Garten oder beim Rennen gezeigt wird, kaum noch verständlich sein. Es ist immerhin tröstlich, daß unsere Sprache Begriffe aus einer versunkenen Vorstellungswelt mit eisernen Klammern festhält und über die Zeiten rettet. Gemeint ist: ruhebedürftig sein, wie das pflastermüde Pferd (Ochs, Esel) nach der Arbeit, dem das Geschirr *abgespannt* wurde. Daher auch: *einmal ausspannen* (sich erholen).

ABKAUFEN

Dem muß man jedes Wort vom Munde abkaufen: Er ist äußerst schweigsam, er spricht ungern; man kann ihn nur schwer zum Reden bewegen; er ist maulfaul. — Freiwillig sagt er nichts. Wie beim Kaufmann muß man gleichsam mit barer Münze über den Ladentisch bezahlen, ehe er sich zu einer Äußerung hinreißen läßt und das Wort, seine sorgsam gehütete Ware, verkauft. — Aus der Handelssprache; seit Ende des 19. Jahrhunderts.

Das kaufe ich dir nicht ab: Das nehme ich dir nicht ab; das glaube ich dir nicht; davon bin ich nicht überzeugt; das macht mich sehr mißtrauisch. — Man kauft nur etwas, was makellos und fehlerfrei ist. Sonst »nimmt man es« dem Kaufmann »nicht ab« (s. ABNEHMEN). Die Wendung wird nur in der Verneinung gebraucht. Seit 1930.

Er hat ihm das Herz abgekauft: Er hat ihn verzagt, kleinmütig, feige gemacht. — Vor allem im Boxsport häufig angewandt, wenn ein Kämpfer den anderen so zusammenschlägt, daß dieser jeden Mut verliert. Auf alle mög-

Das Herz abgekauft

lichen Situationen übertragen, in denen es gilt, dem Gegner jede Hoffnung zu nehmen. Etwa seit 1940.

ABKLAPPERN

Er hat die ganze Gegend abgeklappert: Er hat die ganze Gegend abgekloppt; er hat die ganze Umgebung unsicher gemacht; er hat die Leute im ganzen Dorf aufgesucht, um sein Anliegen vorzutragen. — Dieser seit Beginn des 19. Jahrhunderts besonders in Norddeutschland heimische Ausdruck nimmt sein Bild von den klappernden Holzschuhen, in denen Handwerksburschen, Hausierer, Reisende und Vertreter aller Gattungen den friedlichen Bürger aus seiner Ruhe aufscheuchten.

ABKLOPFEN

Wir haben das Thema gründlich abgeklopft: Wir haben den Vorschlag eingehend geprüft; wir haben den Antrag sorgfältig untersucht; wir haben die Angelegenheit peinlich genau durchgesprochen. — Diese erst 1960 aufgekommene Redensart aus der Welt des Arztes veranschaulicht sehr bildkräftig, daß man ein Problem sogar »abklopfen« kann, ähnlich wie es der Arzt mit dem Patienten tut, wenn er ihn gründlich untersucht.

Eine Gegend abkloppen: die ganze Gegend abklappern; auf Vorteil bedacht, die Leute eines Gebietes aufsuchen. — Was dem einen sein klappernder Holzschuh, ist dem anderen sein klopfender Finger. Ob Bettler, Hausierer oder wer sonst auch immer selbst zu einem wohltätigen, uneigennützigen Zweck an die Tür pocht, er ist meistens unwillkommen, und darum rutscht auch das »Klopfen« in das vulgäre »Kloppen« ab!

ABNEHMEN

Das nehme ich dir nicht ab: siehe ABKAUFEN. — Nicht etwa aus dem Gerichtswesen, wo der Richter jeden

Eid, auch den Meineid, abnimmt, sondern aus der Kaufmannssprache seit etwa 1930. Wie *nicht abkaufen* stets in der Verneinung angewendet.

ABSCHNEIDEN

Davon könnte sich mancher andere eine Scheibe abschneiden, auch *sich ein Stück davon abschneiden:* ein Vorbild sein, ein Beispiel geben. — Hier wird die Eigenschaft des Menschen mit einem Stück delikaten Käses oder einer Scheibe vorzüglicher Wurst verglichen: »Schneiden Sie sich eine Scheibe davon ab!« Etwa seit 1900.

Sie hat bei der Prüfung ganz ausgezeichnet abgeschnitten: Ihre Leistung war hervorragend, sie hat das Examen glänzend bestanden; ihre Leistung war ein »olympischer Rekord«. — Kann auch vom Abschneiden der Wurst hergenommen sein. Sinnfälliger jedoch ist, daß jemand den Weg abschneidet, seine Strecke verkürzt und damit schneller und besser ans Ziel kommt. Seit Mitte des 19. Jahrhunderts.

ABWARTEN

Abwarten und Tee trinken: Hab Geduld! — Muß eigentlich lauten: »Tee trinken und abwarten!« Im heiteren Sinne gebrauchte Redensart, um jemanden zu vertrösten. Von Heinrich *Ast* (1848—1921), dem als »Schäfer Ast« bekannten Schafhirten und Kräuterheilkundigen, ungeduldigen Patienten gegenüber häufig als Mahnung zitiert, wenn sie sich durch die Teemischungen und seelischen Einflüsse des Wunderdoktors in der Lüneburger Heide nicht schnell genug kuriert fühlten.

ABWESENHEIT

Durch (seine) Abwesenheit glänzen: durch Fehlen auffallen; durch Nichterscheinen von sich reden machen. — Cornelius *Tacitus* (55—116 n. Chr.), der größte römi-

Abwarten ...

sche Geschichtsschreiber, berichtet in seinen Annalen von
der Sitte im alten Rom, bei Leichenbegängnissen »ima-
gines maiorum«, die Bilder der Vorfahren (als Wachs-
büsten), dem Zug voranzutragen. Unter der Regierung des
Kaisers Tiberius wurde Junia, die Witwe des Cassius und
Schwester des Brutus, mit allen Ehren begraben. Da der
Kaiser verboten hatte, die Bilder der Mörder Cäsars
öffentlich zu zeigen, »leuchteten aber Cassius und Brutus
gerade *dadurch* hervor, daß ihre Bildnisse *nicht* zu sehen

waren«, schreibt Tacitus (Annalen, 3. Buch 76., letztes
Kapitel). Einen weiteren Auftrieb bekam diese Redensart
eineinhalb Jahrtausende später durch den französischen
Dramatiker Marie-Joseph *Chénier* (1764–1811), der in
seiner Tragödie »Tiberius« (Tibère, I, 1) die taciteische
Stelle so übersetzt: »Brutus et Cassius brillaient par leur
absence«, also: »Brutus und Cassius *glänzten durch ihre
Abwesenheit*«.

Ähnlich wie bei der Wendung »Je später der
Abend, desto schöner die Gäste« klingt auch hier ein ironischer Tonfall an. Gebraucht man die Redensart heute,
so ist man eben fest davon überzeugt, daß das Nichterscheinen einer bestimmten Person mit einer gewissen
Absicht verbunden ist: nämlich — von sich reden zu
machen!

ACH

Er hat mit Ach und Krach bestanden: noch gerade
so eben, mit großer Mühe, mit letzter Kraft bestanden. —
Wir haben hier eine der zahlreichen reimgebundenen
Zwillingsformen, wie sie schon im 16. Jahrhundert auftauchen: *Dach und Fach, Sack und Pack, Knall und Fall,
Krethi und Plethi, Saus und Braus* usf. Ursprünglich bedeutet »Ach und Krach« »mit Ächzen und Krächzen«,
oder besser: »mit Ach-Seufzen und Stöhnen«, wozu bei
einem mit knapper Not bestandenen Examen ja sowohl
der Kandidat als auch der geplagte Professor allen Anlaß
hat.

ADER

Er hat ihn tüchtig zur Ader gelassen: Er hat ihn
schön geschröpft; er hat ihn ausgebeutet, ausgepowert;
*er hat ihn aufs Kreuz gelegt; er hat ihm allerhand abge-
knöpft.* — Der Aderlaß ist ein altes Behandlungsverfah-
ren, das besonders bei akuten Herzbelastungen ange-

wendet wird. Man führt ihn durch Einstich einer Hohl-
nadel oder durch Einschnitt in die Ellbogenvene aus, wobei man im allgemeinen 200 bis 300 ccm Blut ausfließen
läßt. Von diesem Vorgang ist die Redensart genommen.
Wer vom anderen reichlich nimmt, gleich ob er ihn über-
tölpelt oder auf gerechte Weise seine »wesentliche Substanz« — also hier seinen Geldbeutel — erleichtert, »läßt
ihn tüchtig zur Ader«. Diesen mit feinem Humor gewürz-
ten Ausdruck kannte man schon im 15. Jahrhundert.

Er hat eine poetische Ader: Er ist dichterisch begabt. — Von der Antike bis ins Mittelalter galten die

Adern als Wohnstatt der Seele und des Gemüts. Daher hat der österreichische Schriftsteller Johann Gabriel *Seidl* (1804–1875), der Textdichter der alten österreichischen Nationalhymne »Gott erhalte Franz den Kaiser«, in seinen »Flinserln« ein Kind so beurteilen können: »Ka Tüpferl, ka Stäuberl, ka Unaderl hat's«, d. h. es hat keine »Unader«, keinen Makel! — Wer eine *dichterische Ader* hat, berechtigt zu der schönen Hoffnung, die Welt mit bemerkenswerten Dichtungen zu überraschen. Wolfgang Amadeus *Mozart* (1756–1791) konzertierte schon mit sechs Jahren, bewies also sehr früh, daß er eine *musikalische Ader* hatte. Rainer Maria *Rilke* (1875–1926) zeigte in der Jugend eine *lyrische Ader*. Wie sagt Goethe im »Egmont«? »Ich habe zu der spanischen Lebensart nicht einen Blutstropfen in meinen Adern.« — Schlimm ist es, wenn sich bei einem jungen Menschen der unwiderstehliche Hang zum Leichtsinn zeigt, wenn er leichtfertig, leichtlebig, unbedacht, triebhaft und übermütig ist. Aber womöglich kann er gar nichts dafür; vielleicht liegen diese gefährlichen Eigenschaften schon in seiner Erbmasse begründet. Vermutlich hatte seine Frau Großmutter bereits *eine leichte Ader!*

ADONIS

Er ist ein wahrer Adonis: Er ist der Inbegriff des jungen, schönen Mannes. — Adonis war nach der antiken Sage der Sohn des Königs von Zypern und dessen anmutiger Tochter. Der edle Jüngling frönte tags der Jagd und nachts der Aphrodite, wenn ihr hinkender Gatte Hephaistos, der Gott des Feuers, wegen kunstschmiedeeiserner Aufträge das Bett verlassen hatte. Da den Göttern im Olymp dieses Treiben zu leichtfertig erschien, ließen sie den vom doppelten Jagdfieber Geschüttelten durch einen wildgewordenen Eber so lange *auseinandernehmen* (siehe dies!), bis der Waidmann auf der Strecke blieb. Die schöne Aphrodite erwirkte übrigens, daß ihr Geliebter nur den kalten Winter in der Unterwelt bei dem wutschnaubenden Hephaistos verbringen mußte; den übrigen Teil des Jahres durfte er — vom Schattenreich beurlaubt — in ihren Armen verbummeln. — Im orientalischen Mythos ist Adonis neben vielen anderen ein Sym-

bol des Blühens und Verdorrens der Pflanzenwelt geworden; sein Tod wurde alljährlich in den Adonisfesten mit
Weh und Ach beklagt.

Was vom Adonis übrigblieb, ist ein kleiner
Schmetterling, der zur Familie der Bläulinge gehört, und
das rote Adonisröschen, ein Ackerpflänzchen, das man
eigentlich zum Unkraut rechnen muß. Sic transit gloria
mundi!

AFFENBROTBAUM, siehe PALME

AHASVER

Er ist ein alter Ahasver: ein ruhelos umhergetrie-
bener Mensch; ein von bösen Geistern verfolgter, ziellos
und friedlos irrender Wanderer. — Sagengestalt des
Ewigen Juden, die in allen literarischen Kunstformen und
in vielen Ländern (Frankreich, Spanien, Portugal,
Deutschland) behandelte legendäre Figur des Torhüters
von Pontius Pilatus, der den Heiland nach der Verurtei-
lung geschlagen haben und daher zu qualvollem, rast-
losem Weiterleben verdammt worden sein soll. »Ich will
sterben und ruhen«, soll der kreuztragende Jesus gesagt
haben, als er sich ermattet an die Wand eines Hauses
lehnte, »du aber sollst wandern.« Goethe, Lenau, Hauff
und vor allem der Franzose Eugène Sue (1844) in »Le
Juif errant« haben sich schriftstellerisch dieses schauervollen Wesens angenommen, das empfindsamen Seelen
heute noch in mancherlei Masken »leibhaftig erscheint«.

AKAZIE, siehe PALME

ALTENTEIL

Sich auf sein Altenteil setzen (oder *zurückziehen*):
sich von der Arbeit zurückziehen; abdanken, ausscheiden,
abmustern, zurücktreten; seine Stellung aufgeben; sein

Amt niederlegen; seinen Dienst quittieren; seinen Abschied nehmen. — »Das Altenteil beziehen« die Eltern, die sich im vorgeschrittenen Alter z. B. von der Leitung der Land- und Hauswirtschaft zurückziehen und in einer besonderen Wohnung des Anwesens zur Ruhe setzen. Ihre Versorgung ist rechtlich geregelt. Im übertragenen Sinne bedeutet die Wendung: sich ganz allgemein von jeder öffentlichen Tätigkeit zurückziehen.

AMAZONE

Sie ist eine tolle Amazone: Sie ist herrschsüchtig, streitbar, kampflustig, kriegerisch; aber auch: eine hervorragende Sportlerin (Reiterin). — Die Amazonen wurden im griechischen Mythos und in der antiken Malerei und Bildhauerkunst so oft verherrlicht, daß man daraus wohl auf ihre wirkliche Existenz schließen darf. Dieses kriegerische Frauenvolk der »Brustlosen« (man brannte ihnen die rechte Brust aus, damit sie ihnen beim Bogenspannen nicht im Wege sei) lebte in Asien und feierte nur einmal jährlich eine Hochzeitsnacht mit Männern der Nachbarvölker, um von den Kindern nur die Mädchen im Kriegshandwerk aufzuziehen. Trotz des menschlichen und militärischen Alleingangs der kühnen Reiterinnen muß es zwischen der Königin der Amazonen, Penthesilea, und dem schönsten und tapfersten aller griechischen Heldenjünglinge, Achill, doch zu einem »Flirt« gekommen sein. Beim Kampf um Troja soll er sie dennoch getötet haben. Heinrich von Kleist allerdings läßt sie in seinem Trauerspiel, von rasender Haßliebe gepeinigt, den Achill umbringen, weil sie sich von ihm verhöhnt glaubt. Dann mordet sie sich selbst, nicht mit einem der Kriegerin würdigen Dolch oder Schwert, sondern mit der vernichtenden Kraft ihres Wunschdenkens. — Da es die immer wissensdurstigen Männer nicht lassen konnten, nach dem Wohnsitz der inzwischen auch in Asien verschwundenen Ama-

Amazone

zonen zu forschen, verlegten die Gelehrten die Heimat der wilden Kriegerinnen nach Südamerika, wo die Geographen des 16. Jahrhunderts das größte Stromgebiet der Erde (sieben Millionen Quadratkilometer) nach ihnen benannten. Trotzdem hat bis heute noch keiner eine Amazone am Amazonas gefunden! — Nach Schiller: »Es liebt die Welt, das Strahlende zu schwärzen und das Erhab'ne in den Staub zu ziehen«, konnte es leider nicht verhindert werden, daß die klassische Amazone auch engste Fühlung mit dem Spitzbubenlatein bekam. In der Gaunersprache ist die Amazone die Zutreiberin für Falschspieler.

»Gelungene Eindeutschung vom jiddischen ›amzai‹, das heißt Vermittler«, sagt das Wörterbuch des Rotwelschen.

Ansonsten hat der Ruf der Amazone nicht gelitten. Von Phidias über die römischen Bildhauer bis zu Georg Kolbe hat man sie immer wieder in ausdrucksvollen Plastiken verherrlicht. Ihr Mut zur Gleichberechtigung, ihre körperliche Kraft und ihr funkelnder Verstand, die Seele, Gefühl und Charme überdecken, sind nie aktueller gewesen als heutzutage. Und das sollte in unserer Redensart spürbar werden.

ANGELN, siehe WELT

ANKOMMEN

Das ist gut angekommen: Wir haben die erwünschte Wirkung mit der Sendung erzielt; wir sind richtig verstanden worden; wir hatten großen Erfolg. — Während der Olympischen Spiele 1936 im Deutschen Kurzwellensender Berlin, im Funkhaus an der Masurenallee und in den Fernsehstudios des Paul-Nipkow-Fernsehsenders am Reichskanzlerplatz geprägt worden. Rundfunk und Fernsehen »senden« ihr Programm über den Äther, so wie die Post mit den ihr zu Gebote stehenden Mitteln Pakete, Briefe und anderes verschickt. Wenn man etwas befördert, muß man auch dafür sorgen, daß die »Sendung« beim Empfänger gut ankommt. Dabei gehen natürlich Rundfunktechniker und Rundfunkprogrammgestalter, die auch die Urheber der Wendung sind, von verschiedenen Gesichtspunkten aus. Der Techniker versteht unter »gut ankommen« den einwandfreien technischen Empfang der Sendung, während den Programmgestalter (zwar auch der technische Empfang) vor allem interessiert, ob der *Inhalt* der Sendung den Rundfunk- oder Fernsehteilnehmer angesprochen und begeistert hat oder nicht.

Das kommt bei mir nicht an: Das kaufe ich ihm nicht ab; das nehme ich ihm nicht ab; das betrifft mich nicht; dafür bin ich unempfänglich; da bleibe ich eiskalt. — In dieser negativen Form gelegentlich gebräuchlich.

ANLEGEN, ANLIEGEN

Es auf etwas anlegen: planen, bezwecken, auf etwas zielen; etwas beabsichtigen. — Aus der Sprache der Jäger und Schützen. Seit dem 17. Jahrhundert. Ursprünglich wurde dabei an das Gewehr gedacht, das man »anlegte«; daher: *»sein Ziel aufs Korn nehmen«* oder »es auf etwas abgesehen haben« (»Kuhhaut«, s. KORN). Hierher gehört auch der Ausdruck

»einen Anschlag auf jemanden verüben« oder *»machen«,* denn das Bild vermittelt deutlich den Augenblick, da der Attentäter das Gewehr gegen sein Opfer »in Anschlag bringt«. Während mit *»es auf etwas anlegen«* meistens eine durchaus friedliche Absicht verbunden ist, hat die Wendung

Es auf etwas anlegen

»*sich mit jemandem anlegen*« kämpferischen und streitsüchtigen Charakter. Es bedeutet: mit jemandem Krach anfangen, ihn herausfordern. Das Wort geht auf die plastische Vorstellung zurück, daß man an einen so nahe herantritt (»*jemandem zu nahe treten*« — jemanden verletzen, beleidigen), daß er sich schon körperlich belästigt fühlt und darauf »*sauer reagiert*« (»Kuhhaut«, s. SAUER) und zurückschlägt.

Ein Anliegen haben: Ein Thema, eine Sorge, einen Wunsch, einen Hauptgedanken haben; mit einer Frage belastet sein; eine dringende Bitte vortragen. — »*Unser Anliegen ist*« sagt man, wenn ein größeres Problem auftaucht, das in besonderem oder allgemeinem Interesse gelöst werden sollte. Auch hier wird etwas so nahe an den anderen herangelegt, daß dieser es schon nicht mehr übersehen kann und sich vielleicht veranlaßt fühlt, zu helfen.

ANSCHLAG, »Pistole«, s. ANLEGEN

ANSCHLAGEN, »Pistole«, s. TON

ANSCHLUSS
Den Anschluß suchen: Fühlung suchen; Kontakt wünschen; eine Verbindung eingehen wollen; auf die Vermehrung seiner Beziehungen hinsteuern; aber auch: eine Ehe erstreben. — Den Anschluß kann man auf allen Gebieten suchen: gesellschaftlich, beruflich, wissenschaftlich, geschäftlich, politisch, diplomatisch, militärisch usf. Die Redensart zielt aber auch auf den Mann, der *auf Freiersfüßen geht* oder auf ehesuchende Mädchen oder Frauen. Die im 19. Jahrhundert dem Wortschatz des Post- und Eisenbahnverkehrs entlehnte Wendung beschränkt sich jedoch nicht nur auf die angedeuteten Beziehungen. Persönlichen Anschluß kann man auch bei der Stellenvermittlung im Haushalt suchen. Oft wird da »*Familien-*

Anschluß suchen

anschluß« gewünscht und gewährt, d. h. die Hausange-
stellte ißt mit am gemeinsamen Tisch und wird wie eine
Tochter des Hauses behandelt. Demgegenüber steht der
Austausch der Haustöchter, *»schlicht um schlicht«*, französisch: elle est *»au pair«* dans une maison; das bedeutet: Sie hat eine Stelle für freie Kost und Logis. — Wer

den Anschluß verpaßt, hat Pech gehabt: Er hat den falschen Zeitpunkt gewählt, er kam zu einer ungünstigen Stunde; er hat eine Gelegenheit versäumt oder ist zu spät gekommen. — Auch diese Redensart kann in allen möglichen Lebenslagen angewendet werden und nicht nur da, wo ein Mädchen zu alt geworden ist, um noch den geeigneten Bräutigam zu finden. Auch der Student, der mehrere Jahre im Feld gestanden hat, kann zu alt geworden sein, um das vor dem Kriege begonnene Studium wiederaufnehmen zu können. Er hat dann ebenfalls bedauerlicherweise *»den Anschluß verpaßt«.*

ANSPITZEN

Jemanden anspitzen: ihn streng ermahnen, scharf herannehmen, anspornen, antreiben, *auf Trab bringen.* — Hat nichts mit dem aus der Gaunersprache ent-

Ungespitzt in den Boden

nommenen »Spitz« oder »Spitzel«, d. h. Polizeiagent, Vigilant, zu tun. Ähnlich wie beim »Schleifen« oder An- schärfen des Messers (beide Ausdrücke auch im über- tragenen Sinne!), kommt das Bild vom Bleistift, der stumpf (»stumpfsinnig«! — seit dem 15. Jh.) war und erst durch das Anspitzen wieder brauchbar wurde. Seit 1930. Eine bayerische Wendung ist *jemanden ungespitzt in den Boden hauen: nicht lange fackeln mit einem,* son- dern *ihn gleich fertig machen.*

ANZETTELN, »Kuhhaut«, s. VERZETTELN

APFEL
  In den sauren Apfel beißen: etwas Unbequemes notgedrungen tun; sich mit Selbstüberwindung zu etwas Unangenehmem entschließen; die bittere Pille schlucken; gezwungen sein, etwas — Peinliches — in Kauf zu neh- men. — Es ist ähnlich wie bei der Wendung *»etwas in Kauf nehmen«* (»Kuhhaut«, s. KAUF). Man nimmt die begehrte Ware gemeinsam mit dem Schund, sofern einem die gute Ware das wert ist, entnimmt jedoch dem Aus- druck nicht ohne weiteres, *weshalb* man »in den sauren Apfel beißen muß«. Es scheint sich nicht unbedingt um etwas Unvermeidbares zu handeln, sondern nur um ein notwendiges Übel, das man überwindet, um etwas Vor- teilhaftes zu erreichen. Schon bei Luther (1483—1546) vermerkt: »obgleich Euer kurfürstliche Gnaden ein wenig hat müssen wermuth essen und in den sauren Apfel beißen«. Um 1600 finden wir die Redensart auch im Tagebuch des Ritters Hans von Schweinichen.
  Für einen Apfel und ein Ei: Etwas fast umsonst bekommen oder weggeben; beinahe unentgeltlich, nahezu geschenkt, für einen lächerlichen Preis. — Umgangssprach- lich (niederdeutsch) meist: *Für'n Appel und 'n Ei!* Da beides in normalen Zeiten gewöhnlich *in Hülle und Fülle*

Die Äpfel nicht essen mögen

(»Kuhhaut«) vorhanden ist und somit keinen großen Wert darstellt, ist die Wendung eine Umschreibung für *spottbillig.* Schon im 17. Jahrhundert.

Es konnte kein Apfel zur Erde fallen, so voll war es: es war brechend, gedrängt, gerammelt, gerappelt, gestopft voll; es war ausverkauft, proppenvoll, bumsdickevoll; es war kein Durchkommen; wir saßen zusammengequetscht; »gekeilt in drangvoll fürchterliche Enge« (Schiller, Wallenstein). — Es muß schon unheimlich gewesen sein, wenn nicht einmal mehr ein Apfel zur Erde fallen konnte! Das plastische Bild erklärt sich von selbst. Seit dem 18. Jahrhundert.

Die Äpfel nicht essen mögen: kein Verlangen nach Zärtlichkeiten haben, keine Lust zur Liebe verspüren. — Der paradiesischen Verführungsgeschichte entlehnt, aus der auch der *Adamsapfel* stammt, jener Kehlkopfknorpel, der nach altem Volksglauben, oder besser Volkswitz, ein Stück des von Eva geschenkten Apfels sein soll, das dem sündigen Adam vor Schrecken im Halse stecken blieb.

Jemanden anäppeln oder veräppeln: ihn verspotten, verhöhnen, zum besten haben, necken, narren. — Der bildhaft erscheinende Ausdruck hat mit unserem Apfel nichts zu tun (»Kuhhaut«, s. VERÄPPELN).

APOLL

Er ist der reinste Apoll: Er ist ein sehr schöner und kluger Mann. — Apoll, Sohn des Zeus, Gott der musischen Künste, der Weissagungen und des Lichts, mit den Attributen Bogen, Leier und Lorbeer, ist der griechischste aller Götter und hat stärker als alle anderen weit über die Antike hinaus gewirkt. *Schön wie Apoll!* ist der Ausruf des Entzückens von Frauen, die einen herrlich gewachsenen Mann bewundern. *Bruder in Apoll* heißt »Dichterkollege« und ist die feierliche Anrede eines Poeten an einen anderen, den er ebenfalls für einen Dichter hält. Apoll, scherzhaft verquatscht nach dem erfrischenden deutschen Tischgetränk (in englischem Besitz) auch »Apollinaris« genannt, war nicht nur ein schöner, sondern auch ein kluger Mann: eine sehr seltene Verschmelzung, die heutzutage von den Frauen meist vergeblich gesucht wird.

APPEL, »Pistole«, s. APFEL

APRIL, siehe auch GESICHT

Einen in den April schicken: Einen oder auch mehrere Mitmenschen am 1. April zum Narren halten, sie an diesem Tage auf irgendeine Weise anführen, auch vergeblich Wege machen lassen. — Der 1. April war bei den Römern der Beginn des Narrenfestes. Mit ihm bringt Jungbauer (Handwörterbuch des Aberglaubens) das niederträchtige Herumschicken Christi von Herodes zu Pilatus in Verbindung (*von Pontius zu Pilatus*, »Kuhhaut«, s. PONTIUS). Außerdem ist der alte Brauch des In-den-April-Schickens wahrscheinlich mit dem keltischen Frühlingsfest und dem Jahresbeginn am 1. April verknüpft. Erst Papst Innozenz XII. (1691—1700) befahl die Verlegung des Jahresanfangs vom 1. April auf den 1. Januar. Durch diese Terminverschiebung und Entwertung des 1. April bot sich das Datum günstig zum Verulken an. Nicht zuletzt hat das närrische Wetter des April die Menschen zu Schabernack und Tandaradei angeregt, um dem Monat alle Ehre anzutun.

Die Sitte ist auch in England, Frankreich und Holland bekannt, aber nicht so im Schwange wie in Deutschland; zu Beginn des 17. Jahrhunderts in Bayern mit dem Hinweis »In Aprillen schicken« bezeugt.

Ein Gesicht machen wie Aprilwetter: einen Gesichtsausdruck haben, der zwischen Lachen und Weinen liegt. — Das veränderliche Aprilwetter fordert immer wieder zu Vergleichen heraus, wie der alte, 1535 in Frankfurt a. M. erschienene »Reineke Fuchs« in diesem Vers zeigt:

> »Herrengunst, Aprillenwetter,
> Frauwenlieb und Rosenbletter,
> Würffel, Karten, Fedderspil
> verkert sich offt, wers glauben will.«

So unbeständig wie der Gesichtsausdruck manchmal ist, so spiegelt er den wankelmütigen Charakter eines Menschen wider. Daher sagen wir:

Sie ist launisch wie der April: sie ist wetterwendisch. Wenn sie *nur im April* launisch wäre, könnte man sie vielleicht noch ertragen. Steht jedoch das seelische Barometer ständig auf »veränderlich«, dann wird der grillenhafte Mensch unerträglich und lästig. Dieser Charakterzug ist natürlich nicht nur auf das weibliche Geschlecht beschränkt.

ARIADNEFADEN (LEITFADEN),
»Kuhhaut«, siehe FADEN

ARM, »Kuhhaut«, siehe ARM und MAUS

AS

Er ist ein großes As: Er ist einer der Besten, er ist ganz hervorragend. — *Der As* (heute: *das As*) war sowohl eine römische Münze als auch eine römische Maßeinheit im Gewicht von 327,45 g mit der Wertbezeichnung 1. Das As bei uns (Mehrzahl: die Asse) ist die französische Spielkarte mit dem höchsten Wert (bei der deutschen Karte auch *»Daus«. »Ei der Daus!«*). Dem As entspricht im Würfelspiel ebenfalls die Eins. Es war naheliegend, aus dem beliebten und weitverbreiteten Kartenspiel ein Bild zu nehmen und einen erfolgreichen Menschen — wie im französischen Militärgebrauch — mit der höchsten Karte zu vergleichen: Er ist ein As in der Fliegerei; Wernher v. Braun ist ein As in der Raketenkonstruktion usw.

ASSMANN

Das kannst du halten wie der Pfarrer Aßmann: Das kannst du machen, wie du willst; du kannst nach eigenem Gutdünken, selbstverantwortlich handeln; das ist in dein freies Belieben gestellt. — Der »Pfarrer-Aßmann-Typ« scheint in Deutschland recht verbreitet zu sein, denn es erheben gleich mehrere Länder stolz Anspruch darauf, ihn ihren Sohn zu nennen. Es gibt verschiedene Geschichten, die seit Jahrzehnten durch die Fachbücher geistern.

Jedenfalls scheidet die Erzählung vom thüringischen Geistlichen offenbar aus, der durch einen geglückten Wurf mit der Bibel einen Hasen tötete und angeblich von seinem Landesherrn, Herzog Karl August, Goethes Freund und Dienstherrn, eine nachträgliche Jagdlizenz in der Form erhielt: »Der Pfarrer Aßmann hat zwar keine Jagdberechtigung, mit den Hasen aber, so er mit der Bibel totwirft, kann er machen, was er will!« — Wahrscheinlich ist als Urbild der hessische Pfarrer Karl Christian Raßmann anzusehen, der durch sein eigenmächtiges Wesen der geistlichen und weltlichen Obrigkeit viel Sorgen bereitete. Er, der um 1860 in Mecklar bei Hersfeld amtierte, war jedenfalls dafür bekannt, daß er's hielt, wie er wollte! Ihm gesellte der Volkswitz des unvermeidlichen Reimes wegen noch den Amtsbruder Nolte bei, denn »der Pfarrer Nolte machte es« natürlich erst recht »wie er wollte«!

AST, siehe auch »Kuhhaut«

Er befindet sich auf einem absteigenden Ast: Mit ihm geht es bergab, sein Schicksal ist besiegelt, er verschwindet von der Bildfläche; sein Einfluß versiegt; sein

Ohne Jagdschein . . .

Stern ist im Sinken. — Der Sprache der Sippen- und Geschlechterkunde entlehnt. Der Stammbaum ist die bildliche Darstellung des Verwandtschaftsverhältnisses aller Familienmitglieder, so daß der Ahnherr als Wurzel des Stammes und die Nachfahren als vielverzweigte Äste erscheinen. In der Ahnenforschung spricht man von Ahnenverlust oder Ahnenschwund, wenn infolge von häufigen Eheschließungen zwischen Blutsverwandten (in abgeschlossenen Gebirgsdörfern oder im Hochadel) die gleichen Personen wiederholt vorkommen. So haben die Kinder aus einer Ehe zwischen Vetter und Base sechs statt acht verschiedene Urgroßeltern. Die Familie kommt langsam aber sicher auf einen *absteigenden Ast*, wenn sie nicht für Blutauffrischung sorgt. — Einen Nachschub erhielt die Redensart neuerdings aus den graphischen Darstellungen der zahlreichen Statistiken, die den Wandel der Dinge durch auf- und absteigende Kurven — »Äste« — anschaulich machen. Wenn eine Entwicklung durch einen absteigenden Ast deutlich gemacht werden muß, dann geht es eben mit ihr bergab! — Wobei man natürlich zugeben muß, daß die Statistik nicht immer recht behält. Peter v. Zahn vergleicht sie recht sinnvoll mit dem Bikini: »Beide zeigen Interessantes, verbergen aber Wesentliches!«

AUSEINANDERNEHMEN

Jemanden völlig auseinandernehmen: von tadeln, abkanzeln, streng verhören, zur Rede stellen, über zusammenschlagen bis zu töten. — Wie man eine Uhr auseinandernimmt, bis sie in ihre Einzelheiten zerlegt ist und jedes Teilchen klar sichtbar wird, so wird der Gegner durch scharfe Vorhaltungen gezwungen, zu bekennen, oder gedemütigt, bis er keinen Widerstand mehr leistet. Im allgemeinen wird man unter der Redensart »jemanden hart kritisieren (Presse), strafen, entmutigen« verstehen;

vielleicht noch beim Sport, »die vernichtende Niederlage herbeiführen«, in seltenen Fällen »umbringen«, obwohl das Wort bereits in die Gaunersprache eingedrungen ist. Seit 1890.

AUSGESCHLAFEN

Er ist ein ausgeschlafener Bursche: Er ist ein hellwacher Junge. — Dieser Ausdruck spielt auf den erquickenden Schlaf an, nach dem man besonders munter ist. Der »ausgeschlafene Bursche« ist ein Mann mit scharfem Blick, großem Ehrgeiz und ungehemmter Tatkraft. Seit 1950 bekannt. Ursprung: Berlin.

B

BABYLON

Das ist eine babylonische Sprachverwirrung: hier versteht keiner mehr den anderen. — *Die babylonische Sprachverwirrung* bezieht sich nicht nur auf Unterhaltungen und Diskussionen, in denen eine Verwirrung entstand, sondern schlechthin auch auf Gesellschaften oder Orte, in denen mehrere Sprachen gesprochen werden. — Der Ausdruck stammt aus der biblischen Geschichte vom *Turmbau zu Babel* und der *Verwirrung der Sprachen.* Danach wollten die Babylonier einen Turm bauen, der bis in den Himmel reichen sollte. Wegen dieses Wahnwitzes und ihrer Vermessenheit strafte sie Gott, verwirrte die Sprachen der Erbauer und zerstreute sie in alle Länder, so daß der Bau nicht vollendet werden konnte. Dies berichtet jedenfalls 1. Mos. 11, 9: »Daher heißt ihr Name Babel, daß der Herr daselbst verwirrt hatte aller Länder Sprache und sie zerstreut von dort in alle Länder.« Neben der *babylonischen Sprachverwirrung* ist die abgekürzte Wendung *babylonische Verwirrung* sprichwörtlich geworden. Der deutsche Architekt und Archäologe Robert Koldewey, der von 1898 bis 1917 die Ausgrabungen von Babylon leitete, bestätigte den Bau eines gewaltigen Turmes von 90 m Höhe und 8100 m² Grundfläche, der außer einem Heiligtum auch Räume und Einrichtungen zur Sternbeobachtung aufwies, so daß Werner Kellers Feststellung »Und die Bibel hat doch recht« auch hier wieder ein gutes Beispiel gefunden hat. — Seit der Babylonischen Gefangenschaft galt Babylon am Euphrat als Stadt tiefster Verkommenheit und Sittenverderbnis. In der Offenbarung des Johannes 17, 5 heißt es: »Die große Babylon, die Mutter der Hurerei und aller Greuel auf Erden.« Daher werden Weltstädte mit eindeutigen Vergnügungsvierteln von sittenstrengen Bürgern gern als *Sündenbabel* angeprangert.

Auffallend gewaltige Bauten, extrem hohe Damenhüte oder Frisuren werden oft mit dem *Turmbau zu Babel* verglichen, der 1563 seine künstlerische Verewigung durch den niederländischen Maler Pieter Brueghel d. Älteren erhielt, von dem auch das berühmte Gemälde von den holländischen Redensarten stammt.

BÄRENHAUT, »Kuhhaut«, siehe HAUT, siehe BERSERKER

BAHNHOF, siehe auch »Kuhhaut«
Ich verstehe (höre) immer Bahnhof: Ich will davon nichts wissen; ich mißbillige das; das kommt für mich überhaupt nicht in Frage. — Der Romanschriftsteller Hans Fallada nennt diese Wendung in »Wolf unter Wölfen« »die gängigste Redensart« der Inflationszeit. Der Ausdruck entstand am Ende des Ersten Weltkrieges, als die Soldaten des Kämpfens müde waren und sie nur eine Sehnsucht beherrschte: nach Hause! Diesen Wunsch setzten Berliner Landser mit dem Bilde des Bahnhofs gleich,

der für sie das Symbol des Heimaturlaubs bedeutete, und wenn man sie auf irgend etwas, das nicht damit zusammenhing, ansprach, antworteten sie: *Ich verstehe (höre) immer Bahnhof!*, das heißt: Ich bin für nichts anderes mehr zu sprechen als für die Heimreise! Ich lehne jedes Gespräch rundweg ab. In diesem allgemeinen Sinne der Zurückweisung wird die Redensart heute auch gebraucht.

BANN

Der Bann ist gebrochen: Die Ablehnung ist in Zustimmung umgeschlagen; er hat unsere Herzen erobert; nach anfänglichem Widerstreben wurde er plötzlich freundlich begrüßt. — Ein Übeltäter wurde früher *für vogelfrei erklärt* (»Kuhhaut«, siehe VOGEL). Damit war er verflucht, verdammt und aus der Gemeinschaft ausgestoßen; gegen ihn hatte man *den Bannstrahl geschleudert.* Der Bann oder »Spruch« war der gegen Menschen, Tiere, Orte oder Gegenstände gerichtete Befehl der Ächtung, Meidung oder Isolierung. Man sagte auch *jemanden in Acht und Bann tun* und meinte damit: ihn ausschließen, verstoßen, »ächten« und »verbannen«. Das Alte Testament kennt sogar die Bannung unterworfener Gebiete, in denen »dank göttlicher Fügung« alles Leben auszulöschen und das bewegliche und unbewegliche Gut zu vernichten war. Im Mittelalter bedeutete der weltliche (kaiserliche) Bann — oder »die Acht« — die Aufhebung der weltlichen Rechte des Betroffenen und seinen Ausschluß aus der Gesellschaft. Der Bann der christlichen Kirche hingegen bewirkte die Ausstoßung aus der religiösen Gemeinschaft. Solch eine päpstliche Entscheidung (über die Verhängung der Exkommunikation zum Beispiel) wurde die *Bannbulle* genannt (vom lat. bulla = Blase). Das Wort »Bulle«, mit dem auch »Bulletin« und »Billett« zusammenhängen, bezeichnete anfangs das Siegel zur Verbannungsurkunde, später die Urkunde selbst.

— Im übertragenen Sinne kann man natürlich *in eines Menschen Bann geraten*, d. h. unter seinen Einfluß kommen. Andere Redensarten sind *er hält mich im* (oder auch *in*) *Bann* und *er hat uns alle in seinen Bann geschlagen*. Als beliebte Wendung in der wohlwollenden Kritik nach einem gelungenen Vortragsabend finden wir häufig in der Presse: *Der Redner zwang die Hörer in seinen Bann*, das heißt *er fesselte sie*. Zuerst wird er es etwas schwer gehabt haben, die kühlen norddeutschen Besucher in Wallung zu bringen; aber mit einigen Scherzworten war schließlich *der Bann gebrochen*.

BASTA

Und damit basta! Nun Schluß! Damit genug! Der Fall ist erledigt! Jetzt reicht's! — Basta ist eine Imperativform des italienischen Zeitwortes bastare, das »hinreichend, genügend sein, aufhören« bedeutet. Basta ist auch in der spanischen Sprache zu Hause. Vermutlich ist die seit Beginn des 17. Jahrhunderts in Deutschland bekannte Redensart von spanischen Seeleuten oder italienischen Kaufleuten übernommen worden.

BAUCH

Wut im Bauch haben: sehr zornig, ärgerlich, ergrimmt, erbittert, gereizt sein. — Wie schon die alten Griechen den Sitz des Zornes in die Galle (Chole) legten (cholerisch = leicht erregbar), so pflanzte unsere Volksmeinung ihn zu Anfang des 20. Jahrhunderts in den Bauch (Magengeschwüre!), dem man überhaupt allerhand Merkwürdigkeiten angedichtet hat. In einer veralteten und nicht mehr gebräuchlichen Redensart konnte man zum Beispiel *sich etwas durch den Bauch stechen* (unterschlagen). Heute bringt man jedenfalls noch das Zauberkunststück fertig, *einem anderen ein Loch in den Bauch zu reden* oder *zu fragen* (»Kuhhaut«, siehe LOCH), sich selbst *ein Loch in den Bauch zu lachen* (»Kuhhaut«, siehe AST) oder sich vor Ärger *in den Bauch zu beißen.*

Sich den Bauch vollschlagen: gierig den Heißhunger stillen, übermäßig fressen. — Bei dieser Redensart entsteht vor unseren Augen die groteske Silhouette eines derben Menschen, der sich mit einem riesengroßen, bis in den Bauch hinabreichenden Löffel den Brei in den Wanst schlägt! Hier wird wieder deutlich, welch brueghelhafte Situationskomik unsere prägekräftige Sprache zu erwecken vermag. Beim Anblick dieses Bildes könnte man *sich den Bauch vor Lachen halten.* — Übrigens, wer sich geschmeichelt fühlt, *fühlt sich gebauchkitzelt* oder, wer dem verfeinerten Geschmack huldigt, *gebauchpinselt.* Ein humorvoll-plastischer Ausdruck verwöhnter Studenten der zwanziger Jahre dieses Jahrhunderts.

BAUER

Die dümmsten Bauern haben die dicksten Kartoffeln: Der klare Ausdruck bedarf keiner weiteren Erklärung. — Er bedeutet nicht nur eine Herabsetzung des Bauern, sondern auch seiner Arbeit. Diese und ähnliche Wendungen entspringen der überheblichen und hochmütigen Einstellung des Städters gegenüber dem Landbewohner, den jener für rückständig, dumm, einfältig, tölpelhaft, derb und leichtgläubig hält. In diesem Sinne auch die Redensart: *So fragt man einen Bauern aus,* die dann verallgemeinert wurde in: *So lasse ich mich nicht ausfragen!* oder *Wat de Buer nich kennt, dat freet he nich* (Was der Bauer nicht kennt, das frißt er nicht). Der *Bauernlümmel,* aus dem althochdeutschen »luomi« = lahm, schlotterig, seit dem 16. Jahrhundert bekannt, und das *Bauerntrampel,* die plumpe *Bauerntrine,* gehören ebenfalls zum bauernfeindlichen Wortschatz, an dem schon der Schuhmacher und Dichter Hans Sachs (1494 bis 1576) gestrickt hat. Die Wendung

Ja, Bauer, das ist ganz was anderes!, stammt noch aus der traurigen Zeit der Leibeigenschaft. Der Landesfürst macht dem Bauern klar, daß er rechtlos sei, daß *mit zweierlei Maß gemessen wird*, entsprechend dem geflügelten Wort: »quod licet Jovi non licet bovi« (was Zeus erlaubt ist, ist dem Ochsen noch lange nicht gestattet!). — In England spielt der Bauer noch heute in Bühnenstücken eine ähnlich traurige Rolle als Tölpel und »Hanswurst«, allerdings mit dem feinen Unterschied, daß er neben seiner Einfalt eine große Portion Humor besitzt: Es ist der in der Welt berühmt gewordene *Clown*, dessen Name vom lateinischen colona, das heißt Bauer, kommt.

Ein richtiger Bauernfänger sein: ein geriebener Gauner sein, der die Leichtgläubigkeit der Mitmenschen rücksichtslos zu seinem Vorteil ausnutzt. — Die Vertrauensseligkeit und Arglosigkeit des Bauern wurde hier vom Betrüger schändlich mißbraucht. Die Bezeichnung wird aber seit hundert Jahren ganz allgemein auf jenen Spitzbuben angewendet, der durch Tricks den Ahnungslosen *aufs Kreuz legt*, hereinlegt. Dieser kann natürlich ebensogut in der Stadt wie auf dem Lande wohnen. Erfreulicherweise besagt der Ausdruck *bauernschlau* aber, daß man dem Bauern eine gewisse Tüchtigkeit und Klugheit, besonders auf wirtschaftlichem Gebiet, nicht abspricht; und damit bekommt ein altes deutsches Sprichwort *gute Bauernkost:* »Hat der Bauer Geld, hat es die ganze Welt!«

BAUM, auch »Kuhhaut«, siehe WALD

Zwischen Baum und Borke stecken: in einer Zwangslage sein, in der Klemme, Patsche sitzen; eine kitzlige, heikle Angelegenheit bewältigen sollen; eine schwierige Aufgabe vor sich haben, in Verlegenheit sein. — Die in Norddeutschland besonders häufig gebrauchte stabreimende Wendung, die eine kritische Lage kennzeichnet, ist aus der Sprache der Holzfäller entlehnt, bei

Bäume ausreißen

denen es gelegentlich vorkommt, daß sich das Beil durch
die Wucht des Schlages zwischen Baum und Borke fest-
klemmt. Ein französisches Sprichwort warnt: »Man darf
den Finger nicht zwischen Baum und Borke stecken (Il ne
faut pas mettre le doigt entre l'arbre et l'écorce)«, das
heißt: Mische dich nicht in fremde Angelegenheiten! Der
saftige, kräftige Baum ist ein Symbol der Kraft. So sagen
wir: *Er ist ein Kerl (stark) wie ein Baum* oder *mir geht es
so gut, ich könnte Bäume ausreißen*. Wenn etwas allerdings *ist, um auf die Bäume zu klettern,* dann haben wir
uns geärgert und *der Gipfel der Frechheit* ist erreicht

(siehe auch AKAZIE und PALME). *Der Baum der Erkenntnis* aus der Bibel und *der Stammbaum* aus der Sippenkunde sind seit langem eingewurzelte Begriffe. Der Baum hat in den Sprichwörtern fast aller Völker einen festen Platz, und dennoch *hat Gott dafür gesorgt, daß die Bäume nicht in den Himmel wachsen!*

BEDIENEN

Ich bin bedient: Ich habe genug davon; mir reicht es, ich habe es satt. — In der Gaunersprache heißt *sich bedienen* auch stehlen, betrügen. In unserer Zeit der schlechten Bedienung kommt die Redensart weder vom »aufdringlichen Kellner« noch aus der Warenhaussprache, sondern vom Kartenspiel. Der seit 1930 bekannte Ausdruck hat eine Skala von »genügen« bis »fertig machen«.

BERAPPEN

Einer muß berappen: Einer muß bezahlen. — Kommt nicht aus der Gaunersprache, wie vielfach angenommen wurde, sondern von der Münze, *Rappen*, die um 1350 in Basel und oberrheinischen Städten gang und gäbe war. Seit dem 19. Jahrhundert ist Rappen die deutschsprachige Bezeichnung des Centime in der Schweiz. Der Rappen trug das Wappen von Freiburg, den Rabenkopf. Im Mittelhochdeutschen heißt Rabe aber »rappen« (expressive Nebenform von »rabe«). Es war also kein schwarzes Pferd gemeint. Dadurch, daß der Mensch täglich mit dem Gelde umgehen muß, sind viele Ausdrücke aus dem Bank-, Geld- und Münzwesen in die Umgangssprache eingedrungen, so: *die paar Kröten, keinen Deut wert, große Stücke auf jemanden halten, va banque spielen, bankrott machen, Geldschneiderei* (siehe »Kuhhaut«) und viele andere. Wer also zahlen sollte und dies mit dem Rappen tat, der *berappte.* Seit 1840 in der Studentensprache. Ähnlich erging es dem *Batzen* (eigentlich Klumpen), der Ende des 15. Jahrhunderts in Bern geprägt und mit dem Berner Stadtwappen, dem Bären, geschmückt wurde. So wurde der Batzen schnell nach dem Wappentier, dem *Bätzen* oder *Pätzen*, umgedeutet. *Das ist ein schöner Batzen Geld!* ruft einer glücklich aus, der in den unverhofften Besitz einer größeren Summe Geldes kommt. Als ihm daraufhin ein gewitzter Händler eine minderwertige Ware anbietet, meint der vermögende Mann geringschätzig: *Die ist keinen Heller wert!* oder auch: *Dafür werde ich keinen roten Heller bezahlen!* Ein anderer bekannter Ausdruck ist: *Auf Heller und Pfennig mit ihm abrechnen.* — Der *Heller* war ursprünglich ein *Haller*, und zwar eine zuerst in Schwäbisch Hall geschlagene Münze. — Die schon von Goethe gebrauchte Wendung *blechen müssen* kommt von Blech, althochdeutsch »bleh« und geht auf die Wurzel »blik« zurück, die »glänzen« bedeutet. So wanderte Blech auch im wesentlichen als »Blitzendes« ins Rotwelsch. — In der Berliner Redensart: *Rede kein Blech* = schwatze kein dummes Zeug!, ist beim Blech allerdings weniger das Blitzende als das Minderwertige gemeint.

BERG, auch »Kuhhaut«, siehe BUSCH, »Pistole«, siehe DASTEHEN

Über alle Berge sein: das Weite suchen; jenseits des großen Teiches; auf und davon; spurlos verschwunden sein; wer weiß wo; er ist fort auf Nimmerwiedersehen. — Die Wendung wird in ähnlicher Form schon 1671 im »Alamodischen Politikus« erwähnt: »... so blieb doch alles übrige in weiten Bergen.« Wer über alle Berge ist, bei dem ist kaum Hoffnung, ihn wiederzusehen.

Jemandem goldene Berge versprechen: ihm den Mund wässerig machen; ihm Dinge in Aussicht stellen, die gar nicht erfüllt werden sollen; prahlerische Versprechungen machen. — Die Redensart ist zumindest über zweitausend Jahre alt, denn wir finden sie schon beim römischen Dichter Terenz (195—159 v. Chr.), dem wichtigsten Vertreter der lateinischen Komödie, in seinem »Phormio« (1, 2): »Goldene Berge (oder Berge Goldes) versprechen (montes auri pollicens)«. Im auf deutschem Boden entstandenen Heldenepos, der »Gudrun«, aus dem 13. Jahrhundert lesen wir: »und waere ein berc golt, den naem ich niht darumbe.« Und in der Zimmerischen Chronik des 16. Jahrhunderts heißt es schließlich: »die warden mit wartgelt versehen, auch darneben von guldigen bergen vertröst.«

Über den Berg sein, oder: *noch nicht über den Berg sein*: die Krise, die Gefahr, das Schlimmste (noch nicht) überwunden haben. — Das wird meistens im Zusammenhang mit Kranken gesagt, man sollte dabei aber eigentlich an eine beschwerliche Bergwanderung denken: Wer auf dem Gipfel angekommen ist, hat das Schwierigste hinter sich gebracht.

»Dastehen wie der Ochs am Berge«, siehe DASTEHEN

»Hinter dem Berge halten«, »Kuhhaut«, siehe BUSCH

BERSERKER

Kämpfen wie ein Berserker: mit unbändiger Wildheit kämpfen; ungestüm, heftig, rasend und dabei unvernünftig drauflos schlagen. — Die Berserker sind die »Bärenhäuter« der nordischen Sage, die auch Bärengestalt annehmen können. Wie wir aus den altisländischen Berserkergeschichten erfahren, kämpfen sie ohne Schild und Waffen in blinder Wut und mit hemmungsloser Angriffslust, daher die schon von Goethe und Eichendorff angeprangerte *Berserkerwut*. Der Name kommt vom altnordischen »ber«, gleich Bär, und »serkr«, das ist das Kleid; also eigentlich »die in Bärenfell gekleideten Krie-

Berserkerwut

ger«. Der Aberglaube, die Kraft der wilden Tiere gehe auf den Menschen über, wenn er sie töte und ihr Fell anziehe, ist in Europa, Asien und Afrika verwurzelt. Er hat im skandinavischen *Berserker* und im germanischen Wolfsmenschen, dem *Werwolf*, seine Verkörperung gefunden. Die afrikanische Variante ist der äthiopische unverwundbare Hyänenmann, der *heute noch* teils verehrt, teils gefürchtet wird. Auch jene Krieger, die in Löwen- oder Leopardenfellen der Tiere, die sie mit dem Speer (nicht mit der Flinte!) erlegt haben, ihre Gegner erschrecken und überrennen, gehören dazu.

Um dem angsterregenden »Meister Petz« alle Ehre zu erweisen, sollen die Berserker nach der »Edda« in schrecklichen Horden überall Furcht und Grauen oder biblisch gesprochen: »Heulen und Zähneklappen« (Matth. 8, 12) verbreitet haben.

BESCHEID

Jemandem Bescheid tun: einen Zutrunk dankend erwidern; Bescheid tun; also Bescheid geben, Rede und Antwort stehen. Wird stellvertretend für die Beantwortung des ehrenden Zutrunkes verwendet. Die Redensart kommt schon 1575 in J. Fischarts »Affentheurlich Naupengeheurlich Geschichtsklitterung« vor: »Schenck ein das Glaß: Thu bescheid.« — Trinksitten werden seit langem vor allem im studentischen Brauchtum, und hier im Bier- oder Kneipkomment bewahrt. Die Kneipe, deren Mitglieder insgesamt die *Corona* genannt werden, ist die regelmäßige Zusammenkunft der Studenten einer Verbindung, der *Korporation.* Beim Gesang der Lieder aus dem *Kommersbuch,* spöttisch als *Bierbibel* bezeichnet, wird gezecht, wobei ein begabter *Fux* oder *Bursch* die Weise auf der *Bierorgel* (Klavier) vorspielt. Wenn einer dem anderen *Bescheid tun* möchte, ruft er dessen Rang und Namen und sagt: »Gestatte mir auf dein spezielles Wohl!« Dann darf der Angesprochene nicht mittrinken, aber *er löffelt sich* später. Wenn beim gewöhnlichen »Prost!« der Geehrte nicht *nachzieht,* mahnt der erste *Kneipant:* »Ich vermisse deinen angenehmen Zutrunk!« Sollte diese Warnung zwecklos sein, läßt dieser, wenn er der Ranghöhere ist, den jungen Fuxen oder Burschen *in die Kanne steigen* und vielleicht *bis zur Nagelprobe* (»Kuhhaut«, siehe NAGEL) *ex* trinken. Eine besonders feierliche Kneipe aus besonderem Anlaß ist der *Kommers,* auf dem auch gelegentlich *der Landesvater gestochen wird.* Dabei werden die *Couleurmützen* auf die Schläger der *Chargierten* (Vorsitzenden der Verbindung) aufgespießt, während die Corona das Lied »Alles schweige« singt. Dieser Brauch, der seit 1679 bekannt ist, stellt eine Huldigung an die Verbindung, an das Vaterland und an das Staatsoberhaupt (früher Landesherr) dar. — *Den Salamander reibt man* zu Ehren einer besonderen Persönlichkeit. Nach dem Kommando des Erstchargierten (Präsiden) »ad exercitium salamandri« werden die gefüllten Gläser auf dem Tisch gerieben, dann ausgetrunken und, nachdem man mit ihnen auf dem Tisch getrommelt hat, mit einem harten Schlag alle gleichzeitig niedergesetzt. Das Wort kommt aus dem Persischen: samandar, samand = feuerrot. Für den großen Arzt Paracelsus (1494—1541) galten die Salamander als Elementargeister des Feuers. Nun rieb man zu Beginn des 19. Jahrhunderts den Salamander nicht mit einfachem Bier, sondern mit angezündetem Branntwein, um den Feuergeist zu beschwören. Dabei wurden nach Alchimistenart Zauberworte gemurmelt. Von dieser phantasievollen studentischen Tischsitte ist nur noch eine Andeutung des Gaukelwerkes übriggeblieben: der Name — und der Austausch der gebabbelten, unheilabwehrenden Hexenformel mit dem Reiben der Biergläser.

Jemandem Bescheid sagen: ihn benachrichtigen, ihm etwas mitteilen. — Man hört auch *Bescheid geben,* wobei »Bescheid« bedeutet: »was einem zukommt«, belehren, bestellen, endgültig erklären. Also eine gewöhnliche Nachrichtenübermittlung. Gibt man jedoch dem Bescheid einen gewissen Nachdruck, dann kann es auch rügen, zurechtweisen heißen: auch bei dem Ausdruck *jemandem Bescheid stoßen,* ihm den Kopf zurechtsetzen; aufs Dach steigen; den Marsch blasen; einen Denkzettel erteilen. — Da der Bescheid nicht gegeben, sondern »gestoßen« wird, kann man sich schon vorstellen, wie scharf der Betreffende, fast körperlich, »angefaßt« wird!

BESCHEIDEN

Sein bescheiden Teil: keine großen Sprünge machen; sich nach der Decke strecken; ein Loch zurückstecken. — »Bescheiden« hatte früher keineswegs die Bedeutung von zurückhaltend oder anspruchslos. Wie schon aus »Bescheid« hervorgeht, heißt bescheiden »was mir zukommt« oder »was mir zugewiesen ist«; also etwa im Sinne von »Zufriedenheit mit seinem Zustande«, wie bei Christian Fürchtegott Gellert (1715–1769):

> Genieße, was dir Gott beschieden,
> entbehre gern, was du nicht hast.
> Ein jeder Stand hat seinen Frieden,
> ein jeder Stand auch seine Last.

BESCHERUNG

Da haben wir die Bescherung! Das ist eine schöne Bescherung: das ist ja eine unangenehme Überraschung; solch ein Pech! — Bescheren kommt vom althochdeutschen »scerjan«, das ist zuteilen, und gehört demselben Stamm an wie Schar, die ja auch etwas Abgeteiltes ist, wie das englische »share« = Anteil. Erscheint schon 1784 bei Schiller in »Kabale und Liebe«, als Miller schadenfroh lacht: »Da haben wir ja die Bescherung!« (II, 5). — Unsere Redensart kann man sofort verstehen, wenn man an eine Weihnachtsbescherung denkt, bei der Vater mit dem neuen Schaukelstuhl zusammenbricht und dadurch Mutter zum Stolpern bringt, die das Tablett mit dem guten Porzellan fallen läßt. Inzwischen haben die unartigen Kinder den Weihnachtsbaum so nahe ans Fenster geschoben, daß die Gardinen durch die brennenden Kerzen Feuer fangen. Nun hat man doch wohl allen Grund zu rufen: »Na, das ist ja eine schöne Bescherung!«

BESCHLAGEN

Gut beschlagen sein: in etwas wohl unterrichtet, bewandert, erfahren, kenntnisreich, sattelfest sein. — Wir haben im Französischen die gleiche Redensart: *être ferré sur quelque chose,* in etwas (mit Eisen) beschlagen oder bewandert sein. Das seit Anfang des 17. Jahrhunderts bekannte Bild stammt vom gut beschlagenen Pferd, das

der Hufschmied wohl ausgerüstet hat, um es leistungs-
fähig und sicher im Gang zu machen. Eine siebenbürgische
Wendung, ins Hochdeutsche übersetzt, rundet unsere Vorstellung noch besser ab: *auf allen vieren beschlagen sein!*

BESEN

Einen Besenstiel verschluckt haben: unbeholfen,
steif, ungelenk sein; auch: sich nicht verbeugen wollen,
unhöflich sein. — Wer entweder zu ungelenk oder zu unerzogen ist, sich vor anderen höflich zu verbeugen, dem
unterstellt die zu jedem Scherz aufgelegte Volksmeinung,
er habe *einen Stock* oder *einen Besenstiel verschluckt.*
Schon seit dem 15. Jahrhundert bekannt. Seit hundert
Jahren besonders populär durch Joseph Viktor v. Schef-
fels (1826—1886) Wendung *steif wie ein Besenstiel,* aus
dem lustigen Studentenlied »Im schwarzen Walfisch zu
Askalon« (altassyrisch).

Wenn das wahr ist, fress' ich 'n Besen (mit Stiel!).
Ich kann das nicht glauben und bin zu jedem unmöglich
erscheinenden Opfer bereit, wenn das nicht gelogen ist. —
Der Engländer sagt etwas Ähnliches in solcher Lage:
»or I'll eat my hat!«, oder ich fresse meinen Hut. Keiner
dieser Prahlhanse hat bisher sein Versprechen gehalten,
sondern im hoffnungslosen Falle einer ernstgemeinten
Wette es immer noch vorgezogen, diese schwerverdau-
lichen Gegenstände in Form von Schokolade oder Marzi-
pan zu verspeisen.

Einen auf den Besen laden: ihn narren, zum besten
haben, verulken, aufziehen, verspotten, ins Lächerliche
ziehen. — Die vor dem Ersten Weltkrieg in der Soldatensprache aufgekommene Redensart heißt »beim Kehren
mit hinausfegen«. In diesem Sinne ist der Betroffene
der letzte Dreck, d. h. er wird nicht nur veralbert, sondern
sogar verächtlich gemacht. Mehr hat die Auffassung für
sich, daß die Wendung auf die Hexen der Walpurgisnacht

(Nacht vor dem 1. Mai) anspielt, die auf Besen zum Hexentanzplatz des Blocksberges im Harz reiten, um mit den Teufeln wilde Feste zu feiern. Da die Hexen den Menschen und ihrem Vieh in dieser Nacht viel Schabernack zufügen, heißt *einen auf den Besen laden*, ihn an den Possen teilhaben lassen, ja ihn sogar zum Opfer der albernen Späße machen. — Der Ausdruck *die Besengarde* für Straßenkehrer und Reinmachefrauen ist Anfang des 19. Jahrhunderts in Berlin, der Garnison einiger Garderegimenter, entstanden. Ihre literarische Krönung fand die Besengarde in dem Gedicht (mit Karikaturen) von Wilhelm Busch (1832—1908): »Der Morgen graut, ich kam per Bahn stolz in der Stadt der Welfen an.« Als der Künstler auf dem Bahnhof eine Gruppe Reinmachefrauen mit den Worten anspricht: »Seid mir gegrüßt, Ihr edlen Frauen, so wunderlieblich anzuschauen!« fühlen sie sich *veräppelt* (siehe »Kuhhaut«). Sie verdreschen ihn, und er rettet sich mit 25 Silbergroschen:

> »Das hemmt der Besengarde Lauf!
> Ein Bad nimmt meine Glieder auf.«

BETT

Sich ins gemachte Bett legen: günstige Verhältnisse vorfinden; Glücksgüter und Wohlstand angeboten bekommen; reich heiraten. — Wenn einer unerwartet eine große Erbschaft antritt oder als mäßig bemittelter Mann ein reiches Mädchen heiratet, dann *legt er sich in das gemachte Bett*, dann *segelt er in günstigem Winde*, dann hat er *den Platz an der Sonne gefunden*, und *ein warmer Regen strömt auf ihn herab*. Das wird ihn munter machen. — Wenn er aber müde und schläfrig ist, dann *sehnt er sich nach dem Bettzipfel*. Der Nachtschwärmer hingegen ist abends nicht müde. Er muß bummeln und sich herumtreiben anstatt zu schlafen, *um das Bett zu schonen*, wie er sich mit guten Gründen entschuldigt. Er

Betthupferl?

ist also ein *Bettschoner*, der die ganze Nacht trinkt, um erst am Morgen *die nötige Bettschwere* zu bekommen. Das ist Müdigkeit plus Bettgewicht, wobei sich das Bettgewicht aus dem normalen Körpergewicht plus Alkohol zusammensetzt. So hat er die Gewähr, daß er schnell einschläft und nicht aus dem Bett purzelt. Und wenn er eine sehr großzügige Frau hat, dann gibt sie ihm vor dem Einschlafen noch ein *Betthupferl*. Das ist an sich eine Süßigkeit für kleine Kinder vor dem Zubettgehen. Aber schließlich kann man ja einen Mann auch nicht als erwachsen ansprechen, der Nacht für Nacht *aushäusig ist*.

BETTEL

An den Bettelstab kommen: völlig verarmen. — Der Stab ist eines der ältesten germanischen Rechtssymbole, die bis weit in die vorgeschichtliche Zeit zurückreichen. Er ist das geheiligte Symbol des Königs (Zepter) und des Richters *(den Stab brechen)*, das Wahrzeichen der Macht, der Dienstbarkeit, der Unterwerfung und der Verarmung. Wenn jemand von Haus und Hof vertrieben wurde, dann mußte er mit dem Stab in der Hand als Bettler seiner Wege ziehen. Wurde ihm jedoch die Gnade erwiesen, am Orte zu bleiben, dann durfte er sich nicht ohne den *weißen Bettelstab* in der Öffentlichkeit zeigen. Da man auch ohne eigenes Verschulden verarmen kann, so kennen wir auch die Wendung *jemanden an den Bettelstab liefern oder bringen*, das ist »jemanden dem Elend ausliefern«, »ihn zugrunde richten«. Da wir mit Sicherheit abschätzen können, daß die Wendung viele tausend Jahre alt ist, ist sie für uns ein Paradebeispiel für die gelegentliche Langlebigkeit unserer Redensarten.

BEUTEL, auch »Kuhhaut«, siehe BEUTEL
und DAUMEN

Das geht an den Beutel: Das kostet viel, das ist teuer, das ist mit großen Unkosten verbunden. — Eine andere Wendung, die sich ebenfalls von selbst erklärt, ist: *Das reißt ein arges Loch in den Beutel.* Wenn der Geldbeutel ein Loch bekommt, fallen die Münzen unkontrollierbar heraus.

Sich in seinen Beutel (in die eigene Tasche) lügen: wahrheitswidrig behaupten, etwas billig erstanden zu haben, das in Wirklichkeit teuer gekauft wurde. — Diese über dreihundert Jahre alte Redensart wird auch heutzutage immer wieder als Waffe im Streit der Parteien angewendet. Bei Christoph Lehmann im »Florilegium politicum«, Lübeck 1639, bezeugt: »Einer kaufft und sagt, er habs noch (das heißt: ›noch einmal‹) so wohlfeil, und beleugt sich und sein Seckel.« *Beutelschneider* (veraltet für »Taschendieb«) wird auch einer genannt, der zuviel Geld verlangt (siehe auch »Kuhhaut«).

BEWENDEN

Es dabei bewenden lassen: es bleibt dabei, mehr wird in dieser Sache nicht unternommen. — Dieser Ausdruck bedeutet wörtlich, daß man bis zu einem bestimmten Punkt geht und sich dann umdreht, »umwendet«. Man wendet sich also von der Sache ab, um *keinen Finger daran zu rühren,* um *die Hände in den Schoß zu legen.* In Österreich sagt man auch: *Dabei hat es sein Bewenden.*

BIEGEN

Es geht auf Biegen oder Brechen: entschlossen seinen Willen durchsetzen; eine feste Haltung einnehmen; keinen Finger breit weichen; *den Stier bei den Hörnern packen* (»Kuhhaut«); kurzen Prozeß machen. — Die stabreimende Wendung aus dem 17. Jahrhundert ist das Gegenteil der vorigen Redensart, *es dabei bewenden lassen.* In diesem Ausdruck geht es *aufs Äußerste.* Es liegt fast ein herausfordernder, angriffslustiger Ton darin: Man will eben *nicht viel Federlesens machen.* — *Er lügt, daß sich die Balken biegen* (»Pistole«, siehe LÜGEN).

BIER

Ausbieten wie saures Bier: etwas Belangloses, Untaugliches, Wertloses aufdrängen; eine Ware, die nicht geht, anpreisen. — Bier (vielleicht von bibere = trinken), das am meisten in der Welt verbreitete Volksgetränk, schmeckt nicht mehr, wenn es abgestanden und sauer geworden ist. Auch bei größter Überredungskunst wird es dann unverkäuflich bleiben. Die Wendung, manchen auch unter *anbieten wie sauer Bier* bekannt, wird schon im 16. Jahrhundert von Hans Sachs und im 17. Jahrhundert von dem deutschen Barockdichter von Grimmelshausen erwähnt. Die Redensart ist aber bestimmt viel älter, denn schon im Mittelalter brauten nicht nur die Brauer und Wirte, Anzapfer und Panscher, sondern jeder Bürger sein eigenes Bier. Wenn das zu Ende ging, machte er zwar neues, mußte jedoch das alte minderwertige, inzwischen schauderhaft schmeckende zuerst noch loswerden — also ausbieten! Natürlich handelt es sich bei dem Ausdruck im übertragenen Sinne nicht nur um Handelsware, sondern ganz allgemein um Unwichtiges, Bedeutungsloses, Unbrauchbares, Albernes, *Unerwünschtes*, das einem aufgenötigt, ja aufgezwungen werden soll. So kann es zum Beispiel sein, daß ein besorgter Vater *mit wahrem Biereifer* einem jungen Mann seine ältliche, sitzengebliebene Tochter *wie sauer Bier anbietet*. Der *Biereifer* ist übrigens eine *Bieridee* Bismarcks, dem wir viele einprägsame geflügelte Redensarten verdanken. Als er auf dem Feldzug 1866 nachts geweckt wurde, um mit dem König ein Gefecht bei Horsitz zu beobachten, das gar nicht stattfand, rief er ärgerlich aus: »Das ist nun der unglückselige *Biereifer* der Herren Generale!« — Da Bismarck selbst gerne Bier trank, wird er mit der ihm eigenen *Bierruhe* den Zorn über den gestörten Schlaf schon bald vergessen haben. — Aber nun habe ich mit diesem *Bierulk* und meiner *Bierreise* unseren Lesern *den Mund wässerig gemacht*, daß ich mich verpflichtet fühle, sie einzuladen, im nächsten Stichwort mit mir *einen hinter die Binde zu gießen!*

BINDE

Einen hinter die Binde gießen: einen erheblichen Schluck Alkohol trinken. — Die seit 1850 bekannte Wendung ist nach der Halsbinde der Männer benannt, die noch im vorigen Jahrhundert getragen wurde und hinter der manch guter Tropfen *in der Versenkung verschwand*. Eine andere Redensart, die ebenfalls mit diesem aparten Kleidungsstück zusammenhängt, ist: *Schlag dir man was vor die Halsbinde!*, das heißt: »Das ist ein hoffnungsloser Fall, du wirst große Unannehmlichkeiten haben; das gibt

Einen hinter die Binde . . .

Ärger und Verdruß.« »Etwas vor die Halsbinde schlagen«
meint »schlag *das Kreuz* auf der Brust«. Ebenfalls aus der
Mitte des 19. Jahrhunderts und selten gebraucht.

BITTE

    Er ist einer aus der siebenten Bitte: ein unange-
nehmer Mensch, den wir loswerden möchten. — »Erlöse
uns von dem Übel!« heißt die siebente Bitte, mit der
wir auf den finsteren Zeitgenossen hinweisen, von dessen
Gegenwart wir gerne befreit sein möchten. Nicht nur der
verachtungswürdige Mann, auch die schamlose Dirne

wird »eine aus der siebenten Bitte« genannt. Johann Gottfried Seume (1763—1810) setzte der Redensart schon
1803 im »Spaziergang nach Syrakus« ein humoriges
Denkmal mit den Worten: »Ein Muster von einem alten,
häßlichen, keifigen Weibe, die schon seit vierzig Jahren
aus der sechsten in die siebte Bitte getreten war.« — Also
von »führe uns nicht in Versuchung« bis zum »erlöse uns
von dem Übel!«

BLECH, »Pistole«, siehe BERAPPEN

BLEI

    Es liegt mir wie Blei in den Gliedern: Ich kann
mich vor Erschöpfung und Ermattung kaum bewegen. —
»Blei« ist umgangssprachlich das Bild für alles Schwere,
Drückende. So sagt man: *Meine Füße sind wie Blei,* wenn
einem vor Übermüdung und Abspannung die Füße wie
Zentnergewichte am Körper zu hängen scheinen. Auch
wenn in seelischer Hinsicht der Mensch *unter ständigem
Druck steht, wenn ihm ein Stein auf dem Herzen liegt,*
wenn Lebensangst, Mutlosigkeit und Verzweiflung oder
irgendein anderer beschwerender Gram ihn quälen,
spricht er vom *bleiernen Gewicht* der Belastung. Der Meister der höfischen Minnelyrik, Walther von der Vogelweide (um 1200), malt die Nöte des kommenden Winters
in düsteren Farben:

        der wintersorge hân ich drî
        des bin ich swer alsam ein blî.

    Die Sache ist im Blei (häufiger: *die Sache ist im
Lot,* siehe »Kuhhaut«): Die Sache ist in Ordnung. Auch:
eine Sache ins Blei (ins Lot) bringen, eine Sache in Ordnung bringen, vom Bleilot des Maurers und Zimmer-
manns abgeleitet.

    Einen spitzen Bleistift haben: genau, gewissen-
haft, gut rechnen, manchmal auch: geizig sein. — Der

Künstler schreibt meistens mit einem dicken Bleistift. Er rechnet gewöhnlich (mit Ausnahme der Musiker) auch nicht so sorgfältig wie andere Menschen. Der immer spitze Bleistift hinter dem Ohr des Buchhalters hingegen ist das Sinnbild für den korrekten, bürokratischen, »pingeligen Federfuchser« (»Kuhhaut«), der sehr wohl mit den Zahlen umzugehen weiß.

Eine spitze Feder schreiben. Früher schrieb man mit Gänsefedern, die man immer neu anspitzen mußte. Danach schrieb man umso schöner, »spitzer«, woraus »spitzfindig«, kritisch, boshaft wurde!

BLIND, »Pistole«, siehe auch HUHN

Wie der Blinde von der Farbe reden; trotz Unwissenheit den Sachkundigen spielen; trotz Unkenntnis und Unfähigkeit etwas beurteilen wollen. — Farben kann nur der erkennen, der sie sieht! Etwas ohne Sachverstand *unter die Lupe nehmen* oder *blindlings* kritisieren, gehört zu den menschlichen Erbübeln, die sich durch die Jahrtausende zu schleppen scheinen. Daher ist die Wendung auch bestimmt sehr viel älter, als uns die literarischen Bekundungen des 16. Jahrhunderts glauben machen. So lesen wir in Oldekops »Hildesheimer Chronik« (ergänzt 1743 von Henrici) den Vers eines Hochzeitsgedichtes:

Die Lieb ist mir noch unbekannt,

drum denkt und schreibt auch mein Verstand

als wie ein blinder Mann von einer grünen Farbe.

Mit Blindheit geschlagen: zur Blindheit verurteilt, ist ein biblisches Wort, das wir in der Geschichte der Vertilgung Sodoms (1. Mos. 19, 11) nachlesen können: »Und die Männer vor der Tür am Hause wurden mit Blindheit geschlagen, klein und groß, bis sie müde wurden und die Tür nicht finden konnten.«

Das sieht ein Blinder mit dem Krückstock: Das ist leicht zu begreifen, ist ein ironischer Berliner Ausdruck, der aber logisch zu erklären ist. Jene Unglücklichen, die des Augenlichts beraubt sind, haben meist ihren Tastsinn so hervorragend ausgebildet, daß der »Blinde mit dem Krückstock« oft dem »Sehenden« sogar überlegen ist, der die Augen nicht ganz offenhält.

Der blinde Passagier ist jener unerwünschte Reisende, der sich widerrechtlich, ohne Bezahlung die Mitnahme und den Transport im Verkehrsmittel (Schiff, Flugzeug, Eisenbahn usw.) erschleicht. Schon 1787 im Bericht des Thurn und Taxisschen Postkutschendienstes belegt.

In blinder Wut dreinschlagen: hauen, ohne hinzusehen.

BLITZ

Wie ein Blitz aus heiterem Himmel: es trifft uns unerwartet und vernichtend; überraschend und niederschmetternd; *wir fielen aus allen Wolken.* — 1639 bei Christoph Lehmann mit den Worten bezeugt: »Zu Hof donnerts offt, und schlägt ein beym hellen Himmel.« 150 Jahre später beschreibt Schiller weit eindrucksvoller das hervorbrechende Unheil eines *Blitzes aus heiterem Himmel* im »Wallenstein« (Piccolomini, III, 9. Thekla):

O! Wenn ein Haus im Feuer soll vergehn,
dann treibt der Himmel sein Gewölk zusammen,
es schießt der Blitz herab aus heitern Höhn,
aus unterirdischen Schlünden fahren Flammen,
blindwütend schleudert selbst der Gott der Freude
den Pechkranz in das brennende Gebäude!

Wie der Blitz: mit affenartiger Geschwindigkeit. Wenn es *noch* schneller, also mit raketenhafter Geschwindigkeit gehen soll, muß man *wie ein dreimal frisch geölter Blitz* davonsausen! oder: *wie aus der Pistole geschossen!* — Beim erstaunten Ausruf *Potz Blitz!* ist »Potz« die Verhüllung von Gottes Namen.

Aus heiterem Himmel

Auf zum Blocksberg!

BLOCKSBERG

Jemanden auf den Blocksberg wünschen: ihn am liebsten weit weg sehen; jemanden verfluchen und verwünschen; ihn *im Land wo der Pfeffer wächst* haben wollen; *Hol' ihn die Pest, zum Kuckuck!* — Wer den anderen auf den Blocksberg am Harz wünscht, der möchte ihn auf dem Hexentanzplatz in der widerlichen und beängstigenden Gegenwart von Teufeln und Hexen sehen, der 1540 in einem Hexenprozeß als Treffpunkt von Höllengeistern und Brockengespenstern bezeichnet wurde. Aber vielleicht sehen wir den Höllenspuk in zu düsteren Farben. Mephisto ist nämlich anderer Meinung:

»Auch die Kultur, die alle Welt beleckt,
hat auf den Teufel sich erstreckt.«

Jedenfalls ist es tröstlich für den Teufel, daß er in der Walpurgisnacht nicht allein zu tanzen braucht:

>Denn wenn es keine Hexen gäbe,
Wer, Teufel, möchte Teufel sein!<
(Goethe, Faust II)

BLUM, ROBERT, »Pistole«, siehe ERSCHOSSEN

BOMBE

Die Bombe ist geplatzt: Das beängstigende Ereignis ist eingetreten; die Hiobspost ist erschienen; es hat geknallt, es hat einen lauten Bums gegeben; jetzt hat's gekracht, die aufgestaute Spannung hat sich mit einem Donnerschlag entladen. — Wenn zwischen zwei Menschen seit längerem unausgesprochene Meinungsverschiedenheiten, Unstimmigkeiten und Zwist zu einem seelischen Überdruck führen, dann entlädt sich der angesammelte Ärger eines Tages in einer lauten Auseinandersetzung. Es gibt einen Knall, wie wenn ein Kessel explodiert: *die Bombe ist geplatzt!* (Griech. bómbos = dumpfer Klang). Das Wort ist schallnachahmend gebildet und in allen indogermanischen Sprachen bekannt. Ins Deutsche kam es im 17. Jahrhundert aus dem Französischen (»bombe«). Unsere Redewendung ist erst seit Mitte des 19. Jahrhunderts bekannt. — *Das war ein bombiger Abend* hingegen bedeutet, daß der Abend äußerst gelungen war, und daß es ihm nicht an »Knalleffekten« positiver Art gefehlt hat.

BOOT

Wir sitzen alle in einem Boot: Wir sind alle aufeinander angewiesen; wir müssen mit vereinten Kräften die schwierige Lage meistern. — Wenn bei einem Schiffsunglück die Passagiere in die Rettungsboote gebracht werden, dann wird nicht nach Rang, Stand und Namen gefragt. Da gibt es auch keine Logenplätze für Vornehme und Galerie für die Einfachen, sondern da sitzen die Würdigen mit den Unwürdigen, die Reichen mit den Armen in einem Boot, *im gleichen Boot* (wie man auch sagt), und jeder hat mit Hand anzulegen, falls gerudert oder das leckgeschlagene Boot leergeschippt werden muß; es gibt nur *eine* Rücksichtnahme: die auf Frauen, Kinder und Kranke. Die gleiche Redensart gibt es im Englischen: *in the same boat,* »in der gleichen Lage«. Alle in demselben Boot erfüllt nur ein Gedanke: zusammenwirken, um zu überleben! So ist die Redensart ein gutes Bild für eine verschworene Gemeinschaft, im sozialen, politischen, aber auch im privaten Bereich. — Und da wir gerade bei der christlichen Seefahrt sind, so sei es erlaubt, den Hinweis auf diese Wendung mit einem heiteren Vorfall abzuschließen, der sich an der Nordseeküste zutrug. Ein zwölfjähriger Schüler sollte einem Klassenfreunde in das um die Jahrhundertwende recht beliebte »Poesiealbum« einen bemerkenswerten Vers schreiben. Da es für den jungen Friesen Ehrensache war, das Meer oder die Seefahrt anzusprechen, schrieb er mit fester Hand das Distichon aus Schillers »Erwartung und Erfüllung« in das Buch:

»In den Ozean schifft mit tausend Masten der Jüngling, Still, auf gerettetem Boot treibt in den Hafen der Greis.«
Dies wünscht Dir Dein Freund Hein Freese.

BORKE, »Pistole«, siehe BAUM

BROT
  Etwas nötig haben wie's liebe Brot: etwas unbedingt brauchen; bedürfen. — Der Ausdruck erklärt sich von selbst. Das Brot spielt in seinen verschiedenen Herstellungsarten seit Jahrtausenden eine wichtige Rolle für einen großen Teil der Menschheit. Das älteste germanische Wort für Brot ist hlaiba (Laib), englisch loaf, worin

der »Lord« (als Brotherr!) zu erkennen ist (wahrscheinlich ist auch das Wort Lebkuchen davon abzuleiten). Brot aber kommt von »brauen« und bezeichnete früher den an das Gesinde verteilten Mehlbrei.

Mehr können als Brot essen heißt, ein hervorragend tüchtiger Mensch sein. Im 17. Jahrhundert wurden mit dieser Wendung einem Manne überirdische Kräfte zugeschrieben.

Dem ist sein Brot gebacken heißt, »er kann sich der Strafe nicht entziehen« oder, wenn sein *letztes* Brot gebacken wurde, »er stirbt bald«. Unter »flüssigem Brot« versteht man *Bier; wer seine Brötchen hart verdienen muß*, der erntet kleine Brötchen anstatt eines großen, kräftigen Brotes (d. h. anstatt eines auskömmlichen Gehaltes). Sein *Brotherr* ist deshalb ironisierend auch nur ein *Brötchengeber* anstatt Brotgeber. Wer dem *Brotneid* verfallen ist, der mißgönnt dem anderen seinen Posten. Vertreter dieser Lebensart scheinen früher die *Brotgelehrten* gewesen zu sein, die Friedrich v. Schiller vor seinen Studenten mehrfach angriff. Allerdings hatten jene es auch nicht leicht, denn sie mußten als junge Menschen ein *Brotstudium* aufnehmen, konnten also nicht aus Neigung, sondern nur aus Erwerbsgründen eine bestimmte Fakultät wählen. Und wenn sie dann endlich *Brotfresser*, eine humorvolle Verquatschung von »Professor«, geworden waren, konnten sie Gott danken!

BROTKORB

Einem den Brotkorb höher hängen: ihn in seinem Genuß beschränken, ihm weniger zuteilen; ihn knapper halten, ihm das Leben sauer machen. — Im »Laster der Trunkenheit« heißt es bereits 1528: »Wir sollen den faulen Adam mit sporen reitten, in zaum halten, *das futter hoeher schütten*, daz er nit zu geil werde.« Eine scharfe Klinge gegen die sozialen Mißstände seiner Zeit führt

Johann Christoph Gottsched (1700—1766): »Wenn nur schindende Kaufleute nicht gemeiniglich den armen Arbeiterinnen *den Brotkorb so hoch hingen,* daß sie sich mit aller Mühe kaum des Hungers erwehren mögen«; und in »Wallensteins Lager« hören wir den warnenden ersten Kürassier:

> »Lassen wir uns auseinandersprengen,
> werden sie uns den Brotkorb höher hängen.«

Man braucht zur Erklärung der Redensart nicht ein Bild aus dem Pferdestall zu entlehnen, wo Futterkorb oder Krippe höher gehängt werden, um das Temperament der übermütigen Tiere zu dämpfen. Anstatt in den Küchenschrank legten unsere Bauernfamilien früher das frische, selbstgebackene Brot in den Brotkorb, der von der Decke herabhing und an dem sich jeder bedienen konnte. Um unartige Kinder zu bestrafen, wurde er gelegentlich auch mal höher gehängt; sie bekamen dann eben weniger zu essen. Und das war erzieherisch bestimmt gesünder als die Gutmütigkeit jenes alten Vaters, der noch bei Lebzeiten all sein beträchtliches Hab und Gut seinen Kindern überließ, die ihn von da an schändlich behandelten, weil er nun arm war. Um ihrem schamlosen Treiben ein Ende zu setzen, gab er sich den Anschein, als ob er noch ein weiteres großes Vermögen bewahre. So berichtet Rüdiger v. Hünchhoven im Jahre 1293. Darauf änderten die Kinder plötzlich ihr Verhalten und umschmeichelten den Vater bis an sein Lebensende. Als der Vater gestorben war, öffneten sie aufgeregt die Schatztruhe und fanden darin nichts als eine Keule und einen *Denkzettel* mit dem Wortlaut:

> Wer seinen Kindern gibt das Brot
> und leidet nachmals selber Not,
> den schlag' man mit der Keule tot!

Diesen hintergründigen Spruch finden wir an einem der

schönen mittelalterlichen Stadttore von Jüterbog. Neben der Warnung hängt eine gewaltige Keule.

BRUNNEN

Den Brunnen zudecken, wenn das Kind hineinge-fallen ist: man schafft erst Abhilfe, wenn es schon zu spät ist; erst nach Eintreten des Unheils Vorsorge treffen, daß sich das Mißgeschick nicht wiederholt. — Da es Dumme schon immer gab, und sie vor allem »nicht alle werden«, wie ein deutsches Sprichwort sagt, können wir annehmen, daß die Wendung, freilich in verschiedenen Spielarten, zweifellos viele tausend Jahre alt ist. Wie oft lassen es die Menschen an Sorgfalt, Umsicht und Überlegung fehlen! Erst wenn das Unglück geschah, versucht einer die Schuld auf den anderen zu schieben, und dann sind auch plötz-lich die Mittel da, um weitere Mißgeschicke abzuwen-den. Ob es nun die alten Römer waren, die Schildbürger oder unsere eigenen Zeitgenossen, immer wiederholten sich Leichtsinn und Fahrlässigkeit. So klagt der Römer: »grege amisso saepta claudere« (wenn die Herde ver-loren ist, das Gehege schließen). Bei den Schildbürgern heißt es: »Den Stall zuschließen, wenn das Pferd gestoh-len ist.« Bei Hans Sachs ist es die verlorene Kuh, bei den Russen hat der Wolf das Schaf geholt, als der Schäfer schlief. Engländer und Franzosen haben fast gleich-lautende Wendungen. Nur bei uns ist das *Kind* in den Brunnen gefallen, und das ist weitaus schlimmer. Man wird es nicht wieder zum Leben erwecken können, auch wenn man sich beeilt, endlich den Brunnen zu schließen.

Der »Brunnenvergifter« ist einer von Bismarcks brillanten Ausdrücken. Im Februar 1850 geißelte er zum erstenmal die *»moralische Brunnenvergiftung durch die Presse«*; im Januar 1882 brandmarkte er im Reichstag die bei der Wahlkampagne aufgetischten Lügen und Irre-führungen als *»politische Brunnenvergiftung«*.

BRUST

Sich in die Brust werfen: eine hohe Meinung von sich haben, sich für unwiderstehlich halten, stolz tun, in Selbstbewunderung schwelgen. — Der Verhaltensweise des überzeugten Menschen wörtlich nachgeahmt. *Die Brust schwillt* geradezu vor Sto..., er wirft sich in die Brust, *er brüstet sich* (schon Mittelhochdeutsch), er plustert sich auf, er bläht sich auf. Man sieht ihn gleichsam mit Federn geschmückt einherstolzieren. — *Wer einen zur Brust nimmt,* der trinkt ein Glas Alkohol — aus Freude oder Betrübnis; und wenn er sein Geld vertrunken hat, dann ist er eben *schwach auf der Brust,* das heißt: ohne Geldmittel. Wenn er so selbstverschuldet durch Trunksucht in Not geraten ist, hat er allen Anlaß, *an seine*

In die Brust werfen

Brust zu schlagen (*Bibel*, Nahum 2, 8), das heißt, Schmerz und Reue zu zeigen. Wenn er jedoch ein verstockter Sünder ist, wird er *im Brustton der tiefsten Überzeugung* (von dem Historiker Heinrich v. Treitschke geprägt) jede Schuld von sich weisen. Dann bleibt nur übrig, *ihm die Pistole an die Brust zu setzen*, das heißt, *ihm die Daumenschrauben anzusetzen*, ihn zu zwingen, wieder eine ordentliche Arbeit zu suchen. Aber manche Menschen sind schwer zu lenken, weil sie zwiespältig sind, deshalb sagt Schiller in »Wallensteins Tod«: *»Es erheben zwei Stimmen streitend sich in meiner Brust«*, und Goethe kommt im »Faust« zu dem klassischen Schluß: *»Zwei Seelen wohnen, ach, in meiner Brust.«* Sicher ist jedoch: *»In deiner Brust sind deines Schicksals Sterne«* (Schiller).

BUCHSTABE

Setz dich auf deine vier Buchstaben: Mit den »vier Buchstaben« ist das Wort »Popo« gemeint (umgangssprachliches Hüllwort!). Die Erklärung des Wortes »Buchstabe« führt uns in die germanische Urzeit. Die Priester ritzten (daher das englische »to write« und unser »Reißbrett, Abriß«) geheimnisvolle Zeichen in *Buchenstäbe* (das Buch!) und warfen diese vor sich auf die Erde. Die Geheimzeichen hießen *Runen* (daher unser »raunen«). Nun wurden die hingeworfenen (daher unser »Entwurf«) »Buchenstäbe« oder Buchstaben zum Erraten (englisch »tread«) aufgelesen — daher unser »lesen« im doppelten Sinne von aufsammeln (Weinlese) und »ein Buch lesen«, und zur Weissagung entziffert (französisch »déchiffrer« vom arabischen »sifr« = leer, Geheimschrift). Altniederdeutsch, also in der ältesten Stufe des heutigen Plattdeutsch, heißt Buchstabe »bokstaf«, worin nicht nur unser »Buch«, sondern auch das englische »book« deutlich enthalten ist. Aus den »vier Buchstaben«, der schamhaften

Verkleidung des »verlängerten Rückgrats«, sind im Badischen umgangssprachlich »fünf Buchstaben« geworden. »Hock dich auf deine fünf Buchstabe!« ist der kernigere, auf das Götz-Zitat zielende Spruch. — *Er sieht die Buchstaben doppelt*, sagt man von einem, der betrunken ist. Aber wenn er *seine Verpflichtung bis auf den letzten Buchstaben erfüllt*, ist er ein sehr gewissenhafter Mensch. Manchmal treten in unserem Sprachgebrauch allerdings feine Unterschiede zwischen dem Geist einer Schrift und den *leeren Buchstaben* auf. Man kann *ein Gesetz dem Buchstaben nach erfüllen, sich* also *nach dem toten Buchstaben richten*. Das heißt aber nicht, daß auch der Geist der Schrift die rechte Würdigung erfahren habe. Darum lesen wir in der »Historie der Wiedergebornen« (1742):

Wenn der Buchstab' dich gefangen,
kannst du nicht zum Geist gelangen.

Noch eindrucksvoller nennt es die Bibel im 2. Korintherbrief, Kapitel 3, 6, beim richtigen Namen:

»Der Buchstabe tötet, aber der Geist macht lebendig!«

BUDE

Et wird ihn eklich in de Bude rejen (regnen): Es wird ihm übel ergehen; er wird die unangenehmen Folgen noch spüren; er wird großen Verdruß bekommen. — Die »Bude« (mittelhochdeutsch buode, altirisch both = Hütte) kommt vom »Bauen« (dahin gehört auch die Sennhütte, »Baude«) und hat in unserer Berliner Redensart die »schwere Aufgabe«, gleich stellvertretend für mehrere Wörter zu stehen: und zwar für Zimmer, Wohnung, Haus, Geschäft und Gesellschaft. Wenn es jemandem *in die Bude regnet* oder *hagelt*, dann muß er schon einen trostlosen Grad der Verarmung erreicht haben, so daß er nicht einmal mehr das Dach seines Hauses ausbessern lassen kann. Wahrscheinlich mußte er *seine Bude zu-*

Es regnet in die Bude

machen, das heißt sein Geschäft wegen Zahlungsunfähig-
keit schließen. Die Bude ist gleichzeitig der studentische
Ausdruck für das Zimmer (18. Jh.). *»Gehen wir auf
meine Bude. Ich habe eine schöne Briefmarkensamm-
lung!«* sagt der Student zu seiner Kommilitonin oder

Freundin, seitdem es Briefmarken gibt. Wenn aber ein Student *dem anderen auf die Bude rückt*, dann geschah das früher in der Absicht, ihm eine Säbel- oder gar Pistolenforderung zu überbringen. Das war also ein ernster Fall. Heute ist der Ausdruck auf einen gewöhnlichen Besuch abgeglitten, immerhin in der Absicht, ihn zurechtzuweisen. *Er lief mir die Bude ein* sagt man, wenn man die Aufdringlichkeit des Besuchers kennzeichnen will. Wer aber *Leben in die Bude bringt* oder gar *die Bude auf den Kopf stellt*, ist ein recht unterhaltsamer Zeitgenosse, der sich bei jenen Leuten beliebt macht, die »*keine Freunde von Traurigkeit*« sind, und die es gerne sehen, wenn Bewegung in ihre Gesellschaft kommt. Wer eine *Bruchbude* hat, bei dem lohnt es sich kaum, einen *Budenzauber,* das ist ein stürmisches, lärmendes Fest im eigenen Hause, zu veranstalten. Das Wort (seit Beginn des 19. Jahrhunderts) kommt aus der Studenten- und Soldatensprache und meint ursprünglich den harmlosen Ulk, Bilder umzuhängen, Möbel umzustellen und ab und zu auch einmal den »Heiligen Geist« erscheinen zu lassen, d. h. die Kameraden zu erschrecken. Später wurde daraus eine laute häusliche Lustbarkeit in ausgelassenem Frohsinn mit Gesang und Tanz und manchem kühlen Trunk (Budenangst, »Pistole«, siehe DECKE).

BÜHNE

Es geht glatt über die Bühne: es wird erfolgreich verwirklicht werden; die Sache geht in Ordnung; wir werden *das Kind schon schaukeln.* — Der Bühnensprache entlehnt, auch in die Film- und Fernsehwelt übernommen. Ein erfolgreiches Theaterstück oder Singspiel geht mitunter mehrere hundert Male *»glatt« über die Bühne.* Das begeisterte Publikum klatscht Abend für Abend Beifall und feiert die Künstler. Weshalb aber die gehobene Sphäre eines Theaters ausgerechnet herhalten muß, um sprachliches Leihhaus für den Käsehandel, Kartoffelverkauf oder gar die Verschacherung von *Kinkerlitzchen* zu spielen, ist nicht einzusehen. Vielleicht sehnt sich der einfache oder gar dürftige Mensch auch einmal danach, Mittelpunkt der Scheinwelt des Theaters und des rauschenden Beifalls zu sein. So antwortet er stolz auf die Frage: »Hast du die Tonne Heringe gestern noch verkauft?« — *»Ist glatt über die Bühne gegangen!«* — Wie sagt Walter Kirkam so treffend? »Man will einen auffallenden Farbklecks auf seinem modischen Sprachkostüm haben.«

BURSCHE, »Pistole«, siehe AUSGESCHLAFEN

BUTTERBROT

Etwas für ein Butterbrot hingeben: Etwas um einen lächerlich geringen Preis kaufen, bekommen, verkaufen, hingeben; etwas für eine unverhältnismäßig geringe Gabe, *für ein Linsengericht, für einen Pappenstiel, für einen Appel und ein Ei* hingeben oder bekommen. — Die sich selbst erklärende Wendung hat noch eine Schwester in der nordostdeutschen Redensart: *et enem opt Botterbrot gewe* — *es einem aufs Butterbrot schmieren:* einem immer wieder etwas vorhalten, was längst vergessen sein sollte. — Hergeleitet von der Gewohnheit der Hausmutter, das Butterbrot — entweder aus Armut oder aus Nachlässigkeit — immer mit demselben Belag zu beschmieren. Solche Kost langweilt und ärgert einen genau wie der pausenlos wiederholte Vorwurf einer längst abgetanen Sache.

C

CANOSSA

Den Gang nach Canossa antreten: nachgiebig, folgsam sein; sich unterwerfen, beugen; demütig einen

Bittgang antreten, um seine Reue zu bekunden. — Papst Gregor VII. löste 1077 König Heinrich IV. in Canossa vom Bann. Erst die neuere Geschichtsforschung sieht in seiner tiefen Selbstdemütigung den politischen und persönlichen Sieg des Königs über den Papst. Trotzdem ist die überkommene Ansicht, der Gang nach Canossa habe für Heinrich eine durchaus vermeidbare Erniedrigung bedeutet, noch heute weit verbreitet. So sah es auch Bismarck, als er am 14. Mai 1872 im Deutschen Reichstag über die Ablehnung des Kardinals Hohenlohe als deutschen Botschafter bei Papst Pius IX. zu sprechen hatte. »Nach Canossa gehen wir nicht!« rief er aus. — Kurze Zeit später traf sich der Reichskanzler mit seinen Korpsbrüdern im Hamburger Studentenlokal »Die Himmelsleiter«. Auch in diesem Kreise wurde der »Gang nach Canossa« und Bismarcks Ausspruch eifrig erörtert. »Und trotzdem wirst du heute noch nach Canossa gehen«, sprach einer der Korpsbrüder zum »Eisernen Kanzler« ernst. — »Daß dies nicht sein wird, darauf halte ich einen Korb Champagner!« entgegnete der Fürst gelassen. Als er aber im Laufe des Abends den Waschraum des alten Wirtshauses aufgesucht hatte, kehrte er von dort mit einem Schmunzeln zurück. Ein Spaßvogel seiner Runde hatte vorher ein sorgfältig gemaltes Schild mit der Aufschrift »Canossa« an der Tür des betreffenden Kabinetts angebracht. Die Wette wurde eingelöst. Die nächsten Stunden der fröhlichen Zecher gingen mit Austern, Kaviar und Champagner auf Kosten des Verlierers.

CATILINARISCH, »Pistole«,
siehe KATILINARISCH

CHRIST
    Er ist und bleibt ein toller Christ: Er ist und bleibt ein sonderbarer Mensch mit einem Stich ins Komische. —

Manchmal hört man auch »er ist und bleibt ein *wunderlicher* Christ«, wobei »Christ« weder auf eine bestimmte Person noch auf das Christentum im allgemeinen abzielt. Christ steht im übertragenen Sinne hier einfach für Mensch, wie im Französischen »Das ist ein schwieriger Mensch« (c'est un dur chrétien).

CISLAWÄNG, »Pistole«, siehe ZISLAWÄNG

COUR, »Kuhhaut«, siehe HOF

D

DASTEHEN, »Pistole«, siehe OCHSE

DECK

Nicht ganz auf Deck sein: sich nicht wohl fühlen, krank sein; das Bett hüten. Aber auch im übertragenen Sinne: begriffsstutzig, geistig unterbelichtet, etwas zurückgeblieben sein. — Aus der Seemannssprache seit der Mitte des 19. Jahrhunderts. Das Deck ist der Zwischenboden auf einem Schiff oder, wie es im Großen Brockhaus heißt, »jede Gesamtheit von Platten oder Planken, die den inneren Schiffsrumpf der Höhe nach unterteilen«. Der Engländer sagt in seiner »handlichen Sprache« ganz einfach »platform in ship«. *Wer nicht ganz auf Deck ist, der ist nicht auf dem Posten.* Das hat aber rein gar nichts damit zu tun, daß die Kranken etwa unter Deck liegen. Wer zum Beispiel seekrank ist, kann nichts Besseres tun, als sich oben auf Deck den Wind um die Nase wehen lassen. In ironischer Abwandlung nennt man manchmal auch den »nicht ganz auf Deck« der, berlinisch ausgedrückt, »ein bißchen dusselig«, »dämlich«, »doof« oder

»geistig minderbemittelt« ist. — *Wer aber auf Deck ist* (die Wendung also im bejahenden Sinne genommen), der ist froh und mopsfidel, gesund und *munter wie ein Zeisig*, der ist *ein ausgeschlafener Bursche*, witzig und *auf Draht*. »Hei is frösch op Deck!« heißt es plattdeutsch, und in diesem Wort liegt schon rein klanglich so viel Fröhlichkeit, wie sie jenem *Seemann* zukommt, den eben nichts *erschüttern* kann.

DECKE, siehe auch »Kuhhaut«

Die Decke ist zu kurz: Das Geld reicht nicht aus, die Mittel sind beschränkt. — Ob es sich um einen Staatshaushaltsplan, den Voranschlag von öffentlichen Einnahmen und Ausgaben in der Kommunalverwaltung, um Vorhaben im geschäftlichen oder privaten Leben handelt, wenn *die Decke zu kurz ist*, das heißt, wenn das Geld nicht reicht, dann *muß man sich eben nach der Decke strecken* (siehe dies). Hier wird in humorvoller Weise das Vermögen mit der Bettdecke verglichen. Thomas Murner (1475—1537), der große elsässische Humanist, sagt:

Des nym war und acht der decken,
das du dich wißt darnach zu strecken.

Die Decke fällt mir auf den Kopf: Ich halte es in meiner Wohnung (meinem Zimmer) nicht mehr aus. — Mit der »Decke« ist hier natürlich die Zimmerdecke gemeint. Ein ähnlicher Ausdruck, der das gleiche anspricht, ist »die Budenangst« (siehe auch BUDE). Dabei kann es sich, medizinisch ausgedrückt, um eine »Platzangst in geschlossenen Räumen« (Klaustrophobie) handeln. In den meisten Fällen ist die Ursache jedoch Langeweile und mangelndes Verlangen, sich mit einer ordentlichen Arbeit auseinanderzusetzen. Jedenfalls ist dem Philosophen Arthur Schopenhauer (1788—1860) »die Decke niemals auf den Kopf gefallen«, denn er äußert sich zur »Budenangst« wie folgt: »Ein geistreicher Mensch hat, in gänzlicher Einsamkeit, an seinen eigenen Gedanken und Phantasien vortreffliche Unterhaltung, während von einem Stumpfen die fortwährende Abwechslung von Gesellschaften, Schauspielen und Lustbarkeiten die marternde Langeweile nicht abzuwehren vermag.«

DEIBEL, »Kuhhaut«, siehe auch Teufel

Das ist beim Deibel auf der Dachrinne: das ist futsch, das ist weg, das ist unwiederbringlich verloren; das ist nicht zu finden. — Die Anfang des 19. Jahrhunderts in Berlin entstandene Redensart will besagen: Was *»beim Deibel ist«* (Deibel, niederd. Teufel), mit dessen Rückkehr kann man kaum rechnen; was aber *beim Deibel auf der Dachrinne* ist, muß hoffnungslos verloren sein! Aber ist der Teufel wirklich so schlecht? Hier die Antwort unseres Dichterfürsten: »Macht mir den Teufel nur nicht klein; ein Kerl, den alle Menschen hassen, der muß was sein!«

DEICHSEL

Eine Sache deichseln: sie geschickt ausführen; in die richtigen Wege lenken. — Der Bauernsprache entnommen. Soll der unbespannte Erntewagen glatt in die Scheune gebracht werden, so muß die Deichsel geschickt gelenkt werden. Dazu gehört einige Übung und Erfahrung. Wer also etwas richtig deichselt, hat die Gewandtheit und Behendigkeit, schwierige Dinge zu meistern.

Pfui Deixel: Pfui Teufel! — In der »Kuhhaut« finden wir die Feststellung unter TEUFEL: »Nach altem Aberglauben erscheinen Dämonen, böse Geister und Teufel durch Aufzeichnungen oder bloßen Anruf. Deshalb soll man ihren Namen besser nicht nennen oder aufmalen.« Um ihr Kommen zu verhüten, bedient man sich der Abwehrformel: *unberufen!* Oder man spricht von ihnen mit einem Hüllwort, wie Beelzebub oder Gottseibeiuns. Ähnlich ist hier »Deixel« die Ausweichform für »Teufel«.

DORF, auch »Kuhhaut«, siehe BÖHMISCH

Auf die Dörfer gehen: sich mit Unwichtigerem, Bedeutungsloserem als früher abgeben. — Seit 1870 in der Sprache der Hausierer und Reisenden gang und gäbe, die wegen der Einrichtung großer Kaufhäuser keine Aussichten mehr hatten, die Städte *abzuklappern* (siehe dies) und ihren Kleinkram loszuwerden. Daher zogen sie auf die Dörfer. Das Wort »Dorf« kommt vom lateinischen »babs« (der Balken), altfriesisch und englisch »thorp«. Übrigens bekam die Wendung einen Nachschub von den Skatspielern. Bei ihnen heißt *auf die Dörfer gehen,* geringwertige Karten ausspielen. Auch mit einem Theaterensemble, einer Artistengruppe oder einem Film kann man auf die Dörfer gehen. Das sagt aber noch nichts über den Rang der Künstler oder des Films aus. — Wenn man eine Stadt oder gar eine Großstadt *ein ganz großes Dorf* nennt, so ist das die schlimmste Verächtlichmachung und Rüge, die denkbar ist. Man will die Stadt als rückständig bezeichnen und sie damit als einen Schandfleck im modernen Zeitalter hinstellen. — Für »großes Dorf« sagt man auch *großes Kaff.* Kaff kommt von »Kaffer«, der, als primitiver Dorfbewohner, hier zum Dummkopf gestempelt wird. All diese Schmähungen und abschätzigen Bewertungen des Dorfbewohners durch den Städter, für die in unserer Umgangssprache heute kein Platz mehr sein sollte, sind aus der verschiedenartigen Entwicklung beider Gemeinwesen erklärbar.

DORN

Er ist mir ein Dorn im Auge: Ich kann ihn nicht ertragen, ich finde ihn unausstehlich, ich mag ihn nicht mehr sehen. Vers 55 des 33. Kapitels im 4. Buch Moses der

Pfui Deibel!

Bibel lautet: »Werdet ihr aber die Einwohner des Landes nicht vertreiben vor eurem Angesicht, so werden euch die, so ihr überbleiben laßt, zu *Dornen werden in euren Augen* und zu Stacheln in euren Seiten und werden euch drängen in dem Lande, darin ihr wohnet.« — Auch unserem Minnesänger Walther von der Vogelweide war die Redensart vertraut. Sein *Bruder in Apoll,* Konrad von Würzburg, besingt im »Trojanischen Krieg« den Sohn des Priamus:

> Paris was ouch niht ein dorn
> Helenen in ir ougen.

Freilich bezieht sich die Wendung nicht nur auf Personen, auch eine Sache kann einem ein Dorn im Auge sein: »Diese Verfügung ist mir ein Dorn im Auge.« Man kann auch ein *dornenvolles Amt* verwalten, und wenn man am Ende seines Lebens feststellen muß, daß es ein harter Kampf gewesen ist, dann hat man einen *dornenvollen Weg* zurückgelegt.

DRAKON

Drakonische Maßnahmen treffen: mit unerbittlicher Härte durchgreifen, mit eisernem Besen kehren, keinen Zollbreit nachgeben; mit Grausamkeit und schärfsten Mitteln vorgehen. — Der Gesetzgeber Drakon erhielt um 621 v. Chr. den Auftrag, das athenische Gewohnheitsrecht aufzuzeichnen. Das waren die berüchtigten harten und strengen Strafgesetze, und daher spricht man heute noch von *drakonischer Strenge.* So stand z. B. auf Obstdiebstahl die Todesstrafe. Nun wäre es allerdings verfehlt, Drakon für die Härte der damaligen Gesetze verantwortlich zu machen. Sie entsprachen einfach dem Geist der Zeit und sind nicht willkürlich von ihm geschaffen worden. Um die Rechtsfindung hat er sich sogar besonders verdient gemacht, da er als erster die juristische Unterscheidung zwischen Mord und Totschlag

festsetzte. Drakon gehört in die Gruppe jener historischen Persönlichkeiten, die wesentlich *besser als ihr Ruf*
waren (siehe auch »Kuhhaut«: CASANOVA, XAN-
THIPPE und »Pistole«: POTEMKIN).

DREI, auch »Kuhhaut«, siehe DING und FÜNF

Er tut, als ob er nicht bis drei zählen könnte: Er ist
ein großer Gimpel, Tor, Einfaltspinsel. — »So einfältig,
daß sie nicht könnten drey zehlen«, sagt der berühmte
Prediger der Barockzeit, Abraham a Santa Clara (1644 bis
1709), in »Mercks Wien«. Eine wesentlich ältere Wendung ist *nicht bis fünf zählen können.* Ein anderes Gegenstück zur Fünf ist auch *drei gerade sein lassen,* das heißt
eine Sache mit Nachsicht behandeln. *Essen für drei* bedarf
sicher keiner weiteren Erklärung. *Dreimal darfst du raten*
bedeutet: Darüber brauchst du gar nicht erst lange nachzudenken. Das ist eine oft gebrauchte Wendung, die den
alten Kindermärchen entnommen wurde und ihren Nachschub durch die Quizsendungen des Rundfunks und
Fernsehens und durch verschiedene Systeme heutzeit-
licher »Testfragen« erhielt. — *Dreimal abgeschnitten und
immer noch zu kurz* ist eine entweder auf Fehlleistung
oder absichtlicher Verquatschung beruhende Redensart,
die einem witzigen Schneidermeister entschlüpft sein
könnte. Vielleicht war er ein *Dreikäsehoch!*

DRUCK, siehe auch »Kuhhaut«

Unter Druck stehen: in Bedrängnis sein. — Der
Technik entlehnt, und zwar vom Bild des Dampfkessels
genommen, der durch eine Heizquelle in sich aus Flüssigkeit Dampf und damit Druck erzeugt. Wer sich ver-
gleichsweise in einer entsprechenden Lage befindet, kann
zum Beispiel *unter Zeitdruck leiden (stehen).* So belastend
der Zustand auch sein mag, es gibt viele schöpferische
Menschen, die *nur unter Zeitdruck arbeiten können.*

DRUNTER

Da geht alles drunter und drüber: da ist alles in Unordnung; das Unterste ist zuoberst gekehrt; das ist ein heilloses Durcheinander. — Durch die Gegenüberstellung einander widersprechender Ausdrücke wird Schlamperei am treffendsten bezeichnet. Es ist alles *wie Kraut und Rüben.* — *Unten durch sein:* gesellschaftlich unmöglich sein, alle Achtung verloren haben. — Diese Wendung, oft genug auch als *drunter durch sein* erklärt, hängt sicher noch mit der mittelalterlichen schnöden Geste der schönen Burgfräulein zusammen, einem unerwünschten Anbeter *einen Korb zu geben* (»Kuhhaut«, siehe KORB). Wenn der von Amors Pfeil Getroffene im wohlvorbereiteten Korbe zum Burgfenster emporgezogen wurde, hinter dem er bereits den *siebten Himmel* wähnte, dann löste sich plötzlich der Boden des Korbes, der schmachtende Kavalier *fiel durch* und wurde so etwas unsanft zur Erde und damit vom siegessicheren Verehrer zum *Ritter von der traurigen Gestalt* »befördert«.

DUNKEL

Er ist ein Dunkelmann: Er ist eine unbekannte Größe, die im verborgenen lenkt; er ist eine einflußreiche, aber sich im Hintergrund haltende Persönlichkeit. — *Drahtzieher* nennt man ihn auch, nach dem Marionettenspieler, der mit seinen Drähten *alle Puppen tanzen läßt,* oder, wenn die Puppen an Fäden hängen: *in dessen Händen alle Fäden zusammenlaufen.* Durch den Dunkelmann kommen *aus unterirdischen Kanälen Dinge ans Tageslicht,* mit denen man vorher nicht gerechnet hat. Dieser unheimliche Mann muß nicht unbedingt ein Ränkeschmied sein. *Er wirft* im rechten Augenblick *sein entscheidendes Gewicht in die Waagschale.* In jedem Falle versteht er es gut, sich in Politik und Wirtschaft, seinen hauptsächlichen Betätigungsfeldern, zu tarnen. Der Aus-

druck kommt aus der Vorbereitungszeit der Reformation. Der deutsche Humanist Johann Reuchlin (1455 bis
1522) veröffentlichte 1514 seinen in lateinischer Sprache
abgefaßten Briefwechsel mit *berühmten* Männern (Epistolae clarorum virorum). Kurz darauf erschienen von
seinem Freund Ulrich von Hutten (1488—1523) die Briefe
unberühmter Männer (Epistolae obscurorum virorum). Es
waren also die Äußerungen von »obskuren« (unbekannten), dunklen Männern, von den *Dunkelmännern*, deren
Briefe schlauerweise so verfaßt waren, als seien sie eine
Antwort von Reuchlins Gegnern. Die Wirkung dieser
Schriften blieb nicht aus. — Während der *Dunkelmann*
eine etwas zwielichtige, aber nicht unbedingt unehren-
hafte Persönlichkeit ist, hat die Redensart vom *dunklen
Ehrenmann* schon einen ausgesprochen beleidigenden
Sinn. Goethe hatte es aber im »Faust« nicht so gemeint,
als er Fausts Vater zeichnete:

>»Mein Vater war ein dunkler Ehrenmann,
>der über die Natur und ihre heilgen Kreise,
>in Redlichkeit, jedoch auf seine Weise,
>mit grillenhafter Mühe sann.«

Hier ist der dunkle Ehrenmann noch eine geheimnisvolle, aber »redliche« Person. Inzwischen ist diese Wendung stark abgewertet worden. Wie überhaupt alles, was
dunkel ist, sich dem Ungeklärten, Unliebsamen nähert.
So: *in seiner Vergangenheit gibt es verschiedene dunkle
Punkte,* das heißt: unliebsame, ungeklärte Ereignisse. *Ich
tappe vollständig im dunkeln* (»und wirst tappen am
Mittag, wie ein Blinder tappt im Dunkeln«, 5. Mos. 28,
29). *Der Sprung ins Dunkle* ist ein Sprung ins Unge-
wisse, und *wenn einer eine dunkle Existenz führt,* dann
führt er ein undurchsichtiges Dasein. Der englische
Afrikaforscher Sir Henry Morton Stanley (1841—1904)
nannte sein Buch über seine Entdeckungsreisen »Through
the dark continent«. Daraus wurde bei uns der Ausdruck

vom *dunklen Erdteil* Afrika. Aber warum soll die Dunkelheit immer unangenehm sein? Schließlich: *Im Dunkeln ist gut munkeln,* oder, wie es bei Moscherosch 1643 heißt: »im duncklen ist gut muncklen«. Munkeln, lautmalend wie das schweizerische muggen (brummen), ist heimlich reden. Dabei zielt die Redensart gewiß auf das Liebespaar, das in der Dunkelheit seine Gedanken austauscht. Ein besonders schönes Wort prägte der englische Kulturhistoriker Henry Thomas Buckle (1821—1862):

>»Die das Dunkel nicht fühlen,
>werden sich nie nach dem Lichte umsehen.«

Und Goethe läßt im »Prolog im Himmel« den Herrn sagen:

>»Ein guter Mensch in seinem dunklen Drange
>ist sich des rechten Weges wohl bewußt.«

Mit diesem fröhlichen Leitfaden beschließen wir dieses *dunkle Kapitel* und hoffen, alles deutlich erklärt und die Dunkelheit aufgehellt zu haben. So vertrauen wir darauf, daß kein Leser den Verfasser mit dem Schillerwort schelten kann:

>»Herr, dunkel war der Rede Sinn!«

E

ECKART

Ein getreuer Eckart sein: ein redlicher Mahner sein. Der getreue Eckart, das heißt »der Schwertgewaltige«, ist eine bedeutende Gestalt in der germanischen Heldensage und gilt seit mehr als tausend Jahren in unserem Sprachgut als der sprichwörtliche Ratgeber und getreue Warner. Nach der Ambraser Handschrift aus dem 16. Jahrhundert (Ambras, Dorf bei Innsbruck) ist er der Erzieher der jungen gotischen Harlungen, die von ihrem Onkel, dem König Ermanrich, gehängt werden, weshalb Eckart auch am Rachefeldzug gegen ihn teilnimmt. Im

Im Dunkeln . . . munkeln

Nibelungenlied finden wir ihn an der ungarischen Grenze, als die Burgunden ihren unheilvollen Besuch bei Etzel und Kriemhild machen. Im Hochmittelalter wurde diese Gestalt in die Sage vom Venusberg verwoben: Der getreue Eckart steht als Warner am Eingang und bewahrt die Einlaßsuchenden vor dem sicheren Verderben. — Johann Agricola, 1540 Hofprediger in Berlin und Verfasser der ersten deutschen Sprichwörtersammlung, schreibt daher: »Du bist der treue Eckart, du warnst yedermann« und »Wir brauchen dises wortts, wenn yemand einen andern trewlich vor schaden warnet, und wir wollens nach ruhmen, so sagen wir, Du thust wie der trew Eckhart, der warnet auch yedermann vor schaden.«

EI, auch »Kuhhaut«, »Pistole«, siehe APFEL

Das war nicht das Gelbe vom Ei: Das war nicht befriedigend, das war nicht gut, das hat uns nicht gefallen. — In der Bildersprache der meisten Völker gilt das Ei als Sinnbild der Schöpfung, des Lebens und der Auferstehung. Das Kostbarste und auch zugleich das Schmackhafteste in ihm, das Eigelb oder der Dotter, wird in unserer Wendung zum Maßstab und Vergleich für alles mögliche. War es nicht »das Gelbe vom Ei«, dann war es unvollkommen, unzureichend, unzulänglich, armselig, geschmacklos oder unbedeutend. Dann lehnen wir es ab, mißbilligen und beanstanden es und *finden ein Haar in der Suppe!*

EINBROCKEN, »Pistole«, siehe SUPPE

EINFALL, EINFALLEN

Das fällt mir nicht im Traume ein: Ich tue es auf keinen Fall; das kommt überhaupt nicht in Frage. — Man träumt oftmals manchen Unsinn zusammen, aber was hier von mir verlangt wird, das erscheint mir ja nicht einmal im verrücktesten Traume. Was mir da zugemutet wird, *das ist ein starkes Stück, das geht auf keine Kuhhaut, das fällt mir nicht im Traume ein*, also werde ich es noch viel weniger im *wachen* Zustand tun!

Er hat Einfälle wie ein altes Haus: er hat komische, drollige, wundersame, überspannte Einfälle. — Diese Berliner Redensart aus dem 18. Jahrhundert verschmilzt spielerisch zwei Begriffe desselben Wortes: Einfall in der Bedeutung von »unerwarteter plötzlicher Gedanke« und im Sinn von »Einsturz«. Dem Menschen *fällt* (manchmal!) *etwas ein*, und das Haus *fällt ein*, wenn es allzu altersschwach geworden ist.

> O, der Einfall
> war kindisch, aber göttlich schön!

sagt Schiller im »Don Carlos«, womit wir aber nicht auf diese Wendung gezielt haben wollen.

Lassen Sie sich mal was Schönes einfallen, ist der wohlmeinende Ausdruck des eifrigen Verlegers, mit dem er seinen säumigen Autor anzuspornen versucht.

EINHEIZEN

Einem tüchtig einheizen: einem scharf zusetzen; ihm unverblümt die Wahrheit sagen; ihn hart ins Gebet nehmen; ihm Angst machen. — In einem großen Schwank, »Das Höllenbad«, hat der Schuhmacher und Poet Hans Sachs in seiner bilderreichen Sprache einprägsam die Hölle als ungeheure Badestube geschildert, in der die Teufel als Bader der Verdammnis den Sündern furchtbar *einheizen, sie bis aufs Blut schwitzen lassen* und der ewigen Pein überantworten. — Auch *die Hölle heiß machen* (»Kuhhaut«, siehe HÖLLE).

EINPACKEN

Damit kannst du einpacken: Ich will davon nichts hören; schweige und laß dich nicht wieder sehen; verschwinde, das interessiert mich nicht. — Im 17. Jahrhundert der Hausierersprache entnommen. Der wandernde Händler mußte seine Ware wieder einpacken und *die Tür von draußen zumachen*, wenn er keine Kunden für seinen alten Kram gewinnen konnte.

EINS

Das ist Ia: das ist sehr gut, ausgezeichnet. — Ia oder Eins A, heißt *erste Auswahl* und ist anfänglich das Gütezeichen für Handelsware. So auf dem Gemüsemarkt: »Ia Spinat« oder »Ia Borsdorfer Äpfel«. Später auch auf andere Lebenskreise angewendet. Im Auswärtigen Amt wird die höchste diplomatische Rangstufe — Botschafter — ebenfalls mit Ia benannt. Diese Bezeichnung entspricht etwa dem italienischen Wort *prima*, das bei uns stark Eingang gefunden hat. Es bedeutet gleichfalls »hervorragend, ausgezeichnet« und hat ebenfalls den Weg von der Kaufmannssprache in die allgemeine Verbreitung gefunden. Man sagt zum Beispiel: *Die Aufführung war prima (Ia)*. Man hört auch: *Sie ist eine prima Lehrerin*. Das ist aber schon wieder *kein prima Deutsch!*

Eins zu Null für dich: Ich habe verloren, ich gebe mich geschlagen. — Aus der Sprache des Sports, wo die Fußballspieler die Anzahl der geschossenen Tore als Treffer werten. 1:0 = ein Treffer für dich, keiner für mich.

EISEN

Zum alten Eisen geworfen: als Gerümpel beiseite getan, verbraucht, altersschwach und eingerostet, ausrangiert; als Plunder und Ladenhüter ausgesondert. — *Zum alten Eisen* gehört manchmal auch der alte Mensch, der, untüchtig und untauglich geworden, schon an der Pforte des Jenseits steht. Daher sagt Christoph Lehmann (1639): »Man hält offt einen, alß hätt man jhn auffm

Grempelmarck (Trödelmarkt) kaufft, oder unter den alten Eysen funden, hält jhn vor ein Noll.«

Ein heißes Eisen anfassen: eine gefährliche Sache aufgreifen, bei der man leicht Schaden nehmen kann; eine heikle Angelegenheit mutig erörtern, an die sich andere nicht heranwagen. — Kommt natürlich nicht vom Schmiedehandwerk, denn der Schmied faßt das heiße Eisen vernünftigerweise nur mit der Zange an, sondern ist dem mittelalterlichen Rechtswesen entlehnt: Der Angeklagte mußte im »Feuerurteil« ein glühendes Eisen eine Strecke weit tragen, um seine Unschuld zu beweisen (auch »Kuhhaut«, siehe FEUER).

ELEFANT

Sich benehmen wie ein Elefant im Porzellanladen: durch plumpes, tölpelhaftes, ungeschlachtes Auftreten großen Schaden anrichten oder gar ein Verhängnis herbeiführen. — Es liegt an der ständigen Verkennung des Tiercharakters, daß der deutsche Volksmund hier einem sehr klugen und vorsichtigen Tier Eigenschaften andichtet, die es nicht hat. Vielleicht würde sich der in einen Porzellanladen geführte Elefant achtsamer verhalten als ein tolpatschiger Mensch. Aber die Freude an Kontrasten, an humorvollen Gegensätzen und an handfester Ausdrucksweise schuf diese volkstümliche Wendung. Die wuchtige, fast vorsintflutliche Erscheinung des Elefanten in der zarten Märchenwelt des hauchdünnen, durchsichtigen Porzellans: Man kann sich einfach nicht vorstellen, daß er nichts zerschlagen oder zerdeppern (wie es neuerdings in der Umgangssprache heißt; vielleicht von »zertöpfern« oder von »täppisch« — oberdeutsch »Depp«) wird. *Der Mann mit den zwei linken Händen, der immer über seine eigenen Füße stolpert,* und der darüber hinaus noch unbeherrscht und heftig ist, wird zur Idealfigur dieser tragikomischen Situation.

Porzellan zerschlagen: eine mit Umsicht und Sorgfalt eingeleitete Maßnahme plump vernichten; eine in der Stille gewachsene, behutsam aufgepäppelte Bindung gewalttätig zerstören. — In der Publizistik gern gebrauchte Redensart, namentlich wenn es sich um heikle Fragen der Politik oder um das glatte Parkett der Diplomatie handelt.

Aus einer Mücke einen Elefanten machen: etwas erheblich übertreiben; eine Nichtigkeit prahlerisch ins Bedeutungsvolle aufblähen; viel Lärm um nichts; Sturm im Wasserglas. — Der römische Dichter Horaz (65—8 v. Chr.), der Freund des Kaisers Augustus, bestätigt uns in seiner »*Ars poetica*«, daß die Wendung schon über zweitausend Jahre alt ist. Der Humanist Erasmus von Rotterdam zitierte sie ebenfalls in lateinischer Sprache: »elephantum ex musca facis«, während der Barockdichter v. Grimmelshausen in schlichtem Deutsch sagt: »Woraus ich lernete, daß die Verwunderung aus der Unwissenheit entstehe und daß man aus der Muck einen Elephanten macht, ehe man weiß, daß der Berg nur eine Maus gebären werde.«

Eine Elefantenhaut haben: dickfellig sein; unempfänglich, unzugänglich, abgestumpft, gleichgültig, teilnahmslos, auch amusisch und herzlos sein. — Die Volksmeinung hat hier wieder einmal daneben gehauen: Die Elefantenhaut ist zwar sehr dick, aber äußerst feinnervig und empfindlich.

ELEMENT

In seinem Element sein: Jetzt kann er seine Fähigkeiten entfalten; hier fühlt er sich wohl. — Der griechische Philosoph Empedokles (490—430 v. Chr.), der von seinem Volke fast vergöttert wurde und die ihm angebotene Königswürde ausschlug, war nicht nur der Verfechter der Seelenwanderungslehre, sondern er hatte auch

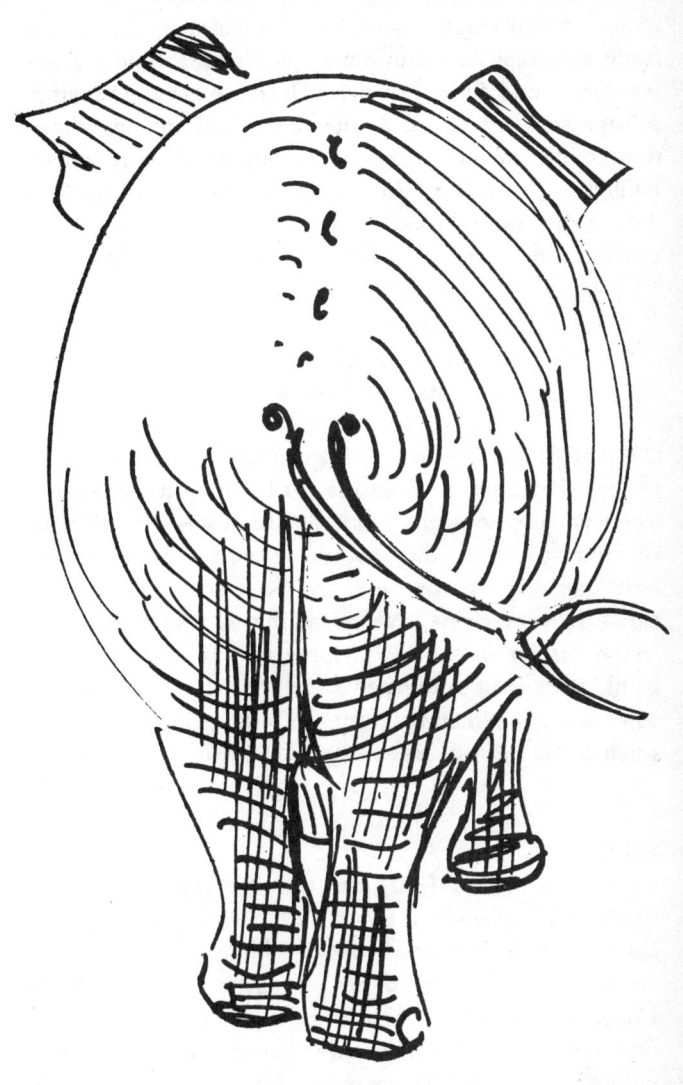

eine besondere Auffassung von den vier Elementen. Nach seiner Ansicht entsteht alles Werden und Vergehen durch Anziehung und Abstoßung der vier Elemente: Erde, Wasser, Feuer und Luft. Die zwei Urkräfte Liebe und Haß, so sagt der Philosoph, bewirken erst Mischung und Trennung der Elemente. Mehr als zweitausend Jahre später huldigt Friedrich von Schiller in seinem »Punschlied« wieder dieser Naturphilosophie:

> »Vier Elemente,
> innig gesellt,
> bilden das Leben,
> bauen die Welt.«

Die Antike sah in den vier Elementen den Urgrund aller Dinge; aber unsere Redensart wird erst richtig lebendig, wenn wir uns vorstellen, daß ein Fisch aus dem Wasser genommen und auf die Erde gelegt wird. Obwohl er von Luft umgeben ist, droht er als Kiemenatmer auf dem Lande zu »ersticken«. Wenn wir ihn ins Wasser zurückwerfen, *ist er in seinem Element* und fühlt sich wieder wohl. Auch im übertragenen Sinne: Alles läuft in harmonischer Übereinstimmung, wenn es uns gelingt, die Menschen in das ihnen angemessene Element zu bringen.

ELLE

Etwas nach (mit) der Elle messen: etwas ohne Unterschied behandeln; *etwas nach Schema F erledigen.* — Die Elle ist ein Naturmaß, das der Abmessung des Unterarmes entspricht, und daher von sehr unterschiedlicher Länge ist. Bis zur Reichsgründung (1871) gab es in Deutschland nicht nur verschiedene Landesgesetze und unterschiedliche Währungen, sondern auch über hundert voneinander abweichende Ellenmaße, deren Größe zwischen 49,5 cm und 77,9 cm schwankte. Dieses Maß ist fast verschwunden. Es lebt jedoch weiter in unserer Redensart, die schon zu Anfang des 15. Jahrhunderts bekannt ist. Wenn man etwas *nur* nach der Elle mißt, dann zieht man die Qualität nicht in Betracht. Man kann zum Beispiel künstlerische Leistungen nicht mit (nach) der Elle messen. Das gegenteilige Wort, *etwas nicht mit der Elle messen*, bedeutet somit folgerichtig »nicht kleinlich sein« und »großzügig mit jemandem umgehen«. Der humorvolle Berliner hat gleich drei Wendungen *auf Lager: Denn wird die Elle länger wie der Kram* (die Kosten sind größer, als die Sache wert ist), *ick weeß schon, wat de Elle davon kost'* (auf deine Redensarten gebe ich nichts) und *der hat 'ne Elle verschluckt* (er geht stocksteif daher, kerzengerade).

ELLENBOGEN

Seine Ellenbogen gebrauchen: rücksichtslos zupacken; mit dem *Recht des Stärkeren* sich brutal durchsetzen. — Der Ellenbogen, englisch »elbow«, ist die Armbiegung. Wem einmal jemand mit dem Ellenbogen versehentlich einen Schlag in die Rippen versetzt hat, der kennt den Schmerz, den er verursacht. *Die Ellenbogen frei haben* oder die *Ellenbogenfreiheit* (auch für »Bewegungsfreiheit«) sind seit Anfang des 19. Jahrhunderts bekannte Wendungen. Aus der Vereinigung von Geist und Kraft macht der Berliner: *Kopp, Genie und Ellenbogen* im Sinne von: unter Aufbietung aller Kräfte sich *ins Geschirr legen.* Für: »Ich rücke nichts 'raus!« sagt er: *Ick kann nich mit 'n Ellbogen in de Westentasche kommen!*

ELTERN

Nicht von schlechten Eltern sein: Das läßt nichts zu wünschen übrig. — Wird niemals gesagt, wenn man ausdrücken will, daß eine Person aus einer guten Familie kommt. Aber es soll freilich bedeuten, daß das Angesprochene von bester Abstammung sei. So sagt man: »Der Witz ist nicht von schlechten Eltern« oder »die Ohrfeige war nicht von schlechten Eltern«, auch »der Sekt (der Wein, der Kognak) ist nicht von schlechten Eltern«, das heißt also »stark«, »kräftig«, »besonders feinschmeckend« usf. Der Berliner rät zur Sorgfalt bei der Auswahl der Eltern: *Man kann in der Wahl seiner Eltern nicht vorsichtig genug sein.* Daher ist ein vermögender junger Mann in der Wahl seiner Eltern eben sehr vorsichtig gewesen! Er hat also schon bei der Geburt günstige Umstände vorgefunden. Er kann sich sozusagen *in ein gemachtes Bett legen* (»Pistole«, siehe BETT). Macht aber ein junger Mann seiner Familie einen Vorwurf daraus, daß er in ärmliche Verhältnisse geboren wurde, dann ist der Jüngling *seinen Eltern über den Kopf gewachsen*, das bedeutet: Die Eltern haben keine Gewalt mehr über ihn.

ENGEL
Es geht ein Engel durchs Zimmer sagt man, wenn in der angeregten Unterhaltung einer Gesellschaft plötzlich und zufällig eine Stille eingetreten ist. Die Wendung ist schon in der Antike bekannt. Das unerwartete Erscheinen eines Engels würde den lebhaften Kreis von Menschen ohnehin stumm und betroffen machen, abgesehen davon, daß es nach allgemeiner religiöser und kirchlicher Auffassung Pflicht ist, zu schweigen, wenn ein himmlisches Wesen sichtbar wird. Der geflügelte Himmelsbote (griechisch »ággelos«) lebt in der menschlichen Vorstellung, in schriftlichen Aufzeichnungen und bildlichen Darstellungen schon bei den Persern, Griechen, Juden und Römern, also längst vor der Geburt des Christentums. Vielleicht ist der uralte Menschheitstraum und -wunsch, fliegen zu können, der schöpferische Anstoß für die Ge-

stalt des Engels, der in religiöser Verklärung dem Erdenwesen verkündet, daß alles Heil von oben kommt. — Dem frommen Bilde, daß *ein Engel durchs Zimmer geht* oder *durch die Stube fliegt,* wenn alles still ist, gesellt sich eine sehr handfeste und humorvolle Erklärung hinzu, nämlich: *Ein Leutnant bezahlt seine Schulden,* wenn der Redefluß plötzlich verstummt. Damit soll die Ungewöhnlichkeit dieses Ereignisses ironisch mit der Seltenheit der Gesprächspause verglichen werden. Das muß dem Leutnant *ein guter Engel eingegeben haben,* seine Schulden zu bezahlen. Hoffentlich brauchte man nicht erst *mit Engelszungen zu ihm zu reden* (1. Kor. 13, 1) und *ihn mit Engelsgüte zu behandeln* (Psalm 91, 11). Aber der Typ des jungen Leutnants, *der immer in der Klemme saß* und seinen Verpflichtungen nicht nachkam, ist ja schon vor fünfzig Jahren ausgestorben. Früher nannte man ihn einen *Engel mit einem B davor!*

ERSCHOSSEN

Er ist völlig erschossen heißt entweder: *Er ist sehr abgespannt* oder: Er ist ein erledigter Mann.

Erschossen wie Robert Blum sagt man scherzhaft, wenn man übermüdet, auch wenn man von einer Sache tief beeindruckt oder gar überwältigt ist. Robert Blum (1807—1848), der als liberaler Politiker in Sachsen populär wurde, war anfangs Theaterdiener und -schriftsteller gewesen. Als führende Persönlichkeit der Frankfurter Nationalversammlung 1848 ging er nach Wien, um den dort im offenen Kampf gegen die Regierung stehenden Demokraten eine Sympathieadresse zu überbringen. Nach der Einnahme Wiens durch den Feldmarschall Fürsten zu Windischgraetz wurde Robert Blum vor ein Kriegsgericht gestellt, zum Tode verurteilt und erschossen. — Fritz C. Müller erklärt die Respektlosigkeit des Vergleiches in der Redensart mit dem Bekanntwerden eines rührseligen

Moritatenliedes, das bald nach den Revolutionsjahren gesungen wurde:

> »O du verrat'nes Deutschland,
> dein größtes Heiligtum,
> erschossen ist dein Robert,
> dein treuer Robert Blum.«

F

FASSON

*Bei mir kann jeder nach seiner Fasson selig wer-
den:* Bei mir kann jeder nach seiner Weise glücklich werden. — Ein Ausspruch Friedrichs des Großen. In einem
Schreiben an den König fragten im Juni 1740 Staats-
minister v. Brand und Konsistorialpräsident v. Reichen-
bach, ob die römisch-katholischen Schulen bleiben sollten, weil ihr Wirken zu allerhand Verdruß schon deshalb
geführt hätte, weil man gegen des Königs ausdrücklichen
Befehl aus Protestanten Katholiken gemacht habe. Der
König schrieb an den Rand: »Die Religionen Müsen alle
Tolleriret werden, und mus der Fiscal nuhr das Auge
darauf haben, das keine der andern abrug Tuhe, *den hier
mus ein jeder nach Seiner Fasson Selich werden.*« Aus
den Worten des Königs wurde bald eine redensartliche
Wendung.

Aus der Fasson geraten: dick und rund werden. —
Kommt ebenfalls vom französischen Wort »façon«, das
Form, Gestalt, Zuschnitt bedeutet. Wenn jemand aus der
Fasson gerät, dann sprengt er durch Dickwerden den
ursprünglichen Zuschnitt seiner Kleider.

FINGER, auch »Kuhhaut«, siehe FINGER und FEUER

Sich in die Finger schneiden: sich zum eigenen
Schaden täuschen; sich verrechnen. — Ein alltäglicher Vorgang, der seinen übertragenen Sinn selbst erklärt. — *Die*

Finger von etwas lassen heißt, davor zurückscheuen, sich mit einer Sache abzugeben. — *Wer lange Finger macht* oder *klebrige Finger hat,* der stiehlt. Der Berliner fragt: »Wat hat 'n det jekost'?« Antwort: *»Fünf Finger und een' Jriff!«* Der Wiener Prediger und Augustiner-Barfüßer Abraham a Santa Clara (1644—1709) spricht vom *Fünffingerhandwerk,* das gewisse Leute treiben. Wer in dieser Hinsicht verdächtig ist, *dem schaut man (sieht man)* oder *klopft man auf die Finger,* das heißt, man paßt scharf auf ihn auf und weist ihn zurecht. Auf alle Fälle *wird man mit Fingern auf ihn zeigen,* denn er ist übel beleumdet. In der Antike war es umgekehrt. Damals zeigte man nur auf *berühmte* Leute mit den Fingern. *Wenn man den Finger auf die Wunde legt (auf die faule Stelle* oder *auf den wunden Punkt),* dann kehrt man das Peinliche, Verdrießliche oder Bedenkliche einer Angelegenheit hervor. — *Sich etwas an den fünf Fingern abzählen können* meint, etwas ohne Überlegung schnell erfassen. Hingegen ist *etwas an den Fingern herzählen* das gewissenhafte Hersagen (»Herbeten«) eines Textes. — *Eine Sache fingern* bedeutet, ihr den rechten Dreh geben, sie geschickt in eine vorteilhafte Lage versetzen. Wenn man jedoch *zuviel* an einem Fall *herumfingert,* stört man vielleicht seinen Ausgang. — *Da hat doch wieder einer die Finger dazwischen gehabt,* wird man mißmutig ausrufen und gibt damit zu erkennen, daß ein Unbefugter sich einmischte. — *Mein kleiner Finger hat es mir gesagt:* Ich habe es auf einfache und geheimnisvolle Weise erraten.

> »Juckend sagt mein Daumen mir:
> etwas Böses naht sich hier!«

ruft die Hexe in Shakespeares »Macbeth« (IV, 3) und bestätigt, daß »Klein-Däumling« und der kleine Finger, wie im Märchen, die Klügsten sind. — Der kleine Finger kann sogar tief ins Ohr kriechen, um hier bisher streng bewahrte Geheimnisse auszuschwatzen. Darum, so folgern manche, nenne man ihn in Frankreich auch »l'auriculaire«, den Ohrenfinger. Hoffentlich haben sich jene Deuter nicht *in den Finger geschnitten,* denn »Ohrenfinger« kann er auch deshalb heißen, weil er, jiddisch gesprochen, der »Toilette-Finger« ist, das heißt: Mit ihm kann man am bequemsten die Ohren säubern! — Doch wenden wir uns schließlich erfreulicheren Dingen zu. Wir haben gehört, *daß sie an jedem Finger einen hat,* das meint, sie ist äußerst begehrt, sie hat einen lebhaften Zuspruch, sie zählt viele Bewerber. Herzlichen Glückwunsch dazu! Hoffentlich *gibt ihr jemand einen Fingerzeig,* welcher der richtige ist. Aber *mit gewissem Fingerspitzengefühl* (einer gewissen Feinfühligkeit) wird sie schon selbst darauf kommen.

FLAGGE, auch »Kuhhaut«, siehe FAHNE

Unter fremder Flagge segeln: unter fremdem Namen gehen. — Aus der Seemannssprache. Man kann während des Krieges zum Beispiel unter falscher Flagge segeln. Man segelt auch unter fremder, neutraler, feindlicher Flagge. Großreeder segeln ordnungsgemäß häufig unter fremder Flagge, um die hohen Steuern des eigenen Landes zu vermeiden. Umgangssprachlich heißt *unter fremder Flagge segeln* etwa: einen Artikel unter falschem Namen veröffentlichen oder sich unter falschem Namen ins Hotelbuch eintragen. Man weiß nicht, *unter welcher Flagge er segelt,* meint, man kommt nicht dahinter, welcher Partei er angehört.

FLEISCH, auch »Kuhhaut«, siehe FISCH

Sich ins eigene Fleisch schneiden: sich selbst schaden. — *Menschen von Fleisch und Blut,* urwüchsige, lebensbejahende Menschen. Biblische Ausdrücke sind *der Pfahl im Fleische* (2. Kor. 12, 7), und er ist unser Bruder, *unser Fleisch und Blut.* Man soll nicht *gegen sein eigen Fleisch und Blut wüten. Der Gedanke ist ihm in Fleisch und Blut übergegangen* bedeutet: Er hat sich den Gedanken zu eigen gemacht. — *Er ist mächtig vom Fleische gefallen* meint, er ist mager geworden, *so daß man seine Rippen zählen kann.* — Am Ende müssen wir *den Weg allen Fleisches gehen,* wir müssen sterben. Nun könnte man diese Redensarten ja noch einzeln *unter die Lupe nehmen,* jedoch: *Der Geist ist willig, aber das Fleisch ist schwach!* Scherz beiseite: Diese anschaulichen Wendungen erklären sich alle von selbst!

FLINTE

Die Flinte ins Korn werfen: alles verloren geben; mutlos den Kampf aufgeben. — Die Römer kannten die Wendung bereits in der Redensart »hastam abjicere« = »die Lanze wegwerfen«, das hieß, die Hoffnung fahrenlassen. Wenngleich unser Ausdruck erst 1862 zum erstenmal im Grimmschen Wörterbuch erscheint, so warf man bestimmt die Flinten ins Korn, seitdem geschlagene Soldaten Flinten besaßen. Mit dem Gewehr in der Hand war der Krieger für den Feind eine Gefahr. Warf er die Flinte verzweifelt in das zum Schlachtfeld gewordene Kornfeld und verbarg er sie damit, hatte er die günstige Aussicht gewonnen, als »harmloser Zivilist« der Kriegsgefangenschaft zu entgehen.

Himmel, haste keene Flinte? (mit dem Zusatz: »Schieß mir dausend Daler vor!«) wechselte von einem humorvollen Alt-Berliner Couplet in die Umgangssprache über.

FLOH

Der hört die Flöhe husten: Er kommt sich sehr klug vor. — Schon im 16. Jahrhundert belegt für vorgetäuschte Überklugheit. »Er hört die flöh husten, das graß wachsen«, heißt es 1541 bei Sebastian Franck. — *Lieber Flöhe hüten als das,* sagt man, wenn man einen unausführbaren Auftrag erhält. Auch dafür hat Franck ein Beispiel: »Weiber hüten. Einer wannen vol flöh hüten.« Hingegen meint A. F. E. Langbein (1835): »Ich wollte lieber einen Hut voll Flöhe hüten als ein Paar Verliebte an Einem Ort.« *Wenn man Schulden hat wie der Hund Flöhe, dann sitzt man sehr tief in der Kreide,* und *wenn man jemandem einen Floh ins Ohr setzt,* dann stachelt man ihn mit einer Mitteilung so auf, daß er fortan keine Ruhe mehr findet. Es heißt auch, in ihm einen unerfüllbaren Wunsch erregen. — Die Wendung, die schon durch Grimmelshausens »Simplizissimus« im 17. Jahrhundert bekannt ist, erinnert an das französische »avoir la puce à l'oreille« (den Floh im Ohr haben), was früher »verliebt sein« und heute »ganz aufgeregt sein« bedeutet. Das Bild ist gut gewählt, wenn man an einen von Flöhen gequälten Hund denkt, der sich unentwegt mit der Pfote am Kopf kratzt, ohne den Floh im Ohr zu vertreiben. —

Ein Floh im Ohr?

Es ist vielleicht kulturhistorisch bemerkenswert, daß die frühere Flohplage in Deutschland mit der Erfindung der Taschenuhr zusammenhängt. Der Nürnberger Schlosser Peter Henlein (1480—1542) stellte als erster um 1510 kleine tragbare Feder-Uhren in Dosenform her, die auch ein Schlagwerk hatten. Diese Dosen waren nichts anderes als die von ihm vorher in Massen hergestellten Flohfallen für Frauen. Mit einem Lockmittel versehen, verschwanden solche kleinen Käfige unter den Röcken der Damen, um die Plagegeister einzufangen. Peter Henlein erkannte in jenem winzigen Gefängnis das ideale Gehäuse für eine Uhr. Seine Nürnberger Taschenuhren zählten damals zu den großen Kostbarkeiten des Jahrhunderts und waren die heißbegehrten Geschenke von Kaisern und Königen.

FREIERSFÜSSE

Auf Freiersfüßen gehen: sich eine Braut suchen. — Die germanischen Hochzeitssitten sind tief in unserer Sprache verwurzelt. Die Hochzeit, die »hochgezîte«, war und ist der Inbegriff aller Lebensfreude. Die Hochzeitsfeier hieß auch der *Brautlauf,* von dem Schiller auch in »Wilhelm Tell« (IV, 2) spricht. Bei diesem Scheinraub der Braut wurde ihr vom Bräutigam ein Vorsprung gegeben. Bis zu einem bestimmten Punkt mußte er sie einholen. Erreichte er sie nicht, wurde er verhöhnt und ausgelacht. In Skandinavien ist der Brautlauf, der sicher ein Symbol für die Sitte in alter Zeit darstellt, sich die Braut durch Raub zu holen, auch heute noch üblich. Bis in unsere Tage gibt es auch noch eine *Brautschau,* bei der junge Mädchen von etwa sechzehn Jahren an bräutlich geschmückten, um die Osterzeit heiratslustigen Jünglingen, die also auf *Freiersfüßen* gingen, in der Kirche zur Brautschau vorgeführt werden. Jene Jungfrauen, die keinen Werber finden, müssen im nächsten Jahr wiederkommen. — Nach germanischem Recht gab es ferner einen *Brautkauf*, durch den der Bräutigam die heiratsfähige Tochter aus der Gewalt und dem Schutz (althochdeutsch »munt«, daher Mündel, Vormund usw.) gegen ein *Muntgeld* loskaufte. Natürlich konnte nur der Mann das Mädchen »freien« und nicht umgekehrt. »Freien« bedeutet somit von der *Muntschaft* des Vaters »frei machen«. Wer also auf Freiersfüßen geht, löst das Mädchen, das er heiraten will, aus den Banden seiner Familie.

FRIEDEN

Ich traue dem Frieden nicht: ungeachtet beruhigender Versicherungen eine versteckte Gefahr wittern; trotz friedlicher Beteuerungen Vorkehrungen zum eigenen Schutz treffen. — Im späten Mittelalter und vor allem nach dem Dreißigjährigen Krieg war der Friede in deutschen Landen ständig durch Vagabunden, Strauchdiebe und organisierte Räuberbanden gefährdet und gestört. Seit dem 11. Jahrhundert erklärten die Kaiser für größere Teile des Reiches an bestimmten Tagen der Woche den »Landfrieden«, doch waren die kaiserlichen Heere nicht ausreichend, um diesen Frieden auch zu sichern. Daher lautete die ältere Form unserer Redensart: *»Ich traue dem Landfrieden nicht!«* Reisende Kaufleute und andere Bürger mieteten oft ein bewaffnetes und berittenes Geleit, dem sie häufig aber auch nicht trauen konnten, weil ihre »Beschützer« mit den Wegelagerern *unter einer Decke steckten.* Daher hieß die Wendung auch lange Zeit *dem Geleit nicht trauen.* Georg Rollenhagen (1542—1609), der volkstümliche Dichter von Tierfabeln und Schuldramen, klagt darüber:

> »Spür ich an einem dicken Strauch,
> daß sich herauswindet der Rauch,
> als wenn ein Feuer darunter wär,
> so trau ich dem Geleit nicht mehr!«

Mit jemandem die Friedenspfeife rauchen: sich mit jemandem aussöhnen, sich wieder vertragen. — Die Wendung kommt aus der Indianersprache. Die nordamerikanischen Indianer rauchten zur Beteuerung ihrer friedliebenden Gesinnung mit ihren früheren Feinden gern ihr »Kalumet« (französ. »fumer le calumet de la paix«, »die Friedenspfeife rauchen« oder »sich wieder vertragen«). Der Pfeifenkopf besteht aus einem rötlichen Pfeifenstein, das Rohr ist gewöhnlich mit Perlen und schönen Federn geschmückt. Bei feierlichen Gelegenheiten wurde diese große Tabakspfeife in zeremonieller Weise durch den Häuptling angeraucht und dann an die Anwesenden weitergereicht. Die Redensart ist durch J. F. Coopers Lederstrumpf-Erzählungen volkstümlich geworden.

Und da nun der allgemeine Friede im Beisein eines Indianerhäuptlings wiederhergestellt worden ist, dürfen wir unser Stichwort vielleicht mit einem scherzenden »Schiller« abschließen:

Es kann der Frömmste nicht in *Frieden leben,*
wenn ihm die schöne Nachbarin gefällt!

G

GALLE

Die Galle läuft ihm über: Er ist wütend, er gerät in Zorn; *er kommt in Weißglut; er geht in die Luft; er fährt aus der Haut.* Die Galle ist eine Absonderung der Leberzellen; sie wird in der Gallenblase gesammelt und bei Bedarf in den Zwölffingerdarm weitergeleitet. Unsere Redewendung hängt mit diesem biologischen Vorgang zusammen. Die gelblich-grüne Ausscheidung, die Galle, kommt nämlich bei zorniger Erregung besonders in Fluß. Da man früher annahm, daß die tierischen Gifte ebenfalls der

Galle entstammen, prägte man das stabreimende Wortpaar *Gift und Galle*, das als umgangssprachlicher Ausdruck *Gift und Galle spucken (speien)* gleichfalls »sehr zornig sein« bedeutet.

GÄNGELBAND

Einen am Gängelband führen: einen anderen nach (meinem) eigenen Willen leiten. — Wie *einwickeln* (»Kuhhaut«, siehe dies) ist auch *gängeln* aus der Welt des kleinen Kindes entnommen, das gerade Laufen lernt und dem unter den Armen ein Band durchgezogen wird, damit es seine ersten Schritte sicherer machen kann. Als Redensart bei Schiller im »Fiesco« (III, 2) bezeugt: »Den geharnischten Riesen Gesetz am Gängelband zu lenken.« Das Entscheidende beim Gängeln ist, daß der »Gängelnde« dem »Gegängelten« eine gewisse Willkür aufzwingt.

GEDULD

Mit Geduld und Spucke (fängt man eine Mucke) ist eine sprichwörtliche Redensart, mit der zu Langmut und Geduld ermahnt wird. — Die Geduld — von dulden, englisch »thole«, dies wieder von »tolerare« = ertragen (Toleranz!) — hat früher bei uns auch die Bedeutung von Frieden und Ruhe gehabt. Das kommt in einer offenbar sehr alten Wendung, die leider nicht mehr gebräuchlich ist, zum Ausdruck: *In der Geduld liegen.* Das meint »sicher vor Wind und Wetter«, »an einer geschützten Stelle ruhen«, im übertragenen Sinne »im Schutz vor dem Trubel der Welt und aufdringlichen Menschen sein«. — Die Wendungen: *der Geduldsfaden reißt* oder *die Geduld reißt* sind häufig bei unseren Klassikern zu finden. Die Geduld, eine der höchsten menschlichen Tugenden, als einen Faden darzustellen, ist einer der anschaulichen, hübschen Einfälle unserer schöpferischen Sprache. Sammler von Spruch- und Sprichwörtern schrieben Hunderte von sinnigen Sätzen auf, deren Mittelpunkt die Geduld ist. *Papier ist aber bekanntlich geduldig!*

GLACÉHANDSCHUH

Jemanden mit Glacéhandschuhen anfassen: ihn zart behandeln; ihm äußerst behutsam entgegenkommen. — Für einen Überempfindlichen hat der Berliner die humorvolle Redensart: *»Dir darf man wohl bloß mit Jlasees anfassen?«* Bismarck gebraucht das Bild gern: »Sobald von dem König die Rede ist, müssen die Herren ganz andere Glacéhandschuhe anziehen, wenn sie die Regierung herunterreißen wollen.« — Später ist noch eine zweite Bedeutung hinzugekommen, die der ersten fast entgegengesetzt ist, nämlich: Etwas nur mit geschützter Hand anfassen, damit man sich nicht besudelt; also in dem Sinne: Die Sache ist mir viel zu unsauber, als daß ich sie mit bloßen Fingern antasten könnte! Daher: *Das mag ich nur mit Glacéhandschuhen berühren!*

GLAS

War dein Vater Glaser? oder *Dein Vater war doch kein Glaser!* sagt man zu einem, der uns die Aussicht versperrt oder durch sein Dazwischentreten das Licht wegnimmt, und gibt damit der »witzigen« Auffassung Raum, daß Glaserkinder unbedingt durchsichtig sein müßten. Seit der Mitte des 19. Jahrhunderts in Berlin und Leipzig geläufig. *Du bist doch nicht aus Glas!* ist einfacher und nicht eben verletzend, wenn der Vater des Angesprochenen zufällig Glasermeister sein sollte. — *Glas auf dem Dach haben:* Niemanden beschuldigen können, da man selbst belastet ist. Dazu paßt vorzüglich das Sprichwort: »Wer im Glashaus sitzt, soll nicht mit Steinen werfen«, neuerdings als foppende Anspielung auf Konrad Adenauer gemünzt, der für die Arbeit an seinen Lebenserinnerungen eigens einen Glaspavillon in seinem

Garten errichten ließ. — *Er hat zu tief ins Glas geguckt:*
Er hat zuviel getrunken. Umschreibung und bemänteln-
der Vergleich mit der Geliebten, der man *zu tief ins
Auge schaut!* Wenn er zu tief ins Glas geguckt hat, wird
er wohl in den Wein verliebt gewesen sein, und dann ist
ihm dieser sicher *in einer Giftbude kredenzt* worden
(siehe auch »Kuhhaut«). Eine »Giftbude« ist nämlich
nicht, wie viele meinen, eine »Apotheke« oder gar »ein
minderwertiges Wirtshaus«, sondern im Gegenteil eine
besonders ausgesucht gute Baude (schlesisch für Bude)
oder Gaststätte, denn unser »Gift« hat mit dem gewöhnlichen Gift, das tötet, gar nichts zu tun. »Her *gift* dat
wat!« heißt es im Plattdeutschen: hier *gibt* es was, und
zwar etwas Wohlschmeckendes, etwas Leckeres! Also
mißverstandenes Niederdeutsch! — Aber da wir nun beim
Trinken angekommen sind: *Es gibt Leute, die volle Gläser nicht leiden können,* will sagen, die gern, reichlich und
schnell trinken; und dann wieder solche, *die kein leeres
Glas sehen können,* das meint, bei denen der Durst einen
horror vacui auslöst. Der »horror vacui« (Grausen vor
der Leere) kennzeichnet die bis ins 17. Jahrhundert vor-
herrschende Ansicht, daß die Natur vor einem leeren
Raum einen Abscheu besitze, und daß sie solche Räume
mit allen Mitteln und mit aller Kraft auszufüllen ver-
suche! Scherzhaft gesehen, geht es dem Zechbruder
ebenso: Er kann keine *leeren* Gläser sehen. Neben diesen
beiden Arten gibt es dann noch jenen Trunkenbold, der
weder volle noch leere Gläser sehen kann, und für den
hat der Elsässer die Redensart: *Er ka ke voll un ke leer
Glas sehn!* In diesem Sinne Hornfelds Leitsatz: Trinke
nie ein Glas zuwenig!

GLEIS

     Etwas ins rechte Gleis bringen: es in Ordnung
bringen. — Die Redensart ist schon sehr alt und hat erst

nach der Einführung der Eisenbahn einen zweiten **Nach-schub** erhalten. Ursprünglich bedeutet Geleise: die Spur (Weg-, Fußspur, Spur des Wildes, althochdeutsch »leisa«). Geleise gehört in die Wortgruppe »leisten«, das heißt: befolgen, eigentlich »einer Spur nachgehen«. Aber auch altgermanisch »lehren« und »lernen« gehören dieser Gruppe an. So erklärt sich der Zusammenhang zwischen Gleis und lehren, lernen. *Auf die Spur bringen* heißt also auch lehren, *die Spur finden* ist lernen. Die Beziehung wird klar, wenn wir uns vorstellen, daß es für den einfachen Menschen der ältesten Zeit lebensnotwendig war, die Spur des Wildes zu finden. Wenn wir heute sagen: *Er spurt tadellos,* so drücken wir damit aus: Er *folgt* mir, wir stimmen in unseren Absichten überein. So wie etwas *ins rechte Gleis,* also in Gang gebracht wird, so kann eine andere Sache natürlich *ins falsche Gleis geraten* oder *aufs tote Gleis geschoben werden.* Das Unternehmen war von vornherein auf totem Gleis, es war wirtschaftlich festgefahren. — *Mancher wird aus dem Gleis* (aus der Bahn) *geworfen,* bei anderen wieder *bewegt sich alles im alten Gleis* oder *in ausgefahrenen Gleisen.* Also *bleib im Gleise, so fährst du sicher!*

GRAU

Die graue Eminenz: eine hinter den Kulissen der hohen Politik drahtziehende, meist nicht verantwortlich zeichnende, aber höchst einflußreiche, oft auch gefährliche Persönlichkeit. — Zuerst wurde dieser Beiname für den engsten Berater des französischen Staatsmannes Kardinal Herzog von Richelieu (1585–1642) geprägt. Der Ratgeber hieß Père Joseph (1577–1638) — eigentlich François Le Clerc du Tremblay —, war zunächst Offizier, dann Kapuzinermönch und schließlich Vertrauter des Kardinals. Als sein Einfluß besonders auf die Außenpolitik überhandnahm und er bereits als Nachfolger Richelieus genannt wurde, setzten ihn seine Gegner in Spottliedern mit dem Spitznamen »die graue Eminenz« (L'Eminence grise) im Ansehen der Öffentlichkeit herab. Später legte man den Schimpfnamen, dem jedoch heimlich eine gewisse Bewunderung anhängt, auch anderen anrüchigen Beratern bei, so dem Diplomaten Friedrich von Holstein (1837–1909), der, Intrigant aus Gewinnsucht, eine der niederträchtigsten Erscheinungen des Wilhelminischen Zeitalters war. Zunächst betätigte er sich als kenntnisreicher Gehilfe des Reichskanzlers Bismarck, war aber insgeheim an dessen Sturz beteiligt, nach dem er zum Hauptratgeber in der Außenpolitik aufrückte. Er hintertrieb die Verlängerung des Rückversicherungsvertrages mit Rußland, das sich daraufhin mit Frankreich einigte, und verhinderte die Londoner Annäherungsversuche an Deutschland, wodurch er die verhängnisvolle Entwicklung zum Ersten Weltkrieg entscheidend begünstigte. Nach der Algecieraskonferenz (1906) vom Reichskanzler Fürsten Bülow des Amtes enthoben, rächte sich die graue Eminenz aus Abneigung gegen Wilhelm II. für ihre Entlassung, indem sie den »Eulenburg-Skandal« inszenierte, durch den der Kaiser wie auch der Fürst Eulenburg gleichermaßen schamlos verleumdet wurden. — Außer den Trümmern seiner Politik hinterließ Holstein der Nachwelt die Erinnerung an seinen Namen in Gestalt des nach ihm benannten »Schnitzels à la Holstein«, dessen prunkhafte Garnierung mit Austern, Kaviar, Sardinen, Hummer, Räucherlachs, Gänseleberpastete, Sardellenröllchen und Kapern mehr den Prasser als den Feinschmecker lockt.

GRETCHEN

Die Gretchenfrage stellen: jemanden auf Herz und Nieren prüfen, die Frage nach dem Wesentlichen aufwerfen, eine Gewissensfrage stellen; Aufforderung, rückhaltlos seine An- und Absichten darzulegen. — Die Wendung geht auf Goethes »Faust« zurück und spricht die Szene in Marthens Garten an. Das arg- und ahnungslose Gretchen fragt Faust: »Nun sag', wie hast du's mit der Religion?« und bald danach: *»Glaubst du an Gott?«*, und Faust antwortet geschickt ausweichend:

>»Wer darf ihn nennen?
>Und wer bekennen:
>Ich glaub ihn.«

Nach diesem Zwiegespräch wird nicht nur die Diskussion um die Existenz Gottes, sondern — im übertragenen Sinne — jede wesentliche Frage (auch in der Politik) schlechthin *Gretchenfrage* genannt. — Im Jahre 1965 meldete sich die Abgeordnete eines westdeutschen Länderparlamentes zum Wort und bat, »drei Gretchenfragen« stellen zu dürfen. Der Landtagspräsident lehnte den Antrag mit der humorvollen Begründung ab: Erstens gäbe es im »Faust« nur *eine* Gretchenfrage und nicht drei, und zweitens ziele diese nach dem Gottesglauben. Aus Gründen des Taktes sei die Berührung dieses heiklen Themas aber in diesem Hohen Hause unerwünscht.

H

HAMMEL, auch »Kuhhaut«

   Jemanden bei den Hammelbeinen kriegen (nehmen) oder *ihm die Hammelbeine langziehen:* ihn scharf herannehmen, ihn drankriegen; auch quälen, schikanieren. — Der Autor beobachtete im ostafrikanischen Hochland folgenden Vorgang: Er fuhr mit seinem Wagen in ziemlich raschem Tempo bergab an den Akaki-River, als unvermutet eine Schafherde auftauchte. Er bremste scharf, während der aufmerksame schwarze Schafhirte sich auf den Leithammel stürzte, *ihn bei den Hammel-beinen kriegte* und aus der Gefahrenzone herausschleu-derte. Sogleich wandten sich alle Schafe in die Richtung, in die der Hammel gezogen wurde. — Wäre das Leittier in den Wagen gelaufen, wären ihm seine Schäflein un-weigerlich gefolgt. — Aus diesem Beispiel sieht man, daß *einen bei den Hammelbeinen kriegen* nicht nur heißt, den Schafbock, also den Verantwortlichen, scharf heran-nehmen, sondern auch gleichsam seine Gefolgschaft mit-verpflichten. Im übertragenen Sinne gut anwendbar, denn wenn ein Hammel etwas verpatzt, sind gleich viele Schafe da, die ihm mit Freuden nacheifern.

HAND, auch »Kuhhaut«

Das liegt auf der Hand: das ist ganz klar! — Wie in der »Kuhhaut« schon erläutert, kommt der Hand als einem der wichtigsten Glieder des Körpers eine be-sonders große Bedeutung zu. »Die Hand galt nach alt-deutschem Recht als vollgültiger Stellvertreter der Person. Mit der Handgebärde wurden Rechtsverbindlichkeiten ge-schlossen. Die Hand auf eine Person oder Sache gelegt, bedeutete: von ihr Besitz ergreifen, sie seiner Gewalt unterwerfen.« — Wenn *etwas auf der Hand liegt,* so ist es offensichtlich, für jedermann leicht erkennbar. *Nicht in die hohle Hand!* heißt »ganz ausgeschlossen«, »auf keinen Fall«. Wahrscheinlich ist die Wendung der Zeichensprache des Bestechlichen entnommen. Hier meint es: Nicht ein-mal der Bestechungsversuch hat Aussicht auf Erfolg! — Wenn man Räubern oder Erpressern *in die Hände fällt,* so ist man in eine üble Lage geraten, und wenn man *einem anderen aus der Hand frißt,* dann ist man ganz zahm geworden, wie ein leinengängiger Hund. Der Aus-druck bezieht sich nämlich auch auf Menschen. — *Eine lange Hand haben* (auch: einen langen Arm haben, siehe »Kuhhaut«) bedeutet, weitgehende Gewalt, großen Ein-

fluß besitzen. — Wenn etwas *in fester Hand* ist, dann ist es zwecklos, sich noch weiter darum zu bemühen, denn die Sache, das Haus, das Grundstück ist im festen, dauernden Besitz eines anderen. Man sagt jedoch auch, daß zum Beispiel ein junges, hübsches Mädchen »in fester Hand« sei. Dann wollen wir es *dabei bewenden lassen* und nicht weiter um die Schöne werben, um weder ihr noch ihrem Schatz Kummer zu machen. — *Seine Hand von jemandem abziehen*, das heißt seine Hilfe und Unterstützung versagen, kommt schon in der Bibel (4. Mos.

14, 34) vor. Wenn einer *mit den Händen redet*, macht er lebhafte Gebärden. Jemand etwas *in die Hände spielen* meint, es ihm wie zufällig zukommen lassen, und wenn man *einem etwas an Hand läßt*, so bewahrt er es einem *treuhänderisch* auf. — Jemandem *etwas in die Hand drücken* ist gleichbedeutend mit »anschmieren«, ihn mit minderwertigem Zeug betrügen. — *Auf den Händen sitzen* die Zuschauer, die *sich mit Händen und Füßen* gegen die Schauspieler oder das Theaterstück *sträuben*, das heißt sie klatschen keinen Beifall. Dem Autor des Dramas hatte der Tod *die Feder aus der Hand* genommen, bevor noch die gesammelten Werke *von des Dichters letzter Hand* überarbeitet und veröffentlicht werden konnten. An sich war der Tod für ihn eine Erlösung, denn die Erbschaft, die ihn kurz vorher reich gemacht hatte, *zerschmolz ihm unter den Händen*. *Etwas aus dem Handgelenk machen:* es ohne Schwierigkeit bewerkstelligen, den Arm gar nicht erst zu Hilfe nehmen. Aber *wer eine lockere (lose) Hand hat*, vor dem soll man sich in acht nehmen, denn bei ihm arbeitet das Handgelenk selbsttätig, ohne Aufsicht des Gehirns!

HANDWERK, auch »Kuhhaut«

Einem ins Handwerk pfuschen: unberechtigt und ungeschickt die Tätigkeit des anderen stören; als Nichtgelernter und unberufen eine Arbeit verrichten. — Der »Pfuscher«, schon 1586 bei Mathesius belegt, ist der »im Busch verborgen Schaffende«, der heimlich (heute »schwarz«) außerhalb der Werkstatt des Meisters arbeitet, was nach mittelalterlicher Zunftordnung streng verboten war und bestraft wurde. Es durfte sich auch keiner Geselle oder Meister nennen, der nicht von der Zunft als solcher anerkannt war, denn »kein ehrliches Handwerk — ist ein Schandwerk« (Rückert). Heute im übertragenen Sinne auf alle Lebensbereiche angewandt.

Klappern gehört zum Handwerk: Jeder Beruf braucht seine Werbung.

HÄNGEN

Mit Hängen und Würgen: mit knapper Not; mit großer Mühe; mit Ach und Krach. — Eine Zwillingsform, die auf das qualvolle Erwürgen des Gehängten am Galgen zurückgeht. Er bestand sein Examen *mit Hängen und Würgen,* das heißt, um ein Haar wäre er *am Ende seiner Weisheit* gewesen.

HEMD

Das Hemd ist mir näher als der Rock: Das Dringende hat Vorrang. — Diese über 2000 Jahre alte sprichwörtliche Redensart stammt von dem großen lateinischen Komödiendichter Plautus (251—183 v. Chr.), dessen Hauptthema in seinen erfolgreichen Bühnenstücken die Liebe war. Im Lateinischen heißt der Ausdruck »Tunica propior pallio est«. Die bei uns sehr gebräuchliche Wendung wurde 1864 von Bismarck im Preußischen Abgeordnetenhaus genauso formuliert, wie sie bei uns im landläufigen Sinne gemeint ist: »Kommt es zum Äußersten, so ist mir das Hemd näher als der Rock.«

Jemanden bis aufs Hemd ausziehen: ihn arm machen, ihn um sein Letztes bringen. — Wer *unter die Räuber fällt,* wird meistens alles los — bis aufs Hemd, das die Strolche dem Überfallenen aus Mitleid oder Ironie noch lassen. — *Kein Hemd am Leibe haben,* nichts besitzen. Der Volksmund übertreibt gern. Natürlich wird der Gemeinte mindestens ein Hemd gehabt haben, aber wenn man ausdrücken will, wie arm die Person war, sagt man: »Als er zu uns in die Stadt kam, hatte er kein Hemd am Leibe!« — *Ein Schlag, und du stehst im Hemd!* Drohung des Prahlhans und Kraftprotzen, die auf das Bild zielt: *Ich stoße dich aus dem Anzug!* — Mit dem Wort *das letzte Hemd hat keine Taschen* warnt man den alten Geizhals, denn in seinem Totenhemd kann er von seinem Reichtum nichts in das Jenseits hinüberretten.

HEMPEL

Bei euch sieht's aus, wie bei Hempels unterm Wohnwagen: Bei euch herrscht ein heilloses Durcheinander und eine große Unsauberkeit. — Der Autor verdankt die Entstehungsgeschichte dieser Wendung Lorenz Hagenbeck, dem Sohn Carl Hagenbecks (1844–1913), der den Tierpark Stellingen bei Hamburg gründete: »Wie Sie wissen, haben die Artisten in aller Welt eine besonders hohe Meinung von Moral, Ordnung und Sauberkeit. Überall, wo wir mit unserem Zirkus erschienen, fanden wir daher vorbildliche Verhältnisse einer Gemeinschaft von Varieté- und Zirkuskünstlern, von Schaustellern und anderen Vertretern des fahrenden Volks. Nur einmal tanzte um die Jahrhundertwende in einer süddeutschen Stadt ein Budenbesitzer namens Hempel aus der Reihe, der regelmäßig Müll und andere Abfälle unter seinen Wohnwagen anstatt in die vorgesehenen Behälter kehrte. Es gelang uns schnell, die Ordnung wiederherzustellen und ihn nach vergeblichen Ermahnungen mit Hilfe der Stadtverwaltung des Geländes zu verweisen. Was von ihm übrigblieb, war ein dunkler Fleck auf dem Rummelplatz und die Redensart: *Bei euch sieht's ja aus, wie bei Hempels unterm Wohnwagen!*«

HIMMEL, auch »Kuhhaut«, siehe GEIGE, auch »Pistole«, siehe FLINTE

Das Blaue vom Himmel herunterlügen: frech lügen. — Die Wissenschaft hat erkannt, daß die verhältnismäßig kurzen Wellen des Violett und des Blau zehnmal stärker zerstreut werden als die längeren Lichtwellen, die wir als Rot erkennen. Diese verschiedene Lichtstreuung ist der Grund dafür, daß uns der wolkenlose Himmel blau erscheint. Der ungebrochene, von keiner Wissenschaft angekränkelte Volkssinn hat den Himmel einfach mit blauer Farbe gemalt, die man nach Belieben abkratzen oder eben auch *herunterlügen* kann. — Mit dieser Vorstellung verbindet sich auch das Bild vom festen Himmelsgewölbe. *Ich hätte eher des Himmels Einsturz erwartet* oder *eher stürzt der Himmel ein* beweisen es: Der Himmel als umgekippter, halbrunder Musikpavillon, um dem respektlosen Vergleich mit der Käseglocke auszuweichen, bricht zusammen. Es ist merkwürdig, wie das Webeschiffchen der fixen Ideen rastlos zwischen den Gedankenzäunen hin- und hersaust und die überholten Anschauungen zäh in den Redensarten über Jahrtausende weiterleben, ohne sich im geringsten um den Fortschritt zu kümmern. Der »einstürzende Himmel« war nämlich schon im alten Rom auf Straßen und Gassen gang und gäbe: »Quid, si nunc coelum ruat?« (»Was aber, wenn jetzt der Himmel einstürzt?«), und in tausend Jahren wird man es in Deutschland wahrscheinlich immer noch sagen, trotz wissenschaftlicher Erkenntnisse, trotz Weltraumfahrt und Planetenlandungen. Die christliche Vorstellung vom Himmel als Paradies der Seligen führt zu der Wendung *den Himmel auf Erden haben*. Wenn man jemanden *in den Himmel erhebt*, dann lobt man ihn übermäßig. *Wie aus dem Himmel* (auch: *aus den Wolken*) *gefallen sein* bedeutet, stark enttäuscht oder überrascht sein. — *Wer Himmel und Hölle in Bewegung setzt*, wendet äußerste Mittel an, um sein Ziel zu erreichen. — *Das ist ja himmelschreiend* ist der Bibel (1. Buch Mos. 4, 10) entnommen. Der Himmel wird hier gleichsam zur Rache aufgerufen. Jedoch ist das umgangssprachlich nicht immer so ernst zu nehmen: Nicht nur ein Unrecht, auch ein *Blödsinn* kann himmelschreiend sein; und wenn eine Sache *zum Himmel stinkt* (»es ist empörend«), dann ist

das Rauchopfer offenbar mißglückt, dann dringt uns nur
noch der stechende Qualm in die Nase!

HUT

*Das mußt du einem erzählen, der keine Krempe
am Hut hat:* Das mußt du jemandem sagen, der blöde ist.
— Wer keine Krempe am Hut hat, wirkt, als ob er *nicht
bis drei zählen könne.* Daher trat der berühmte Musikal-
Clown Grock (1880—1959) — bürgerlich: Dr. Adrian
Wettach — immer mit Hut ohne Krempe auf. So wirkte er
zunächst einfältig und konnte seine wohlgezielten Tricks
besser zum Erfolg führen. Humorvoller Berliner Ausdruck
aus der Jahrhundertwende.

I

ICH

Das liebe Ich: Ironisierung der egoistischen Trieb-
haftigkeit und Begierde. — Abgewandelt vom *anderen Ich,*
lateinisch: »alter ego«.
        »O bettelarmes Ich, das nichts besitzt,
        als sein unbändig, maßlos eigenes Selbst!«
sagt Robert Hamerling in seinem »Ahasver in Rom«
(1866). Der Berliner schlägt mit der Wendung: *Ick nich —
wer noch?* ein neues Blatt seiner humorvollen Redensarten auf. — Der gastfreie Araber meint: »Das Ich ist die
Mutter der Götzen«, und an einem Wirtshaus in Tirol
kann man lesen:
        »Sein ich, sein mich, sein mir, sein mein
        den Menschen bringt in große Pein.«

IDEE

Das ist eine Idee von Schiller: Das ist ein ausgezeichneter Einfall. — Scherzhaft gemeinte burschikose

Entwürdigung des Schillerschen Ideengutes und seines geistigen Höhenfluges. »Eine große Reizbarkeit in Sachen der deutschen Sprache belohnt sich selber durch das freilich seltene Entzücken über sprachliche Höhepunkte. Meistens ist es ein Wiedersehen; wer Schillers Balladen nach langer Enthaltung wieder in die Hand nimmt, kann kaum die Meisterschaft fassen, mit der dort ein Zustand, eine Situation in eine, obendrein noch durch die Pflicht des Reimes bedrängte Zeile gebannt wird« (Friedrich Sieburg).

Keine Idee! bedeutet schärfste Ablehnung, wie auch *kein Gedanke!* oder »durchaus nicht!«. Während *nach Gutdünken* (mhd. »gutdunken«) schon um 1700 belegt ist, finden wir *keine Idee!* erst 1877 im Grimmschen Wörterbuch. Der Sinn ist: »Nicht einmal in der Idee, im Gedanken, geschweige denn in Wirklichkeit!« oder: Vor der Tat steht der Gedanke, die Idee. Also keine Tat, noch nicht einmal die Idee dazu. »Idee« wird auch für »ein klein wenig« gebraucht. »Möchten Sie noch etwas Milch in den Tee?« fragt die Hausfrau den Gast. »Nur eine Idee, bitte!« antwortet er, wenn er nur ganz wenig davon haben will. Witzige Berliner Umformung bei Kalisch (1853): »Diese Menschen haben keine Spur von der Idee eines Gedankens!«

J

JACKE

Das ist Jacke wie Hose: Das ist ganz gleich, *das spielt keine Rolle;* das macht keinen Unterschied; es ist eines wie's andere. — Schon 1676 im »Goldenen Vlies« bei Herrmann bezeugt: »Erbar und Tugendhofft, wird wul Jacke wie Hose seen.« Dabei ging man sicher von dem Gedanken aus, daß Jacke wie Hose aus dem gleichen Stoff gemacht wurden. — *Einem die Jacke vollhauen* (ausklopfen) heißt: ihn verprügeln. Anfang des 18. Jahrhunderts in Norddeutschland. — *Das ist eine alte Jacke* (auch: *alter Hut*), das ist eine alltägliche Erscheinung, das ewige Einerlei, die alte Leier. Wie die alte Jacke und der dauernd getragene Hut zur Gewohnheit werden, so ist das Gemeinte bei uns in Fleisch und Blut übergegangen. — *Sich die Jacke begossen haben*, sich betrunken haben, sich vollaufen lassen.

JAFFA

In Jaffa liegen, sagen die Ostfriesen für ohnmächtig, schwer krank sein oder im Sterben liegen. — Eine mindestens 800 Jahre alte Redensart aus der Zeit der Kreuzzüge (11. bis 13. Jahrhundert). Das jetzt israelische Jaffa war zu jener Zeit der Haupthafen für die Kreuzfahrer, der 1268 den Christen verlorenging. Da viele von ihnen dort durch heimtückische orientalische Krankheiten dahingerafft wurden, schuf der Ostfriese für den Schwerkranken die mit »Jaffa« und »japsen« oder »jappen« (nach Luft schnappen) wortspielende Wendung.

JAHR, auch »Pistole«, siehe ZWISCHEN

Seit (vor, nach) Jahr und Tag: ziemlich lange, nach geraumer Zeit; wenn die Zeit gekommen ist (als die Zeit gekommen war). — Der deutschen Rechtssprache entnommen. Im Sachsenspiegel, dem bedeutendsten Rechtsbuch des deutschen Mittelalters, das der Ritter Eike von Repgau um 1230 in niederdeutscher Sprache verfaßte, wird eine Frist von einem Jahr, sechs Wochen und drei Tagen festgesetzt, die verstrichen sein muß, um rechtskräftig das Eigentum einer Sache durch Kauf oder Erbschaft zu erwerben. Die Verkehrsschwierigkeiten der damaligen Zeit verhinderten häufig das pünktliche Einhalten einer Frist, so daß man dazu überging, einen Spielraum von Tagen und Wochen zu gewähren. Die über ein Jahr hinaus eingeräumte zusätzliche Frist von sechs Wochen und drei Tagen erklärt sich aus dem Brauch, alle sechs Wochen ein »ordentliches Thing« (Gerichtssitzung) abzuhalten, das drei Tage dauerte. Solche zusätzlichen Fristen stecken auch in den Redensarten: *in* oder *über acht Tage(n)* = (7 plus 1 Tag); französisch »quinze jours« (15 Tage) für zwei Wochen (14 plus 1 Tag); ebenso in *ewig und drei Tage*, dabei ist ewig die Übertreibung für »lange«. Die Draufgabe von drei Tagen ist die alte Rechtsformel für die seit alters bekannten Zugabefristen. — *In die Jahre kommen* oder *zu (seinen) Jahren kommen* ist gleichfalls eine im Sachsenspiegel bezeugte Rechtsformel, die ursprünglich »mündig werden« bedeutet, heute aber soviel wie »alt werden« heißt. — *Jahraus, jahrein* betont die Regelmäßigkeit der Wiederkehr, und schließlich war Johannes Agricola (1494—1566) im Jahre 1529 *in seinen besten Jahren*, als er die »kluge Zeittafel der menschlichen Jahrzehnte« aufstellte:

> Wer vor zwentzig jaren nicht hübsch wirt,
> und vor dreyssig jaren nicht starck,
> vor vierzig jaren nicht witzig,
> vor fünffzig jaren nicht reych,
> an dem ist alle hoffnung verloren!

K

KALB, auch »Kuhhaut«, siehe AUGE

Das Goldene Kalb anbeten: das Geld über alles schätzen; Anbetung des Reichtums; seinen Sinn auf Reichtum gerichtet haben. — Auch *ums Goldene Kalb tanzen* ist der Bibel entnommen, und zwar dem 2. Buch Mos., 32, nach dem ein in der Wüste angefertigtes Gebilde aus purem Gold, das nach dem hebräischen Urtext ein »Kegel« und kein »Kalb« war, von den Israeliten zum Denkmal ihrer gottfernen Verehrung gemacht wurde. Sie hatten ihren Goldschmuck dafür geopfert und umtanzten den Götzen in religiöser Verzückung. Im übertragenen Sinne heute noch auf den *Kniefall vor dem Gelde* angewendet. Theodor Storm (1817—1888) sagt im Gedicht »Für meine Söhne«:

> »Wenn der Pöbel aller Sorte
> tanzet um die goldnen Kälber,
> halte fest; du hast vom Leben
> doch am Ende nur dich selber.«

Mit fremdem Kalbe pflügen: Hilfsmittel eines anderen unerlaubt benutzen; *sich mit fremden Federn schmücken.* — In der Bibel macht Simson den Philistern den Vorwurf, sie hätten sich verbotener Mittel bei der Lösung des von ihm gestellten Rätsels bedient. In unseren Tagen erteilte ein Professor seinem Schüler den gleichen Tadel: »Bei diesem Aufsatz haben Sie doch bestimmt *mit fremdem Kalbe gepflügt!* Wer war Ihr Helfer?« — »Ihr Sohn, Herr Professor!«

KATILINARISCH

Katilinarische Existenzen: gewissenlose Burschen, die gewalttätig ihr umstürzlerisches Ziel verfolgen. — Catilina (108—62 v. Chr.) war ein heruntergekommener, vom politischen Machtwahn verblendeter römischer Aristokrat, der dem Senat nicht verzeihen konnte, daß dieser ihn wegen seines schlechten Rufes als Bewerber um das Amt des Konsuls ausgeschlossen hatte. Daher zettelte er eine Verschwörung an, die durch die Aufmerksamkeit des Konsuls Cicero (106—43 v. Chr.) vereitelt wurde. Der große Staatsmann und Redner Cicero erhielt dafür vom Senat den Ehrennamen »Vater des Vaterlandes«, eine Auszeichnung, die in ähnlicher Weise übrigens heute noch im Deutschen Bundestag üblich ist, wenn hervorragende Politiker oder Staatsmänner mit der Formel »Er hat sich um das Vaterland verdient gemacht« dekoriert werden. Catilina fand den Tod in einem Verzweiflungskampf gegen die überlegenen römischen Legionen, als er — der Stadt verwiesen — mit seinen Anhängern einen letzten Umsturzversuch unternahm. — Bismarck brachte Catilinas Namen wieder mit der Tagespolitik in Verbindung, als er 1862 im preußischen Abgeordnetenhaus bemerkte: »Im Lande gibt es eine Menge katilinarischer Existenzen, die ein großes Interesse an Umwälzungen haben.« — Theodor König gab 1865 der Wendung durch seinen Roman »Eine catilinarische Existenz« erneuten Nachschub.

KATTUN

Kattun kriegen: Prügel kriegen; eine Niederlage erleiden; Mißerfolg haben. — Das Wort stammt aus dem Arabischen und heißt Baumwolle, griechisch »chiton« = Kleid (lateinisch tunica), englisch »cotton«, französisch »coton«. — Baumwolle und ihre Verarbeitung war schon im 3. Jahrtausend vor Christus in Indien und in Mittelamerika bekannt. Erst viel später übernahmen europäische Völker diesen Wirtschaftszweig von den Arabern, und einige Städte begründeten damit ihren Reichtum, so zum Beispiel Augsburg. Im 18. Jahrhundert gingen die Engländer dazu über, Baumwolle aus ihren Kolonialgebieten maschinell zu verarbeiten und zugleich damit einen blühenden Handel zu treiben. Zu dieser Zeit brachten noch »Kattun-Klipper«, elegante Schnellsegler, die Ware über das Meer. — Auf diesen Kattunseglern herrschten freilich rauhe Seemannssitten. Daher geht von unserer Redensart auch der strenge Geruch von Männlichkeit aus. Wer nicht gehorchen wollte oder sich etwas zuschulden kommen ließ, bekam seine Tracht Prügel mit

der neunschwänzigen Katze, einer Geißel aus neun Tauenden. Katze ist plattdeutsch »Katt«. Peitschenhiebe mit
der »Katt« seemännisch Kattun zu nennen, weil man
dauernd Kattun fährt, ist eine der hübschen, ironischen
Beschönigungen, wie sie unsere bildhafte Sprache ebenfalls bei vielen anderen Gelegenheiten bereithält.

KATZE, auch »Kuhhaut«

*Sie ist falsch wie eine Katze; sie ist falsch wie
Galgenholz:* Sie ist unaufrichtig, unehrlich, verlogen,
heuchlerisch, hinterlistig, treulos. — Wie kommen wir
wohl dazu, unsere schlechten Eigenschaften oder unseren
eigenen Mangel an Verstand den Tieren anzudichten?
Eine Quelle der Tierverleumdung ist der nachlässig und

Falsche Katze!

falsch beobachtende und beurteilende Mensch (Prof. Tembrock im »Tier«, Juni 1965): »Jahrhundertelang hat ein Gelehrter vom anderen abgeschrieben, daß die Fliege vier Beine hätte!« Eine andere Ursache sind die wohlgemeinten Werke der Fabeldichter, die sich seit zweieinhalb Jahrtausenden, von Äsop bis Lafontaine, in dieser Beziehung verheerend ausgewirkt haben. Die Fabel ist eine Erzählung, die, in erzieherischer Absicht, sich der Tiere bedient, um böse menschliche Eigenschaften anzuprangern. Die Dichter wollten den Menschen bessern und verleumdeten das Tier! Sie, die meistens sogar Tierfreunde waren, *erwiesen* mit ihrem Erziehungswerk dem Tier *einen Bärendienst* (siehe »Kuhhaut«). Die Katze ist weder falsch, noch ist der Esel dumm. Im alten Ägypten wurde die Katze sogar als Heilige verehrt, was jedoch nicht verhinderte, daß ihr später alle möglichen Eigenschaften angedichtet wurden. Hans Sachs kann in seinem Schwank vom »Katzenkrämer« gleich mit fünf Eigenschaften aufwarten: eine *Schmeichelkatze, eine nasse Katze, eine Haderkatze, eine Naschkatze* und *eine faule Katze.* Natürlich gibt es *Katzen, die vorne lecken und hinten kratzen,* aber viele lassen sich doch von ihrer Anmut und ihrem Liebreiz fesseln. — *Mir war, als hätt' mich das Kätzchen geleckt!,* sagt man in Thüringen und will damit ausdrükken: »Ich war ganz glücklich!» Die *Katzbalgerei* (eigentlich »Streit im Liebesspiel«, dann »prügeln«), *das Schmeichelkätzchen, verliebt wie ein Kater, sie war so warm es een Maikatt inne Sünn* (plattdeutsch für: wie eine Maikatze in der Sonne) und *sie spielt mit ihm Katze und Maus* sind dem Leben unseres Hausfreundes entnommene Wendungen. — *Dann gehört er der Katz* meint: dann ist er verloren, weil hier der Mensch mit der Maus verglichen wird, und wenn sich einer ganz besonders klug dünkt, dann spöttelt der Ostfriese: *he kann Kattenschiet im Düstern rüken* (er kann Katzendreck im Dunkeln riechen!). — Ein anderes niederdeutsches Bild ist: *dat lickt die Katt nich af*, das heißt »das bleibt auf dir sitzen!« *Zäh wie eine Katze* ist ein wohlbekannter, treffender Vergleich, und *das trägt die Katze auf dem Schwanz weg* bezeichnet eine Kleinigkeit. *Do muß mer de Katz Miezel häßen* ist erzgebirgisch und deutet an, daß einer *gute Miene zum bösen Spiel machen* muß. — Wenn die Sonne untergegangen ist, verlieren die Gegenstände ihre Farbe. Wir leben plötzlich in der Welt des Hell-Dunkel, daher: *bei Nacht sind alle Katzen grau*, selbst die schönste afrikanische rote Tigerkatze wird grau wie ein Eselchen. Das ist die Wendung für »keinen Wert auf das Äußere legen« oder ein weniger hübsches Mädchen abends ausführen. — *Sieht doch die Katz den Kaiser an* ist die Entschuldigung eines übermütigen, vorwitzigen, dreisten Zeitgenossen, der zur Rede gestellt und getadelt wird. Die Entstehung dieser Wendung vor 450 Jahren wird mit einer Geschichte aus dem Leben Kaiser Maximilians I. (1459—1519) begründet. Bei seinem Aufenthalt in Nürnberg 1517 besuchte er häufig die Werkstatt des Holzbildhauers Hieronymus Resch. Nun besaß der Meister eine hübsche, anhängliche Katze, die ihren festen Platz auf dem Arbeitstisch des Künstlers hatte. Trotz der Anwesenheit Seiner Majestät behauptete das Tier seinen angestammten Sitz und beobachtete den Kaiser mit verhaltenem Groll und respektlos zur Schau getragenem Mißtrauen. Die Hofleute brachten die Redensart *Sieht doch die Katz den Kaiser an* bald unter das Volk; sie wurde dann auch in England bekannt. So finden wir in der Mitte des 16. Jahrhunderts im Englischen das Wort *a cat may look on a king* (eine Katze darf den König anschauen). — Man sieht, eine Katze darf sich viel erlauben, nur weglaufen darf sie nicht: denn *wenn die Katze fort ist, tanzen die Mäuse auf dem Tisch!* Und das haben wir nicht so gern.

KIND, auch »Kuhhaut«,
siehe AUSBADEN und KIND

Man muß das Kind beim rechten Namen nennen:
eine Sache unverblümt und ohne Beschönigung bezeichnen. — Die Wendung ist auch in anderen Sprachen zu
Hause, so im Italienischen »chiamare la gatta gatta«, »die
Katze Katze nennen«, und französisch: »appeler un chat
un chat«. Der Ausdruck entstand in der alten, festge-
fahrenen moralischen Auffassung von der unehelichen
Geburt. Das uneheliche Kind galt als eine Schande und
wurde daher auch nicht gern *beim rechten Namen genannt.* Noch zu Beginn des 20. Jahrhunderts stellten Mütter ihre unehelichen Kinder als Nichten und Neffen vor;
man versuchte den »Fehltritt« zu *bemänteln* (»Kuhhaut«,
siehe MANTEL). In der Gretchentragödie fragt Faust:
»Wer darf das Kind beim rechten Namen nennen?« In
unserer Literatur erscheint die Redensart zuerst 1643 bei
Moscherosch: »Nimmermehr aber kann etwas Redliches
sein, wo man so hinder dem Berge haldet, wann man
Brei im Mund hat und dem Kind nicht will den rechten
Namen geben.« — Das uneheliche Kind wird *Kind der
Liebe* genannt. *Kinder wie die Orgelpfeifen* kamen in
regelmäßigen Abständen. Der Vorschlag war von Anfang
an *ein totgeborenes Kind,* er war ungeeignet, verfehlt.
Das Bibelwort *ein Kind des Todes* sein (1. Sam. 26, 16)
meint, dem Tode verfallen, vom Tode gezeichnet sein. —
Er ist ein großes Kind, er wird nie erwachsen, er hat eben
die Kinderschuhe noch nicht *ausgezogen.* Das zielt auf
die Tatsache, daß er die *kindlichen oder kindischen Gewohnheiten* noch nicht abgelegt hat. Lehmann erklärt es
1639 so: »Mancher ist alt von Jahren und steckt doch in
der Bubenhaut, und gehet sein Lebtag in Kinderschuhen.«
— *Ich freue mich wie ein Kind auf Weihnachten;* aber
wie sag' ich's meinem Kinde heißt zunächst: Wie kläre
ich es geschlechtlich auf? Dann auch im übertragenen

Sinne auf alle heiklen, unbequemen, unangenehmen Mitteilungen bezogen. — *Das Kind muß doch einen Namen haben*, entgegnen wir auf eine Ablenkung oder Ausrede, bei der man etwas mit einem harmlosen Namen bezeichnet hat. Die gleiche Wendung gebraucht auch der Mathematiklehrer, wenn er den Schülern erklären will, weshalb die Gerade zwischen zwei Punkten AB oder die Unbekannte X heißt. — *Er ist lieb Kind* bei seinen Vorgesetzten bedeutet: Er steht bei ihnen in großer Gunst; oder *er versucht, sich lieb Kind* bei mir zu machen, er will sich bei mir einschmeicheln. *Das war kein Kinderspiel,* das war harte, verantwortungsvolle Arbeit! Dasselbe holsteinisch humorvoll: »Dat ist keen Kinnerspel, wenn Vadder op'n Stock ritt.« — Manche Dinge sind hingegen *kinderleicht.* Kinder begehen oft *Kindereien*, was uns schon der Lateinlehrer mit den Worten bezeugte: »Sunt pueri pueri, pueri puerilia tractant« (Kinder sind Kinder doch stets, und Kindliches treiben die Kinder). Manche Menschen sind allerdings *im Galopp durch die Kinderstube geritten, im D-Zug durch die Kinderstube gefahren* oder *im Düsenflugzeug durch die Kinderstube geflogen*, das heißt, ihre Bekanntschaft mit den Regeln des Anstandes, der Höflichkeit und der guten Erziehung war nur von denkbar kurzer Dauer. Das werden dann häufig die sogenannten *enfants terribles* (die schrecklichen Kinder), die urplötzlich an völlig unangebrachter Stelle mit der Wahrheit herausplatzen und so eine peinliche Lage schaffen. Der Urheber dieses Ausdrucks scheint Goethe gewesen zu sein, denn nach einem Bericht von Minna Körner, geb. Stock, aus dem Jahre 1809 hat der junge Dichter während seiner Leipziger Studentenzeit sie und ihre Schwester Dorothea die »enfants terribles« genannt. Erst der Karikaturist Paul Gavarni (1801—1866) gab der Redensart mit einer komischen Bildfolge einen Nachschub und machte sie in Frankreich volkstümlich.

Die zuletzt behandelten Wendungen gehören bereits zur Fragestellung der Kindererziehung, deren rechtschaffenen Erfolg ein altes deutsches Sprichwort mit der Weisheit preist:

»Es ist besser, das Kind weine denn der Vater!« Der lebensbejahende, lachende Berliner sagt es in seiner Art: *Wir werden das Kind schon schaukeln!*

KLAUE

Mit gehöhlter Klaue dastehen: betteln. — In manchen orientalischen Ländern wird nicht nur aus Armut, sondern auch aus Faulheit gebettelt. Die aufdringlichen Bettler lungern mit offener Hand herum, die wie eine »gehöhlte Klaue« aussieht, welche den Geldbeutel des Fremden begierig erfassen möchte. Literarisch belegt in »Die Sphinx frißt Rubel« von Werner Helbig (Westermann 6, Juni 1965): »Der andere stand mit gehöhlter Klaue vor den Fenstern, heischte Trinkgeld für seine galante Geste. Ich wandte die Taktik des Nichtsehens an. Er verzog sich grollend.« Die Schauspielerei des Selbstmitleids wird hier zur Fratze. »Es ist so elend, betteln zu müssen, und noch dazu mit bösem Gewissen!« Doch ein altes deutsches Sprichwort *nimmt uns unter seine Fittiche:* Dem Armen hilf, den Bettler verjag'!

KNALLEFFEKT

Das war der große Knalleffekt: Das war die große Überraschung. — Das Drama *endete mit einem Knalleffekt,* es hatte einen überraschenden, bühnenwirksamen Schluß. Der »Knalleffekt« kommt offenbar aus dem jahrtausendealten chinesischen Feuerwerk, wo er am Schluß solcher eindrucksvollen Darbietung hoch in der Luft als Bombe mit lautem Knall Blumen und Sterne herausschleudert, die sich über das ganze Firmament ergießen.

Da der Knalleffekt ein in der Theater-, Film- und Fernsehsprache durchaus üblicher Ausdruck ist, klingt er unseren Ohren ziemlich modern. Aber bereits der Philosoph Arthur Schopenhauer (1788—1860) hat ihn in einer Betrachtung über die schönen Mädchen in seinen »Aphorismen zur Lebensweisheit« bestätigt: »Mit den Mädchen hat es die Natur auf das, was man im dramaturgischen Sinne *einen Knalleffekt* nennt, abgesehen, indem sie dieselben auf wenige Jahre mit überreichlicher Schönheit, Reiz und Fülle ausstattete, auf Kosten ihrer ganzen übrigen Lebenszeit, damit sie nämlich während jener Jahre der Phantasie eines Mannes sich in dem Maße bemächtigen könnten, daß er hingerissen wird, die Sorge für sie auf zeitlebens, in irgendeiner Form, ehrlich zu übernehmen; zu welchem Schritte ihn zu vermögen, die bloße vernünftige Überlegung keine hinlänglich sichere Bürgschaft zu geben schien.«

Wenige Sätze später kommt bei Schopenhauer im selben Werk seine ironische, klassische Formulierung über den Sinn der Ehe vor: »In unserem monogamischen Weltteile heißt heiraten seine Rechte halbieren und seine Pflichten verdoppeln.«

KNORKE

Das ist knorke: Das ist vorzüglich, hervorragend, ausgezeichnet. — In den dreißiger Jahren erzählte die Schöpferin dieser typischen Berliner Wendung, die Chansonsängerin Claire Waldoff (1884—1959), dem Autor die Entstehungsgeschichte dieses Ausdrucks, so wie sie ihn 1953 auch in ihrem Buch »Weeste noch...!« erklärte: »Während einer langen und ermüdenden Theaterprobe bestellte sich ein Kollege einen Kaffee. Ich sagte zu dem Kellner: ›Bringen Sie mir auch einen! Aber es darf keine Lorke sein! Der Kaffee, der muß...‹; ich suchte verzweifelt nach einem Reim auf Lorke und brachte schließlich heraus: ›Der muß knorke sein!‹ Das komische Wortgebilde sprach sich herum, und wenige Wochen später schon *war in Berlin alles knorke!*«

KOPF, auch »Kuhhaut«, siehe BRETT, HALS, KRAGEN und NAGEL

Nicht auf den Kopf gefallen sein: nicht dumm sein, sogar recht schlau sein. — Umgekehrt wird man durch einen starken Fall auf den Kopf sein Gehirn in Mitleidenschaft ziehen. — Unser Stichwort hat eine große Anzahl von Trabanten, die sich leicht erklären lassen oder eigentlich keiner weiteren Erläuterung bedürfen. Wir wollen sie daher — ein wenig mit Humor gewürzt — im »Brief eines empörten Ehemannes an den Verehrer seiner Frau« vereinigen:

Sehr geehrter Herr!

Ich muß Ihnen heute einmal energisch *den Kopf waschen! Ich zerbreche mir schon tagelang den Kopf,* und *es will mir nicht in den Kopf hinein,* warum Sie sich eigentlich *in den Kopf gesetzt haben,* meiner *Frau den Kopf zu verdrehen;* ausgerechnet Sie, dem doch schon *der Kopf durch die Haare wächst!* Ich weiß, meine Frau ist *von Kopf bis Fuß* auf Liebe eingestellt. Aber *Sie können sich auf den Kopf stellen,* ich werde es nicht dulden, daß Sie beide *die Köpfe zusammenstecken. Man tanzt und trampelt mir auf dem Kopf herum,* und jetzt wird mir noch *auf den Kopf gespuckt.* Das macht mich ganz *kopflos!* Wie können Sie mich so *vor den Kopf stoßen?* Ich

Verlieren Sie nicht den Kopf!

muß Ihnen erst mal *den Kopf zurechtrücken,* denn Sie scheinen *mit dem Kopf durch die Wand* zu wollen. Aber Sie haben vergessen, daß ich *nicht auf den Kopf gefallen* bin. Meiner Frau bin ich bereits *auf den Kopf gekommen:* »Ich will Dir wegen dieser Sache *nicht gleich den Kopf abreißen«,* habe ich zu ihr gesagt, »aber diesen Kerl *schlag Dir mal aus dem Kopf!«* Nun sitzt sie da *mit einem dicken Kopf* und *läßt den Kopf hängen!* Ihnen aber, mein Herr, rufe ich allen Ernstes zu: *Es geht um Ihren Kopf! Verlieren Sie nicht den Kopf,* sondern *ziehen Sie Ihren Kopf aus der Schlinge.* Sie werden *sich den Kopf einrennen,* und dann *sitzen Sie da mit einem Kopf wie ein Feuermelder,* so rot! — *Ich* aber, merken Sie sich das, *behalte den Kopf oben,* denn Gott sei Dank: *Ich habe Köpfchen!*

L

LABAN

Ein langer Laban: ein langer, schlaffer, schlapper, energieloser Mensch. — Der Volksmund hat den *langen Laban* nur um des Stabreimes willen der Bibel entliehen (1. Mos. 29), in der Laban weder als lang noch als energielos geschildert wird. Im Gegenteil, der schlaue, fast unverschämte Viehzüchter verstand es sogar, seinem Neffen Jakob beide Töchter anzuhängen, obwohl dieser nur eine — nämlich Rahel — wollte (»Lea hatte ein blödes Gesicht. Rahel war hübsch und schön.«), und ihn zu vierzehn Jahren Landarbeit zu zwingen, anstatt — wie abgemacht — es bei sieben Jahren zu belassen. Lang war also nicht der Laban, sondern die Dienstzeit bei ihm! — Das Durcheinanderwerfen von Zeit, Raum und Längenmaß ist in der Umgangssprache nichts Ungewöhnliches. Hinzu kommt, daß »Laban« an Laffe, mhd. »lappe« (Lappen, auch: schlaffer Mensch), anklingt. Wenn man das Ganze schließlich noch im beliebten Stabreim verpacken kann, wie *der lange Lulatsch* (für den Berliner Funkturm), *lange Latte, langes Laster* oder *der lange Laban,* dann ist der Mann im Volke mit seiner Sprachschöpfung besonders glücklich, schon deshalb, weil er von jedem verstanden wird.

LACHEN, auch »Kuhhaut«

Da lachen ja die Hühner: Das ist einfach albern, das ist lächerlich. — Gezielt auf eine einfältige oder kindische Bemerkung, über die sogar die dummen Hühner lachen würden, wenn sie lachen könnten. *Das wäre ja gelacht!* ist ein Ausdruck der Zusicherung, man traue sich eine Leistung zu, die der andere bezweifelt. *Er hat da nichts zu lachen* meint, dort muß er hart arbeiten und wird schlecht behandelt. Ständig wiederholt werden auch die Wendungen: *sich bucklig-, krank-, kringlig-, krumm-, schief-, schlapp-* und *totlachen.* Manche *kringeln, kugeln* oder *wälzen sich vor Lachen. Laß doch dein dreckiges Lachen!* sagt man zu einem, dessen unpassendes und mißtönendes Lachen einem auf die Nerven fällt. Wer *sich scheckig oder kaputt lacht,* wird allen Grund dazu haben. *Der Kasus macht mich lachen* ist eine Redewendung aus dem »Faust«, während *Wer lacht da?* (»Bei Gott, ich glaub', ich war es selbst.«) in Lessings »Emilia Galotti« literarisch belegt ist. Sehr alt ist der Ausdruck *sich ins Fäustchen lachen,* denn er findet sich bereits in der Bibel (Jesus Sirach 12, 19). In der »Ilias« (I, 599) und in der »Odyssee« (VIII, 326 u. XX, 346) bemerken wir das »unauslöschliche Gelächter der seligen Götter«, aus dem die Franzosen das *homerische Gelächter* gemacht haben (»rire homérique«), wie in: »Man brach schallend in ein homerisches Gelächter aus« (Erinnerungen der Baronin d'Oberkirch, 1780). Ebenso kommt in der »Ilias« (VI,

»Laß doch dein dreckiges . . .!«

484) die bekannte Wendung *unter Tränen lächeln* vor:
»Unter Tränen lächelnd« nimmt Andromache ihr Söhn-
chen aus den Armen des scheidenden Hektor entgegen. —
Aus Berlin verbreitete sich über ganz Deutschland: *lange
nicht so gelacht!* Es ist die mit ernstem Gesicht geäußerte
Kritik an einem faulen Witz. Auch *Sie werden lachen*,
jener gebräuchliche Auftakt zu einer Erzählung, kommt
aus der Mark Brandenburg, worauf der gewitzte Berliner
meist *wie aus der Pistole geschossen* antwortet: *Sie wer-*

den lachen, ich werde nicht lachen! Wenn einem etwas
überhaupt nicht gefällt, sagt man oft ein wenig hochnäsig: *Dafür habe ich nur ein müdes Lächeln!* — Das Entscheidende im Leben ist jedoch, daß man immer *die Lacher
auf seiner Seite hat!*

LADEN

Er kann seinen Laden zumachen: er steht vor dem
Zusammenbruch; er ist erledigt. — »Laden« ist im weiteren Sinne nicht nur »Geschäft« oder »Unternehmen«,
sondern schlechthin jeder Raum, jede Gesellschaft, jedes
Zusammensein, jedes Vergnügen. *Nun klappt der Laden!*
sagt der Berliner und meint, daß jetzt alles *im Lot ist.* —
Wir werden den Laden schon schmeißen! enthält die zu-
versichtliche Hoffnung, daß alles bestens in Ordnung
geht. — Mit dem Zeitwort »laden« verbindet sich die
Redensart *auf einen geladen sein:* auf ihn zornig, wütend,
böse sein; sich über ihn ärgern. Auch *er ist geladen,* er ist
aufgebracht, ist dem Laden der Schußwaffe entlehnt. Das
Bild ist besonders anschaulich, weil man jeden Augenblick gewärtig sein muß, daß der Schuß losgeht. — Wenn
aber einer *schwer* (oder: *schief*) *geladen hat,* dann vergleicht man ihn mit einem schlecht befrachteten Wagen,
der nach einer Seite zu kippen droht — soll heißen: Der
Mann ist betrunken.

LANG, LANGSAM

Er hat eine lange Leitung: Er ist schwer von Begriff,
er ist nicht recht gescheit. — Das System der Ganglien
wird hier mit dem Draht aus dem Fernmeldewesen,
mit der Leitung verglichen. — *Wenn Se so lang wärn, wie
Se dumm sind, denn könnten Se aus der Dachrinne saufen!* ist eine humorvolle Berliner Verdeutlichung, die keiner Erklärung bedarf; *man immer langsam* (oder *sachte*)

mit de jungen Pferde mahnt zu Ruhe und Besonnenheit und hat den gleichen Ursprungsort.

LAND

Land sehen: am Ziele sein, begründete Aussicht auf Erfolg haben. — Der Dichter Klaus Groth (1819 bis 1899) bemerkt in seiner Gedichtsammlung »Quickborn«: »Geld muß sin Vetter em gebn, sunst kunn he op Scholen keen Land sehen.« Diese Wendung ist, genau wie *etwas an Land ziehen*, der Seemannssprache entnommen. Küstenbewohner und Insulaner ziehen treibendes Gut und Wrackteile eines havarierten Schiffes an Land, um sie in Besitz zu nehmen. Wer *etwas an Land zieht*, nutzt die günstige Gelegenheit, sich etwas anzueignen. — Die bekannte Redensart von den Vereinigten Staaten von Amerika als dem *Land der unbegrenzten Möglichkeiten* wurde von dem deutsch-amerikanischen Politiker Carl Schurz (1829—1906) im zweiten Band seiner 1907 erschienenen »Lebenserinnerungen« geprägt. Er beschreibt darin die Nordamerikaner als »ein neues Volk mit fast unbegrenzten Möglichkeiten, die allen offenstanden.« Dieser Wendung steht die humorvolle, auf das ostafrikanische Kaiserreich Äthiopien gemünzte Spielart gegenüber: *das Land der unbegrenzten Unmöglichkeiten!*

LAST

Einem etwas zur Last legen: ihm die Schuld zuschreiben. — *Jemandem zur Last fallen:* ihn nervös machen; ihm lästig werden; auch *einem auf den Wecker fallen (gehen)*, wobei der Verstand mit dem Uhrwerk verglichen wird. »Last« bedeutet hier den seit dem 17. Jahrhundert üblichen kaufmännischen Fachausdruck für die linke Soll-(Schulden-)Seite des Kontos. Bei *quer durch die Last* hingegen darf man »Last« auf das altfriesische »hlest« = Schiffsladung, Ballast (französisch »lest«) zurückführen. Wir essen heute *quer durch die Last*, sagt der Seemann ironisch, wenn er andeuten will, daß der »Smutje« in der Kombüse die Reste zu einer *gedrängten Wochenübersicht* zusammengekocht hat.

LEE

Lausig in Lee sitzen: sehr benachteiligt sein; sich in schlechter Lage befinden. — Luv ist die dem Winde ausgesetzte, Lee die dem Winde abgewendete Schiffsseite. Dieser Ausdruck stammt aus der deutschen Kaiserlichen Marine und hat in der Seemannssprache und darüber hinaus allgemeine Verbreitung gefunden. Schöpfer der Redensart ist ein junger, verwegener Fähnrich, der um die Jahrhundertwende zusammen mit einigen Kameraden zu einem sogenannten »Fähnrichsprüfungsessen« eingeladen worden war, das zu Ehren der im Leutnantsexamen stehenden Offiziersanwärter von einem Admiral als Gastgeber veranstaltet wurde. Bei dieser Tafelrunde sollte das gute Benehmen und der gesellschaftliche Schliff der Fähnriche *unter die Lupe genommen* werden. Beim Hauptgang wurden für die acht Kandidaten acht Schnitzel serviert, so daß der gastgebende Admiral darauf angewiesen war, daß einer der Prüflinge auf sein Schnitzel verzichtete, um es ihm anzubieten. Der Fähnrich, dem die Platte mit dem übriggebliebenen letzten Stück gereicht wurde, gab es jedoch nicht an den Konteradmiral weiter, sondern legte sich das Fleisch auf seinen eigenen Teller mit den kecken Worten: *»Herr Admiral sitzen aber lausig in Lee!«*

LEHMANN

Det kann Lehmanns Kutscher ooch! Das ist eine Leichtigkeit; das ist kein Kunststück; das bewältigen wir spielend; *das schütteln wir aus dem Ärmel.* — Wenn man uns einen leicht durchschaubaren Trick vorgaukelt oder eine kinderleichte Aufgabe stellt, so glauben wir, daß selbst »Lehmanns Kutscher« diese Frage mühelos lösen könnte, obwohl der Berliner in ihm nicht gerade den Inbegriff der Pfiffigkeit und des Mutterwitzes sieht.

LEITUNG, »Pistole«, siehe LANG

LOCKSPITZEL

Ein Lockspitzel sein: unter dem Vorwand der Freundschaft jemanden zu einer strafbaren Tat anstiften und ihn dann an die Polizei verraten. — Im »Lockspitzellied« der Züricher Post vom 2. Februar 1888 prägt der Schweizer Schriftsteller Henkell das Wort *Lockspitzel*, das in dem um 1840 in Wien entstandenen »Spitzel« (Polizeispitzel) seinen Ursprung hat. Wie der Spitzhund die Ohren spitzt, um sich nichts entgehen zu lassen, so lauscht und kundschaftet der Lockspitzel (französisch *agent provocateur*) überall herum, um als fragwürdiger Freund der Polizei seine zwielichtigen Aufgaben zu erfüllen.

LOCKVOGEL

Sie wurde als Lockvogel eingesetzt: Die schon in der Bibel enthaltene Redensart wurde der Sprache der Jäger entlehnt, die mit Lockvogel, Leimrute und Netz den Vögeln auf den Leib rücken, um sie einzufangen. Mädchen und Frauen, die in solchen Diensten mit leeren Versprechungen arbeiten, um ihr unredliches Ziel zu erreichen, die Leidenschaft und Begehrlichkeit entzünden, beschreibt das Buch Jesus Sirach (11, 31) so: »Ein falsches Herz ist wie ein Lockvogel im Korbe und lauert, wie es dich fangen möge.«

LÖFFEL, siehe auch »Kuhhaut«

Er hat den Löffel hingelegt: Er ist gestorben. — Der Löffel wird nach jeder Mahlzeit — und einmal auch zum letzten Male — hingelegt. — Da der Waidmann schon im Mittelhochdeutschen die langen Ohren des Hasen treffend »Löffel« nennt, kennen wir im übertragenen Sinne umgangssprachlich den gleichen Ausdruck für die großen Ohren des Menschen. *Wenn einer die Löffel nicht (gehörig) aufsperrt* und sich eine nützliche Ermahnung nicht *hinter die Löffel (Ohren,* siehe »Kuhhaut«) *schreibt, kriegt er was (eins) hinter die Löffel.* — Die norddeutschen Küstenbewohner haben von ihren englischen Nachbarn eine hübsche Wendung übernommen: *to be born with a silver spoon in one's mouth* heißt *mit einem silbernen* (manche sagen auch: *goldenen*) *Löffel im Munde geboren sein,* was soviel bedeutet wie: Er (sie) wurde nicht nur als Kind reicher Eltern geboren, sondern er (sie) hat in allen Unternehmungen unwahrscheinliches Glück!

LORBEER

Lorbeer ernten: um einer ausgezeichneten Tat willen gepriesen werden; sich Verdienste erwerben. — Die immergrünen Blätter des Lorbeerbaumes, der im ganzen Mittelmeergebiet vorkommt und mehrere hundert Jahre alt werden kann, waren schon dem Apollo heilig und sind seit der Antike ein Symbol des Ruhmes. Daher wurden bei den Pythischen Spielen in Delphi, einem der vier großen altgriechischen Nationalfeste, in dem athletische und musische Wettkämpfe ausgetragen wurden, den Siegern zu Ehren des Stifters dieser Festspiele — des Gottes Apollo — Lorbeerkränze dargeboten. Bei den zu Ehren des Zeus in Olympia veranstalteten Olympischen Spielen (776 v. Chr. bis 393 n. Chr.) hingegen erhielten die Sieger (Olympioniken) als Preis einen Ölzweig; in ihren Heimatorten wurden sie zusätzlich meistens durch Standbilder und Gesänge geehrt. Doch hat der Lorbeerkranz auch im Altertum den Vorrang: Mit Lorbeer bekränzt zog in Rom der Kaiser oder Feldherr als Triumphator aufs Kapitol, und mit Lorbeer krönten die Griechen und

Poeta laureatus

Römer ihre Dichter (poeta laureatus) bei den Festspielen. Von dort haben die deutschen Kaiser im Mittelalter die Überlieferung übernommen: Der italienische Dichter Francesco Petrarca (1304–1374) wurde am Ostertage 1341 auf dem Kapitol mit Lorbeer gekrönt, ebenso Ulrich von Hutten (1488–1523) von Kaiser Maximilian I. (1459 bis 1519) und schließlich auch der deutsche Dichter des Frühbarocks, Martin Opitz (1597–1639). In dem Titel »Bakkalaureus« für den Inhaber des untersten akademischen Grades verbirgt sich das immergrüne Blatt, genauso wie in der heutigen offiziellen Bezeichnung für den Nobelpreisträger, der »Laureat« — der Lorbeerbekränzte — genannt wird. Obwohl »Lorbeer« mit »Ruhm« seit der Antike gleichbedeutend ist, haben der deutsche Dichter Klopstock (1724–1803) und Turnvater Jahn (1778–1852) gefordert, den deutschen Eichenlaubkranz statt des mediterranen Lorbeers als Siegeszeichen einzuführen. So wurde der preußische Orden Pour le mérite mit Eichenlaub (1813) und das Ritterkreuz des Eisernen Kreuzes mit Eichenlaub (1941) zur deutschen Siegespalme (»Pistole«, siehe PALME).

Die bekannten Vorschußlorbeeren, das heißt Lobpreisungen einer Person, bevor sie ihr Können unter Beweis gestellt hat, haben Heinrich Heine (1797–1856) zum geistigen Vater, der im 2. Buch des »Romancero« (5. Strophe) sagt:

> Wollten keine Ovationen
> von dem Publico auf Pump,
> keine Vorschuß-Lorbeerkronen,
> rühmten sich nicht keck und plump.

Als Königin Luise von Preußen (1776–1810) im Jahre 1808 an ihren Vater, den Herzog Karl von Mecklenburg-Strehlitz, schrieb: »Wir sind eingeschlafen auf den Lorbeeren (des großen Königs)«, hatte sie sicher Goethe gelesen, denn sowohl diese Redensart als auch: Er ruhte auf seinen Lorbeeren aus wiederholen sich in seinen Werken. Beide Wendungen bedeuten, daß jemand zu lange von seinem hohen Ansehen zehrt, daß er nach großen Erfolgen zu bequem wird.

LUFT, siehe auch »Kuhhaut«

Einem die Luft abdrehen: seine Handlungsfreiheit begrenzen; jemanden wirtschaftlich, politisch oder gesellschaftlich erledigen. — Geht von der Vorstellung des brutalen Wucherers aus, der sein Opfer finanziell aussaugt und »abwürgt«. In diesem Zusammenhang auch der Ausdruck *Krawattendreher* (»Kuhhaut«, siehe KRAWATTE). Ist jemand nach dieser Behandlung zahlungsunfähig geworden, so *ist ihm die Luft ausgegangen.* — *Halt die Luft an!* meint: sei still! hör auf! und ist ebenso berlinisch wie *er ist für mich Luft! (for mir is er Luft!). Jemanden an die frische Luft setzen* heißt hinauswerfen. Wenn ich *jemanden wie Luft behandle,* dann beachte ich ihn überhaupt nicht. Sollte der so Gestrafte jedoch versuchen, *wieder mit mir anzubändeln,* dann bleibt mir wegen dieser Unverschämtheit *die Luft weg* (so überrascht bin ich). Es soll Menschen geben, die *können von der Luft und der Liebe leben.* Im allgemeinen sagt man jedoch: *Von der Luft allein kann er nicht leben,* man muß ihn also unterstützen, man muß ihm Starthilfe geben. — *Wir atmen die gleiche Luft,* wenn wir in derselben Umgebung leben, wenn wir die gleichen Interessen haben. — *Machen* (oder *lassen) Sie mal die Luft aus dem Glas,* ist die Aufforderung an den Kellner, ein neues Glas Bier oder Wein zu bringen. Tut er es nicht, *dann gehen wir in die Luft,* das heißt wir werden wütend. *Die Luft aus den Preisen lassen* ist eine ironisierende Wortschöpfung von Professor Carlo Schmidt (bei einer Rede im Bundestag), mit der er empfiehlt, die unangemessenen Handelsspannen herabzusetzen. *Luft haben* meint, erleichtert sein; *Luft bekommen* oder *sich Luft schaffen* heißt Ordnung und Übersicht in etwas bringen. *Die Luft ist rein* bedeutet, daß wir nichts zu befürchten haben, daß nichts Verdächtiges, kein Lauscher zu bemerken ist. *Jemanden in der Luft zerreißen,* ihn schroff zurechtweisen, ihn scharf *ins Gebet nehmen, ihn zur Minna* (siehe dies) *machen.* Bei der Gelegenheit kann man *seinem Herzen Luft machen,* sich innerlich von einem Druck befreien, *frei von der Leber weg reden* (»Kuhhaut«, siehe LEBER). *Wer in die Luft greift,* langt ins Leere, und *wer in die Luft redet,* spricht vergeblich. Geht es jemandem wirtschaftlich nicht gut, *so muß er nach Luft schnappen.* Die Wendung: *Er ist frei wie der Vogel in der Luft* ist so anschaulich und schön, daß sie keiner Erläuterung bedarf, und *wenn einer frische Luft in etwas bringt,* dann gibt er neue, fruchtbare Anregungen.

Luftschlösser bauen (auch »Kuhhaut«): sich törichten Hoffnungen hingeben; Phantastereien nachjagen; in Trugbildern schwelgen. Diese seit der Antike bekannte Redensart ist nicht nur in Deutschland, sondern auch in England und Frankreich seit vielen Jahrhunderten bekannt. Im Englischen heißt es: *to build castles in the air* (Schlösser in der Luft bauen), und der Franzose sagt: *faire* (oder *bâtir*) *des chateaux en Espagne* = Schlösser in Spanien bauen. Vielleicht hat einmal ein prahlerischer Herzog seiner Geliebten ein Schloß in Spanien versprochen und dieses Gelöbnis nicht gehalten: Jedenfalls hält man in Frankreich das »Schloß in Spanien« für ein unerreichbares Ziel. Mittelhochdeutsch sagte man: »auf den Regenbogen bauen (oder zimmern)« = *uf den regenbogen buwen,* wie in Freidanks (gest. 1233) »Bescheidenheit« (1, 5):

der hat sich selber gar betrogen

und zimbert uf den regenbogen;

swenne der regenboge zergat,

so enweiz er (»dann weiß er nicht«) wa sin hus stat.

Sebastian Franck (1499—1541) bezeugt 1541: »Ein Schloß in der Lufft bawen«, und der Sprachforscher Kaspar von Stieler (1632—1707) bedient sich 1691 der gleichen Wendung. Der schöne Ausdruck *Wolkenkuckucksheim* für »Luftschloß« bezeichnet die Stadt in den Lüften, die sich die Vögel in Aristophanes' Komödie »Die Vögel« bauten. Hermann Presber gebraucht dieses Wort zum erstenmal als Titel seines Buches »Wolkenkukuksheim« (1859).

M

MANN, siehe auch »Kuhhaut«

Du hast wohl einen kleinen Mann im Ohr?: Bei dir piept's wohl; bei dir ist eine Schraube locker; du hast nicht alle Tassen im Schrank; du bist nicht recht gescheit; du bist wohl unterbelichtet. — *Wer einen Sparren zuviel hat* (Gebälk des Dachstuhls = »Oberstübchen«), oder *wer eine Macke hat* (jiddisch »Makke« = Schlag, Hieb), dem traut die abergläubische Volksmeinung wohl auch zu, daß ein kleiner Mann wie ein Dämon in seinem Ohr sitzt und ihm durch unentwegte und alberne Einflüsterungen die Sinne verwirrt. Im allgemeinen ist der Mann das Sinnbild der Kraft. So sagen wir: *Es hat mich übermannt,* es hat Kraft über mich gewonnen (z. B. der Schlaf, die Liebe), oder wir ermahnen den Verzagten: *ermanne dich!* *Ein Mann von Wort* ist einer, auf den man sich verlassen kann. *Ein Mann der Tat* macht nicht viele Worte, sondern handelt, besonders wenn er *ein Mann aus Eisen und Stahl* ist. Wenn er große Erfolge im Leben aufzuweisen hat, ist er *ein gemachter Mann,* und wenn er dazu noch weitgereist, welterfahren und wohlerzogen ist, nennen wir ihn *einen Mann von Welt. Der Mann* (auch *Held) des Tages* steht im Brennpunkt des augenblicklichen Interesses. *Mann über Bord* ist das Alarmsignal auf einem Schiff, auch wenn eine Frau ins Wasser fällt. *Der böse* oder *schwarze Mann* ist die Schreckgestalt aller Kinder. *Der Beruf ernährt seinen Mann. Sein Hund ist auf den Mann dressiert*, das heißt, er greift auf Befehl Menschen an. *Will er den starken Mann markieren?* Dann steckt wohl nicht viel dahinter! Der König *ist Manns genug*, etwas durchzusetzen. *Er ist ein Mann von echtem Schrot und Korn* (»Kuhhaut«, siehe SCHROT). Als die Grenze brannte, *erhob sich das Volk wie ein Mann*. Sie traten alle freiwillig vor, *Mann für Mann*, und *kämpften bis zum letzten Mann. Wenn Not am Mann ist*, springe ich ein. *Der kommende Mann* ist jener, der die meisten Aussichten hat, das Volk (das Heer, die Wirtschaft, die Industrie, die Partei, die Arbeiterschaft usw.) zu führen. Der dem Fußballsport entnommene Ausdruck *am Mann* (auch: *am Ball) bleiben*, bedeutet aufmerksam eine Sache verfolgen. *Männchen machen, bauen* ist den Tieren (Hunden, Hasen, Eichhörnchen) abgeschaut, die sich neugierig oder gehorsam auf den Hinterbeinen aufrichten. In der Soldatensprache meint es: stramme Haltung einnehmen, im übertragenen Sinne: jemandem gehorchen. Die Wendung kann aber auch die entgegengesetzte Bedeutung haben wie im wienerischen *Manderln machen*. Das ist gleichlautend mit *sich auf die Hinterbeine stellen*, mit anderen Worten: widerborstig sein, sich widersetzen.

MARK

Es geht (dringt) mir durch Mark und Bein: Es geht mir durch und durch. — Das gilt für einen ohrenbetäubenden, gellenden, schrillen Ton, der so nervenzerreißend und *markerschütternd* ist, *daß die Wände wackeln, daß die Fenster klirren, daß der Kalk von der Decke rieselt.* Diese Erklärungen erscheinen ein wenig übertrieben, sie haben jedoch den Vorzug, gleich wieder mehrere Redensarten einzuspannen. Der Ausdruck bezieht sich gleichermaßen auf einen plötzlichen Schrecken, auf ein erregendes Erlebnis, kurzum auf jede furchteinflößende, scheußliche oder beklemmende Einwirkung von außen. Die Bibel nennt die Wendung schon (Hebräer 4, 12), auch der deutsche Dichter Johann Fischart (1546—1590) in seiner »Flöhhatz«. Auf den Tod Kaiser Ferdinands III. klagt ein Lied im Jahre 1657:

> Dann der Schmerz ist also stark,
> daß er dringt durch Bein und Mark.

Mehr der Logik als des Reimes wegen sagt der Poet: »durch Bein und Mark«, denn was von außen in den Körper eindringt, muß zuerst die Knochen (das Bein) durchstoßen, um ans Mark zu kommen. Allerdings geht die Formel »durch Mark und Bein« leichter von der Zunge, wie bei dem Spottvers auf den sauren, schlesischen Wein von Grüneberg:

> O Grüneberg, mich faßt ein Schauer,
> o weh, wie ist dein Wein so sauer,
> der geht durch Mark, der geht durch Bein,
> als hätte man das Zipperlein.

Goethe hingegen sagt im »Ewigen Juden«: *durch Mark und Seele,* ebenso im »Faust«: *Mir wühlt es Mark und Seel durch. — Das geht mir durch Mark und Pfennige* (oder berlinisch: *det jeht mir durch Mark und Fennje!*): dieselbe Bedeutung wie »Mark und Bein«, nämlich es erschüttert mich. Hier hat der Berliner im scherzhaften Wortspiel *das* Mark mit *der* Mark gleichgesetzt und die ergänzenden Pfennige sinnvoll hinzugefügt. Ursprünglich ist *die* Mark eine mit einer Marke, einem obrigkeitlichen Zeichen, gestempelte Münze, aus der hervorgeht, daß der Staat (Münzherr) für Schrot und Korn (Gewicht und Feingehalt) die Bürgschaft übernimmt. — Für *das* Mark haben die Berliner und Leipziger auch den Ausdruck »Marks«: *Er hat keen Marks in de Knochen* meint, er ist schwächlich, müde, teilnahmslos. *Hat er jedoch Marks im Koppe,* dann ist er aufgeweckt.

MESSER, auch »Kuhhaut«

Es steht auf des Messers Schneide: Die Entscheidung kann in jedem Augenblick so oder so ausfallen;
es hängt am seidenen Faden. — Die Wendung zielt nicht
etwa *auf Biegen oder Brechen,* also auf eine entschlossene
Willenshandlung, sondern sie läßt alle Unwägbarkeiten
offen. Nach der Ermordung des österreich-ungarischen
Thronfolgers Franz Ferdinand in Sarajewo, am 28. Juni
1914, brachten deutsche Zeitungen vor dem Ausbruch
des Ersten Weltkrieges die Schlagzeile: *Auf des Messers
Schneide!* Es sollte damit zum Ausdruck kommen, daß
höchste Gefahr im Verzuge sei, daß durch (der Öffentlichkeit unbekannte) Einflüsse jetzt über Krieg oder Frieden entschieden werde. Natürlich kann auch eine gefährliche Operation in einer bestimmten Phase *auf des Messers Schneide stehen,* wenn es um Leben oder Tod geht.
Umgangssprachlich wird die Redensart, die schon zu
Homers (8. Jh. v. Chr.) Wortschatz in der »Odyssee«
(X, 173) gehört, überall da angewendet, wo etwas gegenwärtig noch im Gleichgewicht ist, sich in jedem Augenblick jedoch nach dieser oder jener Seite hinwenden kann
(beruflich, wirtschaftlich usw.), wo es also sozusagen *um
die Wurst,* d. h. um die Entscheidung *geht.* — *Das Messer
beim Heft haben* oder *das Heft in der Hand haben*
(»Kuhhaut«, siehe HEFT). *Einen ans Messer liefern* oder
einem das Messer an die Kehle setzen: ihn erbarmungslos
ins Unglück stürzen; ihn mitleidlos um Hab und Gut bringen, sogar mit dem Tode bedrohen. — Das Bild ist dem
Messerkampf oder auch der Tötung des Schlachttieres entnommen. *Krieg (auch Kampf) bis aufs Messer:* Die Wendung ist die wörtliche Wiedergabe der Antwort des spanischen Feldherrn José de Palafox y Melzi (1775–1847), als
ihn die Franzosen bei der Belagerung von Saragossa im
Jahre 1808 zur Kapitulation aufforderten. — *Da geht einem
ja das Messer in der Tasche auf:* Das ist empörend, *das*

bringt mich auf die Palme; das macht mich zornig. — Dieser der Soldatensprache des Zweiten Weltkrieges entlehnte Ausdruck schildert in humorvoller Übertreibung, wie sich das Messer in der Tasche in unbändiger Erregung selbständig macht und aufklappt, um loszustechen. Wenn jemand aus einem Vorgang einen logischen Schluß zieht, so umschreibt man dies mit *daraus schließt er messerscharf*, einer Anspielung auf Christian Morgensterns (1871—1914) Gedicht »Die unmögliche Tatsache«:

> Weil, so schließt er messerscharf,
> nicht sein kann, was nicht sein darf.

Aufschneiden, »übertreiben, schwindeln«, hängt natürlich auch mit dem Messer zusammen (»Kuhhaut«, siehe AUFSCHNEIDEN); wenn ein Messer stumpf ist, behauptet man, *daß man auf ihm nach Rom reiten könne;* und schließlich gereicht es der messerscharfen, geistreichen Formulierungskunst Lichtenbergs zur Ehre, wenn er »ein Nichts«, »eine Null«, »eine Unwichtigkeit«, *ein Messer ohne Klinge, an dem der Stiel fehlt,* nennt.

MILCH

Etwas mit der Muttermilch eingesogen haben: etwas als angeborene Eigenschaft besitzen. — Der Ausdruck ist schon dem römischen Staatsmann Cicero (106—43 v. Chr.) geläufig: »cum lacte nutricis suxisse« (mit der Ammenmilch eingesogen); auch der bedeutendste Kirchenlehrer des Abendlandes, Augustinus (354 bis 430), verwendet ihn in seinen »Bekenntnissen«: »Den Namen des Heilandes hatte mein Herz mit der Muttermilch eingesogen« (trotzdem war er ursprünglich Heide!). *Über verschüttete (vergossene) Milch weinen (reden),* meint, etwas Sinnloses tun; *futsch ist futsch und hin ist hin.* Die Wendung entspricht dem englischen »it is no use crying over spilt milk«. — *Er hat nicht viel in die Milch zu brocken* oder *er hat nicht viel zuzubrocken:* Ihm geht es

nicht besonders gut; er lebt in bescheidenen Verhältnissen, er kann keine großen Sprünge machen. In Ostfriesland hört man das positive Gegenstück: *He hett wat
intostippen* (er hat was einzutunken) oder *he hett wat in
de Melk to krömen*, er kann einiges in die Milch krümeln:
Er ist wohlhabend, *er sitzt in der Wolle; er ist unabhängig, geborgen, sorgenfrei; wer's Geld hat, führt die Braut
heim.* Sebastian Brant (1457—1521), der deutsche Satiriker, der im »Narrenschiff« über 100 Narren als Vertreter
menschlicher Torheiten beschreibt, prangert darin an, daß
selbst ein Tölpel als Schwiegersohn willkommen sei,
wenn er nur genug Vermögen habe:

> Man sucht eyn uß der narren zunfft.
> der jnn die mylch zu brocken hab.

Bei ihm ist die Milch sauer: Er verliert die Lust; er fühlt
sich gekränkt; er ist ablehnend; er nimmt es unwillig auf.
— Bekannt geworden ist Bismarcks Beurteilung des Groß-
herzogtums Baden in seinen Reden (IV, 310): »So glaube
ich, daß wir nicht gut tun, das Element, welches der natio-
nalen Entwicklung im Süden am günstigsten ist, auszu-
scheiden und gewissermaßen den Milchtopf abzurahmen
und das Übrige sauer werden zu lassen.« — *Hüm steckt*
(sticht) *de Melk* heißt an der ostfriesischen Waterkant
er ist verliebt, wobei Milch etwa so gemeint ist, wie man
von milchenen (männlichen) Fischen spricht. Im Gegensatz zur Galle, dem Sitz des Zorns, wird die Milch als
Sinnbild der Sanftmut angesehen. *Die Milch der frommen Denkungsart* hat der Volksmund versmaß- und
maulgerecht gemacht. Richtig heißt es nämlich bei Schiller im »Wilhelm Tell« (IV, 2) »die Milch der frommen
Denkart«:

> In gärend Drachengift hast du
> die Milch der frommen Denkart mir verwandelt.

Im gleichen Sinne preist Lady Macbeth bei Shakespeare
(Macbeth, I, 5) den Charakter ihres Gatten, er sei »zu

voll von Milch der Menschenliebe« (too full of the milk of human kindness). — Die Redensart vom *Land, darinnen Milch und Honig fließt,* kommt nicht nur in der Bibel mehrfach vor (2. Mos. 3, 8), sondern häuft sich auch in der Literatur der klassischen Sprachen. — *Wie Milch und Blut aussehen:* jung und gesund sein (weiß und rot). — Im Märchen vom Machandelbaum klagt die Mutter, die sich beim Schälen eines Apfels in den Finger geschnitten hat, als ihre Blutstropfen in den Schnee fallen: »Hett ik doch en Kind, so rood as Blood und so witt as Snee.« Hier tritt der »Schnee« an die Stelle der »Milch«, denn weiß und rot im Antlitz eines jungen Mädchens bestimmen ihre Schönheit. Schneewittchens Mutter wünscht sich ebenfalls ein Kind, »so weiß wie Schnee, so rot wie Blut und so schwarz wie Ebenholz«. Die höfische Lyrik nennt für das Weiß der Milch oder des Schnees die Lilie und für das Rot des Blutes die Rose. So schwärmt der bedeutendste Lyriker des Mittelalters, Walther von der Vogelweide (1170—1230), von seiner Dame:

> so reine rot, so reine wiz,
> hie roeseloht, dort liljen var.

Der Engländer sagt heute noch: a face all milk and roses.

Das ist eine Milchmädchenrechnung: eine Berechnung zukünftiger großer Einnahmen, die auf luftiger Grundlage beruht; eine törichte Rechnung ohne ernsthafte Überlegung. — Entnommen einer Fabel des französischen Forstmeisters und Fabeldichters Jean de La Fontaine (1621—1695) »La laitière et le pot au lait« (Das Milchmädchen und der Milchtopf), die Joh. Wilh. Ludwig Gleim (1719—1803) ins Deutsche übertrug. Darin wird ein Mädchen geschildert, das auf seinem Kopf einen Topf Milch zum Verkauf in die Stadt trägt und in Gedanken schwelgt, wie es den Erlös nutzbringend verwende. Zuerst will die Magd sich für das Geld Eier kaufen, um eine Hühnerzucht aufzumachen. Der Verkauf der Hühner soll ihr ein Schwein verschaffen. Über die Schweine ist es ein leichtes, zur Kuh zu kommen, und von einer Kuh bis zur Herde von wohlgenährten Kühen und Kälbern ist nur noch ein kleiner Schritt. Eben bei diesem Schritt stolperte die hübsche Bäuerin und vergoß die Milch. — Wie wir wissen, ist es an sich sinnlos, *über verschüttete Milch zu weinen* oder *zu reden*, aber wir haben wenigstens gelernt, wie *eine Milchmädchenrechnung* aussieht.

MINE

Alle Minen springen lassen: die größtmöglichen Anstrengungen machen; alle Mittel und Kräfte einsetzen. — Die Wendung kommt aus dem Kriegshandwerk. Der Befehlshaber läßt sämtliche Minen, die unter der feindlichen Stellung eingegraben sind, gleichzeitig zur Entladung bringen, um dem Gegner einen vernichtenden Schlag zu versetzen: *Er läßt alle Minen springen* (springen = sprengen)! Bei Schiller in »Kabale und Liebe« bezeugt (II, 3): »Ich laß alle Minen springen.« Wahrscheinlich hat die Bergwerkssprache, der die Minen ebenso vertraut sind, dem Ausdruck noch Nachschub verliehen.

MINNA

Jemanden zur Minna machen: ihn abkanzeln, anranzen, andonnern, herunterputzen, anschnauzen, anfauchen, anbrüllen. — Abgeleitet aus dem Jiddischen: »Inne« = Qual, Schmerz, Marter und » Inus« = Leiden, Folter, dazu kommt »meanne sein«, das heißt demütigen, peinigen. So ist auch *die grüne* (berl. *jriene) Minna,* der grüne Gefängniswagen, zu erklären, der für den Rechtsbrecher bildlich als Beginn einer qualvollen Leidenszeit steht. »Grün« (siehe auch »Kuhhaut«) ist als Farbe des Polizeiwagens zum Transport von Häftlingen, und nicht etwa im Sinne von *einem nicht grün sein* = nicht wohlgesinnt sein, zu verstehen.

MIST

Das ist nicht auf seinem Mist gewachsen: Das hat er nicht erfunden; das ist nicht sein geistiges Eigentum. — In »Sprichwörtlich« sagt Goethe:

Diese Worte sind nicht all in Sachsen
noch auf meinem eignen Mist gewachsen,
doch was für Samen die Fremde bringt,
erzog ich im Lande gut gedüngt.

Rede *(verzapfe) doch nicht solchen Mist:* Quatsche nicht solchen Unsinn! — *Er hat Geld wie Mist:* Er hat Geld wie Heu, er ist sehr reich. Der *Mistfink,* das *Mistvieh,* die *Mistbiene* sind im übertragenen Sinne schmutzige, also charakterlose Menschen, etwa im Rückertschen Sinn (»Die Weisheit der Brahmanen«):

In Gottes Acker ist von Nutzen auch der Mist;
pfui aber über dich, wenn du nichts Bessers bist!

MOHR

Einen Mohren weißwaschen wollen: etwas Unmögliches versuchen. — »Kann auch ein Mohr seine Haut wandeln oder ein Parder (Leopard) seine Flecken?« steht in der Bibel (Jeremia 13, 23). Auch Zenodot (3. Jh. v. Chr.), der Direktor und Chefbibliothekar der mit 700 000 Buchrollen versehenen berühmten Bibliothek zu Alexandria, die kurz vor der Zeitwende ein Raub der Flammen wurde, kleidet »das aussichtslose Beginnen« in die Form: *einen Äthiopier waschen.* »Brandgesichter« (aithiopes) nannten die Griechen die Angehörigen der Stämme, die im äußersten Osten oder im äußersten Westen des griechischen Erdkreises lebten. Damit waren einmal die Inder gemeint, zum anderen die Völker Afrikas, soweit sie den Griechen bekannt waren, nicht aber die Bewohner des heutigen Äthiopien (Abessinien), das erst später diesen Namen bekam. »Äthiopier« war im Altertum ein Sammelname für alle Dunkelhäutigen. — Im

Deutschen bezeugt Gerlingius 1649 die Wendung: »Aethiopem lavas«, »du wäschest einen Mohren, oder thust vergebliche Arbeit«. »Aethiops non albescit«, »ein Mohr wird nit weiß«, besagt dasselbe. Allerdings kommt das deutsche Wort »Mohr« von den Mauren, den Bewohnern des im Altertum »Mauretanien« genannten nordwestafrikanischen Landes, das etwa dem heutigen Marokko entspricht. Das vulgärlateinische Wort »Mohr« bedeutete, wie »Äthiopier« im Altertum, ganz allgemein »Schwarzer«.

Die Familie macht großen Mohr ist eine etwas veraltete sächsische Redewendung, die humorvoll auf höfische Familien anspielt, die sich einen Negerdiener leisten konnten; sie meint also, daß man großen Aufwand treibt.

MÜCKE, auch »Pistole«, siehe ELEFANT

Mücken seihen und Kamele verschlucken: Unwichtiges übergenau nehmen und wesentliche Dinge völlig übersehen. — Dem Matthäus-Evangelium entnommen, in dem es in Kapitel 23, 24 heißt: »Ihr verblendeten Leiter, die ihr Mücken seihet und Kamele verschluckt!« »Seihen, durchseihen« heißt, etwas durch ein Sieb lassen. Die Wendung zielt auf die Heuchler, die Nichtigkeiten *unter die Lupe nehmen* und Bedeutendes gewissenlos *unter den Tisch fallen lassen.* — *Sich über die Mücke (Fliege) an der Wand ärgern: viel Lärm um nichts;* sich über jede Albernheit aufregen. — Literarisch bei Jean Paul (1763—1825) im »Quintus Fixlein« (1795) bezeugt: »Wenn uns oft die Mücke an der Wand irren kann.« Die uns ärgernden Mücken werden zu »Launen« oder »Grillen«, wenn wir sie, nicht umgelautet, *Mucken* nennen. *Das hat seine Mucken:* Das hat unangenehme Eigenheiten. Wer mit den *Mucken* einer Sache nicht fertig geworden ist, kann gleich zum Trost die folgenden Redensarten auf sich anwenden:

nicht vom Fleck kommen; in der Tinte, in der Patsche, auf dem trockenen sitzen; in eine Sackgasse geraten; sich in die Nesseln setzen; im dunkeln tappen. In diesem Sinne braucht auch der deutsche Meistersinger Hans Sachs (1494–1576) unsere Redensart. — *An auf der Mucken ham* heißt wienerisch »jemandem böse sein«, und wenn einer *Mücke (Fliege) macht,* dann verschwindet er so schnell wie möglich. Er macht sich so klein, daß man ihn gar nicht mehr sieht; er löst sich in Luft auf: *er verduftet.*

MÜHLE, auch »Kuhhaut«, siehe WASSER

Alle Wasser auf seine Mühle leiten: alles zu seinem eigenen Vorteil unternehmen. — Der Ausdruck muß schon im 16. Jahrhundert bekannt gewesen sein, denn Thomas Murner schuf 1515 einen Holzschnitt »Mühle von Schwyndelsheim«, der diese Wendung illustriert. Das einzige Original befand sich im Besitz der Zwickauer Ratsbibliothek. — *Das ist noch in der Mühle* heißt: Es ist noch nicht fertig, noch nicht beendet, abgeschlossen. Der deutsche Satiriker Johann Fischart (1546–1590) belegt dieses Wort im »Bienenkorb«: »Darum muß folgen, daß etwas anders auf der mülen ist, dann man uns sagen will.«

N

NACHTIGALL

Nachtigall, ich hör dir trapsen (laufen, trampeln): aha, ich merke was! — Die Nachtigall singt von April bis Ende Juni: »Die Nachtigall singt nur, solang es mai't; doch flieht der Lenz, schweigt ihre Liederkehle.« Den Winter verbringt dieser unscheinbare, dem Rotkehlchen verwandte Sänger in Afrika. Ihren Namen (engl.: nightingale) erhielt sie, weil sie besonders gern in der Nacht ihr Lied erschallen läßt. Die beiden ersten Silben »Nachti« sind ein alter Genitiv und »Gall« kommt von »galan« = gellen, singen, durchdringend schallen. — In der alten japanischen Kaiserstadt Kyoto, der klassischen Pflegestätte aller schönen Künste, in der heute noch der Tenno gekrönt wird, sind im Kaiserpalast die Schlafgemächer des Herrschers von einem sogenannten *Nachtigallengang* umgeben. Man weiß nicht, ob ein Kaiser oder einer der Shogune, der Reichs- und Kronfeldherren, die jahrhundertelang an Stelle des machtlosen Kaisers die Regierung führten, diesen arglistigen Korridor erfunden hat. Die langen, elastischen Dielen sind so kunstvoll aneinandergefügt, daß sie bei der geringsten Belastung dem Vogelgezwitscher ähnliche Töne von sich geben. Jeder Unbefugte also, der des Nachts in unlauteren Absichten den Nachtigallengang — selbst barfuß — beschlich, wurde durch das Wimmern, Quietschen und Singen der Edelholzbohlen verraten. — Eine Nachtigall singt, flötet, schlägt, trillert, seufzt und schluchzt, aber niemand hat sie bisher laufen, trapsen oder gar trampeln gehört. Das blieb allein der Hellhörigkeit des Berliners vorbehalten, der sich dabei sicher des Volksliedes aus »Des Knaben Wunderhorn« erinnerte: »Nachtigall, ich hör' dich singen, das Herz möcht' mir im Leib zerspringen«, woraus er prompt machte: »Nachtigall, ich hör dir laufen — aus das Bächlein tust du saufen!« — *Er will die Nachtigall singen lehren* heißt, einen Meister seines Faches belehren wollen. Berühmt ist das Zitat aus Shakespeares »Romeo und Julia« (III, 5): »Es war die Nachtigall und nicht die — Eule.« Verzeihung, es muß natürlich »die Lerche« heißen. (It was the nightingale and not the lark.) Aber mit der Eule ist die Nachtigall auch verbunden, und zwar in dem humorvollen friesischen Sprichwort: »Wat dem eenen sin Uhl, ist dem annern sin Nachtigall«, was soviel bedeutet wie *die Geschmäcker sind verschieden!*

Den Nacken gebeugt

NACKEN, auch OHR, siehe »Kuhhaut«

Einem den Fuß auf den Nacken setzen: ihn demütigen; ihn unterwerfen; ihn *zu Kreuze kriechen lassen.* —
Seit alters die Geste des Siegers, dem Besiegten den Fuß
auf den Nacken zu setzen, der sich damit unterwarf. —
Einem in den Nacken schlagen, im Sinne von ihn empfindlich treffen, übel nachreden, verleumden, ist veraltet;
davon übrig blieben nur noch die *Nackenschläge: Er hat
schwere* geschäftliche (politische, moralische) *Nackenschläge* erleiden müssen. *Einem den Nacken beugen* ist

ähnlich wie *den Fuß an den Nacken setzen,* man demütigt ihn. *Jemanden auf dem (im) Nacken sitzen* meint, daß man ihn ständig belästigt. Man kann natürlich auch *den Feind* oder *die Faust im Nacken haben,* wenn man verfolgt wird. *Du mußt ihm den Nacken steifen,* du mußt ihm zum Widerstand zureden. Wenn er aber schon *einen steifen Nacken hat,* dann ist sein Wille unbeugsam. Sie hat *den Schalk, den Schelm im Nacken* (»Kuhhaut«, siehe OHR).

NADEL

Wie auf Nadeln sitzen: in einer sehr unangenehmen und peinlichen Lage sein; recht unruhig sitzen; etwas vor Ungeduld nicht erwarten können; *der Boden brennt ihm unter den Füßen; wie auf (heißen, glühenden) Kohlen sitzen* (Folter). — Wenn einer vor Unruhe nicht stillsitzen kann, *sitzt er wie auf Nadeln.* Die Wendung ist schon Anfang des 18. Jahrhunderts bei dem Vielschreiber, Postkommissar und Steuereinnehmer Christian Friedrich Henrici (1700—1764), mit dem Decknamen Picander, literarisch bezeugt:

Seht, wie der Bräutigam hier wie auf der Nadel sitzt
und ärger als jemand das Leckermäulchen spitzt.

Keine Nadel konnte (zur Erde) zu Boden fallen, so dicht standen wir, die Menschen drängten Kopf an Kopf. — *Etwas wie eine Stecknadel (Nadel im Heuhaufen) suchen,* in allen möglichen Ecken und Ritzen nachsehen. — *Er hat bei mir noch etwas auf der Nadel* hat die ursprüngliche Bedeutung: *Er steht bei mir in der Kreide,* und meint dann im übertragenen Sinne *etwas auf dem Kerbholz haben,* für etwas büßen sollen. Die seit dem 16. Jahrhundert bekannte Redensart findet man heute mundartlich nur noch in Schwaben. Schiller gebraucht sie so:

Manches Stück vom alten Adel,
Vetter hast du auf der Nadel,
Vetter, übel kommst du weg.

Der Ausdruck ist dem Schneiderhandwerk entnommen. Der Meister, der seine Rechnungen auf eine Nadel spießte, zielte damit auf den säumigen Kunden, der noch immer seine Schulden nicht bezahlt hatte. Aus der gleichen Zunft stammt *mit heißer Nadel nähen*, das heißt sehr schnell und flüchtig nähen. Ein Knopf, der mit heißer Nadel angenäht wurde, fällt bald wieder ab. Der Schneider hat die ganze Nacht hindurch fleißig gearbeitet, bis seine Nadel glühend heiß war. Da fällt ihm plötzlich ein, daß noch ein anderer Rock termingerecht fertig werden muß. Völlig übermüdet näht er diesen *mit heißer Nadel*. Das Ergebnis ist nicht ermutigend. — *Das Nadelgeld* erinnert an Zeiten, als die Nadeln noch zu den Kostbarkeiten des Haushaltes gehörten. So überreichte König Ludwig XI. (1423—1483) seiner Tochter eine Dose voller Nadeln zur Hochzeit. Der Chronist behauptet, dies sei die kostbarste aller Gaben gewesen. Später ging man dazu über, statt der Nadeln den Damen Geld zum Ankauf derselben nach ihrem Geschmack zu schenken. Nach altem deutschem Recht bekam die Hausfrau von ihrem Mann das sogenannte *Nadelgeld* (auch Spillgeld — von Spindel, oder Spielgeld genannt) zu ihrer freien Verfügung. Übrigens gilt der erwähnte verschlagene französische Ludwig als Begründer der modernen diplomatischen Kunst. Er war ein Meister in der *Politik der Nadelstiche*. Wir sagen ja heute noch: Er ärgert mich, *er versetzt mir dauernd Nadelstiche* und meinen damit, daß er uns mit kleinen Bosheiten und unangenehmen Anspielungen reizt und quält.

NASE, auch »Kuhhaut«

Er ist um eine Nasenlänge voraus, kommt vom Pferderennen, wo das Pferd siegt, das mit seiner »Nase« als erstes das Ziel erreicht. Dabei kann natürlich die Länge der Pferdenase den Ausschlag geben. — Diese Wendung wird häufig in Situationen des sportlichen, geschäftlichen und gesellschaftlichen Wettbewerbs gebraucht.

Sich eine goldene Nase verdienen heißt, reich werden. — Die Nase, umgangssprachlich wenig liebevoll auch »Riecher«, »Zinken«, »Gurke«, »Giebel«, »Gesichtserker« oder »Kolben« genannt, spielt in unseren Redewendungen eine abendfüllende Rolle. *Eine Nase (geben) kriegen* bedeutet (tadeln) getadelt werden. Man geht davon aus, daß einer *ein langes Gesicht macht*, wenn er niedergeschlagen ist und Ärger hat. Obersächsisch heißt dies *einem die Nase wischen*, bayerisch *e Nase fangen* und plattdeutsch *wat op de Näs kreegen*. Der Berliner sagt *det hatta sich aus de Neese jehn lassen*, das hat er sich entgehen lassen. — *Det hat ihn lange in de Neese jestochen*, ihn hat es schon lange gereizt, und wenn er ausruft: *een Schlach, un de Neese sitzt hinten!* (oder: *un du stehst im Hemde!*), dann wird es Zeit, daß wir die Unterhaltung abbrechen und uns *verdrücken*. — *Seine Nase gefällt mir nicht*, sage ich von einem, der mir während meines Urlaubs im Büro *vor die Nase gesetzt wurde*.

Um eine Nasenlänge

Ich finde sonst *Stupsnasen,* namentlich bei jungen Mädchen, recht hübsch, aber *dem regnet es buchstäblich in die
Nase. Ich habe mir sicher eine Chance an der Nase vorbeigehen lassen. Ich hatte eben nicht den richtigen Riecher!*
Ja, *man muß mich immer mit der Nase drauf stoßen,* damit ich es merke. Ich bin nämlich etwas begriffsstutzig!
Da hat mir das Schicksal einen ganz schönen *Nasenstüber*
gegeben. Man hat mir sozusagen *die Tür vor der Nase
zugeschlagen.* Das ist das Verhängnis der Menschen, *die
nicht über ihre eigene Nase hinaussehen,* das heißt *die
über ihre eigenen Füße stolpern, die sich selbst im Lichte
stehen,* deren Gesichtskreis so begrenzt ist, daß er nicht
über die eigene Nase hinausgeht. Wenn ich nur *flott
unter der Nase* wäre, also redegewandt, dann *würde ich
es ihnen schon geben.* Aber so *ist mir der Zug vor der
Nase weggefahren,* obwohl ich während meines ganzen
Lebens *immer der Nase nach* (geradeaus) *gegangen bin.*
Sobald sich die Gelegenheit bietet, werde ich ihnen *die
Faust unter die Nase halten* (tätlich werden). Dann werden sie *eine lange Nase machen* und *mit hängender Nase
abziehen* und damit enttäuscht *von der Bildfläche verschwinden.*

NERVUS RERUM

Den Nervus rerum treffen: die peinliche Geld-
frage aufwerfen; *Moses und die Propheten ansprechen;
den springenden Punkt* berühren. — Der *Nervus rerum*
ist der »Nerv der Dinge«, eine scherzhafte lateinische Bezeichnung für Geld. In der Sprache unserer Vorfahren im
Althochdeutschen und Mittelhochdeutschen, also von
750 n. Chr. bis 1350 n. Chr., heißt Geld »gelt« (gelten) und
bedeutet Vergeltung, Ersatz, Vergütung, dann allgemeines, meist staatlich anerkanntes Zahlungsmittel und
Recheneinheit zur Bewertung der gegenseitigen Leistungen. Die Redensart stammt vom griechischen Redner und

Staatsmann Demosthenes (384—322 v. Chr.), der durch seine Philippika (Reden gegen König Philipp II. von Mazedonien), mit denen er zur Verteidigung der athenischen Freiheit aufrief, berühmt geworden ist. Damals wie heute spielte das Geld während der Kriegszeit eine entscheidende Rolle. Auch der griechische Philosoph Krantor nennt um 290 v. Chr. das Geld »neura ton praxeon«. Die lateinische Form verdanken wir dem römischen Staatsmann Cicero (106—43 v. Chr.). Im Mittelalter war es der im ständigen Kampf mit der Kirche liegende Kaiser Heinrich V., mit dessen Tod 1125 das salische (fränkische) Kaisergeschlecht ausstarb, der 1120 stolz auf seinen reichen Goldschatz wies und dabei den polnischen Gesandten anherrschte: »Dieser Nervus rerum agendarum soll Euch schon *zu Paaren treiben!*«

NUMMER

Eine gute Nummer bei jemandem haben: das Wohlwollen des anderen besitzen; *bei ihm gut angeschrieben sein.* — Wer in der Schule beim Lehrer *gut angeschrieben ist,* bekommt von ihm befriedigende, treffliche oder gar hervorragende Nummern, das sind die Zensuren oder Noten. Freilich kommt der Ausdruck auch aus dem Geschäftsleben, wo die Beschaffenheit und Güte der einzelnen Waren durch Nummern bezeichnet wird (auch EINS, siehe »Pistole«). Aus der Schul- und Kaufmannssprache wanderte das Wort in die allgemeine Umgangssprache, wo es für Sache, Exemplar, Handlung, Darbietung, aber auch für Person steht. Man hat nicht nur eine gute, *man hat auch eine dicke Nummer bei einem anderen,* man gilt etwas bei ihm. Der seit dem 18. Jahrhundert bekannte Ausdruck fand auch Eingang in die Artistensprache. *Eine große Nummer sein* — das ist der Wunschtraum aller Zirkus- und Varietékünstler, deren bekannte Vorbilder Rastelli, Charly Rivel, Grock, La Argentina, die

Codonas, Mutter und Tochter Valente und viele andere sind. Die einzelnen Darbietungen in der Manege oder auf der Bühne sind numeriert und werden daher »Nummern« genannt. *Die große Nummer* kommt in England am Anfang, in Deutschland meistens am Schluß des Programms. Je nach Färbung und Tonfall schließt die Wendung von der *putzigen Nummer* bis zur *duften Nummer* verschiedene Werturteile ein. Das berlinische *det is 'ne Numma* kann auch tadelnd gemeint sein. — *Nummer Sicher* ist die Haftzelle, das Arrestlokal, allgemein auch das Gefängnis oder Zuchthaus, in dem die Räume numeriert und die Insassen »besorgt und aufgehoben« (Schiller) sind. Die Redensart ist eine humorvolle Beschönigung, aus der jedoch nicht ganz klar hervorgeht, ob die Häftlinge in ihrer traurigen Klausur vor uns oder wir vor ihnen sicher sind.

NUSS

Einem eine harte Nuß zu knacken geben: ihm eine schwierige Aufgabe stellen; ihn in arge Bedrängnis bringen. — Harte Nüsse kann man nur mühsam öffnen; allerdings versprechen sie nach der Anstrengung einen schmackhaften Inhalt. So sagt schon der lateinische Komödiendichter Plautus (gest. 184 v. Chr.): »Qui e nuce nucleum esse vult, frangit nucem«, das heißt: »Wer den Vorteil will, darf die Anstrengung nicht scheuen.« Eineinhalb Jahrtausende später haben wir einen ähnlichen plattdeutschen Spruch bei Tunnicius (1514): »De de kerne wil eten, de mot de not upbreken.« — *Dresche kriegen wie ein Nußsack* oder *einen wie einen Nußsack prügeln,* ihn tüchtig schlagen, ist eine ältere Redensart, die von dem Brauch stammt, geerntete grüne Nüsse in einen Sack zu tun und solange auf diesem herumzuschlagen, bis die grünen Schalen von den Nüssen abgesprungen sind. Dadurch vermeidet man, daß Finger und Hände vom Saft der grünen Schalen braun werden. — *Ihm eins auf die Nuß geben,* ihm eins auf den Kopf schlagen. Nuß ist also umgangssprachlich mit »Kopf« gleichgesetzt, eine Vorstellung, die schon Jahrhunderte alt ist. Seit dem 16. Jahrhundert verstehen wir unter Nuß auch Stoß, Streich, Schlag, daher die *Kopfnuß.* — *Die taube Nuß* (taub für empfindungs-, gehalt- und gehörlos) meint etwas Wertloses, aber auch Dummes; so kennt der Berliner *die doofe* oder *dämliche Nuß.* Auch hier ist »Nuß« gleich »Kopf«. — Auf Nuß reimt sich nicht nur »muß«, sondern beide haben eine enge Bindung, wie im Sprichwort: »Muß ist eine harte Nuß«, das Ludwig Bechstein in seinen »Arabesken« (1832) so verwandelt:

> Das kleine Wörtchen Muß
> ist doch von allen Nüssen,
> die Menschen knacken müssen,
> die allerhärt'ste Nuß!

O

OBOLUS

Seinen Obolus entrichten: sein Scherflein für einen mildtätigen Zweck beitragen; je nach Vermögen eine mäßige Spende entrichten. — Münzsammler kennen die kleine altgriechische Münze (um 400 v. Chr.) mit der künstlerischen Prägung, die einen Durchmesser von nur acht Millimetern hatte und einen sehr geringen Wert besaß: den Obolus. Nach der klassischen griechischen Sage mußte jeder Tote über die Unterweltsflüsse Styx, Kozytus oder Acheron fahren, wofür der Fährmann Charon seinen Obolus verlangte. Damit der Verstorbene sein Geld nicht verlor, schob man ihm die Münze unter die Zunge in der festen Überzeugung, daß sich der alte, struppige Unterweltsseemann des Fahrgeldes bedienen werde. In seinem alten Kahn nahm er nur solche Toten mit, die vorher bestattet waren und bei denen er seinen Obolus herauskramen konnte, der nach dem heutigen Sprachgebrauch nichts anderes ist, als was er schon vor Jahrtausenden war: eine kleine bescheidene Gabe!

OCHSE

Er steht da wie der Ochs am Berge: unentschlossen, ratlos, hilflos, verdutzt, verlegen, zaudernd. — Ochsen weigern sich als Zugtiere meistens, eine starke Steigung zu nehmen. Sie halten oft an und bequemen sich erst zum Weiterziehen, wenn sie mit dem Stecken oder der Peitsche angetrieben werden. Wer sich überraschend in eine unbekannte Lage versetzt sieht, zeigt manchmal den verblüfften Ausdruck des *Ochsen am* (oder: *vorm*) *Berge*, der die Schwierigkeit nicht zu meistern versteht. Die Wendung wird schon von Luther öfters gebraucht. — *Die Ochsen hinter den Pflug spannen* oder in der umge-

Der Ochs vorm Berge

kehrten Form *den Pflug vor die Ochsen spannen* meint, etwas am verkehrten Ende anfangen. Der Franzose sagt in diesem Fall das gleiche: »mettre la charrue devant (oder avant) les boeufs«, wie er auch unsere Ausdrücke *ochsen*, büffeln (für schwer arbeiten) kennt: »travailler comme un boeuf« ist für ihn ebenfalls »schuften«. — *Es ist so gut, wie wenn man einen Ochsen ins Horn petzt:* Es ist völlig wirkungslos; es kommt nichts dabei heraus. — Petzen hat in unserer Umgangssprache eine zweifache Bedeutung; einmal »verraten, anzeigen, jemanden denunzieren« (»Kuhhaut«, siehe PETZEN), zum anderen »kneifen«. In Kassel hörte der Autor ein kleines Mädchen, das sich auf der Straße mit einem Jungen balgte, schreien: »Der Henner petzt mich als!«, was heißen sollte: Der Heinrich *kneift* mich immer! — Den Ochsen aber ins Horn zu kneifen, ist ein untauglicher Versuch am untauglichen Objekt. — *Die Ochsentour* ist der mühsame, beschwerliche Weg; der Ausdruck wird aber auch im Sinne von »von unten nach oben langsam·hochdienen«, *nicht auf Rosen gebettet sein* gebraucht. Sollte es sich aber um einen Ochsen handeln, der da drischt, so soll man ihm — nach der Bibel — nicht das Maul verbinden. Er hat's schwer genug!

ODYSSEUS

Eine Odyssee bestehen: wilde Abenteuer voller Aufregungen und Irrfahrten erleben. — Der Sänger Homer (8. Jh. v. Chr.) schildert in seiner »Odyssee« die Heimfahrt des griechischen Helden und Königs von Ithaka nach der Beendigung des Trojanischen Krieges (1184 v. Chr.), den er durch das Trojanische Pferd entschied (»Pistole«, siehe PFERD). In vierundzwanzig Gesängen erzählt der Dichter von den Fährnissen und Nöten des oft in heftigen Stürmen gestrandeten listenreichen Odysseus: von dem Kampf mit Polyphem, dem einäugigen Sohn des Poseidon, den Versuchungen der Zauberin Circe, der schönen Nausikaa und der sangesfreudigen Sirenen und den Gefahren in der Straße von Messina, wo er einige Kampfgenossen an das sechsköpfige Seeungeheuer, die Scylla, verlor, während im gegenüberliegenden Felsenschlund der tödliche Strudel, die Charybdis, lauerte. So ist auch die Redensart *zwischen Scylla und Charybdis* entstanden, das heißt, von zwei Übeln bedrängt werden, denen man nicht entrinnen kann; in einer ausweglosen Lage sein. Das geflügelte lateinische Wort dazu lautet: »Incidit in Scillam qui vult vitare Charybdim« (Es verfällt der Scylla, wer die Charybdis vermeiden will). Nach seiner glücklichen Rückkehr tötete Odysseus mit Hilfe seines Sohnes Telemach und des Schweinehirten Eumäus die zahlreichen Freier seiner Gattin Penelope, die während seiner Abwesenheit sein Hab und Gut verpraßten. Das inzwischen zu einer Klippe versteinerte Schiff des Odysseus kann der Freund der Antike noch heute auf Korfu bewundern.

OHR, auch »Kuhhaut«

Einem in den Ohren liegen: ihm mit Reden und Bitten zusetzen. — Ein recht anschauliches und einprägsames Bild von einem, der einem anderen ununterbrochen und immer wieder dasselbe sagt, so daß diesem der Ton des Gesagten schon in den Ohren liegt. Natürlich wird er dadurch dem Angesprochenen auf die Dauer lästig. Der Partner wird nur noch *mit halbem Ohr,* ohne rechte Aufmerksamkeit, *hinhören.* Anders ist es, wenn man *ein geneigtes, offenes* oder *williges Ohr findet,* das heißt, Zustimmung erlangt. *Er hat des Kaisers Ohr:* Der Kaiser schenkt ihm Gehör, hört auf ihn; oder *er besaß mein Ohr,* er fand immer bereitwilliges Gehör bei mir. *Ich bin ganz Ohr* meint, schieß los! Ich höre gespannt zu. *Die Wände haben Ohren* sagen wir, wenn jemand hinter der Tür oder hinter der Wand lauscht. Dem Lauscher sollte man *eins*

» . . . bin ganz Ohr«

hinter die Ohren geben, ihn verprügeln. Der Komponist wollte sich *aufs Ohr legen* (schlafen gehen). *Er mußte sich aber die ganze Nacht um die Ohren schlagen* (er ist nicht zum Schlafen gekommen), weil ihm dauernd Melodien durch den Kopf gingen, *die sofort ins Ohr gehen.* Solche Melodien nannte der deutsche Operettenkomponist Paul Lincke (1866—1946) einen *Ohrwurm,* einen erfolgreichen Schlager, denn er bohrt sich in das Gehör und ist daraus schwer zu vertreiben.

OLYMP

Auf dem hohen Olymp sitzen: eine (zu) hohe Meinung von sich haben; unnahbar, unerreichbar, abweisend, unzugänglich, überheblich, anmaßend gegenüber anderen sein; sich abkapseln; eitel sein; sich erhaben (besser) dünken, aufspielen; *die kalte Schulter zeigen; auf hohem Roß sitzen; drei Schritte vom Leibe!* — Der *Olymp* ist das mehrgipfelige, 2900 Meter hohe Gebirgsmassiv aus Marmor und Schiefer an der Nordostecke Thessaliens, westlich des Golfes von Saloniki. In der griechischen Mythologie galt er als Sitz der Götter oder der »Unsterblichen«, wie Homer sagt, und ist namengebend für *Olympia* in Elis, der alten Kultstätte des Zeus, die einen heiligen Bezirk bildete und im Altertum eine der größten Sehenswürdigkeiten und der Schauplatz der *Olympischen Spiele* war. Im Zeichen des Klassizismus (16. und 17. Jahrhundert) wurde die Vorstellung von der Unnahbarkeit der *Olympier* in unsere Umgangssprache übertragen. Ironisierend bezeichnet man den naturalistischen Dichter der »Weber« und humoristisch-realistischen Zeichner der Kleinleutewelt (»Biberpelz«), Gerhart Hauptmann (1862 bis 1946), als den *Gewerkschafts-Olympier.* Ironisch gemeint ist auch *der Beifall des Olymp,* nämlich der Applaus der Inhaber der höchsten und zugleich billigsten Plätze im Theater.

P

PALME

Jemanden auf die Palme bringen: jemanden wütend machen, ihn erbosen, ärgern, erzürnen. — Affen, die in Erregung sind, schwingen sich aus Ärger, Freude oder um dem Verfolger zu entwischen, rasch auf die Palme oder den nächsten anderen Baum. Der Zornige möchte am liebsten *die Wände hochgehen* oder auch *auf die Bäume klettern.* Man sagt auch, *er ist auf der Palme* oder *es ist, um auf die Palme (die Akazie, den Affenbrotbaum) zu klettern.* — *Frisch von der Palme geschüttelt* mit dem Zusatz *und dann rasch den Doktor gebaut* ist die spöttische Anspielung auf den Ehrgeiz eines jungen Afrikaners, der auf dem *Palmengymnasium* (Schule im Freien unter Bäumen) Lesen und Schreiben gelernt hat und mit dieser Vorbildung glaubt, einen akademischen Grad in einem hochentwickelten Lande erwerben zu können. — *Nicht ungestraft unter Palmen wandeln: Übermut tut selten gut; wenn dem Esel zu wohl ist, geht er aufs Eis.* Man soll nicht zu unbekümmert und leichtsinnig dahinleben, auch: Man soll nicht nur im Bereich der Phantasie und Utopie schwelgen. Das Wort: »Es wandelt niemand ungestraft unter Palmen« entnahm man Ottiliens Tagebuch in Goethes »Wahlverwandtschaften (2, 7). — *Sie ist geputzt wie ein Palmesel* ist eine Wiener Redensart aus dem 16. Jahrhundert. Am Palmsonntag wurden auf dem Stephansplatz Palmzweige an die Menge verteilt, die auf das Prunkstück der Prozession, den mit Blumen und Palmen buntgeschmückten Holzesel, wartete. — *Die Siegespalme* stammt aus dem Französischen: »à lui la palme« (ihm gehört die Siegespalme!). »Remporter la palme« = den Sieg davontragen, und »palmé«, mit akademischen Palmenzweigen ausgezeichnet werden.

PANIK

Panischen Schrecken verbreiten: allgemeines, jähes Entsetzen auslösen; heillose Verwirrung und plötzlich ansteckend wirkende Massenangst durch unerwartet einbrechende, wirkliche oder auch nur vermeintliche Gefahr. — Bei Hotel- oder Theaterbränden, bei Angstkäufen durch irreführende Parolen, bei Börsenrun durch Kriegsgerüchte oder gar bei Bombenangriffen wird alles von

Panik überschattet. Sie geht von einer unbestimmbaren Erregung aus und führt bei großen Ansammlungen meist zu einer Fluchtreaktion, die in chaotisch sinnlosem Verhalten endet. Auch bei Tieren konnte ähnliches Verhalten festgestellt werden: Ein Beispiel sind die Massenselbstmorde großer Tierherden. Die Griechen machten für die Panik ihren Hirtengott Pan verantwortlich, jenen bocksbeinigen und ziegenbärtigen gehörnten Gesellen, der mit seinem weichen Flötenspiel die immer trunkene Schar der Silene und Satyren anführte, wenn es dem lüsternen Knaben gerade nicht einfiel, den hübschen Nymphen im schönen waldreichen Arkadien nachzustellen. Trotz dieses zweifelhaften Rufes verehrten die Athener den Hüter ihrer Herden sehr und weihten ihm Kultstätten bis nach Kleinasien hinein, so daß später auch die Römer ihn als Fruchtbarkeitsgott, Schirmherrn des Ackerbaus, der Herden und der Geschöpfe des Waldes aufnahmen und ihn *Faunus* (Faun) nannten. Die weibliche Entsprechung, *Fauna*, ist der Begriff für die Gesamtheit der Tiere eines bestimmten Gebietes geworden. *Faunistisch* heißt, die Tierwelt betreffend, *faunisch* hingegen sinnlich, lüstern wie Faun. — Der griechische Hirtengott Pan jedoch, dem man die Auslösung der Panik anlastete, verdient diesen Vorwurf gewiß zu Recht. Man kann heute, nach Jahrtausenden noch, in Kleinasien und Afrika Schäfer und Eselstreiber beobachten, die urplötzlich völlig unbegründet — wie vom Teufel geritten — auf ihre Herde einschlagen und sie dadurch in eine heillose Verwirrung und Kopflosigkeit versetzen.

PFERD, siehe auch »Kuhhaut«

Keine zehn Pferde bringen mich dazu: Ich mache das unter keinen Umständen. — Mehrere Wendungen unserer Sprache sind auf die große Arbeitsleistung des Pferdes bezogen. Wenn schon mehrere Pferde nicht imstande sind, mich zu bewegen, so muß meine körperliche Kraft und meine Willensstärke ja sehr beträchtlich sein! *Keine zehn* (Zahl wechselt!) *Pferde bringen mich dahin* = ich gehe unter keinen Umständen dahin. *Das war eine Pferdearbeit, arbeiten wie ein Pferd* und *Pferdearbeit und Spatzenfutter* (harte Arbeit und geringer Lohn) zielen auf Johannes Agricolas (1494—1566) Erklärung: »Ein pferd und ein maul(-tier) thun grosse arbeyt, darumb wenn man von grosser arbeyt sagt, die schier uber eines menschen kreffte ist, so spricht man es sey ross arbeyt.« — *Jemandem die Pferde ausspannen* war früher das Zeichen einer hohen Ehrung. Studenten spannten der Primaballerina die Pferde aus und zogen die Künstlerin in ihrer Kutsche nach Hause. — *Das Pferd hinter den Wagen spannen* meint, eine Sache verkehrt anfangen (gleiche Bedeutung »Pistole«, siehe OCHSE). *Auf hohem Pferde sitzen* (»Kuhhaut«, siehe PFERD) = prahlen, angeben. — *Vom Pferd auf den Esel kommen* heißt verarmen. *Er ist das beste Pferd im Stall* = er (sie, es) ist unser hervorragendster Vertreter (auch ein Auto kann das beste Pferd im Stall sein!), sozusagen das *Paradepferd.* — *Es hängt ein Pferd in der Luft* = unangenehme Ereignisse stehen bevor, und *wer seine Pferdchen im Stall hat,* hat sich schon ein kleines Vermögen erspart. Wenn jemand etwas falsch gemacht hat, stellen wir ihn zur Rede. Antwortet er dann: »Ich habe gedacht...«, so erwidern wir barsch: *»Das Denken müssen Sie den Pferden überlassen. Die haben einen größeren Kopf!«* Ebenfalls vulgär, wenn es ganz schlimm kommt: *Da kann man Pferde kotzen sehen, und das noch vor der Apotheke!* — *Ein Trojanisches Pferd einspannen* oder *verwenden* meint, jemanden durch eine große List hineinlegen. Die Redensart geht auf den Trojanischen Krieg (»Pistole«, siehe ODYSSEUS) zurück, der durch die Entführung der schönen Helena verursacht wurde. Nachdem die Griechen zehn Jahre lang unter Führung Agamemnons vergeblich um den Ort gekämpft hatten, baute man auf Odysseus' Vorschlag das hölzerne Trojanische Pferd, in dessen Bauch sich die tapfersten Griechen verbargen, während die griechische Flotte auslief. Trotz Laokoons Warnung zogen die Trojaner das Pferd in ihre Stadt, um es der Göttin Athene zu weihen. Nachts jedoch kletterten die Helden aus dem Leib des hölzernen Rosses, riefen ihre Schiffe durch Feuersignale herbei und öffneten das Stadttor. Durch diese List ging Troja unter. — Der durch die Pferdebahn und Pferdedroschken besonders mit unserem beliebten Haustier verbundene Berliner hält gleich mehrere humorvolle Redensarten bereit: *Die Pferdenatur* ist der besonders widerstandsfähige Mensch. Der hält auch eine *Roßkur* aus! *Det merkt 'n Pferd,* das ist leicht zu merken. *Det hält keen Pferd aus,* das ist unerträglich. *Denkt ja keen Pferd dran,* kommt nicht in Betracht. *Det kommt ja jleich hinter't Pferdestehlen,* das ist höchst widerwärtig. *Nu mach man keene Pferde scheu* heißt, nun rede nicht von Dingen, die meiner Sache schaden und mich irremachen können.

PISTOLE

Wie aus der Pistole geschossen: auf Anhieb, *wie ein geölter Blitz,* auf der Stelle, flugs, prompt, umgehend, *mit affenartiger Geschwindigkeit, im Handumdrehen, in Nullkommanix* — kam seine Antwort. — Pistole hieß die Münze, die Philipp II. in Spanien prägen ließ; diese hat aber nichts mit der gleichnamigen »Reiterkanone« zu tun, dem tschechischen »pištal«, das die Deutschen während der Hussitenkriege im 15. Jahrhundert kennenlernten. Mit der Waffe, die sich besonders im Nahkampf bewährt, übernahmen die Deutschen auch den Namen. — Wenn mir jemand rasch und treffend entgegnet, also *wie aus der Pistole geschossen* antwortet, dann bezeich-

net der Schuß (auch »Kuhhaut«, siehe KNALL und PAFF)
die Geschwindigkeit und Geistesgegenwärtigkeit, mit der
mir erwidert wird. Daneben zielt unsere Redensart
jedoch auch auf das Gefällige, Geistreiche, Charmante,
Witzige, Runde, Nette und Liebenswürdige einer Äußerung hin. Literarisch belegt bei T. G. v. Hippel (1741 bis
1796) in seinem Roman »Kreuz- und Querzüge des Ritters A—Z«: »Als folgendes Gespräch wie aus der Pistole
fiel«. *Wie aus der Pistole geschossen* bezeichnet aber nicht
nur die geistige Leistung einer prompten, treffenden Antwort oder Rede, sondern der Ausdruck kann für jede
Leistung schlechthin stehen. Diese Bedeutungsübertra-
gung ist allerdings nicht besonders glücklich oder geist-
reich. *Einem die Pistole an die Brust setzen:* ihn zwingen;
ihm Daumenschrauben ansetzen (»Kuhhaut«, siehe DAU-
MEN); ihm ein Ultimatum stellen; ihm hartnäckig zusetzen; auch: ihn erpressen. — Das Bild ist vom Raubüberfall
genommen, in dem das Opfer nur die Wahl hat, sein
Geld herauszurücken oder erschossen zu werden.

PRINZIPIENREITER, »Pistole«, siehe REITEN

Q

QUECKSILBER
Er hat Quecksilber im Leib: Er ist unruhig. *Sie ist
das reine Quecksilber:* Sie ist temperamentvoll und
äußerst lebendig. — Quecksilber (lateinisch »Hy-
drargyrum«, chemisches Zeichen: Hg) ist ein silberweißes,
im Normalzustand flüssiges Metall, das wegen seiner
Eigenschaften schon im Mittellateinischen »lebendiges
Silber«, »argentum vivum«, genannt wurde. Auch das
deutsche Bestimmungswort »queck« (mhd. »quec«, engl.

»quick«) heißt lebendig, keck, lebhaft. Durch zwei Eigenarten erweist sich dieses Metall als besonders »lebendig«: Erstens bildet es, wenn es an die Luft kommt, sofort kleine Kügelchen, die ständig in Bewegung sind und sich nur schwer fassen lassen, und zweitens hat es die Eigenschaft, andere Metalle aufzulösen und sich mit ihnen zu *verquicken.* Der Vergleich mit einem überaus lebhaften, *quecksilbrigen Menschen* ist gut gelungen, denn ein solcher kann uns mit seinem Temperament auch oft zur Verzweiflung bringen, »auflösen«. — Die *Quecke*, das bekannte Ackerunkraut, hat, in ihrem Lebensbereich, alle die genannten Eigenschaften, daher ist ihr Name vom gleichen Wortstamm hergeleitet.

R

RAUB

Mit seinen Kräften Raubbau treiben: übermäßige Ausnutzung der menschlichen Arbeitskraft bis zur vorzeitigen Erschöpfung — Der Raubbau oder die Raubwirtschaft ist eine Wirtschaftsführung, die einen möglichst sofortigen, hohen Ertrag erstrebt, ohne »auf die Erhaltung der Erzeugungsgrundlagen Rücksicht zu nehmen«, wie die Definition des »Großen Brockhaus« lautet. Ein solches Vorgehen führt in allen Zweigen der Wirtschaft und Industrie, in jedem Betrieb, aber auch im Rahmen der Existenz des Menschen zu einem Mißstand. — Ein Wald, der nur abgeholzt und nicht aufgeforstet wird, bringt bald keinen Ertrag mehr; Maschinen, die nur ausgenutzt werden und nicht gepflegt, leisten immer weniger — ebenso ist es mit dem Menschen, *der mit seinen Kräften Raubbau* treibt. — Das Wort Raubbau stammt aus der Bergmannssprache des 18. Jahrhunderts; es bezeichnete ursprünglich die rücksichtslose Ausbeutung der Erzlager, die nur den gegenwärtigen Bedarf deckte. — *Etwas auf den Raub machen:* in aller Eile, schnell, flüchtig machen; *jemanden auf den Raub sprechen:* ihn ganz kurz zwischen Tür und Angel sprechen. Der Wiener sagt: »*I kumm nur auf an Raub!*« Ich komm' nur rasch hineingehuscht.

REDENSART

Mach' keine Redensarten: mach' keine dummen Sprüche! — Über die Redensarten sagt Carl Puetzfeld: »Die Bezeichnung *Redensarten* drückt nur recht mangelhaft deren tiefen Gehalt aus, ist eigentlich nur ein sprachtechnischer Name, der die Sache mehr verschleiert als erhellt.« Tatsächlich überliefern uns die Redensarten wertvolles Erbgut aus Sprache, Kultur, Recht und Religion. Sie bewahren es und tragen es von Generation zu Generation weiter. Daher ist die Beschäftigung mit ihnen auch so überaus lohnend. Daß für viele Menschen der tiefe Sinn einer Redensart verlorengegangen ist, daß sie diese ohne Überlegung anwenden, daß unsere schönen Ausdrücke oft nur formelhafte Redewendungen oder hohle Floskeln geworden sind, trifft nicht die Redensart, sondern den törichten, unachtsamen Menschen. Für ihn sind es dann eben nur noch *Redensarten, nichts als Redensarten!* Und er selbst gehört zu jener Gruppe von Menschen, *die sich mit Redensarten abspeisen lassen,* weil sie von ihrem Denkvermögen einen so sparsamen Gebrauch machen.

REITEN

Er ist ein ausgesprochener Prinzipienreiter: Er ist einer, der sich streng nach bestimmten Grundsätzen richtet. — Durch seine merkwürdigen Erlasse hat Heinrich XXXII., Fürst Reuß zu Lobenstein und Ebersdorf (Regierungszeit 1825—1848), den Schatz der deutschen Redensarten um zwei Ausdrücke bereichert: *auf einem*

Prinzip herumreiten und den daraus abgeleiteten Begriff *der Prinzipienreiter.* Der erwähnte Erlaß wurde im »Adorfer Wochenblatt« veröffentlicht und am 18. September 1845 in der »Vossischen Zeitung« nachgedruckt. Sein Wortlaut: »Ich befehle hiermit folgendes ins Ordrebuch und in die Spezial-Ordrebücher zu bringen. Seit 20 Jahren *reite Ich auf einem Prinzip herum,* d. h. Ich verlange, daß ein jeglicher bei seinem Titel genannt wird. Das geschieht stets nicht. Ich will also hiermit ausnahmsweise eine Geldstrafe von einem Thaler festsetzen, der in Meinem Dienste ist, und einen Andern, der in Meinem Dienste ist, nicht bei seinem Titel oder Charge nennt. — Schloß Ebersdorf, den 12. Oktober 1844. Heinrich XXXII.« Er war also auch ein Mann, der *von seinem Prinzip nicht abging.* Man kann nicht nur *auf einem Prinzip herumreiten,* sondern man kann auch *ein Prinzip auf die Spitze treiben.* Wer es aber gar zu arg macht, *der kann auch ein Prinzip zu Tode reiten,* das heißt, es so lange stramm vertreten, bis es unwirksam geworden ist! — *Setzen wir Deutschland in den Sattel! Reiten wird es schon können.* Diese Wendung ist der Schluß einer Rede, die Bismarck im Norddeutschen Reichstag am 11. März 1867 hielt. Der genaue Wortlaut heißt: »Meine Herren, arbeiten wir rasch! Setzen wir Deutschland, sozusagen, in den Sattel. Reiten wird es schon können.« 1874 äußerte der Reichskanzler im Gespräch mit den Abgeordneten Dietze und Lucius gegen sein eigenes Wort Bedenken: »Ich fürchte, dieses geflügelte Wort muß man wieder streichen.« Und weiter in seinen »Gedanken und Erinnerungen«: »Ich habe nie gezweifelt, daß das deutsche Volk, sobald es einsieht, daß das bestehende Wahlrecht eine schädliche Institution sei, stark und klug genug sein werde, sich davon frei zu machen. Kann es das nicht, so ist meine Redensart, daß es reiten könne, wenn es erst im Sattel säße, ein Irrtum gewesen.« — Wie auch immer Bismarcks Vorhersage ausfiel, sein großes Wort hat bis heute nichts an Zugkraft verloren.

REPTIL

Reptilienfonds: Geheimfonds der Regierung für Abwehrzwecke. — Auch bei diesem Ausdruck hat Bismarck, der Schöpfer unzähliger geflügelter Redensarten, wieder *die Hand im Spiele.* 1869 wurde ihm der Vorwurf gemacht, die ihm zur Verfügung stehenden geheimen Fonds würden zur Korruption der Presse und zu anderen, der staatlichen Aufsicht nicht unterworfenen Zwecken verwendet, zumal das in Preußen vorhandene Vermögen des Kurfürsten von Hessen und die Zinsen des Welfenfonds (16 Millionen Taler), die eigentlich dem König von Hannover gehörten, dem preußischen Ministerpräsidenten anvertraut waren. Bismarck entgegnete auf diese Verdächtigung am 30. Januar 1869: »Ich bin nicht zum Spion geboren meiner ganzen Natur nach; aber ich glaube, wir verdienen Ihren Dank, wenn wir uns dazu hergeben, bösartige *Reptilien* zu verfolgen, bis in ihre Höhlen hinein, um zu beobachten, was sie treiben. Damit ist nicht gesagt, daß wir eine halbe Million geheimer Fonds brauchen können; ich hätte keine Verwendung dafür und möchte die Verantwortung für solche Summen nicht übernehmen.« Seit dieser Rede nannte man die für einen Geheimfonds einbehaltenen Gelder *Reptilienfonds,* ein Ausdruck, der im heutigen politischen Tageskampf eine durchaus gängige Münze ist.

RIESE

Nach Adam Riese macht das soundsoviel, ist eine stehende Wendung. Sie ist eine Bestätigungs- und Bekräftigungsformel und gibt zu erkennen, daß in jedem Fall die Rechnung stimmt! — Wir verdanken sie dem Rechenmeister im Dienste der herzoglich-sächsischen Bau-

$6 \times 5 = ?$

behörde Adam Riese, dem Autor hervorragender deutscher Rechenbücher des 16. Jahrhunderts. Er wurde 1492
in Staffelstein bei Bamberg geboren und starb 1559 in
Annaberg im Erzgebirge. Dort schrieb er auch seine
volkstümlichen Bücher: »Rechenung auff der Linihen«
und »Rechenung nach der lenge, auff der Linihen und
Feder«. So exakt der Rechenkünstler in seinem Fache
auch war, so lässig war er im Umgang mit seinem eigenen
Namen. Er schreibt sich einmal Ries, Riese, Rise oder
Rieß und Rys. Unsere Redensart entschied sich jedoch
endgültig für »Riese«. Man »rechnet« es ihm als hohes
Verdienst an, daß er zum erstenmal in verständlichem
Deutsch anstatt in Lateinisch schrieb, daß er statt der ver-

wirrenden Zahlzeichen der Römer die einfacheren und klareren arabischen Ziffern benutzte, und daß er die Rechenkunst mit handfesten, praktischen Beispielen würzte und sie dadurch endlich genußfähig und beliebt machte.

RITTER

Ein Ritter von der traurigen Gestalt: ein verarmter, heruntergekommener, erbarmungswürdiger Mann aus guter Familie, den das Leben hart gebeutelt hat, der aber — dennoch voller Illusionen — in seiner Gesamterscheinung nicht unsympathisch ist. — Es gibt also nicht nur *Ritter ohne Furcht und Tadel!* Sancho Pansa nennt seinen Herrn Don Quichotte, den Helden des weltberühmten Romans des spanischen Dichters Cervantes (1547 bis 1616), wegen seiner Taten und seines Aussehens »Ritter von der traurigen Gestalt«. Seitdem ist Don Quichotte das Vorbild aller Sonderlinge von nobler Gesinnung, die ein Hauch von Romantik umweht. Sie wurden zwar vom Schicksal arg mitgenommen, wollen aber trotzdem ihren ansprechenden, lebensbejahenden Vorstellungen nicht entsagen. Der klangvolle spanische Name ist: *El Caballero de la triste Figura.* — Aber warum bedauern wir die negativen Seiten dieser Sonderausgabe?

»Die Hauptsach' ist ein Rittersinn
von kleinen Zehen bis zum Kinn!«

ROLLE

Das spielt keine Rolle: Das bedeutet nichts; das hat nichts zu sagen. — Der Theatersprache entnommen. Im Altertum schrieb man auf Pergament, das man zusammenrollte. In der Schauspielkunst hielt man die Texte, die den einzelnen Darstellern zugedacht waren, auf langen Papierstreifen fest, die sie auf einer Walze beliebig — wie es eben auf den Proben für jeden einzelnen benötigt wurde — auf- und abrollen konnten. Diese Walze oder Rolle steht also stellvertretend für den Anteil des Künstlers an dem aufgeführten Stück. War nun die Leistung des Schauspielers besonders wirkungsvoll, *hatte er eine glänzende Rolle gespielt*, war sie unrühmlich, *hatte er eine beschämende* oder *traurige Rolle gespielt*. — Ein guter Mime kann sich natürlich mit Leichtigkeit *in die Rolle eines anderen versetzen*. Ihm fällt es auch nicht schwer, *eine große* oder *wichtige Rolle zu spielen*. — Der verliebte Dramatiker hat der angebeteten Salondame *die Rolle auf den Leib geschrieben*. — Und wenn einer *aus der Rolle* fällt, dann beherrscht er entweder auf der Bühne seinen Text nicht mehr, oder er verläßt den gebotenen Tonfall des darzustellenden Charakters und spielt sich selber. Diese Redensarten werden im übertragenen Sinne auf alle möglichen Lebensgebiete angewendet. *Aus der Rolle fallen*, das heißt, sich taktlos, unpassend, geschmacklos oder unkultiviert benehmen, wird auch gern in der humorvollen Wendung gebraucht: *aus der Falle rollen*. Natürlich ist das Wort nicht von Schiller, sondern von einem deftigen Berliner; von Schiller ist:

»Sie fallen aus der Rolle, Herr Minister!«

ROSE

Nicht auf Rosen gebettet sein: im Leben schwer zu kämpfen haben; Sorge und Not ertragen müssen. — Diese stets in der negativen Form angewandte Floskel kann von der positiven Tatsache der seit alters hohen Verehrung der Rose abgeleitet werden. Die Rose ist nicht nur das Symbol der Verschwiegenheit und Geheimhaltung (»Kuhhaut«, siehe BLUME, *sub rosa sprechen*), sondern auch das klassische Zeichen der Freude. Die genießerischen Zecher des alten Rom schmückten bei den Gastmählern ihre Häupter mit Rosen. Die verrufenen Sybariten, die genußfrohen Bewohner der unteritalienischen

Stadt Sybaris, die wegen ihrer Schlemmereien berühmt und berüchtigt waren, betteten sich buchstäblich auf Rosen, das heißt, sie ließen ihre Betten mit Rosenblättern füllen. Dem gleichen duftigen Vergnügen huldigten die in die Geschichte der Schwelgerei eingegangenen Lüstlinge Dionysos, Verres und Antiochus. Wesentlich harmloser ist der Brauch, würdigen Staatsoberhäuptern und liebenden Brautpaaren *Rosen auf den Weg zu streuen*. Die dornenvolle Durststrecke ihres Daseins verweigert denen, *die nicht auf Rosen gebettet sind*, solche Annehmlichkeiten des Lebens — und einiges mehr!

ROTZ

Sich wie ein Graf Rotz benehmen: Graf Rotz ist ein eitler, überheblicher, hochnäsiger, eingebildeter, anmaßender und aufgeblasener Wichtigtuer und Emporkömmling, der durch sein unanständiges, dummdreistes und plumpvertrauliches Benehmen anderen auf die Nerven fällt. — Die — seit 1880 — bekannte Berliner Wendung kommt aus dem

Jiddischen und ist der Gaunersprache entnommen. »Rotz«
heißt sowohl »arm« als auch, wenn wir es von »roson«
herleiten, »mächtiger Herr« oder »Fürst«. Scheinbar zwei
krasse Gegensätze, wenn wir es jedoch so deuten, daß sich
der (nicht »verschämte«, sondern) unverschämte Arme
wie ein großspuriger Fürst benimmt, dann macht es für
unseren Getadelten keinen Unterschied. Ebenso *sich wie
Rotz am Ärmel benehmen:* Wenn man jemanden mit dem
rotwelschen Fluch »Rotz am Ärmel« verdammt, dann
wünscht man ihm die Armut an den Rock. Der so Ge-
schmähte wird nun aber nach der Verarmung nicht etwa
demütig, sondern ist weiterhin anmaßend und frech. Die
des Spitzbubenlateins Unkundigen mißverstanden »Rotz«
als »Nasenschleim« und hielten den, der *sich wie Rotz am
Ärmel benimmt*, für einen, der den Rockärmel mit dem
Taschentuch verwechselt; eine vergnügliche Auslegung,
die durchaus *ins Schwarze trifft!*

RUBIKON, auch »Pistole«, siehe WÜRFEL
   Den Rubikon überschreiten: einen gewagten
Schritt tun, um eine schwerwiegende Entscheidung her-
auszufordern. — Früher war die Grenze zwischen Italien
und Gallia Cisalpina das kleine Flüßchen Rubikon in den
Apenninen. Lange Zeit heiß er Fiumicino, bis ihn Musso-
lini 1932 wieder in Rubicon umtaufte. Als Cäsar (100 bis
44 v. Chr.) vom Senat aufgefordert wurde, sein Kommando niederzulegen, entschloß er sich, den Rubikon zu
überschreiten, obwohl er damit den Bürgerkrieg entfachte.
Als sein Würfel gefallen war, gab ihm das Schicksal recht,
denn er konnte seinem erbitterten Feinde Pompejus
49 v. Chr. bei Pharsalus eine schwere Niederlage beibringen. — Der Ausdruck wird im übertragenen Sinne —
nicht nur von Feldherren — in einer Lebenslage angewendet, in der ein Entschluß von ausschlaggebender Bedeutung gefaßt werden muß.

Er ist besser als sein Ruf: einen wesentlich besseren Charakter haben, als allgemein angenommen wird; mehr gute Eigenschaften besitzen, als es das Gerede der Leute wahrhaben möchte. — Paradebeispiel einer langlebigen Redensart. Seitdem es Menschen gibt finden wir überall Spuren ihrer Liebe zueinander und ihres Hasses gegeneinander. Eine leider unsterbliche Tochter des Hasses ist die Verleumdung, von der es schon in dem geflügelten Wort heißt:

Verleumde nur kühn! Etwas bleibt immer haften!
(Calumniare audacter, semper aliquid haeret.)

Daraus machte Goethe in »Dichtung und Wahrheit«: *immer bleibt etwas hängen* — eine Wendung des Dichterfürsten, die in unserem Sprachschatz ebenfalls »hängengeblieben« ist. — »Die Verleumdung, das freche Gespenst, setzt sich auf die edelsten Gräber«, sagt Heinrich Heine, und da sie so alt ist wie der Mensch, dürfen wir unterstellen, daß der Ausdruck noch lang vor den alten Griechen geprägt wurde. Der Geschichtsschreiber Thukydides (460—400 v. Chr.) berichtet, daß Athens größter Staatsmann, Perikles (500—429 v. Chr.), in einer Heldengedenkfeier auf gefallene Athener betont habe, die Stadt *sei besser als ihr Ruf.* Büchmann zitiert Ovid (43 v. Chr. bis 18 n. Chr.) in seinen »Epistolae ex Ponto« (Briefe vom Schwarzen Meer). Dort sagt er von Claudia Quinta: »ipsa sua melior fama«, sie sei selbst besser als ihr Ruf. Als die Römer im Jahre 204 das Bild der Göttermutter aus Pessinus nach Rom einholten, gingen die ehrbaren Matronen der Stadt dem Bilde entgegen, um es feierlich in Empfang zu nehmen. Die Teilnahme der früher übelberüchtigten Claudia Quinta »an diesem Gottesdienst stellte ihren Ruf wieder her«. Beaumarchais (1732—1799) gab in seiner Komödie »Figaros Hochzeit«, die durch Mozarts Vertonung unsterblich wurde, der Redensart einen erheblichen Nachschub. Als der Graf Almaviva Figaro vorhält, er stehe in einem abscheulichen Rufe, antwortet dieser schlagfertig: »Und wenn ich nun *besser bin als mein Ruf?*« — »*Ich bin besser als mein Ruf!*« läßt Schiller »Maria Stuart« sagen, doch der Mann mit den eisernen Nerven lächelt ironisch über die Verleumdung:

> Ist der Ruf erst ruiniert,
> lebt man meistens ungeniert!

Die beste Fassung für den Ruf erfand aber Marie von Ebner-Eschenbach (1830—1916) mit den Worten:

> Man hat einen zu guten oder einen zu schlechten
> Ruf; nur *den* Ruf hat man nicht, den man verdient.

S

SACHE, auch »Kuhhaut«, siehe ABKARTEN
und GERUCH

Das ist so 'ne Sache: Das ist schwer zu beurteilen; das kann man nicht so ohne weiteres entscheiden. — *Das ist eine runde Sache* (das ist reizvoll, das ist angenehm, das ist vollendet) oder *das ist vielleicht 'ne Sache* (das ist tadellos!) sind Berliner Ausdrücke aus der Jahrhundertwende beziehungsweise den zwanziger Jahren. — *Er fuhr mit hundert Sachen* in die Kurve heißt, er fuhr mit hundert Kilometern pro Stunde in die Kurve. — *Mach Sachen* und *Sachen gibt's, die gibt's gar nicht!* sind Wendungen des Erstaunens und der Überraschung, die seit etwa 1890 bekannt sind. — *Die Sache ist geritzt, Puppe!*, die Sache ist in Ordnung, abgemacht, erledigt, kommt ursprünglich aus der Gaunersprache und meint, daß der geplante Einbruch den gewünschten Verlauf nimmt, nämlich, daß die Schaufensterscheiben bereits mit Diamanten geritzt sind, die Vorbereitung ist beendet, es kann losgehen! Der Berliner Humor nahm das Wort aus dem Spitzbubenlatein, um es zu verharmlosen und bei jeder passenden Gelegenheit anzuwenden. — *Die Sache ist die und der Umstand (ist) der:* Ungewollt komischer Ausdruck eines Professors, also eine *Kathederblüte,* von Studenten in Zahlung genommen und in Umlauf gesetzt, um eine Rede oder einen Bericht besonders umständlich einzuleiten.

Pack deine Siebensachen bedeutet, pack deine wenigen Habseligkeiten und verschwinde! Die Zahl »sieben« spielt in der Volksanschauung eine große Rolle als heilige oder auch als Unglückszahl, so die sieben Sakramente, die sieben Todsünden, die sieben Schmerzen Marias, die sieben Worte Jesu am Kreuz, die sieben fetten und die sieben mageren Jahre, die Sieben Weisen Griechenlands, die Sieben Weltwunder, die Sieben Schwaben oder das Märchen von den Sieben Raben. In Bayern und Österreich heißt es: *Pack deine sieben Zwetschgen.* — Eine überflüssige Häufung sinngleicher Ausdrücke ist *die böse Sieben,* das böse Weib. Beim »Karnöffelspiel« des 15. Jahrhunderts war die »böse Sieben« die Trumpfkarte. Sie trug das Bild des Teufels und konnte alle anderen 47 Karten, selbst die mit den Bildern des Kaisers, des Papstes oder der Kardinäle, stechen. Da man nun aber *den Teufel* weder *an die Wand* noch auf die Spielkarten *malen* darf, beschlossen die geistlichen und weltlichen Behörden, *den Teufel mit Beelzebub auszutreiben.* Das Bildnis des Teufels mußte verschwinden, und an seine Stelle trat die Karikatur eines keifenden Weibes. Seither ist die »böse Sieben« der Schimpfname für die niederträchtige Frau geworden. — *In sieben Sprachen schweigen* heißt, überhaupt nichts mehr sagen, und wer gerne *im siebten Himmel sein* möchte, muß in der »Kuhhaut« unter SIEBEN nachschauen.

SACK, auch »Kuhhaut«, siehe BUTTER, KATZE, SACK

Mit Sack und Pack: mit allem, was man hat. — Wenn einer *mit Sack und Pack von der Bildfläche verschwindet,* dann hat er sein ganzes Eigentum mitgenommen, manchmal auch das, was ihm nicht gehört. Hierbei bedeutet »Sack« das große und »Pack« das kleine Gepäck. Der westfälische Müller beruhigt sich mit der Feststellung: »Brenget se nit Säcke, brenget se doch Päcke«, das heißt, wenn die Bauern auch keine großen Säcke Getreide zum Mahlen bringen, so bringen sie doch wenigstens die kleinen, mit denen man sich eben begnügen muß, denn »Kleinvieh macht auch Mist!« — *Wer in eine Sackgasse gerät* oder *sich in eine Sackgasse verrennt,* ist ausweglos verloren, denn die Sackgasse hat an ihrem Ende kein Schlupfloch, aus dem man entweichen könnte. — Im 1. Makk. 3, 47 und an mehreren anderen Bibelstellen erscheint die Wendung *in Sack und Asche trauern,* was soviel wie Buße tun meint. Borchardt-Wustmann ist der Überzeugung, daß sich in unseren Aschermittwochsbräuchen germanisches Brauchtum mit alttestamentlichem gemischt hat. — *Ein nasser Sack* ist ein haltloser Mensch, und wenn er dann noch *voll ist wie ein Sack,* so ist er schwer betrunken. — *Ihr habt wohl daheim Säcke vor den Türen* (oder: *anstatt der Türen*) sagt man zu jemandem, der ständig die Türen offenläßt. So bestraft man den Rücksichtslosen, indem man ihn in das primitive Milieu des Hüttenlebens verweist.

SAITE

Andere Saiten aufziehen: strenger vorgehen. — Auch *schärfere* oder besser *straffere Saiten aufziehen* gehört hierher. Die »Saite« läßt sich von der indogermanischen Wurzel »sei« = binden ableiten. Urverwandt damit ist das litauische »saitas«, Strick. In diese Wortgruppe gehören auch »Seil« und »Siele«. In der

Zimmerischen Chronik des 16. Jahrhunderts ist der Ausdruck literarisch bezeugt: »Und wurden dem pfaffen die Saiten wol gespannen.« — Natürlich kann man auch *milde Saiten aufziehen:* »Worauf er denn *gelindere Saiten aufzog*« (»Die galante und liebenswürdige Salinde«, von Paulus Melissus — 1539 bis 1602), aber diese Form ist weitaus seltener. Die Redensart kommt vom Aufziehen der Saiten bei der Harfe, Laute oder Geige aus dem Reiche der edlen Frau Musica, in dem unsere deutschen Dichter Schiller, Goethe und Uhland auch so gerne lustwandelten: »Da schlug der Greis die Saiten« (Uhland), und wenn man besonders poetisch sein will, dann spricht man nicht von der »Liebe«, sondern von »den gleichgestimmten Saiten verwandter Seelen«, aber vielleicht sind da *die Saiten zu hoch gespannt,* das heißt, es werden zu hohe Anforderungen an uns gestellt.

SAU

Davonlaufen wie die Sau vom Trog: weggehen, ohne sich zu bedanken. — Eine große Anzahl von Schimpfwörtern wie Saukerl, Sauhaufen, Saubande, Sauigel, Saulümmel, Saufraß, Sauwirtschaft und so fort zeigen, daß *die arme Sau* auf der untersten Stufe der Geringschätzung aller Tiere steht. Weshalb das so ist, soll an dieser Stelle nicht untersucht werden. Zweifellos liegt hier auch wieder eine der vielen menschlichen Fehlmeinungen über die Tiere vor, mit denen wir leben, die wir ausbeuten und die — *unter die Lupe genommen — besser sind als ihr Ruf.* Aber wir haben uns nun einmal mit der Tatsache, daß die Sau keine besondere Hochachtung genießt, abzufinden. So geht dieser drastische Vergleich für den sonderbaren Gast schlecht aus, wenn er *wie die Sau vom Trog davonläuft,* sang- und klanglos verschwindet, ohne sich zu bedanken, und wenn etwas paßt *wie der Sau das Halsband,* dann paßt es eben nicht. Jemanden anfahren *wie die Sau den Bettelsack,* aus dem sie die Treben herauszerrt, heißt, mit ihm derb umgehen. Wenn man von zwei Menschen gleichen Schlages in Nordostdeutschland sagt: *Sie sind von einer Sau geferkelt,* so hat das denselben ironischen Sinn wie *gleiche Brüder — gleiche Kappen.* Manch einer *schreit wie eine gestochene Sau,* und wenn jemand *zur Sau gemacht wird,* dann wird er grob beschimpft und abgekanzelt, daß er, moralisch übel zugerichtet, im übertragenen Sinne einer geschlachteten Sau ähnelt. Wenn einer nach Berliner Mundart *besengt* oder *bekloppt* ist, dann ist er so mißhandelt worden, daß er schon fast verblödet erscheint. »Senge kriegen« heißt im Rotwelschen Prügel, Hiebe beziehen. *Die gesengte Sau* benimmt sich noch unberechenbarer und schlechter als ein Schwein, das man in Ruhe läßt; wenn ihm aber gerade seine Marke eingebrannt (sengen = brennen) wurde, rennt es quietschend und wie besessen davon, so zuwider ist ihm diese Prozedur! Daher der Ausdruck *er benimmt sich wie eine gesengte Sau.* Man sagt aber auch: Ich habe heute wieder geschossen (gekegelt, geritten, gesegelt, gespielt) *wie eine gesengte Sau* und will damit ausdrücken, daß man seinen schlechten Tag hatte.

SCHLAG, SCHLAGEN, auch »Kuhhaut«
siehe WASSER

    Er hat starke Schlagseite: Er ist betrunken. — Der Seemannssprache entnommen, die den torkelnden Betrunkenen, der ständig nach einer Seite neigt, mit dem schief geladenen oder havarierten Schiff vergleicht. Daher auch *schief geladen haben* für den taumelnden Zecher, der stark angerauscht ist. — Er ist *einer vom alten Schlag,* ist *ein Mann von echtem Schrot und Korn* (»Kuhhaut«, siehe SCHROT). Beide Wendungen kommen aus dem Münzwesen, wobei der »alte Schlag« an das Schlagen und

Prägen der Geldstücke erinnert. — *Er schlägt nach seinem Vater* sagt man von einem, der mit ihm eine große Ähnlichkeit hat: *Er artet* nach ihm. »Schlagen« bedeutet hier soviel wie »in einer bestimmten Weise nach einem kommen«, »sich in einer gewissen Richtung bewegen«. Wer aber aus der Art schlägt, also ausartet, der »schlägt aus dem Geschlecht« wie das »Deutsche Wörterbuch« der Brüder Grimm erklärt. *Einen Schlag nachfassen* ist eine soldatische Redensart und meint, sich bei der Essensausteilung eine zweite Portion sichern. — *Das war ein Schlag ins Kontor!* Das war eine schöne Bescherung! Das war eine große Enttäuschung, ein herber Verlust! *Ehe ich mich schlagen lasse*, sagt man, wenn man den angebotenen Kognak so gerne trinken möchte, sich aber noch ein wenig ziert, um der Wohlerzogenheit zu genügen, bis man dann doch endlich zugreift!

SCHLEPPTAU

Einen ins Schlepptau nehmen: ihn führen, ihm helfen; ihn dadurch vorwärts bringen, daß man ihm erlaubt, sich an einen zu hängen. — Ebenfalls der Seemannssprache entlehnt. Man kann einem Schiff in Kiellinie aus eigener Kraft folgen, das heißt, genau im Kielwasser hinterherfahren; oder man wird vom anderen Fahrzeug ins Schlepptau genommen, weil man sich ohne Hilfe nicht fortbewegen kann. Dabei muß, im übertragenen Sinne, der Unfähige nicht immer den Wunsch auf Unterstützung äußern, in manchen Fällen wird jemand auch ohne es zu wollen gefördert: so der faule Schüler, den der Lehrer, obwohl es wenig Zweck hat, wohlwollend *ins Schlepptau nimmt*. Natürlich kann ein fleißiger Knabe seinem weniger begabten Klassenkameraden erlauben, sich an ihn zu hängen, das meint, von ihm abzuschreiben. So wird *eine lahme Ente*, wie man diesen schwachen *Pennäler* nennt, auf besonderen Wunsch ins Schlepptau genommen. Klaus

Groth (1819–1899), der niederdeutsche Dichter, bezeugt 1855 diese seit 1796 belegte Redensart in »De Waterbörs«: »He harr de Ol sin Seel glick opt Sleptau.« (Er hatte des Alten Seele gleich ins Schlepptau genommen.)

SCHNEIDEN, auch »Kuhhaut«, siehe SCHNEIDEN

Frieren wie ein Schneider: stark frieren und dabei zittern. — Unter einem Schneider stellte man sich früher immer ein zartes, schmächtiges Männlein vor, das leicht zum Frieren neigte, das aber dennoch recht beherzt war (»Das tapfere Schneiderlein«, »Der Schneider von Ulm«). — *Frieren wie ein nackter Dorfschullehrer.* Früher war der Schullehrer auf dem Dorfe der am erbärmlichsten entlohnte Mann. Das dürftige Brennholz und die geringen Lebensmittel, mit denen ihn die Bauern versahen, ließen ihn in einem unwürdigen Zustande dahinvegetieren. — *Herein, wenn's kein Schneider ist!* ruft man, wenn jemand an die Tür klopft. Bismarck schrieb am 7. März 1847 an seine Braut: »Wie entrüstet bin ich als Student über Schneider und Schuster gewesen, wenn sie ihre Rechnung bezahlt verlangten; es schien mir die empörendste Zumutung, anstatt daß ich dankbar für den gewährten Credit gewesen wäre.« Aus dieser überlebten Einstellung gedankenloser Arroganz des vorigen Jahrhunderts entstand unsere Wendung: *Herein, wenn's kein Schneider ist!*

SENF

Seinen Senf dazu geben: zu einer Sache ungefragt seine Meinung sagen; überflüssigerweise seine Ansicht preisgeben. — Senf ist ein Gewürz, das jeder nach besonderem Geschmack und eigenem Maß der Speise zufügt. Wenn also jemand unaufgefordert *seinen Senf dazu gibt*, reizt er uns ganz empfindlich zum Widerspruch. — *Einen langen Senf über etwas machen* heißt, sich weitschweifig

Das Rätsel der Sphinx

und langatmig über etwas auslassen; unnützes Gerede, umständliche Worte vorbringen. Der »lange Senf« ist die verdünnte Senfsoße, die bildlich gesprochen dem inhaltlosen Geschwätz entspricht.

SPHINX

Rätselhaft wie eine Sphinx: unerforschlich; undurchschaubar; von abgründiger Art; von unbegreiflichem Wesen. — Der ägyptische König Chephren (um 2500 v. Chr.), der der vierten Dynastie angehörte, erbaute in Gizeh bei Kairo die zweitgrößte Pyramide, deren jetzige Höhe 136,4 m und deren Seitenlänge 210,4 m beträgt. Vor dieser Pyramide liegt der Totentempel, der mit einem im Tal errichteten eindrucksvollen Torbau durch einen Weg verbunden ist. Nördlich dieses Weges ruht ein kolossaler Löwe mit Königskopf: die Sphinx. Sie stellt das älteste Monumentalporträt der Menschheit dar. Es zeigt den Kopf des Königs Chephren. Er soll, als »die Rampe gebaut war, auf der er zum Himmel emporsteigen konnte«, angesichts des in sonderbaren Formen übriggebliebenen Steinbruchs, auf die Idee gekommen sein, einen menschenhäuptigen Löwen daraus zu machen, dessen Haupt seine Züge trug. So entstand die Sphinx, der ewige, rätselhafte Wächter der Pyramide. — Nach thebanischer Darstellung war die Sphinx ein Geschöpf mit Weibsgesicht und geflügeltem Löwenkörper. Der griechische Dichter Hesiod (um 700 v. Chr.) berichtet, sie habe auf der Straße nach Theben gehaust und dort großen Schrecken verbreitet. Jeden Wanderer, dessen sie habhaft werden konnte, habe sie mit einem Rätsel belästigt. Löste er es nicht, wurde er von dem Ungeheuer in den Abgrund gestürzt. Der unglückselige Ödipus, Sohn des Königs Laios und der Jokaste, befreite endlich Theben von diesem Schreckgespenst. Das Rätsel lautete: »Welches Tier geht morgens auf vier, mittags auf zwei und abends auf drei Beinen?« Ödipus antwortete: »Der Mensch, denn in seiner Kindheit kriecht er auf allen vieren; als Erwachsener geht er auf seinen zwei Beinen, und im Alter nimmt er einen Stock zu Hilfe, um auf drei Beinen zu laufen!« Diese Antwort verwirrte die Sphinx derartig, daß sie sich selbstmörderisch in die felsige Tiefe warf. — Ein wunderbar bemalter, gut erhaltener zweihenkeliger Krug (Amphora) aus dem Jahre 450 v. Chr. zeigt die Szene, wie Ödipus vor der Sphinx das Rätsel löst. Die Amphora wird im »Museum of Fine Arts« in Boston verwahrt.

T

TAG, auch »Pistole«, siehe ABEND

In den Tag hineinleben: unbekümmert um die Zukunft dahinleben; *den lieben Gott einen guten Mann sein lassen;* ohne Beachtung der Umwelt ein sorgloses Dasein führen. — Schon lateinisch bezeugt von Gerhard Ger-

. . . bringt es an den Tag

hards, bekannter unter dem Namen Erasmus von Rotterdam (1465–1536), dem großen Humanisten: »in diem vivere«. — *Wer dem lieben Gott den Tag stiehlt*, das heißt faulenzt, ist genau wie jener, der *den Tag totschlägt*, ihn nutzlos verbringt. — *Jetzt wird's Tag!* ist ein Ausruf des Erstaunens und der Überraschung. Die Helligkeit *bringt es* sozusagen *an den Tag*, läßt uns erkennen und klar sehen. — *Dem Tag die Augen ausbrennen* meint, abends zu früh, also noch bei Tageslicht, und morgens zu lange das Licht brennen lassen. Der Schwabe sagt dazu:

»e Loch in de Tag brennen«, der Küstenbewohner: »den Dag anstecken«. — *Das ist ein Unterschied wie Tag und Nacht* sagt man häufig, zum Beispiel beim Vergleich von Geschwistern. Tag und Nacht sind ein so vollkommener Gegensatz, daß sich diese Wendung sinnfällig auf alles beziehen läßt, was uns zu krassen Vergleichen verlockt. — *Du suchst wohl den gestrigen Tag* sagen wir zu einem, der etwas erfolglos sucht, zum *zerstreuten Professor*, dessen angebliche Zerstreutheit nichts anderes als die Folge einer starken geistigen Konzentration ist. Der Ausdruck, man suche den gestrigen Tag oder man habe einen Tag verloren, geht auf den friedliebenden Kaiser Titus (39—81 n. Chr.) zurück, der bei der Tafel seinen Freunden entsetzt zurief: »Amici, diem perdidi!« (Freunde, ich habe einen Tag verloren), als er bemerkte, daß er an diesem Tag noch keine gute Tat vollbracht habe. — Wer *vor Tau und Tag* auf die Jagd geht, bricht noch in der Dunkelheit auf. — Manchmal hat man einen *schwarzen Tag*, der einem viel Unheil bringt, manchmal aber auch einen *großen Tag*, dann ist man vielleicht *der Mann des Tages* oder gar *der Held des Tages*. Unter dem *Tag des Herrn* versteht man im allgemeinen den Sonntag. Indem unsere Arbeiter ihren Dienstherrn ironisch mit Gott dem Herrn vergleichen, nennen sie den Lohnzahltag den *Tag des Herrn*. — Auf seine *alten Tage* (im Alter) ist ihm so recht klargeworden, daß er einst *bessere Tage gesehen hat*, daß es ihm früher besser gegangen ist. *Heute hat er keinen guten Tag,* ihm gelingt nichts. — *Seine Tage sind gezählt,* daher hat er allen Grund, an *das Ende aller Tage* zu denken. *Der Jüngste Tag* ist hoffentlich kein *Tag der Rache*. Es müßte nun eigentlich *an den Tag kommen,* das heißt, uns klarwerden, ob wir unter dem Stichwort »Tag« alle wesentlichen Redensarten untersucht haben, aber trösten wir uns mit Adelbert von Chamisso: »Die Sonne bringt es an den Tag!«

TASCHE, auch »Pistole«, siehe BEUTEL und HEMD

Einen in die Tasche stecken: jemandem überlegen sein; ihn beherrschen. — Bei Schiller bezeugt im »Fiesco« (I, 7): »Mag er Genua in die Tasche stecken ... was kümmert's uns?« Ebenso *einen in der Tasche haben:* mit ihm machen, was man will, Macht über ihn haben. *Tief in die Tasche greifen* steht bildlich für viel Geld ausgeben müssen, und wenn jemand eine Stadt *wie seine Westentasche kennt*, dann ist er mit ihr bestens vertraut, dann *kennt er sie aus dem Effeff.* Wer *einem anderen auf der Tasche liegt*, der läßt sich von ihm aushalten, der nutzt ihn schamlos aus. *Sich die Taschen füllen* meint, Nutzen, Gewinn ziehen, meistens mit dem abwertenden Sinn, daß der Reichtum auf nicht ganz ehrliche Weise erworben wurde. — Die humorvolle Berliner Wendung *faß mal einem nackten Mann in die Tasche* soll bedeuten: Ich besitze nicht einmal ein Hemd, geschweige denn eine Hose, aus der du Geld holen könntest. — *Die Hand auf der Tasche (auf dem Beutel) halten* heißt, nichts herausrükken, die Zahlung verweigern oder geizig sein; ähnlich *der Mann mit den zugeknöpften Taschen*, von dem schon Goethe sagt:

> Mann mit zugeknöpften Taschen,
> Dir tut niemand was zulieb;
> Hand wird nur von Hand gewaschen;
> Wenn du nehmen willst, so gib!

TATAR

Das ist eine Tatarennachricht: Das ist eine lügenhafte Nachricht; eine Ente, eine Falschmeldung, eine unglaubwürdige Geschichte. — Prinz Kraft zu Hohenlohe, der um die Mitte des 19. Jahrhunderts Militärattaché bei der englischen Gesandtschaft in Wien war, erhielt während des Krimkrieges bereits am 30. September 1854 die Meldung von dem tatsächlich erst am 11. September 1855

(also ein Jahr später) erfolgten Fall der Festung Sewastopol. In seinen Erinnerungen »Aus meinem Leben« (Berlin
1897) schreibt er: »Ein von Konstantinopel nach Bukarest
reitender Tatar war einem anderen in umgekehrter Richtung reitenden begegnet und hatte es diesem mündlich
erzählt, worauf beide, die Depeschen austauschend, wieder zurückgeritten waren. Die Nachricht aber war nur
mündlich und besagte, die Kapitulation sei abgeschlossen,
das türkische Dampfschiff, das die Nachricht davon gebracht, habe den Hafen von Sewastopol vier Stunden vor
dem Augenblick verlassen, in dem die Übergabe des Platzes erfolgen sollte, das Datum fehlte. Nach drei Tagen erfuhr man, daß an der ganzen Geschichte kein wahres
Wort war. Die Sache ist jetzt in der Welt vergessen, aber
der Name ist geblieben. Wenige Menschen, die jetzt noch
eine Lüge mit dem Wort Tatarennachricht bezeichnen,
wissen, daß dieser Ausdruck für jede Lüge von jener am
30. September 1854 gebrachten Nachricht über die Einnahme von Sewastopol stammt.«

TEUFEL, »Pistole«, siehe DEIBEL;
auch »Kuhhaut«, siehe TEUFEL

    Dem Teufel ein Licht (eine Kerze) anzünden: einer
bösen Sache des Nutzens wegen dienen. — Hier will man
dem Teufel bei Frevel und Missetat nicht noch leuchten,
sondern man huldigt ihm mit brennender Kerze wie Gott
in der Kirche. Hans Sachs gebraucht diese Wendung bereits in seinem Schwank »Spieler mit dem Teufel«. Der
Teufel zeigt sich auch manchmal als Familiengeist im
»Gläslein«, wo er als »Dämon in der Flasche« seinem Besitzer anfangs Freude und Vorteil, später aber Unglück
bringt. So heißt die bayerische Redensart: *einem den
Teufel im Gläslein zeigen,* ihm die Hölle heiß machen,
ihm Furcht und Schrecken einjagen. 1512 behauptet Thomas Murner in seiner »Schelmenzunft«, die Selbstmörder

würden *dem Teufel auf den Schwanz gebunden*, der sie so in die Hölle entführt. In Schlesien sagt man auch: *Das hat der Teufel mit dem Schwanz zugedeckt*, wenn man etwas verloren hat. *Dat geit, as wenn de Düwel Spörken* (Spatzen) *frett*, ist plattdeutsch und heißt »äußerst schnell«, oder *das geht wie's Teufelhaschen*. *Das ist zum Teufel gegangen*, das ist verschwunden; der Plan ist zusammengebrochen; das ist entzwei; darüber reden wir nicht mehr. Ein frommer Wunsch ist: *Dich soll der Teufel holen*, was meist als »Deibel« oder »Deixel« ausgesprochen wird. Der Berliner malt das in seiner blühenden Phantasie dann aus zum: *Dich soll der Teufel frikassieren* (Frikassee = gedämpftes weißes Schnittfleisch in heller säuerlicher Soße). Wenn man *ein heißes Eisen anfaßt*, kann man *in des Teufels Küche kommen*, der dann womöglich aus einem den berüchtigten *Teufelsbraten* macht. *Wenn einen der Teufel reitet*, ist man zu allem fähig. Da nützt es auch nichts mehr, *den Teufel auch!* zu rufen, womit man eine starke Zumutung energisch abweist, die in Chamissos »Der rechte Barbier« zu finden ist:

Der Teufel auch!

Das ist des Landes nicht der Brauch!

Der Teufel ist los! (sonst ist er angebunden!) entstammt der Bibel. In der Offenbarung 20, 2, 3 heißt es: »Und er griff den Drachen, die alte Schlange, das ist der Teufel und Satan, und band ihn tausend Jahre und warf ihn in den Abgrund und verschloß ihn und tat ein Siegel oben darauf, daß er nicht mehr verführen sollte die Völker, bis daß vollendet würden die Tausend Jahre. Danach muß er los werden eine kleine Zeit.« Daraus wurde die Redensart *der Teufel ist los!* oder *nun ist doch wieder der Teufel los!* Auch das sagenhafte Tausendjährige Reich, Angelpunkt vieler politischer Auseinandersetzungen, ist damit zu erklären. Zum Schluß sollten wir noch *des Teufels Großmutter* »untersuchen«. In »Antike und Christentum« (Münster 1930) leitet Ignaz Dölger den Ausdruck von einer falschen Übersetzung des Beinamens der kleinasiatischen Göttin Kybele durch christianisierte Römer her. Sie sagten von der Kybele, sie sei die »magna mater deorum«, das heißt, die große Mutter der Götter. »Die große Mutter« verstand man irrtümlich als »Großmutter« und die heidnischen »dei« (Götter) als Teufel. Das war gleichsam die Geburtsstunde von *des Teufels Großmutter.* Aber wir wollen jetzt *den Teufel in die Hölle schicken* und ihn nicht noch *an die Wand malen!*

TEXT

Weiter im Text: zur Hauptsache! — Stammt aus den alten Latein- und Klosterschulen, in deren Unterrichtsstunden der Priester bei der Auslegung des Bibeltextes weitschweifig geworden war und sich selbst zur Ordnung rief, um mit dem Ausdruck *weiter im Text!* zum Ausgangspunkt zurückzukehren. — *Einem den Text lesen* entspricht *jemandem die Leviten lesen* oder *die Lektion erteilen* (»Kuhhaut«, siehe LEVITEN). Aus der Theatersprache entlehnt: *Bei dem kommt kein Text,* er ist beschränkt, mit ihm kann man sich nicht unterhalten. *Der Text liegt an der Kasse* sagt der Schauspieler spöttisch zu seinem Kollegen, wenn dieser (diese) mitten in der Rolle steckenbleibt.

TINGELN

Das ist ein richtiger Tingeltangel: Varieté minderer Qualität; Unterhaltungsgaststätte mit anspruchslosen Darbietungen. — Gaukler und fahrende Artisten klingelten auf den Jahrmärkten ihre Darbietungen aus und sammelten nach der Vorführung mit dem Teller das Geld ein. Beim Aufprallen der Münzen auf den Teller gab es ein Klingeln und »Tingeln«. Aus dieser Lautmalerei entstand der Stabreim *Tingeltangel,* der auch an *Triangel*, Schellenbaum (Rasselinstrument mit Glöckchen an einem Halbmond aufgehängt), Trommel, Becken, Flöte und Kesselpauke der Janitscharen erinnert. Diese Instrumente gehörten dem Musikkorps der türkischen Elitetruppe an, die 1683 vor den Toren Wiens geschlagen wurde. Europäische Militärkapellen übernahmen die Janitscharen-Instrumente mit Begeisterung, und unsere Komponisten führten die exotischen Klangeffekte (»alla turca«) in unsere Musik ein. — Eine ältere Erklärung dieser Redensart sagt, die *Tingeltangel* seien »Caffeehäuser, in denen leichte Frauenzimmer singen«. Das ist früher so gewesen und trifft auch heute manchmal zu. Es genügt, wenn man schlechte Kabarettkunst bietet, um auf das Niveau eines *Tingeltangels* herabzusinken. Wer in der Theaterwelt *tingelt, geht* mit seiner Kunst *auf die Dörfer* und streicht verhältnismäßig geringe Gagen ein. Eine Talmi-Künstlerin des Tingeltangels wird auch ironisch *Tingeltangeleuse* oder noch massiver *Tingeltangelteuse* genannt.

TISCH

Reinen Tisch mit etwas machen: eine Sache endgültig klären; die Angelegenheit erledigen; etwas beseitigen oder zu Ende führen. — Wenn vom Eß-, Arbeits- oder Schreibtisch das Geschirr weggetragen oder Werkstücke und Akten abgeräumt sind, hat man den erfreulichen Anblick eines reinen Tisches vor sich, der hier im übertragenen Sinne als Bild für die glückliche Lösung eines Problems gilt. — *Etwas unter den Tisch fallen lassen:* auf eine Sache nicht weiter eingehen, weil man sie absichtlich übersehen möchte. Es ist wie mit den Brosamen, die versehentlich unter den Tisch fallen, aber von niemandem beachtet werden. — *Ihr dürft mal an der Tischecke riechen,* sagt der Vater, wenn die Kinder zu spät zum Mittagessen kommen, denn inzwischen hat die Mutter abgedeckt und soll nicht in der Küche von neuem anfangen müssen. (Auch »Kuhhaut«, siehe TAPET, grüner Tisch und TISCHTUCH.) — *Die Beine unter eines anderen Tisch stecken* meint, sich von ihm unterhalten, ernähren lassen. Im übrigen sagt ein weises Sprichwort: *Bei Tisch soll man keines Haders gedenken.*

TÜR, auch »Kuhhaut«

Jemandem eine Tür öffnen: ihm helfen; ihn mit wichtigen Personen zusammenbringen. — *Ihm alle Türen öffnen* bedeutet, ihn vorbehaltlos fördern. Im Zusammenhang mit diesem Stichwort dürfen wir *zwischen Tür und Angel* auf die »Rechtssprichwörter« eingehen. Das sind in einprägsamen Formeln niedergelegte Rechtssätze, die wegen ihres Humors und ihrer Übertreibung sehr volkstümlich wurden. Zum Beispiel: *Wo kein Hahn kräht, kräht die Henne* zielt auf die aushilfliche Erbfolge der weiblichen Verwandten. *Aller guten Dinge sind drei* deutet auf die Ächtung des auf dreimalige Ladung nicht erschienenen Angeklagten. *Einmal ist keinmal* verlangt eine längere Übung für die Annahme des Gewohnheitsrechtes und schließlich *der letzte macht die Tür zu* heißt, daß der überlebende Gatte unter Ausschluß der Verwandten des Verstorbenen erbt. Das bedeutet, daß der Tod die Tür geschlossen hat, um der Witwe das Erbe gegen die Verwandten zu sichern. Wenn wir die Wendung *Der letzte macht die Tür zu*, die wir mehreren Leuten zurufen, welche gerade das Zimmer verlassen, gebrauchen, so ahnen wir kaum, daß wir einen berühmten alten deutschen Rechtssatz ausgesprochen haben. — Im übrigen *kehre ein jeder vor seiner eigenen Tür!*

U

UMSTAND, UMSTÄNDE

Sich nach den Umständen richten, den Umständen Rechnung tragen: die besondere Lage beachten und danach handeln; auf die Verhältnisse Rücksicht nehmen. — Dem altgermanischen Rechtsverfahren entlehnt, wonach der »unbestant« (die Gesamtheit der Umstehenden), also die Freien und später die Schöffen, das Urteil fanden, nach dem sich der Gerichtsvorsitzende zu richten hatte. Der freie Mann hatte auch das Recht, das Urteil zu »schelten und es zu Recht zu weisen«, wenn er dem »Umstand« angehörte, so daß sich die Begriffe »Umstände« und »Schwierigkeiten« langsam zu decken begannen.

Sich keine Umstände machen: keine besonderen Vorkehrungen für den Gast treffen. — Hier ist ein Beispiel dafür gegeben, daß zwei ziemlich ähnlich lautende Wendungen aus ganz verschiedenen Quellen schöpfen. Die erste ist dem germanischen Recht entnommen, in der zweiten ist »Umstand« nichts anderes als die Übersetzung des lateinischen Wortes »circumstantia«, also im begrifflichen Sinne »die Lage, in die etwas eingeschlossen ist«. *»Machen Sie sich doch bitte meinetwegen keine Umstände!«* sagt der eingeladene Herr zu der Gastgeberin und gebraucht damit eine unserer verlogensten Redensarten. Natürlich möchte er gern, daß sie seinetwegen besondere Vorkehrungen trifft, um ihn auszuzeichnen, aber tut so, als ob er die Bescheidenheit in Person wäre! *»Unter keinen Umständen sollte man diesem Manne mildernde Umstände geben«,* urteilen Sie hart. Ich glaube, wir können *unter den obwaltenden Umständen* doch dafür plädieren. Zumal die Hausfrau unseren *Umstandskrämer* (einen *pingeligen,* übergenauen Kaufmann) wegen *unvorhergesehener Umstände* wieder ausgeladen hat. *Sie war* *in anderen Umständen.* — Wie sagt der Begründer der griechischen Geschichtsschreibung Herodot (490—420 v. Chr.)? »Die Menschen sind den Umständen und nicht die Umstände den Menschen untertan!«

URSTAND

Fröhliche Urständ feiern: scherzhaft für »fröhliche Auferstehung feiern«. — Urstand ist veraltet für »Urzustand«. Das dazugehörige Wort urständlich heißt »im Urzustand befindlich«.

V

VERDAMMT

Seine verdammte Pflicht und Schuldigkeit tun: laut Auftrag seine Dienste leisten; seine angemessene Pflicht erfüllen. — Der Ausdruck ist eine der berühmten Marginalien (Randbemerkungen) Friedrichs des Großen. Louis Schneider berichtet in »Der Bär« (Berlin 1880), daß Graf Dohna eine Bitte an den König gerichtet habe, dem Haushofmeister Mayer eine besondere Belohnung zu gewähren, da dieser es gewesen sei, der die Tänzerin Barberina für den König und damit für seine Hofoper gewonnen habe. Der König schrieb an den Rand der Eingabe: *»Kriegt nichts! Hat nur seine verfluchte Schuldigkeit getan!«* — Aus dieser »verfluchten Schuldigkeit« ist dann im Laufe der Zeit im Volksmund *die verfluchte* (oder auch *verdammte) Pflicht und Schuldigkeit* geworden.

VERRATEN

Verraten und verkauft: stabreimendes Wortpaar für scheitern, hoffnungslos ins Elend gestoßen werden, ein Fiasko erleiden. — Aus dem Sklavenwesen. Die Sklaverei war ein Abhängigkeitsverhältnis, bei dem der Sklave persönliches Eigentum des Sklavenhalters war. Der Sklave war für den Herrn völlig frei verfügbar. Er konnte ihn verkaufen oder sogar ungestraft töten. Die antike Gesellschaft stützte sich auf eine breite Masse von Sklaven, die allerdings mit der Herrschaft in patriarchalischer Hausgemeinschaft lebten und recht häufig die Vorzüge familiären Zusammenseins genossen. Das gewalttätigste Sklavenwesen betrieb das europäische Kolonialsystem mit den Negern, in dem Engländer und Holländer in der Rücksichtslosigkeit der Durchführung von unüberbietbarer Härte waren. Die Engländer verkauften zwischen 1680 und 1786 allein über zwei Millionen Neger nach Amerika. Dabei war es nicht verwunderlich, daß in Afrika ganze Stämme ausgerottet wurden. Wenn sich die Gejagten in großen Gruppen auf die Flucht begaben, wurden sie von den Agenten der Sklavenhändler schnell aufgespürt, *verraten und verkauft*, das heißt »hilflos ausgeliefert«. *Lost and sold* ist die englische Wendung, wobei »lost« die Bedeutung von »verloren, verdammt, verstoßen« hat; »sold« heißt »verkauft«. Durch englische Seeleute wurde die Redensart, wie vieles aus dem englischen Wortschatz, in unsere Sprache »eingeschleust«.

VERSENKUNG

Er ist in der Versenkung verschwunden: Er ist spurlos untergetaucht, unauffindbar; *er ist auf und davon.* — Der Theatersprache entnommen. Die Versenkung ist das Seitenstück zum *deus ex machina* des antiken Dramas. Die Göttererscheinung (oder wörtlich: »Gott aus der Maschine«) wurde auf einem besonderen Apparat in die Szene geführt und löste von dort aus ganz plötzlich die dramaturgische Verwicklung, wenn dem Dichter eine natürliche Deutung der Probleme nicht mehr einfiel. Wie der Gott als unerwarteter Retter in der Not erschien, so ist die Versenkung sein würdiges Gegenstück: *Man läßt jemanden von der Bildfläche verschwinden*, den man ausschalten möchte; so den unverbesserlichen Verführer am Schluß von Mozarts Oper »Don Juan«. Vom Verschwinden des Schauspielers auf der Bühne bis zum Verschwinden in der Öffentlichkeit ist es nur ein gedanklicher *Katzensprung*. Wie ein »gefährliches Protokoll« *in der Versenkung* verschwindet, so »kann die alte Idee eines Kanalbaues« natürlich auch wieder *aus der Versenkung auftauchen*. Bismarck sagte ironisch: »Ich weiß wirklich gar nicht, wovon Sie reden werden, wenn ich plötzlich in einer Versenkung verschwinde!«

VETTER

Hier herrscht eine üble Vetternwirtschaft: Machenschaften zugunsten seiner Verwandten; Günstlingswirtschaft; gegen Recht und Billigkeit seine Macht für seine Freunde anwenden. — Die Vetternwirtschaft (der »Nepotismus«) der Päpste der Renaissancezeit wurde besonders angeprangert, wodurch die Wendung *den Papst zum Vetter haben* entstand. Sie tritt auch heute noch in allen möglichen Erscheinungsformen auf dem ganzen Erdball auf und ist nicht nur vom *richtigen Gesangbuch* (Religionszugehörigkeit) oder vom *richtigen Parteibuch* (Parteizugehörigkeit) abhängig. So wurde eine Redensart zur weltweiten sittlichen Forderung: *Schluß mit der Vetternwirtschaft!*

Die Vetternstraße ziehen: so reisen, daß man möglichst viele Verwandte besuchen kann, um recht billig zu leben. — Seit der zweiten Hälfte des 19. Jahrhunderts bekannter Ausdruck, der auch von Theodor Fontane (1819–1898) bezeugt wird: »Nachdem beide der Verlockung einer neumärkischen *Vetternreise* glücklich widerstanden hatten.«

VISIER

Mit offenem Visier kämpfen: offen und ehrlich kämpfen; sich zu erkennen geben. — Vom ritterlichen Zweikampf entlehnt. Der Kopfschutz der mittelalterlichen Ritterrüstung war der Helm mit dem Helmgitter oder »Visier«, durch das der Ritter hindurchschauen konnte, ohne selbst gesehen zu werden. Visier ist vom französischen »viser« (»visieren«, hindurchspähen) abgeleitet. Zu Beginn eines Wettstreites begrüßten sich die Turnierkämpfer zunächst einmal, *indem sie ihr Visier lüfteten* und sich dadurch gegenseitig zu erkennen gaben. Von diesem Visierlüften und dem damit verbundenen Anheben der rechten Hand an die Kopfbedeckung stammt der heute noch in der ganzen Welt übliche militärische Gruß! Wer also bei einer schriftlichen Fehde oder einem sonsti-

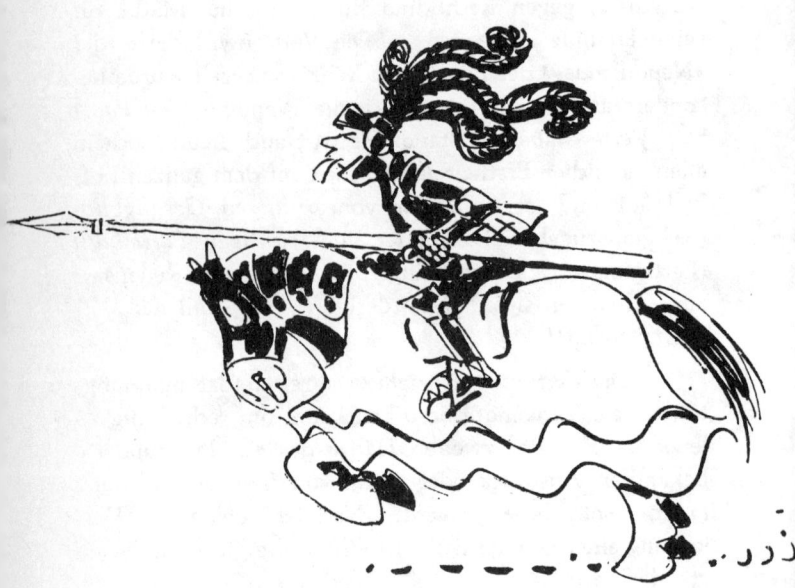

gen Streit nicht in die Anonymität flüchtet, sondern offen seinen Namen nennt, *der kämpft mit offenem Visier.* Wenn er bei der Auseinandersetzung nicht in Erscheinung treten möchte, sollte man ihm doch zum mindesten empfehlen, ehrenhafterweise wenigstens nach dem Kampf »das Visier zu lüften«.

VOGEL, auch »Kuhhaut«

Friß, Vogel, oder stirb! Wer das vorgesetzte Futter verschmäht, soll verhungern. — Um einen Vogel gefügig zu machen, wird ihm längere Zeit immer das gleiche Futter vorgesetzt. Luther sagt: »Wie du wilt, Vögelin, wiltu nicht essen, so stirb.« In der Zimmerischen Chronik heißt es: »vogel iß oder storb!« und in Grimmelshausens »Simplicissimus«: »Ich dachte, jetzt heißt's: Friß, Vogel, oder sterb.« In Verbindung mit dem jakobinischen Schlagwort aus der Französischen Revolution »La fraternité ou la mort« (Brüderlichkeit oder Tod!) brachte das Jahr 1848 den deutschen Vers:

Und willst du nicht mein Bruder sein,
so schlag ich dir den Schädel ein!

der durch eine Rede des Reichskanzlers Bernhard Fürsten v. Bülow (1849—1929) im Reichstag 1903 wieder auflebte und geflügelt wurde. Das grausige Revolutionslied steht sinngemäß dicht neben unserem: *Friß, Vogel, oder stirb!*

W

WAAGE, auch »Kuhhaut«, siehe GOLD und SCHWERT

Einem die Waage halten: ihm gleich sein in irgendeiner Beziehung; es mit ihm aufnehmen können. — Eine Reihe wichtiger Wendungen gehört zur »Waage«, sogar das Wort »wichtig« selbst, denn es kommt von »Gewicht«. Dazu Redensarten wie *schwer in die Waagschale fallen, sein ganzes Gewicht in die Waagschale werfen,* wenn man seinen ganzen, nicht unerheblichen Einfluß geltend macht, oder *Gewicht auf etwas legen,* das heißt, einer Sache Bedeutung beimessen. *Wenn etwas aber auf der Kippe steht,* dann ist es noch ungewiß, welcher Seite das Zünglein an der Waage den Vorzug geben wird. Aber: »Auf des Glückes großer Waage steht die Zunge selten ein!« (Goethe)

WAISENKNABE

Gegen den bin ich ein reiner Waisenknabe: An ihn reiche ich keineswegs heran; in der Sache ist er mir bei weitem überlegen. — Die Wendung ist schon im 13. Jahrhundert bekannt. Heinrich von Freiberg, der 1285 n. Chr. die Fortsetzung des »Tristan« von Gottfried von Straßburg dichtete, bezeugt sie in diesem Vers:

> Herr Tristan, der kurteise,
> der valscheit ein weise.

Das heißt: Herr Tristan, der Vornehme, ein Waisenknabe der Falschheit oder »ganz ohne Falsch«. Im 19. Jahrhundert bekam der Ausdruck mehrfach literarischen Nachschub. Ein heutiges Beispiel ist: »Gegen diesen Redner war er ein rechter Waisenknabe.« Ähnlich: ein Waisenknabe in etwas sein; *»er ist ein reiner Waisenknabe* im Segeln«, das bedeutet: »Im Segeln ist er ohne Können und Erfahrung«, wie das Waisenkind ohne Eltern!

WAND, auch »Pistole«, siehe KOPF und SPIEL

Es ist, um die Wände hinaufzuklettern: Ausdruck der Empörung, der Ungeduld, der Verzweiflung. — Dieser Ausdruck ist eine Übertreibung der Vorstellung, daß der Zornige und Unbeherrschte nicht nur vom Stuhl aufspringt, sondern sogar *die Wände hochgeht;* manchmal ist

Das ist doch zum . . .

es auch eine *Akazie* oder *Palme*, auf die er hinaufklettert
(auch »Kuhhaut«, siehe DECKE). *Man springt aber auch
vor Freude die Wände hoch,* oder besser noch: *Man
springt vor Freude an die Decke.* — Da das Leben hart ist,
muß man immer darauf achten, *daß man nicht an die
Wand gedrückt,* d. h. ausgeschaltet *wird.* Dieser Ausdruck
ist schon zu Anfang des 17. Jahrhunderts in Bayern be-

legt. Man muß vielmehr *versuchen, daß man mit dem Rücken an die Wand kommt.* Die aus der Fechtersprache stammende Wendung meint, daß man immer seinen Vorteil wahren und vielleicht versuchen muß, seine Deckung an der Wand zu suchen. Wenn man dem Gegner hoffnungslos ausgeliefert ist, kann es sein, *daß man vor Schreck kreidebleich* oder *weiß wie eine Wand* wird. Es gibt Menschen, die so dumm sind, daß man *mit ihnen Wände einrennen kann,* das heißt, sie haben einen unbelehrbar harten und *hohlen* Schädel. In Gegenwart solcher Einfaltspinsel *redet man gegen Wände.* — *Am wohlsten fühlt man sich in seinen vier Wänden (Pfählen)* ohne solche Toren. Aber auch in guter Gesellschaft ist man in seinem Heim nicht immer sicher, denn bekanntlich *haben Wände Ohren.* Es horcht vielleicht jemand. Ja, *wenn die Wände reden könnten!* Aber: *Der Horcher an der Wand hört die eig'ne Schand'.* Am schnellsten wird man den unbequemen Lauscher los, wenn man ein ausgelassenes, lautes Fest veranstaltet. Das hat er nicht gern, denn — *da wackelt die Wand!*

WARNUNG

Jemandem einen Warnungsschuß vor den Bug geben: jemandem eine letzte Warnung erteilen. — Aus der Kriegsmarine. Soll ein feindliches Schiff zur Untersuchung gestoppt werden, gibt ihm der Kommandant des Kriegsschiffes einen Warnungsschuß vor den Bug, das heißt einen Schuß vor das Vorschiff. Wenn das gewarnte Schiff nicht stoppt, wird es unter scharfen Beschuß genommen und zum Sinken gebracht. Im übertragenen Sinne bedeutet diese aus dem Seemannsleben stammende Wendung, daß man jemanden in einem Streit zum letzten Male energisch warnt, um ihn dann, wenn die Drohung erfolglos bleibt, hart anzufassen. Beispiel: Der Zahlungsbefehl ist ein »Warnschuß vor den Bug«. Wenn der

Schuldner dann noch nicht zahlt, schreitet der Gerichtsvollzieher zur Zwangsvollstreckung.

WELT, auch »Kuhhaut«, siehe BRETT

Das wird die Welt nicht kosten: Das wird nicht zu teuer sein. — *Die Welt aus den Angeln heben* sagt man, wenn man die Welt grundlegend ändern möchte. Man geht dabei von der Vorstellung aus, daß die Welt wie eine Tür in den Angeln ruht, und ist versucht, an die Worte des großen griechischen Mathematikers und Physikers Archimedes (285—212 v. Chr.) zu denken: »Gib mir einen Punkt, auf dem ich stehen kann, und ich werde die Erde bewegen.« Friedrich von Logau meint in seinen Deutschen Sinngedichten (1654):

> Die Welt ist rund und lauft herum,
> drum sind die Leute schwindeldumm.

»Die Welt ist rund und muß sich drehen. Was oben ist, muß unten stehen«, kann man auch sagen, um damit anzudeuten, daß die Erde oft in die Lage *einer verkehrten Welt* kommt, wie sie der Maler Pieter Bruegel d. Ä. als Symbol der Narren an das Irrenhaus seines Bildes »Niederländische Sprichwörter« gemalt hat. — Der recht geläufige Ausdruck *die Neue Welt* für Amerika stammt vom Wappenspruch, den König Ferdinand V. von Spanien 1493 Christoph Columbus verlieh:

> Por Castiola y por Leon
> Nuebo mundo allò Colon.

»Für Castilien und Leon fand Columbus eine neue Welt.« Die »Welt« gehört zu jenen Begriffen, die der Mensch so gerne zum Gegenstand seiner subjektiven Beobachtung und Auslegung macht. Daraus kann man auch die große Vielfalt der mit der »Welt« zusammenhängenden Wendungen erklären. Besonders rührend zeigt dies die einfältige sprichwörtliche Redensart aus dem ostfriesischen Jever: »Vater, wie ist die Welt doch so groß«, sagte der

Junge, als er zum erstenmal ins nächste Dorf kam. — Der persische Dichter und Astronom Omar Chajjam (arabisch »der Zeltmacher«) urteilt in einer seiner 600 vierzeiligen Kostbarkeiten, die vor allem in der *angelsächsischen Welt* sehr verbreitet sind:

> Für eine magische Laterne ist diese ganze Welt zu halten,
> in welcher wir voll Schwindel leben.
> Die Sonne hängt darin als Lampe; die Bilder aber und Gestalten
> sind wir, die dran vorüberschweben.

Um die hauptsächlichsten redensartlichen »Welt-Verbindungen« zu kennzeichnen, wollen wir sie in einem kurzen Dialog zusammenfassen:

Sie: »*Ich möchte heut' die ganze Welt umarmen. Wolltest du nicht mit mir bis ans Ende der Welt gehen?*«

Er: »*Wer in aller Welt hat das gesagt?*«

Sie: »*Mindestens wolltest du mit mir durch die große, weite Welt ziehen!*«

Er: »*Um alles in der Welt nicht!*«

Sie: In unserem Dorf sind wir doch *von aller Welt abge-schnitten.*«

Er: »Na, unser Ort liegt doch *nicht gerade aus der Welt!*«

Sie: »*Daß dies ein Kaff ist, weiß doch alle Welt!*«

Er: »Unsere kleine Welt ›ist *die beste der möglichen Welten*‹, sagt Leibniz.«

Sie: »*Du lebst ständig in der Welt der Phantasie. Nennst du das die Welt erobern?*«

Er: »*Uns kennt Gott und die Welt*, das genügt.«

Sie: »*Wir sind hier von aller Welt verlassen!*«

Er: »*Du hast das Licht der Welt erblickt, damit du Kinder zur Welt bringst!*«

Sie: »*Da hört (sich) doch die Weltgeschichte auf!* Das ist doch veraltet! Ich habe früher immer gedacht, *der paßt* in die Welt! *Aber es liegen Welten zwischen uns. Du bist eben kein Mann von Welt!*

Er: »Darauf kann ich nur erwidern: *Du bist eben keine Dame von Welt. — In mir ist heute eine ganze Welt zusammengebrochen. Ich verstehe die Welt nicht mehr* und *so gehe ich aus der Welt!*« Greift zur Pistole (zur Waffe, nicht zum Buch!) und erschießt sich.

Sie: »*Das ist der Lauf der Welt.* Jetzt nehm' ich mir einen anderen, denn *dem Mutigen gehört die Welt!*«

WERMUT

Einen Wermutstropfen in den Wein gießen: Der Freude ist Leid beigemengt. — Der Wermut ist die wichtigste Beifußart (Korbblütler), die bis 1,20 Meter hoch wird, gelb blüht, sehr bitter und aromatisch ist (Artemisia absinthium). Ihr Kraut wird wegen des Gehalts an Bitterstoff (Absinthin), ätherischen Ölen und organischen Säuren in Apotheken zu Heilzwecken (Appetitanregung) verkauft. Der italienische Wermutwein (Vermouth) muß mindestens 75 Prozent Wein, dazu Wermut-Kräuterauszüge und Zuckerlösung enthalten. Wegen seines bitteren und lang anhaltenden Wachsgeschmacks bezieht man sich auf den Wermut, wenn man sagen will, daß der Lust auch Bitterkeit beigemischt sei. Also: *Der Freude ist Wermut beigemengt* oder *In jeder Freude ist ein Tropfen Wermut.* Adelbert v. Chamisso (1781—1838):

»Durch Wermut wird das Bittere nicht versüßt.«

WESEN

Er hat ein einnehmendes Wesen: auf seinen finanziellen Vorteil bedacht sein. — Während sonst derjenige, der ein »einnehmendes Wesen« hat, uns besiegt, bezaubert, erobert, unsere Bewunderung derart erweckt, daß wir ihn liebgewinnen, so haben wir hier die ironische Auslegung der Redensart: Er denkt nur ans Geld, er kommt immer nur, um zu kassieren. Die Abwertung dieses Ausdrucks geht bis in die Gaunersprache, wo es auch »mausen« = stehlen heißen kann.

WESPE

In ein Wespennest greifen (stechen): eine gefährliche Sache anfassen und die Menschen gegen sich aufreizen; eine heikle Lage aufdekken und damit den Haß anderer erwecken. — Das Bild ist deshalb besonders gut gewählt, weil derjenige, der in ein Wespennest greift, das Vorhandensein dieses Nestes gar nicht vermutet hat. Er ist genauso überrascht wie die Wespen selbst, die sich durch ihn angegriffen fühlen. Schon bei den Römern war das »Hornissen reizen« (irritare crabones) sprichwörtlich. Auch in Freidanks »Bescheidenheit« finden wir im 13. Jahrhundert im Kapital »von neid und haß« den Teufel sich mit den Wespen balgen. In der »Schleswig-Holstein-Frage« sagt Bismarck im 2. Band seiner »Gedanken und Erinnerungen« (Cotta 1921, S. 22): »So kann ich nur sagen: la critique est aisée (»die Kritik ist leicht«); die Regierung, namentlich

Wespentaille

eine solche, die ohnehin *in manches Wespennest hat grei-*
fen müssen, unter dem Beifall der Massen zu tadeln, hat
nichts Schwieriges.« — Schließlich lassen wir noch einen
Dichter zu Worte kommen. Matthias Claudius meint:

> Greif' nicht leicht in ein Wespennest;
> doch wenn du greifst, so stehe fest!

Die Wespentaille ist eine seit Jahrtausenden (Kreta, 2600
v. Chr.) immer wiederkehrende Damenmode, die Taille
so einzuschnüren, daß der Ober- vom Unterkörper — wie
bei der Wespe — fast getrennt zu sein scheint.

WETTER

Um gut (schön) Wetter bitten: um Verzeihung,
um günstige Stimmung bitten; Nachsicht oder Milde begehren. — Es ist viel leichter, einen Menschen als den
Himmel um gut Wetter zu bitten. Der sächsische Schul-
mann und Dichter Christian Weise (1642—1708), der
allein 50 Stücke für das Schultheater schrieb, stimmt dieser Ansicht mit den Worten zu: »Das ist meine Meinung
nicht, daß ich's bei den Leuten auf einmal verschütten
will, ich werde wieder um schön Wetter bitten.« Über
nichts wird mehr geredet als über das Wetter, daher wird
es umgangssprachlich oft zu Bildern und Vergleichen herangezogen: *Wir hoffen auf gutes Wetter* kann im übertragenen Sinne auch heißen: »Wir hoffen auf gute Laune,
frohe Stimmung.« *Er fuhr wie ein Wetter (Gewitter) zwischen sie* heißt: »Er trieb sie auseinander.« Und *alle Wetter!* ist ein Ausdruck des Erstaunens und der Bewunderung mit der Bedeutung: »Das hast du aber fein gemacht!« — Auch das Luthersche *wetterfest* wird gern mit
übertragenem Sinn angewendet, so bei Bismarck (2. Bd.,
S. 210, Gedanken und Erinnerungen 1921): »Ob wir uns
nachher im Innern etwas conservativer oder etwas liberaler einrichteten, das werde eine Zweckmäßigkeitsfrage

sein, die man erst ruhig erwägen könne, *wenn das Haus wetterfest sei.*«

Die Redensart, daß *schönes Wetter bleibt, wenn bei Tisch alle Schüsseln und Teller leergegessen werden,* beruht genauso wie die »feilgehaltenen Maulaffen« (»Kuhhaut«, siehe MAUL) auf einem Mißverständnis der plattdeutschen Sprache. Die ostfriesische Bauernfrau hat ihre Familie und das eingeladene süddeutsche Stadtkind aufgefordert, alles gut aufzuessen, denn dann gäbe es morgen was »Goods wedder«, das bedeutet: »Dann gibt es morgen wieder etwas Gutes!« Verständlicherweise hat der junge Gast das »Goods wedder« in gutes Wetter umgedeutet und ist der Bitte gern und schnell gefolgt.

WETTERFAHNE, -HAHN

Er dreht sich wie eine Wetterfahne: Er schwankt in seinen Ansichten hin und her. — Auch im politischen Leben wird eine Person mit wankelmütiger Gesinnung als *ein sich drehender Wetterhahn* angesprochen. »Unstäther denn ein Wetterhahn«, urteilt Gerlingius schon 1649. *Ein wetterwendisches Geschöpf* ist daher, wie die Wetterfahne oder der Wetterhahn, ein unentschlossenes und unzuverlässiges »Ding«. »Wenn der Wind sich dreht, drehn sich alle Wetterfahnen!« — Wer *wettert,* flucht wie das Donnerwetter persönlich. Manchmal zieht auch *ein fernes Wetterleuchten* am politischen Horizont herauf. »Es ging ein frohes Wetterleuchten über die faltigen, braunen Gesichter«, sagt Hermann Hesse, und unsere beiden größten deutschen Dichter betrachten das Wetter aus ihrem eigenen, charakteristischen Blickwinkel:

»Rasch knatternd schlägt ein Wetter auf dich ein« (Goethe).

»Des Zweifels finstere Wetter zogen sich um der Wahrheit Sonnenbild« (Schiller).

WIEGE

Das ist ihm nicht an der Wiege gesungen worden: Soviel Gutes (oder Schlechtes) hat man in seiner Kindheit für seine Zukunft nicht erwartet; seiner Herkunft nach hätte man nicht glauben dürfen, daß es ihm einmal so gut (oder so schlecht) gehen würde; das hat er nicht erwartet. — Ein knappes und gehaltvolles plattdeutsches Wort aus Holstein spricht das im Anfang des 19. Jahrhunderts noch viel besser aus: *Dat is em bi de Döpe nich vörseggt,* »das hat man ihm bei der Taufe nicht vorausgesagt« oder *das hat er sich nicht träumen lassen.* Literarisch bezeugt in Lessings »Nathan«, wo Daja sinnend ihr Leben betrachtet:

> Auch mir ward's vor der Wiege nicht gesungen,
> daß ich nur darum meinem Ehgemahl
> nach Palästina folgen würd', um da
> ein Judenmädchen zu erziehn.

WIND, »Pistole«, auch Lee, und »Kuhhaut«, auch MANTEL

Wind von etwas bekommen: gewarnt werden; vorzeitig hinter ein Geheimnis kommen; heimlich davon erfahren, ehe es allgemein bekannt wird. — Aus der Jägersprache entlehnt. Wenn das Wild den Jäger »wittert«, weil sich der Waidmann ihm mit dem Winde nähert, so ist das Tier durch des Menschen Geruch gewarnt und entflieht. Der »Nasenwind« ist schon im 16. Jahrhundert literarisch belegt. Bei Schiller finden wir ihn in »Kabale und Liebe« (I, 1): »Meine Tochter kommt mit dem Baron ins Geschrei. Mein Haus wird verrufen. Der Präsident bekommt Wind.« *In den Wind reden:* Die Worte bleiben unbeachtet; ich rede, und der Angesprochene *schlägt meine Worte in den Wind.* — Diese Wendung kommt aus der Bibel. Im 1. Kor. 14, 9 lesen wir: »Wenn ihr Zungen redet, so ihr nicht eine deutliche Rede gebet, wie kann man wissen, was geredet ist? Denn ihr werdet in den Wind reden.« Ebenfalls aus der Bibel entnommen ist: *in alle Winde zerstreut.* Im Hes. 17, 21 heißt es: »Und ihre übrigen sollen in alle Winde zerstreut werden«, ebenso stammt *in die vier Winde zerstreut* aus der Heiligen Schrift (»Denn ich habe euch in die vier Winde unter dem Himmel zerstreut.« Sacharja 2, 10.). *Etwas in den Wind schlagen:* etwas geringschätzen und nicht beachten; *es auf die leichte Achsel nehmen; die kalte Schulter zeigen.* Die Redensart beschreibt die in solchen Fällen mit der Hand gegebene abwinkende, verächtliche Gebärde. Auch die Römer besaßen in »den Winden übergeben« (ventis tradere) eine gleiche Wendung, die bei uns in der Zimmerischen Chronik des 16. Jahrhunderts so bezeugt wird: »(Wilhelm) nams uf die leicht achsel und schluegs in wind.« *Vor dem Winde, mit allen Winden segeln* heißt, die günstige Gelegenheit geschickt ausnutzen; *das ist Wind in seine Segel,* das kommt ihm zugute; *jemandem den Wind aus den Segeln nehmen,* dem Gegner einen taktischen Vorteil nehmen; *wo hat dich der Wind hergeweht?, ein guter Wind hat ihn in diese Stadt geweht,* ein günstiger Zufall hat ihn zu uns geführt; *der Wind hat sich gedreht,* die Stimmung ist umgeschlagen; *hier weht ein anderer (schärferer) Wind,* hier herrscht mehr Pünktlichkeit und Ordnung; *also daher weht der Wind,* aus *der* Ecke also kommt die Nachricht; jetzt weiß ich auch, was damit gemeint ist; *man muß doch wissen, woher der Wind weht,* man muß sich hier doch auskennen; *wie der Wind,* rasch und unerwartet, wie ein Blitz aus heiterem Himmel. An der Waterkant ist der Wind ein Lebenselement: *»He krigt de Wind von vörn«,* er kriegt den Wind von vorn, das heißt, er wird ganz schön *angeblasen,* er bekommt Unannehmlichkeiten. *Einem Wind vormachen,* prahlen, angeben. Die Hast, Geschwindigkeit und Kurzlebigkeit des Windes hat ihm das Abträgliche des »leeren Geredes«, der Flüchtigkeit und Unzuverlässigkeit eingetragen. *Wenn einer viel Wind macht,* steckt meistens nichts dahinter. Damit hängen auch die Schimpfworte *Windmacher, Windbeutel* und *Windhund* zusammen, die alle das gleiche bezeichnen: den unbeständigen, untreuen, unzuverlässigen Menschen.

Die meisten Wendungen kommen aus der christlichen Seefahrt, wo man am besten mit dem Wind umzugehen weiß: Sich *den Wind um die Nase wehen lassen,* das heißt die Welt bereisen, Erfahrungen in aller Herren Ländern sammeln. *Du riechst zehn Meter gegen den Wind* ist die liebenswürdige Übertreibung für das ordinäre: Du stinkst mordsmäßig nach Alkohol! *Die windige Ecke* in der alten Hafenstadt ist die gefährliche Kneipe (oder Straße), in der es häufig zu Schlägereien oder Schießereien kommt. *In den Wind schießen* ist ein Manöver aus der Segelei, bei dem das Fahrzeug direkt in die Windrichtung gedreht wird, so daß es keinerlei Vortrieb mehr erhält und somit zum Stillstand kommt. *Schieß in den Wind, Junge,* meint sinngemäß: »Sei still!, hau ab! Du hast hier nichts mehr zu sagen«, denn bei der Segelregatta scheidet das Fahrzeug aus, das in den Wind geschossen ist und daher keine reelle Siegeschance mehr hat. *Schieß dich hier nicht auf!* bedeutet »steh hier nicht herum!« (aber auch: »geil dich nicht auf!«). Die Taue und Leinen an Deck oder auf der Pier (Hafendamm, Landungsbrücke) »aufschießen« besagt: sauber das Ende des Tauwerks in Schneckenform aufrollen. Da dies sehr sorgfältig geschehen muß, hält man sich dabei lange auf. Das ist auch der Sinn der Redensart.

Gegen Windmühlen kämpfen: einen unsinnigen, vergeblichen, von vornherein erfolglosen Kampf gegen eingebildete Gegner führen. — Don Quijote, die tragikomische Heldengestalt des größten spanischen Dichters Cervantes (1547—1616), hat bei dieser Redensart Pate

gestanden, der in diesem Meisterwerk in einem einma-
ligen künstlerischen Kontrast zwischen dem Erhabenen
und dem Lächerlichen schwankt. Don Quijote lebt von
Illusionen. Daher hält er die Windmühlen für feindliche
Riesen, mit deren Flügeln er einen aussichtslosen Kampf
beginnt. — Die Schreckensnachricht verbreitete sich *mit
Windeseile* in der Stadt. — Die guten Vorsätze verwehen
wie Spreu im Winde. Er ist *vom Winde verweht* (man hat
nie wieder etwas von ihm gehört), ist eine Wendung nach
dem schon zur Redensart gewordenen Titel des verfilm-
ten Romans der Amerikanerin Margaret Mitchell (1900
bis 1949) »Vom Winde verweht« (Gone with the wind).
Hafis (1310—1389), Persiens größter Lyriker, der Goethe
zu seinem »Westöstlichen Diwan« anregte, schrieb:

>Vertrau' dem Mund des Windes nicht,
>und wenn er noch so günstig bliese!

WÜRFEL, »Pistole«, auch RUBIKON

Der Würfel ist gefallen: Die Entscheidung ist endgültig; *die Brücken hinter sich abbrechen; den Stier bei
den Hörnern packen;* der Entschluß ist trotz schwerwie-
gender Folgen, die er nach sich ziehen kann, gefaßt. —
Der Ausruf Julius Cäsars »alea jacta est«, als er sich im
Jahre 49 v. Chr. entschloß, den Rubikon zu überschreiten.
Er traf damit eine folgenschwere Entscheidung, denn so
entfesselte er den Bürgerkrieg. Dieses große Wort war
aber nicht Cäsars Einfall, sondern er verlieh ihm lediglich
den ausschlaggebenden Nachschub, so daß es bis heute geflügelte Redensart blieb. Er zitierte nur den größten griechischen Komödiendichter Menander (342—291 v. Chr.).
Da Cäsar ein gebildeter Mann war, tat er, nach Plutarch,
den Ausspruch in griechischer Sprache. — Der Urheber
des Ausdrucks, der heitere Menander, Schöpfer von 105
klassischen Lustspielen, wird es uns sicher nicht verübeln,
wenn wir im Zusammenhang mit seinem Zitat eine er-

Den Stier bei den Hörnern packen

götzliche Wiener Geschichte anfügen: Als Franz Werfel
sein 1915 geschriebenes Drama »Juarez und Maximilian«
aufführte, fragte ein erst in der Pause erschienener
Theaterbesucher einen bekannten jüdischen Kritiker, wie
denn die Aufführung bisher gewesen sei. »Alea jacta
est!« erwiderte dieser. »Was soll denn das heißen?« er-
kundigte sich der Premierengast. »Nu, der Werfel hat
gefallen!«

X

X-BELIEBIG

Ein x-beliebiger Mensch: irgendeine Person. — **Der**
24. Buchstabe unseres Alphabets, X, geht auf das Zusatz-
zeichen X der altgriechischen Schrift zurück. Als Zahlzeichen bedeutet X zehn, in der Mathematik eine Unbekannte. Eine unbekannte Größe ist auch X in unserer
Umgangssprache. *Ich habe es dir x-mal gesagt:* Ich habe
es dir sehr oft, wiederholt, häufig (ja vielleicht auch un-
zählige Male) gesagt. »Hole mir bitte ein Buch aus der
Bücherei. Kein bestimmtes, sondern ein x-beliebiges.«
Mitte des 19. Jahrhunderts; Ausgangspunkt Berlin.

YANKEE

Das ist ein richtiger Yankee: Der schon seit dem 17. Jahrhundert bekannte Ausdruck ist in den USA der Spitzname für die Bewohner Neuenglands und in Europa für die Nordamerikaner. »Yankee Doodle«, das volkstümliche amerikanische Lied, singt zwar »A Yankee boy is trim and tall« (Ein Yankeebursch ist schlank und rank), dennoch hat der Scherzname einen leicht abfälligen Zug. Die Urheber dieses Spottnamens waren die holländischen Siedler in der Gegend des heutigen New York (einst Neu-Amsterdam), die die englischen Einwanderer mit »Janke«, kleiner Jan (unser »Hänschen«), benannten. Daraus wurde dann Yankee.

Z

ZAHN, auch »Kuhhaut«, siehe GRAS, HAAR und ZAHN

Einem die Zähne zeigen: ihm zeigen, daß es einem durchaus ernst mit der Drohung ist, und daß man kampfbereit dasteht; jemandem zeigen, daß man entschlossen ist, sich zu wehren. — Der ältere Ausdruck heißt: *einem die Zähne blecken.* Blecken kommt von »blinken, glänzen machen, sehen lassen«. Das Bild ist aus der Tierwelt entnommen und schildert wütende Hunde oder Affen, die in einer Imponiergeste vor dem Angriff ihr herrliches Gebiß entblößen, *um dem Gegner das Herz abzukaufen.* Geiler von Kaysersberg (1445—1510), der größte Sittenprediger des Mittelalters, dem wir viele kulturgeschichtliche Hinweise verdanken, gebraucht in einer biblischen

Szene die Wendung so: »Die zehen (Jünger) bleckten die zen gegen Jacobum und Johannem.«

Den Zahn werde ich dir schon ziehen: Das bilde dir man nicht ein; diesen dummen Gedanken schlag dir ruhig aus dem Kopf. — Ein gutes Bild, das schon 1755 in Hamburg bezeugt ist. Der dumme Gedanke (wenn Dummheit weh täte!) quält den Menschen genauso wie der ärgerliche Zahn. Daher müssen beide, Gedanke und Zahn, herausgezogen werden, um den Geplagten schmerzfrei zu machen. — *Mit langen Zähnen essen* heißt: etwas nicht gern essen, keinen Appetit mehr haben. Man kann es dem immer langsamer werdenden, lustlosen Esser förmlich ansehen: Seine Zähne werden immer länger!

Eine fröhliche Gesellschaft, zu der auch einige beherzte Männer gehörten, wurde nachts von Dieben gestört, die *bis an die Zähne* (schwer) *bewaffnet waren.* »*Die werden sich an uns die Zähne ausbeißen!*« (das heißt: Mit denen werden wir schon fertig werden!) rief einer der kraftstrotzenden Männer und warf die Einbrecher kurzerhand wieder hinaus. »Darauf müssen wir einen trinken«, riet nun einer der Gäste. Als jedoch der Gastgeber mit winzigen Gläsern aufwartete, höhnten die Freunde: »*Das reicht doch gerade für den hohlen Zahn!*«, womit sie meinten, das sei viel zuwenig Alkohol. Jetzt begann eine wüste Trinkerei, so daß zu später Stunde die meisten *auf dem Zahnfleisch nach Hause gingen*, das heißt: Sie waren völlig erschöpft und betrunken. Nur einer fuhr mit seinem Auto nach Hause. *Er hatte einen tollen Zahn drauf*, er entwickelte höchste Geschwindigkeit, wobei sich diesmal der »Zahn« auf das Zahnradgetriebe des Motors bezieht. Was kommen mußte, kam: Bei seiner Beerdigung entfuhr es — um mit Homer zu sprechen — *dem Gehege der Zähne* eines Zechgenossen: »Dem tut kein Zahn mehr weh!« Das bedeutet traurigerweise: Nun ist er tot!

ZANGE

Ihn in die Zange nehmen: ihn fest anpacken, ihm von zwei Seiten beikommen, ihm den Kopf zurechtsetzen; ihm ins Gewissen reden. — Aus dem Schmiedehandwerk entnommen. Der Schmied nimmt das glühende Eisen in die Zange, um es zu bearbeiten, zu schmieden. *Ins Gebet nehmen* ist eine verwandte Wendung.

Etwas nicht mit der Zange anfassen mögen: etwas verabscheuen; sich davor ekeln; sich abwenden; Anstoß nehmen. — Es ist an sich nicht so schwer, schmutzige Dinge mit der Zange anzufassen. Wenn man sie aber nicht einmal mit der Zange anfassen möchte, so müssen sie schon besonders ekelerregend und widerlich sein.

ZAUBER

Das ist (ein) fauler Zauber: Das ist glatter Schwindel, großer Bluff und Humbug. — Ein fauler Zauber ist ein durchschaubares Täuschungsmanöver, eine Schönfärberei, eine schnell erkennbare *Vorspiegelung falscher Tatsachen,* auf die Theodor Fontane mit beißendem Spott anspielt, wenn er in der »Neuesten Väterweisheit« sagt:

> Werde kein gelehrter Klauber,
> Wissenschaft ist fauler Zauber.

ZAUM

Die Zunge im Zaum halten: Stillschweigen bewahren; *sich jedes Wort abkaufen lassen;* nicht mucksen; die Lippen versiegeln; *sich ein Schloß vor den Mund legen. — Wer das Herz auf der Zunge trägt,* das heißt, seine Gefühle offen ausspricht, bereitet sich selbst ein kummervolles Dasein. Im Mittelalter heißt es schon: »Es ist auf Erden kein besser List, denn wer seiner Zungen ein Meister ist.« Daher muß man der Zunge wie dem Pferd *den Zaum anlegen,* sie an den Zaum gewöhnen, sie *gut*

im Zaume halten. Verschwiegen, zurückhaltend, verschlossen sein führt zu weit größeren Erfolgen als die
Redseligkeit. Ein treffendes afrikanisches Sprichwort
meint dazu:

»Es ist besser, mit dem Fuße auszugleiten als mit
der Zunge!«

ZECHE

Die Zeche (be)zahlen müssen: für anderer Leute
Vergehen büßen müssen; für den Gesamtschaden haften.
— Das Wort »Zeche« hat im Laufe der Jahrhunderte eine
abenteuerliche Entwicklung genommen. Anfangs bedeutete es Ordnung, Reihenfolge, dann eine Reihe von Tätig-
keiten und Arbeiten, wie die Frondienste der Bauern und
der Bergleute. Später wurde es der Begriff für die Genossenschaft selbst. So spricht man von Bergmannszechen,
womit man sowohl die Vereinigung als auch die Kohlen-
grube selbst meint. Später erweiterte sich »Zechen« auf
die gemeinsamen Vergnügungen, Schmausereien und
Trinkgelage. Das niederdeutsche Wort Gelage (ostfrie-
sisch: 't Gelagg machen = das Gelag bezahlen müssen)
hat die gleiche Bedeutung der Zusammenlegung zu Trunk
und Schmaus. Und erst im 15. Jahrhundert verwandelte
das Chamäleon »Zeche« seinen Begriff »Gelage« in den
Geldbetrag, der dem Wirt für die ganze Veranstaltung
zu zahlen war. Der Inhalt der Redensart ist also, nicht
nur ordnungsgemäß das zu zahlen, was man selber ver-
zehrte, sondern wörtlich und im übertragenen Sinne für
die anderen mit einstehen.

ZEHNTAUSEND

Die oberen Zehntausend: die höchste Gesell-
schaftsschicht. — Die auch bei uns volkstümliche Wendung prägte der englische Dichter Lord Byron (1788 bis

1824) in seinem »Don Juan«. Im Englischen heißt es: »The upper ten thousand« oder geläufiger »the upper ten«. Diesen Ausdruck griff ein Journalist der New Yorker Zeitung »Evening Mirror« auf und gab ihm in einem Leitartikel vom 11. November 1844 einen Nachschub mit den Worten: »Zur Zeit ist kein Unterschied unter den *oberen Zehntausend* der Stadt.« Vor der Einführung dieser Redensart sprach man von der *Elite der Gesellschaft*. Aus Frankreich kam die Bezeichnung *Crème der Gesellschaft* und schließlich *Crème de la Crème*. Doch heute hört man allgemein das englische *High Society*, wobei nicht immer ganz sicher ist, ob die Mitglieder der »High society« auch zur *Elite der Gesellschaft* gehören; meistens handelt es sich wohl um die *»High Snobiety«*!

ZEILE, »Pistole«, siehe ZWISCHEN

ZEIT, auch »Kuhhaut«

Zeit ist Geld: »Time ist money.« Benjamin Franklin (1706—1790), nordamerikanischer Staatsmann, Philosoph und Erfinder des Blitzableiters, fünfzehntes Kind seines Vaters, schrieb wörtlich 1748 in seinem »Ratschlag für einen jungen Geschäftsmann«: »Denk daran: Zeit ist Geld!« (Time is money.) Es ist dies die moderne Formulierung des vom griechischen Philosophen Theophrastos (372—287 v. Chr.) geprägten Satzes: »Zeit ist eine kostbare Gabe« oder der Goetheschen Auslegung im »Westöstlichen Diwan«: »Zeit ist mein Besitz, mein Acker ist die Zeit!« — Den selbstsüchtigen Mißbrauch seines Kernsatzes im 19. und 20. Jahrhundert hat der fromme Franklin weder gewollt noch vorausgesehen.

ZETER

Zeter und Mordio schreien: verlogenes Angstgeschrei machen; geheuchelter Krach, um Aufmerksamkeit auf sich zu lenken, wofür aber kein Grund vorliegt; viel Lärm um nichts. — Aus den Gerichtsgebärden der germanischen Rechtsbräuche. »Zêter« heißt »zieht her!« und war der Anklageruf, »das Gerüft«, mit dem der Kläger vor dem peinlichen Gericht im Mittelalter seine Anklage mit dem entblößten Schwert in der Hand gegen den Täter eröffnete. Ging es um Mord oder Totschlag, so lautete das Gerüft: »Mordio!«, handelte es sich um Diebstahl oder Brandstiftung, so wurde der Ruf »diebio!« oder »feurio!« ausgestoßen. Die formelhafte Endung »io«, die auf das Wort aus klanglichen, lautmalenden Gründen der besseren Verständigung wegen aufgesetzt wurde, findet sich auch bei Klage- oder Hilfeschreien wie »feindio!« oder »hilfio!« wieder.

ZIETEN

Wie Zieten aus dem Busch: unerwartetes Auftauchen; überfallartiges Hervorbrechen; unvermutetes Erscheinen und Eingreifen und damit der Sache eine entscheidende Wendung geben. — »Zieten aus dem Busch« ist schon 1744 eine geflügelte Redensart. Sie war auf den preußischen Heerführer und Husarengeneral Hans Joachim von Zieten (1699—1786) gemünzt, dessen Überraschungstaktik, sich mit seiner Reiterei hinter Gebüsch zu tarnen, um dann unerwartet hervorzubrechen, mehrere Schlachten des Siebenjährigen Krieges zum Siege entschied. Ursprünglich schien Zieten für die militärische Laufbahn nicht vorbestimmt gewesen zu sein, denn der rauhe Soldatenkönig Friedrich Wilhelm I. lehnte den kleinen, zierlichen Aristokraten mit der hauchdünnen Stimme energisch ab. Erst nach seinem dritten Einstellungsversuch konnte Zieten bei den Leibhusaren aufrücken. Seine glanzvolle Zeit begann aber mit der Thronbesteigung Friedrichs des Großen. Als sich der König mit der Kaiserin Maria Theresia in drei Kriegen um den Besitz Schle-

siens schlug, konnte »Zieten aus dem Busch« bei Hohen-
friedberg, Prag, Kollin, Leuthen, Liegnitz und Torgau
Sieg und Ruhm an seine Fahnen heften. — Der Ausdruck
hat heute meistens einen liebenswürdig-scherzhaften
Tonfall.

ZISLAWÄNG

Etwas mit einem Zislawäng machen: etwas mit
Schwung, mit einem Kunstgriff, mit Fixigkeit und Charme
machen. — Von Teilen der versprengten Napoleonischen
Großen Armee, die nach dem Feldzug 1812 aus Rußland
zurückfluteten, blieben einige französische Soldaten auch
in Berlin hängen, wo sie sich niederließen, um hier
schlecht und recht Fuß zu fassen. Manche, die als Krämer
und Hausierer das Stadtbild belebten, versuchten ihren
Bauchladen durch Taschenspielertricks und Zauberkunst-
stücke zugkräftig auszubauen. Wenn der staunende Berliner gegenüber solchen Gaukeleien sein Mißtrauen
äußerte, sagten die Franzosen: »Ainsi cela vient!«
(so wird's gemacht!) und wiederholten die Vorführung
noch einmal langsam. Dieses »ainsi cela vient« verformte
der flotte Berliner in ein mundgerechtes »Zislawäng«,
und alles, was mit einem besonders hübschen Pfiff oder
gefälligen Trick aufgemacht ist, das bewundert der Spree-
Athener mit der humorvollen Wendung: »Der macht det
mit een Zislawäng!«

ZUNGE, auch »Pistole«, siehe ZAUM

Das Wort schwebt (liegt) mir auf der Zunge: Ich
bin ganz nahe dran, es auszusprechen. — Im Französischen wird die Redensart noch anschaulicher dargestellt:
»J'ai le mot sur le bout de la langue.« Ich habe das Wort
auf der Zungenspitze. Es wartet nur darauf, herausge-
nommen zu werden. — *Er hat eine falsche Zunge (einen*

falschen Zungenschlag), er ist unaufrichtig (auch: er *ist eine falsche Zunge*). Die Erfahrung lehrt, daß die Zunge auch *glatt* oder *feurig, spitz* oder *scharf, frech, giftig* oder *böse* sein kann. — *Wer das Herz auf der Zunge trägt,* spricht alle Gefühle, die ihn bewegen, offen aus. *Sie redet mit gespaltener Zunge,* wenn sie lügt; und *wenn er eine schwere Zunge hat,* ist er zum mindesten angeheitert, wenn nicht betrunken. *Seiner Zunge freien Lauf lassen* heißt, sich keine Hemmungen auferlegen. *Wenn wir jemandem die Zunge lösen,* entweder mit Alkohol oder durch Zwang, dann bringen wir ihn zum Sprechen. *»Sie nehmen mir das Wort von der Zunge (aus dem Munde)!«* ruft man überrascht aus, wenn der andere das gedachte Wort früher ausspricht als man selbst. *Etwas mit tausend Zungen predigen* bedeutet, etwas sehr nachdrücklich ins Gewissen reden. *Mit anderen oder fremden Zungen reden* ist der biblische Ausdruck für »eine Fremdsprache reden«. *In Ländern deutscher Zunge* wird deutsch gesprochen. Wenn man Durst hat, *klebt die Zunge am Gaumen* (Hiob 29, 10). *Man beißt sich auf* (oder in) *die Zunge,* um nicht sprechen zu müssen oder vielleicht gar ein Geheimnis zu verraten. Und *mancher beißt sich lieber (eher) die Zunge ab,* als daß er etwas verrät. *Sich die Zunge ausrenken* oder *mit der Zunge schnell zu Fuß sein* meint, einen beachtlichen, unerschöpflichen Redestrom entwickeln. *Wer aber mit der Zunge ausrutscht,* hat etwas Taktloses oder doch Unpassendes gesagt. *Die Zunge im Zaum halten* (»Pistole«, siehe ZAUM). *Das Zünglein an der Waage* (»Pistole«, siehe WAAGE). Aber *»mit eh'rner Zunge ruft die Glocke schon«* (Chamisso), die »Pistole« verschießt ihre letzte Kugel. Wir dürfen uns nicht länger bei der Zunge aufhalten, *sonst machen wir noch Zungensalat,* das heißt, wir bringen alles durcheinander, wir versprechen uns, wie man sich in der Theater- und Rundfunksprache auszudrücken beliebt.

ZWISCHEN

Zwischen den Jahren: zwischen Weihnachten und Neujahr. — »Zwischen den Jahren«, das heißt in den Tagen zwischen dem zweiten Weihnachtsfeiertag und Neujahr, darf die Hausfrau nicht waschen, weil sie nach einem alten Aberglauben mit dem Aufhängen der Wäsche bösen Geistern des neuen Jahres ein Zeichen gibt und sie ins Heim lockt. Der Ausdruck ist zeitrechnerisch völlig verfehlt, denn die letzte Woche des Jahres gehört eindeutig dem alten und nicht dem neuen Jahre an, und »zwischen den Jahren« liegt eben nichts. Im ostafrikanischen Hochland Äthiopien ist das Jahr in zwölf Monate mit je dreißig Tagen eingeteilt. Die übrigbleibenden fünf Tage (sechs Tage im Schaltjahr) bilden einen dreizehnten »Monat«, der »zwischen den Jahren« liegt. Die schon bei Homer erwähnten »edlen Äthiopier«, bei denen selbst die olympischen Götter schon zu Gast waren, können also

Zwischen Baum und Borke

mit Fug und Recht von sich behaupten, daß sie »dreizehn Monate Sonne« haben, auch »zwischen den Jahren«.

Zwischen Baum und Borke (»Pistole«, siehe BAUM). *Zwischen Tür und Angel* (»Kuhhaut«, siehe TÜR). *Sich zwischen zwei Stühle setzen:* durch eigene Ungeschicklichkeit schroffste Ablehnung zweier Parteien erfahren, mit denen man verhandeln, gegen die man Ränke schmieden oder die man versöhnen wollte. — Die Sprachbilder deutscher Redensarten bewegen sich zwischen feinem Spott und drastischer Darstellung. Wenn ein Ausdruck derb und handfest ist, muß sich der Deuter auch streng daran halten und darf nicht versuchen, die Wendung zu verwässern. Wie die Volkssprache die Gedanken zeichnet, so meint sie es auch. *Sich zwischen zwei Stühle setzen* kann daher nicht erklärt werden mit »in der Wahl zwischen zwei Möglichkeiten unentschieden bleiben« oder »zwischen zwei Meinungen, Parteien und dergleichen hin und her schwanken«, sondern die klarste und eindeutigste Erklärung fand 1616 schon Georg Henisch: »zwischen zweyen Stülen mit dem Hintern in Dreck sitzen!« Und dabei bleibt es!

Zwischen den Zeilen lesen: verstehen, was nicht ausdrücklich geschrieben ist. — Man kann diese Wendung mit den sogenannten »Interlinearversionen« zu erklären versuchen: Das waren die wörtlichen Übersetzungen, die besonders in frühen mittelalterlichen fremdsprachigen Handschriften »zwischen den Zeilen« geschrieben wurden. Das ist hier aber nicht gemeint. — Verhältnismäßig leicht ist es, zwischen den Zeilen der Zeitungen autoritär regierter Staaten zu lesen. Die amtlichen »Sprachregelungen« (offizielle Weisungen an die Presse) lassen das Stimmungsbarometer der herrschenden Schicht unschwer ablesen. Wer oder was unerwünscht ist, wird nicht mehr veröffentlicht. Man kann also deutlich herauslesen, was nicht ausdrücklich geschrieben steht.

Die Munition der »Pistole« ist vorerst verschossen. Aber vielleicht kann der Leser neben der Fülle angebotener Sprachblumen und kulturgeschichtlicher Merkwürdigkeiten noch manches *zwischen den Zeilen lesen.* Woher er die Zeit nehmen soll? *Nun, zwischen heut und morgen liegt eine lange Frist*, sagt Goethe, und wann hätte Goethe etwa einmal nichts Treffendes gesagt?!

KROLOW an KRÜLO

KARL KROLOW   Darmstadt
ordentliches Mitglied
der Deutschen Akademie
für Sprache und Dichtung,
Mainzer Akademie
der Wissenschaften u. d.
Literatur.

Sehr geehrter Herr Krüger-Lorenzen,

»Das geht auf keine Kuhhaut« hat mir einen ebenso heiteren wie ernsthaften Zeitvertreib bereitet. Sie bringen auf sehr souveräne Weise Ihren Lesern den wahren
Schatz unserer Redensarten und die Geschichte solcher
Schätze nahe. Als ein derartiger (erfolgreicher) Schatz-
sucher haben Sie Bukette von schönsten Möglichkeiten
anzubieten: Duft, Geschmack, gute Laune unserer Sprache
kommt auf diese vergnügliche Weise noch einmal auf
einen zu, und es ist eine gute, gewinnbringende Begegnung, die man da hat. Kraft und Zauber der deutschen
Sprache, ihre Empfänglichkeit wie ihre verbale Empfind-
lichkeit geben sich hier ein sensibles Rendezvous. Sie
haben mich in Ihrem Buch zum höchst animierten Zeugen
dieses Stelldicheins gemacht, und ich wollte Ihnen das
endlich heute gesagt haben. Vielleicht freut Sie's, und

ich sehe nicht ein, warum man den Autor nicht an dem Vergnügen teilhaben lassen soll, das man an dem, was er sammelte und darlegte, manche Stunde hatte.

In diesem Sinne mit freundlichen Grüßen

(Karl Krolow)

PS: Sehr hübsch und entsprechend auch die Zeichnungen der Franziska Bilek!

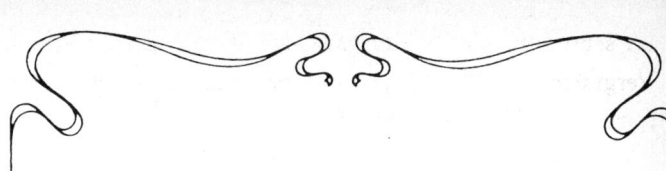

Der
lachende
Dritte

VORWORT

Der Stein ist ins Rollen gekommen. Aus dem fröhlichen Büchlein DAS GEHT AUF KEINE KUHHAUT wurde ein umfangreiches, mehrbändiges HANDBUCH mit vielen tausend Stichwörtern.

Obwohl dank dieser heiklen Aufgabe der Ernst des Lebens in seiner krassesten Form an den Autor herantrat, weigert er sich standhaft, seinen Frohsinn aufzugeben oder seine fromme Absicht zu opfern, den Nachbarn ständig »aufs Maul zu schauen«. Er wird weiterhin alle offenen und versteckten Redensarten eifrig sammeln; auch die brandneuen — gemäß der Weisheit Georg Christoph Lichtenbergs:

»Bemühe dich, nicht unter deiner Zeit zu sein!«

Da es mit dem Sammeln der sprichwörtlichen Redewendungen allein nicht getan ist, so muß man ihnen forschend zu Leibe rücken, sie auseinanderfalten, in ihre Tiefen tauchen oder mit dem Wunschring ihre Quellen suchen. Der Sammler ist der Erste, der Forscher und Deuter der Zweite — und der lachende Dritte?

Die größte Schwierigkeit, wiewohl sie der Leser des Werkes gar nicht merken darf, erwächst aus der freiwillig übernommenen Verpflichtung, den manchmal recht spröden Stoff mit freundlicher Gelassenheit und stiller Heiterkeit gefällig zu kredenzen, ohne den Pfad der wissenschaftlichen Tugend — oder der tugendhaften Wissenschaft — zu verlassen. Mit Otto Nicolais beherzter Ermunterung aus seinen »Lustigen Weibern von Windsor«:

»Nun eilt herbei — Witz, heitere Laune!«

kann man freilich den Humor nicht kommandieren, wenn man ihn nicht schon vorher besaß. Aber wer will behaupten, daß er ihn »besitze«? Im besten Fall hat der Humor *uns* und *nicht wir* ihn; und das ist schon ein unverdient hohes Glück!

Die oft dornigen Straßen unserer Forschung »schmücken« häufig drohende Hinweis- oder Verbotsschilder wie »Sackgasse« und »Keine Durchfahrt«; vom »Holzweg« ganz zu schweigen, auf den man sich verirrt. Also Augen auf! — Darüber hinaus verdienen die Vokabeln einer volksfliehenden Sprache unser Mißtrauen, die — gestern, heute und morgen — im ungezielten Reihenwurf auf die Planquadrate unserer Lebensbezirke sinnlos abgeworfen werden. — Harte Abwehr gegen die Urheber: es sind schäbige Einbahngehirne! — Unser geliebtes Deutsch, das sogar im fernen sowjetischen Samarkand Dschingis Khans in den Schulen gelehrt wird, darf nämlich einiges von uns erwarten, weil es noch immer eine *Weltsprache* ist! »*Ja, tatsächlich, es ist noch, immer noch, oder schon wieder, eine Weltsprache*«, sagte Dr. Werner Ross, der Direktor des Goethe-Institutes zur Pflege deutscher Sprache und Kultur im Ausland, in seiner Eröffnungsrede anläßlich der 1. Internationalen Deutschlehrertagung im August 1967 in München, »und für dieses Ja könnte man Sie, meine verehrten Zuhörer, diese siebenhundert Teilnehmer unserer Tagung aus 40 Ländern, als Zeugen anrufen. Wirklich, weithin in der Welt wird Deutsch gelehrt und gelernt: die Konkurrenz des Englischen und Französischen, des Spanischen und Russischen ist stark, aber in dieser Reihe der großen, über den eigenen Bereich hinaus verbreiteten Sprachen hält sich das Deutsche auf einem ehrenvollen Platz«.

Winston Churchill bemerkte einmal, das Leben eines braven Mannes sei erst dann recht erfüllt gewesen, wenn er sich »an das Kreuz einer Idee« habe schlagen lassen.

Und für diese unsere Sprache, die es so meisterhaft wie kaum eine versteht, ihren farbigen Wendungen Lichter aufzusetzen und den verschwenderischen Gedankenreichtum in einer liebevollen Bildweberei zu veranschaulichen, lohnt es sich schon, sich ans Kreuz schlagen zu lassen; selbst dann, wenn man vorher von Pontius zu Pilatus laufen muß!

Kurt Krüger-Lorenzen

Bad Homburg vor der Höhe

TEUFELSDEUTSCH
oder
DARF ICH IHNEN APPLONCENTRIEREN?

Jener nicht beneidenswerte Schriftsteller, der die schwere Bürde auf sich lud, geistige Werte von höherem Betrage in Kleingeld unter die Leute zu bringen, nimmt für sich das Recht in Anspruch, dort heiter zu sein, wo man Ernst von ihm erwartet oder sich hier nüchtern und besonnen zu äußern, wo man sein lachendes Gesicht sehen möchte. Wenn unsere Sprache auch soviel Humor birgt, so kann man doch nicht über alles lachen, was zu ihr in enger Beziehung steht: ich meine den Leichtsinn und die Gedankenlosigkeit, mit denen man sie unverdient straft! — Die Weisheit hat Grenzen — die Dummheit keine! —

In wieviel Zungen reden überhaupt die Menschen dieser Erde heute? — Im November 1968 berichtete der spanische Professor Andres Servilla beim Weltkongreß der Linguistik in Alicante, daß gegenwärtig 2976 Sprachen verwendet werden. Aber nur 13 Sprachen fallen wirklich ins Gewicht. Die meistgebrauchte Sprache ist Chinesisch, dennoch gehört sie keineswegs zu den großen Weltsprachen wie das Englische, Französische, Spanische, Deutsche und Russische. Beim Russischen muß man eine Einschränkung machen: Von den rund 200 Millionen Einwohnern der UdSSR spricht nur die Hälfte die Sprache Dostojewskijs, in der anderen Hälfte tummeln sich 145 Sprachen! Außer den genannten Weltsprachen gehört das Arabische mit zu den wichtigsten Sprachen der Welt.

Die Stellung der deutschen Sprache in der Welt ist sehr günstig, weniger gut ist sie im Mutterlande selbst. Aber darüber später. — Auf welch ehrenvollen Platz man unser

Deutsch in der Völkergemeinschaft verweist, wurde schon im Vorwort zum »Lachenden Dritten« angedeutet. Es ist wohl kein Zufall, daß in diesen Jahren unsere Sprache beispielsweise in Australien die begehrteste Fremdsprache wurde, und daß die Schulfunkabteilungen skandinavischer Rundfunksender (Stockholm, Oslo etc.) für ihre Gymnasiasten bevorzugt deutsche Berichte ausstrahlen, weil die nordische Jugend unsere Sprache wünscht. Eine solche Erklärung gaben mir leitende Kollegen der genannten Stationen, die mich ausdrücklich baten, meine Rundfunkberichte in deutscher Sprache abzufassen. Vom Kap der Guten Hoffnung bis zu den Tundren im fernen China, von den Hochflächen Afghanistans bis zu den Prärien Kanadas: überall gehen Rundfunksprecher an die Mikrophone und rufen den Hörer in deutscher Sprache! Bereits 30 Länder der Erde haben in ihrem Auslandsdienst Sendungen für deutschsprechende Hörer eingerichtet. Abends zwischen 21 und 22 Uhr sind allein 15 Länder mit deutschsprachigen Programmen »in der Luft«. An der Spitze steht Radio Moskau, das täglich $5^{1}/_{2}$ Stunden in deutscher Sprache sendet. Auf dem zweiten Platz liegt Warschau, das täglich $4^{1}/_{2}$ Stunden Sendungen deutscher Zunge ausstrahlt, und an dritter Stelle kommt die BBC London mit täglich 4 deutschen Programmstunden. Hier werden Ätherwellen in einen willkommenen Luftweg der Verständigung, des guten Willens und der Freundschaft verwandelt. Unter den 30 Ländern hat die BBC in London einen vorbildlichen Auslandsrundfunk. Ihre deutschen Sendungen sind wohlausgewogen, sachlich untermauert und in geschmackvollem Programmstil dargeboten.

Bei dem eindrucksvollen Angebot der deutschen Sprache muß es uns nachdenklich stimmen, daß Englisch heutzutage zwar die führende Sprache der westlichen Welt — unser Deutsch jedoch die heimliche Weltsprache des Ostens geworden ist. Daß die europäischen Verbündeten Moskaus sich am liebsten deutsch unterhalten, ist nicht weiter verwunderlich. Dafür haben das Deutsche Reich und die frühere Großmacht Österreich schon gesorgt, unsere Sprache in ihren Einflußgebieten zu verbreiten. So ist es auch hier kein Zufall, daß der ehemalige k. u. k. österreichische Feldwebel und jetzige jugoslawische Staatschef Marschall Tito fließend Deutsch spricht. In Hongkong erlebte ich vor wenigen Jahren auf der King's Road, wie sich ein Chinese und ein Rumäne deutsch unterhielten. Im einsamen Dorf Watamu am Indischen Ozean (Kenya) fand ich bei einem jungen Holzbildhauer jenes liebenswürdigen Negerstammes der Giriamas ein in Blockschrift geschriebenes Schild an der Tür:

HIER SPRECHEN DEUTSCH!
(Manchmal auch Englisch)

Das sollte ein ausgesprochenes Shikamu (Höflichkeitsformel: »Ich bin zu Euren Füßen!«) für uns Deutsche sein. Der Satz in Klammern hingegen war ein offensichtlicher Hieb gegen die einstigen Kolonialherren. — Weitgereiste Leser werden solche Erlebnisse sicher beliebig ergänzen können. Aber leider besteht kein Anlaß, hochmütig an unsere Brust zu klopfen, denn es scheint, daß wir den Regenschirm zuklappen, wenn die ersten Tropfen fallen! Die Überflutung unserer Sprache durch das Englisch-Amerikanische und die Hereinnahme oder Neubildung überflüssiger Fremdwörter lateinischen Ursprungs nach dem Zweiten Weltkrieg ist so bestürzend, daß man dem dauernden Mißbrauch und der Vergewaltigung unserer Sprache nur tief beschämt zusehen kann. Meine Leser wissen, daß ich weder ein Fremdwortbürger noch ein Lehnwortjäger bin. Mir liegt es nicht, für »Zenit« deutschtümelnd »Gipfeltüpfel«, für Botanik »Krautbeschreiber« und für Revolver »Meuchelpuffer« zu sagen, aber ich bin nicht sehr glücklich mit solch unüberlegt rasch geprägten Wendungen wie »konzertierte Aktion«, die dann auch noch von den Massenmedien den Hörern, Zuschauern und Lesern eingeimpft, ja eingehämmert werden, obwohl die Mehrzahl unserer Landsleute diese Ausdrücke gar nicht versteht. Aber es klingt natürlich sehr »fürnehm und gebüldet«! Ich finde es auch sehr »monolateral«, wenn man immer »bilateral« sagt, obgleich man das viel schönere und kürzere deutsche Wort »einseitig« für »monolateral« und »zweiseitig« für »bilateral« zur Hand oder besser gesagt »auf der Zunge« hat. Warum ist eine »Show« nicht eine »Schau«? Warum ein »Quizmaster« nicht ein »Fragemeister«? Ein wohlgeordneter Kopf hat diese lahmen Krücken nicht nötig. Oder will man sich dem fragwürdigen Beweisgrund anschließen, ein Politiker habe keine Zeit, über die deutsche Sprache nachzudenken, um das geläufige-Fremdwort mit dem besseren deutschen Wort auszutauschen? (Siehe 2. Bd. »Aus der Pistole geschossen«, Seite 9.)

»Die Flut des neuen Fremdwortgutes ist so groß, daß es unmöglich ist, auch nur annähernd die täglich vorkommenden Fremdwörter zu beherrschen, zu wissen, was sie bedeuten, wie sie geschrieben oder wie sie ausgesprochen werden, ob sie der Allgemeinsprache oder der Fachsprache angehören, aus welcher Fremdsprache sie kommen und vieles andere mehr.« Das stellt der Große DUDEN in seinem »Fremdwörterbuch« der Ausgabe 1960 fest, und er verkündet dem leichterstaunten Leser nicht ohne Stolz, daß in diesem Buch *weit über 40 000 Fremdwörter* aus allen Bereichen unseres Lebens« — Medizin, Technik, Naturwissenschaft, Wirtschaft, Sport, Kunst, Philosophie, Theologie, Rechtswissenschaft u. a. — bearbeitet worden seien. In seiner Ausgabe 1966 sagt der DUDEN, daß er seine Neuauflage zusätzlich *»um einige tausend aktuelle Neuwörter bereichert habe«.* Wenn das so weitergeht, wage ich mir nicht auszumalen, welchen Umfang die Fremdwörter in der deutschen Sprache im Jahre 2 000 haben werden! — Im übrigen ist das Werk ganz hervorragend, und was ich bedaure ist nicht, daß es geschrieben wurde, sondern daß es *geschrieben werden mußte!* — Seinen besonderen Wert aber sehe ich darin, daß es für jedes Fremdwort oft eine ganze Reihe guter *deutscher* Ausdrücke anbietet und damit zum Kronzeugen für den reichen Sprachschatz unseres eigenen Volkes wird!

Es ist selbstverständlich, daß im Zuge einer sich geradezu überstürzenden technischen Entwicklung und einer unaufhaltsamen Erweiterung aller Wissensgebiete in unserer Zeit und in der Zukunft der Fachmann einen Anspruch auf ein *Sonderwortgut* hat, und daß er bei der internationalen Verständigung auf seinem Gebiete auf Fremdwörter angewiesen ist. So entstehen geheimnisumwitterte Fachsprachen für jeden kleinen Zweig, die nur noch von den Spezialisten verstanden werden. Auf einer Nobelpreisträgertagung in Lindau am Bodensee flüsterte mir der große Entdecker Prof. Otto Hahn nach dem mathematischen Vortrag eines Laureaten lächelnd zu: »Ich habe aber auch gar nichts von dem verstanden, was dieser Kollege eben erzählt hat!« Ich pflichtete dem humorvollen Gelehrten mit größtem Vergnügen bei und erwiderte, wenn es noch eine Steigerung von »gar nichts« gäbe, könne er ungefähr ermessen, was *ich* von der Rede begriffen hätte.

Wir wissen, daß bestimmte Lehn- und Fremdwörter zum festen Bestand unserer Sprache gehören und daß man ohne sie nicht immer auskommt. Wir wissen auch, daß man beispielsweise das Wort »Dame« — ursprünglich vom Lateinischen domina (Herrin) kommend, im 17. Jahrhundert als französisches »dame« ins Deutsche übernommen — nicht übersetzen oder verdeutschen kann. *Eine Dame ist eine gebildete, wohlerzogene, zurückhaltende Frau mit Herzenstakt.* Man kann das Wort also nicht einfach mit »Frau« übersetzen, denn eine Frau *kann* zwar auch diese löblichen Eigenschaften haben; es *muß* aber nicht sein! Man sagt: »Sie ist eine ganz gewöhnliche Frau.« Man kann aber nicht sagen: »Sie ist eine ganz gewöhnliche Dame.« Eine Frau kann unter Umständen recht unfein sein. Eine Dame ist das nie! Sonst ist sie eben keine Dame! — Obwohl unsere Sprache über einen bewundernswerten Reichtum verfügt, kann es trotzdem sein, daß ein bestimmtes Fremdwort über einen Begriff eine feine Spur mehr aussagt oder eine besondere Färbung mehr dazu gibt als das deutsche. Das im 18. Jahrhundert dem Französischen entnommene Wort »perfide« zum Beispiel heißt in deutscher Übersetzung gleich in 16facher Erklärung: treulos, falsch, hinterlistig, tückisch, verräterisch, unwahrhaftig, unaufrichtig, lügnerisch, unehrlich, verlogen, gleisnerisch, heuchlerisch, doppelzüngig, hinterhältig, arglistig, gemein. Bei diesem überwältigenden Angebot könnte man ehrlich zweifeln, ob es da noch notwendig ist, ein Fremdwort hereinzunehmen. Wenn man jedoch —auch als Sprachfreund — duldsam sein will, so muß man wenigstens einmal erörtern, welche Gründe für (oder gegen) die Annahme eines Fremdwortes sprechen. Nicht nur der Sinn eines Ausdrucks, auch sein Klang sind beim *gesprochenen* Wort vielfach von entscheidender Bedeutung. »Perfide!« »Der feine welsche Klang«, meint der Sprachforscher Gildemeister, »erweckt dem deutschen Ohr die Vorstellung einer besonders raffinierten, weltmännischen, treulosen Heimtücke«. So gilt »perfide« manchen als unersetzbares Fremdwort, und man müßte schon auf die besondere Note des Begriffs verzichten, wollte man es immer durch treulos, tückisch u. dgl. ersetzen. Schon Goethe äußert, daß gegen »perfide« unser armseliges »treulos« ein unschuldiges Kind sei, daß im Wort perfide für unser Gefühl alles enthalten sei, wonach man in den deutschen Synonymen treulos, tückisch, verräterisch vergeblich sucht. So läßt er Aurelie in »Wilhelm Meisters Lehrjahren« (5, 16) sagen, sie »finde, Gott sei Dank, kein deutsches Wort, um perfid in seinem ganzen Umfang auszudrücken«; »perfid« beschreibt sie, »ist *treulos mit Genuß,* mit Übermut und Schadenfreude«. Seither hat diese Goethestelle manchen namhaften Schriftsteller ermuntert, die offenbar unverwechselbare Tiefenwirkung dieses Eigenschaftswortes zu untersuchen. So meint z. B.

Alexander Moszkowski, Goethe habe mit dem Gebrauch des Wortes »perfid« noch eine besondere Schattierung, eine ganz feine, nur dem Akzent erreichbare treffen wollen. »Es war direkt eine Forderung des inneren Ohres, das hier einen Jambus mit schneidendem, pfeifendem Anlaut wünschte ... einen Ausdruck ›kurz-lang‹, der wie ein Peitschenknall durch die Luft fährt; der nicht nur ausdrückt, was gemeint ist, sondern *als Durchzieher auf dem Objekt eine Striemenspur hinterläßt* ... und man darf es als ausgemacht hinnehmen, daß die Bezeichnung ›perfides Albion‹ niemals geflügelt geworden wäre, wenn es nicht im schrillen Grundwort ›perfid‹ den besonderen Luftschwung gefunden hätte.« Das Schlagwort vom »perfiden Albion« ist in Paris während der Großen Revolution (1789–1799) volkstümlich geworden, aus der Enttäuschung der Franzosen über den Anschluß Englands an die frankreichfeindlichen kontinentalen Großmächte. Im Ersten Weltkrieg erhielt es durch Deutschland und seine Verbündeten den Nachschub! — Ausgesprochene Fremdwortgegner, die nicht nur im Worte »perfide« sondern auch in der deutschen Übersetzung »hinterlistig« das Zischen der »falschen Schlange« hören, und denen das üppige Angebot unserer eigenen Vokabeln völlig ausreichend erscheint, berufen sich auf Goethe selbst: er beneide die französische Sprache nicht um den Ausdruck perfide. Der Dichter habe das Wort Aurelien nur als Augenblickseinfall in den Mund gelegt. Wie wäre es anders zu erklären, *daß er selbst an keiner sonstigen Stelle seiner wahrlich umfangreichen gesammelten Werke und Briefe dieses Wort benutzt.*

Warum aber sind gerade wir Deutschen so besonders anfällig für fremdes Wortgut? — Der Grund ist ein altes deutsches Erbübel, wenn wir es nicht Krankheit nennen wollen, von dem schon der deutsche Barockdichter Grimmelshausen († 1676) im »Teutschen Michel« spottet:
»Es ist aber schon vorlängst eine allgemaine Sucht eingerissen derart, daß die jenigen, so daran kranck ligen, weit

von ihrem Vaterland gebürtig zu seyn wünschen; diese wurde so hefftig, daß auch aus selbiger ungereimten Thorheit ein Sprichwort entsprungen, welches man zu denen gesagt, die man verachten wollen, nemblich: »Du bist nit weit her!«

Auch der Dichter Friedrich Leopold Graf zu Stolberg (1750—1819), der besonders durch seine hervorragende Ilias-Übersetzung bekannt wurde, klagt verbittert:

»Statt mit der Billigkeit, die der deutschen Gemütsart eigen ist, das Fremde zu würdigen, überschätzt der Deutsche es mit jener Schwäche, die ihm auch sehr eigen ist und die er zu oft naiv genug ausdrückt, wenn er, Geringschätzung anzudeuten, sagt: »Das ist nicht weit her!« — In seinen »Gedanken und Erinnerungen« (Cotta 1921, 1. Bd. S. 122 ff.) zeichnet Bismarck mit feinen Pinselstrichen das Charakterbild der Weimarer Prinzessin Augusta, die später als Gemahlin Wilhelms I. Deutsche Kaiserin wurde:

»Die Prinzessin Augusta hat aus ihrer Weimarer Jugendzeit bis an ihr Lebensende den Eindruck bewahrt, daß französische und noch mehr englische Autoritäten und Personen den einheimischen überlegen seien. Sie war darin *echt deutschen Blutes,* daß sich an ihr unsere nationale Art bewährte, welche in der Redensart ihren schärfsten Ausdruck findet:

Das ist nicht weit her,

taugt also nichts!

Trotz Goethe, Schiller und allen anderen Größen in den elysischen Gefilden von Weimar war doch diese geistig hervorragende Residenz nicht frei von dem Alp, der bis zur Gegenwart auf unserem Nationalgefühl gelastet hat: daß ein Franzose und vollends ein Engländer durch seine Nationalität und Geburt ein vornehmeres Wesen sei als der Deutsche, und daß der Beifall der öffentlichen Meinung von Paris und London ein authentischeres Zeugnis des eigenen Wertes bilde als unser eigenes Bewußtsein.«

Später, als Augusta Kaiserin geworden war, kommt Bismarck noch einmal auf sie zurück (2. Bd. S. 197 ff.):

»Ihre Majestät hatte französischsprechende Diener, ihr französischer Vorleser Gérard (er war französischer Spion) fand Eingang in die kaiserliche Familie und Correspondenz. Alles Ausländische mit Ausnahme des Russischen hatte für die Kaiserin dieselbe Anziehungskraft wie für so viele deutsche Kleinstädter. Bei den alten langsamen Verkehrsmitteln war früher an den deutschen Höfen ein Ausländer, besonders ein Engländer oder Franzose, fast immer ein interessanter Besuch, nach dessen Stellung in der Heimat nicht ängstlich gefragt wurde; um ihn hoffähig zu machen, genügte es, daß er ›weit her‹ und eben kein Landsmann war.«

100 Jahre früher war es der »Philosoph auf dem Throne«, Friedrich der Große, der sich fast nur der französischen Sprache bediente (ohne sie allerdings vollendet zu beherrschen). Sein Deutsch war so erbärmlich und armselig, daß er es selbst »mein Kutscherdeutsch« nannte. Wer aber des Alten Fritzen deutsche »Randbemerkungen« aus seinen geheimen Staatsakten kennt, wird die braven Berliner Kutscher gegen den Vergleich ihres volkstümlichen Landesvaters in Schutz nehmen müssen. Was der bedeutendste König von Preußen sprach, war kein »Kutscherdeutsch«, — es war *Teufelsdeutsch!* —

Die Überschwemmung unserer Sprache heutzutage mit durchaus *entbehrlichen* Fremdwörtern, ja, mit ganzen fremdsprachigen Sätzen nimmt allmählich bedrohliche Formen an. Auch sie entspringt dem deutschen Grundübel, das Einheimische zu mißachten und das Fremde zu vergöttern. »Nach meinen Beobachtungen«, sagt der argentinische Journalist Perez, »hat das Fremdwort in Deutschland beinahe den Rang eines Statussymbols!« Der Hessische Rundfunk (Frankfurt [Main]) verkündete am 6. Sept. 1971 in der Sendung »Drehscheibe« durch Anneliese Aulbach: »Zur Aufwertung ihres Berufsstandes haben die deutschen Blu-

menbinder beschlossen, sich künftig *Floristen* zu nennen!« —
Welch »spektakulöser« Unfug ist es, dauernd »spektakulär« zu sagen! Das Wort »spektakulär« wurde bereits vor
hundert Jahren von den Brüdern Grimm von der Aufnahme in das Deutsche Wörterbuch als »veraltet« ausgeschlossen; und da gräbt ein Zeitungsmann solch Wortunge-
tüm wieder aus der Mottenkiste aus (das ist natürlich kein
Einzelfall!), streut es pausenlos unter die Masse und hat
mit solch einem Gespenst großen Erfolg! (Da wir gerade
bei »Gespenst« sind: wes Geistes Kind ist er denn eigentlich?) Mit seiner liederlichen Wortschlampe erntet er reichen Beifall, denn die öffentliche Dummheit ist für ihre
Wirkung so empfänglich wie immer! — Sollte nicht jeder,
der schreibt oder spricht, an die Verantwortung denken,
die er gegenüber seiner Muttersprache hat? Oder wird
unser Klagen auch hier wie die Stimme des Predigers in
der Wüste verhallen?
Die deutsche Sucht, das Fremde dem Eigenen vorzuziehen,
über die schon Grimmelshausen, Stolberg und Bismarck
klagten, hat uns in die bedenkliche Lage gebracht, plötzlich von einer Lawine bedroht zu sein, die unsere Sprache
mit englischen und amerikanischen Vokabeln völlig zu-
deckt. Die neue Professoren- und Studentensprache mit
ihren »go-in«, »sit-in«, »teach-in«, »walk-out«, »happe-
ning« oder »hearing«, das man so leicht mit dem schönen
deutschen Wort »(öffentliche) Anhörung« übersetzen kann,
eifert im schändlichen Wettkriechen mit den Programmen
des deutschen bundesrepublikanischen Rundfunks und
Fernsehens, von denen man glaubt, wenn man sie plötzlich
einschaltet, ohne auf den Sender zu achten, man habe (auch
bei Musiksendungen!) eine ausländische Station erwischt.
Horst Vetten sagt dazu: »Wir schalten oft um und suchen
deutschsprachige Sendungen.« Schließlich bekommt er eine
Übertragung aus dem Bonner Bundesparlament: »Man
höre eine Bundestagsdebatte«, fährt er fort, »und man
wird alsbald in Bewunderung für unsere Abgeordneten

ausbrechen, die ohne weiteres in der Lage sind, uns ihre höhere Bildung dermaßen um die Ohren zu hauen, daß wir uns ›völlig frustriert zum trivialen Kontrastprogramm umfunktionieren lassen‹!« Dieser letzte Satz ist wörtlich über den Sender gegangen. — Das gleiche gilt für die westdeutsche Presse, die offenbar meint, den verhängnisvollen Deichbruch unserer Volkssprache auch nicht mehr aufhalten zu können. Aber hier sind die Massenmedien Rundfunk, Fernsehen und Presse in mustergültiger Gemeinschafts- und Gruppenarbeit (also bitte nicht »teamwork«) miteinander verbunden.

Wissen Sie eigentlich, was »apploncentrieren« ist? Sie werden jetzt nachdenken und sich ähnlich klingender Wörter erinnern. Da gibt es »appellieren« (jemanden anrufen), »applanieren« (einebnen), »applaudieren« (Beifall spenden) und schließlich »applizieren« (verabreichen, aber auch auftragen oder aufnähen); aber von »apploncentrieren« haben Sie, wenn Sie ehrlich sind, noch nie etwas gehört. Sie finden es auch in keinem Nachschlagewerk der Welt! Zugegeben, ich habe mir dieses Kunstwort, das es gar nicht gibt, nur so ausgedacht. Ich meine, es klingt schön voll und bedeutsam! Obgleich es ein Nichts ist, können Sie, liebe Leser, ihm jeden gewünschten Sinn nach Ihrem Geschmack verleihen, und jeder angesprochene Deutsche macht mit, weil er dem Fremdwort hörig ist wie ein Rauschgiftsüchtiger seiner aufdringlichen Geißel! Sie können es sogar bei den sogenannten Gebildeten probieren. Niemand — oder nur verschwindend wenige möchten zugeben, daß sie ein Fremdwort nicht kennen. Sagen Sie doch einem Universitätsprofessor, der den dreifachen Doktor erwarb, mitten in der Unterhaltung: »Das Apploncentrat Ihrer Vermutungen, Herr Professor, kann mich aber nicht befriedigen!« Wenn er wirklich gebildet wäre, müßte er sagen: »Was ist denn eigentlich ein ›Apploncentrat‹?« Das wird er aber nicht tun, sondern er wird schlicht zurückfragen: »Weshalb nicht?« Aber warum wollen Sie sich gleich mit einem Ge-

lehrten anlegen?! Versuchen Sie es doch einmal im täglichen
Leben, und gönnen Sie sich einen harmlosen Spaß, der
Ihnen nur in Deutschland — in keinem anderen Lande
sonstwo — geboten wird. Sie sind also zum Beispiel in
einem Restaurant beim Mittagessen und wollen der Ihnen
gegenübersitzenden Dame das Salz reichen. Dann sagen
Sie mit einer leichten Verbeugung: »Darf ich Ihnen, gnädige Frau, das Salz apploncentrieren?« Man wird Sie
zweifellos für einen Kavalier der alten Schule halten. Ein
strahlender, dankbarer Blick der Dame belohnt Sie, und
sie denkt bei sich: »Gott, was ist das für ein höflicher und
vor allem *gebildeter* Herr!« Etwas später, nach dem Kaffee,
rufen Sie, von der Dame etwas abgewandt: »Herr Ober,
ich möchte gern apploncentrieren!« Er kommt herbeigeeilt
(aber nur bei »apploncentrieren« nicht bei »zahlen«!).
»Jawohl«, erwidert er freundlich, »Sie hatten ein großes
Gedeck, einen Schoppen Mosel und einen Kaffee!« Und
dann überreicht er Ihnen die verlangte Rechnung. Beim
Hinausgehen stoßen Sie auf einen anderen Bediensteten des
Lokals, an den Sie sich vertrauensvoll mit leiser Stimme
wenden: »Entschuldigen Sie bitte, wo kann man hier
eigentlich apploncentrieren?« »O bitte sehr«, antwortet
der zuvorkommend, »gehen Sie den Gang gerade durch,
erste Tür links. Aber geben Sie acht, zwei Stufen! Fallen
Sie nicht!« — Haben Sie sich nun nicht großartig mit allen
über alles verständigt: und das mit einem einzigen, geheim-
nisumwitterten Wort? — Sie müssen natürlich unter Umständen mit unserem undurchschaubaren Wort vorsichtig
zu Werke gehen, wenn Sie dann auf die Straße kommen
und vielleicht die Neigung verspüren, mit irgendeinem der
reizenden jungen Mädchen, die dort lustwandeln, anzubändeln. Schauen Sie sich die Damen genau an. Die eine
oder andere hat es vielleicht gern, wenn Sie sich ihr flötend
mit dem Wunsche nähern: »Darf ich mit Ihnen einmal
apploncentrieren?« Aber wehe, wenn eine der hübschen
Nymphen Ihr Wort *in den falschen Hals bekommt* (K s.

HALS), um diese anschauliche Redensart zu gebrauchen: von der Strafe mit Verachtung bis zu einer handgreiflichen Erwiderung steht für Sie alles bereit, und schließlich müßten Sie am Ende des Tages bedauernd sagen, hätte ich nur nicht ausgerechnet mit dieser versucht zu apploncentrieren! —

Wahrscheinlich ist es notwendig, daß alle hundert Jahre ein angesehener Deutscher eine Ermahnung an sein Volk richtet. Arthur Schopenhauer (1788–1860), von dem der Ausdruck »Zeitungsdeutsch« stammt, hat uns in seinem »Handschriftlichen Nachlaß« eine in den letzten Lebensjahren geschriebene bedeutsame Untersuchung vermacht, die den bezeichnenden — damals wie heute — zeitnahen Titel trägt:

> »Materialien zu einer Abhandlung über den argen Unfug, der in jetziger Zeit mit der deutschen Sprache getrieben wird.« —

Bei der augenblicklichen Notlage unserer Sprache dürfte es für uns kaum ein Trost sein, daß sich die Franzosen in einer — wenn auch nicht so drastischen Weise — ähnlichen Gefahr befinden. Wegen der unangenehmen Überschwemmung ihrer Muttersprache durch das Englische nennen sie ihr Französisch bereits bissig »franglais«, eine geistreiche Zusammenziehung von »français« und »anglais«. — Durch die Auflösung des britischen Weltreiches sind die Engländer wenigstens ihr Pidgin-English — jene chinesisch-englische Mischsprache in Ostasien — losgeworden, die nur noch in Hongkong geistert. Der frühere englische Kolonialoffizier ist ganz froh, wenn er von seinem Diener nicht mehr zu hören braucht: »me go topside, Sir!« (»ich gehe nach oben, Herr!«), wenn das Kindermädchen behauptet: »Me has two piecee baby« (»ich habe zwei Stück Säuglinge«), oder wenn der »boy« bittet: »Me wantchee make chow-chow!« (»ich möchte etwas essen«). — Chow Chow ist eine Hunderasse mit dunkelbraunem Pelz und blauvioletter

Zunge, deren Fleisch von den Chinesen gegessen wurde. — Natürlich gab es bei dem Kauderwelsch auch viel zu lachen, vor allem, wenn der Chinese ihm unbekannte Errungenschaften der westlichen Kultur auf seine Weise ins Pidgin (nach der chinesischen Aussprache des englischen Wortes business = Geschäft) zu übersetzen versuchte. So erzählte mir einer meiner englischen Freunde, sein Diener habe zum erstenmal in seinem Leben ein Klavier gesehen und im Spiel bewundert und sogleich eine Pidgin-Erklärung für dieses wundersame Instrument geprägt. Es lautet:

>outside maky fighty-fighty,
inside plenty singing girl!«

(Draußen — auf den Tasten — wird gekämpft und drinnen sind viele singende Mädchen!). Diese und andere heitere Begriffsbestimmungen machten in ganz Ostasien die Runde. Die chinesischen Kulis haben jedoch *nur* mit ihren englischen Herren in dieser lässigen Umgangssprache geredet (oder mit anderen englischsprechenden Ausländern). Wenn sie nach Hause kamen, unterhielten sie sich mit ihrer Familie wieder in ihrer unverfälschten Muttersprache. Es ist unnötig zu erwähnen, daß das Pidgin-English weder auf die chinesische noch auf die englische Sprache Einfluß gehabt hat. Es blieb nichts hängen! Die Engländer haben es abgestreift wie einen zerschlissenen, schmutzigen Rock. In ganz England kann man heute kein Pidgin-Wörterbuch mehr kaufen. *Wir* hingegen haben uns nach dem verlorenen Zweiten Weltkrieg ein Pidgin-Deutsch oder sagen wir besser: ein Teufelsdeutsch eingehandelt, das unserer Sprache das Spalier entzieht, an dem sich ihr Leben bisher emporgerankt hat, und das sie in den tiefsten Wurzeln zerstört. *Es ist eine Art sprachlicher Umweltverschmutzung!* Denn, was ist es anderes als Teufelsdeutsch, wenn wir auf deutschen Flughäfen von deutschen Angestellten Sätze hören wie: »Ein Moment, ich take gleich action!« oder »Klarer Fall von misconnection!« — Ein amerikanischer Oberst schrieb kürzlich in einer Frankfurter Zeitung, ein deutscher Bauer, der sein Land am Rande des Frankfurter amerikanischen Militärflughafens auf deutschem Boden besitze, habe sich bei ihm über den Fluglärm mit folgenden Worten beschwert: »Herr Colonel, my pig-pig and gag-gag werden nervous because of the Krach of your Düsenhunters!« Das mag ja anfangs noch ganz lustig klingen, wenn so etwas eine Ausnahme bildet. Aber »die Gewohnheit nennt er seine Amme!« — auch bei der deutschen Bundeswehr, in der die Flieger ein sagenhaftes Makkaroni von Englisch mit deutschen Brocken und Endungen sprechen.

Des einzigartigen kulturellen Erbes der Sprache sind sich die meisten von uns kaum noch bewußt. Als Menschen einer technischen und verwalteten Welt sehen sie in der Gegenwartssprache nur noch ein nüchternes, totes Verständigungsmittel, nicht aber ein Kulturgut und eine lebendige Brücke von Mensch zu Mensch.

Die Afghanen haben ein schönes Grußwort:
MANDANAI BASCHAIN!
(Das ist weit her! Das *muß* doch gefallen!)

Es bedeutet: Werdet nicht müde!
Werdet nicht müde, eure kostbare Muttersprache wie euren Augapfel zu hüten. Wann spürt man endlich den Flügelschlag eurer Phantasie? Nehmt unserer Sprache ein für allemal den Ludergeruch des Siechtums und des Zerfalls! (oder ist es vielleicht gar keine Krankheit? Sind wir etwa »nur« verlottert?!)
Teufelsdeutsch tot? Welche unglaubliche, wunderbare Aussicht für die Zukunft!
MANDANAI BASCHAIN!
Werdet nicht müde!
Ihr setzt Rang und Ansehen einer Weltsprache aufs Spiel!

Werdet nicht müde!
Laßt euch nicht apploncentrieren!
Sonst steht er bald in eurer Mitte:
DER LACHENDE DRITTE!

ABBAUEN *Jemand abbauen:* abberufen, kündigen, pensionieren, verabschieden, wegschicken, *kaltstellen*, in den Ruhestand versetzen, *aus dem Sattel heben, den Stuhl vor die Tür setzen.* — Der gegenteilige Begriff von »abbauen« ist »aufbauen« (D s. AUFBAUEN), wobei das rückbezügliche Zeitwort »sich aufbauen« aus der Soldatensprache stammt. Wenn sich der Matrose vor seinem Kapitänleutnant aufbaut, dann »steht« er »stramm«, unbeweglich, unverrückbar wie ein solide aufgebautes Haus. Hat das vorangegangene Manöver ihn jedoch zu sehr erschöpft und überfordert, so kann es sein, daß der abgemüdete Soldat schlappmacht, umkippt, ohnmächtig wird: dann »baut er ab«.

Dieser Wendung aus dem Ersten Weltkrieg 1914–1918 steht für »abbauen« eine andere Bedeutung gegenüber, nämlich: verschwinden, weggehen, sich entfernen, *abhauen* (K s. HAUEN). Wie »abbauen« kommt hier »abhauen« ebenfalls aus der Welt des fahrenden Volkes und des Wandergewerbes. Am Schluß des Schützenfestes, der Kirmes, des Freimarktes, der »Wiesen« werden die Buden und Stände, die Schauzelte und die technischen Vergnügungsmaschinen abgebaut; und wer abbaut, will den Ort verlassen und seiner Wege gehen. Soldaten und Studenten im 18. Jh. vom Rotwelsch zugefallen.

Wird jedoch ein Beamter »abgebaut«, so versetzt man ihn meistens vorzeitig in den Ruhestand und hat dabei das Bild eines Gefahr bergenden und baufälligen Gebäudes vor sich, das wegen Altersschwäche von oben nach unten abgetragen wird. Entsprechende empfindliche staatliche Maßnahmen nach dem Ersten Weltkrieg machten den Ausdruck volkstümlich.

ABBEISSEN *Einen abbeißen* (auch: *einen abknabbern):* hartes Getränk (Schnaps) trinken. — Umgangssprachlich der unbeherrscht lechzenden Geste beim Ansetzen des Schnapsglases und beim Hinunterstürzen der Flüssigkeit nachempfunden. In Ostfriesland und Mecklenburg schon um die Mitte des 19. Jh.s unter der Redensart *einen Kanten Schnaps abbeißen* für »den ersten Schluck aus der Pulle« gang und gäbe, wobei die Angewohnheit des Seemannes, den Korken oder Stöpsel der Flasche mit den Zähnen herauszuholen, das Bild abrundete. Im übrigen kann man ja auch den Wein »beißen und kauen«, denn der »Weinbeißer« ist z. B. in Österreich der gewerbemäßige Weinschmecker, der die Geschmacksprüfung des Rebensaftes nach Art und Charakter vornimmt. Der Ausdruck ist aber auch in Süddeutschland geläufig. *Keinen Faden abbeißen* K s. MAUS.

Wenn wir den unermeßlichen Reichtum der deutschen Sprache bewundern wollen, können wir getrost vom Stichwort *abbeißen* im Alphabet ausgehen, um die eindrucksvolle Reihe von zweihundertdreizehn! Wörtern und Wendungen allein für den Begriff »trinken« aufmarschieren zu lassen. Für »essen« (D s. ABGEHEN) haben wir »nur« achtundneunzig Ausdrücke, also weniger als die Hälfte! Das Verhältnis im internationalen Liedgut ist noch krasser: es gibt überall eine mehr oder weniger große Anzahl von Trink- oder Saufliedern; Eß- und Freßlieder hingegen (man stolpert schon über das ungewohnte Wort!) sind verschwindend gering. Man könnte nun leicht auf die Idee kommen, da es sich bei unserem »Trinken« im wesentlichen um »Alkohol trinken« handelt, das deutsche Volk sei »ein Volk von Trinkern«. Der Alkohol ist jedoch in der ganzen Welt (sogar bei manchen Tieren!) beliebt, und wir überlassen es am besten den Statistikern, Ärzten und Soziologen festzustellen, in welchem Lande am meisten und am standhaftesten gebechert wird. Auf jeden Fall ist die unwahrscheinlich hohe Zahl der Wörter und farbigen Redensarten für »den Durst löschen« im Deutschen nach Seneca ein untrüglicher Beweis dafür, daß wir recht trinkfreudig sind, aber es schließlich auch einer blühenden Phantasie und eines bezwingenden Humors nicht ermangeln lassen, wenn wir sprachlich aus dem Vollen schöpfen oder aus der Fülle unserer beweglichen Vorstellungswelt die bunten Bilder hervorzaubern. Und hier der bacchantische Triumphzug von A—Z, von *einen abbeißen* bis *einen zwitschern,* der in einer anderen Sprache in dieser ungewöhnlichen Vielfalt nicht denkbar ist:

Einen abbeißen; einen Kanten Schnaps abbeißen; einen abknabbern; die Achse schmieren; dem Alkohol zusprechen; sich einen ansaufen; sich einen ansäuseln; sich einen schweren (oder: ausgewachsenen) Rausch antrinken; den Ärger hinunterspülen; ein Faß auspicheln; aussaufen; austrinken. Baggern; sich beballern; den Becher kreisen lassen; im Becher (Glas, Humpen, Krug, Pokal, Seidel) Vergessenheit suchen; bechern; sich bedudeln; sich beduseln; sich oder etwas begießen; sich begigln (nord.); sich behampeln; sich beknüllen (beknillen); sich beknüppeln; sich bekümmeln; sich berauschen; sich besaufen; sich besäuseln; jemandem Bescheid tun; sich beschickern; beschlauchen; sich beschwipsen; sich betrinken; sich einen bewilligen; einen bezähmen; sich bezechen; saufen wie ein Biber (mittelalterliche Klosterschüler, vom lat. bibere = trinken); biegeln, einen hinter die Binde gießen; einen blasen; einem die Blume bringen; jemandem mit der Blume zuprosten; seinen Brand löschen; Brennstoff auffüllen (Marine); einen quer über die Brust legen; einen zur Brust nehmen; einen in die Brust stoßen; einen bürsten; saufen wie ein Bürsten-

binder. Den Durst stillen; den Durst löschen; einen
über den Durst trinken; einen dudeln gehen. Einen
(Schnaps) einatmen; einheizen; sich einen einverlei-
ben; ex trinken (stud.); sich erquicken. Ein Faß aufmachen; feiern; sich einen in die Figur schütten; eine
Flasche ausstechen; einer Flasche den Hals brechen;
eine Flasche leeren; eine Flasche lenzen (lenzen =
leerpumpen seem.); einen flöten. Ein starkes Gefälle
haben; (sich) einen genehmigen; sich einen zu Gemüte
führen; ein Gläschen leeren; die Luft aus dem Glase
lassen; zu tief ins Glas (in die Kanne) schauen (blik-
ken, gucken, sehen); kein volles Glas sehen können;
kein leeres Glas sehen können; keine vollen und keine
leeren Gläser sehen können; gluck-gluck machen; sich
einen gönnen; etwas durch die Gurgel jagen; die Gur-

gel schmieren; gurgeln. Sich einen Haarbeutel anschaffen; einen heben; hineingießen; einen hinuntergießen (-spülen, -stürzen); den Humpen schwingen; den Humpen leeren; einen kleinen Hund von der Kette lassen (Marine). Inhalieren (einen Schnaps); die Innenbeleuchtung einschalten (harte Getränke zu sich nehmen, Marine); sich einen unter die Jacke (unter das Jackett) brausen; einen aus der Jubelröhre kippen (Gaunersprache — Schnapsflasche). Die Kalebassen (Flaschenkürbisse) schwingen (seem.); in die Kanne steigen (stud.); die Kehle anfeuchten; die Kehle schmieren; einen kippen; kluckern; kneipen; sich einen hinter den Knorpel (Adamsapfel) gießen (schütten); einen hinter den Knorpel schlippen (oder schlippern); einen über den Knorpel ziehen; knorpeln; sich einen hinter die Krawatte (den Schlips) plätschern (gießen); kümmeln; seinen Kummer betäuben. Sich laben; einen auf die Lampe gießen; lappen; die Leber feuchten (anfeuchten); eine trockene Leber haben; die Leber auf der (Sommer-) Sonnenseite haben; lecken; sein Leid ersäufen; sich letzen; die Lippen anfeuchten; sich löffeln (stud.); löschen. Mitziehen (gleichzeitig mittrinken stud.); sich Mut antrinken. Nachkommen (auch »nachziehen« = hinterher trinken stud.); sich die Nase begießen; sich naß machen (Hamburg); einen zu sich nehmen; einen nieseln; sich durchnieseln (sich umsonst durchsaufen); einen nippen; nuckeln. Öl übernehmen (Marine); ölen; saufen wie ein guter Ölpresser. Einen (anständig) auf die Pauke hauen; einen pfeifen; einen Propfen knallen lassen; einen picheln (von »Pegel« abgeleitet, »Merkzeichen an Trinkgefäßen«. Bei Gelagen pflegte man nach diesen Eichzeichen zu trinken und die Rechnung aufzustellen); einen pietschen (in Gesellschaft trinken); plätschern; pokulieren; prosten; pullen. Sich einen Rausch kaufen; einen riskieren. Einen Salamander reiben (stud.); saufen; saufen wie ein lecker Kessel; saufen wie ein Loch; saufen wie ein Senkloch (wie eine Senke); saufen wie ein lecker Topf; ein Saufgelage halten; an-, auf-, aussaufen; sich langsam einsaufen; saugen; schlappen; einen gehörigen Schluck haben (tun); einen Schluck aus der Pulle nehmen; schlappern; schlucken; (ein-, aus-)schlürfen; einen schmettern; schmieren; schnaffeln; schnäpseln, einen schnasseln; schöpfen; schwimmen (Marine); sich einen Schwips anlachen; sich um Sinn und Verstand trinken (saufen); seine Sorgen ertränken (ersäufen); einen spendieren; spinnen; sich stärken; einen stemmen; einen Stiefel vertragen; jemandem mit einem beträchtlichen (beachtlichen) Streifen kommen (stud.); sich dem Suff ergeben. Einen tanken; trinken; jemanden unter den Tisch trinken; einen trillern; einen trompeten; einen Tropfen zuviel nehmen; einen trudeln; sich dem Trunk ergeben; dem Trunk verfallen sein; der Trunksucht Sklave sein; tulpen gehen; einen tuten. Einen verdrücken; einen verhaften; einen verkasematuckeln; einen verlöten; einen verpusemaknipseln; einen vertilgen; sich verunnüchtern (Marine); sich langsam vollaufen lassen. Den Kummer (die Sorgen, den Gram) im Wein (Bier, Likör, Schnaps, Sekt) ersäufen; im Wein Vergessenheit suchen; im Wein Zerstreuung finden; einen hinter die Weste gießen (plätschern); auf das Wohl trinken. Zechen; ziehen; einen zischen; sich einen Zopf anschaffen; einen guten (tüchtigen) Zug haben; sich zuprosten; zusprechen; einen zwitschern (K s. ZWITSCHERN).

(Redensarten und Ausdrücke für ESSEN D s. ABGEHEN)

Nun wird man sich mit der Aufzählung allein der über 200 Wendungen für Trinken nicht zufriedengeben, man muß auch wissen (und das gilt besonders für das Millionenheer der Ausländer, die unser Land bevölkern!), wie sich bei uns die zahlreichen Wirtshäuser nennen, in denen man sich zuprosten kann, oder wie sie unser Volksmund getauft hat. 1970 hatten 3 Millionen Ausländer ihren Wohnsitz in Westdeutschland. Hier sind ein halbes Hundert Aushängeschilder, die im Zeichen des immer stärker werdenden internationalen Reiseverkehrs freilich zum Teil auch aus fremden Sprachen entlehnt wurden:

Ausschank, Bar, (Schenktisch mit Raum für Gäste, die an ihm stehen oder auf Hockern sitzen; auch Nachtlokal. Aus dem engl. bar = Stange zum Absperren, Schranke im Gerichtssaal, daher barrister = Rechtsanwalt), *Beisl* auch *Beisel* (österr.-bayer. mundartlich für einfaches Lokal), *Bierkeller, Bierlokal* (Lokal = Raum oder Örtlichkeit, in der man gegen Bezahlung Speisen und Getränke erhält; kein Café), *Bierquelle, Bodega,* (span. Weinschenke), *Brau-* oder *Bräustübl, Bums* (oder Bumslokal, abwertend, ungepflegte Kneipe mit zweifelhaften Gästen, auch Tanz), *Destille* (lat. — Branntwein-Ausschank, berlin), *Fremdenheim* (Gasthaus mit kleinem Hotelbetrieb), *Gasthaus, Gasthof, Gastwirtschaft, Herberge, Hospiz* (lat.-christl. Herberge; in der Stadt immer mit christl. Hausordnung), *Hotel* (lat.-franz., Gasthof mit behaglicher Einrichtung), *Hotel garni* (Hotel, das neben der Übernachtung nur Frühstück gewährt), *Imbißstube* (kleineres Lokal ohne Bedienung, wo man billig und rasch kleine Mahlzeiten und leichte Getränke bekommt), *Kabarett* (franz. — Nachtlokal mit Unterhaltungsprogramm und Tanz), *Kantine* (franz. cantine, ital. cantina; früher »Soldatenschenke in Festungen«, heute Trink- und Speiseraum in größeren Betrieben), *Karawanserei* (pers. — Unterkunft f. Reisegesellschaften im Orient mit Stallungen f. Kamele. Bei uns gelegentlich Bezeichnung f. gepflegtes Haus), *Kaschemme* (zigeunerisch — Verbrecherkneipe), *Kasino* (lat.-ital., Gesellschaftshaus, Offiziersheim), *Kneipe* (einfaches Lokal, oft gemütlich), *Eckkneipe* (berl.), *Kretscham* (ostdeutsch aus d. Sorbischen; bescheide-

nes Dorfwirtshaus), *Krug* niederdt. f. kleines Dorfwirtshaus), *Lokal* (lat. — s. Bierlokal), *Stammlokal* (von gleichen Gästen wiederholt besucht), *Weinlokal, Motel* (ame-
rik. Kurzwort aus »motorists' hotel« = Hotel f. motoris.
Reisende), *Pension* (lat.-franz., Fremdenheim), *Pinte* (frz.
— kl. Schweizer Schenke mit nur Alkohol-Ausschank),
Probierstube (lat. — kl. Weinstube), *Quetsche* (abwertend,
kleines minderwertiges Lokal von beängstigender Enge),
Raststätte (meist Autobahn), *Ratskeller* (meist beste Gaststätte im Ort; im Keller des Rathauses liegend), *Restau-*
rant (lat.-frz., Gaststätte mit höheren Ansprüchen),
Schenke, Schenkstube, Schankstube, Schankwirtschaft,
Waldschenke, Klippschenke (abwertend), *Schnellbüfett*
(Gaststätte, in der Mahlzeiten und Getränke fertig zube-
reitet in Automaten stehen), *Schnellgaststätte* (wie Schnellbüfett), *Schwemme* (abwertend, vernachlässigte Kneipe f.
Anspruchslose), *Speisehaus, Spelunke* (gr.,lat., »Höhle«,
armselig ausgestattetes Lokal mit schlechtem Ruf; Verbrecherkneipe), *Stampe* (abwertend, nur alkohol. Getränke,
manchmal Tanz), *Stehbierhalle, Straußwirtschaft* (auch
Besenwirtschaft; durch ausgehängten Strauß, Kranz, Zweig
oder Besen wird kenntlich gemacht, daß ein vom Wirt
selbst gezogener Wein ausgeschenkt wird), *Taverne* (lat.-
ital., italienische Weinschenke. Taberna = veralt. Form
von Taverne), *Trinkstube, Weinbeisl, Weinkeller, Wein-*
stube, Wirtschaft, Wirtshaus.

Joseph Viktor von Scheffel (1826—1886) sagt sehr richtig:
»Man spricht vom vielen Trinken stets,
doch nie vom vielen Durste!«

Der Vollständigkeit halber wollen wir also gleich noch
einige Redensarten und Ausdrücke für den *Bacchusfreund*
bereithalten, wenn er den ersehnten *Rausch* endlich gefunden hat. Natürlich gehört er zu denen, die immer einen
Mordsdurst, einen trockenen Fleck im Halse (seem.), *eine*

trockene Kehle oder gar *eine trockene Leber* haben, und die immer *einen Grund zum Trinken* finden, bis sie *den Kanal voll haben, also benebelt sind.* (In dieser Wendung ist »Kanal« eine Umschreibung für Speiseröhre). Um den *Brand* (Durst) zu *löschen,* sind ja auch viele Gelegenheiten da, wie z. B. der *Frühschoppen,* das *Sektfrühstück* oder der *Dämmerschoppen,* der manchmal sogar in eine *Bierreise* von einem Lokal ins andere ausartet, auf der die *durstige Seele* wacker der *kühlen Blonden* (Glas helles Bier) zuspricht. Wenn er sich dann *einen Rausch gekauft hat* — vielleicht ist es auch ein *Kanonen-* oder ein *Mordsrausch* —, dann gibt es viele Ausdrücke, die seinen *seligen Zustand* recht treffend kennzeichnen: er hat einen *Spitz,* einen *Schwips,* einen *Stich ins Blaue* oder er hat einen *Zungenklaps,* denn er kann nur noch wie ein Kind *lallen,* weil irgend etwas — wahrscheinlich der *Alkohol auf seiner Zunge steht!* Vielleicht hat er auch *einen Haarbeutel.* Das war nämlich im 18. Jahrhundert der Beutel, dessen sich die Männer bedienten, um die langen Hinterkopfhaare darin zusammenzufassen, woraus sich dann der künstliche friderizianische *Zopf* entwickelte. Wem also der *Sorgenbrecher zu Kopf gestiegen* war, der hatte unter dem Haarbeutel oder unter dem Zopf *einen sitzen.* Daraus vereinfachte man: *er hat einen Haarbeutel* oder *einen Zopf,* wollte man ausdrücken, daß jemand *berauscht* sei. Wilhelm Busch hat noch 1878 eine seiner Dichtungen »Die Haarbeutel« genannt. Heute ist die Wendung lediglich in wenigen Teilen Norddeutschlands lebendig. Wer genug aus der Jubelröhre (Schnapsflasche) gekippt und sich nun so *verunnüchtert* oder *einen angekrümelt hat,* ist im *Tran* oder *Dusel,* hat *Überdruck* (Marine), oder er *hat* gar *einen Affen* (K s. AFFE), auf jeden Fall *hat er einen hängen!* Manche *haben* auch nur schlicht *einen weg, einen in der Krone* (Krone = Kopf!) oder *einen Zacken in der Krone;* sie *haben schwer* oder *schief geladen* und *sind voll wie eine Strandhaubitze.* Die Haubitze (Flach- und Steilgeschütz v. tschech. houfnice) ist wie jede Kanone nur im geladenen (vollen) Zustand verwendbar. Ähnlich ist auch der *Bezechte* (mit Alkohol) *geladen.* Wenn er *blau wie eine Haubitze* ist, so heißt das natürlich weder, daß die Haubitze blau angestrichen noch daß sie angeheitert ist: blau ist hier mit »geladen« = betrunken gleichzusetzen. Wer *voll des süßen Weines* ist, der fühlt sich *in gehobener, weinseliger, fortgeschrittener* oder besser *vorgerückter Stimmung wie im siebten Himmel. Er sieht* dann in herrlicher Laune *den Himmel für eine Baßgeige* oder *für ein blaues Kamisol an.* Der Baßgeige entlocken die Engel himmlische Töne und das Kamisol (lat. camisia = Hemd) ist das Wams in der männlichen Tracht des 16. Jahrhunderts, aber auch das weitärmelige, lange, seidene Zeremonialgewand der französischen Könige, also eine begehrenswerte Kostbarkeit! Einige zeigen *beim Rausch starke Schlagseite* oder *hohen Seegang,* wie die Seeleute sagen, *sie haben einen ondulierten* (gewellten) *Gang,* wenn sie *fett, knülle* oder *knille, beschickert* oder *schicker sind; sie steuern* dann gefährlich *auf Kollisionskurs* (seem.). Häufig *schwanken, torkeln* und *taumeln* sie dann, weil sie *wackelig auf den Beinen* sind; ja, *sich nicht* einmal mehr *auf den Beinen halten,* geschweige denn *auf dem Strich gehen können!* Wer erst *blau wie ein Veilchen* ist *(blau ist übrigens keine Farbe, sondern ein Zustand!)* und *auf keinem Bein mehr stehen kann,* weil er *zu tief ins Glas geschaut* und *ihn der Wein geköpft hat,* der kann plötzlich *doppelt sehen.* Baß erstaunt über dieses Geheimnis der Natur *schmettert* er immer weiter bis er *alkoholisiert, angeheitert, turbunken* (verquatschtes Hehlwort für betrunken), *angetütelt* (hamb.) und *in Weinlaune* ist und *mit vom Wein gelöster Zunge redet.* Er wußte sehr wohl, wie die leichten Fälle seines *Trinkerdaseins* ausschauten! *Man hatte die richtige V. O.* (sprich: Vau Null = Anfangsgeschwindigkeit im Trinken; Marine). Man war *im Timpen* oder kurz gesagt: *betimpelt* oder *im Schum;* man war *angesäuselt, animiert, illuminiert, angedudelt, angetrunken, beschwipst,* und *beduselt.* Jetzt wollte er es aber genau wissen: wie ist es eigentlich, wenn man *zuviel intus hat,* wenn man so richtig *hinüber, fertig* und *satt* ist? Wie sieht man aus, wenn man so recht *bezecht, bekneipt* und *beschlaucht* ist und *des Guten zuviel getan hat?* Mehr noch: einmal ganz zünftig *stinkenvoll, toll und voll* mit anderen Worten *volltrunken* sein! Und dann als *Bierleiche sternhagelvoll* stolz nach Hause gefahren werden! Was muß das doch für eine Begeisterung in der Familie auslösen! —

Wer sich natürlich so unfein *besäuft* und *die Nase begießt,* bis er *stockbesoffen* ist, der muß sich nicht wundern, wenn er am nächsten Tage *eine Fahne* hat. Nicht nur dies, sondern auch der *Tatterich* oder *Datterich* stellt sich ein. Er hat einen solch *schlimmen Ölkopp,* daß er unfähig ist zu denken. Weil die *Kopfschmerzen* fast bis in die Haarspitzen wandern, scheint er sich außer dem *Brummschädel* noch (humorvoll gesprochen) einen *Haarwurzel-* bzw. einen *Haarspitzenkatarrh* geholt zu haben. Das war natürlich eine *Kateridee, sich* so *vollaufen zu lassen:* jetzt erscheint bei dem *nassen Bruder* der *Kater* und mit ihm *der Katzenjammer,* der eigentlich ein *Kotzenjammer* ist (K s. KATZE); und wenn es ganz schlimm wird, bekommt er noch *einen Moralischen,* der mit dem *heulenden Elend* schließt (K s. ELEND).

Die unverbesserlichen *Kurzstreckenschwimmer* (Trinker, von schwimmen = trinken; die »kurze Strecke« ist die von der Kehle bis zum Magen — Marine), *Schoppenstecher, Saufkumpane, Süffel* und *Schnapsbrüder* laufen freilich Gefahr, wenn sie von der *Trunksucht* oder gar vom *Schnapsteufel* besessen sind, *Gewohnheitstrinker* zu werden. *Sie sehen* dann *weiße Mäuse* und verfallen dem *Säuferwahn.* Dagegen sind die sogenannten *Quartalsäufer* noch wahre Waisenknaben! Aber bei den *Saufeulen,* die schon vor dem Frühstück *am Zielwasser nuckeln,* die sich ins *Delirium tremens kluckern,* fällt der Vorhang in der

Entziehungsanstalt oder Nervenklinik. Gott heile sie vom *Suff* und sei ihrer armen *Zecherseele* gnädig! Vielleicht sind noch einige von den *Sumpfhühnern* zu retten! —
Wir hingegen schlagen stolz an unsere Brust! Wir sind keine *Trunkenbolde*. Wir sind nur gelegentlich mal *dun*, und das erlaubt jeder Arzt und jede verständige Ehefrau! Übrigens, dun ist das plattdeutsche Wort für bezecht. Es kommt von Düne »Sandhügel an der Küste«. Davon leitet sich wieder die Dünung, das ist der Seegang nach dem Sturm, ab. Das Meer erhebt sich wie ein Hügel, und wer dun ist, hat eben Seegang. In meiner Kinderzeit sagten wir, wenn wir einen Betrunkenen sahen: »Kiek mol, he is dun!«, und hier darf die hübsche Geschichte von Hermann Allmers (1821—1902) dem Kulturhistoriker, Bremer Heimatdichter, Bauern und Original, nicht fehlen. Auf dem Bremer Freimarkt, Deutschlands ältestem Rummelplatz, begegnete dem wohlbeleibten Historiker ein volltrunkener Seemann, der offenbar von der eindrucksvollen, fülligen Gestalt der »Dichter und Bauer«-Persönlichkeit sehr angetan war. »Na, du alter Dickwanst!« sagte der Fahrensmann freundlich zu Allmers, worauf dieser schlagfertig erwiderte: »Dickwanst ist immer noch besser als Dunwanst!«

ABBRUCH *Einen warmen Abbruch vornehmen* oder *durch warmen Abbruch gewinnen:* durch Brandstiftung seines eigenen hochversicherten Hauses, seiner Werkstatt, seines Geschäftes, seiner Industrieanlage usw. auf die Versicherungssumme spekulieren oder sie sogar kassieren. Aber auch, wenn ein Mann so aufmerksam ist, seiner geliebten Frau eine Bombe mit Zeitzünder in den Koffer zu schmuggeln, damit sie während der Flugreise mitsamt der Besatzung und den Fluggästen »in die Luft fliegt«, begeht er einen *warmen Abbruch,* falls er sie vorher gehörig versichert hat. Spitzbubenlatein seit 1930. — An sich kommt der Ausdruck »Abbruch« aus dem Baugewerbe (Abbruch eines Hauses), wird jedoch oft im übertragenen Sinne gebraucht: »Die Sturmflut hat dem wirtschaftlichen Aufbau an der Küste *viel Abbruch* (großen Schaden) getan« oder: *»Das tut unserer Liebe keinen Abbruch!«* (das beeinflußt sie nicht); »Das Erscheinen der übelgelaunten Tante tat unserer Fröhlichkeit keinen Abbruch.« — Auch in der Politik, insbesondere im diplomatischen Dienst spricht man bildlich vom *Abbruch der Verhandlungen* oder gar vom *Abbruch diplomatischer Beziehungen.* Wird die Mission eines diplomatischen Vertreters beendet, weil der normale Verkehr und die Beziehungen zwischen zwei Staaten aus irgendwelchen Gründen aufgehoben werden sollen, so beauftragt der Außenminister des einen Staates seinen Botschafter (Gesandten), die Pässe zu fordern (Abberufung) und stellt gleichzeitig dem Vertreter des anderen Staates die Pässe zu. Beim Kriegsausbruch werden in jedem Falle die diplomatischen Beziehungen abgebrochen; der Abbruch kann jedoch auch bei starken politischen Spannungen erfolgen, ohne daß es zum Kriege kommt. — Die Wendung wird umgangssprachlich gern humorvoll oder ironisierend auf das private Leben bezogen: »Ich habe die *diplomatischen Beziehungen zu meinem Hauswirt* wegen verschiedener unliebsamer Vorfälle abgebrochen.« *Auf Abbruch heiraten* (P s. ABBRECHEN).

ABGEDROSCHEN siehe STROH

ABGEHEN *Etwas geht gut ab:* es verläuft erfolgreich, glücklich; die Sache ist gelungen. Die Wendung kommt aus der Schützensprache und bezieht sich auf Sprengungen wie überhaupt auf jede Explosion von Sprengkörpern sowie auf das Abschießen von Feuerwaffen jeglicher Art. *Es ist noch mal gut abgegangen* heißt: da haben wir aber gerade noch Glück gehabt, *wir sind noch einmal davongekommen.* Den gleichen Titel »Wir sind noch einmal davongekommen« wählte der amerikanische Erzähler und Dramatiker Thornton Wilder (geb. 1897) für sein Stück »The Skin of our Teeth«. Der Dichter erhielt 1957 in Frankfurt (Main) den Friedenspreis des deutschen Buchhandels. — *Abgehen wie warme Semmeln:* etwas leicht loswerden, sich mühelos verkaufen. Carl Philipp Emanuel Bach (1714 bis 1788), Kammercembalist Friedrichs d. G. und einer der gebildetsten und bedeutendsten Musiker seiner Zeit, schreibt in Erinnerungen an seine Jugend in Leipzig seinem Verleger Breitkopf: »Meine Sonaten und mein Heilig gehen ab wie warme Semmeln, bey der Börse vor dem Naschmarkt, wo ich vordem mancher Mandel Pretzel den Hals gebrochen habe.« Bei dem Dichter Gottfried Keller (1819–1890) heißt es im »Fähnlein der sieben Aufrechten« abgehen »wie frische Wecken«. Im Berliner Dialekt: »Den jehn seine Döchter ab wie bei'n Bäcker de warme Semmeln!« Hier wird die Redensart also bezogen auf Töchter, die wegen ihrer Schönheit (oder wegen ihres Geldes?) sich rasch hintereinander verheiraten lassen. Außer »abgehen« haben wir natürlich auch die Variante *»weggehen wie warme Semmeln«.* — Das Gegenteil ist *ausbieten* oder *anbieten wie saures Bier* (P s. BIER).

Sich nichts abgehen lassen heißt soviel wie *nichts anbrennen lassen* (siehe dies), auf nichts verzichten, genießen, und in diesem Sinne hat es auch die Bedeutung von *essen.* Nachdem wir unter ABBEISSEN *(einen Kanten Schnaps abbeißen* = trinken) in unserem Buch die 213 Wörter und Wendungen für »trinken« alphabetisch aufreihten, wollen wir hier der Vollständigkeit halber bei *sich nichts abgehen lassen* = essen auch die 98 Wörter und Wendungen für »essen« folgen lassen:

    Abbeißen; abfressen; sich nichts abgehen lassen; acheln (a. dem Rotwelschen, jidd. achlen = essen, achlan = Fresser; mit viel Genuß essen); aufessen; auffressen; aufspeisen; aufzehren. Backen und banken (Essensruf bei der Marine; wörtl. Tische und Bänke herunterschlagen); ein Bankett geben (halten) = Festmahl in feierlicher, würdiger Form — vornehm und ausgedehnt speisen; beißen (ab-, hinein-, rein-; abbeißen auch für trinken, siehe ABBEISSEN); Brotzeit halten (bayer.). Dinieren. Einfahren, einkacheln; sich etwas einverleiben; sich erquicken (neu beleben); essen (zu Mittag, Abendbrot). Fettlebe machen; fletschern (nach dem Amerikaner H. Fletcher (1849—1919) langsam und

sorgfältig kauen); fressen (gefräßig); frühstücken; futtern (ungezwungen, mit Appetit). Sich etwas zu Gemüte führen; etwas genießen; sich (an etwas) gütlich tun (genießerisch und behaglich); eine Grundlage schaffen. Sich hermachen über; hineinbeißen; hineinmampfen; hineinpampfen; hinunterwürgen; den (ersten) Hunger stillen. Jausen (Zwischenmahlzeit am

Nachmittag einlegen — österr.). Kapitulieren (den zweiten Schlag beim Essen holen, wörtl. sich dem Wohlgeschmack der Speise ergeben — Marine); kauen; knabbern (mehr zum Zeitvertreib als aus Hunger eine Kleinigkeit essen); knuspern (ebenso); kollatzen (ostpreuß.); konsumieren (ver-); kosten; kreuzen (einen Schlag kreuzen — Marine). Sich laben; löffeln (hingegen: sich löffeln = trinken!). Mampfen (behaglich und mit vollen Backen); sich mit Messer und Gabel umbringen (bis zum vorzeitigen Tod zuviel fressen); muffeln (wegen mangelnder Zähne mit Kauschwierigkeiten essen); mümmeln (wie muffeln!). Nachtmahlen (österr.); nagen; naschen; etwas zu sich nehmen. Pampfen (hineinpampfen); pappen (das kleine Kind pappt seinen Brei); picken, auch pickern (seem.); Picknick machen, abhalten — auch: picknicken (Mahl im Freien bei einem Ausflug); präpeln (mit Behagen essen, seem.); prassen (von bras = Schmaus). Reinbeißen; reinhauen; reinschmeißen (seem.); rinlegen (berl.). Schlecken; schlemmen; schlingen; hinunterschlingen (abwertend, gierig und hastig essen); schlucken; schmatzen (mit Geräusch); schmausen (mit Genuß in fröhlicher Runde); schnabulieren (leckere Dinge in kleinen Portionen mit Behagen essen); es mit der Schüssel halten; schwelgen; spachteln (mit großem Appetit größere Mengen); speisen; sich stärken (Kraft holen für das, was vor einem liegt); stauen (seem.); stopfen (hineinstopfen, den Bauch vollstopfen). Tafeln, Tafel halten (wie Bankett); den Teller leermachen. Sich überfressen. Verdrücken; verputzen; verschlingen; verspeisen; vertilgen; verzehren; vespern, Vesper halten (nachm. oder Abendimbiß nehmen); sich vollhauen; sich vollschlagen; gut vorlegen. Den Wanst (Bauch, Leib, Magen) füllen, sich den Wanst (Bauch, Leib, Magen) vollhauen, vollschlagen; wegputzen; wegstoppen (berl.), auch stopfen (s. d.); weiden; gutes Wetter machen (Teller leeressen P s. Wetter). Zulangen; zusprechen; zehren (davon zehren, aufzehren).

Da wir für »trinken« mehr als doppelt so viele Wendungen und Wörter haben wie für »essen«, so darf man wohl daraus schließen, daß uns das Stillen des Durstes mehr am Herzen liegt, als den Magen mit handfesten Speisen zu füllen. Friedrich Silcher (1789–1860), der Komponist unserer unsterblichen Volkslieder »Ännchen von Tharau«, »Zu Straßburg auf der Schanz« und »Ich weiß nicht, was soll es bedeuten«, gibt in einem Liede des von ihm herausgegebenen »Allgemeinen Deutschen Commersbuches« eine einleuchtende, fromme Erklärung dafür:

Das Essen, nicht das Trinken
bracht uns ums Paradies.
Was Adam einst verloren
durch seinen argen Biß,
das gibt der Wein uns wieder,
der Wein und frohe Lieder.

Und als die Welt aufs neue
in Baucheslust versank,
und in der Sünde Fluten
die Kreatur ertrank,
blieb Noah doch am Leben,
der Pflanzer edler Reben.

Er floh mit Weib und Kindern
wohl in sein größtes Faß,
das schwamm hoch auf den Fluten,
und keiner wurde naß.
So hat der Wein die Frommen
dem Wassertod entnommen.

Und als die Flut zerronnen,
da blieb das runde Haus
auf einem Berge sitzen,
und alle stiegen aus,
begrüßten froh das Leben
und pflanzten neue Reben!

ABSCHNALLEN *Da schnallst du ab!:* Da staunst du,
da bist du sprachlos, da bist du baff, da bist du platt (wie
eine Flunder, wie eine Scholle, wie ein Pfannkuchen). –
Seemännischer Ausdruck aus der Reichsmarine (1925). Das
Gegenteil von »abgeschnallt haben« ist »umgeschnallt haben«. Wer das Koppel umgeschnallt hat, ist im Dienst.

Wer abschnallt, ist außer Dienst, wird sozusagen »mensch-lich«, kann sich seinen Gefühlen hingeben und darf auch einmal sprachlos oder baff sein, wenn ihm gleichsam durch das »Ankündigungskommando« *da schnallst du ab* eine verblüffende, erschreckende oder auch höchst erfreuliche Nachricht von seinen Kameraden mitgeteilt wird. Die Erwiderung des Angesprochenen wird möglicherweise lauten: *da bin ich vollkommen geplättet!*, eine humorvolle Steigerung von: *da bin ich platt!*

ABSPAREN *Sich etwas vom Munde absparen:* sich einschränken, sich etwas abdarben, um anderen zu nützen. — Hier ist das Geld gemeint, das man für einen anderen aufopfernd spart oder abzweigt, indem man selbst auf notwendige Lebensmittel oder andere Dinge des täglichen Bedarfs verzichtet. Natürlich kann man sich auch seine eigene Ausbildung oder sein eigenes Studium *vom* (manchmal: *am) Munde absparen.* Dazu wird man nicht immer *am Hungertuche nagen* (KUHHAUT s. HUNGER), *an den Hungerpfoten saugen* oder *das Essen durch stramme Haltung ersetzen müssen* (soldat.). Wenn man jedoch ein hochgestecktes Ziel erreichen will, muß man schon *den Riemen enger schnallen* (um das Hungergefühl zu dämpfen), denn *Schmalhans ist nun Küchenmeister* (da wird man nicht satt!)! Die ursprüngliche Bedeutung dieser Redensart, wie sie der Volksmund noch heute auffaßt, ist hingegen, daß man sich etwas vom (am) Munde abspart, um einem anderen zu helfen.

ABSPIELEN *Da spielt sich gar nichts ab!:* ich verbiete es dir; ich untersage es; ich wünsche es nicht. — Von »abspielen« aus der Welt des Theaters und der Musik. Einmal transitiv (zielend, d. h. mit einer Ergänzung im Wenfall): eine Walze in der Drehorgel, eine Schallplatte, ein Tonband abspielen oder reflexiv (rückbezüglich): *sich* abspielen im Sinne von sich ereignen, sich zutragen, geschehen, sich darbieten, passieren. Wenn eine Rundfunksendung abgespielt wird, dann läuft sie ab. Eine oft abgespielte Schallplatte ist eine abgenutzte. Wenn sich ein Abenteuer oder eine Szene auf der Bühne abspielt, dann ereignet sich etwas. Hier ist »abspielen« nur ein Stilmittel. Unser Ausdruck in der Verneinung ist jedoch Redensart: sie wünscht oder stellt fest, daß sich nichts begibt. Das Kind fordert ungezogen: »Ich will meine Puppe wiederhaben!« Der Vater antwortet strafend: »Da spielt sich nichts ab!« — »Die Regierung hat ihn nicht befördert. *Da spielte sich nichts ab.*«

ABSTAUBEN   *Da hat er aber wieder ganz schön abgestaubt:* er hat schmarotzt; er lebt wie immer auf Kosten anderer; er hat ganz schön geschnorrt; *er hat genassauert* (K s. NASSAUER); er hat einiges beiseite gebracht; er hat *etwas mitgehen heißen.*
Hier haben wir wieder eins der klassisch deutschen Hüllwörter, das einem amüsanten Bilde entliehen wurde: der diebische Diener bedeckt unauffällig mit dem Staubtuch beim Reinigen des Tisches die goldene Armbanduhr und läßt sie verschwinden; so ganz im Vorbeigehen! Vom Bilde her gehört *abstauben* deshalb eigentlich zur Begriffsgruppe »stehlen«. Die Wendung ist jedoch in die harmlose Abteilung dieser Kategorie abgerutscht; ja, sie hat manchmal noch nicht einmal den Makel des Mundraubs an sich. Man wendet sie dort an, wo z. B. bei einem Empfang der Gast sich übermäßig und unverschämt des kalten Büfetts, der Getränke, Zigarren, Zigaretten und der Werbegeschenke bedient, kurzum *mit dem Oktavgriff der Presse arbeitet.* — Wesentlich mildere Bedeutung hat *abstauben* im Sport. Dort ist es nicht schmarotzen, sondern einheimsen. Man »staubt Tore beim Fußball« und »Medaillen bei den Olympischen Spielen« ab.

ABSTELLGLEIS *Jemanden aufs Abstellgleis schieben*
(rücken): ihn in seiner Tätigkeit lähmen; ihn ausschalten;
ihm einen Maulkorb anlegen; ihm die Hände binden; ihn

außer Gefecht setzen; ihm Knüppel zwischen die Beine
werfen; jemanden vorzeitig in den Ruhestand versetzen;
ihn in die Wüste schicken; ihm einen Stuhl vor die Tür
setzen; ihn aus dem Sattel heben; ihn auf die Straße set-

zen. — Seit der Erfindung der Lokomotive 1814 durch George Stephenson (1781–1848) und der daraus folgenden Einführung des schienengebundenen Verkehrs (1829 in England, 1835 in Deutschland) gibt es bei der Eisenbahn Abstellgleise: das sind tote Schienen, auf denen zeitlich oder dauernd außer Betrieb gesetzte, schadhafte Loks und Waggons, oder solche, die vorübergehend nicht gefahren werden sollen, verwahrt und festgehalten werden. Es kommt unserer prägefreudigen, bildhaften Sprache durchaus entgegen, wenn der immer wache Volksmund hier wieder hintergründig z. B. den ständig versagenden Politiker mit einer verrosteten Lok oder die verwitterte Primadonna mit einem ramponierten Salonwagen vergleicht, die beide auf das Abstellgleis geschoben wurden. Redensart seit 1850. (K s. REFF und ABGETAKELTE FREGATTE, P s. GLEIS).

ALLÜREN *Allüren haben Sie, die sollten Sie sich mal rausnehmen lassen: sich wie Graf Rotz benehmen* (P s. ROTZ); sich hochnäsig, anmaßend, unverschämt, arrogant, unverfroren, schnodderig, naseweis verhalten; »Ihr Betragen ist anstößig und flegelhaft, — Sie sollten Ihren Benimm mal schleunigst ändern!« — Unsere »Allüren« im Sinne von Benehmen, Verhalten, Umgangsformen, Auftreten werden kaum noch in der Einzahl (Allüre) gebraucht. Sie kamen im 19. Jahrhundert von der französischen »allure« = Gangart des Pferdes zu uns. So ist »allure de marche« das Marschtempo, die Marschgeschwindigkeit; »allure de tortue« das Schneckentempo; »allure foudroyante« die donnernde oder blitzartige Geschwindigkeit und »allure vertigineuse« das irrsinnige Tempo. Aber auch bildlich in der Bedeutung von Benehmen, Anstrich, Verhalten verwenden die Franzosen ihre »allure«: avoir des »allures louches« = ein undurchsichtiges Verhalten an den Tag legen; »j'ai reconnu ses allures« = ich bin hinter seine Schliche gekommen. Nun müssen die Allüren nicht immer ein schlechtes Benehmen sein. Es gibt auch ausgesprochen vornehme Allüren — sowohl im Französischen »donner une allure nobiliaire« = »einen Anstrich von Adel verleihen« als auch im Deutschen »er hat die Allüren eines Edelmannes«. In unserer seit 1930 bestehenden Redensart werden jedoch nur die *scheußlichen* Gewohnheiten eines anmaßenden Menschen getadelt, und zwar in der unnachahmlich

witzigen Art des Berliners, *der es aus dem Effeff versteht, im Handumdrehen* ein Abstraktum (Gedankliches) in ein Konkretum (Gegenständliches) zu verwandeln. Aus den »Allüren« werden gleichsam »Zähne«, die uns jeder Zahnarzt ziehen kann. Man sagt ja auch: *den Zahn laß dir man ziehen!* (P s. ZAHN), was allerdings soviel bedeutet wie: *das schlag dir man aus dem Kopf!* Hier heißt es: deine

Allüren sind wie faule Zähne, die du dir 'rausnehmen lassen solltest, wenn du überhaupt noch etwas Ansehen bei
uns genießen möchtest!

ALT   (siehe auch Index Bd. II)
Heute abend werde ich nicht alt: Heute gehe ich früh
schlafen; ich bleibe nicht lange; ich bin heute sehr müde
und abgespannt. — Eigentlich sollte es heißen: es wird
heute abend nicht spät bei mir, und ich gehe früh ins Bett.
Spät und alt werden oft gleichgesetzt, daher wird ein altes
Mädchen auch ein *spätes Mädchen* genannt (das germanische »alt« bedeutet eigentlich »aufgewachsen«, »erwachsen« und entspricht dem lateinischen »altus« = hoch, also
»großgewachsen«).
Der Altweibersommer ist nicht der Sommer der alten
Weiber sondern der *Weiberaltsommer,* somit der Spät-
sommer der Weiber; seit 1800 Name für die schönen
Herbsttage des Nach- oder Spätsommers, an denen Spin-
nenfäden (bayer. Marienfäden) durch die Luft streuen,
die von der Spinnarbeit der alten Frauen stammen sollen.
Ein altkluges Kind (Wendung seit dem 18. Jh.) tadelt man
nicht deshalb, weil es »klug wie ein Alter« oder »zu klug
für sein Alter« ist, sondern weil es dies vorlaut zu erkennen gibt. Früher bedeutete »altklug« freilich »durch Alter
klug« — also weise! Dieser Sinn ist leider abhanden gekommen. — *Altbacken* (seit dem 16. Jh.) ist das altgewor-
dene, trockene, harte Brot (oder anderes Backwerk); meint
daher trocken, bieder, hart. Der altbackene Witz ist jedoch
nicht der beliebte trockene (also gute englische) sondern der
altbekannte Witz. Er ist *altbacksch* (veraltet!) sagte man
noch am Ende des 19. Jh.s in der Mark Brandenburg von
einem, der hart, grob (knochentrocken wie altes Brot),
frech und vorwitzig war. Aus der gleichen Zeit stammt
hausbacken im Sinne von bieder, spießig, schwunglos: das
zu Hause gebackene Brot war grob. Eine *altdeutsche* Gesinnung haben, heißt auf altes Herkommen Wert legen.

Das von Jakob Grimm 1819 geprägte Wort *althochdeutsch* hingegen ist die Sprachform des Deutschen bis 1100. *Altmodisch* wird im spöttischen, abschätzigen Ton geäußert: er hat altmodische Ansichten, oder er trägt altmodische Anzüge, ist also *unmodern*, gehört der Geschmacksrichtung der vorigen Generation an. Ähnlich *altfränkisch* (»er trägt einen altfränkischen Bratenrock«), das schon um 1300 vom mittelhochdeutschen Dichter Hugo von Trimberg (1230 bis nach 1313) in seinem Lehrgedicht »Renner« (12, 266) gebraucht wird. Darin werden die »alten frenkischen liute« (Leute) als »beständig, wahrhaft und treu« bezeichnet. Man empfand die Gebräuche der deutschen Franken gegenüber den neumodischen Rittersitten der von Frankreich herübergewanderten Franken nämlich als wohltuend. Die Wendung ist daher lobend *und* tadelnd; später bedeutet *altfränkisch* vorwiegend unmodern. Goethe erzählt in »Die Leiden des jungen Werthers« (Insel Verlag, Goethes Werke, 4. Bd., S. 62): »Unterdessen füllt sich die Gesellschaft. Der Baron F. mit der ganzen Garderobe von den Krönungszeiten Franz des Ersten her, der Hofrat R., hier aber in qualitate Herr von R. genannt, mit seiner tauben Frau etc., den überfournierten J. nicht zu vergessen, der die Lücken seiner *altfränkischen Garderobe* mit neumodischen Lappen ausflickt, das kommt zuhauf, und ich rede mit einigen meiner Bekanntschaft, die alle sehr lakonisch sind.« *Altfränkisch* kennzeichnete das steife und würdige Benehmen, ohne den Witz und den Zauber des Modischen. In Ergänzung dieser Ausdrücke noch einige stilistische Spielarten von »alt« in einer Lobeshymne auf einen berühmten *alten Freund:*

Lieber Helge!

Auf meine alten Tage mußte ich das noch erleben! Ich traf Dich ausgerechnet auf Helgoland, unserem Ferienplatz der *guten, alten Zeit.* Wie soll ich Dich eigentlich anreden:

alter Junge, altes Haus oder *alter Sünder?* Ich könnte auch *Altmeister* zu Dir sagen; da würden sogar unsere *Altvordern* beifällig nicken. Beinahe hätte ich festgestellt: Du bist ein Mann von *altem* Schrot und Korn. Aber damit verballhorne ich ja unsere Redensart; sie lautet nämlich in Wirklichkeit: ein Mann von *echtem* Schrot und Korn, und das bist Du ganz sicher! Auf jeden Fall bist Du ein würdiger Vertreter der *Alten Welt,* ein bemerkenswerter Europäer, auf dem Felde der staatsmännischen Kunst sogar ein *alter Kämpfer!* Du gehörst zur *alten Garde* und bist (welch' Glück!) immer noch ein hervorragender *Kavalier der alten Schule.*

Goethe würde sein Faustwort gern auf Dich gemünzt haben, hätte er Dich gekannt: *»Von Zeit zu Zeit seh' ich den Alten gern!«*

Du erinnerst Dich mit Freuden noch unserer gemeinsamen *alten Studentenzeit* in Marburg, als wir unseren Vater mit *»Alter Herr«* und unsere gute Mutter mit *»Alte Dame«* anredeten. Dort fuhren wir mit einer *altertümlichen Kutsche* durch die Gassen. Der Rosselenker war ein *alter Knacker* und mindestens *so alt wie Methusalem* aus dem *Alten Testament.* Dabei sangen wir *nach altem Brauch* das Lied von den *alten Germanen,* die an den Ufern des *alten Vater Rhein* sich auf dem Bärenfell lümmelten und pausenlos becherten. Freilich gehörte auch das Lied von *Altheidelberg* zu unserem Programm. Wir hatten damals eine unerträgliche *alte Wirtin,* die nicht nur eine *alte Jungfer,* eine *alte Schachtel* und *eine alte Ziege,* sondern auch eine *alte Mistbiene* war! Aber lassen wir *die alten Kamellen!* Trotz alledem, die *alten Zeiten* waren doch schön! Aber die Erinnerung an sie reißt auch *alte Wunden auf.* Wir müssen den *alten Adam* ablegen. Es ist doch immer *das alte Lied:* ein Teil der Jugend rechnet uns zum *alten Eisen.* Das ist doch *ein alter Hut!* Sie bezogen ihre Weisheit sicher aus einem *alten Schmöker,* den ihnen so ein *alter Krauter* verscherbelt hat!

In Wahrheit aber sind wir doch jung geblieben wie eh und je, wenngleich ich auch jetzt behaupte: *Du bist ganz der alte, und wir bleiben doch die alten!*
In diesem Sinne grüße ich Dich *in alter Verbundenheit,* mein *Alterchen!*
Dein *alter* Albert

Das ist für den Alten Fritzen: ohne Lohn, ohne Gegenleistung arbeiten, das ist nutzlos, umsonst, erfolglos, vergeblich, vergebens, unwirksam, fehlgeschlagen, mißlungen, gescheitert. — Die Franzosen sagen: »Travailler pour le roi de Prusse« = »umsonst — ohne Gewinn arbeiten« und meinen damit den Vater des Alten Fritzen, den genügsamen Preußenkönig Friedrich Wilhelm I. (1713—1740), der die für ihn arbeitenden Untertanen und Ausländer wegen des schmalen preußischen Staatssäckels karg entlohnte. Friedrich der Große (1740—1786), auch der Zweite oder »Alte Fritz« genannt, war ebenfalls sehr sparsam. So ist die französische Redensart vom Vater auf den Sohn übergegangen und in Deutschland ebenso heimisch geworden wie im Ursprungsland Frankreich. »Hör zu, mein Bester, das Licht brennt in Deinem Zimmer *für den Alten Fritzen,* wenn Du nicht zu Hause bist!« ermahnt der Vater den Sohn, wenn er ihm klarmachen will, daß der Junge elektrischen Strom vergeudet.
Alter Freund und Kupferstecher: vertrauliche, heiter-ironische Anrede mit einem Schuß Mißtrauen und — einem Quentchen Geringschätzung. Der »alte Freund« (gerade noch herzlich und liebenswürdig!) wird durch den »Kupferstecher« abgewertet.
Was hatte man eigentlich gegen den ehrsamen Beruf der hochbegabten und tüchtigen Kupferstecher? Waren sie unzuverlässig oder unaufrichtig? Keineswegs! Sie lieferten eine hohe Qualitätsarbeit und waren daher sehr teuer. Das war ihr gutes Recht. Außerdem trieb der Geschmack der

Zeit ihre Preise hoch. Kostbare Kupferstiche wurden heiß begehrt. Der Kupferstich erlebte seine höchste künstlerische Vollendung mit dem Deutschen Albrecht Dürer (1471–1528) und dem Niederländer Rembrandt (1606–1669). Eine besonders prickelnde Anziehungskraft strahlten die Werke der sogenannten »galanten Stecher« des 18. Jh.s aus, die vorwiegend Frankreich beglückten. Ihre Sterne waren Boucher (1703–1770), ein Günstling der Geliebten Ludwigs XV. von Frankreich, der Marquise de Pompadour (1721–1764), Gründerin der berühmten Porzellanmanufaktur Sèvres, und sein Schüler Fragonard (1732–1806). Zu den großen Bewunderern ihrer verspielten, heiter lockeren Kupferstichkunst gehörte u. a. auch der frauenfreundliche Deutsche Kaiser Franz I. (1708–1765), der seit 1736 durch seine Vermählung mit Maria Theresia (1717–1780) der Stammvater des Hauses Habsburg-Lothringen wurde. Lujo Bassermann berichtet in seiner Kulturgeschichte »Das älteste Gewerbe« (S. 238, ECON Verlag) von der Forderung eines allzu teuren Kupferstechers, »den der Kaiser Franz nicht bezahlen konnte, so daß die Kaiserin davon erfuhr, das Bild der südländischen Schönheit kritisch musterte und ihrem Franzl sagte: »Sixt, wie's geht. *Schuld ist der Kupferstecher,* weil er soviel Geld hat haben wollen. I möcht' wetten, das Original wär' billiger gwesn!« Dieses *Schuld ist der Kupferstecher* der volkstümlichen Herrscherin machte schnell die Runde, so daß die vorwurfsvolle Wendung »alter Freund und Kupferstecher« sich rasch anhängen konnte. – Aus einer ganz anderen Ecke bekam die Redensart noch Wind von hinten. Der Nachschub bot sich aus dem Forstwesen an. »Der Kupferstecher« ist dort nämlich ein äußerst gefährlicher Schmarotzer. Er heißt auch »sechszähniger Fichtenborkenkäfer«, weil er die Fichte zum Hauptbrutbaum erkoren hat. Seine geographische Verbreitung reicht von Skandinavien bis zum Ural. Sein Fraßbild sieht aus wie der aparte Kupferstich eines modernen Graphikers, so daß sein Name recht passend erscheint.

»In forstlicher Beziehung ist der Kupferstecher (Pityogenes chalcographus) entschieden zu den sehr schädlichen Borkenkäfern zu zählen« sagt Prof. Dr. K. Escherich in seinem Lehr- und Handbuch »Die Forstinsekten Mitteleuropas« (2. Bd., Parey-Berlin). So erwarb ein kleiner Käfer die ehrenvolle Berufsbezeichnung eines hochtalentierten Künstlers und vergalt ihm damit, daß er diesem Menschen seinen schlechten Ruf anhängte!

Alter Schwede: heiter-gemütliche Anrede für einen Kumpan, einen *alten Haudegen,* einen offenen, anständigen Charakter, *eine alte, ehrliche Haut* im Sinne von *Mann von echtem Schrot und Korn* (nicht von »altem« Schrot und Korn, wie Büchmann fälschlich in seiner Ausgabe 1964 meint. K s. SCHROT). *Es geht unter die Haut* = es berührt mich tief. — Alter Schwede erklärte der Historiker Heinrich von Treitschke (1834—1896) im Sommersemester 1879 in einer Vorlesung in der Berliner Friedrich-Wilhelms-Universität so: Der Große Kurfürst (1640—1688) nahm nach Beendigung des 30jährigen Krieges (1618—1648) altgediente schwedische Soldaten in seine Dienste auf, beförderte sie zu Unteroffizieren und ließ sie preußische Rekruten drillen. Diese skandinavischen Korporale waren sowohl bei den Soldaten als auch bei der Berliner Bevölkerung sehr beliebt, so daß der Berliner mit der derb-biederen Anrede *»oller Schwede«* seine freundschaftlichsten Gefühle zum Ausdruck brachte. Nur die deutschfeindliche Stimmung gewisser Ausländer im Ersten Weltkrieg (1914 bis 1918), denen selbst eine freundnachbarliche Beurteilung des Schweden durch den Deutschen peinlich war, veranlaßte E. Gleye am 7. August 1915 dazu, die Treitschke-Lesart zu verleugnen. In der heute nicht mehr existierenden Zeitung »Sødra Skåne« behauptet er, daß die Redensart auch in der Dorpater Studentensprache zu Hause gewesen sei. Das wird stimmen, wenn er jedoch schlußfolgert, die Dorpater Jünglinge hätten aus dem vom Französischen abgeleiteten Wort »suitier« = Draufgänger, »alter Schwietje«, »alter Schwede« gebildet, so heißt das doch wohl den rechten Arm über den Kopf gelegt und mit der rechten Hand das linke Ohr gekratzt! Unsere Redensart war schon in der Mitte des 17. Jh.s bekannt, also 200 Jahre bevor die Dorpater Universität der geistige Mittelpunkt des baltischen Deutschtums wurde. Wie dem auch sei: sicher haben die baltischen Studenten dieser bei ihnen beliebten Wendung später durch fleißigen Gebrauch einen gehörigen Nachschub gegeben.

Außer dem *alten Schweden* gibt es noch einen *alten Schwäden,* der mit Schweden aber nichts zu tun hat. Der *alte Schwäde* ist nichts anderes als ein verkommener Saufbruder, denn »schwadern«, »schwäde«, »schwudern« kommt aus dem Rotwelschen und bedeutet »betrunken«, »besoffen sein«, »liederlich leben«, ist also in der Gaunersprache beheimatet.

ANBEISSEN   *Er hat darauf angebissen:* er ist auf den Plan eingegangen; er hat sich darauf eingelassen. — Bezogen auf den Köder, den man Fischen vorwirft und den sie anbeißen (sollen!). Die Bedeutungsskala geht vom blinden Vertrauen bis zum Betrogenwerden. Nicht immer muß hinter dem Versuch, jemanden anbeißen zu lassen, eine grobe Arglist stecken. Aber häufig genug geschieht es in dem Sinne, ihm *Sand in die Augen zu streuen* (K u. D s. SAND) oder *blauen Dunst vorzumachen (K s.* DUNST). Nicht nur von der Fischerei, sondern auch von der paradiesischen Verführungsgeschichte hergenommen. Beide Ursprünge sind ja mit einer gewissen Täuschungsabsicht befrachtet. Übrigens biß früher in manchen deutschen Gegenden die Angebetete bei der Brautwerbung in einen Apfel, um erkennen zu lassen, daß sie der Lockung erlegen sei, daß sie *angebissen habe.*

Nicht anbeißen: eine günstige, aber auch vorgegeben günstige, daher abträgliche oder unvorteilhafte Gelegenheit nicht ergreifen.

Sie ist zum Anbeißen: sie ist hübsch, verlockend, liebens-
wert. — »Sie ist zum Anbeißen« sagt der Verliebte, der
zu einem Mädchen Zuneigung gefaßt hat, der *ein Auge
auf die Schöne geworfen hat,* der *sich vergafft* und *einen
Narren an ihr gefressen hat,* der *den Pfeil im Herzen
spürt,* der *Feuer gefangen hat,* der in Liebe entbrennt oder
in Liebespein vergeht. *Er möchte sie mit seinen Blicken
verschlingen,* denn *er hat sie »zum Fressen gern«.* Sie ist
ja auch wirklich zum Anbeißen! So appetitlich frisch! So
bestechend, so reizvoll, anziehend, verführerisch, betö-
rend, berückend, bezaubernd ist sie! — Nachdem wir nun
genügend *Süßholz geraspelt* haben (D s. SÜSS), wollen
wir noch erwähnen, daß die verschiedenen Lesarten des
»Anbeißens« schon im 17. Jh. bezeugt sind.

ANBRENNEN *Nichts anbrennen lassen:* nichts versäu-
men; jede *günstige Gelegenheit beim Schopfe fassen;* ein
flottes Leben führen; sein Dasein genießen. — *Er hat in
seinem Leben nichts anbrennen lassen,* heißt: er hat das
Leben genossen; er war immer ein Feinschmecker; er hat
die Frauen und den Wein geliebt (die Redensart bezieht
sich natürlich genauso gut auf das weibliche Geschlecht:
sie hat nichts anbrennen lassen!). Dieser Ausdruck aus
der Küchensprache zieht zum Vergleich den Koch an, der
den Brat- und Kochvorgang auf dem Herd aufmerksam
beobachtet und die Speisen nicht anbrennen läßt, damit
sie dem Gast vortrefflich munden. Die Wendung wurde
denen *auf den Leib geschrieben;* die sinnenfroh und froh-
sinnig meistens *in Seligkeit schwimmen* und *den Himmel
immer offen und voller Baßgeigen sehen. Sie leben wie
Gott in Frankreich,* sterben aber oft wie ein verlassener,
kranker Hund. Ihre Philosophie gipfelt in dem berühmten Burschenlied, das Rudolf Baumbach 1882 für die
Couleurstudenten schrieb:

Wer weiß, ob nicht die Welt morgen in Schutt zerfällt!
Wenn sie nur heut noch hält! Heute ist heut!

ANTUN *Es einem angetan haben:* einen verhext, einen verzaubert haben. — Das unbestimmte »es« deutet bereits an, daß es sich um einen verhüllenden Ausdruck für jenen Schadenzauber handelt, den man früher den Hexen anlastete. »Antun« bedeutet ursprünglich im wörtlichen Sinne, daß die Hexe ihrem Opfer einen mit Zauberwirkung behafteten Gegenstand geschwind und unsichtbar anbackt oder anheftet (vgl. K s. ANHÄNGEN). Heute wurde die Bedeutung wesentlich veredelt etwa zu: »lebhaft davon berührt sein« oder »völlig in den Bann einer Person oder Sache versetzt sein«. So wurde der Schadenzauber in Liebeszauber umgewertet (daher seit dem 18. Jh. »bezaubert«, »entzückt« = weggerissen, *hingerissen*). Vom Liebeszauber wurde die Wendung auf die Wirkung des Liebreizes abgeschwächt: »Diese Musik, diese schönen Frauen, diese wunderbare Landschaft *haben es mir angetan!*« Der Dichter und Sprachforscher Kaspar von Stieler (1632—1707) bucht die Redensart 1691 in seinem lexikalischen Werk »Der Teutschen Sprache Stammbaum und Fortwachs«, in dem er den Wortschatz seiner Zeit verzeichnet: »Es ist mir angetan worden«. Sicher ist die Wendung viel älter.

Sich etwas antun: sich umbringen; Selbstmord verüben. — Im Österreichischen hat es noch den harmlosen Sinn: sich grundlos über etwas aufregen, während es bei uns beschönigend und verhüllend umgangssprachlich bedeutet: sich das Leben nehmen, sich selbst entleiben. Hier hängt die Wendung noch mit der vorigen Redensart zusammen, indem der Schadenzauber zum Vernichtungszauber wird, der einem nicht von der Hexe angehängt wird, sondern den man sich selbst anheftet, *sich antut!* —

Einem nichts anhaben können: ihm nicht schaden können. — Eine nur in der Verneinung gebrauchte Wendung, die dem Frühneuhochdeutschen »einem anehaben« = »sich an jemand halten«, »Hand an ihn legen« entstammt. In der Lutherischen Bibelübersetzung finden wir (Jeremia 15, 20) bereits: »ob sie widder dich streiten, sollen sie dir doch nichts anhaben.«

APPELMUS DRITTE s. BERLINISCH

ARZT *Sie müssen mal den Arzt wechseln!:* Sie sind wohl nicht bei Sinnen; *Sie sind nicht ganz bei Trost (K s. TROST);* Sie sind nicht recht gescheit! — Den Arzt wechseln heißt hier anstatt des Internisten sollte man den Psychiater konsultieren. — *Zwei Ärzte — drei Meinungen!* ist eine Redensart, die die Vielschichtigkeit der medizinischen Auffassungen beleuchten soll. — *Dieses Mädchen hat mir der Arzt verordnet!* sagt ein Mann von einer jungen Dame, die ihm besonders gut gefällt. Er behauptet von ihr auch: *sie ist meine Kragenweite!* d. h. sie paßt genau zu mir, wenn sie ihre Arme um meinen Hals legt. Wenn er dagegen äußert: *sie hat meine Blutgruppe,* so ist das biologisch bedeutungslos. Es ist nur so dahingeschwatzt und soll lediglich die Übereinstimmung mit der Partnerin ausdrücken: mit der könnte ich sehr glücklich sein.

AUF *Er ist ein gewisser »Auf und Davon«:* er ist ein Hochstapler. — Wenn beispielsweise ein Heiratsschwindler sich bei interessierten Frauen rechtswidrig mit dem Adelsprädikat »von« eingeführt und schleunigst das Weite sucht, nachdem er seine Opfer ausgebeutet hat, so sagt der Volksmund: er war kein gewisser »von . . .«, sondern ein gewisser »Auf und Davon«, wodurch das falsche Adelsprädikat und die schimpflichen Gewohnheiten des Rechtsbrechers humorvoll gekoppelt wurden.
Jemanden aufbauen: das Vorstellungs- und Charakterbild einer Persönlichkeit (schlechtes Fremdwort dafür ist »image«!) durch die Massenmedien so glänzend vervollkommnen, empfehlen und anpreisen, daß die Öffentlichkeit schließlich überzeugt ist, der in den Blickpunkt gerückte Mann habe alle Fähigkeiten und Voraussetzungen

für das ihm angebotene hohe Amt. Zum Beispiel: *er wurde zum Bundespräsidenten (Bundeskanzler) aufgebaut.* Einige hervorragende Staatsmänner und Zeitgenossen haben es großartig verstanden, *sich selbst zur historischen Figur aufzubauen:* Kaiser Haile Selassie von Äthiopien, Churchill, Adenauer und General de Gaulle. Churchill und Adenauer waren sogar die Regisseure ihrer eigenen Leichenbegängnisse. Sie legten testamentarisch das Protokoll ihrer prunkvollen Totenfeier mit genauem Aufmarschplan fest. De Gaulle erreichte allerdings das gleiche Ziel, indem er ein Staatsbegräbnis und jegliche öffentliche Totenklage untersagte. Seine Anordnung, nur in kleinstem Familienkreise beigesetzt zu werden, bewirkte, daß seine Wahlheimat, das Dorf Colombey des deux Églises, jetzt ein genauso hochbesuchter Wallfahrtsort der Franzosen geworden ist wie das Grab der Jeanne d'Arc (1410–1431), der Schutzheiligen Frankreichs in Orléans! — Das Gegenteil von *jemanden aufbauen* ist *jemanden abschießen,* ihn seiner Stellung berauben, ihn erledigen, unmöglich machen. Sich *vor jemandem aufbauen* (militärisch) DRITTE s. ABBAUEN.

Aufgeblasen sein: dummstolz, eingebildet, hochmütig sein. Phädrus (1. Jh. n. Chr.), der erste lateinische Fabeldichter, ein Freigelassener des Kaiser Augustus, erzählt die Geschichte vom Frosch, der neidisch auf die Größe des Ochsen sich solange aufbläst bis er platzt.

Aufgebracht oder *aufsässig sein:* empört, wütend, widersetzlich sein. — Die Wendung ist der Turniersprache des Mittelalters entnommen. Der schwergerüstete Ritter mußte auf das Roß gebracht *(aufgebracht!)* und in den Sattel gesetzt werden. Wenn er richtig aufsaß, war er also *aufsässig,* und der Kampf konnte beginnen. Wurde er jedoch beim Kampf *aus dem Sattel gehoben* — aus dem Sitz gebracht — war er »entsetzt«*!* — Das Wort »*aufbringen*« steht in der Seefahrt aber auch für »kapern«.

Aufgedreht sein: lustig, gesprächig, bei guter Laune sein. —

Die Massenherstellung von aufziehbaren Spielzeugfiguren seit Beginn des 20. Jh.s liefert das anschauliche Bild der »aufgedrehten« Puppe, die ihre Kunststücke solange zeigt, bis die Spannung der Feder nachläßt.

Aufgefordert oder eingeladen? Das ist hier die Frage. Berlinisch: *uffjefordert oder innjeladen?* In dieser Wendung wird der feine Unterschied gemacht, ob jemand bei einem Fest oder einer Zecherei nur mitmachen darf, aber für sich selbst bezahlen muß, oder ob der Gastgeber die gesamte Rechnung begleicht.

Aufgehen in einer Sache: sich ihr mit Begeisterung widmen. Kommt aus der Chemie, wo sich manche Stoffe in gewissen Flüssigkeiten völlig auflösen, in ihnen aufgehen, so daß beides nicht mehr zu unterscheiden ist. *Sie geht auf wie ein Hefekuchen; sie platzt aus allen Nähten; sie geht aus dem Leim;* sie wird dick. Berlinisch: *sie jeht uff wie'n Fannkuchen. Mir geht ein Licht auf.* K s. LICHT.

Aufgeknöpft sein: gesprächig, gesellig, umgänglich, unterhaltsam sein. — Nach alten Anstandsregeln der früheren Zeit mußte bei offiziellen Anlässen der Rock des Herren *zugeknöpft sein* (P s. TASCHE), was im übertragenen Sinne zurückhaltend, auch geizig bedeutet. Ein zugeknöpfter Herr benahm sich natürlich recht unnahbar und steif (K s. MANSCHETTEN), während es ihm hingegen in gemütlicher Runde erlaubt war, die Knöpfe der Jacke zu öffnen. Das gab ihm den nötigen Schwung, mitteilsam zu werden! er war plötzlich *aufgeknöpft!* — Seit der Mitte des 18. Jh.s. Er *wurde* aufgeknöpft — er wurde gehängt!

Ihm geht der Knopf auf: er begreift; Knopf hängt mit dem althochdeutschen Knoten zusammen: der Knoten löst sich!

Aufgekratzt sein: guter Stimmung, lustig, fröhlich, vergnügt sein. — Der Ausdruck wird von der sogenannten Kardendistel hergeleitet, die wollene Gewebe aufkratzt, damit man sie scheren kann. Dadurch wird der Strich erhöht und ansehnlich. Studenten des Jahres 1780 kannten die Redensart bereits.

Aufgeräumt sein: in bester seelischer Verfassung, in guter Laune sein. — Das Bild ist von der aufgeräumten Wohnung genommen, in der man sich behaglicher fühlt als in einem Durcheinander. Die äußere Ordnung bewirkt eine innere. »In einem aufgeräumten Zimmer ist auch die Seele aufgeräumt« behauptet 1838 Ernst Freiherr von Feuchtersleben »Zur Diätetik der Seele«. Wahrscheinlich war er zu faul zum Suchen(!).

Aufgeschlossen sein: mitteilsam, aufnahmefähig, empfänglich, teilnehmend, vielseitig interessiert sein. — Einfache Erklärung: aufgeschlossen und geöffnet wie eine Tür; geöffnet vor allem für die Probleme des anderen.

Aufgeschmissen sein: hilflos und in großer Not sein. — Aufgeschmissen ist die Mannschaft eines Segelschiffes, das auf ein Riff läuft und kentert, während die Matrosen durch orkanartigen Sturm und ungestümen Seegang im hohen Bogen auf die Felsen geschleudert (geschmissen) werden. — *Er ist nach seiner Pleite völlig aufgeschmissen!*

Das ist ein aufgewärmter Kohl: das ist eine alte Geschichte. — Diese Redensart ist schon in der Antike lebendig gewesen. Juvenal (60—140 n. Chr.), der römische Redner und Dichter, von dem viele Sätze geflügelte Worte geworden sind, machte in seinen berühmten Satiren die Wendung sprichwörtlich (Sat. 7, Vers 157): »Occidit miseros crambe repetita magistros« (»Elend stirbt an dem Kohle, dem ewig aufgewärmten, der Lehrer«). Die Skythen, Römer und Griechen nahmen die crambe (den Meerkohl), um sich vor Trunkenheit zu schützen. An wiederholt gekochter crambe aber ließen sie kein gutes Haar: zweimal crambe und du bist tot! (crambe bis mors est). Juvenal hob die Redensart aus dem Sprachgebrauch des Küchenmeisters in den Bereich der geistigen Garköche. Ihm war das, was immer wieder vorgetragen wurde, »aufgewärmter Kohl«, eine schale, abgeschmackte Sache, die dem guten geistigen Feinsinn widersprach; lahme Gedanken, die nicht mehr zündeten. Römische Lehrer liebten es, mit ihren Schülern das Für und Wider des Tyrannenmordes durchzupauken. *Dieser aufgewärmte Kohl*, den Tyrannenmord sitzend und stehend immer wieder durchzukauen, war nicht nur geisttötend, sonder u. U. auch lebensgefährlich. So kostete unter Caligula, dem 41 n. Chr. ermordeten römischen Kaiser, dem Lehrer Secundus Carina sein von der römischen Geheimen Staatspolizei beobachteter Unterricht Kopf und Kragen, weil er das »Für« allzu begeistert dargestellt hatte.

Sich etwas aufhalsen: sich mit etwas Unangenehmem belasten. — Eine seit der Mitte des 18. Jh.s bekannte Wendung, die dem Bilde entnommen ist, daß jemand Lasten auf dem Kopf, im Genick, auf der Schulter oder auf dem Rücken trägt. *Mit der Frau hat er sich aber etwas aufgehalst!*

Aufklaren: aufräumen. — Klar werden; sich aufklären (vom Wetter); es klart auf; alles klar = alles in Ordnung. Vom lateinischen clarus = hell, klar, glänzend (engl. clear, frz. clair, sp. claro). Seit Jahrhunderten in der Seemannssprache bekannt. Plattdt. *All klor!*

Jemand auflaufen (anlaufen) lassen: ihn abweisen, gehörig abkanzeln, herunterputzen, aber auch: ihm auf kaltem Wege keine Gelegenheit zum Erfolg geben. — Auch *auflaufen* kommt aus der Seemannssprache und heißt: auf Grund geraten. *Anlaufen* ist aus dem Jagdleben entlehnt. Der Jäger hielt dem wütenden Eber den Speer entgegen und ließ ihn seelenruhig *anlaufen*. Das gleiche taten die Landsknechte (eigentlich: die Lanzenknechte!) mit den Rittern, wie wir einer Zeichnung Dürers entnehmen können. *Wir haben ihn ganz schön auflaufen (anlaufen) lassen!*

Jemanden aufmöbeln: begeistern, aufmuntern. — Die zu Beginn des 20. Jh.s bekannt gewordene Wendung wurde von den Tischlern und Polsterern genommen, die durch Aufarbeiten der alten Möbel diese wieder wie neu machen. Ähnlich wird der Mutlose durch geistigen Einfluß aufgerichtet und zu einem neuen Menschen gemacht. *Er war gestern ganz aufgemöbelt! Wir müssen ihn erst wieder richtig aufmöbeln, damit er seine schlechte Laune verliert!* Das *Aufpulvern* hingegen, das soviel wie anregen, aufpeitschen bedeutet, nimmt sein Bild von der künstlichen Ermunterung durch Einnehmen entsprechender Medikamente in Pulver- oder Tablettenform oder durch Spritzen. *Nach dem Konzert war er ganz aufgepulvert.*

Sich aufplustern, aufpumpen, aufpusten: sich erregen und seinem Ärger durch lautes Schimpfen Luft machen. — Diese anschaulichen Bilder sind der Tierwelt entnommen: der erregte oder in der Mauser befindliche Vogel plustert sich auf; der Maikäfer muß sich erst aufpumpen, ehe er starten kann. *Der Chef hat sich über dein Zuspätkommen mächtig aufgepumpt!* Der Fregattvogel pustet in der Balzzeit seinen roten Kehlsack auf, um dem Weibchen zu imponieren. Natürlich kann man auch einen Luftballon aufpusten bis *er platzt,* und damit hätten wir wieder eine Redensart im Zusammenhang mit aufplustern, aufpumpen und aufpusten: *er platzt vor Wut!* — Wissen Sie übrigens, was der Unterschied zwischen einem Menschen und einem Luftballon ist? — Der Luftballon wird zuerst aufgeblasen, und dann steigt er! —

Aufschieben KUHHAUT s. BANK
Sich aufschießen PISTOLE s. WIND
Aufschneiden KUHHAUT s. AUFSCHNEIDEN
Aufstehen: Da mußt du früher aufstehen: damit kommst du zu spät. — Die in der zweiten Hälfte des 19. Jh.s aufgekommene Wendung richtet sich gegen die Spätaufsteher und kennzeichnet die Kurzlebigkeit der Aktualität und das rasche Veralten unseres heutigen Wissens. Es bedeutet etwa: was du sagst, ist alles längst bekannt! oder: durch deine Verspätung hast du einiges verpaßt!
Sich auftakeln: sich geschmacklos herausputzen, auffällig kleiden, sich aufdonnern (KUHHAUT s. AUFDONNERN). — Vom Niederdeutschen Takel; die Takelage

ist das Tau- und Segelwerk. Obwohl das Segelschiff ohne Takelage nicht auslaufen kann, versteht man volkstümlich unter »Takeltüg« (Takelzeug) wertlosen Zierat, mit dem sich eine putzsüchtige Frau ausstattet. *Hast du gesehen, wie sich die Alte gestern wieder aufgetakelt hat?!*

Das ist ein Aufwaschen: das kann in einem Arbeitsgang mitgemacht werden. — So sagt man, wenn mehrere Dinge gleichzeitig erledigt werden sollen, wenn Verschiedenes »in einem hin« aufgeräumt wird. Das bezieht sich auch auf Maßregelungen und Bestrafungen. Im Laufe der Geschichte ist es oft vorgekommen, daß ein Mächtiger mit einer revoltierenden Gruppe zugleich einige andere Unbequeme hinrichten ließ, die mit den Revolutionären nichts zu tun hatten, sie alle sozusagen *in einem Aufwasch* auslöschte. Belegt im Deutschen Wörterbuch der Brüder Grimm, Bd. 1, Sp. 773.

Jemanden aufziehen: ihn necken, hochnehmen, veralbern; seinen Spott mit ihm treiben. — Man treibt zum Beispiel seinen Scherz mit einem, indem man seine Schwäche ironisch als etwas Positives hinstellt oder indem man ihm durch unwahre Behauptungen schmeichelt. Ähnliche Bedeutung haben die Wendungen: jem. *auf die Schippe nehmen, auf den Arm nehmen, durch den Kakao ziehen,* frotzeln, verulken usw. Niemand erkennt heute, daß dieses verhältnismäßige harmlose Vergnügen des Aufziehens der grausigen Sprache der Folterknechte des Mittelalters entnommen wurde, wo die Gepeinigten noch »aufgezogen« und »gestreckt« wurden, wo man *nicht locker ließ* und *sie auf die Folter spannte.* — Aber man spricht auch davon, daß man *ein Fest aufzieht.* Das meint allerdings, daß man die Veranstaltung sehr sorgfältig herrichtet und die Vorbereitungen gleichsam wie eine Uhr aufzieht, so daß sie am Tage des Geschehens auch wie eine Uhr ablaufen.

AUGAPFEL *Jemand wie seinen Augapfel hüten:* ihn mit außergewöhnlicher Rücksicht umsorgen und umhegen; ihm seinen ganz besonderen Schutz angedeihen lassen, mit großer Vorsicht behandeln (kann sich natürlich auch auf eine Sache beziehen.). — Eine Redensart, die schon in der Bibel vorkommt: 5. Buch Moses 32, 10. — Psalm 17, 8 etc. Der lateinische Dichter Catull (87—55

v. Chr.) schenkt uns die überhöhte Spielart: »*mehr* als seine Augen lieben« (plus oculis suis amare). Im Französischen heißt es ähnlich wie in der Bibel: »conserver quelqu'un comme la prunelle de ses yeux«. In allen Bildern drückt sich die große Sorge aus, daß den eigenen kostbaren Augen kein Schaden zugefügt werde. Wer also jemanden oder etwas wie seinen Augapfel hütet, wendet die größte Behutsamkeit an.

AUGE   auch KUHHAUT s. AUGE und INDEX
Sich die Augen ausweinen: untröstlich sein. — Aus den Klageliedern Jeremiä 2, 11.
Knopfaugen machen: erstaunt, etwas blöde und ausdruckslos gucken wie eine Puppe mit Knopfaugen.
Da bleibt kein Auge trocken. Aus einem Gedicht von Johann Daniel Falk (1768—1826) »Paul, eine Handzeichnung« im Taschenbuch des Scherzes und der Satire:

> In schwarzen Trauerflören wallt
> beim Grabgeläut der Glocken
> zu unserm Kirchhof jung und alt:
> Da bleibt kein Auge trocken.

Ein Auge auf jemandem oder etwas haben, richten, werfen. Etwas ins Auge fassen, im Auge behalten. Ein Auge voll (Schlaf) nehmen = ein wenig schlummern. *Aus dem vollen schöpfen; in die vollen gehen* (mit Nachdruck an etwas herangehen: alle neune! auch: Gas geben); *jemand nicht für voll nehmen* (umgangssprachlich für: nicht ernst nehmen); *den Mund recht voll nehmen* (umgangssprachlich für: prahlen); *ein volles Haus* (ausverkauftes Theater); *zum Brechen voll* (sehr); *das Maß ist voll* (jetzt ist es genug); *mit vollen Segeln* (mit aller Kraft) einem Ziel zusteuern. — *Die Augen auf Null stellen* = Schlafen in der Seemannssprache.
Er schläft mit offenen Augen: er hält einen sogenannten *Hasenschlaf.* Diese Redensart ist schon 1541 bei Seb.

Franck (11,73) belegt: »Er schläfft den hasenschlaff. Er schläfft mit offenen augen wie ein hase«. Bekanntlich hat der Hase große hervorstehende Augen, die er wegen seiner kurzen Augenlider beim Schlafen nicht ganz schließt. Daraus glaubte man in der Humanistenzeit folgern zu müssen, daß das furchtsame Tier nur so tue, als ob es schlafe, in Wirklichkeit aber auf seiner Hut sei; somit war die Bedeutung von *mit offenen Augen schlafen* vor 400 Jahren: andres tun und denken, als man sich den Anschein gibt. Heute aber nimmt man die Wendung z. B. als Vorwurf des Lehrers dem Schüler gegenüber: *»Du schläft ja mit offenen Augen«!,* wobei der Lehrer dem Schüler keine Hinterhältigkeit unterstellt, sondern die Redensart genauso schlicht meint, wie ihr Wortlaut ist. — Obwohl der Autor die Wendung

das paßt wie die Faust aufs Auge! (schon in der KUHHAUT s. AUGE) unter Berufung auf Martin Luther eingehend erklärt hat, so möchte er doch gern die amüsante und wohldurchdachte Zuschrift eines aufmerksamen Lesers hinzufügen: »Ihre Erklärung ist einleuchtend. Trotzdem bin ich nicht sicher, ob die Redewendung immer in diesem Sinne gebraucht wird. Da die Konvexe Faust auf die konkave Augenhöhle ›paßt‹, und da das ›blaue Auge‹ meistens von einem Faustschlag ins Gesicht herrührt, glaube ich, daß viele damit meinen, etwas ›passe gut zusammen‹. Nur so verspüre ich wegen des unerwarteten, grotesken Bildes überhaupt einen Witz bei der Sache.« Der Leser hat nun die Wahl, sich für die eine oder die andere Auslegung zu entscheiden. — In diesem Zusammenhang fällt mir noch die Berliner Redensart ein: *Ihr paßt zusammen wie 'ne Molle und een Korn!* Ein Glas Bier und ein klarer Schnaps! und das paßt wirklich zusammen!

Große Augen machen: die Augen staunend aufreißen. — Plattdeutsch: »he makt Ogen as'n tinnen Schöttel«, er macht Augen wie eine zinnerne Schüssel.

Ein Auge riskieren oder besser (berlin.): *een Ooge riskier'
ick:* heimlich seitwärts schauen. — Um die Jahrhundertwende ging eine Lehrerin mit einer Knabenklasse an einer
Damenbadeanstalt des Berliner Wannsees vorbei. Damals

war man in sittlichen Dingen noch so muckerisch, daß Damen und Herren streng getrennt baden mußten. Im Zaun der Damenbadeanstalt war aber ein Astloch, und als die Lehrerin den übermütigen Jungen das Schauen durch dieses Loch mit dem Hinweis verbot: »Wenn Ihr hindurchseht, werdet Ihr blind!« entgegnete ein echter Berliner Dreikäsehoch: *»Een Ooge riskier' ick, Frollein!«*

Übrigens ist die Äußerung der Lehrerin *»wer eine nackte Frau sieht, wird blind!«* auch wieder eine Redensart, die aus der Antike kommt. Die altgriechische Sage erzählt, daß die Göttin Pallas Athene ihren Bewunderer Teiresias mit Blindheit geschlagen habe, als er sie nackt im Bade erblickte. Der blinde Seher von Theben Teiresias spielte in der Ödipus-Sage eine große Rolle. Nach seinem Tode war er nach der Odyssee in der Unterwelt der einzige Schatten, der Bewußtsein bewahrt hatte und Odysseus weissagte.

Anstatt *ein Auge zuzudrücken* (etwas mild beurteilen), müßten wir schon *beide Augen zudrücken* (etwas äußerst nachsichtig behandeln), wollten wir die beiden Wendungen *das Auge des Gesetzes wacht* (aus Schillers »Glocke«) und *mit einem heitern, einem nassen Aug'* (Shakespeare, Hamlet I, 2) als Redensart ansehen. Hier handelt es sich mehr um klassische Zitate.

Er kiekt mit's rechte Ooge in de linke Westentasche: berlinische Verspottung des Schielenden. Ähnlich eine nordostdeutsche Wendung: *er kiekt mit dem einen Aug' nach Keilchen* (Klößen) *und mit dem andern nach Speck!* bedeutet soviel wie die Redensart *zwei Fliegen mit einer Klappe schlagen,* d. h. geschickt und diplomatisch handeln, so daß zwei Angelegenheiten in einem erfolgreich erledigt, zwei Vorteile gleichzeitig erlangt werden können *(in einem Aufwaschen!)!*

Einem aus den Augen geschnitten sein: ihm sehr ähnlich sein. — Beim Barockdichter Andreas Gryphius (1616 bis 1664) finden wir die Redensart: »Ihr gleichet ihr. (der Mutter) so eben, als wenn ihr ihr aus den Augen geschnitten wäret.« Heute ist üblicher: *aus dem Gesicht geschnitten* zu sagen, wobei man seit alters davon ausgeht, daß der Mensch ein Kunstwerk (Ebenbild) des Schöpfers ist. Wie der Holzbildhauer eine Kopie anfertigt, so ist das Kind der Mutter (oder dem Vater) aus dem Gesicht geschnitten!

Um ihrer schönen Augen willen: bei Molière (1622—1673) in seinen »Précieuses ridicules« »und wenn ihr sie lieben wollt', so soll's wahrlich nur um ihrer schönen Augen willen geschehen« (pour les beaux yeux). Das Auge kann Feindschaft ausstrahlen: *wenn Blicke töten könnten!* (Der böse Blick), aber es ist auch die große Kupplerin der irdischen Liebe. Jeder kennt das Geheimnis des ersten Blicks, *die Liebe auf den ersten Blick!* Man kann mit den Augen alles versprechen aber auch alles verleugnen! Darum bleibt die Liebe oft an den Anblick des Augenblicks gebunden. Die Liebe kann so kurzlebig sein. Das dachte bereits das altrömische Sprichwort. Der römische Klassiker Properz (50—15 v. Chr.), Freund des Maecenas, sagt: Quantum oculis animus tam procul ibit amor (3, 21, 10); soweit die Liebe aus den Augen kommt, so weit geht sie aus dem Herzen. Unsere deutsche Redensart ist kürzer und besser: *Aus den Augen, aus dem Sinn!*

Nun sticht es mir in die Augen (es gefällt mir), meinen Leser die humorvolle Seite des Auges zu beleuchten und *ihnen darüber die Augen zu öffnen,* sie aufzuklären, weil die meisten ja kein richtiges *Augenmaß haben.* Da beginnen wir also mit der seemännischen Aufforderung: *Klar bei Schmunzelauge!* was soviel heißt wie: Aufgepaßt, jetzt kommt etwas Ulkiges! wie zum Beispiel: *sie klappert mit den Augen* (oder *Augendeckeln*), das bedeutet: sie kokettiert sehr stark. Natürlich ist sie meine *Augenweide!* oder *Holzauge, sei wach!* Holzauge war im Zweiten Weltkriege bei den Fliegern die ironische Bezeichnung für den Begleitschutz des Jägers beim Angriff. Ein Holzauge war

in puncto Sehvermögen nicht viel mehr wert als das Glas-
auge. Daher die ständige Ermahnung: *Holzauge, sei wach!*
Die erhöhte Wachsamkeit wird auch durch eine bekannte
Geste (diesmal nicht durch eine Redensart!) dargetan: man

zieht ein Augenlid herunter, hält es fest und nimmt sein Gegenüber scharf aufs Korn. Das bedeutet dann: »Schau her, *ich habe keinen Sand im Auge. Ich kann daher wunderbar sehen und beobachte alles!« — Aber was sehen meine entzündeten Augen?* Ich habe noch zwei schnodderige Wendungen vergessen. Die eine ist: *du hast wohl Tomaten auf den Augen?* das heißt: du kannst wohl nicht richtig sehen; guck doch endlich hin! Wenn du nicht besser aufpaßt, wirst du mir ein *Dorn im Auge sein!* und die andere: *du mußt aber noch schnell deine Verwandten besuchen, ehe dir die Augen zuwachsen!* was soviel bedeutet wie: mein Lieber, du bist aber ganz schön fett geworden in letzter Zeit! — Sie merken also, *meinem Adlerauge entgeht aber auch gar nichts!*

AUGUREN   *Mit einem Augurenlächeln:* das Lächeln der Eingeweihten über die Leichtgläubigkeit der Menge. — Die Auguren waren ein angesehenes altrömisches Priesterkollegium, das bei wichtigen Staatshandlungen im Frieden und im Krieg den Willen der Götter zu erkunden hatte. Aus Himmels- (Blitz und Donner) und Vogelzeichen (wie frißt das Huhn?) wurden Zustimmung und Ablehnung der Götter herausgelesen und gedeutet. Römische Auguren entwickelten die Lehren der alten Vogelschau Auspicia (Auspizien heute: Aussichten auf Erfolg) zu einer staatlichen anerkannten und bezahlten Kunst. Die Opferschauer, die sogenannten Haruspices, lasen z. B. aus der Leber der Opfertiere genau so die Zukunft ab, wie heute die moderne Wahrsagerin aus dem Kaffeesatz oder die Zigeunerin aus den Spielkarten weissagt. Es war also nicht verwunderlich — und das ist heute noch genau so — wo immer jemand in selbstgenießerischer Überlegenheit über den anderen schmunzelt oder die Eingeweihten augenzwinkernd über das Nichtwissen der breiten Masse (auch im politischen Leben!) hämisch grinsen —, da lächeln die Auguren!

AUS *Etwas ausgefressen haben:* etwas getan haben, was unangenehme Folgen hat; etwas Verbotenes tun. — Ursprünglich sind damit unsere Haustiere gemeint: Hund und Katze, die heimlich nicht für sie bestimmte Speisen fressen und sich dann davonstehlen. Ähnlich *sich etwas einbrocken:* sich in eine unangenehme Lage bringen. Brokken sind die harten und großen Brotstücke, die man in die Suppe tut, und an denen man tüchtig zu kauen hat. Daher auch: *die Suppe auslöffeln, die man sich eingebrockt hat.*

Ausgelassen sein: lustig, vergnügt, heiter sein. — Vom Jungvieh gesagt, das *aus dem Stall gelassen* und auf die Weide oder Koppel getrieben wird, wo es sich fröhlich tummelt. — Auch vom Hund, der aus der Kette gelassen wird, und nun draußen herumtollt.

Den Ausschlag geben: etwas entscheiden. — Eine Kleinigkeit kann *den Ausschlag geben,* wie die Waage bei einer kleinen Zutat nach der einen Seite den Ausschlag gibt. Also eine vom *Zünglein an der Waage* genommene Redensart, die schon im 15. Jh. belegt ist und bei Luther mehrfach vorkommt: »Es ist kündig genug, wenn man dich nach deyner zungen wiegen solt, wo der außschlag hynn fallen wurdt.« (Antwort deutsch, 1522.) Hingegen stammt die Wendung *etwas ausschlagen* = scharf ablehnen aus der Fechtersprache: »einen Streich ausschlagen«, indem man ihn durch einen Gegenschlag pariert.

Aussehen wie das blühende Leben: gesund ausschauen. — Ähnlich: *wie Milch und Blut aussehen* (P s. MILCH). Das Gegenteil: *aussehen wie der Tod von Ypern* (K s. YPERN).

Etwas zum Austrag bringen: eine endgültige Entscheidung herbeiführen; das Ende einer Sache vorbereiten. — So wie ein Kind im Mutterleibe ausgetragen wird und damit seine endgültige Gestalt und die Fähigkeit zum Leben in der Außenwelt erhält, so werden auch Zwist und Streit bis zum angestrebten Friedensschluß ausgetragen. »Ausgetragen« ist also ein alter Rechtsausdruck (vgl. Deutsches Rechtswörterbuch, Bd. 1, Sp. 1123), der die Bedeutung hat: etwas zu Ende tragen, es bis zur Entscheidung bringen. Wir können dies bereits durch einen Vertragsabschluß des 14. Jh.s nachweisen: »daz wir uber ein komen sin und mit enander uz getragen und geendt haben.« Einfacher und besser ist natürlich die kürzere Form: *etwas austragen.* Im bildlichen Sinne auch schon seit dem 17. Jh. bekannt.

Etwas auswendig lernen oder *können:* einen geistigen Stoff so kennen, daß man ihn, ohne in das Buch zu sehen, hersagen kann. — Die Redensart geht von der Vorstellung aus, daß man nur noch die *Außenwand* des Buches (also den Deckel) betrachtet, wenn man seinen Inhalt auswendig kann.

Außen hui, innen pfui! — Bezieht sich auf eine modisch und sauber gekleidete Person, die innerlich verkommen ist!

BAD *Das Bad in der Menge nehmen:* sich von der Masse des Volkes umjubeln und Beifall spenden lassen. — Gleichgültig welcher politischen oder welcher Hautfarbe die Staats- oder Volksführer der Menschen waren oder sind, fast alle — mit nur wenigen Ausnahmen — brauchten (wie die Schauspieler auf der Bühne) den Jubel der Massen, den lauten Beifall der Volksmenge, den Händedruck des schlichten Arbeiters und den Blumenstrauß der kleinen Mädchen! — Aus unserem Jahrhundert seien hier nur einige Staatsmänner, die diesem Bedürfnis frönten, nach dem Alphabet genannt: Adenauer, Churchill, de Gaulle, John F. Kennedy, Lenin, Mao Tse-tung, Nasser und Kaiser Wilhelm II. Ihr ständiger Wunsch, bei offiziellen Anlässen, Paraden, Reisen, Reden, Staats- oder Geburtstagsfeiern und politischen Massenkundgebungen die polizeiliche Absperrung zu durchbrechen — wegen der Attentatsgefahr zum Entsetzen des Geheimdienstes — und sogleich den Kontakt mit dem Mann aus dem Volke herzustellen, gab die Auslösung und den Anstoß zu unserer noch jungen Redensart. Sie war besonders auf John F. Kennedy (1917 bis 1963), Präsident der USA, gemünzt, der ja bei einer solch offiziellen Gelegenheit (Besuch in Dallas-Texas) auch ermordet wurde. Weitere Wendungen K s. AUSBADEN.

BÄR *Er ist ein ungeleckter Bär:* ein grober, völlig ungehobelter Bursche sein. — Schon in der Antike überliefert der Volksglaube, daß junge Bären erst durch ihre Eltern groß und bis zur Vervollkommnung geleckt werden. Wer somit schlecht oder ungeleckt ist, der kam über den ungezogenen und ungebildeten Lümmel nicht hinaus. Dieses Bild wurde auch in die englische, französische und holländische Sprache übernommen. Der hochgebildete Johann Christoph Gottsched (1700—1766), Schriftsteller, Gelehrter und Professor an der Universität Leipzig sagt 1752: die Pariser hätten ihn »un ours mal léché« also einen schlechtgeleckten Bären und damit einen Ungebildeten genannt. Auch im Deutschen Wörterbuch der Brüder Grimm bezeugt. Weitere Wendungen K s. BÄR.

BASILISK *Mit Basiliskenblick:* mit tödlichem Blick. — Der Basilisk ist ein Fabelwesen, Spottgeburt aus Drache und Hahn, aus mißgebildetem Hühnerei von Kröten und Schlangen ausgebrütet. Mit übernatürlichen Kräften ausgestattet, konnte — nach Ansicht der Alten — der Blick des Basilisken töten, Tier- und Pflanzenwelt verdarben unter seinen gefährlichen Augen (»böser Blick« K s. AUGE). Diese Vorstellung findet sich zuerst im Orient, gelangte über antike Schriftsteller und Kirchenväter in die Tierbücher des hohen Mittelalters und blieb bis ins Barock lebendig. Auch heute noch ist die Redensart vom tödlichen Basiliskenblick gegenwärtig! In der Bibel finden wir sie in Jes. 11, 8: »Und ein Säugling wird seine Lust haben am

Loch der Otter, und ein Entwöhnter wird seine Hand stekken in die Höhle des Basilisken.« Die Wendung *Basiliskeneier ausbrüten* = Böses sinnen, haben wir in Jes. 59, 5: »Sie brüten Basiliskeneier und wirken Spinnwebe. Ißt man von ihren Eiern, so muß man sterben; zertritt man's aber, so fährt eine Otter heraus.« — Die ängstlichen Gemüter unter meinen Lesern kann ich übrigens trösten, falls sie einmal einem Basilisken begegnen sollten. Man kann ihn töten, wenn man, rückwärts gehend, ihm einen Spiegel vorhält. Die plötzliche Wahrnehmung seines eigenen scheußlichen Spiegelbildes vernichtet ihn augenblicklich. (Das sagen jedenfalls die antiken Schriftsteller!)

BEEINTRÄCHTIGEN *Jemanden beeinträchtigen:* ihn benachteiligen, ihm schaden, ihn übervorteilen, ihn hineinlegen. — Der Ausdruck hat mit dem Wort »Eintracht« nichts zu tun. Es steht vielmehr für Eintrag oder Einschlag beim Weben, einer Bezeichnung für die Querfäden in einem Gewebe, die den Weber behindern. Es kommt ihm also etwas in die Quere, ihn behindert, ihn beeinträchtigt etwas. Seit Luther. Zuerst in der schlesischen Kanzleisprache 1605.

BEHELLIGEN *Jemanden behelligen:* ihm lästig fallen, auf die Nerven gehen, verdrießen, unangenehm berühren, ärgern. — Hat nichts mit unserer strahlenden Helligkeit zu tun, sondern kommt aus dem mittelhochdeutschen »helligen«, was durch »Verfolgung ermüden« bedeutet. Wer mich behelligt, ermüdet mich also — oder macht mich nervös.

BEIGEBEN *Klein beigeben:* nachgeben; den Widerstand in geringem Umfang aufgeben. — Erst seit Beginn des 19. Jh.s in unserer Umgangssprache. Vom Kartenspiel genommen, bei dem man — ohne stechen zu wollen — eine geringere Karte abwirft.

BEIN *Mit dem linken Bein zuerst aufstehen:* Pech haben. — Bei den alten Römern heißt »sinister« nicht nur links sondern auch linkisch, ungeschickt. Die »sinisteritas« ist die Ungeschicklichkeit. Im Französischen ist »sinistre« sogar unheilverkündend, verderblich, grauenerregend. Die Bevorzugung der rechten Hand, die die meisten Arbeiten verrichtet, führt seit alters zu einer Mißachtung der linken. Für die Römer war das Herannahen der Vögel von links bei der Deutung des Vogelfluges (D s. AUGUREN) unheilverkündend. Wir sagen noch heute halb im Scherz, halb im Ernst von einem Menschen, der den ganzen Tag über schlechte Laune hat, er sei mit *dem linken Bein* (man kann natürlich auch: *mit dem linken Fuß* sagen!) zuerst aus dem Bett gestiegen. Graf Froben Christoph von Zimmern, der 1564—1566 die Familiengeschichte der schwäbischen Grafen von Zimmern schrieb, berichtet:

»So er reiten wollte und man ihm sein Pferd aus dem Stall gezogen, saß er nur auf, wenn es mit dem rechten Fuß herausgetreten war, ließ es auch, so es mit dem linken Fuß zuerst heraustrat, wieder in den Stall ziehen.«

Die Abwertung der linken Hand, des linken Beines oder Fußes kommt auch in der Redensart *ein Mann mit zwei linken Händen* zum Ausdruck (P s. ELEFANT). Andere Wendungen mit »Bein«: *jemandem auf die Beine helfen* = ihm aus bedrängter Lage helfen (seit dem 16. Jh.); *schon mit einem Bein im Grabe stehen* = todkrank sein; = (von einem Genesenden gesagt); *fest auf beiden Beinen stehen* auch: *mit beiden Beinen fest auf der Erde stehen* = besonders lebenstüchtig sein; *auf eigenen Beinen stehen* = selbständig sein; *sich auf die Beine machen* = fortgehen; *er macht lange Beine* = er reißt aus; *jemanden Beine machen* = entweder jemanden zu einer Handlung antreiben oder auch ihn hinauswerfen (schon bei Johann Fischart (1546—1590), dem größten deutschen Satiriker des 16. Jh.s); *sich die Beine vertreten* = spazieren gehen; *die Beine unter den Arm nehmen* = fliehen, ausreißen; *sich die Beine nach etwas ablaufen* = viele Gänge machen, um etwas Bestimmtes zu erreichen; *sich die Beine in den Leib stehen* = lange warten müssen; *deshalb reiße ich mir kein Bein aus* = das ist mir nicht so wichtig, deshalb überstürze ich mich nicht bei der Arbeit; *alles was Beine hat* = jedermann; *kein Bein* = niemand; *einem ein Bein stellen* = ihn heimtückisch zu Fall bringen, indem man ihm ganz plötzlich ein Bein vorstellt – im übertragenen Sinne: jemandem hinterlistig Schaden zufügen. Schon im 17. Jh. beim deutschen Barockdichter Hans Jakob Christoffel v. Grimmelshausen im »Simplicissimus« (Bd. 1, S. 189): »wie er ihm ein Bein vorsetzen und zu Fall bringen möchte«;

auch bei Goethe im Faust (II, 2): »Der Teufel stellt dir nächstens doch ein Bein.« *Stein und Bein schwören* (K s. STEIN); *mit keinem Bein an Deck kommen* oder *kein Bein an Deck kriegen* (seemänn.) = keinen Erfolg haben (Deck = die waagerechte Unterteilung des Schiffsraumes durch Stahlplatten oder Planken); *auf dem falschen Bein Hurra schreien* = absichtlich verquatschte Redensart, die ironisch geißelt, daß man ausgerechnet dem Falschen (dem Gegner) seine Stimme gegeben oder seinen Beifall gezollt habe. Wer auf dem falschen Bein Hurra schreit, der erlag wieder einmal den Lügen und Täuschungen eines Volksverführers. Aber *Lügen haben kurze Beine!* Wieviel bildhafter und einprägsamer ist dieses Wort als der Satz des alten Phädrus: »Wer einmal lügt, dem glaubt man nicht!«, obwohl beide den gleichen Gedanken aussprechen. Aber daß Lügen gleich Beine bekommen und zwar kurze, mit denen sie *keine weiten Sprünge machen* können, auf denen sie rasch ermüden und bald schlappmachen, das zeigt doch den Phantasiereichtum unserer Sprache! Aus einer Weisheit wird ein Körper und zwar ein komischer noch dazu, mit kurzen, abgelaufenen Beinchen, und so wird sie unauslöschlich in unser Gedächtnis graviert. — *Auf einem Bein kann man nicht stehen!* sagt der Gastgeber zum Gast, wenn dieser nach dem ersten Schnaps noch einen zweiten trinken soll. Will er ihn zu einem dritten ermuntern, dann fügt er hinzu: *Aller guten Dinge sind drei!*
(Andere Wendungen mit »Bein« P s. Index.)

BELÄMMERT *Er hat mich dauernd mit der Sache belämmert:* er hat mich pausenlos mit der leidigen Geschichte behelligt und belästigt, er versucht mich arglistig zu überreden. — Von Lammel = beschmutzter Rocksaum (K s. BELÄMMERT).

BERLINISCH *Mang uns mang is eena mang, der nich mang uns mang jehört:* unter uns ist einer, der nicht zu uns paßt. — »Mang« kommt vom englischen »among«. Die Redensarten gehören zum täglichen Brot des Berliners. Seine ungewöhnliche Kunst, mit sprachschöpferischer Kraft neue Worte, neue Wendungen und einen verblüffend heiteren Stil zu finden, hatte schon Goethe beeindruckt: »Das Völkchen besitzt viel Selbstvertrauen, ist mit Witz und Ironie gesegnet und nicht sparsam mit diesen Gaben«, sagt der Dichter 1820 zu J. Ch. Lobe; Eckermann gegenüber äußert er im Jahre 1823: »Es lebt aber in Berlin, wie ich an allem merke, ein so verwegener Menschenschlag beisammen, daß man mit der Delikatesse nicht weit reicht, sondern daß *man Haare auf den Zähnen haben* und mitunter etwas grob sein muß, um sich über Wasser zu halten.« Dennoch scheint Goethe an dieser herben und groben Art des Berliners großen Gefallen gehabt zu haben, denn seinen alten Freund Zelter fordert er auf: »Schreib mir so derb als möglich, denn das kleidet euch Berliner doch immer am besten.« Ja, er untersucht kurz vor seinem Tode sogar einmal ein Berliner Wortdenkmal: »Die Berliner Sprachverderber sind doch auch zugleich die einzigen, in denen noch eine nationale Sprachentwicklung bemerkbar ist, zum Beispiel »Butterkellertreppengefalle«: das ist ein Wort, wie es Aristophanes nicht gewagter hätte bilden können, ohne auch nur eine Stufe zu verfehlen.« — Was der Berliner sagt, ist ansteckend wie Schnupfen. Wer sich heute gegen die hemdsärmelige Wort- und Satzgestaltung des Berliner wehrt, überrascht sich morgen dabei, wie er es dem Spree-Athener nachspricht. »Is doch meine Rede seit siebzich!« Daß er seit 1870 denselben Standpunkt hat und ihn auch so vertritt, ist zwar etwas unwahrscheinlich. Aber seinem zwingenden Spracheinfluß unterliegt der Gebildete ebenso wie das schlichte Gemüt der Straße! »Da schlag eener lang hin — und steh kurz wieder uff!« oder »Hier riecht det so nach Obst — hat vielleicht eener ne weiche Birne?« so kanzelt er die Störrischen und die Dummen ab, für die Faulen aber hat er genügend Ironie: »Der hat ja-

keene Angst vor de Arbeet, der lecht sich bei sie hin.«
Einen Faulpelz, der um Arbeit vorspricht, läßt er die
Worte sagen: »Nehm' Se mir doch, Sie jloben ja nich, mit
wie wenich Arbeet ick zufrieden bin!« Seine schnelle Antwort: »Mensch, du suchst woll ooch fertje Arbeet, wat?«
»Du hast dir nich mit Ruhm bekleckert« schilt er den Versager, und dabei kann man gleich feststellen, daß der Berliner immer »mir« sagt, auch wenn's richtig ist! »Ick kann
ma doch schließlicherweise nich in de Beene beißen«, behauptet einer, dem zuviel Arbeit zugemutet wird. Aber
wie soll man es denn machen? »Erst müss'n wa uns mal
beschnuppern« und dann »quatsch dir man reene aus, dette
wieda Kulör krichst«, »und wenn de mir fragst, det
kannste halten wie der Farrer Assmann!« »Wie hält et der
denn?« »Mit de Hand! Farrer Nolte hielt et imma, wie er
wollte, aba Farrer Assmann hat et imma mit de Hand je-
halten.« »Da sitzte nu mit dein Talent und kannst et nich
vawerten!« »Meinste mir?« »Ziehn Se sich doch die Jacke
nich an, wenn se Ihnen nich paßt.« »Der Mensch kann noch
so demlich sein, er muß sich bloß zu helfen wissen«, »so
demlich wie Sie bin ick schon lange«, aber so dumm ist er
nun auch wieder nicht: »Der hat'n anschlejichen (anschlä-
gigen) Kopp; wenn er de Treppe runterfällt, vapaßta
keene Stufe!« Wie steht es eigentlich mit dem Lohn? »Jetzt
kommt de Berappungsarje!« Er hat mir zu wenig gegeben:
»Ick wer'n Bescheid stoßen (zurechtweisen)!« Schade, daß
das Geld so schnell ausgegeben wird: »Mit det Bezahlen
vaplempat man det meiste Jeld!« Aber aus Freude wird er
sich heute »eenen hinta de Binde jießen«, denn »jestern ha'
ick ne Frau jesehn, da war allet dran!« »Det Meechen is'
zum Anknabbern«. Aber dann hat er gehört: »Se hat'n
festen Herrn, den bewäscht un bekocht un beflickt se«, sie
ist »sein Bratkartoffelverhältnis«. »Bei der kann ick keen
Blumentopp jewinnen!« Außerdem steht fest: »Sie is 'ne
anjestoßene Aprikose« (hat einen schlechten Ruf). »Mir
ha'm se ausjemist' bis uff de Knochen« (sie haben mir alles

Geld abgenommen), »det fangt mir jetzt erst an ze är-
jern!« (wenn einem nachträglich einfällt, daß er Anlaß gehabt hat, sich aufzuregen). »Ihr wollt woll'n ollen Mann 'n
Bongbong an't Hemde kle'm?« rief er wütend und sah aus
»wie Braunbier mit Spucke« (ganz blaß und krank). Da
haben wir ihn eingeladen: »Is ja allens da, is ja nich wie
bei arme Leute!« »Det kann der ärmste Mensch essen zum
Beispiel Kaviar«, meinten wir. »So hat's bei mein Freund
ooch anjefangen!« (sagt man und sieht den anderen besorgt an, wenn er etwas sehr Dummes dahergeredet hat).
Mit unserer »Bulljong« (Fleischbrühe) war er nicht so zufrieden. »Da kieken ja mehr Oogen rin wie raus!« meinte
er, aber an die Kartoffelpuffer »da jing er 'ran wie Hektor
an de Buletten« (Boulette [franz.], durchgedrehtes Fleisch
mit Weißbrot vermischt. Ist mehr Weißbrot als Fleisch drin,
sagt man: »Der Bäcker hat jesiecht!« Von der alten französischen Kolonie eingeführt, hat diese Berliner Speziali-
tät als »Hamburgers« Weltruhm erworben.) »Wir ham uns
ammesiert wie Bolle uff'n Milchwaren!« Als der Tisch
leergegessen war, bemerkte ich: »Nu is allens alle!« »Du
merkst aba ooch allet!« erwiderte er. »Als wie icke?« war
mein letztes Wort. Am nächsten Tag soll er das höchste
Lob über mich geäußert haben, das der Berliner in seinem
Sprachschatz hütet.
Es lautet:

>   »Issen feiner Kerl! Beene hatta, bis uff de Erde!« —

Wer die Stoßkraft des Berliner Dialektes zu abenteuerlich
oder zu rauhbeinig empfindet, kann sich mit der Feststellung Kiaulehns trösten, daß ein so gemütvolles Wort wie
»Abendbrot« ebenfalls aus Berlin kommt. Das Berlinische
hat den Hang zur Fröhlichkeit und zum Lustigen. Die
Sprache reimt sich leicht und verführt den Berliner immer
wieder, zu allem und jedem das passende Reimwort zu
finden: »Hedwich, ach Hedwich, wat du verlangst, det
jeht nich!« »Walter, wenn er fällt, dann knallt er«, »Ja-

wollja, sagt die Olja« und »Ach Ernst, ach Ernst, wat du mir allet lernst!« Den Höhepunkt aber in der Berliner Straßenpoesie bildet wohl das berühmte aus lauter Redensarten zusammengesetzte Gedicht:

Mensch und Natur im Widerstreit
oder
Ick bin jerührt wie Appelmus!

Dunkel war's der Mond schien helle,
schneebedeckt die grüne Flur,
als ein Wagen blitzeschnelle
langsam um die Ecke fuhr.
Drinnen saßen stehend Leute,
schweigend ins Gespräch vertieft,
als ein totgeschoßner Hase
auf der Sandbank Schlittschuh lief.

Und ein blondgelockter Knabe
mit kohlrabenschwarzem Haar
saß auf einer grünen Banke,
die rot angestrichen war.
Neben ihm 'ne olle Schrulle
so von 16, 17 Jahr,
in der Hand 'ne Butterstulle,
die mit Schmalz bestrichen war.

Draußen war es, in der Stuben,
singend sprach die Maid zum Buben:
Holder Engel, süßer Bengel,
vielgeliebtes Trampeltier,
Augen haste wie Sardellen,
alle Ochsen gleichen dir!

Hier die Antwort, könnt' ihr's wähnen,
die er gab mit trocknen Tränen:
Ick bin jerührt wie Appelmus
und flüssig wie Pomade,
mein Herz schlägt wie ein Pferdefuß
in deiner linken Wade!

BESTELLT *Er (sie) sitzt da wie bestellt und nicht abgeholt:* mit langem, enttäuschtem Gesicht auf jemanden warten; niedergeschlagen, verzagt, verzweifelt, mutlos, verlassen wirken. — Diese Lage kann nur einer verstehen, der bei seiner ersten Verabredung mit einem geliebten Menschen im Stich gelassen wurde.

BETT (auch P s. BETT)
Sie ist eine Bettschönheit: diese galante Wendung bezieht sich auf ein Mädchen oder eine Frau, die nicht im landläufigen Sinn als besonders hübsch oder schön anzusprechen ist, im Bett liegend hingegen — vielleicht durch den Kontrast ihrer Augen, ihres Haares oder ihrer Hautfarbe zum weißen Linnen — besonders anziehend und schön wirkt.
Meistens handelt es sich auch um Frauen, die, ohne eine blendende Erscheinung zu sein, eine stark fesselnde Ausstrahlung haben, also das besitzen, was wir *das gewisse Etwas* und die Franzosen »un je ne sais quoi« (ich weiß nicht was!) nennen. — *Müde, müde — und kein Bett!* ist eine treffliche chinesische Redensart. — Wenn der Berliner müde ist, sagt er: *mir zieht der Bettzippel!* Das *Bett hüten müssen* ist ein ärztliches Hehlwort für Kranksein. Zu diesem Thema hat Peter Paul Althaus in seinem »Dr. Enzian« eine belustigende Geschichte geschrieben:

Dr. Enzian und Dr. Kümmel staunten baß
als sie beim Spazierengehen auf einer Wiese,
mitten in dem saftiggrünen Weidegras,
eine Halluzination erblickten und zwar diese:
Auf der Wiese (und im Hintergrunde Alpenglühen) —
auf der Wiese, mitten zwischen dreizehn Kühen —
frisch bezogen und mit Decken, Kissen undsoweiter —
kurz: komplett — stand ein Bett.
Beide Herrn Doctores waren sicher, daß sie irrten;
denn was sollte hier auf dieser Wiese dieses Bett
    bedeuten

und dazu das wunderliche Treiben jenes jungen
   Hirten,
der mit einer Peitsche, dieses Bett umkreisend,
   knallte?
Beide Herren fühlten eine Welle, eine kalte,
über ihren Rücken laufen — und sich reif für einen
   Psychotherapeuten.
Aber alles klärte sich natürlich. Auf Befragen
sagte jener Hirtenknabe,
(währenddem im Hintergrund die Alpen blaß ver-
   glühten),
daß der Dorfarzt ihm befohlen habe,
vierzehn Tage lang das Bett zu hüten!

BIER   *Das ist nicht mein (sein) Bier:* entschieden ablehnen, daß man mit einer Sache etwas zu tun hat. — Es gibt
auch die gegenteilige Wendung: *das ist mein (sein) Bier,*
wenn man mit Nachdruck klarstellen möchte, daß die Sache mich (oder ihn) sehr viel angeht! *Stoß kein Bier um*.
heißt: gib nicht so an, lüg' nicht so unverschämt. Bei dieser Redensart wird einem plastisch vorgeführt, wie der
Aufschneider sich so an seinen eigenen Erzählungen erregt, daß er fast ein Bier von der Theke stößt. Von anderen mit Bier zusammenhängenden Ausdrücken unter P s.
Index abgesehen, ist dieser Zuwachs von zwei Wendungen
(seit 1960) dem Bier zu gönnen, denn es hat in der fast
6000 Jahre alten Geschichte seines gehopften Daseins nur
einen kümmerlichen Ausdruck in bildkräftigen Wendungen
(anbieten wie sauer Bier!) gefunden. Obgleich wir ein Volk
von Biertrinkern sind (die Frauen machen jetzt auch mit!)
so gibt es doch mehr geflügelte Wein- als Bierworte. In
Goethes Faust finden wir:

   Ein starkes Bier, ein beizender Tobak
   und eine Magd in Putz, das ist nun mein Geschmack.

Carl Julius Weber hat 1826 das *Bier als flüssiges Brot* bezeichnet, und schließlich muß man noch die schon klassisch gewordene Stilblüte nennen, die sich der Abgeordnete Alexander Meyer am 21. Januar 1880 im Preußischen Abgeordnetenhause leistete. Bei der Beratung eines Gesetzentwurfes über die Steuer vom Vertrieb geistiger Getränke sagte er: »Spiritus stellt man dar zu den verschiedenen Zwecken und nur zum verhältnismäßig kleineren Teil für den menschlichen Konsum; *Bier wird nur zu dem Zweck gebraut, um getrunken zu werden, und dasjenige Bier, was nicht getrunken wird, hat eben seinen Beruf verfehlt!*« — Warum wohl den doch überaus zahlreichen deutschen Bierfreunden so wenig Sprachbrauendes eingefallen sein mag? *Am Bier kann es doch wohl nicht gelegen haben!*

BILD *Das war ein Bild für die Götter:* das sah sehr komisch aus; das war gottvoll; wir haben sehr gelacht! — Die Götter auf dem Olymp haben sehr viele menschliche Züge. Was sie äußerst sympathisch macht, ist, daß sie eine Menge Humor besitzen. Als Götter sind sie natürlich recht anspruchsvoll. Wenn man also von einer Situation meint, sie sei *ein Bild für die Götter* gewesen, so muß sie schon ganz besonders beeindruckt und auf die Lachmuskeln gewirkt haben.

BINSEN *Eine Binsenwahrheit* heißt eine Erkenntnis, die sich von selbst versteht, also keiner weiteren Erläuterung oder Begründung bedarf. — Ohne die amüsante Erklärung des Prof. Adolf Kußmaul in der KUHHAUT etwa verwerfen zu wollen, die der Redensart im 19. Jh. sogar einen erheblichen Nachschub verlieh, soll hier noch die bezaubernde Legende aus der Antike mitgeteilt werden, die das Geheimnis der »Binsenwahrheit« auf ebenso einfache wie heitere Weise löst: Apoll, Sohn des Zeus und Bruder der Artemis, Gott der musischen Künste (auch P s. APOLL), war nicht nur den Frauen, sondern auch sonst allem Schönen zugeneigt, zum Beispiel dem Flötenspiel. Sein schärfster Konkurrent in dieser Kunst war Pan, der besonders in Arkadien verehrte, satyrähnliche Hirtengott. Nun war Apoll jedoch sehr ehrgeizig und duldete, wie so viele große Künstler, keinen Nebenbuhler auf den Brettern, die die Welt und den Olymp bedeuten. Dennoch war er so leichtsinnig, sich bei einem internationalen Flöten-Wettbewerb mit Pan zu messen und sich der gefährlichen öffentlichen Meinung und Kritik auszuliefern. Den obersten Schiedsrichter (wir würden heute sagen: den »Chef der Jury«) bei diesem griechischen »Festival« spielte der phrygische König Midas, der ein ganz besonderes Geschick entwickelte, in sämtliche bereitgestellten Fettnäpfchen zu treten (K s. FETT). Er war es nämlich, dem der Weingott Dionysos seinen Wunsch erfüllte, durch Berührung alles in Gold verwandeln zu können. Wie kläglich diese vorschnell aber unbedacht ausgesprochene Bitte endete, kann man an dieser Stelle nur andeutungsweise berichten, wenn man dem Leser vor Augen führt, daß sogar Wasser, das König Midas trinken wollte, zu Gold wurde. Aber das gehört nicht hierher. Bei uns ist er der sterbliche Schiedsrichter im göttlich-satyrhaften künstlerischen Wettstreit. Nun war er allerdings vermessen genug, sich zu diesem Amt zu drängeln und auch noch den Gott Apoll tief in seiner Eitelkeit zu kränken, indem er dem lausigen Satyr Pan mit den Bocksbeinen den Siegeslorbeer für das beste Flötensolo feierlich überreichte. Das war für Apoll ein Stich ins unsterbliche Herz! Er sann auf Rache. Aber anstatt den König Midas zu vierteilen und zu braten, entschied er sich, da er doch ein Gott war, für eine humorvolle Lösung: Nach seiner Ansicht war das offensichtliche Fehlurteil des Midas auf seine viel zu kleinen Ohren zurückzuführen. So ließ er dem König Eselsohren wachsen, was für Seine Majestät gegenüber seinen Ministern und dem Volke aus Gründen der Autorität natürlich von größter Peinlichkeit war. Aber immerhin war es *ein Bild für die Götter!* (D s. BILD). — Anfangs versuchte Midas, den wenig schmeichelhaften Kopfputz unter seiner Krone zu verbergen. Sein Volk jedoch fand es ziemlich lächerlich, daß er überall auf der Straße — auch beim Einkaufen — mit der Krone herumlief. Die Schmach ließ sich nicht für alle Zeiten verheimlichen, denn irgendwann müssen auch gekrönte Häupter mal zu einem Bartscherer und Haarschneider gehen. Das heißt, Könige haben das nicht nötig, sie lassen ihn ins Schloß kommen, und der Meister der antiken Haute Coiffure staunte nicht wenig, als er sah, was da aus dem erlauchten Haupte herauswuchs. Bei Androhung der Todesstrafe verbot Seine Majestät dem archaischen Figaro, auch nur ein *Sterbenswörtchen* darüber auszuplaudern. Schweren Herzens versuchte der Haarkünstler zu gehorchen. Seine Seele litt schon aus beruflichen Gründen Folterqualen, das Geheimnis hüten zu müssen, und in seinem Zwiespalt — einerseits vom königlichen Zorn gebannt, andererseits von seiner Redseligkeit gejagt und gehetzt zu sein — hob der Bartscherer ein Loch auf der Weide aus und vertraute, was sein Gewissen so belastete, der Mutter Erde an. Aber in dieser Flüstergrube, in die er sich die Geheime Kommandosache von der Seele geplappert hatte, wuchsen Binsen, die in alle Winde das vermeintliche Geheimnis ausstreuten, das in Wirklichkeit gar keins war, denn des Königs Eselsohren hatten ja — für alle sichtbar — aus der Krone herausgeschaut. Das war die Geburtsstunde der *Binsenwahrheit!* — Und wir leben unbewußt heute noch in der Vorstellungswelt der Antike, wenn wir die Redensart von der »Binsenwahrheit« im Munde führen. —

BLASE *Die ganze Blase kann mir den Buckel herunterrutschen:* die können mir gestohlen bleiben; ich will dieses schreckliche Volk nicht mehr sehen. — Im Sinne von Pack, Bande — nicht von der krankhaften, schmerzenden »Blase« an den Füßen, auch nicht von den »aufgeblasenen« jungen Leuten, die sich so sehr erwachsen fühlen, sondern von dem

»zusammengeblasenen Volk«, einem Scheltwort, das abwertend allen jenen Studenten galt, die nicht den farbentragenden, schlagenden Verbindungen angehörten. — Die gelegentliche Beschimpfung der eigenen Verwandtschaft mit *»diese (alte, schreckliche) Blase«* erinnert uns daran, daß es drei Gruppen von Verwandtschaft gibt: die *Wahlverwandtschaft* (ein von Goethe aufgenommener Ausdruck einer auf Wesensgleichheit beruhenden Anziehung), die *Qualverwandtschaft* (die natürliche, aber unbeliebte Verwandschaft) und die *Prahlverwandtschaft* (das sind reiche Verwandte, mit denen man bei anderen Leuten renommiert, die aber meistens nichts von einem wissen wollen!) — Die Zwillingsform *von Tuten und Blasen keine Ahnung haben* (in völliger Unkenntnis sein!) und die ermunternde Wendung: *es ist nicht alles Trübsal, was geblasen wird!* weisen unser »blasen« als musizieren aus.

BLATT   *Er ist ein unbeschriebenes Blatt:* man kann von ihm weder Gutes noch Schlechtes sagen (vorn und hinten nichts!); und *das steht auf einem anderen Blatt:* das ist eine ganz andere Sache, die hier gar nicht zur Debatte steht, bedürfen wegen ihrer Anschaulichkeit keiner Erklärung (auch K s. BLATT).

BLEI   *Blei in den Schwingen haben:* in seiner Tatkraft und seinem Schwung entweder innerlich gehemmt oder von außen behindert sein. — Über das politische Unbehagen in der Bundesrepublik schreibt der ehemalige französische Botschafter in Deutschland, François-Poncet, am 16. Oktober 1966 in dem konservativen Pariser Blatt »Le Figaro«: »Bundeskanzler Erhard ist ein ausgezeichneter Mann, intelligent und voll guten Willens. Aber er möchte niemandem weh tun. Er glaubt, daß die Kunst in der Politik darin besteht, jedem zu gefallen. Das läuft darauf hinaus, daß er alle enttäuscht. Adenauer *war aus anderem Holz geschnitzt!* Er hatte, was jeder deutsche Kanzler haben muß, und was Erhard nicht hat: *Sporen an den Absätzen.* In Wirklichkeit hat Erhard, wenn man wagen darf, so zu sprechen, *Blei in den Schwingen.* Wird er das Ende des Jahres noch überstehen oder nicht?« (Er überstand *nicht!* D. Aut.).

BRUNNEN *Das ist eine Brunnenvergiftung schlimmster Art:* böswillige Verbreitung falscher Gerüchte; Verleumdung. — Die vorsätzliche Vergiftung von Brunnen oder Wasserbehältern, die als Trinkwasserbehälter dienen, wird als gemeingefährliches Verbrechen bestraft. Ebenso besteht eine Strafandrohung gegen die Verunreinigung von Trinkwasser. — Im Mittelalter wurden die Juden wiederholt beschuldigt, selbst oder mit Hilfe bezahlter Aussätziger Brunnen und Quellen vergiftet und damit Seuchen verbreitet zu haben, was besonders im Rheinland und in der Schweiz zu ausgedehnten Judenverfolgungen führte. 1546 beschuldigten Johann Friedrich von Sachsen und Philipp der Großmütige, Hessens bedeutendster Landesfürst, den »Antichristen« Papst Paul III. der Brunnenvergiftung im Lande Sachsen. Noch in der Mitte des 19. Jh.s, als die Cholera Palermo und Paris ergriff, fanden Gerüchte Glauben, die Obrigkeit habe die Brunnen vergiften lassen. In einem Rechtsbuch des Städtchens Teichel vom Jahre 1611 heißt es in § 5 »Von der Reinlichkeit der Brunnen«: »Sollen die Brunnen jährlich ein oder zweimal gereinigt werden, und wer solche beschimpft und freventlich mit garstigen, stinkenden Dingen oder mit einem Aas verunreinigt, soll sie selbst reinigen und hernach so lange an den Pranger mit nassen Kleidern stehen, biß der Schade bezahlt und 1 Golddukaten Strafe erleget.« Im übertragenen Sinne gehört die Redensart von der Brunnenvergiftung vor allem zum Wortschatz der Politiker. Am 18. Februar 1850 hat Bismarck in der Zweiten Kammer von der *»moralischen Brunnenvergiftung durch die Presse«* gesprochen. Am 24. Januar 1882 nannte er zweimal in derselben Rede, die bei den Wahlen erhobenen Lügen und bewußten Entstellungen: »*politische Brunnenvergiftung!*«

BYZANTINISMUS *Er benahm sich reichlich byzantinisch:* er benahm sich kriecherisch, schmeichlerisch, unterwürfig. — Das politisch-publizistische Schlagwort vom Byzantinismus, eine verächtliche Bezeichnung für schmeichlerisch-knechtische Unterwürfigkeit gegenüber einem Höhergestellten, besonders gegenüber den staatlichen Machthabern hat seinen Ursprung im mangelnden Verständnis der Geschichtsschreibung der Aufklärung für die dem alten Kaiserkult entstammenden Formen des byzantinischen Herrscherzeremoniells. Sein Vollzug war nämlich kein moralischer, sondern ein liturgischer Akt. So war die Unterwürfigkeit und das Schmeichlertum bei den Byzantinern nicht stärker verbreitet als in anderen Staaten. Die dem Begriff des Byzantinismus zugrunde liegende Fehlsicht ist durch die heutige Forschung berichtigt worden. Der Ausdruck wurde im falschen Sinne oft von dem Schriftsteller Maximilian Harden (Witkowski) (1861–1927) in seiner »Zukunft« erwähnt. Erfreulicherweise veraltet die Wendung langsam und ist offenbar zum Aussterben verurteilt. Das gleiche Schicksal wünschen wir den ebenfalls völlig unbegründeten Redensarten von der Xanthippe, den Wandalen, von Casanova und Potemkin, die alle besser waren als ihr Ruf! (Siehe Index P).

C *Er ist ein Ritter vom hohen C:* schmeichelhafter Spitzname eines volkstümlichen Heldentenors und Kammersängers der Staatsoper, natürlich auch jedes anderen fähigen Sängers, der das hohe (eingestrichene) C der C-Dur-Tonleiter mühelos erreicht. — Er ist gleichsam ein *Ritter ohne Furcht und Tadel:* »ohne Furcht« vor der schwindelnden Höhe der Tonleiter und »ohne Tadel« wegen der

Qualität seiner strahlenden Stimme. *Ritter ohne Furcht und Tadel* ist der Beiname des heldenmütigen französischen Ritters Pierre du Terrail, Seigneur de Bayard. Er errang in den italienischen Kriegen Karls VIII., Ludwigs XII. und Franz' I. den Ruf des tapfersten Ritters der französischen Nation (der Ritter ohne Furcht und Tadel, Chevalier sans peur et sans reproche). Nach dem Sieg bei Marignano (1515) ließ sich der junge Franz I. von Bayard (geb. 1476 auf Schloß Bayard bei Grenoble) zum Ritter schlagen. Bayard wurde auf dem Rückzug nach der Schlacht von Romagnano tödlich verwundet (1524). In ihm verkörperten sich noch einmal die Ideale des untergehenden Rittertums.

COURAGE *Jemandem die Courage abkaufen:* ihn einschüchtern, entmutigen. — Dem anderen seinen Hort an Mut abluchsen; ihm seinen Vorrat an Kühnheit leerkaufen. Freilich kann man auch sagen: *ihm sein Herz abkaufen* (P s. ABKAUFEN), wie wir überhaupt für das Fremdwort Courage eine Reihe ausgezeichneter deutscher Wörter haben: Herz, Mut, Tapferkeit, Kühnheit, Furchtlosigkeit, Beherztheit, Unerschrockenheit, Schneid, Mumm, Traute, Tollkühnheit und Wagemut. Angesichts dieses verschwenderischen Angebots vom deutschen Wortschatz können wir die »Courage« also getrost wieder über die Grenze zurückschicken, wo sie hingehört: vielleicht nur mit der einen Ausnahme der Bismarckschen *Zivilcourage* (K s. dies), die sich begrifflich schon seit hundert Jahren in unserer Umgangssprache häuslich niedergelassen hat, und die auch wegen ihres hübschen Einfalls weiter Wohnrecht behalten sollte. — *Angst vor der eigenen Courage haben* heißt im letzten Augenblick vor der Ausführung eines kühnen Entschlusses zurückschrecken. *Und die Angst beflügelt den eilenden Fuß!* (Schiller). — Die Courage (literarisch bei Grimmelshausen »Die Landstörzerin Courasche« und Bert Brecht »Mutter Courage« 1941) hat im 17. Jh. bei

ihrer Übernahme aus dem Französischen einen Geschlechts-
wandel vom Männlichen »*le* courage« zum Weiblichen
»*die* Courage« durchgemacht; vielleicht deshalb, weil Mut
und Beherztheit in Deutschland öfter bei Frauen als bei
Männern anzutreffen sind!

DAHINTER *Wir werden bald dahinterkommen:* wir
werden ihm auf die Schliche kommen; wir werden erfahren, was damit gemeint ist. — Im Mittelhochdeutschen
formulierte man die Redensart etwas anders, gab ihr jedoch den gleichen Sinn: »an ein ende kommen«, wobei mit
»ein« ein ganz bestimmtes, nämlich das hintere Ende gemeint war. Wernher der Gartenaere, ein mittelhochdeutscher Dichter aus der 2. Hälfte des 13. Jh.s, Verfasser der
Versnovelle »Meier Helmbrecht«, behandelt in ihr die
Geschichte des sich über seinen Stand hinaushebenden
Bauernsohnes, der im Raubrittertum ein jammervolles
Ende findet. Darin berichtet der Erzähler, wie Helmbrecht
seinen Eltern Geschenke mitbringt:

> ob erz roubte oder staele,
> vil ungerne ich daz haele.
> waer ich sin *an ein ende komen.*

So ist die eigentliche Bedeutung von *dahinterkommen:*
auch die Rückseite einer Sache betrachten, um dadurch zu
einer gerechten Würdigung der Angelegenheit zu gelangen!
Denn wer »dahintergekommen« ist, weiß auch endlich,
was *dahintersteckt.* Belegt in den ECON-Büchern »Das
geht auf keine Kuhhaut«, »Aus der Pistole geschossen«
und »Der lachende Dritte« von Kurt Krüger-Lorenzen
(geb. 1904) mit dem Untertitel: »Deutsche Redensarten —
und *was dahintersteckt*«. — *Dastehen wie eine Eins:* standhaft sein. — Nach dem klaren, aufrechten Schriftbild der 1.

DIENER *Einen tiefen Diener machen:* eine ehrerbietige Verbeugung machen. — Viele Diener machen heißt übertrieben höflich sein. Friedrich der Große nannte sich selbst den *ersten Diener seines Staates.* Er bekräftigte diese Ansicht mehrfach in seinen Schriften. Aber auch die Minister sollten sich als Diener fühlen, denn das lateinische Wort minister heißt ja Diener! Es gibt *Diener der Wahrheit, Diener Gottes, Diener des Volkes* und *Diener am Ganzen.* Eine veraltete Höflichkeitformel ist »Ihr ergebenster, gehorsamster und untertänigster Diener«. Wer eine solche Floskel im direkten Umgang mit seinem Herrn gebrauchte, verneigte sich dabei: so erhielt diese Verbeugung den Namen »Diener«. — In Österreich hat sich das lateinische »Servus« als Gruß- und Abschiedsformel eingebürgert. Dort will man sich seinen Freunden und Freundinnen also als »Sklave«, als »Leibeigener« empfehlen (das heißt nämlich »servus«), und begibt sich damit sozial noch weit unter die Stufe des Dieners! Der lässig-kameradschaftliche italienische Abschiedsgruß »Tschau!« (ital. ciao) heißt auch nichts anderes als: ich bin Dein Sklave! — Was wäre aber, wenn eine hübsche junge Dame einem Herrn »Tschau!« zuruft und dieser das Angebot annimmt und darauf besteht, daß sie seine Leibeigene wird? — (Das kommt davon, daß sich die meisten Menschen nie überlegen, was sie in Wirklichkeit sagen!).

DONNER *Auf Donnerwache stehen, Donnerwache haben:* durch Liebesdienst festgehalten sein. — Diese obersächsische Redensart wird beim Stelldichein, wenn man auf die Geliebte am verabredeten Ort (im Lokal, auf der Straße oder sonstwo) wartet, angewendet, aber auch bei dem in nervösen Ängsten harrenden Ehemann, dessen Frau ihrer Niederkunft entgegensieht. Der Ursprung der »Donnerwache« geht 1850 von kleinen sächsischen Garnisonen aus, in denen es zur Offizierspflicht gehörte, bei drohenden Gewittern den Standort nicht zu verlassen, um bei etwaigem Blitzeinschlag der Bevölkerung helfen und Rettungs- und Löschmaßnahmen sofort einleiten zu können.

Er stand wie vom Donner gerührt: er war bestürzt, starr vor Staunen, sprachlos, versteinert, wie vor den Kopf geschlagen. — *Die Nachricht wirkte wie ein Donnerschlag auf ihn:* er war entsetzt, entgeistert.

Donner und Doria: fluchender Ausdruck des Unmutes und des Zornes. — Seit Schillers Tragödie »Fiesco« (1783) machte diese Redensart in der Biedermeierzeit die Runde und hat sich bis heute erhalten. Im »Fiesco« I, 5 ist sie der Fluch Giannettinos. Der historische Andrea Doria (1468–1560) war ein in vielen Seeschlachten bewährter Admiral und bedeutender Staatsmann, der nach seinen Siegen über die Türken 1528 einen triumphalen Einzug in Genua hielt, dort den Palazzo Doria erbaute, die republikanische Verfassung erneuerte, jedoch seine Herrschaft mit diktatorischer Gewalt ausübte. Im Alter überließ er das Flottenkommando seinem Neffen Giannettino Doria, der in der Nacht der Verschwörung des Fiesco ermordet wurde. — Die Redensart *Donner und Doria* gehört zu den (diesmal stabreimenden) *formelhaften Zwillingswendungen* (wie mit *Ach und Krach, Pauken und Trompeten, Sang und Klang, Kind und Kegel* usw.), von denen wir in unserer reichen Sprache mehr als 300 haben. Um den Lesern unsere Zwillingswendungen schmackhaft zu machen, erzählt der Autor jetzt eine tragikomische Geschichte, in die er bei nur 15 Sätzen 100 Zwillingswendungen hineingemogelt hat:

> ES KANN DER FRÖMMSTE NICHT IN
>   FRIEDEN LEBEN,
> WENN IHM DIE SCHÖNE NACHBARIN
>   GEFÄLLT!

Vater Friedrich spuckte *Gift und Galle* und war ganz *bleich und blaß*, denn er hatte sich schon *eh und je* über seinen Sohn Fritz geärgert, der, anstatt das Abitur zu machen, in *Saus und Braus* dahinlebte, sich mit *Krethi und Plethi* in den Kneipen herumtrieb und vor allem (das war das Schlimmste!) in *Feuer und Flamme* für die schöne Nachbarin Frieda entbrannte, die aussah wie *Milch und Blut* und von *Kopf bis Fuß einzig und allein auf Liebe eingestellt* war! Nachts traf sie sich in *Samt und Seide* ohne *Scheu und Scham* mit Fritz, dem Schwerenöter, der — wie immer *geschniegelt und gebügelt* — *ihr mit Herz und Hand,* mit *Leib und Seele,* ja sogar *mit Haut und Haar* verfallen war. Vater Friedrich, ein Mann *von echtem Schrot und Korn,* sah seinen Sohn schon hinter *Schloß und Riegel:* »Warte nur«, rief er empört, »wenn der eifersüchtige Ehemann von Frieda erfährt, was die Leute schon *treppauf, treppab an allen Ecken und Enden tuscheln und nuscheln,* dann wird euch das *Kopf und Kragen* kosten! Ich gebe *euch Brief und Siegel,* daß Franz *Zug um Zug* ohne *Gnad' und Gunst* mit *Fug und Recht* auf *Gedeih und Verderb* euch in *Grund und Boden* verdammen und mit *Schimpf und Schande* an *Ort und Stelle nackt und bloß* von *Haus und Hof* vertreiben wird!

Aber es kam anders: Hatte Frieda gestern abend noch *hoch und hehr* und *steif und fest Stein und Bein* geschworen, sie liebe Fritz über alles, was diesem wieder *durch Mark und Pfennig ging,* so war sie kurz danach *bei Nacht und Nebel mit Sack und Pack, mit Hab und Gut* und *hurr die burr Hals über Kopf* mit allem, was nicht *niet- und nagelfest* war, *mit Kind und Kegel Knall und Fall* und *mit Holter di Polter* aus dem Hause ihres Mannes geflohen, der gerade *kreuz und quer* durch Frankreich fuhr, um dort *Land und Leute* kennenzulernen. Frieda hatte *nach Lust und Laune* sich einem anderen Mann an den Hals geworfen, den sie *zwischen Tür und Angel* kennengelernt hatte. Das war für Fritz zuviel, er war *fix und fertig: »Verflucht und zugenäht!«* schrie er, »Sie hat mich *verraten und verkauft!«.* Er fühlte sich mit *Spott und Hohn* übergossen. »*Glück und Glas* — wie leicht bricht

das!« jammerte er, »denn es ist doch eine *Sünde und Schande,* daß aber auch alles bei ihr *Lug und Trug* ist!« So und mit anderen Vorwürfen war er *drauf und dran,* Frieda in *Bausch und Bogen* zu verurteilen; alsdann schwor er seinem Vater *hoch und heilig,* er werde *nach Lust und Leid* sich *kurz und bündig* noch *vor Tau und Tag* seiner Arbeit widmen. »Es geschehen noch *Zeichen und Wunder!*« triumphierte der glückliche Vater, »Frieda soll *Blitz und Donner* treffen; *kurz und gut,* wir tun sie *in Acht und Bann;* du aber, lieber Fritz, bringe endlich dein Abitur *unter Dach und Fach,* durch das du das letzte Mal *mit Pauken und Trompeten durchgefallen* bist, weil dein Weg *voller Disteln und Dornen* war und du außerdem *von Tuten und Blasen keine Ahnung* hattest; es geht jetzt bei dir *auf Biegen und Brechen!*« Tatsächlich stieg Fritz erneut *schlicht und einfach* in das Examen und bestand es mit *Ach und Krach,* sozusagen *mit Hängen und Würgen,* während der besorgte Vater *bei Tag und Nacht* mit Zittern und Zagen für ihn betete. Dann ging es *schlecht und recht* über *Stock und Stein* ohne *Wanken und Schwanken* durchs Studium, und man öffnete ihm *ohne Nücken und Tücken Tür und Tor,* bis er *schiedlich und friedlich in Amt und Würden* war. Nun war der Vater der Glücklichste *weit und breit,* denn er war ja mit seinem Sohn *durch dick und dünn* gegangen und *Hoffen und Harren* hatten *zu Nutz und Frommen* geführt: »Ich bin ganz *außer Rand und Band!*« rief er begeistert, »*Donner und Doria,* den neidischen Leuten wird *Angst und Bange* werden; sie werden *Mund und Nase aufsperren! Bomben und Granaten,* nach *Irrungen und Wirrungen* sind wieder *Glück und Glanz* über unser Haus gekommen; das müssen wir feiern, denn zu *Essen und Trinken* haben wir *in Hülle und Fülle* in *Küche und Keller,* wir werden *alt und jung, arm und reich* und *Tod und Teufel* einladen; das soll ein Fest *mit Glanz und Gloria* werden! Darauf trinken wir, Prost!«
Für diejenigen aber, die in der eben erzählten Geschichte

mit Recht noch etliche Redensarten vermissen, sei hier als erneuter Beweis unseres Sprachreichtums die stolze alphabetische Liste der 357 deutschen formelhaften, laut-malenden und oft reimgebundenen Zwillingswendungen aufgeführt, wobei die formale Schönheit nicht so wich-tig ist wie die Kraft des Ausdrucks, der mit schlichten Mit-teln auf das höchste gesteigert wird. Der einfache Stab-reim, die Alliteration, in der die Gleichheit des Anlauts der Wörter den Sprachklang verstärkt, wird in seiner leicht merkbaren Wirkung unterstützt durch die Zusam-menstellung von verschiedenen Wörtern der gleichen Sinn-bedeutung (Feuer und Flamme, mit Zittern und Zagen). Was die Formeln so ungemein einprägsam macht, ist die starke Bildkraft der gewählten Worte. Kaum ein Aus-druck darin ist abstrakt gedacht: alles ist sinnlich, an-schaulich, lebendig vorgestellt. In dramatischer Bewegung rollt Bild auf Bild ab; nicht um des Bildes selber willen, sondern um einem Gedanken- und Willensinhalt den stärksten plastischen Ausdruck zu geben. An die Vollstän-digkeit meiner sorgfältig zusammengestellten Liste glaube ich freilich selber nicht, zumal sie ohnehin mit den fliehen-den Jahren auf weitere Ergänzungen ungeduldig wartet, denn die Schöpferkraft unserer Volkssprache wird zu kei-ner Zeit so erloschen sein, daß sie nicht noch neue Redens-arten und Formeln schaffen könnte:

Ab und zu, mit Ach und Krach, mit Ach und Weh, in Acht und Bann tun, in Amt und Würden, alt und jung, angst und bange, aus und vorbei, arm und reich, Art und Weise, auf und ab, aufgeschoben ist nicht aufgehoben; backen und banken (seemänn.), bar und blank, in Bausch und Bogen, nichts zu beißen und zu brechen haben, der ist besorgt und aufgehoben, es geht auf Biegen und Brechen, blink und blank, Blatt und Blüte, bleich und blaß, blutt und bloß, ein Haus in Bau und Besserung erhalten, zwischen Baum und Borke, nichts zu brocken und zu beißen haben, braun und blau geschlagen, einem Brief und Siegel geben, Bürger und Bauer, Buße und Wandel, Buß- und Bettag, Blitz und Donner, Blitz und Hagel (Fluch), mit Bomben und Granaten; unter Dach und Fach, dann und wann, in Drang und Zwang, das Land der Dichter und Denker, dick und doof, Disteln und Dornen, durch dick und dünn, Donner und Doria (Fluch), doppelt gemoppelt, drauf und dran, drehen und deuteln, sich drehen und wenden, drunter und drüber, dumm und dämlich, dummste Bauern — dickste Kartoffeln, dumm und doof, durch und durch; echt und recht, an allen Ecken und Enden, eh und je, einzig und allein, Erbe und Eigen, erb- und eigentümlich; mit fliegenden Fahnen, mit Fahnen und Standarten, in Fährden und Nöten, auf Feld und Flur, Feuer und Flamme sein, mit Feuer und Schwert ausrotten, fest und dauerhaft, fix und fertig sein, Fleisch und Bein, frank und frei, Friede und Freundschaft, mit Fug und Recht, das Für und Wider; gang und gäbe, ganz und gar, auf Gedeih und Verderb, Gift und Galle spucken, Geld und Gut, glänzen und gleißen, Glanz und Gloria, gleiche Brüder — gleiche Kappen, Glück und Glas, Glück und Glanz, geschniegelt und gebügelt, geschniegelt und gestriegelt, gestiefelt und gespornt, Gnad' und Gunst, Grund und Boden, Gut und Blut, gut und gern, gehopst (gehuppt) wie gesprungen (und hier ein doppelter (!) Zwilling:) Gott sei gelobt, gesungen, getrommelt und gepfiffen! Hab' und Gut, mit Hacke und Schaufel, mit Händen und Füßen, mit Hangen und Bangen, mit Hängen und Würgen, hampeln und pampeln, hell und dunkel, mit Helm und Panzer, hin und her, Hinz und Kunz, Hans und Franz, hin und wider, wie Hund und Katze, mit Hurr di Burr, Hals über Kopf, Hack und Pack (Pöbel), Handel und Wandel, Hall und Schall, Haus und Hof, Haus und Heim, Haus und Hütte, mit Haut und Haar, mit

Herz und Hand, hegen und pflegen, heilig und hehr (hehr und heilig), hoch und heilig, hoch und hehr, heischen und mahnen, heil und deil, Heim und Herd, Heil und Hort, Halt und Hort, Hehler und Stehler, Himmel und Hölle, Himmel und Erde; Himmel, Arsch und Zwirn (Fluch), hieb- und stichfest, Hof und Hufe (liegende Habe), daß Hören und Sehen vergehen, hoffen und harren, hott und hü! Hüben und drüben, Hülle und Fülle, hüten und hegen, Hümpler und Stümpler (Pfuscher und Bönhasen bei Luther), auf Hauen und Stechen, weder gehauen noch gestochen, herb und häßlich; Irrungen und Wirrungen; Jahr und Tag; Kind und Kegel, Kisten und Kasten, klipp und klar, klotzen — nicht kleckern, auf Knall und Fall, von Kopf bis Fuß, Kopf an Kopf (Pferderennen), es kostet Kopf und Kragen, durcheinander wie Kraut und Rüben, Kraft und Macht, Krethi und Plethi, kraus und krumm, einen krumm und lahm schlagen, kreuz und quer, mit Kappe und Schelle (= als Narr), krumm und schief lachen, nichts zu kratzen und zu beißen haben, Küche und Keller, kurz und bündig, kurz und gut, kurz und klein, kurz und körnig, kurz und kernig (Rede), kurz und schmerzlos, über kurz oder lang, kribbeln und krabbeln, kribbeln und wibbeln; Land und Leute, landauf — landab, lang und breit, langen und bangen, Last und Leid, leben und weben (Apostelgesch. 17), je länger je lieber, niemand zu Liebe und niemand zu Leide, Leid und Leben, wie er leibt und lebt, mit Leib und Seele, Licht und Luft, Licht und Schatten, zwischen Lipp' und Kelchesrand, los und ledig, los und frei, frei und ledig, Lug und Trug, in Lust und Leid, mit Lust und Liebe, nach Lust und Laune, luv und lee (seem.); mit Mann und Maus, mit Mann und Roß und Wagen, durch Mark und Bein, durch Mark und Pfennig, markten und mäkeln, wie Milch und

Blut, Mord und Totschlag, morsch und mürbe, Mast-
und Schotbruch (Glückwunsch seem.), Mund und Nase
aufsperren; bei Nacht und Nebel, nach und nach,
nach wie vor, mit Nadel und Zwirn, nackt und bloß,
nicht niet- und nagelfest, Nücken und Tücken, null
und nichtig, zu Nutz und Frommen; an Ort und
Stelle, öd und leer; mit Pech und Schwefel, Pfeifen
und Lunten aus (Befehl an Bord: Endes des Tages),
mit Pfeil und Bogen, mit Pauken und Trompeten
durchfallen, pochen und poltern, pochen und pra-
chern (Bürger); quengeln und quälen, quesen und
quatschen (quesen, niederdt. f. nörgeln); aus Rand
und Band, rank und schlank, rauf und runter, recht
und billig, rein und raus, rainen und greinen (= weinen), rainen und steinen (abgrenzen und mit Steinen
umgrenzen), in Rapuse (Plünderung) und Raub (bei
Luther), ohne Rast und Ruh', »rast' ich — so rost'
ich«, mit Rat und Tat, »erst raten — dann taten«, sich
recken und strecken, in Reih' und Glied, Richter und
Schlichter, mit Rohr und Stange (Christi Marterwerk-
zeuge), Roß und Reiter, Ruck und Zuck, rumpeln
und pumpeln, rumpf und stumpf (Fischart); in Sack
und Asche, mit Sack und Pack, ohne Saft und Kraft,
sage und schreibe, weder Salz noch Schmalz, in Samt
und Seide, samt und sonders, ohne Sang und Klang
(auch: mit), in Saus und Braus, schaffe und schärre
(= schaffen und scharren, elsäss.), Schall und Rauch,
ohne Scheu und Scham, schalten und walten, Schand-
lüge und Landlüge (auch: Schand- und Landlüge),
schaben und schinden, schinden und schuften, Schatten und Schemen, Scheuel und Greuel, vom Scheitel
bis zur Sohle, Schraube ohne Ende, schiedlich und
friedlich, mit Schimpf und Schande, Schimpf und
Glimpf, schlank und rank, schlecht und recht, schlicht
und einfach, schlicht und ergreifend, in Slick und
Slamm (niederdt.), hinter Schloß und Riegel, auf

Schritt und Tritt, von echtem Schrot und Korn, Schirm und Schild, schuldig und pflichtig, Schutz und Schirm, Schutz und Trutz, Schutt und Moder, mit Schwert und Spieß, mit Schild und Speer, schwimmen wie 'ne bleierne Ente, singen und sagen, mit Spott und Hohn, starr und steif, starr und stumm, etw. steif und fest behaupten, ein Mann aus Stahl und Eisen, Stecken und Stab, steif und stur (niederdt.), Stein und Bein schwören, der Stein des Anstoßes, über Stock und Stein, über Stock und Block, stramm und strack (von strecken), stramm und fest, mit Stumpf und Stiel ausrotten, Sünde und Schande (im altfries. Recht); vor Tau und Tag, wie Tag und Nacht, mit Teller und Tasse, auf Tod und Leben, Tod und Teufel waren da, toll und voll, tuscheln und nuscheln, von Tuten und Blasen keine Ahnung haben, treppauf treppab, Trug und Tücke, Trug und Tand (E. M. Arndt), öffnet Tür und Tor, zwischen Tür und Angel, auf Treu und Glauben; trau, schau, wem?; um und dumm; Vieh, Schiff und Geschirr (lebendes und totes Inventar), versetzen und verkaufen, verbast und verbiestert (nd.), vergessen und vergeben, verraten und verkauft, verzerrt und verzogen, verflucht und zugenäht (D s. HOSE), verhärmt und verhutzelt, vergeudet und vertan; wägen und wagen (»erst wägen dann wagen!«), Wall und Wand, nicht wanken und weichen, sie sind wie Wasser und Feuer, in Wald und Feld, Wald und Wiese (auch Herabsetzung für schlechten Tabak), Wahrheit und Klarheit, ohne Wanken und Schwanken, mit Wort und Witz, Weg und Steg (Waih un Schtaih, elsäss.), Wehr und Waffen, Weib und Kind, Witwen und Waisen, weit und breit, wetten und wagen, mit Wissen und Willen, Wind und Wellen, Wind und Wetter, Wind und Wogen, »mir ist wind und wehe«, wund und weh, »'wiß und wahrhaftig«, in Wort und Weise, »in

Gedanken, Worten und Werken«; in Zank und Streit, Zeichen und Wunder, Zeichen der Zeit (Mt. 16, 3), zeitlich und ewig, zerren und zurren, zerren und zanken, Zins und Zehnt, Zins und Zoll, zippeln und zappeln, zotteln und zuckeln, ohne Zahl und Ziel, ohne Zaum und Zügel, mit Zittern und Zagen, ohne Zuck und Muck, zupfen und zerren, Zucker und Zimt, Zweck und Ziel, Zug um Zug.

DRITTER *Der lachende Dritte* ist jener, der beim Streit zweier anderer den Nutzen hat (auch K s. LACHEN). Dieser Wendung kommt unser Sprichwort »Wer zuletzt lacht, lacht am besten!« am nächsten. Auf französisch: rira bien qui rira le dernier. Während das Sprichwort in beiden Sprachen völlig gleichlautend ist, wird die Redensart vom lachenden Dritten vom Franzosen so formuliert: Le troisième *l*arron, also »der dritte Spitzbube«, wobei man sich gut vorstellen kann, daß der Gegenstand, um den sich zwei streiten, heimlich vom Dritten gestohlen wird. Die Engländer sagen schlicht: the third man lucky! Der Dritte ist glücklich (ähnlich wie bei uns).
Die *Ehe zu dritt* oder das sogenannte *Dreiecksverhältnis*, wie es der norwegische Dichter Henrik Ibsen (1828–1906) in seinem Schauspiel »Hedda Gabler« (1890) zum ersten Mal genannt hat, ist eine Ehe, die durch eine dritte Person (Mann oder Frau) gestört oder »bereichert« wird. Ganz sicher ist, daß Schiller diese verzwickte Lage nicht gemeint hat, als er dichtete:
Ich sei, gewährt mir die Bitte,
in eurem Bunde der Dritte. (»Die Bürgschaft«)

Aus der Schilderung eines namentlich nicht genannten Engländers, der um 1800 herum Paris besuchte, entnehmen wir die den Liebhaber betreffende Stelle: »Zuweilen trifft er auch auf einen gutmütigen Ehemann, der gegen die Untreue seiner Hälfte Nachsicht äußert und dem Liebhaber alle Achtsamkeit bezeugt: wenn dann alle drei zusammen sind, so scheinen sie gerade so gut zueinander zu passen als die drei Seiten eines gleichseitigen Dreiecks.« (Paris, wie es war und wie es ist«, 1805.) Roda Roda (1872—1945) ist ganz dagegen: »Ich verabscheue ein dreieckiges Verhältnis, jawohl, und zwar vom hygienischen Standpunkt. Ehebruch — das ist mir nicht appetitlich genug. Weiber, insbesondere aber Zahnbürsten, hab ich gern für mich allein!«

DURST *Sie haben noch eine Durststrecke durchzumachen:* sie müssen noch eine Zeit der Entbehrung erleiden. — Die Wendung bezieht sich auf alle Lebensbereiche, in denen die Mittel (auch die Finanzen) knapp werden. Sie ist von der Safari (suaheli für Reise), dem Überlandmarsch, der Autofahrt in Afrika oder dem Wüstenritt genommen, wobei das Kostbarste, nämlich das Wasser, schnell aufgebraucht wird und zu Ende gehen kann. Dann muß man eine (manchmal tödliche) Durststrecke auf sich nehmen (P s. ROSE). Dürsten im übertragenen Sinne: den Ehrgeizigen *dürstet nach Ruhm.* »Selig sind, die da hungert und dürstet nach der Gerechtigkeit« (bibl.).

EBENE *Er ist auf die schiefe Ebene gekommen:* er ist verwahrlost, verlottert, auf den Hund gekommen. — Wer auf die schiefe Ebene kommt, verliert das Gleichgewicht und rutscht ab. *Trunksucht und Rauschgift haben ihn auf die schiefe Ebene gebracht;* nun geht es abwärts mit ihm. Man sagt aber auch: jetzt ist er *auf der schiefen* (abschüssigen) *Bahn,* auf dem Wege des Lasters und der Sünde (auch K s. BAHN). Hingegen: Was Sie zuletzt anschnitten, *liegt auf einer anderen Ebene* (ist eine ganz andere Sache!).

EIGENBRÖTLER *Er ist ein richtiger Eigenbrötler:* er ist stur und nur auf sich selbst bezogen; er läßt sich nichts sagen, ist jemand, der sich auf dem Wege des Lasters und der Sünde nicht in seine Dinge hineinreden läßt, der sonderlich und selbstsüchtig seiner Wege geht und mit anderen nichts zu tun haben will. »Brötler« kommt nicht von brodeln, das die Unruhe siedender Flüssigkeit ausdrückt (brauen, Brühe), sondern der Eigenbrötler war der Junggeselle mit eigenem Hausstand, *der sich das Brot selbst backte.* — In seinen »Maximen und Reflexionen« sagt Goethe: »Jedermann hat seine Eigenheiten und kann sie nicht loswerden; und doch geht mancher an seinen Eigenheiten, oft den unschuldigsten, zugrunde.« Voltaire (1694—1778), der französische Philosoph der Aufklärung, sieht in der Eigenbrötelei eine gefährliche Eigenschaft: »Die Eigenliebe ist ein mit Wind gefüllter Ball, woraus Stürme hervorbrechen, wenn man hineinsticht.«

EINTRÄNKEN *Dem habe ich es aber eingetränkt:* dem habe ich es aber gegeben; an dem habe ich mich gerächt; dem habe ich es heimgezahlt. — Der Sinn dieser recht bildhaften Redensart, in der Straf- und Rachegedanken ausgebrütet werden, liegt in dem unbestimmten »es«. Dabei wird schüchtern und ängstlich vermieden, die Sache beim richtigen Namen zu nennen. »Es« ist nämlich etwas Giftiges, Bösartiges und wer »es« einem eintränkt, ist so niederträchtig, jemandem etwas höchst Schädliches und Verderbliches in das Getränk zu schütten. (Ähnlich wie D s. ANTUN.)

ELDORADO *Dieses Fischerdorf ist ein Eldorado der Feinschmecker:* es ist ein Paradies für Feinschmecker, dort kocht und brät man leckere Sachen. — Die Bedeutung von Eldorado, auch einfach Dorado genannt, ist üppiges, glückliches, reiches Land; Tummelplatz, Traumland, Paradies, Wunschland. Ein Ort kann natürlich sowohl ein Eldorado der Frommen als auch ein Eldorado der Lasterhaften sein. Er kann mit den Schönheiten dieser Welt gesegnet, aber auch mit den Kennzeichen und Beigaben der Verderbtheit (Lasterhöhlen, Spielhöllen) ausgerüstet sein. Die Betonung liegt auf »reich«: reich an Wundern, reich an Verworfenheit! — Das Wort »el dorado« kommt aus dem Spanischen und heißt »der Vergoldete«. Der Name geht auf einen religiösen Brauch der Chibcha-Indianer (Muisca) in Kolumbien zurück, wonach der Indianer-Häuptling (König) von Guatavita (unweit der Hauptstadt) sich am ganzen Körper mit Goldstaub überziehen ließ (der Vergoldete!) und dann auf den heiligen See (10 km von Bogotá) hinausfuhr, um dort den Chibcha-Göttern goldenes Gerät zu opfern. Danach wusch er — der Kazike — im Wasser des heiligen Sees den Goldstaub wieder ab. Die Chibchas waren so reich, daß sie sogar ihr gewöhnliches Hausgerät und Handwerkszeug aus purem Golde anfertigten. Man kann diesen unermeßlichen Reichtum noch heute in der Staatsbank von Kolumbien in Bogotá bewundern, wo die märchenhaften Goldfunde aus dem heiligen See ausgestellt sind.

ELFENBEINTURM   *Ein Teil unserer Professoren sitzt immer noch im Elfenbeinturm:* sie sind weltfremd und überschätzen sich selbst. — Der Elfenbeinturm gilt als kritisches Symbol der hochmütigen Absonderung von der Welt. Der Vorwurf *im Elfenbeinturm sitzen* wird besonders Literaten einer überzüchteten Dichtung, aber auch den weltabgewandten, einzelgängerischen Gelehrten gegenüber erhoben. Der französische Kritiker Sainte-Beuve hat in seinen »Pensées d'août« 1837 zum ersten Mal das sprachliche Bild vom Elfenbeinturm auf den Dichter Alfred Comte de Vigny (1797—1863) im durchaus positiven Sinne angewendet. Nachher taucht es auch bei Oscar Wilde und Henry James in dessen Roman »The ivory tower« auf. — Den Ursprung des sprachlichen Bildes finden wir in der Bibel »Dein Hals ist wie ein Elfenbeinturm« (Hohes Lied 7, 5) Aber auch in der Lauretanischen Litanei wird die Jungfrau Maria als »turris eburnea« (Elfenbeinturm) gepriesen. Dort wird sie als Gottesmutter mit den turmartigen elfenbeinernen Aufbewahrungsgefäßen für geweihte Hostien verglichen.

ENDE   *Das dicke Ende kommt nach:* das Schlimmste kommt zuletzt; es wird noch eine peinliche Überraschung geben. — Zur Ergänzung der Erklärung in der KUHHAUT (K s. ENDE) kann man noch auf ein Buch aus dem Jahre 1763 hinweisen, dessen Titel: »Schulmeister und dero Sitten« schon das Allerschlimmste in puncto Kindererziehung ahnen läßt. Im Grunde bedeutet die Redensart, daß auf die gelinde Strafe eine härtere folgen wird. Was sich unsere entarteten Pädagogen im 18. Jh. ausgeklügelt haben, um die Kinder zu quälen anstatt zu erziehen, erhellt aus dem Text des Buches: »Sie flechten Draht in die

Ruten und kehren die Ruten um und brauchen das dicke Ende.« Wenn also der »Schulmeister«, der sich hier den Ehrentitel *»Steißtrommler«* sauer erworben hat, den Schüler zunächst mit dem dünnen Teil der Rute bestraft, so sagte er drohend: »Warte, *das dicke Ende kommt nach!«* und diese Wendung blieb also in unserer Umgangssprache hängen. Der Franzose sagt in solchem Fall: dans la queue le venin, d. h. am Ende steht das Gift! — Der Engländer: this is only the thin end of the wedge! d. h. dies ist nur das dünne Ende vom Keil! also auch bei ihnen: das dicke Ende kommt nach! Die Berliner Redensart *da ist das Ende von weg:* das ist ja unerhört; *das ist ein starkes Stück!* bedarf keiner weiteren Erklärung, denn es ist immer empörend, wenn uns das Ende vorenthalten wird.

ERLKÖNIG *Wer reitet so spät durch Nacht und Wind?* Dieser Gedichtanfang von Goethes Ballade »Erlkönig« hat sich vom geflügelten Wort zur Redensart gemausert und wird überall da angewendet, wo uns ein unangemeldeter und unerwarteter (ja, vielleicht auch unerwünschter) Gast zur nächtlichen Stunde störend aufsucht. Dabei setzen wir natürlich nicht voraus, daß er geritten kam, er kann auch zu Fuß, mit dem Bus, der Straßenbahn oder dem Auto gekommen sein. — Das Wort »Erlkönig« verdankt Goethe seinem Freund Joh. Gottfried Herder (1744—1803), das dieser durch falsche Übersetzung des dänischen ellerkonge (aus elverkonge d. i. *Elfenkönig*) gebildet hatte. Goethes Ballade »Erlkönig«, die von Schubert und Löwe vertont wurde, hat trotzdem bei uns den Erlkönig zu einer volkstümlichen Sagengestalt gemacht.

ESSEN (Alle Wendungen und Wörter für ESSEN in D s. ABGEHEN).
Mit ihm ist nicht gut Kirschen essen: mit ihm kann man nicht auskommen; er ist unleidlich, unausstehlich, unerträglich. — Eine alte Redensart, die schon der deutsche

Fabeldichter Ulrich Boner in seinem »Edelstein« um 1350 bezeugt:

> Wer mit in den Herren kirsen ezzen wil,
> dem werfent si der kirsen stil in diu ougen.

Aber auch Luther gebraucht die Wendung in seinen »Tischreden«. In Steinbachs Wörterbuch von 1834 werfen die großen Herren denen, die mit ihnen essen, nicht die Stiele sondern die Kirschkerne ins Gesicht, was auch nicht sehr vornehm ist: *»Es ist nicht gut mit großen Herren Kirschen essen, sie werfen einem die Kerne ins Gesichte.«* Man sieht, daß der Ausdruck noch einer Zeit entstammt, in der Leute niederen Standes der Willkür, dem Übermut und manchmal auch der Unverfrorenheit hoher Herren ausgesetzt waren. Dennoch hat sich die Redensart bis heute wacker gehalten. Zwar ist es nicht mehr üblich, daß der Betriebsführer seinem Angestellten beim Essen Kirschkerne ins Gesicht spuckt, aber ein gewisses Mißtrauen wird wohl auch in Zukunft beim einfachen Manne nicht auszuräumen sein, wenn er plötzlich von einem »hohen Herrn« zum Essen eingeladen wird. Der Volksmund will also offenbar auch künftig nicht auf diese hübsche, bildhafte Wendung verzichten! – *Die Sache ist gegessen* = vorüber, schon vergessen.

ESSIG   *Die Sache ist leider Essig geworden:* sie ist mißglückt, fehlgeschlagen. – Leitet sich offenbar zu dem zu Essig versäuerten Wein her. Bildlich gesprochen: man hoffte auf Wein und bekam Essig. Obersächsisch: *»Nu is alles Essig«* und berlinisch: *»Damit is't nu Essig!«* Es kann nicht angenommen werden, daß unsere Wendung im Rotwelschen Hessik (jiddisch: hesek) = Schaden, Verlust, Nachteil ihren Ursprung hat, wohl aber, daß der Berliner Volksmund das jiddische Wort bedenkenlos als »Essig« auslegte und damit der viel älteren deutschen Redensart den Nachschub gab.

FADEN   *Der rote Faden, der sich durch eine Sache zieht,*
wurde hinsichtlich seiner Bedeutung und seines Ursprungs
bereits in der KUHHAUT (s. FADEN) eingehend erläutert. Es bleibt aus wissenschaftlichen Gründen nur noch zu
ergänzen übrig, daß der »rote Faden« nicht eine Erfindung
der Königlichen Britischen Marine ist, sondern daß sich
der rote Faden wie ein »roter Faden« durch die ganze germanische Rechtsgeschichte zieht! Plätze, die der Vollzie-
hung feierlicher Handlungen dienten, also vor allem Kultstätten, Opferstellen und Dingplätze, wurden bei den
alten Germanen zum Zeichen, daß über ihnen der Frie-
densbann liegt, gehegt. Die Erinnerung an die Unverletz-
lichkeit der Grenzen hat sich sprachlich bis heute darin
erhalten, daß wir das Um- und Einzäunen eines Grund-
stücks *»einfriedigen«* oder *»einfrieden«* nennen. Zur He-
gung des Platzes bedurfte es jedoch nicht der Errichtung
fester Schranken. Eben jene allgemeine Achtung vor der
unverletzlichen Heiligkeit der Grenze ermöglichte es, sich
mit einer *sinnbildlichen* Abgrenzung des geweihten Be-
zirks zu begnügen, indem man den Platz »umhaselte«,
d. h. in gewissen Abständen einfache Haselstäbe in den
Boden steckt und diese Stäbe durch einen dünnen *roten
Zwirn-* oder Seiden*faden* miteinander verbindet. Wie dem
Haselstab, so wird auch dem roten Faden zauberische Ab-
wehrkraft zugeschrieben. Germanische Krieger banden
einen roten Faden um ihren Helm, um gegen Gefahr ge-
feit zu sein. Rot ist die germanische Rechtsfarbe. Die germanische Heerfahne ist ursprünglich ein in Stierblut
(Opferblut) getauchter und damit bezauberter Lappen,
später ein schlichtes rotes Tuch, das in der Art eines Wim-
pels an den Speer geknotet wird. — Eine interessante Mitteilung vom Kölner Dienstmannenrecht aus dem Jahre
1154 veröffentlicht der bedeutende deutsche Rechtsge-
lehrte Wilhelm Ebel (geb. 1908) in seinen »Curiosa juris
germanici«, in denen der *rote Faden* ebenfalls eine Rolle
spielt: »Hat ein Dienstmann des Erzbischofs von Köln

einen anderen erschlagen, so muß er ein Jahr lang seinem Herrn auf allen Reisen nachreiten, um seine Gnade wiederzugewinnen. Erreicht er dies nicht, so sollen der Kölner Vogt und der Kämmerer ihn in eine Kammer sperren, die sich dicht bei der St. Thomas-Kapelle unter dem erzbischöflichen Palast befindet — deswegen dicht bei der Kapelle, damit er durch das der Kapelle zugewandte Fenster jeden Tag das heilige Meßamt mit anhören kann. Er soll so eingeschlossen werden: ein *roter Faden* vom Webstuhl soll mitten über die Türöffnung von Pfosten zu Pfosten gespannt und an jedem Ende ein Wachssiegel angebracht werden; und wenn morgens die Sonne aufgeht, soll die Tür der Kammer geöffnet werden und bis Sonnenuntergang offen bleiben. Nach Sonnenuntergang aber soll er seine Tür von innen so verschließen, daß er unverletzt und unbeschädigt von seinen Feinden bleibt. Er soll sein Lebtag dort nicht mehr herauskommen, er habe denn vorher die Gnade seines Herrn und die Freundschaft seiner Feinde erlangt, die er sich durch den Tod des Erschlagenen geschaffen hat.«

FASS *Ein Faß aufmachen:* entweder feiern; *auf die Pauke hauen;* rauschendes Zechgelage geben; oder auch eine Straftat begehen. — Unser Halbwüchsigendeutsch zeichnet sich dadurch aus, daß es einem einzigen Wort — ähnlich wie im Englischen — gleich mehrere Bedeutungen beimißt. Dem schlichten Bürger ist es sicher völlig unverständlich, wieso das Aufmachen (Anstechen, Anstekken) eines Fasses sowohl »sich amüsieren« als auch »ein Verbrechen begehen« heißen kann. Das wird natürlich nur von jenen ausgeklügelt worden sein, denen das Verüben eines Verbrechens ein ausgesprochenes Vergnügen bereitet. Unter *Faß* versteht man in solchen Kreisen auch: hervorragender Fachkönner, begehrenswerter Ehepartner, eine sehr eindrucksvolle Sache; unter *hohes* und *höchstes Faß* große und größte Leistung.

Das Faß ohne Boden ist ähnlich wie das Danaidenfaß (K s. DANAIDEN) eine völlig aussichtslose Angelegenheit, weil man nichts hineinfüllen kann ohne daß es wieder hinausläuft. *Das schlägt dem Faß des Kolumbus die Krone ins Genick* und *das treibt dem Faß die Krone auf die Spitze* sind ähnliche Verquatschungen wie in K s. BODEN.

FAXEN *Mach' keine Faxen:* mach' kein dummes Zeug, reiße keine Possen. — Es bedeutet auch, daß man keine albernen Gebärden machen soll. Seit Mozart und Goethe ist diese Wendung auch in die Literatur eingegangen, die sich vom lautmalenden *»fickfacken«,* d. h. hin- und herbewegen, wie es die Narren und Possenreißer auf den Jahrmärkten tun, ableitet. In Berlin ist aus dem Fax, Faks, *der Fatzke* geworden: ein eingebildeter, aufgeblasener, lächerlich wirkender Mensch. *Fax* ist auch die Bezeichnung für den Couleurdiener einer studentischen Verbindung, der gleichzeitig der Hausmeister des studentischen Heims ist. Hier kommt »Fax« aber nicht von fickfacken, sondern vom lateinischen facere = machen, tun. Er besorgt, repariert, serviert und organisiert, was von ihm verlangt wird; ist also gleichsam *das Mädchen für alles!* — Ein Fall der jüngeren Kriminalgeschichte zeigt übrigens, daß der häufige Gebrauch ein und derselben Redensart leicht einen Verbrecher entlarven kann. Ein Bank- und Juwelenräuber, der 1971 im Raume Köln-Wuppertal »arbeitete«, pflegte seine Opfer immer mit vorgehaltener Pistole anzuschreien: *»Mach' keine Faxen!* Raus mit dem Geld! Raus mit den Juwelen!« Diese sprachliche Angewohnheit brachte die Kriminalisten auf *die heiße Spur.* Man konnte den Verbrecher identifizieren und ihn noch mehrerer anderer Delikte überführen, bei deren Ausübung der phantasielose Spitzbube sich immer der gleichen Redensart bediente, anstatt einmal in den prallgefüllten Sprachsack deutscher Wendungen zu langen, um sich für andere Ausdrücke zu entscheiden.

FEDER *Auf den Federball gehen:* ins Bett gehen. — Wenn die Eltern, die sich vorbereiten, auf einen Ball zu gehen, von den Kindern gefragt werden, ob sie nicht mitgehen dürften, lautet die Antwort oft: *»Ihr dürft auf den Federball gehen!«* das heißt: ihr könnt ins Bett gehen. Die Redensart verharmloste im Laufe der Jahrhunderte, denn ursprünglich war mit ihr Liebesspiel im Bett und Kissenschlacht gemeint; ähnlich auch *»Strohwitwe«* siehe dies. Für zu Bett gehen haben wir außerdem *nach Federhausen gehen,* wobei es sich hier um einen erfundenen Ort handelt. Grundsätzlich steht Feder entweder für Bett (wegen der Kissenfüllung mit Federn anstatt mit Stroh) oder für Schrifttum. — Die Invasion hatte längst begonnen, aber man mußte Hitler *erst aus den Federn holen; er liegt immer noch in den Federn.* Hingegen: *ein Buch aus der Feder des bekannten Dichters.* Der Vertrag wurde *durch einen Federstrich* aus der Welt geschafft. Das *Federvolk* (Heinrich Heine) oder *das Federvieh der deutschen Presse* (Bismarck, 1860) ist eine Gruppenschelte für Schriftsteller. *Ohne Federn fliegen wollen* heißt etwas wagen, wozu die Mittel fehlen. *Fliegen wollen, ehe die Federn gewachsen sind* = etwas unternehmen wollen, bevor man das Geld dazu hat, ist schon am Ende des 14. Jh.s in »Theologia deutsch«, Kap. 13 verzeichnet; im Mittelhochdeutschen finden wir die Wendung »ungeveder vliegen«. *Zu Federn kommen* (obersächsisch) heißt zu Wohlstand gelangen, während wir das Gegenteil in *von der Feder* (Bettfeder) *aufs Stroh kommen* = verarmen finden. *Federn lassen* ist das vom Hahnenkampf genommene plastische Bild für *Haare lassen,* also: Schaden leiden (andere Wendungen P s. Index).

FENSTER *Er ist weit weg vom Fenster:* er ist weit vom Schuß; er hat keine Beziehungen mehr; *man hat ihn kaltgestellt;* ihm fehlen alle Kontakte; er ist ohne Arbeit. — Als es die großen Massenmedien (Zeitung, Rundfunk,

Fernsehen) noch nicht gab, waren oft entweder der Klatsch auf der Straße oder der Blick aus dem Fenster die einzigen Informationsquellen. Am Fenster waren sogar sogenannte Spione angebracht, das sind seitlich aufgehängte Spiegel, mit deren Hilfe man die Straße in beiden Richtungen überschauen konnte. *Die Dicke* (oder die Alte) *liegt den ganzen Tag im Fenster* war (und ist auch heute noch) die abfälligste Bemerkung über ein besonders neugieriges Weib. Wer also vom Fenster weg ist, dem fehlen alle wichtigen Verbindungen zur Außenwelt, der ist vereinsamt. *»Se kieckt ut't hoge Finster«*, holstein. für hochmütig. (Ähnlich: *sich aufs hohe Pferd setzen,* K s. PFERD).

Das Geld zum Fenster hinauswerfen. Dieses eindrucksvolle Bild eines leichtsinnigen Verschwenders kann auf eine einzelne Privatperson, auf einen Politiker, einen Minister, ja auf die ganze Regierung bezogen sein.

Er hat seine Rede zum Fenster hinaus gehalten: diese Redensart ist vor allem auf Politiker gemünzt, die im Parlament mit großer Effekthascherei besonders dann höchst wirkungsvolle Reden halten, wenn das Fernsehen erschienen ist, das ihnen die Gewähr gibt, den Sitzungssaal schleunigst in ein Millionen-Auditorium zu verwandeln. — *Rede nicht so geschwollen* (so schwülstig, mit geschwollener Zunge — gekünstelt — so hochtrabend, so großspurig).

FERSE   (auch K s. FERSE).
Fersengeld geben: fliehen. — Der Zechpreller bezahlt den Wirt mit dem Anblick seiner davonflitzenden Hacken! — Die seit dem 13. Jh. geläufige Redensart für fliehen, gelegentlich aber auch für den beabsichtigten Tritt auf die Ferse des Vordermannes, hat zwei Ursprünge: einmal im Bargeld, dem *versene pennige* des Sachsenspiegels, des bedeutendsten in niederdeutscher Sprache vom Ritter Eike von Repgau verfaßten Rechtsbuches des deutschen Mittelalters (zwischen 1220 und 1235). Dieses Bußgeld mußte auch der Deserteur bezahlen. Der andere Ursprung der

Wendung bezieht sich auf die Naturalien, die die Sünder liefern mußten. Ein Ehemann, der seine Frau verlassen wollte, mußte ihr eine Färse (auch Ferse), das ist ein weibliches Rind vor dem ersten Kalben, überlassen. Er konnte ihr das Schmerzensgeld aber auch in bar geben, und das war der sogen. Kuhpfennig oder Kuhschatz: eben *das Fersengeld* in des Wortes doppelter Bedeutung! — *Sich einem an die Fersen heften* kommt aus der Kriegssprache. Wer einen Fliehenden verfolgte, sah immer nur die Fersen vor sich.

FESTNAGELN   *Jemanden auf etwas festnageln:* jemanden auf seine Äußerung festlegen. — Politiker, die aus
wahltaktischen Gründen ihren Wählern leichtfertige Versprechungen gemacht haben, können auf ihre Äußerungen
und Handlungen von der Opposition im geeigneten Augenblick öffentlich *festgenagelt* werden. Auch im privaten Bereich ist diese Wendung gang und gäbe. »Wieviel werden
Sie mir für diese Plastik geben können?« fragt der Sammler den Kunsthändler. Dieser antwortet: »Wahrscheinlich
1 000 DM; aber *Sie dürfen mich auf dieses Angebot nicht
festnageln,* denn ich muß vorher noch mit meinem Mit-
inhaber sprechen.« Die Redensart geht auf den alten
Brauch zurück, erlegte Raubvögel wie Habichte und Bus-
sarde, die unter dem Hühnervolk des Bauern aufgeräumt
hatten, an das Scheunentor zu nageln, um andere Raubvögel abzuschrecken. In der Literatur erscheint sie 1836
zum ersten Mal in Nikolaus Lenaus (1802—1850) »Faust«:

> Wie sie den Doktor schnell umringen,
> wie sie die harten Fäuste schwingen,
> die guten Lehren festzunageln,
> die brausend auf den Sünder hageln.

Etwas später hat sich der deutsche Dichter Josef Victor
von Scheffel (1826—1886) in der Feuchtfröhlichkeit akademischen Burschenlebens in seinem Studentenlied »Als die
Römer frech geworden« noch einmal dieses kräftigen Bildes humorvoll bedient. Scheffel war selbst Jurist und hatte
als Student unter dem Büffeln der römischen Rechts- und
Gesetzessammlungen (corpus juris) schwer gelitten. Daher
muß man es ihm verzeihen, daß er in seinem Kommers-
lied von der Teutoburger Schlacht dem römischen Rechts-
kandidaten Mutius Scävola einen schmählichen Tod gibt:
Man

> »nagelte ihn hinterwärts
> auf sein corpus juris!«

FETT *Er hat das Fett bereits abgeschöpft:* er hat das Beste für sich vorweggenommen. — Bezieht sich auf das Fett der kräftigen Fleischbrühe und ist dem älteren *»den Rahm abschöpfen«* nachgebildet. Der Volksmund sagte früher: »Der erste hat den Rahm abgeschöpft, der andere kriegt die Sauermilch!« Auch Grimmelshausen bedient sich bereits der übertragenen Bedeutung der Wendung in seinem »Simplicissimus« (2. Bd.): »Als ward meiner jungen Frau ihr Mann ein Cornet, vielleicht deswegen, weil ihm ein anderer das Raum (alte Form für »Rahm«) abgehoben und Hörner aufgesetzt hatte.«

Im Fett sitzen: in guten Verhältnissen leben. — Früher galt der dicke, fette, wohlbeleibte Mann immer als reich. Er hatte soviel Fett angesetzt, so daß er richtig *im Fett saß* und den Wohlhabenden spielen konnte. Natürlich konnte er auch jederzeit, wann es ihm paßte, *Fettlebe machen,* das heißt üppig prassen, dem Wohlleben frönen. Und wenn er längere Zeit nichts verdient hatte, konnte er getrost *von seinem eigenen Fett zehren,* was soviel bedeutet wie von seinen Ersparnissen leben. Freilich durfte er nicht hochmütig werden, sonst müßte man auf ihn Hiob 15, Vers 27 anwenden: *»Er brüstet sich wie ein fetter Wanst!«* Außerdem ist *noch nicht aller Tage Abend,* denn nach Pharaos Traum (1. Mos., 41) *kommen nach den sieben fetten Jahren die sieben mageren Jahre!* (auch K s. FETT).

FEUER *Wie die Feuerwehr:* so eilig. — Die bei Bränden ausfahrende Feuerwehr rast mit höchster Geschwindigkeit durch die Straßen zur Brandstätte, daher werden schnelle Personen oder Dinge gern mit der Feuerwehr verglichen. »Auf meinen Anruf kam er zu mir wie die Feuerwehr.« Unter einem *Feuerzauber* versteht man heftigen Beschuß oder Bombenabwurf. Von unseren Soldaten im Ersten und Zweiten Weltkrieg in Anlehnung an Richard Wagners »Walküre« (1870) erfunden. *Jemanden feuern* heißt ihn hinauswerfen, fristlos kündigen (genau wie im Englischen to fire = im hohen Bogen rausfliegen). – Wenn jemand ausdrücken will, daß er sich nicht in Dinge mische, die ihn nichts angehen, so sagt er: *Das Feuer, das mich nicht brennt, lösche ich nicht* (auch P s. Index). Der Chinese meint über das Feuer: *Feuer soll man nicht in Papier einhüllen,* und Goethe meditiert in seinen »Maximen und Reflexionen«:

> *Ein gebranntes Kind scheut das Feuer,*
> ein oft versengter Greis scheut sich zu wärmen.

FINGER *Die Finger in der Pastete haben:* entscheidend mitmischen; mitbestimmen oder gar allein bestimmen; regieren oder maßgeblich an der Macht beteiligt sein. – Im 2. Band (s. 78, Cotta 1921) sagt Bismarck in seinen »Gedanken und Erinnerungen«: »Im Hinblick auf die Notwendigkeit, im Kampfe gegen eine Übermacht des Auslandes im äußersten Notfall auch zu revolutionären Mitteln greifen zu können, hatte ich auch keine Bedenken getragen, die damals stärkste der freiheitlichen Künste, das allgemeine Wahlrecht, schon durch die Cirkulardepesche vom 10. Juni 1866 mit in die Pfanne zu werfen, um das monarchische Ausland abzuschrecken von Versuchen, *die Finger in unsere nationale Omelette zu stecken.*« Anstatt »das Omelett«, wie wir den Eierkuchen nennen, sagt Bismarck sehr richtig, wie es dem Französischen entspricht, *die* Omelette; in Österreich auch heute noch üblich.
Den Finger am Drücker haben: eine entscheidende, einflußreiche Stellung haben. – Hergeleitet vom Knopf, mit dem man aus der Entfernung irgendeine Tätigkeit (Anlaufen einer Maschine, Öffnen einer Tür, Umschalten eines Fernsehbildes etc.) auslösen kann. Man könnte unter »Drücker« natürlich auch den Abzug an Schußwaffen, eine Vorrichtung zum Abfeuern, verstehen. – *Etwas mit spitzen Fingern anfassen* heißt es nicht mögen; sich davor ekeln. *Sie braucht keinen Finger krumm zu machen:* sie braucht nicht zu arbeiten. – Zahlreiche Redensarten in

Verbindung mit »Finger« wurden bereits in den beiden ersten Bänden des Handbuches (KUHHAUT u. PISTOLE) erläutert, so auch *durch die Finger sehen:* Nachsicht üben. Ergänzt sei nur der Hinweis auf Goethes »Werther« (Inselverlag, 4. Bd., S. 87): »Werther ergab sich noch nicht, sondern bat nur, der Amtmann möchte *durch die Finger sehen,* wenn man dem Menschen zur Flucht behülflich wäre!«

FIRLEFANZ *Das ist ein richtiger Firlefanz:* das ist *Larifari* (Ks. dies), das ist eine Albernheit, ein Nichts, eine Schaumschlägerei, leeres Stroh, Blech, Quatsch, dummes Zeug; das sind Possen; auch: läppischer Mensch. — Mundartliche deutsche Verschleifung des frühmittelalterlichen französischen Tanznamens Virelai, der ein Ringel- oder Kreiseltanz war. Aus Virelaitanz, ein Wort, das schon Luther in der Abteilung »firlefenzen«, das bedeutet »närrisch sein«, anwendet.

FISCH *Er ist stumm wie ein Fisch* ist bei fast allen Kulturvölkern seit den alten Ägyptern die sprichwörtliche Redensart für Schweigsamkeit. Der Humanist Erasmus von Rotterdam (1465—1536) sagt es in den »Adagia« lateinisch: »Magis mutus quam pisces«, d. h. »stummer als die Fische«. Die Fische aber, um sie zoologisch zu bestimmen: die Wasser bewohnenden, durch Kiemen atmenden, wechselwarmen Wirbeltiere sind keineswegs so stumm und schweigsam, wie man bisher immer angenommen hat. Sie können sehr wohl Laute und Töne hervorbringen, wofür der Knurrhahn, der durch seine Schwimmblase satte, *knurrende* Töne erzeugt, das klassische Beispiel ist. — *Ist der Fisch in seinem Element* (P s. dies) und tummelt er sich im Wasser, so spiegelt er das sprichwörtliche Bild vom gesunden, kraftvollen Leben wie kaum ein Tier auf der Erde. Daher die Wendung *gesund wie ein Fisch im Wasser.* Abgesehen vom Mittelhochdeutschen Epiker des 13. Jh.s Konrad von Würzburg (gest. 1287), der in seinem »Trojanerkrieg« dichtete: »Er wurde gesund wie ein Fisch, der sich in den Wogen bewegt« (er wart gesunt als ein visch, der vert in einem wage), so haben sich in der deutschen Literatur freilich unsere großen Klassiker dieses eindrucksvolle Sprachbild auch nicht entgehen lassen. Hier Goethe in den becircenden Worten der Nixe in seiner Ballade »Der Fischer«:

> Ach, wüßtest du, wie's Fischlein ist
> so wohlig auf dem Grund,
> du stiegst herunter, wie du bist,
> und würdest erst gesund.

In Schillers »Räubern« (I, 1) fragt Franz den alten Moor: »Ist euch wirklich ganz wohl, mein Vater?«, worauf dieser erwidert: »Wie dem Fisch im Wasser!« — Da dem Fisch auf dem Lande naturgemäß nicht wohl ist, so ist eine niederdeutsche Redensart sehr berechtigt: *»Em ös tomod wie em Fisch opem Land«* (ihm ist zumute wie einem Fisch auf dem Lande). — *Sie ist kalt wie ein Fisch* das heißt, sie ist gefühllos, *kühl wie Marmor,* bar jeder menschlichen Regung, temperamentlos, lieblos, gefühlskalt, unfähig zur geschlechtlichen Hingabe (frigide). — Natürlich ist es ungerecht, diesen symbolischen Wert der Kälte ausgerechnet dem quicklebendigen, gefühlsbetonten Fisch anzulasten. Denn auch der Kaltblüter Fisch zeigt Erregungen des Hasses, der Liebe, der Eifersucht und des Neides. Er ist also alles andere als kalt. Der siamesische Kampffisch ist sogar äußerst »heißblütig«! Der Vergleich ist aber nur deshalb von ihm genommen, weil alles, was naß ist, sich wegen der Verdunstung auch kalt anfühlt: so der Fisch, so der Frosch — *kalt wie ein Frosch! —*
Der römische Komödiendichter Titus Plautus (251–184 v. Chr.) formuliert *die Binsenwahrheit,* »wenn ein Fisch nicht frisch ist, taugt er nichts« auf Latein: »Piscis, nisi recens, nequam est«; und damit kommen wir auf die sprichwörtlichen *faulen Fische,* mit denen lügnerische Behauptungen,

verdächtige Sachen, dumme Ausreden gemeint sind, die Luther schon in seiner Sprichwörtersammlung mit »Bleib daheymen mit deinen faulen Fischen« geißelt. — Die ausgesprochen euphemistische, also beschönigende, verhüllende Redensart: die Fische füttern für »sich an Bord bei hohem Seegang erbrechen«, reiht sich noch an die geläufigen Wendungen wie *das sind kleine Fische* (das sind Geringfügigkeiten, das sind unbedeutende Sachen, die uns nicht interessieren) und *das ist ein dicker Fisch,* das ist ein bedeutender Mann oder eine sehr wichtige Sache. *Einen dicken Fisch an Land ziehen* = großen Erfolg haben. Aber nun wollen wir unseren Fischtag endlich beenden und alle noch anfallenden kleinen und großen Fische (auch K s. dies) erst mal *auf Eis legen,* das heißt für eine spätere Verwendung vorbehalten oder etwas vorläufig zurückstellen. Diese Wendung ist der Küchenpraxis entlehnt: was man *auf Eis legt,* soll möglichst lange genießbar bleiben. Von unserer nüchternen Küchenpraxis zur zügellosen Schwelgerei und Völlerei am Hofe des Kaisers Nero (37—68 n. Chr.) ist ein großer Gedankenschritt. Hier wurde aber nicht nur der Verschwendungssucht und der Maßlosigkeit gefrönt: am Hofe Neros gab es auch den *Arbiter Elegantiarum* (auch das ist wieder eine Redensart!), den berühmten Petronius Arbiter, der als Schiedsrichter in Fragen des vornehmen Lebensstils und als Meister der Kunst des feinen Lebensgenusses damals im höchsten Ansehen stand. Wir sagen heute noch mit gewissem Stolz von einem sehr eleganten Manne, der uns gleichsam zuständig für alle Fragen des guten Geschmacks erscheint: er ist ein *Arbiter Elegantiarum.* Dieser wundervolle Petronius Arbiter, der auch ein bedeutender Schriftsteller war, mußte sich im Jahre 66 n. Chr. leider in seinen Gladius (in das römische Kurzschwert) stürzen, weil er bei dem inzwischen verfolgungswahnsinnig gewordenen Nero in Verdacht stand, den Kaiser ermorden zu wollen. Petronius entleibte sich jedoch nicht, ohne vorher noch bei der *Henkersmahlzeit* (K s.

HENKER) der Welt seine berühmte Redensart *pisces natare oportet* d. h. *die Fische wollen schwimmen,* mit anderen Worten: »sie erregen Durst« geschenkt zu haben. Damit beenden wir dieses Kapitel mit einem freundlichen »Prost!«, denn *der Fisch will schwimmen* sagen wir, und damit rechtfertigen wir den labenden Trunk nach einer Fischmahlzeit, die uns soviel Durst bereitet hat!

FISIMATENTEN *Mach keine Fisimatenten:* (auch K s. dies) ein gebildeter Spanier beklagte sich beim Autor, daß die Miturheberschaft der Spanier an der deutschen Redensart *mach keine Fisimatenten* in unserem Handbuch bisher unberücksichtigt blieb. Wir holen dies herzlich gerne nach. Seine Begründung lautet: »Visitima mi tienda!« (Ähnlich wie das französische »Visitez ma tente!«) also »besuche mich in meinem Zelt!« war auch die geflüsterte Offerte der spanischen Soldaten, die mit der Armee Napoleons nach Deutschland kamen. Die hübschen deutschen Mädchen, denen das iberische Angebot galt, verstanden bloß: »Fisimatenten!«

FRAU *Da muß eine alte Frau lange für stricken!* sagt man, wenn einem etwas zu teuer erscheint. — Alte Frauen, die durch Handarbeit ihren Lebensunterhalt verdienen, werden meistens sehr schlecht bezahlt. Sie müssen daher lange stricken, um wenigstens auf ein Existenzminimum zu kommen. — *Wenn die Frau die Hosen anhat,* so ist sie Herr im Haus. Diesen Typ der Frauen gibt es in der ganzen Welt, selbst in Japan, wo sie seit Jahrtausenden dazu erzogen wurden, dem Manne zu dienen. Dort sind sie dann heimliche Regentinnen. Daher ist die Redensart auch in allen Kultursprachen verbreitet. Der Engländer sagt: She wears the breeches«, der Franzose: »Madame à la culotte« und der Italiener: »Portare le brache«. In Grimmelshausens Roman von der »Landstörtzerin Courasche« erzählt die Vagantin im 7. Kapitel selbst, wie sie eine dritte Ehe eingeht: »schlägt sich mit ihrem Leutnant umb die Hosen mit Prügeln, und gewinnet solche durch ihre tapffere Resolution und Courasche« (D s. COURAGE). — *Die Frau nach Maß* ist eine weibliche Idealgestalt mit großen körperlichen und geistigen Vorzügen, die einem sozusagen *der Arzt verordnet hat* (D s. ARZT). *Die Frau auf Zeit* ist die einstweilige intime Freundin (früher auch gelegentlich in Äthiopien). »Der Mann hat in erster Linie darum einen Kopf, damit ihn die Frau verdrehen kann«, behauptet der

zeitgenössische französische Schriftsteller Jacques Prévert, Drehbuchautor des Welterfolgsfilmes »Les Enfants du Paradis«.

FREITAG *Das war wieder ein schwarzer Freitag:* das
war wieder ein rechter Unglückstag! — Das sagten die
Kaufleute und Wirtschaftsexperten der ganzen Welt, als
an einem Freitag der 1930er Jahre die gesamte amerikanische Wirtschaft mit Bankkrächen und zahllosen Konkur-
sen zusammenbrach, aber auch, als am Freitag, dem
13. August 1971 der amerikanische Dollar einen sehr tiefen Stand erreichte, und damit gaben sie der abergläubischen Redensart vom schwarzen Freitag neue Nahrung
und einen beachtlichen Nachschub. — Unser Freitag, althochdeutsch friatac, ist der religiös verehrten altgermanischen
Göttin Frija, der Gattin Odins und Mutter Baldurs, gewid-
met. Frija war die einzige nordische Göttin, die bei allen
Germanen bekannt und beliebt war. Sie erscheint bei Paulus
Diaconus als Schutzherrin der Langobarden und wird auch
im 2. Merseburger Zauberspruch erwähnt. Da sie die Göttin der Liebe und Ehe war, lag es nahe, in der Übersetzung
des lateinischen Wochentagsnamens dies Veneris (Tag der
Venus, römische Göttin der Liebe, daraus das französische
vendredi) diesen durch den althochdeutschen friatac (Freitag) mit der Venus gleichzusetzen. Der Freitag war für die
Germanen ein Glückstag; er war wichtig für Ackerbau und
Wetter: daher auch die Wendung *Freitagswetter = Sonn-
tagswetter,* d. h. ist es am Freitag schön, wird es auch am
Sonntag gutes Wetter sein. Er versprach Hilfe bei der Geburt und Schutz der Ehe und rückte das erotische Element
in den Vordergrund, weshalb noch heute in Norddeutschland die meisten Ehen am Freitag geschlossen werden. Der
Grund dafür ist wohl auch, weil Freitag und freien lautlich
übereinstimmen (P s. FREIERSFÜSSE). Aber auch für alle
anderen entscheidenden Dinge war der Freitag bei unseren
Vorvätern geradezu ein Schicksals- und Lostag. Das änderte sich mit dem Vordringen des Christentums. Die Christen verteufelten alles, was den Römern und den Germanen hoch und heilig war. Aber sie erreichten eigentlich nur,
daß ein Aberglaube durch den anderen ersetzt wurde. War

der Freitag vorher ein Glückstag, mußte er jetzt ein Unglückstag werden, schon deswegen, weil Christus angeblich an einem Freitag (Karfreitag = Trauer-, Klage- und Geschrei-Freitag!) durch den um die Zeitenwende üblichen Kreuztod hingerichtet worden war. Während Goethe 1791 eine wissenschaftliche Vereinigung gründete und sie unbekümmert »die Freitagsgesellschaft« nannte, waren die meisten anderen großen Männer dem Freitagsspuk erlegen. Napoleon schlug freitags keine Schlacht, und die Schuld für seine letzten Niederlagen schrieb er nicht zuletzt der Tatsache zu, daß er zu seinem Rußlandfeldzug von St. Cloud aus an einem Freitag aufgebrochen war. Bismarck schloß freitags keine Verträge, und Seeleute gehen an einem Freitag nicht in See. Da ein Schiff seine Jungfernfahrt nie an einem Freitag beginnen soll, verlegte Dr. Hugo Eckener den Start des ersten Passagierflugs des »Graf Zeppelin« auf Donnerstag, den 11. Oktober 1928. Nach Angaben der Statistiker werden in Frankreich und Italien am Freitag um rund 80 Prozent weniger Ehen geschlossen als an anderen Wochentagen. Das Unglück ist aber erst vollständig, wenn der *Freitag* auch noch auf *den 13. fällt*, denn 13 ist des Teufels Dutzend (K s. DREIZEHN)! so unken die im Irrgarten der Leichtgläubigkeit verblendeten Menschen. Daher ist es richtig wohltuend, wenn im Labyrinth des Aberglaubens einige bedeutende Persönlichkeiten der ständigen Selbsttäuschung *Paroli bieten* (K s. PAROLI), wie zum Beispiel die weltberühmte italienische Schauspielerin Eleonora Duse (1854—1924), der es nichts ausmachte am Freitag zu reisen und zu spielen und die mit Vorliebe wallende Gewänder trug, die aus 13 Schleiern zusammengesetzt waren.

FRIEDRICH WILHELM   *Er hat seinen »Friedrich Wilhelm« druntergesetzt:* er hat seine Unterschrift unter den Vertrag (Brief, Urkunde etc.) gesetzt wie der Landesvater Friedrich Wilhelm, der Große Kurfürst (1620—1688) oder einer der preußischen Könige von Friedrich Wilhelm I. bis zu Friedrich Wilhelm IV.

FROSCH *Er hat einen Frosch im Halse:* er spricht mit heiserer, verquollener Stimme. — Hier geht man vom medizinischen Fachausdruck »Ranula« (lat. »Fröschlein«) aus, womit man die Balggeschwulst am Ausgang der Unterkieferspeicheldrüse, eine krankhafte Anschwellung im Mund unter der Zunge, meint. Die Engländer sagen wie wir »to have a frog in the throat«, einen Frosch im Halse haben.

Die Franzosen machen aus einem Frosch gleich einen Kater, aber bleiben wenigstens auch in der Tierwelt: »avoir
un chat dans la gorge«. Wenn der Rundfunksprecher einen
Frosch im Halse während des Sprechens verspürt, bedient
er sich der sogenannten »Räuspertaste«. Durch einen Druck
auf den Knopf macht er seinen Frosch für die Millionen-
zahl der Zuhörer unhörbar. — *Die Arbeit ist kein Frosch —*
sie huppt uns nicht davon! Mit dieser Redensart begegnet
man in Sachsen der Anfeuerung zu fleißigem Schaffen,
wenn man keine Lust zur Arbeit hat. In der Musik heißt
übrigens ein mißglückter Ton, der zwischen Quieken und
Quäken liegt, beim Blasen eines Blechinstruments ebenfalls
Frosch. — *Sei kein Frosch:* sei nicht so albern; sei doch
etwas mutig! — Mit dieser Wendung versucht man zum
Beispiel eine junge Dame zu überreden, sich den Zärtlichkeiten nicht zu widersetzen. Dabei vergleicht man sie gewissermaßen mit dem Frosch, der beim Nahen einer Gefahr sofort ins Wasser zurückspringt und sich unter dem
Schilf verbirgt. Aber vielleicht hilft bei ihr alles verlok-
kende Zureden nichts, denn sie ist *kalt wie ein Frosch!*
(D s. FISCH).

FUCHS *Er ist ein alter, schlauer Fuchs:* er ist ein durchtriebener Mensch. — Seit der mittelalterlichen Tiersage vom
»Reineke Fuchs« werden List und Verschlagenheit wechsel-
seitig vom Menschen auf das Tier und umgekehrt übertragen. *Er hat Füchse in den Augenwinkeln* bedeutet: sein Gesichtsausdruck ist gleichzeitig listig und humorvoll. —
Fuchsteufelswild für äußerst zornig ist das sehr gut ge-
wählte Bild vom wutschäumenden, bissigen und angriffs-
lustigen Fuchs, der vom Jagdhund gestellt um sein Leben
kämpft. In Verbindung mit *fuchsig werden* = wütend
werden und *sich fuchsen,* was bekanntlich eine Ableitung
von fucken = unruhig hin- und herfahren und schließlich
eine Weiterbildung zu quälen, ärgern, peinigen ist (auch
K s. FEDERFUCHSER), entnehmen wir einer Mitteilung

von Siegmund A. Wolf, daß *Fuchs* auch die Vorrichtung zum Einspannen der Sträflinge in der Berliner Stadtvogtei war, die durch Peitschen- und Rutenhiebe körperlich gezüchtigt also gequält werden sollten. In der Ketten- oder Fuchskammer wurden die Ketten und Folterwerk-

zeuge nebst dem Fuchs aufbewahrt. Auf diesem erhielten Männer Peitschen- und Knaben Rutenhiebe. »Frauenzimmer wurden in den dort befindlichen Zwangsstuhl eingeschlossen, nachdem die körperliche Züchtigung weiblicher Sträflinge, die das 10. (!) Lebensjahr vollendet hatten, durch Kabinettsordre vom 29. 3. 1833 untersagt war wegen häufiger unsittlicher Übergriffe von Polizei- und Gefängnisbeamten.«

FÜHLER *Er hat seine Fühler ausgestreckt:* er hat sich vorsichtig erkundigt. – Wieder aus der Tierwelt genommen. Der Mensch streckt, bildlich gesehen, wie der Käfer seine Fühler aus: er *startet einen Versuchsballon, er klopft auf den Busch, er fühlt auf den Zahn.*

FÜNFZEHN *Die Arbeiter machen gerade fünfzehn:* sie haben Pause (Brotzeit). — Die Redensart heißt weder, wie Wustmann behauptet, »kurzen Prozeß machen« noch kommt sie vom Puffspiel mit den 15 Damesteinen. »Fünfzehn (plattdeutsch foftein) machen«, das aus Norddeutschland kommt, bedeutet nichts anderes, als daß die Werftarbeiter an der Nord- und Ostseeküste fünfzehn Minuten Pause machen, um ihren Tee zu trinken und die mitgebrachten Stullen zu verzehren.

FUSS *Seine Füße unter einen fremden Tisch stecken:* sich von einem anderen ernähren lassen; von ihm wirtschaftlich abhängig sein. — *»Solange ihr eure Füße unter meinen Tisch steckt,* habt ihr euch auch nach mir zu richten!« sagt der Vater zu seinen halb- oder ganz erwachsenen Kindern. Daher ist es für die Kinder besser, wenn sie bald *auf eigenen Füßen stehen,* das heißt, von ihren Eltern unabhängig sind und sich eine feste Stellung schaffen. Freilich hatte der Vater mit seiner Bemerkung den Kindern heftig *auf die Füße getreten,* er hatte ihnen wehegetan, sie verletzt. Das tat ihm auch schon gleich wieder leid und so fragte er seine Tochter liebenswürdig: *»Darf ich dir das Brot zu Fuß geben,* Schätzchen?« und reichte ihr das Brot mit der Hand anstatt es ihr auf dem Teller zu servieren. Doch sie erwiderte patzig: »Mit deiner Freundlichkeit *kommst du bei mir mit keinem Fuß auf die Erde!«* was soviel bedeutet wie: hast du keinen Erfolg (D s. BEIN). *»Du willst dir wohl einen weißen Fuß bei mir machen?«* fügte sie ironisch hinzu. Diese hübsche bildhafte Redensart bezog der Volksmund aus den Grimmschen Märchen. Dort ist es der Wolf, der seine Pfoten mit weißer Kreide beschmierte, um sich bei den sieben Geißlein einzuschmeicheln und ihnen vorzutäuschen, er sei ihre Mutter, die alte Geiß, die ins Haus wolle. Die Wendung besagt also: etwas Falsches vortäuschen, um sich beliebt zu machen (alle anderen Redensarten mit FUSS P s. Index).

GANS *Sie ist eine dumme Gans:* sie ist eine törichte Person. — Dieses Scheltwort für eine dumme Frau rundet das ironisierende Bild noch ab, wenn man von der einfältigen Person behauptet, daß sie nicht nur so dumm wie eine Gans sei, sondern auch ebenso einherwatschele und schnattere. Wie fast alle menschlichen Tierbeobachtungen, die in unseren Redensarten ihren Niederschlag finden, so ist auch die Wendung von der *»dummen Gans«* (oder von der *»dummen Pute«* d. h. Truthenne) eine völlige Fehleinschätzung, an der sich sogar Schiller in »Kabale und Liebe« (I, 2) gleich zweimal beteiligt. Der erzürnte Stadtmusikus Miller sagt in einem Atemzug von seiner Frau: »Das Weib ist eine alberne Gans. Wo soll eine gnädige Madam herkommen? Was für ein Esel streckt sein Langohr aus diesem Geschwätze?« Weder der Esel (K s. ESEL) noch die Gans ist dumm. Beide Tiere verfügen häufig über eine ungewöhnliche Intelligenz (der Esel, der jeden Morgen unbegleitet Einkaufen geht, — Gänse lassen sich bei liebevoller Behandlung zu erstaunlichen Leistungen dressieren!). In der Antike haben daher die Gänse auch einen wesentlich besseren Ruf. Auf griechischen Grabsteinen gelten sie als Symbol der Liebe. Daher wurden sie auf Zypern auch der Venus geopfert. Auf etruskischen Bildwerken sind sie die Begleiterinnen der Geburtsgöttin Thalna und bedeuten Kindersegen. Die der Juno geweihten Gänse auf dem Kapitol in Rom waren Symbol der ehelichen Fruchtbarkeit und Gattentreue. Das Kapitol, das älteste auf dem kleinsten der sieben Hügel Roms als Fluchtburg und Tempel errichtete römische Bauwerk — 509 v. Chr. —, wurde später der religiöse und politische Mittelpunkt des Römischen Reiches. Zu ihm führten die Triumphzüge, hier opferten, berieten und entschieden die Konsuln und Senatoren. Nach der Sage haben die Gänse der Göttin Juno Moneta (D s. GELD) durch ihre Wachsamkeit das Kapitol gerettet! — *Ein Gesicht machen wie die Gans, wenn's donnert:* ein verdutztes Gesicht machen. — *Eine Gänsehaut kriegen:* vor

Kälte oder Grauen plötzlich so geschüttelt und ergriffen werden, daß die Haut durch Hervortreten der Talgdrüsen ähnlich der einer gerupften Gans völlig rauh wird. Schon bei Hans Sachs (1494–1576): »das mir gleich ein genshaut anfur.« Die Franzosen bekommen statt der Gänsehaut eine Hühnerhaut: »J'ai la chair de poule«, während sich die Engländer im Fall des Schreckens auch für die Gans entscheiden: »goose-skin«. *Im Gänsemarsch gehen:* hintereinander hermarschieren. Um 1830 von Leipziger Studenten auf menschliche Umzüge übertragen. *Ich sage das in Gänsefüßchen:* ich sage das in Anführungsstrichen, d. h. ich meine das natürlich nicht so! —

GEDRÄNGE *Sie gehen auch noch mit im Gedräng':* sagt
man abwertend zu einem, den man nur ungern mitnimmt,
den man also nicht als einzelne Persönlichkeit, sondern nur
als Person in der Masse ansehen will. — Das berlinische
Gegenstück zu dieser hessischen Redensart ist die naßforsche Antwort des legendären Kremserkutschers. Als ein
Berliner fragt, ob er noch in den schon vollbesetzten Wagen einsteigen dürfe, lautet dessen Entgegnung: »For eene
lumpichte Person ha' ick imma Platz!« d. h. »Sie unbedeutendes Männchen können sich in meinem Wagen ruhig
noch verkriechen!« Der Kremser war ein nach dem Hofagenten Simon Kremser benannter gutgefederter Pferdewagen für Landpartien, mit dem 1825 der erste regelmäßige Verkehr zwischen Berlin und Charlottenburg eingerichtet wurde.

GELD, GOLD *Mit Geld weint sich's leichter!* Diese dem
Gründer der Bankiersfamilie der Rothschild, Meyer Amschel Rothschild (1743—1812) zugeschriebene Redensart
stellt gleichsam gedanklich zwei extreme Todesfälle einander gegenüber. Erstens: ein unbemittelter Mann stirbt
und hinterläßt eine große, unversorgte Familie, die neben
dem beklagenswerten Tod des Vaters noch ihre leidbedrohte Zukunft zu beweinen hat. Zweitens: ein reicher
Mann stirbt und hinterläßt durch ein großzügiges Testament den *lachenden Erben* ein beträchtliches Vermögen,
mit dem sie ihrer Zukunft sorglos entgegensehen können.
Der Schmerz um das Ableben dieses Familienoberhauptes
wird durch den Goldstrom erheblich gemildert und besänftigt: *mit Geld weint sich's eben leichter!* Rothschild
ironisiert hier die teuflische Macht des Geldes, die es seit
der Antike besitzt. Moral und Anstand pflegen vor dem
Geld zu schmelzen wie Schnee vor der Sonne. Damals wie
heute richteten sich Freundschaften und Ansehen nach dem
Geldsack. Wer nichts besaß, war gesellschaftlich tot. PLUS
POTEST QUI PLUS VALET: *mehr vermag, wer mehr*

besitzt oder im heutigen Umgangsdeutsch gesprochen: *Haste was, biste was!* Der Römer sagt schon: *Wer Gold hat, findet auch Freunde* und *Gold geht durch alle Türen!* — »Wozu treibst du nicht das sterbliche Herz, verfluchter Hunger nach Gold?« Dieser Vers war bereits den Römern als geflügeltes Wort geläufig. Das Gold hetzte die Menschen durch die Geschichte. Vom törichten Goldhunger des König Midas zum modernen Hexentaumel des Run-of-mine, bis zu den Kriegen um das schwarze, weiße oder flüssige Gold! AURUM SITISTI, AURUM BIBE — Dich dürstet nach Gold, nun trinke Gold, sprachen die Parther, als sie des erschlagenen Crassus Haupt in geschmolzenes Gold tauchten.

Am Anfang der Wirtschaft stand nicht das Geld, sondern die Sache. Wer Dienste oder Waren empfing, bezahlte mit Dingen. Wie in vielen anderen Ländern, so tauschten auch im alten Italien die Hirten und Bauern mit dem, was damals den Wohlstand des Landes ausmachte, mit Vieh. Von diesem einstigen Überfluß trägt das Land heute noch seinen Namen, denn Italien bedeutet nichts anderes als *Viteliu*, das ist das *Kälberland;* und im lateinischen Wort für Geld *pecunia* lebt ebenfalls die Erinnerung an das erste Tauschmittel *pecu* = Vieh weiter, natürlich auch im heute noch gebrauchten *pekuniär,* das wir immer dann anwenden, wenn wir von geldlichen Dingen reden. Die antike Erfindung des Geldes als eines staatlich anerkannten Wertzeichens anstatt eines Tauschobjektes eroberte die Welt und beherrscht sie bis heute. Das ist auch der Grund für die Reichhaltigkeit der Redensarten, die mit dem Gelde verbunden sind. In den Bänden I und II (KUHHAUT und PISTOLE) wurden sie bereits in großer Fülle angeführt (P s. Index). Aber das Thema erscheint unerschöpflich, und man ist doch nicht hinreichend informiert, wenn man noch nicht einmal weiß, woher das Wort *Moneten* kommt, mit denen man täglich zu tun hat. Auf dem Kapitol (D s. GANS) hatten die Römer der von ihr verehrten Göttin

Juno einen Tempel und ein Standbild errichtet, das sie die *Juno Moneta* geheißen, d. h. die *Mahnende Juno* (vom lat. monitum = Ermahnung, daraus unser monieren, Monitor). Zusammen mit Jupiter und Minerva bildete sie dort die sogenannte Kapitolinische Dreiheit. Die Göttin wurde als mahnende bezeichnet, weil sie die Römer bei einem Erdbeben daran erinnert hatte, den Göttern zur Besänftigung Opfer zu bringen. Als diese Opfer gebracht worden waren, hörte das Erdbeben auf. Da man nun die erste Münzstätte, gleichsam unter dem Schutz der Göttin neben dem Tempel aufbaute, war es naheliegend, die darin geschlagenen Geldprodukte gleichfalls als *moneta* anzusprechen. Daraus entwickelten sich die »*Moneten*« und alle in Europa gängigen Wörter für Geld: das althochdeutsche *muniza,* dann *Münze,* das englische *money* und das französische *monnaie.* Verständlicherweise ist es im Italienischen beim klassischen *moneta* geblieben. *Monetär* heißt wie *pekuniär* geldlich; und das »Geld« ist natürlich wieder mit »gelten« verwandt. Die *deutsche Mark* ist eine mit einer *Mark*e versehene Münze, einem obrigkeitlichen Zeichen, das besagt, daß der Staat für Gewicht und Korn (= Feingehalt) des Geldes die Bürgschaft übernimmt. Der *Dollar* kommt vom deutschen *Taler,* der eigentlich *Joachimstaler* heißen müßte, denn diese Silbermünze wurde aus der Ausbeute des den Grafen Schlick gehörenden Bergwerks von Sankt Joachimsthal für König Ludwig I. von Böhmen seit 1515 geprägt (Batzen, Heller usw. unter P s. BERAPPEN).

Kein Geld, kein Schweizer! heißt »nichts ohne Gegenleistung« (auch französisch: »Point d'argent, point de Suisse«). Die Wendung ist aus der Zeit überliefert, wo an vielen europäischen Höfen Schweizergarden — wie heute noch am Vatikan — gehalten wurden. Die Redensart ist 1711 zuerst in J. Rädleins »Europäischem Sprachschatz« (346b) gebucht: »Kein Geld, kein Schweizer; wo kein Geld ist, da dient man nicht.« *Bei einer Sache Geld herausschla-*

gen: viel verdienen. — Meint ursprünglich, durch geschickten Prägeschlag viele Münzen gewinnen; ähnlich *Kapital aus etwas schlagen* = einen guten Gewinn herausholen. *Für Geld und gute Worte war nichts zu bekommen:* man konnte es um keinen Preis erhalten. *Er (sie, es) ist nicht mit Geld (Gold) zu bezahlen* und *sie ist Gold wert:* er (sie, es) hat unwahrscheinliche Fähigkeiten. Man sagt auch: *er ist unbezahlbar! Das läuft ins Geld:* das wird kostspielig. *Im Gelde (Golde) schwimmen (wühlen):* einzige sportliche Betätigung einer gewissen Sorte von Reichen! *Er kann sich für Geld sehen lassen:* solch ein Original ist er! *Für Geld tut er alles!* er ist gewissenlos. *Sein Geld mit vollen Händen zum Fenster hinauswerfen:* so leichtsinnig sind manche Menschen. *Man kann sein Geld unter die Leute bringen* entweder durch ernsthafte Arbeit oder durch Leichtsinn, man kann aber auch *jemanden um sein Geld bringen,* d. h. ihn betrügen. *Das Geld liegt auf der Straße, man muß es nur aufzuheben wissen!* behaupten besonders schlaue Leute, die durch gute Ideen schon ein *Heidengeld* (K s. HEIDEN) verdient haben. *In Geldsachen hört die Gemütlichkeit auf,* so zitiert man gewöhnlich, obgleich David Hansemann (1790—1864), der preußische Finanzminister aus Finkenwerder, am 8. Juni 1847 im ersten Vereinigten Landtag gesagt hatte: »Bei Geldfragen hört die Gemütlichkeit auf.« — Anfänglich boten sich die Moneten — sprich Münzen — an, dem Menschen dienen zu wollen. Aber gar bald beherrschte das Geld sein ganzes Sinnen und Trachten.

    IMPERAT AUT SERVIT COLLECTA PECUNIA
        CUIQUE
    TORTUM DIGNA SEQUI POTIUS QUAM
        DICERE FUNEM.

Zu deutsch:

    Herr oder Sklav' ist das erworbene Geld für den
        Erwerber.
    Recht gewertet, sollte es nachtraben an handfestem
        Stricke, nicht Treiber sein!

In diesem klassischen Vers des römischen Dichters Horaz (65—8 v. Chr.) taucht noch einmal wie aus weiter Ferne die Herkunft des Geldes auf. Das Geld-Tier sollte am Strick gefesselt sein, und man müßte es hinter sich herziehen. Leider war — und ist es — meistens umgekehrt, wenn wir an *das Goldene Kalb* (P s. KALB) denken! Es ist geradezu ein Treppenwitz der Weltgeschichte (K s. TREPPE), daß Sallust (86—35 v. Chr.), der erste römische Historiker von literarischem Rang, nach dem Griechen Thukydides (460—400 v. Chr.) ein Klassiker der antiken Geschichtsschreibung, persönlich jedoch ein Fachmann in anrüchigen Geldaffären, das Geld-Tier in seinen Briefen an Julius Cäsar (100—44 v. Chr.) ausdrücklich »ein Untier, wild, erbarmungslos und unerträglich« nennt (ep. ad Caesarem 2, 98). Er, der einen der widerlichsten Fälle von Geldgier bietet, stahl sich als Prokonsul ein Riesenvermögen in Neu-Afrika zusammen. Seine berühmten Sallustschen Gärten, die er mit Blut und Tränen der Unterdrückten erkauft hatte, bildeten eine erstaunliche Sehenswürdigkeit des verwöhnten Rom. Ausgerechnet er schrieb dem großen Diktator: »Nimm dem Geld seinen Einfluß. Denn wo Reichtum Ruhm bedeutet, da sind alle Güter käuflich: Treue und Redlichkeit, Scham und Zucht!« — Das Klassische an diesem Klassiker ist, daß er auch heute noch recht hat. Schade, daß er seine schönen Grundsätze nicht auf sich selbst anwendete. — Zu den Redensarten *sein Geld unter die Leute bringen* und *sein Geld mit vollen Händen zum Fenster hinauswerfen* paßt noch eine treffende Geschichte unseres großen Wolfgang Amadeus Mozart (1756—1791), der ja bekanntlich wie viele Künstler überhaupt *nicht mit dem Geld umgehen konnte.* Ein Freund kam einmal zu Besuch just in dem seltenen Augenblick, als gerade zufällig Geld eingetroffen war. Erfreut rief Mozart sogleich seiner Frau zu, sie solle über die Straße springen und ein paar Flaschen Champagner holen mit allem, was dazu gehöre. Wie ein Wiesel huschte Konstanze zur Tür hinaus. »Donner und

Doria, sowas Flinkes wie Deine Konstanze hab' ich mein Lebtag noch nicht gesehen!« stellte bewundernd der Freund fest. »O, mein Guter«, erwiderte der junge Meister mit Seufzen, »die Gulden und Dukaten sind im Weglaufen halt noch viel schneller!«

GEMÜT, GEMÜTLICHKEIT *Es geht nichts über die Gemütlichkeit!* Wenn ein Ausländer diese Redensart hört, ist es ihm fast unmöglich, sich das vorzustellen, was wir Deutschen darunter verstehen. Weder mit der englischen Übersetzung für gemütlich: comfortable, snug und cosy noch mit dem französischen comfortable, agréable, il fait bon ici oder où l'on se sent à l'aise ist etwas anzufangen. *»Gemüt«* ist ein zum Allgemeingut gewordener unantastbarer deutscher Muster- und Mutterbegriff, der eine so typisch deutsche Wesensart darstellt, daß es anderen Sprachen nicht nur schwerfällt, Gemüt und Gemütlichkeit aus dem Deutschen zu übersetzen: es gibt tatsächlich in keiner Fremdsprache ein ähnliches oder gleiches Schlagwort. Die Bedeutungsgeschichte der Wörter Gemüt und Gemütlichkeit stellt jedenfalls ein Stück deutscher Geistesgeschichte dar. Gemüt (althochdeutsch gimuati, mittelhochdeutsch gemüete und gemuot) bedeutet ursprünglich Seele, im Gegensatz zum Leib. Dem Worte Seele wurde jedoch das Adelsprädikat entzogen und dafür mit ihm »das Gemüt« ausgestattet, denn ein deutsches Sprichwort sagt: »Der Adel sitzt im Gemüt — nicht im Geblüt.« Goethe versteht Gemüt noch im Sinne der Gesamtheit aller seelischen Kräfte wie in der Iphigenie: »So wende meinem Freunde dein Gemüt, dem würd'geren Mann, zu«; aber auch im Sinne von *Gefühl,* Teilnahme, Verständnis, wenn er im Egmont über König Philipp sagen läßt: »er hat kein Gemüt gegen uns Niederländer«, d. h. »er hat kein Gefühl für uns.« Daß das Gemüt im Ganzen echt deutsch gefühlsbetont ist, geht schon aus der robusten Redensart hervor:
Er hat ein Gemüt wie ein Fleischerhund! nämlich er hat

gar kein Gemüt, kein Gefühl; er ist roh und brutal. —
Auch im Sinne von *Geist* wurde Gemüt gebraucht wie z. B.
in den »himmlischen Liedern« des Frühbarockdichters Johannes Rist (1607—1667): »Herr Jesu Christ, mein Bruder
von Gemüte«, d. h. mein Bruder im Geist. Bei Kant ist
das Geistige, der Verstand, die Vorstellungswelt bereits im
Begriff des Gemüts eingelagert. Gemüt bekam aber auch
die Bedeutung von *Charakter* z. B. ein redliches Gemüt,
ein kindliches Gemüt (Schiller), ein männliches Gemüt, ein
verhärtetes Gemüt (Gellert), ein niedriges Gemüt, ein tap-
feres Gemüt.

Man kann also wohl sagen, daß Seele, Gefühl, Geist und
Charakter sich in einem Schmelzprozeß zum deutschen Ge-
müt herauskristallisiert haben! —

Um aber sagen zu können: *Hier ist es wirklich gemütlich!*
bedarf es noch einiger Dinge, die das Ganze ausmachen.
Man braucht den rechten Ort, den Raum, die Umgebung,
die Ausstattung, die Atmosphäre und (das Wesentliche!)
die rechten, die geeigneten Menschen, die alles in allem die
Gemütlichkeit in diesem Milieu hervorbringen. — Damit
wollen wir aber unser Thema abschließen, denn durch das
viele Nachdenken über dieses deutsche Problem könnte
selbst ein *Gemütsmensch*, der den Vorzug hat, mit einer
*Gemütsruh*e ausgerüstet zu sein, *gemütskrank* werden!
Und *da hört eben dann doch die Gemütlichkeit auf* (manche Leute sagen sogar: da hört *sich* die Gemütlichkeit auf!!).

GERN *Du kannst mich gern haben!* Ironisch für: ich will
mit dir nichts mehr zu tun haben. — Barsche Absage an
einen, den man ablehnt; manchmal auch mit einer Pause
in der Sprache nach: *du kannst mich mal . . .*, wobei man
dem Gegner überläßt, ob er sich des Kernspruchs des Götz
von Berlichingen bedienen oder ob er einen »gern haben«
will, was beides auf das gleiche hinausläuft.

GESUND *Er hat sich gesund gestoßen:* er hat sich ganz schön bereichert. — Das Wort »stoßen« bekundet schon, daß sich der Betreffende im Drange der harten Geschäfte rücksichtslos mit seinen Ellenbogen durchgesetzt hat. Daher auch die zahmere Form: *sich gesund machen,* zu Geld kommen, *sich eine goldene Nase verdienen (P* s. NASE).
Sie ist gesund: sagt der junge Mann bewundernd, wenn ein hübsches Mädchen einen strammen Busen hat und damit für ihn Lebensfreude und strotzende Gesundheit ausstrahlt (D s. FISCH).
Du bist wohl nicht ganz gesund: du hast wohl einen kleinen (leichten) Dachschaden; bist etwas verrückt.

GIESSKANNE *Etwas mit der Gießkanne beregnen:* planlos Staatsgelder vergeuden. — Erst zwischen 1950 und 1960 im Zuge der Entwicklungshilfe aufgekommene Redensart, die die leichtsinnige und unmethodische Unterstützung der unterentwickelten Länder der Welt (Entwicklungsländer) geißelt, weil *nach dem Gießkannensystem* jedem in Not geratenen Volk undurchdacht und regellos einzelne Beträge zufließen, ohne daß auch nur einem einzigen Land damit entscheidend geholfen wird.

GOTT *Sie weiß, wo Gott wohnt!* Sie ist eine sehr sinnliche Natur und in allen Liebeskünsten meisterhaft und virtuos. — Zu allen Zeiten werden Gott und das Weib häufig in einem Atemzuge genannt, so bei Schiller in »Don Carlos« (II, 8): »Beim wunderbaren Gott — das Weib ist schön« oder bei Goethe in seiner Indischen Legende »Der Gott und die Bajadere«. Besonders schönen und klugen Frauen gibt der Mann den Ehrentitel »Die Göttliche« (z. B. der Schauspielerin Greta Garbo) und erhebt sie damit auf den Olymp in den erlauchten Kreis der klassischen Göttinnen.
Gott ist immer mit den stärksten Bataillonen: d. h. alles Beten hilft vor und während der Schlacht nichts, wenn

nicht die eigene Truppe dem Feinde überlegen ist. – Diese durch Friedrich dem Großen (1712–1786) zum geflügelten Wort aufgerückte Redensart geistert durch die Jahrtausende. Die alten Griechen kannten sie, und auch die Römer hatten die schöne Wendung: *Die siegreiche Sache gefällt den Göttern!* Schon vor dem Preußenkönig hat sich Marie Marquise de Sévigné (1626–1696) in einem Brief an ihre Tochter Madame de Grignan 1673 ähnlich geäußert. Sie war die fleißigste Briefschreiberin ihres Jahrhunderts. Allein an ihre Tochter richtete sie 1500 Briefe, in denen sie in hervorragend literarischer Form mit viel Witz und Intelligenz ihre Beobachtungen über den Hof, die Stadt, die Salons und die Theater niederlegte. Sie formulierte unsere Redensart so: »La fortune est toujours pour les gros bataillons«, *das Glück ist nur mit den starken Bataillonen.* Es war klar, daß die Redensart leichter vom Alten Fritzen als von einer französischen Hofdame mit dem richtigen Schwung in Umlauf gesetzt werden konnte, zumal Friedrich das Problem selbst erfolgreich ausprobiert hatte. Napoleon, immer ein großer Verehrer des Philosophen von Sanssouci, stimmte diesem mit den Worten bei: »*Schließlich bleibt der Sieg doch den stärksten Bataillonen!*« – Daß die Wendung heute noch lebendig ist, zeigt eine Äußerung des sowjetrussischen Diktators Stalin (1879 bis 1953), der bei der Abfassung eines gegen die römisch-katholische Kirche gerichteten Gesetzes von einem Mitarbeiter darauf aufmerksam gemacht wurde, die Veröffentlichung werde mit Sicherheit einen Sturm der Entrüstung im Vatikan verursachen. Darauf erwiderte Stalin ironisch: »*Wieviel Bataillone hat der Papst?*«

GRAB *Er würde sich im Grabe herumdrehen, wenn er das wüßte!* Ausdruck heftigen Mißfallens z. B. wenn das der verstorbene Großvater wüßte, daß seine Enkel hier herumgammeln, Rauschgift nehmen und kriminell werden, würde er sich im Grabe herumdrehen; ja, *er würde sogar –*

und das ist die vulgäre Steigerung der Redensart — *im Grabe rotieren!* — Diese äußerst volkstümliche, von der Ahnenverehrung ein wenig entfernte, um nicht zu sagen, pietätlose Wendung leitet sich von der uralten Vorstellung her, daß die Seele bis zur Verwesung des Körpers beim Verstorbenen bleibt und die gleichen Gemütsbewegungen wie zu Lebzeiten besitzt. — Es ist naheliegend, daß die letzte Ruhestätte des Menschen oft von seinen Gedanken umkreist wird und daß sich mit ihr einige umgangssprachliche Bilder und Prägungen verbinden. *Wer schon mit einem Fuß (Bein) im Grabe* oder *am Rande des Grabes steht,* der ist in einer gefährlichen Lage und dem Tode sehr nahe. Man kann auch *jemanden an den Rand des Grabes* oder *ins Grab bringen,* sich also an seinem Tode schuldig machen. Einige Menschen *schaufeln sich ihr Grab selbst,* das heißt, sie führen ihren Untergang durch eigenes Fehlverhalten herbei. — *Er ist schweigsam* oder *verschwiegen wie das Grab,* sagt man von einem, der wortkarg, verschlossen und zugleich zuverlässig ist. Ihm ist man für seinen Freundschaftsdienst auch *dankbar bis über das Grab hinaus. Manche Menschen nehmen ein Geheimnis mit ins Grab.* Ganz sicher hat der tote Krieger im *Grab des Unbekannten Soldaten* ein Geheimnis mit ins Grab genommen: nämlich das Geheimnis seiner Identität! — *Nun herrscht Grabesruhe!* Nur die Ewige Flamme lodert noch. Sie ist aber das Symbol der Hoffnung für die Lebenden, von der Schiller sagt:

> Beschließt er im Grabe den müden Lauf,
> noch am Grabe pflanzt er die Hoffnung auf!

GRAZIE *Die Grazien haben nicht an seiner Wiege gestanden,* d. h. sie haben ihm weder Anmut noch Liebreiz verliehen, mit anderen Worten: er ist ein grobschlächtiger, unhöflicher Mensch. — Wir kennen die drei Grazien auf dem wunderbaren Wandgemälde von Pompeji. Sie sind im römischen Altertum göttliche Gestalten der Dichtung

(Horaz) und der bildenden Kunst. Als Sinnbilder jugend-
licher Anmut und Lebensfreude werden diese Frauen meistens nackt im Gefolge der Venus dargestellt. – Die Wendung deutet an, daß an der Wiege des Angesprochenen
leider die drei Grazien gefehlt haben, um ihm als Paten-
geschenk jene Eigenschaften zu verleihen, durch die sie sich

selbst auszeichnen. Goethe bedient sich dieses hübschen Bildes in klassischer Weise im Tasso (II, 1):

Doch, haben alle Götter sich versammelt,
Geschenke seiner Wiege darzubringen?
Die Grazien sind leider ausgeblieben,
und wem die Gaben dieser Holden fehlen,
der kann zwar viel besitzen, vieles geben,
doch läßt sich nie an seinem Busen ruhn.

GRÄFIN *Ein Dienstmädchen im Bett ist besser als eine Gräfin auf dem Dach!* Man soll auch mit Geringerem zufrieden sein. — Humorvolle Verquatschung des zur Redensart gestempelten Sprichworts: *Ein Spatz in der Hand ist besser als eine Taube auf dem Dach.*

GRIFF *Er hat die Sache im Griff:* er macht es aus Gewohnheit richtig; er beherrscht die Sache. — Zuerst wurde bei der Redensart an die »Griffe« gedacht, die der Musiker bei den Saiteninstrumenten anwendet. So bei Martin Luther (1483—1546): »Nicht gewissers haben sie jr lebtag gehabt, denn solche jire eigen weissagung, sie hattens am griffe wie die fiddeler« (im Griff wie die Geiger). Auch Jörg Wickram (1505—1560), der Schöpfer des deutschen Prosaromans, behauptete: »wie luthenschlagen (Lauten schlagen) hab ichs im griff.« Freilich ist dem Handwerker diese Wendung ebenso geläufig, der tagtäglich zahllose Handgriffe ohne nachzudenken ausführte, bevor ihm die Maschine einen großen Teil seiner Arbeit abnahm. Daher auch *etwas in den Griff bekommen,* eine Redensart des 20. Jh.s, die man bildlich auf alle möglichen (auch politischen) Sachgebiete beziehen kann.

Griffe kloppen: am Gewehr exerzieren. — Diese seit der zweiten Hälfte des 19. Jh.s bekannte Redensart meint mit dem »Kloppen« (niederdeutsche Form für »Klopfen«) das feste Zugreifen und harte Zuschlagen mit den Händen beim Exerzieren. Die Wendung hat noch eine weitere Bedeutung, nämlich ein Mädchen betasten und liebkosen. So ist der Ausdruck vom militärischen auf das erotische Gebiet geglitten, weil der Soldat gern die Sprache seiner dienstlichen Umwelt auf das Privatleben überträgt.

GUSCHE *Halt die Gusche!* Sei still! Halt den Mund! ruft man einem zu, den man zum Schweigen bringen möchte, ohne zu wissen, woher die »Gusche«, die manchmal auch *»Gosche«* heißt, eigentlich kommt. Sie ist das landsknechtartig verschliffene italienische Wort »gorcia«, d. h. Kehle.

GUSS *Aus einem Guß sein:* einheitlich, ein in sich vollendetes Ganzes, ohne störenden Bruch sein. — Bezieht sich auf ein Werk, auf eine Persönlichkeit; auch auf den Charakter eines Menschen angewandt. — Im Gegensatz zu dem Verfahren in der Metallgießerei, gelegentlich Metallgußwerke in einzelnen Teilen herzustellen und dann zusammenzuschweißen, ist diese Wendung von der Glockengießerei genommen. Die geschmolzene Metallspeise muß ohne Unterbruch in die Form fließen. Nur daraus erwächst ein harmonisches Ganzes, eine Glocke *aus einem Guß* mit vollendetem Wohlklang.

GÜTE *Ach, du meine Güte!* Ausruf der Verwunderung, des Erstaunens sowie des Schreckens. — Manchmal auch als *ach, du große Güte!* gebraucht. Diese seit dem 16. Jh. bekannte Redensart ist eine absichtliche Zerredung des ursprünglichen Ausrufes: *»Ach, du große Güte meines Gottes!«* Da es aber in den Zehn Geboten heißt: »Du sollst den Namen des Herrn, deines Gottes, nicht mißbrauchen; denn der Herr wird den nicht ungestraft lassen, der seinen Namen mißbraucht!«, so wurde in jahrhundertealter Gewöhnung der Name Gottes einfach weggelassen.

HAAR *Es ist zum Haare ausraufen:* es ist zum Verzweifeln. — Wer das meint, hat sich natürlich ins eigene Haar zu greifen. Rauft er dem anderen das Haar aus, so zettelt er eine Schlägerei an, die unter Umständen kostspielig sein kann. Wir finden im Wurster Landrecht des Jahres 1563 ein für uns heute amüsantes Gesetz, das *haargenau* vor-

schreibt, was das kostet, wenn man *Haare lassen* will und sich die Streitenden *in den Haaren liegen.* Hier die »Bußtaxen«: »Wäre da einer, der dem andern mit der Hand ins Haar griffe, so sind die vier Finger jeder fünf Schillige und vier Pfennige. Ist man mit beiden Händen im Haar gewesen, so ist die andere Hand auch so viel, wie vorgeschrieben steht. *Der Daumen wird beim Haarziehen nicht gerechnet!*« Nach dieser *haarigen Geschichte* sollte der Leser die KUHHAUT unter HAAR aufschlagen.

HAMMEL   *Im Hammelsprung abstimmen:* die Bezeichnung »Hammelsprung« ist eine besondere Art der parlamentarischen Abstimmung, die noch im alten deutschen Reichstag in Berlin geprägt wurde. Über einer Tür des großen Saales im von Paul Wallot erbauten Reichstagsgebäude (1884—1894) war humorvollerweise ein Schäfer abgebildet, der seine Schafe zählte, indem er sie durch seine Beine laufen ließ. Wenn beim Reichstags- oder Bundestagspräsidenten Zweifel darüber herrscht, ob die Ja- oder Neinstimmen in der Mehrheit sind, wird der Hammelsprung in folgender Weise angewendet: sämtliche Abgeordneten verlassen den Sitzungssaal, um ihn durch drei Türen wieder zu betreten, von denen eine die Ja-, die zweite die Nein- und die dritte die Enthaltungstür ist. Jeder Abgeordnete kehrt durch die von ihm gewünschte Tür in den Sitzungssaal zurück. An den Saaleingängen stehen Beamte, die die Eintretenden zählen. Dadurch wird eine einwandfreie Auszählung der abgegebenen Stimmen gewährleistet.
Von Hammelwürsten träumen: in höchster Wonne schweben, überglücklich — *im siebten Himmel sein.* — Die Hammelwürste haben sehr zartes, feines Fleisch und sind — heiß serviert — äußerst wohlschmeckend (über die Hammelbeine P s. HAMMEL).

HASE   *Da muß man Hase und Fuchs zugleich sein:* spielt auf eine Situation an, zu deren Bewältigung man ängstlich (Hase) und gerissen (Fuchs) zugleich sein muß, z. B. beim Verkehr an einer schwer übersehbaren Kreuzung. — Die sprichwörtliche Angst des Hasen, die bereits in der KUH-HAUT mit den Wendungen *das Hasenpanier ergreifen, Angsthase, Hasenfuß* vorgestellt wurde, ist natürlich auch dem Menschen eigen. Er richtet aber nicht ein Angstbanner auf, sondern *er kriegt das große Fracksausen,* ein herrlich komisches Bild, das den in seiner Furchtsamkeit mit Windeseile davonstürmenden Menschen karikiert. Beim großen Fracksausen brauchen die Betroffenen aber nicht *Fersengeld zu geben.* Es genügt, daß sie das heftige Zittern überkommt, z. B. wenn ihnen der erzürnte Chef *einen mächtigen Anpfiff verpaßt,* was soviel wie ausschimpfen bedeutet; eine schon bei Luther bekannte Wendung, die durch die Soldatensprache des Ersten Weltkrieges den entscheidenden Nachschub bekam und volkstümlich wurde. Wer ein rechtes Hasenherz ist und von der Furcht übermannt wird, reißt aus *haste was kannste.* Bereits 1696 bei Chr. Reuter im »Schelmuffsky« gebucht: »Was läufstu, was hastu?« Dieses »was haste was kannste« findet seine Parallele in der Redensart *Was gibst du, was hast du,* ebenfalls gebraucht für: eilig, sehr schnell: den antreibenden Fragen des aufdringlichen Verkäufers entnommen. Freilich kann die Wendung *haste was kannste* auch aus der Vorstellung »haste (nicht von »haben«, sondern von »hasten« = »sich beeilen«) was kannste« ihren Nachschub bezogen haben. Um aber wieder − nicht *auf den besagten Hammel* (K s. HAMMEL), sondern − auf unseren Hasen zurückzukommen, wollen wir nicht verhehlen, daß *Hase, Häschen* nicht nur für Feigheit, sondern stellvertretend ebenso für »geliebte Frau«, »geliebtes Mädchen« steht. So wie es einen *»Skihasen«* gibt, so schätzen manche Männer auch den *Betthasen;* ein Kosewort für ein hübsches weibliches Wesen mit sehr sinnlichen Reizen, dessen bevorzugter Aufenthaltsort das Bett ist.

HAUFEN *Alle Pläne wurden über den Haufen geworfen (gestoßen):* alle Pläne wurden zunichte, rückgängig gemacht. − Bei einem Haufen liegt alles regellos übereinander und durcheinander, so daß sie seit Beginn des 18. Jh.s bekannte, aus dem Schlachtgetümmel bezogene Wendung bedeutet, die Feinde sind geworfen und sehen jetzt wie ein unförmiger Haufen aus. Zuerst auf Personen angewendet, wurde die Redensart später auch auf abstrakte Dinge gemünzt; man wirft oder stößt nicht nur Pläne, sondern auch Absichten, Projekte u. a. über den Haufen. − Wenn die Gegner *in hellen Haufen kommen,* d. h. in großen Scharen anrücken, dann ist hier »hell« nicht das Gegenteil von »dunkel«, sondern es kommt vom althochdeutschen hel = tönen, schreien, rufen (einhellig, Mißhelligkeiten!). Die hellen Haufen sind also die furchterregenden, mit großem Kriegsgeschrei heranstürmenden Feinde, die bereits mit ihren Schlachtrufen den Gegner *ins Bockshorn jagen wollen* (K s. BOCK). Natürlich möchte man die hellen Haufen zur Hölle wünschen, aber die Hölle hat mit unserem »hell« nichts zu tun (obgleich im Englischen die Hölle »hell« heißt!), sondern sie leitet sich von »hehlen« = verbergen ab, weil sie sich nach unserer Vorstellung tief in der Erde verbirgt. So auch *Hellegatt,* der seemännische Ausdruck für den Lagerraum (gatt = Raum) *unter Deck* des Schiffes. Jetzt könnte man auch noch das *Kabelgatt,* den Raum für das Tauwerk an Bord, erwähnen oder auch das Kattegat, das »Katzenloch«, die enge Durchfahrt zwischen Jütland und Schweden, denn Gat(t) heißt nicht nur Raum, sondern auch »Loch«. Aber damit kommen wir *vom Hundertsten ins Tausendste* (K s. HUNDERT)! Wir wollen lieber *wieder beim alten Haufen sein,* so heißt in der Soldatensprache seit alters her der Landsknechtetrupp, die Kämpferschar, die Kompanie, denn sonst sind wir *ein verlorener Haufen auf verlorenem Posten* und *man schießt uns über den Haufen:* dann müssen wir *zum alten Haufen fahren* (sterben).

HEBEL *Alle Hebel in Bewegung setzen:* alles Erdenkliche aufbieten, um ein bestimmtes Ziel zu erreichen. — Schon von Cicero (106—43 v. Chr.), dem Staatsmann und größten Redner im klassischen Rom, geprägt. Als begeisterter Freund bilderreicher Redensarten formulierte er die Wendung so: OMNES ADHIBERE MACHINAS = alle Maschinen ansetzen, gebrauchen, wobei zu seiner Zeit Maschinen die Hebel, Winden, Walzen und Werkzeuge schlechthin waren. (Siehe auch »deus ex machina« P s. VERSENKUNG.) Eigentlich heißt es, alle Hebel in Bewegung setzen, um eine schwere Last in die Höhe zu bringen. *Am längeren Arm des Hebels sitzen* bedeutet dem anderen an Kraft (also im übertragenen Sinne auch an Macht!) überlegen sein. Bismarck sagt in seinen Erinnerungen (Cotta 1921, 2 Bd., S. 85): ». . . daß die russische Politik dann — wenn mein Gedächtnis mich nicht täuscht, habe ich den Ausdruck gebraucht — *an dem längeren Arm des Hebels sitzen würde,* und uns auch, wenn wir siegreich wären, ähnlich wie in dem Wiener Congreß und mit noch mehr Gewicht werde vorschreiben können, wie unser Friede beschaffen sein solle . . .« Wie sich die Bilder gleichen!

HEMD   *Er wechselt seine Gesinnung wie das Hemd:* er ist charakterlos, wankelmütig, unehrenhaft; aber auch auf seinen Vorteil bedacht; gewinnsüchtig, egoistisch, hat die Karriere im Auge. — Oft auf Politiker angewendet, die um des eigenen Erfolges willen mehrfach die Partei wechseln. Neben den bereits behandelten Wendungen (P s. INDEX, HEMD) hier noch: *alles bis aufs Hemd verlieren,* das bildhaft unser Flüchtlingselend beschreibt. *Er hat mir das Hemd vom Leibe gefragt* = sein Wissensdurst war unstillbar, sein Informationshunger unersättlich. *Das Hemd ist mir zu kurz:* im übertragenen Sinne in allen Lebenslagen besonders im Falle von Geldknappheit und anderen Unzulänglichkeiten gebraucht; aber auch Redensart in der Fliegersprache, wenn der Flugplatz zum Landen zu klein ist! *Mach' nich' so ville Wind mit det kurze Hemde!* einem Prahlhans und Angeber vom humorvollen Berliner zugerufen.

HINZ   *Er läßt sich mit Hinz und Kunz ein:* er ist wahllos in seiner Freundschaft. — Hinz und Kunz ist der X-Beliebige, der kleine ungebildete Mann, ist alle Welt und gehört wie *Hans und Franz,* die die gleiche Bedeutung haben, zu den formelhaften, lautmalenden Zwillingswendungen (D s. DONNER). Die Kosenamen Hinz und

Kunz — abgeleitet von den vielen Heinrichen und Konraden, die auf dem deutschen Kaiserstuhl saßen, — waren im Mittelalter sehr verbreitete deutsche Vornamen. Daher wurden sie — wie Hans und Franz — bald abgewertet und nur noch im spöttischen und geringschätzigen Sinne als ironische Bezeichnung irgendwelcher Vertreter einer kritiklosen Masse gebraucht. In seinen Fabeln nennt Matthias Claudius (1740—1815) seine streitenden Bauern gerne Hinz und Kunz, und Goethe sagt in seinen »Noten und Abhandlungen zu besserem Verständnis des Westöstlichen Diwans«: »Diese beiden Namen (Seidon und Amran) stehen aber hier zu allgemeiner Andeutung von Gegnern, wie die Deutschen sagen: Hinz oder Kunz.«

HOCHDEUTSCH *Er spricht hochdeutsch mit Streifen:* er spricht ein gekünsteltes Hochdeutsch; er redet geziert, gespreizt, geschraubt, steif. — Wenn er sich äußert, merkt man, daß er Bayer, Friese, Sachse, Rheinländer, Hesse ist oder einem anderen deutschen Stamm angehört, mit dessen Dialekt er verwurzelt ist. Sein krampfhaftes Bemühen, ein einwandfreies Hochdeutsch zu sprechen, mutet drollig an, weil es den Eindruck erweckt, als wolle er besonders vornehm wirken. Die auf die Jahrhundertwende (19. zum 20.) zurückgehende Redensart nimmt ihr Bild von der damaligen Herrenmode, als die feinen Nadelstreifen in den guten Maßanzügen für außergewöhnlich vornehm gehalten wurden. Wer also mit Streifen redet, spricht wie ein Hochgebildeter. In erster Linie ist diese Wendung jedoch auf die Hannoveraner gemünzt, die zwar in Deutschland das beste Hochdeutsch pflegen, jedoch durch ihr s-teifes S-p (sie s-tolpern über einen s-pitzen S-tein!) den Eindruck machen, als hätten sie ihr s-tolzes S-prachkleid mit feinen s-teifen S-treifen bes-tückt!
Sich den Mund in Fransen reden oder *sich Fransen an den Mund reden* oder *sich den Mund fusselig reden:* mit großem Aufwand und einem riesigen Redeschwall jemanden

— meist ohne Erfolg — zu überzeugen versuchen. Hier ist übertreibend gemeint, daß die Lippen vom vielen Sprechen reißen und schließlich in Fransen herunterhängen. Ich habe mir den Mund fusselig geredet, er hat aber nicht zugestimmt; die Fusseln sind mit den Fransen gleichzusetzen.

HONIG *Er grient (grinst) wie ein Honigkuchenpferd:* das Honigkuchenpferd, die große Wonne unserer Kindertage, scheint die Buben und Mädel geradezu anzustrahlen und anzulachen, als ob es sich darauf freue, von den Kleinen vernascht zu werden. Wenn jemand also wie ein Honigkuchenpferd grinst, hat sein Gesichtsausdruck etwas betont Kindliches. — *Das war kein Honiglecken* (auch *Zuckerlecken*): sagt man, wenn man eine besonders schwere Zeit durchgemacht hat. *Jemandem Honig ums Maul schmieren:* ihm schmeicheln, *um den Bart gehen;* berücken, betören, ihn katzenfreundlich überreden. — Bei dieser Wendung sieht man deutlich, wie der Umworbene den ums Maul geschmierten Honig mit lüsterner Zunge einsaugt. Ritter Hans von Schweinichen schreibt um 1600 in seinen Denkwürdigkeiten: »Schmierte ihm derowegen honig ins maul, und gab ihm galle zu trinken; denn es war nichts dahinter.«

HOSE *Er hat seinem Sohn die Hosen stramm gezogen:* er hat ihn verhauen. — Die Sprache ist wie die Hyäne: angriffslustig und feige zugleich. Ihre Angriffs- und Übertreibungslust haben wir in vielen Beispielen zu spüren bekommen; ihre Feigheit zeigt sie in allen Hehlformen, am deutlichsten beim Sterben (D s. dies). Unsere Wendung ist ein typischer Hehlausdruck. Man möchte nicht offen aussprechen, daß der Junge verprügelt wurde. Nur die Vorbereitung dazu wird angedeutet, als ob sie ausschlösse, daß der Vater von der Züchtigung noch einmal absieht, nachdem er die Hosen stramm gezogen hat. Für die Redensart steht auch das Wort *vermöbeln*. Man dachte hier offenbar an Sofa und Sessel, die beim Frühjahrsputz ausgeklopft werden *(verkloppen)*. Wenn sich der Vater zu der unbarmherzigen Tat anschickt, fällt dem Buben vor Angst *das Herz in die Hose* (oder: *in die Stiefel*); ähnlich lateinisch ANIMUS IN PEDES DECIDIT, wörtlich: Der Mut fällt in die Füße. So wird er zum *Hosenscheißer* und *hat die Hosen gestrichen voll* (Angst haben). Die beiden letzten handfesten Wendungen bedürfen keiner Erklärung. — Und nun noch etwas zur Redensart: *verflucht und zugenäht!* Über das berühmte Studentenlied vom Hosenlatz, das in der KUHHAUT (unter VERFLUCHT) mit einem zahmen Schlußvers zitiert wurde, ist zu sagen, daß die Studenten diesen Vers nur dann sangen, wenn sie Gäste beim Kommers hatten. Waren sie aber auf ihrer Kneipe unter sich, dann sangen sie:

Und als sie ihm zum zehnten Mal
die Schwangerschaft gesteht,
da hat er seinen *Hosenlatz*
verflucht und zugenäht!

HUND *Den Letzten beißen die Hunde:* in allen Lebenslagen ist derjenige, der zuletzt kommt, immer im Nachteil. — Die Wendung wurde aus der Jagd bezogen: beim flüchtenden Wild wird das schwächste oder verletzte Tier, das am Schluß des Rudels läuft, stets zuerst von den Hunden erwischt und gebissen. Der Engländer sagt: »The devil takes the hindmost«, d. i. der Teufel schnappt den Letzten. Die Franzosen meinen »malheur au dernier«: »Pech dem Letzten!« Besser aber noch ist ihre Redensart: »au dernier les os!« d. h. dem Letzten die Knochen! Wenn sich also deine Kameraden über das köstliche Fleisch hergemacht haben und du als Letzter an die Tafel kommst, bleiben für dich nur noch die Knochen! Die Wendung »den Letzten beißen die Hunde« ähnelt zwei anderen deutschen Redensarten: *die Suppe auslöffeln müssen, die ein anderer einem eingebrockt hat* und *etwas ausbaden müssen* (K s. AUSBADEN).

Schlafende Hunde soll man nicht wecken: man soll den anderen nicht auf etwas aufmerksam machen, was einem selbst zum Nachteil gereicht. — Wenn man schlafende Hunde weckt, können sie, ähnlich wie die Menschen, manchmal sehr ungemütlich werden. Der Römer (Sallust, Verschwörung des Catilina) sagte es mit QUIETA NON MOVERE, Ruhendes nicht aufrühren! Unserer Wendung

ähnlich ist *Öl ins Feuer gießen* (K s. ÖL). In der Namenlosen-Sammlung von 1532 lesen wir: »Laß den Hund schlaffen, schüt nit Öhl ins feur.« *Er geht nur mit großen Hunden pissen* = er verkehrt nur mit einflußreichen Leuten; das Gegenteil: *er geht nicht mit kleinen Hunden pissen* = unbedeutende Leute interessieren ihn nicht. *Kommt man über den Hund, kommt man über den Schwanz* bedeutet: Wenn die Hauptsache getan ist, ist der Rest nur eine Kleinigkeit — und das sagt der Engländer wörtlich: When the main work is done, the rest is a mere trifle. — *Den toten Hund (Mann) spielen* heißt sich schlafend stellen, einen Unwissenden spielen, *den Kopf in den Sand stecken.* — *Da wedelt der Schwanz mit dem Hund:* hat zwei Bedeutungen; einmal: etwas völlig verkehrt machen, *das Pferd am Schwanz aufzäumen* (K s. PFERD) — zum andern: eine übergroße Freude zum Ausdruck bringen. Diese Erklärung leitet man von dem Bilde ab, das der sich unbändig freuende Hund darbietet: er wedelt nicht nur mit dem Schwanz, sondern wirft in seiner Erregung und Begeisterung den ganzen Körper hin und her, als ob der Schwanz mit ihm wedele und nicht umgekehrt. — *Da wird der Hund in der Pfanne verrückt!* ist ein Berliner Ausdruck des Erstaunens und der Verwunderung. *Da ist der Hund von der Kette los!* ein mit viel Alkohol getränktes Fest feiern (D s. ABBEISSEN, RA für trinken). *Eine hundsmiserable Leistung* ist eine sehr schlechte Arbeit, angesichts deren mir ganz *hundsmiserabel* (ganz elend) wird. — *Sie ist kalt wie eine Hundeschnauze,* sie ist kühl, gleichgültig; von der Hundeschnauze genommen, die beim gesunden Hund meistens kalt und feucht ist. — *Wo der Hund verfroren ist,* ist die weit abgelegene Ortschaft, die niemand kennt; vielleicht auf dem Mond, mindestens aber dort, *wo man den Mond mit der Stange 'rausschiebt!* — *Dem bösesten Hund das größte Stück Brot geben* ist so eindeutig auf den Menschen gezielt, daß sich eine weitere Erklärung erübrigt. — Und zum Schluß noch ein paar europäische Äußerungen über den besten Freund des Menschen. Der Franzose: *Ein guter Hund bekommt nie einen guten Knochen.* Der Italiener: *Jeder Hund ist Löwe in seinem Haus* und der Deutsche: »Woran sollte man sich von der endlosen Verstellung, Falschheit und Heimtücke der Menschen erholen, wenn die Hunde nicht wären, in deren ehrliches Gesicht man ohne Mißtrauen schauen kann?« (Schopenhauer).

I *Da fehlt noch das Tüpfelchen auf dem I:* die Sache ist noch nicht vollständig. — Wie das Tüpfelchen auf dem I, nämlich der I-Punkt, einfach zum I gehört, so gehört auch der kleinste Buchstabe Jota (K s. JOTA) zum griechischen

Alphabet, d. h. ohne Jota kein Alphabet, ohne I-Tüpfel-
chen kein I. Die Bedeutung liegt auf der Hand: bei jeder
Arbeit muß auch die letzte, geringste, fehlende Kleinigkeit
vollendet werden, um ein ansehnliches Ganzes zu schaffen.

IGNORANZ   *Ja nich' ignorieren!* Humorvolle Berliner
Redensart mit doppelter Verneinung, die genau genommen bedeutet: bitte beachten, während gemeint ist: nicht
beachten, einfach übersehen. — Ignoranz ist die Unwissenheit, die Dummheit. IGNORAMUS ET IGNORABIMUS
ist das Schlagwort für die Unlösbarkeit der Welträtsel und
heißt: *wir wissen es nicht und werden es auch nicht wissen!* — Ignorieren = nicht wissen wollen; etwas absichtlich übersehen, nicht beachten. Eine ähnliche Verquatschung: *Nun sind alle Klarheiten beseitigt!* Ironisch für:
es ist alles in Ordnung.

IRRWISCH   *Das Mädchen ist ein richtiger Irrwisch:* es
ist flatterhaft und unstet. — Vom Altnordischen visk =
Bündel. Im Althochdeutschen wisc = Strohwisch oder
leuchtende Fackel. *Irrlicht* oder *Irrwisch* sind nach dem
Volksglauben Flämmchen in Mooren oder sumpfigem Land,
wo sie als Zeugen von Geistern oder als brennende Seelen
(angeblich von ungetauft verstorbenen Kindern) umherirren. Dem Freundlichen gegenüber sind sie gutmütig; den
Unfreundlichen führen sie in den Sumpf und bringen ihm
Krankheit und Tod. Der Glaube ist seit dem späten Mittelalter nachweisbar, wissenschaftlich sind die tatsächlich in
den Mooren beobachteten Irrlichter noch nicht erfaßt.
Mephisto in Goethes Faust: »Und nicht etwa, die Kreuz
und Quer, irrlichteliere hin und her!« Angelus Silesius
(lat. Schlesischer Bote), der 1624 in Colmar geborene
deutsche Dichter, sagt: »Wer ohne Liebe lauft, kommt
nicht ins Himmelreich; er springt bald hin und her, ist
einem Irrwisch gleich.« Und Gottlieb Pfeffel (1736—1809)
dichtet:

So lenkt ein Irrwisch unsere Schritte,
und erst in unseres Lebens Mitte
steckt die Vernunft ihr Lämpchen an.

IXION   *Und wenn sie mich auf Ixions Rad nach Rom
bringen:* Ausspruch Goethes, der zur Redensart wurde
und soviel bedeutet wie: keine Macht der Erde wird mich
davon abhalten, nach Rom zu gehen, wobei an Ixions
glühendes Rad gefesselt zu sein und durch die Luft ge-
wirbelt zu werden, eine der furchtbarsten Strafen in der
griechischen Mythologie ist. Ixion, Vater des Königs der
Lapithen, wurde vom Mord an seinem Schwiegervater
Eioneus durch Zeus gereinigt und als Tischgenosse auf dem
Olymp aufgenommen. Der Undankbare begehrte Hera,
umarmte jedoch statt ihrer eine Wolke, die die Zentauren
gebar (wilde Mischwesen mit menschlichem Oberkörper
und Pferdeleib). Als sich Ixion nun noch der Gunst der
Hera rühmte, ließ Zeus ihn an ein glühendes Rad schmieden und wie eine moderne Rakete durch die Luft schleudern. Diese Strafe wurde später in die Unterwelt verlegt,
so daß Ixion neben Tantalus, Sisyphus und den Danaiden
zu den großen Unterweltbüßern gehört.

JOURNAILLE   *Das ist wieder ein gefundenes Fressen
für die Journaille:* das ist ein willkommener Stoff für die
Hetzpresse. — *Das gefundene Fressen* ist der saftige Knochen, den der Hund unerwartet an einem entlegenen Ort
aufstöbert. Die schon 1670 bei Grimmelshausen gebuchte
Wendung bedeutet im übertragenen Sinne, daß der Mensch
unverhofft eine günstige Gelegenheit bekommt, gegen seine
Gegner erfolgreich wirksam zu werden, so in der Politik,
wenn es gilt die Regierung (oder die Opposition) anzugreifen. — *Journaille* ist ein witziges Verschmelzungswort
pejorativen, d. h. bedeutungsmindernden Charakters von

Journal = Tageszeitung und frz. la canaille = Lumpen-
pack, Gesindel, Pöbel. La canaille entstand aus dem italienischen cane (lat. canis) = Hund. Der Sammelbegriff
ist canaglia = Hundepack! Napoleon besaß eine sorgfältig angelegte *schwarze Liste*, d. h. eine Zusammenstel-
lung verdächtiger, unzuverlässiger, feindlich gesinnter Personen (man kann auch Bücher auf die schwarze Liste setzen!), auf deren Titelblatt er mit eigener Hand in italienisch und französisch die Worte gesetzt hatte: canaglia —
les canailles! Die Journaille (auch D s. Vom Humor in der
deutschen Sprache) ist die verantwortungslose Hetzpresse,
die sich aller schäbigen Mittel bedient, nur um Sensation
zu machen und dadurch Gewinn zu erzielen. Man verfährt
nach der giftigen Methode der Sykophanten (gewinnsüch-
tigen Verleumder): *verleumde nur frech, etwas bleibt immer hängen* AUDACTER CALUMNIARE, SEMPER
ALIQUID HAERET (Plutarch + 46—120 n. Chr.). Heinrich G. Reichert sagt in »Urban und Human« (Marion
v. Schröder-Verl.): »Italien hat das gehässige Mittel weid-
lich ausprobiert und ist die große Lästerschule Europas
geworden. Aretino machte aus der verleumderischen Satire
ein Geschäft. Er war wohl der erste, der periodisch und
planmäßig Zeit und Menschen an den Pranger stellte, um
sie zu erpressen. Die Idee seiner Arbeit bereitete die kommende Journalistik vor. *Wie er sie aber verwirklichte, das
bahnte der Journaille den Weg!* So führt von Gaius Lucilius (röm. Satiriker + 102 v. Chr.) über Aretino (1369 bis
1444) bis heute eine innere Linie.« — Karl Kraus (1874
bis 1936), Satiriker von hohem Rang, der mit Leidenschaft
für die Reinheit der Sprache und Sauberkeit des öffentlichen Lebens kämpfte, hat anfangs des 20. Jh.s das Wort
Journaille in Umlauf gesetzt. Er sagt selber darüber aus:
»Ein geistvoller Mann hat mir neulich, da wir über die
Verwüstung des Staates durch die Preßmaffia klagten,
diese für meine Zwecke wertvolle Bezeichnung empfohlen,
die ich hiermit dankbar dem Sprachgebrauch überliefere!«

Der geistvolle Mann war kein anderer als Alfred Freiherr von Berger (1853–1912), der Wiener Hofburg-Theaterdirektor.

JUDE *Es geht hier zu wie in einer Judenschule:* hier herrscht ein lautes, lärmendes Durcheinander. – Bei den rechtgläubigen Juden führt die Synagoge den Namen »Schule«. Als Verdeutschung für Synagoge ist »Judenschule« seit dem 14. Jahrhundert im Deutschen bezeugt. In seiner »Umgangssprache« führt H. Küpper (Claassen-Verlag, Hbg.) den Lärm in der Judenschule darauf zurück, daß »in ihr nicht nur der Gottesdienst abgehalten, sondern auch die Jugend in Hebräisch, Religion, Rechnen und Schreiben unterrichtet wurde«. Im übertragenen Sinne ist die Redensart in keineswegs abwertender Absicht, sondern lediglich zur Beschreibung eines unverständlichen Stimmengewirrs seit dem 18. Jahrhundert gang und gäbe, so bei Gottfried August Bürger (1747–1794):

Auf Welsch, Französisch und Latein,
gleich einer Judenschule.

Nur keine jüdische Hast! Nur keine übertriebene Eile! – Man sagt den Juden eine große Geschäftstüchtigkeit und Schnelligkeit bei Verhandlungen und Geschäftsabschlüssen nach. Seit der Mitte des 19. Jahrhunderts.

Haust du meinen Juden, hau' ich deinen Juden! Wörtliches Zitat aus dem 1841 erschienenen Lustspiel »Der Datterich« (6. Bild, 1. Szene) des hessischen Heimatdichters Niebergall. Die nach einer Geschichte des »Schatzkästleins« von Johann Peter Hebel (1760–1826) über die beiden von Ellwangen nach Dinkelsbühl fahrenden Postillione (Schwager!) von dem einen Postillion gebrauchten warnenden Worte: »Du sollst meinen Passagier nicht hauen oder ich hau' deinigen auch!« wurden vom Volksmund so verformt, wie es Niebergall in seinem Lustspiel – allerdings in Darmstädter Dialekt – sagen läßt: »Haagste mein Judd, da haag ich dein aach!«

JUNG, JUNGFRAU *So jung kommen wir nicht wieder zusammen:* Redensart zur Verlängerung eines gemütlichen Beisammenseins.

Ich bin dazu gekommen wie die Jungfrau zum Kind: nämlich auf geheimnisvolle Weise! — Die Jungfrauengeburt geht von der Vorstellung aus, daß außergewöhnliche Menschen auch in außergewöhnlicher Weise gezeugt wurden. So soll etwa Alexander d. Gr. (356—323 v. Chr.) von einem Blitzstrahl empfangen worden sein. Besonders die griechische Religion betonte die Jungfräulichkeit der Mütter großer Persönlichkeiten. Die katholische Kirche hält am wörtlichen Verständnis der Jungfrauengeburt fest und hat dieses im Zweiten Vatikanischen Konzil 1964 ausdrücklich bekräftigt. — Der Volksmund scheint da anderer Ansicht zu sein: wenn einer sagt, er sei dazu gekommen, wie die Jungfrau zum Kind, will er ausdrücken, ihm sei die Sache völlig unerklärlich!

Er saß da wie eine Jungfrau, die auf die Hochzeit wartet: mit dem auffallenden Ausdruck großer Erregung und nicht zu verbergender Ungeduld.

Der Jungfernbraten entstand aus einem Mißverständnis und hat mit der Jungfrau nichts zu tun. Es muß heißen: Jung-Farah-Braten und farah ist althochdeutsch das Ferkel. So ist z. B. der knusprige Spanferkelbraten ein Jungfernbraten.

Vom vielen Probieren werden Jungfrauen rar: muß der Autor das noch erklären?

KANEEL *Auf den Kaneel aufpassen:* eine teure Sache streng behüten, bewachen. — Kaneel ist die niederdeutsche Form für das sehr kostbare Gewürz *Zimt.* Die europäische Kulturwelt hat die Gewürzrinde von der Südsee her kennengelernt. Die feinste Zimtsorte stammt jedoch aus Ceylon. Sie ist hellbraun, zeigt splittrigen Bruch, schmeckt süßlich und feurig gewürzt. Der angenehme Geruch rührt vom Zimtöl. Über die romanischen Sprachen kommt *Kaneel* (lat. canna = Rohr) zu uns, das für Stangenzimt wesentlich in Norddeutschland gilt. Wenn die Gewürzschiffe in norddeutsche Häfen einliefen, wurden beim Löschen der Schiffe extra Aufseher eingesetzt, die *auf den teuren Kaneel aufpassen* mußten!

Auf dem Kien sein: höllisch aufpassen, auch vorsichtig sein. – Vom englischen to be keen on a thing = auf etwas scharf sein, es begehren (keen: vergleichbar dem dt. kühn) wird es in Berlin zu: *uff'n Kien sein.* – Im Rotwelschen, also in der Gaunersprache, hat *Zimt (so ein Zimt, der ganze Zimt!)* eine Bedeutungsverschlechterung erlitten, weil es dort ursprünglich Gold hieß, das Gold aber zu oft gefälscht wurde. So wird aus: *mach' keinen Zimt!* = du bist ein Fälscher! *Die Zimtzicke* ist entsprechend das minderwertige Weib.

KARTOFFEL   *Er wird dich fallen lassen wie eine heiße Kartoffel:* er wird dich *kaltstellen,* ausstoßen, entlassen, absetzen, verjagen. – Wie man eine heiße Kartoffel nicht lange in der Hand halten kann, so sicher ist es auch, daß du *den Laufpaß bekommst!*

Rin in die Kartoffeln, raus aus den Kartoffeln! ruft man aus, wenn die bisher gültige Arbeitsanweisung durch eine genau zuwiderlaufende ersetzt wird; wenn es erst so und dann wieder umgekehrt heißt: hott und hü! (rechts und links). – Hier haben wir den äußerst seltenen Fall, daß sogar der Urheber der Redensart bekannt ist. Es war Friedrich Wülfing, der 1881 in den »Fliegenden Blättern« (Nr. 1885) eine Karikatur mit Text veröffentlichte, worin im Manöver vom Kommandeur befohlen wird, daß eine Truppe in einen Kartoffelacker einzurücken hat, während bald darauf der Befehl kommt, daß der Kartoffelacker zur Vermeidung von Flurschäden wieder zu räumen ist.

Kartoffeln gehören in den Keller – nicht in den Bauch!

ermahnt die fürsorgliche Hausfrau bei Tisch den Ehemann, der gerade dabei ist, eine riesige Portion Kartoffeln auf seinen Teller zu laden, um sich einen schönen Kartoffelbauch anzufuttern.

Wenn wir dich nicht hätten und keine kleinen Kartoffeln, müßten wir dauernd große essen! Ironisches Lob für unerwünschten Ratgeber.

Das Bratkartoffelverhältnis ist die Bindung einer Frau zu einem Manne, der sich von ihrer guten Küche mehr angezogen fühlt als von ihrer Liebe!

KASSE *Jemanden zur Kasse bitten:* jemanden zwingen, eine alte (auch vorgetäuschte) Rechnung zu begleichen oder irgendeine gewünschte Handlung vorzunehmen. — In der politischen Umgangssprache der Gegenwart beliebte Wendung für Forderungen eines Staates gegen einen anderen; damit müssen die Ansprüche keineswegs gerechtfertigt sein. Man wird bildlich zur Kasse gebeten, um zu zahlen oder um irgend etwas zu tun. Auch auf Einzelpersonen angewendet.

KASTE, KASTEN *Hier herrscht ein übler Kastengeist:* hier regiert ein engstirniges und engherziges Standesbewußtsein, das jeden, der nicht zur engeren Gemeinschaft gehört, als minderwertig ansieht. — Hergeleitet vom portugiesischen Wort casta = Stamm. Die portugiesischen Eroberer Ostindiens teilten das einheimische Volk in bestimmte Kasten ein: Priester, Krieger, Ackerbauern und Parias, auch die Unberührbaren genannt, weil sie unreine Arbeit zu verrichten hatten und daher auch als unrein galten: sie waren die Ausgestoßenen, die Entrechteten, die Verdammten.

Etwas auf dem Kasten haben: sehr gescheit sein. Kommt aus zwei Quellen: einmal vom Hirnkasten, der mit guten Ideen angefüllt ist (ironische Beleuchtung: Es nützt nichts, eigene gute Ideen zu haben, man muß auch *unfähig* sein, sie auszuführen!) Zweitens vom elektrischen Klavier, das immer als »alter Kasten« bezeichnet wird. Das elektrische Klavier hat meistens sehr viel »auf dem Kasten« (früher viele Walzen, heute viele Lochkarten).

KATZE *Verschwinden wie Schmidts Katze:* sogleich Reißaus nehmen. — Schmidt ist wie Müller ein in Deutschland sehr verbreiteter Sammelname. Schmidts Katze ist also jedermanns Katze. Sie verschwindet rasch, wenn ihr etwas Unangenehmes widerfährt. — *Katzbalgen* = sich prügeln ist seit 1500 bekannt. Geiler v. Kaisersberg (1509): »sie lugent üch beiden zu, wie ir einander beißent und katzbalgent.« Das *Katzbalger* war ein kurzes Schwert, eine Nahkampfwaffe, die entweder im Katzbalg (Tornister der Landsknechte aus Katzenfell) oder im gesonderten Beutel aus Katzenfell getragen wurde. Es wurde dann gebraucht, wenn der Spieß im Nahkampf seine Wirkung verfehlte. — *Katzelmacher* ist der österreichische Scheltname für den Italiener. Das Wort ist eine Verderbung von Kesselmacher. Die herumziehenden italienischen Kesselflicker wurden, ähnlich wie die Zigeuner, als Landstreicher angesehen. Das Wort Kessel kommt vom lateinischen catinus = Napf. Davon leitet sich wieder das italienische cazza = Rührlöffel ab. So wurde die schweizerische und österreichische Bezeichnung Gatzen oder Gätzi für Schöpfkellen gebildet, mit denen die Italiener ebenfalls hausierend herumzogen. Das Wort Katzelmacher war also ursprünglich kein Schimpfwort, sondern eine sachliche Feststellung des Gewerbes der italienischen Holzlöffelmacher. Es bekam erst verächtlichen Charakter, als das herumziehende Volk den Einwohnern lästig wurde. *Katzbuckeln* ist nach Katzenart einen krummen Rücken als Zeichen unterwürfiger Schmeichelei machen.

KAUDERWELSCH *Sie sprechen ein furchtbares Kauderwelsch:* sie radebrechen (K s. RAD). — Der Begriff des

Welsch-Sprechens ist für das Volk mit dem italienischen Krämer, dem fremden Händler, verbunden. Deshalb ist das Kauderwelsch berechtigt auch Rotwelsch — Gaunersprache — genannt worden. »Kaudern« heißt Zwischenhandel treiben; die »kauderwelschen Lamperter« sind die Geldwechsler aus der Lombardei. — Unser Ausdruck bekam aber noch einen Nachschub aus der Schweiz: er bezog sich nämlich auf die schwerverständliche Sprache der Rätoromanen aus dem Rheintal Chur. Der Ortsname Chur lautet im Tirolischen Kauer. Über »kauerwelsch« entwikkelte sich dann ebenfalls »kauderwelsch«.

KAVALIER *Er ist ein Kavalier alter Schule:* er ist ein ritterlicher Herr mit den besten Umgangsformen und einem vornehmen Charakter. — So Bismarck über Kaiser Wilhelm I. (Erinnerungen, 2. Bd. Cotta, S. 317, 1921): »Er war ein gentleman ins Königliche übersetzt, ein Edelmann im besten Sinne des Wortes, der sich durch keine Versuchung der ihm zufallenden Machtvollkommenheiten von dem Satz noblesse oblige (Adel verpflichtet, d. A.) dispensiert fühlte: sein Verhalten in der inneren wie in der äußeren Politik war den Grundsätzen des *Cavaliers alter Schule* und des normalen preußischen Offiziersgefühls jederzeit untergeordnet.« — Kavalier kommt vom französischen cavalier = Reiter, Ritter, denn in ihm steckt das mittellateinische Wort caballus = Pferd.

KAVENTSMANN *Er ist ein toller Kaventsmann:* er ist ein Prachtexemplar. — Der Kaventsmann kommt vom lateinischen cavere d. i. sich hüten, bürgen. »CAVE CANEM« war die an vornehmen römischen Villen in farbigen Mosaiksteinen angebrachte: Warnung vor dem Hunde! In der Volksmeinung ist der Kaventsmann reich und mächtig, gleichsam ein Prachtexemplar; aber der Seemann muß sich vor ihm hüten, wie man sich eben manchmal vor reichen und mächtigen Männern hüten muß, denn »Kaventsmann« ist die Bezeichnung der Seeleute und Ozeanographen für einen Wellenberg, der entsteht, wenn aus zwei verschiedenen Richtungen anbrandende Wellen (sogenannten Kreuzseen) aufeinanderprallen und sich vereinen. Gewöhnlich sind Kaventsmänner um 60 % höher als die Wellen, aus denen sie sich bilden. Wie gefährlich sie aber werden können, zeigt das Beispiel vom 23. Februar 1967 bei Helgoland, als ein besonders hoher Kaventsmann, von etwa 18 m Höhe, vornüberschoß und dabei Tausende Kubikmeter Luft einschloß. Die Wassermassen komprimierten die Luft, bis der Gegendruck so stark wurde, daß die Riesenblase explodierte und dabei mehrere hundert Tonnen Wasser über 50 Meter hoch senkrecht in die Luft schleuderte. Die Wasserwand zerfetzte die Besatzung des deutschen Rettungskreuzers »Adolph Bermpohl« mit seinem Kapitän Paul Denker. Der unsinkbare Rettungskreuzer wurde am Morgen nach der Katastrophe mit laufenden Motoren menschenleer treibend in der See gefunden.

KREUZ *Ihr werdet noch zu Kreuze kriechen:* ihr werdet nachgeben, euch demütigen. — Johann Fischart (1546 bis 1590), der größte deutsche Satiriker des 16. Jh.s, schreibt 1588: »Maria hat befohlen, daß man auff den Karfreytag das creutz stattlich und andächtig, auff der erden, auf bloßen Knien herzu kriechend, solle anbeten.« Als eine Form strenger Buße befahl die Kirche des Mittelalters, am Gründonnerstag oder Karfreitag kniend zum Kruzifix hinzukriechen. Im übertragenen Sinne lesen wir bei Luther: »Zu Augsburg mußte ich mich demütigen, da meinete der Cardinal, ich kröche zu Creutze (durch Widerruf!) und rief schon Triumph!« Unserer Redensart liegt eine Entwürdigung des Menschen durch diese Handlung zugrunde. —*Es ist ein Kreuz mit ihm:* es ist eine dauernde Not mit ihm. — *Jemanden aufs Kreuz legen:* ihn ausbeuten, schröpfen, *ihm allerhand abknöpfen.* — Vom Ringkampf: wer aufs Kreuz gelegt wird, hat verloren. — *Drei Kreuze hinter ihm machen:* sich freuen, daß er weggeht.

KUH *Der Kuh das Kalb abschwatzen:* mit großer Beredsamkeit den anderen zu überzeugen versuchen. — In der Politik heißt: *die heiligen Kühe opfern* (gemeint sind die heiligen Kühe in Indien) etwas sehr Unpopuläres tun. — *Der Kuhhandel:* um die Ministersitze wurde ein übler Kuhhandel getrieben; hergeleitet vom langwierigen Kuhhandel zwischen Viehhändler und Bauer. — *Dastehen wie die Kuh vorm neuen Tor:* etwas verdutzt betrachten, wie die Kuh, die abends von der Weide auf den Bauernhof zurückkehrt und das neue Tor bestaunt, das der Bauer inzwischen errichtet hat. Zu der Redensart *Das geht auf keine Kuhhaut* (K s. KUH und SÜNDE) ist zu bemerken, daß im Königreich Hannover noch im Jahre 1859 Verbrecher auf einer Kuhhaut zum Richtplatz geschleift wurden. Hier der »Artikel 9 des Criminal-Gesetzbuches für das Königreich Hannover vom 8. 8. 1840«: »Wer zum Tode verurteilt worden ist, soll mittels des Schwertes enthauptet werden. Wenn das Gesetz geschärfte Todesstrafe bestimmt (bei Hochverrat und Verwandtenmord), so soll der Verbrecher auf einer Kuhhaut zum Richtplatz geschleift werden.«

LATERNE *Jemanden oder etwas mit der Laterne suchen:* mühsam, mit Bedacht suchen. — Der griechische Philosoph Diogenes (412—323 v. Chr.) soll mit zynischem Lächeln geäußert haben: »Ich suche einen Menschen!«, als er am hellen Tage auf der Straße mit seiner brennenden Laterne angetroffen wurde. Dies berichtet Diogenes von Laërte (um 230 n. Chr). Daher Spiegelberg in Schillers »Räubern« (II, 3): »Lösch deine Laterne aus, schlauer Diogenes, du hast deinen Mann gefunden!« Es scheint unmöglich zu sein, selbst mit einer strahlenden Leuchte wahres Menschentum zu finden; das ist der Sinn dieser entsagungsvollen Redensart. Endlich verallgemeinert: Bezeichnung eines unnützen Tuns.

LEBERWURST *Er spielt die gekränkte (beleidigte) Leberwurst: er ist eingeschnappt* (wie das Schloß!), *man ist ihm zu nahe getreten.* — Die Leberwurst schlägt bei Wetter- und Luftdruckänderungen, besonders beim Gewitter, sehr schnell um, ist also äußerst empfindlich. Daher der Vergleich!

LEHRGELD *Laß dir dein Lehrgeld (Schulgeld) wiedergeben!:* du hast ja keine Ahnung; du bist völlig unwissend. — Das sagten schon wörtlich die alten Römer: PATREM TUUM MERCEDES PERDIDISSE (Du hast deines Vater Lehrgeld vergeudet), und der Vater mag sich damit getröstet haben, daß Bauernschläue mehr wiegt als bloßes Wissen und daß ein gesunder Esel im Leben weiter kommt als ein krankes Maultier. Fast scheint es, als ob *solche Binsenwahrheiten* schon oft bemüht wurden, denn als der lateinische Komödiendichter Terenz (195—159 v. Chr.) *die alte Leier* CANTILENAM EANDEM CANTARE und Cicero (106—43 v. Chr.) *das abgesungene Lied* DECANTATA FABULA verspotteten, waren diese absprechenden Urteile schon abgedroschene Redensarten oder wie Fritz Reuter (1810—1874) sagen würde *dat sünd olle Kamellen,* das sind alte Kamellen, das sind altbekannte Tatsachen. Der plattdeutsche Dichter erklärt die Wendung so: »Dat stammt sick von de Kamellenbleumen her, dei ock nich recht sihr för Bukweidag (Leibweh) helpen will, wenn sei äwerjährig worden sünd.« Auf hochdeutsch: das stammt von der Kamille, die auch nicht recht gegen Leibschmerzen mehr helfen will, wenn sie alt geworden ist. — Um nun noch einmal auf die römischen Schulbuben zurückzukommen, für die der Vater *das Lehrgeld zahlte* (eine Erfahrung teuer erkaufen, *durch Schaden klug werden*), so schrieben sie auf Wachstafeln ihre Buchstaben. Mit dem breiten Teil des Griffels glätteten die Schreibenden jeweils das Wachs, um eine saubere, gebrauchsfähige Schreibfläche zu erhalten. Wer im Leben *reinen Tisch macht* und Geschehenes beseitigen, ungeschehen oder unberücksichtigt lassen will, *macht heute* noch TABULA RASA, eine glatte Tafel oder *reinen Tisch!* Und wer als Schriftsteller eine sehr persönliche Note hat, sich auszudrücken, der *hat einen guten Stil:* mit diesem Wort bewahren wir heute noch die Erinnerung an den Griffel des kleinen römischen *ABC-Schützen,* denn Griffel heißt stilus.

LEIB *Das hält Leib und Seele zusammen:* von einer guten Mahlzeit gesagt. – Bei Luther: »Auf einen guten Bissen gehört ein guter Trunk, da kömpt Leib und Seele zusammen.« Von zwei Menschen, die in ihrem ganzen Denken, Fühlen und Handeln völlig übereinstimmen, sagt schon Geiler von Kaisersberg (1445–1510): *Sie sind ein Leib und Seele;* wir meinen aber auch: *sie sind ein Herz und eine Seele!* Dagegen: *er war mit Leib und Seele Soldat.* – Wenn wir über einen abfällig urteilen: *er ist mir so lieb wie Leibweh* (oder *Bauchweh*), *dann sehen wir ihn natürlich lieber gehen als kommen!* Aber wahrscheinlich gehört er zu der Sorte, *die einem dauernd auf den Leib* oder *auf die Pelle rücken,* d. h. *die einem die Bude einrennen,* die ständig persönlich erscheinen anstatt zu schreiben oder zu telefonieren. Die Pelle = Haut steht hier übrigens für die ganze Person. Sollte er seine Belästigungen endgültig einstellen, dann werde ich vor Freude und Überraschung närrisch oder von Sinnen sein, *dann werde ich ganz aus dem Häuschen sein!* Hier handelt es sich nicht um das Häuschen, in dem ich wohne, sondern um das »Häuschen« eines jeden Menschen, nämlich um den Leib, das Haus unserer Seele. Dieses Bild hat das Christentum geprägt, wie schon in einem alten Studentenlied die Gegenüberstellung von Priester und Arzt heißt: »Der schilt die sünd'ge Seele aus, und der flickt ihr verfallenes Haus.« War der Priester der

»*Seelenarzt*«, so galt der Humanmediziner als »*Leibarzt*«. Das war die allgemeine Bezeichnung im Mittelalter. Der festangestellte Arzt einer Stadt, den wir heute »Stadt-Medizinalrat« nennen würden, hieß z. B. 1492 in Worms »*Der Leibarzt von Worms*«. Heute ist »*Leibarzt*« der Titel für diejenigen Ärzte, die bei regierenden Fürsten oder anderen hochgestellten Persönlichkeiten tätig sind.

LINK, LINKS *Er ist ein ganz linker Vogel:* er ist ein unaufrichtiger Kerl. — Link kommt aus der Gaunersprache und heißt falsch, gefälscht, unrichtig. Der Vogel bezieht sich auf die *diebische Elster,* die eigentlich nicht diebisch ist, sondern sich nur gern blinkende Dinge aneignet. Es gibt im Rotwelschen viele Zusammensetzungen mit Link, der Linke, Linker, das Gauner, Betrüger, Fälscher, Verräter u. ä. bedeutet; so der Linkstappler, der mit falschen Papieren angeblich für wohltätige Zwecke sammelt, oder der Linkwechsler, der beim Geldwechseln stiehlt oder Falschgeld anbringt. *Das war eine ganz linke Sache von ihm:* das war sehr unanständig und gemein. Wenn jedoch ein Hochadliger *linker Hand geheiratet hat,* d. h. eine Unebenbürtige zur Frau nahm, so hat dieses »links« nichts mit dem Spitzbubenlatein zu tun, sondern mit *links* (D s. BEIN) *wie jemanden links liegen lassen* = *ihn schneiden,* nicht beachten, vernachlässigen. Gemäß den abergläubischen Grundsätzen ist »links« hier und immer die ungünstige Seite. Wenn einer *Linkser* ist, dann ist er Linkshänder. Ein *linkischer* Mensch ist ein unbeholfener. Er gehört *der äußersten Linken* im Parlament an. Er war ein besserer Redner als Boxer, denn er wurde in einem Entscheidungskampf *mit einer blitzschnellen Linken* des Gegners zu Boden geschickt. Im Zivilberuf war er *Linksanwalt,* das heißt *Winkeladvokat.* Hier haben wie ein hübsches Wortspiel zwischen Recht und rechts (Rechtsanwalt) in Gegenüberstellung zu links und linkisch. —

LOCH *Ein Loch zurückstecken:* sich mit weniger zufrieden geben, sich bescheiden, sich einrichten, *sich nach der Decke strecken,* sich einschränken. — Das Bild ist vom Gürtel genommen. Man schnallt ihn enger entweder um zu fasten, damit man dünner werde, oder weil *Schmalhans bei einem Küchenmeister* ist, d. h. weil man wenig zu essen hat. Früher sprach man auch vom *Schmachtriemen* (Schmacht ist das veraltete Wort für Hunger). Bei Reitern und Fuhrleuten wurde der Unterleib damit gegürtet, um ihn auf dem Pferde nicht so zu erschüttern, wenn der Magen leer war. So heißt den *Schmachtriemen umschnallen* oder *enger schnallen* »wenig zu essen haben.« Daher *ein schmächtiges Kerlchen* (verhungerter Jüngling); *Schmachtfetzen* für ein rührseliges Lied; *Schmachtlappen* für schlappen, feigen Bengel; die *Schmachtlocke* ist spöttisch die dem verliebten Jüngling ins Gesicht hängende Locke! *»Ich habe Schmacht«* = ich habe Hunger. — *Wo Schmalhans Küchenmeister ist,* müssen wir hungern. Hier wird ein wirklich existierender Familienname zur Personifikation des Hungers herangezogen. Beim Schmalhans müssen wir also *ein Loch zurückstecken,* d. h. den Dorn der Gürtelschließe ein oder mehrere Löcher zurücksetzen. Das gleiche tun wir — bildlich gesprochen — in jeder Beziehung, wenn wir uns einschränken wollen oder müssen. —

LOCKER *Nicht locker lassen:* nicht nachgeben. — Bei seinem reichen Onkel *einige Beträge locker machen:* Geld flüssig machen. — Merkwürdigerweise wird die Redensart *nicht locker lassen* von allen Sprachforschern auf den Reitsport zurückgeführt, als ob es eine ausgemachte Sache wäre, daß man ein Pferd immer nur mit straffen, scharf angerissenen Zügeln reitet, die man nicht locker lassen soll. Man kann auch *mit langen Zügeln reiten,* was auch wieder eine Redensart ist, die bedeutet, daß man jemandem keinen Zwang anlegt, ihn aufmerksam, höflich, ritterlich und zuvorkommend behandelt. Man kann auch ein Pferd *an der*

Longe laufen lassen, das ist im Reitsport eine sehr lange Laufleine, die nicht fest angezogen wird. *Nimmt man* im übertragenen Sinne *einen Menschen an die Longe*, dann beeinflußt man ihn sehr stark und führt ihn, wie die Frau ihren Mann, den sie an der Longe hat. Die Wendungen: *die Zügel halten, in der Hand haben, kurz halten, lang lassen* werden alle auf unser Leben übertragen; auch *die Zügel schleifen lassen*, was soviel bedeutet wie: vieles nachsehen. *Mit verhängten Zügeln reiten* ist mit hängengelassenen Zügeln, in gestrecktem Lauf reiten. Man kann auch dem Pferd *in die Zügel fallen*, um es plötzlich anzuhalten. Das gleiche gilt für das menschliche Leben, wenn man jemanden bremsen will. Im übertragenen Sinne kann man auch *die Zügel der Regierung ergreifen;* jemandem Zügel (Zaum und Zügel) *anlegen*. Wir können auch *unseren Leidenschaften, Begierden* und *Launen die Zügel schießen* lassen, d. h. ihnen freien Lauf gewähren, so beginnen wir *ein zügelloses Treiben*, Leben und Begehren, und dann wird es Zeit, daß wir *unsere Begierden zügeln*, d. h. man muß bei uns *die Zügel straff anziehen* —, aber dennoch kommt die Redensart *nicht locker lassen* (im Sinne von nicht nachlassen, nicht nachgeben) keinesfalls aus dem Reitsport! Sie ist vielmehr aus dem Vergleich mit dem angespannten Seil genommen, mit dem eine Last emporgezogen wird. Vornehmlich aus der Seefahrt, wenn der Anker mit dem *Ankerspill* (Ankerwinde) *gehievt* wird (eine Last hochziehen). Als das Ankerspill noch mit der Hand betrieben wurde (Gangspill), durfte der Seemann die Kette *nicht locker lassen*. Das Schiff wird durch das Gewicht der vielen Tonnen schweren Kette in Ankerposition gehalten. Ein Drittel der Kette geht vom Schiff bis zum Meeresgrund, zwei Drittel liegen auf dem Grund. Die Kette hat ein viel größeres Gewicht als der Anker. Wenn man also mit dem Spill ruckartig arbeitet, kann es passieren, daß die Kette bricht. Daher muß die Kette mit gleichbleibender Kraft, ganz kontinuierlich gehievt werden. Erstes Gebot also: *nicht locker lassen!* — eine Redensart, die im übertragenen Sinne auf alle Lebenslagen angewendet werden kann. Ein bekanntes Schweizer Sprichwort heißt: »Nüt luk lan!« (Nicht locker lassen).

LÖWE   *Er war der Löwe des Tages: er war der Held des Tages;* er wurde gefeiert. — Im Französischen wörtlich gleich »le lion du jour«, im Englischen einfach »the hero« — der Held. Der *Salonlöwe* (auch K s. LÖWE) ist der ele-

gante Frauenfreund, der in einer Gesellschaft dominiert, der den Frauen imponiert und den sie zugleich fürchten! Ein glänzendes Bild, ein wunderbarer Vergleich! — *»Gut gebrüllt, Löwe!«* Dieses Wort aus Shakespeares »Sommernachtstraum« rufen wir dem prahlerischen Redner im Parlament oder im Vereinssaal zu. Der *Löwe von Juda,* Ehrentitel Kaiser Haile Selassies I. von Äthiopien.

LYZEUM *Hinten Lyzeum — vorne Museum:* so kennzeichnet der Volksmund eine ältere, elegante Dame mit
guter Figur, die sich sehr jugendlich kleidet und daher von
hinten wie die Schülerin einer höheren Lehranstalt für
Mädchen (Lyzeum) und von vorne wegen ihres hohen
Alters wie eine Skulptur aus dem Antiken-Museum aussieht. Jakob Boßhart (1862—1924) hat für dieses Bild
einen liebenswürdigen Ausspruch: »Alter schützt vor Tor-
heit nicht: mit diesem Wort macht man sich über das Alter
lustig und bedenkt nicht, daß gerade die Fähigkeit, noch
Torheiten begehen zu können, ein Trost und eine Quelle
des Glücks für die Alten ist.«

MANN *Er ist ein gestandenes Mannsbild,* — auch *ein
gestandener Mann:* »ist das Gegenteil von einem Mus-
gesicht, einem Milchbart, einem Springinsfeld (auf ober-
bayrisch: ›Dutterer‹)«, sagt Franziska Bilek. »Ein gestandenes Mannsbild ist immer ein Mann über vierzig, etwas
Solides; er entspricht einem Platzhirsch. Der gestandene
Mann ist auch nicht mager — er ist ein fester Brocken, man
kann sich an ihn anlehnen, er wackelt nicht. — Wenn eine
heiraten möchte und erwischt ein gestandenes Mannsbild,
dann ist sie bei ihm besser aufgehoben als bei einem jungen Gockel!« Diese klassische Definition wollte ich meinen
Lesern nicht vorenthalten! Aber nun erhebt sich immer
noch die Frage, woher kommt das »gestanden«? Es ist
eben einer, der immer *seinen Mann gestanden,* der auch so
manches erfolgreich *durchgestanden* hat, bis er zu diesem
prächtigen Exemplar des härteren Geschlechts aufgeblüht
ist: dem *gestandenen Mannsbild!* — »Der Mann bildet und
erzieht die Welt, doch den Mann erzieht — — — die Frau«,
sagt der große spanische Dichter Cervantes.

MAUL, MUND *Er hat den Leuten aufs Maul geschaut:*
er hat ihre Sprache und damit ihr Wesen studiert und kann
nun mit ihnen reden wie mit seinesgleichen. — Eine Forderung Luthers, um sich dem einfachen Volke verständlich
zu machen. Dazu gehört für ihn vor allem auch die Kenntnis der Redensarten. Auf katholischer Seite war es der heilige Augustin, dessen Ausspruch: »Wenn nur das Volk uns
versteht«, ein geflügeltes Wort geworden ist. — Das
»Maul«, vom Tier auf den Menschen übertragen, hatte früher noch nicht die minderwertige Bedeutung des Unflä-
tigen und Ungesitteten wie heute. Wenn man jetzt von
einem *losen,* einem *ungewaschenen* oder einem *frechen
Maul* spricht, so sind das schon harte Ausdrücke. Noch
härter aber klingt es, wenn man, um einen boshaften
Schwätzer zu brandmarken, ausruft: *Dessen Maul muß
noch besonders totgeschlagen werden, wenn der mal stirbt!
Ich mag aber dieses häßliche Wort nicht in den Mund nehmen.* Ich werde sogar *den Finger auf den Mund legen,* zum
Zeichen, daß geschwiegen wird. *Du nimmst mir das Wort
aus dem Munde* (ich wollte eben dasselbe sagen wie du).
Das Essen bei unserem Nachbarn *mundet mir.* Er scheint
aber geizig zu sein, denn es kam mir vor, als ob er uns *die
Bissen in den Mund zählte.* Da war eine Tante eingeladen,
die hatte ihren Mund zu Hause gelassen (sie schwieg immer); während die Gastgeberin *ein flottes Mundwerk
hatte* und *jedem nach dem Munde redete.* Der Hausherr
hat mir übrigens mit einem fabelhaften Plan *den Mund
wässerig gemacht* (appetiterweckender Geruch von Speisen
bewirkt Absonderung aus den Speicheldrüsen: *so läuft
einem das Wasser im Munde zusammen,* d. h. einem wird
etwas verlockend geschildert). Er wollte mir sein Haus auf
Mallorca billig verkaufen. *Hoffentlich hat er den Mund
nicht zu voll genommen.* Der Berliner sagt in diesem Fall:
Dann hatte er *eine große Schnauze,* denn wer den Mund
vollnimmt, muß ja 'ne jroße Schnauze haben, sonst paßt
det nich' rin! Die Sache mit dem Hauskauf *ging schnell von*

Mund zu Munde (verbreitete sich rasch) und *ist nun in aller Munde!* (Alle reden darüber). Ja, ja! Beredter Mund geht nicht zugrund! —

MESSER *Sich mit Messer und Gabel umbringen* bedeutet zuviel essen und damit seiner Gesundheit so schaden, so daß man sich einem vorzeitigen Tod ausliefert und gleichsam Selbstmord begeht.

MICHEL *Der deutsche Michel* ist eine deutsche Nationalfigur, eine symbolische Gestalt wie Marianne für die

Franzosen, John Bull für die Engländer und Uncle Sam für die Amerikaner. — Michael war im Mittelalter als Taufname sehr beliebt und heißt laut Altem Testament (Daniel 10, 13): »Wer ist gleich Gott?«. Zufällig heißt Michel aber im Mittelhochdeutschen auch »stark« und »groß«. Das erkennen wir heute noch an Michelstadt im Odenwald, an Mecklenburg und Mögeltondern. Teils in einer Anwandlung von berechtigter Selbstkritik, teils durch Ironisierung des Auslandes wurde der Begriff des deutschen Michel abgewertet, weil sich erwies, daß sich Deutschland zu oft politisch übertölpeln ließ und ihm seine Auslandsvergötterung böse Streiche spielte. So entstand der tadelnde Beiname, den Sebastian Franck 1541 mit den Worten umreißt: »Ein rechter dummer Jan, der teutsch Michel.« Die Bedeutung schwankt aber in den Jahrhunderten wie ein Symbol des deutschen Nationalcharakters von einem Extrem ins andere. Um die Mitte des 17. Jahrunderts ist der »Teutsche Michael« oder der »*Michael Germanicus*« nämlich wieder ein hochangesehener Ehrenname. Dazu trug vor allem der heldenhafte Reiteroberst Hans Michael von Obentraut bei, der im 30jährigen Kriege die Unionstruppen siegreich führte und der 1625 von einer Kugel tödlich getroffen wurde. Er gab der Re-

densart den entscheidenden Nachschub. Im 18. Jahrhundert schwankt der deutsche Michel wieder zwischen dem tüchtigen Bauern und der Schlafmütze. Als Napoleon und der Wiener Kongreß Deutschland an den Rand des Abgrundes brachten, wird zwischen den Befreiungskriegen und der Revolution von 1848 der deutsche Michel mit der Zipfelmütze zur politischen Spottfigur, und diese Rolle hat er bis heute nicht aufgegeben.

MOHIKANER   *Das war der letzte Mohikaner:* z. B. die letzte Mark, die ich dir gab. — Freilich kann die Redensart ebenso auf alle möglichen anderen Sachen oder Personen angewendet werden. »Der letzte Mohikaner« ist auch die letzte Zigarette, die man raucht oder der letzte Gast in einem Hotel. Die Wendung ist der Titel eines Romans »The last of the Mohicans« des Amerikaners James Fenimore Cooper (1789—1851), der von Goethe hochgeschätzt wurde und dessen Indianerromane (Lederstrumpf) noch heute einen festen Bestandteil der internationalen Jugendliteratur darstellen. Von Cooper stammen auch die Redensarten *den Kriegspfad beschreiten, das Kriegsbeil begraben* und *die Friedenspfeife rauchen* (P s. FRIEDEN). Erfreulicherweise kann man noch den indianischen Namen des ausgestorbenen Stammes der Mohikaner genau übersetzen: er kommt von mo-hi-konnius und das heißt »gute Bootsleute«.

MUSIK   *Das ist Musik in meinen Ohren:* das ist für mich sehr erfreulich, *das ist Wasser auf meiner Mühle*, das kommt mir gelegen. — Der Dichter, Maler und Musiker E. T. A. Hoffmann (1776—1822) sagt »Wo die Sprache aufhört, fängt die Musik an«. Wenn also etwas besonders schön ist, vergleichen wir es mit der Musik: *die Nachricht ist Musik in meinen Ohren*, d. h. sie ist mir höchst willkommen. *Da liegt Musike drin,* meint der Berliner, wenn er zum Ausdruck bringen will: die Sache läßt sich hören

oder das klingt erfreulich wie Musik. Freilich ist nicht jeder Mensch ein Musikliebhaber. Manchmal kann er die gute von der schlechten gar nicht unterscheiden, denn *wat dem einen sin Uhl, is dem annern sin Nachtigall* (was dem einen seine Eule, ist dem anderen seine Nachtigall, heißt es im Plattdeutschen). Einige lehnen Musik ganz und gar ab. Auf sie münzt Wilhelm Busch: *Musik wird oft nicht schön gefunden, weil sie stets mit Geräusch verbunden.* Sie können sich einfach nicht auf die elysäischen Höhen Beethovens schwingen, von dem das stolze Wort stammt: *»Musik ist höhere Offenbarung als alle Weisheit und Philosophie«.* — *Er hat einen musikalischen Hinterkopf*, sagt man von einem, der einen wohlgeformten, ausladenden Hinterkopf hat, weil die Volksmeinung von der falschen Annahme ausgeht, dort sei im Hirnkasten der Sitz der Musikalität. — Sei der Erfindung des Rundfunks leidet die Menschheit in zahllosen Lokalen und Hotels der Welt unter einer dauernden *Musikberieselung.* Man müßte den

Gastwirten und Hotelbesitzern mal ordentlich *den Marsch blasen* (K s. MARSCH). Jedoch mit Grobheiten kommt man hier nicht zum Ziel. Auch in diesem Fall gilt der Grundsatz: *der Ton macht die Musik!* Vermutlich haben die Verantwortlichen ein Einsehen, wenn sie diese Zeilen lesen. Aber das ist vielleicht noch *Zukunftsmusik!*

NARR *Einen zum Narren halten:* ihn foppen, aufziehen, ihn zum besten haben. — Die ursprüngliche Bedeutung ist, ihn *als Narren* halten (unterhalten). Die Geschichte der Narren ist so alt wie es Herrscher und Höfe gibt. Schon beim griechischen Schriftsteller und Feldherrn Xenophon (430—354 v. Ch.) kommt in seinem »Symposion« ein Spaßmacher vor. Im Rom der Kaiserzeit gehörten die Scurrae (Possenreißer; auch Schmarotzer) zum Bild von den Tafeln der Großen. In Deutschland hört man zur Zeit der Kreuzzüge zuerst von berufsmäßigen Narren. Bekannte Vertreter ihrer Zunft waren Kunz von der Rosen bei Maximilian I. (1493—1519) und Klaus von Ranstat bei Kurfürst Friedrich dem Weisen (1486—1525), dem Gründer der Universität Wittenberg. Vom 16. bis zum 18. Jahrhundert ernannten sogar einzelne Herrscher geistreiche und zugleich witzige Gelehrte zu ihren Hofnarren wie Professor Taubmann am sächsischen Hofe mit der launigen Amtsbezeichnung »Kurzweiliger Rat« und den Staatsmann und Historiker Jakob Paul Freiherr von Gundling, den König Friedrich Wilhelm I. (1713—1740) am preußischen Hof *zum Narren hielt.* Gundling war Universitätsprofessor, Zeitungsreferent (heute: Pressechef!) des Königs, Hofrat, nach Leibniz Präsident der Akademie der Wissenschaften und Mitglied des berühmten Tabakkollegiums. Wegen seiner ungewöhnlichen Trunksucht wurde er bei Potsdam in einem Weinfaß begraben. — Die Hofnarren der früheren Zeit trugen eine auffällige Kleidung: auf ge-

schorenem Kopf die Narrenkappe mit drei Eselsohren und
einem Hahnenkamm, einem ausgezackten roten Tuchstrei-
fen, der von der Stirn bis zum Nacken lief; um den Hals

einen breiten Kragen und an Kappe, Gürtel, Ellenbogen,
Knien und Schuhen Schellen, um die Aufmerksamkeit auf
sich zu lenken. »Dem Narrenkönig gehört die Welt«, sagt

Schiller in der »Jungfrau von Orleans«, und deshalb braucht der Narr auch ein Zepter, das von einem Narrenkopf mit herausgestreckter Zunge gekrönt war. Die Tradition der Narrenkleidung und des närrischen Treibens wird heute noch in den Karnevalsvereinen von Mainz, Köln, München, Aachen und anderen deutschen Städten und Dörfern bewahrt. Der Hofnarr mußte witzig und hart im Austeilen und Einstecken von ironischen Hieben sein. Er hatte daher absolute *Narrenfreiheit*, d. h. er durfte wegen seiner Angriffe nicht bestraft werden. Diese Redensart gilt immer noch, weil wir auch heutzutage — zwar keine Hofnarren mehr — aber doch in jedem Betrieb mindestens einen haben, dem wir wegen seines Witzes und seines flinken Mundwerks Narrenfreiheit vom Chef bis zum letzten Mann gewähren. Ja, manchmal haben wir sogar *einen Narren an ihm gefressen*, d. h. in törichter und fast lächerlicher Weise für einen oder etwas eingenommen sein. Der Volksglaube geht dahin, daß ein unentwegt alberner Mensch tatsächlich einen kleinen dämonischen Narren in seinem Leib stecken hat. Solch einer *kann uns* natürlich auch *am Narrenseil führen*, d. h. zum besten haben. Die alte Vorstellung geht davon aus, daß ein Narr vom Teufel oder von der Frau Minne (Venus) am Seil dahingezogen wird. In Brants »Narrenschiff« hält auf einem Holzschnitt die Venus einen Esel, einen Affen und drei Narren am Seil.

NEST *Sich ins warme (oder: gemachte) Nest setzen:* günstig einheiraten. — *Das eigene Nest rein halten,* keine unsauberen Dinge in der eigenen Familie begehen. Das Gegenteil: *das eigene Nest beschmutzen:* über seine eigene Familie, seinen eigenen Wirkungskreis schlecht reden. *Ins Nest gehen* = ins Bett gehen. Das Nest im Sinne von eigener Wohnung wird vielfach angewendet, aber umgangssprachlich auch als kleiner Ort angesprochen: *ich bin lange in dem elenden Nest herumgelaufen,* bis ich das Haus fand! Freilich kann Nest auch Schlupfwinkel sein: als man sie verhaften wollte, *war das Nest leer!* — In einer behaglichen Familie hat man, um im Bilde zu bleiben, meistens *ein warmes Nest;* einem Waisenkind *fehlt* daher *die Nestwärme!* Die jüngsten Kinder nennt man gern: *Nesthäkchen, Nesthocker* oder *Nestküchlein,* weil sie noch nicht

ausfliegen. *Sein Nest bauen* für »sich eine eigene Wohnung einrichten« ist ein hübscher Vergleich, der auch in der klassischen Operette von Emmerich Kálmán »Die Csárdásfürstin« vorkommt: *»Machen wir's den Schwalben nach, bau'n wir uns ein Nest!«*

NETZ (auch K s. NETZ)
Wir arbeiten ohne Netz: wir arbeiten mit allem Risiko. — Die Wendung ist aus der Artistik von den Salto-mortale-Springern (gefährlicher Kunstsprung) und Seiltänzern genommen, die manchmal auch ohne Netz arbeiten und damit die Gefahren noch erhöhen. Die Redensart ist in neuerer Zeit sehr verbreitet und wird auf alle möglichen Gebiete bezogen. Auch in Rundfunk und Fernsehen. *Wir arbeiten ohne Netz* heißt da: wir senden direkt (live), ohne Aufzeichnung.

NOTEN *Er hat den Bengel nach Noten verprügelt: er hat ihn gründlich vermöbelt.* — Die Einführung der musikalischen Notenschrift wurde vom einfachen Volk sehr bestaunt (13. Jh.). Das Volk sang seine eigenen Lieder nämlich nach musikalischem Gehör. So hat man das Singen »*nach Noten*« als Zeichen des korrekten, wahren Gesanges bewundert. Darum heißt es in einer spätmittelalterlichen Predigt auf das Fest Allerheiligen: »Sie (die musizierenden Engel) singen nach den noten vor gottes throne alleluia!« Was sich nach Noten richtet, folgt einer bestimmten Regel, einer genauen Vorschrift, ist also regelrecht; daraus folgte für unsere Wendung die Bedeutung von »tüchtig, ausgezeichnet, gründlich, sehr«. Man kann *nach Noten schimpfen,* man kann aber auch *sich nach Noten* betrinken, denn wer etwas nach Noten tut, bei dem geht alles sicher und geläufig: das weiß der Sänger am besten!

NUMMER *Bist du mit dieser Nummer noch frei?* Scherzhafte Wendung gegenüber jemanden, der durch Ungeschicklichkeit irgendetwas verpatzt und dadurch einer komischen Nummer im Zirkus nahekommt — der z. B. mit dem Hosenträger an einer Türklinke hängenbleibt oder über seinen eigenen zu langen Mantel stolpert. — *Eine Nummer zu groß leben* heißt *auf großem Fuße leben.* Eine merkwürdig schillernde Redensart ist aber: *eine Nummer zu klein leben.* Sie hat gleich zwei verschiedene Bedeutungen. Sie kann einmal »arm«, ein anderes Mal »eitel« heißen. Wer eine Nummer zu klein lebt, der lebt in kargen, beengten und bedrängten Verhältnissen. Es kann aber auch bedeuten, daß er eitel ist. Er kauft sich nämlich Schuhe, die kleiner als seine Füße sind, wofür der Volksmund schlagfertig die beiden Wendungen bereit hält: *Oldenburger Plattfüße und Pariser Schuhe!* oder auf hessisch: *Meenzer* (Mainzer) *Stiefelscher und Mombacher Fies* (Füße)!

OHR *Er hatte seine Ohren auf Durchzug gestellt:* er war zu faul zuzuhören oder er wollte nicht zuhören. – Ein köstlich plastisches und humorvolles Bild: beide Ohren als Entlüfter gedacht. Wenn die Klappen auf sind, gibt es Durchzug. Ähnlich der Redensart *etwas zu einem Ohr herein und zum anderen herauslassen* (K s.. OHR), die nur schwerfälliger als unsere Wendung ist.

Jemandem in die Ohren blasen: jemandem in den Ohren liegen (dauernd auf ihn einwirken), um einen schlimmen Einfluß auf ihn auszuüben. – *Diese tückische Ohrenbläserei* im *Kampf um das Ohr* einer hochgestellten Persönlichkeit prangert schon Bismarck in seinen Erinnerungen an (Cotta, 1919, 3. Bd., S. 143), als Kaiser Wilhelm II. Bismarcks Politik für zu »russenfreundlich« hielt: »Mein Sohn fragte, was russenfreundlich heiße? Man solle ihm politische Aktionen bezeichnen, die *zu* russenfreundlich, das heißt als für unsere Politik nachteilig seien. Unsere auswärtige Politik sei ein durchdachtes und sorgsam behandeltes Ganzes, welches die Amateur-Politiker und Militärs, die Sr. Majestät *in die Ohren bliesen,* nicht übersähen«. *Der Ohrenbläser* = heimlicher Aufhetzer, Zuträger. – Ein *Schlitzohr* ist ein gerissener Bursche, ein Gauner, ein Betrüger, dem man im Mittelalter zur Strafe die Ohren schlitzte. So grausam ist man heute nicht mehr. *Man gibt ihm eine Ohrfeige.* Der Ausdruck kommt aus dem Niederländischen und bedeutet »Ohrschlag«, von veeg = Hieb, Streich in humorvoll-ironischem Anklang an eine gespendete süße Feigenfrucht gebildet. Freilich kann man das Schlitzohr auch vor Gericht stellen und es *verknacken* (verurteilen) lassen (K s. VERKNACKEN). Verbrecher sagen auch *verknaxen:* gauneretymologisch (vom Ursprung her) wird es mit *einem Knacks weghaben* = »krank sein« gleichgestellt. Wenn der Spitzbube also dann hoch verknackt wird, so ist ihm das Urteil keineswegs *ein Ohrenschmaus (Musik in seinen Ohren),* sondern er wird vor Schreck *mit den Ohren schlackern,* wie ein Hund, der Flöhe in den Ohren hat.

OSKAR *Er war frech wie Oskar!* unverschämt, unverfroren, anmaßend. — Hier handelt es sich um eine Tauto-
logie, d. h. die Wiedergabe des gleichen Sachverhalts in
einer Wortgruppe (ein weißer Schimmel!), denn ein »Osso-
ker« ist schon ein Frecher, vom Jiddischen ossik = frech,
verhärtet.

ÖSTERREICH *Das ist der Dank vom Hause Österreich*
(auch: *vom Hause Habsburg*)! In »Wallensteins Tod« läßt
Schiller (II, 6) den bitter lachenden Oberst Buttler höhnisch rufen: »*Dank vom Haus Östreich!*« als ihn Octavio
Piccolomini daran erinnert, daß er sich »durch vierzig-
jährige Treu verdient um Östreich« gemacht habe. Der
Dichter J. W. Zincgref (1591—1635) klagt in einer Flug-
schrift hinsichtlich des Hauses Pfaltz: »Ist das der Dank,
den es von Österreich zu gewarten, vor die demselben er-
wiesene vielfaltige, unvergütliche Wolthaten?« Auch Elisabeth Charlotte Herzogin von Orléans (Liselotte von der
Pfalz, 1652—1722), bedauert in ihren Briefen: »Daß oste-
reichsche hauß hatt daß, sie seindt nicht dankbar.« — Das
Schillerwort wurde von dem Führer der gemäßigten Alt-
liberalen Georg Freiherrn von Vincke (1811—1875) durch
eine Rede in der 2. Kammer des preußischen Staates am
27. Februar 1863 volkstümlich gemacht. — Die Redensart
wird bei uns auch dann gebraucht, wenn es sich gar nicht
um Österreich handelt, wobei zu bedenken ist, daß die
Undankbarkeit nicht etwa schlechthin als österreichischer
Charakterfehler in unserer Wendung bezeichnet wird, sondern daß der Vorwurf ausschließlich auf das Haus der
regierenden Fürsten von Habsburg zielt! Und dabei ist
natürlich zu sagen, daß die Habsburger nicht die einzig
Undankbaren in der Welt sind. — Ein hübsches finnisches
Märchen macht dies deutlich: Im Himmel trafen sich alle
schönen Feen der Tugend. Da war die Fee Ehrlichkeit, die
Fee Güte, die Fee Barmherzigkeit, die Fee Unschuld, die
Fee Pflichterfüllung, die Fee Würde, die Fee Frömmigkeit

und wie sie alle hießen! Sie standen in einem Kreis und plauderten miteinander, aber plötzlich wandte sich die Fee Liebreiz an die Fee Dankbarkeit und meinte: »Wir kennen uns nun doch alle; aber wie merkwürdig, daß wir *Sie* noch nie *auf der Erde* getroffen haben!«

P, PEST *Da will ich ein großes P vorschreiben:* das will ich verhindern, verhüten; einen Riegel vorschieben, den Plan durchkreuzen. — Die Wendung ist aus der Zeit überliefert, als Pest und schwarze Pocken noch in Deutschland wüteten. An die verseuchten Häuser wurde ein großes P geschrieben. Daraus entwickelte sich dann die Bedeutung, jemanden vor einem gefährlichen Schritt warnen. Sebastian Franck meldet 1541: »Ich will ein P für das hauß schreiben!« Ähnlich auch die Redensart: *Sie wurden wie die Pest gemieden.* Am Giebel eines alten Fachwerkhauses lesen wir:

> Ich schrieb ein P vor mein Haus:
> Bleib du da drauß!

PHILIPPIKA *Er hat gegen sie eine Philippika gehalten:* er hat eine Strafrede gegen sie gehalten. — Mit Philippika bezeichnet man eine heftige Straf- und Angriffsrede. Der Ausdruck geht auf die berühmten Reden des großen griechischen Redners und Staatsmannes Demosthenes (384 bis 322 v. Chr.) gegen König Philipp von Mazedonien (382 bis 336) Vater Alexanders des Großen zurück, mit denen jener zur Verteidigung der athenischen Freiheit aufrief. Auch Marcus Tullius Cicero (106—43 v. Chr.), Roms größter Redner, richtete nach dem Vorbild von Demosthenes »Philippische Reden« gegen Marcus Antonius (14 orationes Philippicae).

PUDEL *Wie ein begossener Pudel dastehen* (oder: *abziehen*): sehr kleinlaut und beschämt vondannen gehen. — Den Anlaß zu dieser Redensart gab das komische Aussehen des sich vor Nässe schüttelnden Hundes. In Schillers »Räubern« sagt Spiegelberg: »Tausend Sakerment! Da hättest du den Kerl sehen sollen die Augen aufreißen und anfangen zu zappeln wie ein nasser Pudel.« Wie ein begossener

Pudel abziehen heißt mit schuldbewußter Miene davonlaufen so wie ein plötzlich durch Begießen naßgewordener Pudelhund flüchtet. — *Wenn man hinter eine Sache gekommen ist,* über die man lange Zeit im Zweifel gewesen ist, sagt man: *Das ist des Pudels Kern!* Das ist die Hauptsache vom Ganzen! Schöpfer des Ausdrucks ist Goethe im 1. Teil seiner Faust-Tragödie. Mephisto, der Teufel, hatte sich nämlich als schwarzer Pudel getarnt, ehe er in die Studierstube des Dr. Faust eintrat. Faust konnte sich anfangs die Unruhe des Tieres in seiner Nähe nicht erklären, bis sich der Pudel wieder in Mephisto verwandelte, worauf der Gelehrte ausrief: *»Das also war des Pudels Kern!«* Das Wort *pudelnaß* ist allerdings nicht vom Hund abgeleitet sondern umgekehrt. Pudel kommt von »Pfütze«, niederdeutsch Pudel, hochdeutsch Pfudel, pudeln = im Wasser plätschern. Der Pudel war der im 17. Jh. auf Wasserjagd abgerichtete Hund. *Pudelnaß* ist somit »naß wie aus der Pfütze gezogen«. — *Einen Pudel machen* oder *pudeln* hat die gleiche Bedeutungsverminderung durchgemacht wie »Bock« *(einen Bock schießen)*. Es bedeutet ursprünglich einen Fehlwurf im Kegeln machen, im übertragenen Sinne: einen Fehler begehen. Auch griechisch kyon und lateinisch canis (der Hund) waren in der Antike der schlechteste Wurf im Spiel. — *Pudelnackt* ist nackt wie ein geschorener Pudel. *Pudelnärrisch* ist ausgelassen wie ein übermütiger, spielerischer Pudel und *pudelwohl* fühlt man sich, wenn des Tages Lasten von einem genommen sind und man ausgestreckt im Sessel sitzt — mit einer guten Zigarre und einem frischen Bier versehen der Ruhe pflegt, das Pudelchen zu seinen Füßen.

QUARK *Davon verstehst du einen Quark:* davon verstehst du überhaupt nichts, darin bist du ein vollkommener Laie. — Gemeint ist der Quarkkäse, der ein billiges, volkstümliches Nahrungsmittel ist und wegen seiner Alltäglichkeit die Bedeutung von etwas Geringwertigem, Wertlosem, Nichtigem angenommen hat. In »davon verstehst du einen Quark« bekommt Quark die Note des Minderwertigen wie *Dreck, Mist, Pappenstiel* und *Pfifferling.* Man sagt auch: *Kümmere dich nicht um jeden Quark* oder *mische dich nicht in jeden Quark!* Seit dem 16 Jh. literarisch bezeugt. — Goethe war der Quark wichtig genug, um ihm im West-östlichen Divan ein Denkmal zu setzen:

Getretner Quark
Wird breit, nicht stark.
Schlägst du ihn aber mit Gewalt
In feste Form, er nimmt Gestalt.

RADFAHRER *Er ist ein ganz übler Radfahrer:* einer,
der den Vorgesetzten schmeichelt und die Untergebenen
schindet. — Wir leben im Zeitalter der Fotografie, des
Films, des Fernsehens und der Illustrierten. Kein Wunder,
daß unsere Gegenwart das Bild liebt wie keine andere Zeit
zuvor. Um unsere sprichwörtlichen Redensarten einprägsamer und schlagkräftiger zu machen, wurden sie — oft in
humorvolle — Bilder umgesetzt. Da soll z. B. die Lüge
angeprangert werden. Mit blassen Wendungen wie: »Lügen haben keinen Erfolg« oder »mit der Lüge scheitert
man« ist nichts anzufangen. Aber *Lügen haben kurze
Beine*! Das ist eine herrliche Karikatur! Die Lügen sind
plötzlich körperlich geworden. Mit ihren kurzen Beinchen
können sie keine großen Sprünge oder Schritte *machen.*
Sie wuseln, wimmeln und stolpern erfolglos dahin, und
ihr Bild hat sich tief in unser Gedächtnis gegraben. — Die
Motorisierung des Fußgängers begann mit der Erfindung
des Fahrrades, das der badische Forstmeister Karl Friedrich Drais Freiherr von Sauerbronn 1817 als lenkbare
»Laufmaschine« entwickelte. Daraus entstand das zwei-
rädrige, einspurige Fahrzeug, das der Fahrer mit eigener
Kraft durch Tretkurbeln fortbewegt. Uns interessiert aber
weniger die Geschichte des Fahrrades als das Bild, zu dem
es der deutschen Sprache verhalf und das ihr bislang fehlte:
zum *Radfahrer*! Welch ein vergnügter Genieblitz traf
jenen einfallsreichen Mann (oder war es eine geistreiche
Frau?), als urplötzlich vor dem geistigen Auge das Bild
eines Menschen auftauchte, der nach oben einen Buckel

macht und nach unten tritt, der seinem Chef *Honig ums Maul schmiert* und für seine Untergebenen und Abhängigen nur den Tritt in den Hintern als besondere Aufmerksamkeit bereit hält!! Das ist ein Sprachbild, das nach Maß gemacht wurde und *wie angegossen sitzt!*

RAHMEN *Diese Darbietung fiel ganz aus dem Rahmen:* sie paßte überhaupt nicht dahin, wich vom übrigen stark ab. — Auch hier wieder die große Neigung, alles mit einem Bild zu vergleichen, und wenn das nicht geht, muß wenigstens der Rahmen herhalten! Der historische Saal des Schlosses *gab dem Fest einen stilvollen Rahmen. Er hielt sich im Rahmen der ihm zugewiesenen Aufgaben.* Ein Thema jedoch lehnte er ab, weil er meinte, *es sprenge den Rahmen* einer Staatsprüfung. Anfangs *wollte er sich nicht in den hiesigen Rahmen einfügen* (in die hiesigen Verhältnisse nicht einordnen). Später sah er aber ein, *daß man im Rahmen bleiben muß. Wer immer im Bilde ist, fällt nicht aus dem Rahmen!*

RAND *Er hat seinen Rand weit aufgerissen:* er hatte eine ziemlich große Schnauze; oder er hat laut geprahlt. — Das Gegenteil ist: *den Rand halten* = schweigen. Rand gleich Lippen; steht für Mund. — Zu dieser Redensart eine Geschichte aus dem Berlin des Jahres 1891. Oberbürgermeister Forckenbeck schenkte im Auftrag der Stadt Berlin Kaiser Wilhelm II. für den Schloßhof einen Neptunsbrunnen von dem Bildhauer Reinhold Begas (1831–1911). Das Geschenk sollte an sich schon 1888 nach der Thronbesteigung des Kaisers dargeboten werden, war jedoch nicht fertig geworden. Um Seiner Majestät zu schmeicheln, hatte man in Blickrichtung auf eines seiner zeitlos geflügelten Worte wie »Unsere Zukunft liegt auf dem Wasser!« ein fast seemännisches Motiv für den Brunnen gewählt: ein großes Becken aus Marmor, auf dessen Rändern Nymphen als Symbole der großen deutschen Ströme saßen. Die Mädchen hielten die Hände so am Brunnenrand fest wie Schwimmerinnen, die eben aus dem Wasser aufgetaucht sind. In der Mitte des Beckens aber saß auf einem ragenden Felsenthron ein wilder Neptun mit dem Dreizack. Forckenbeck hatte mit diesem Geschenk durchaus kein Glück beim Kaiser, der sich durch den Gott des Meeres ironisiert und auf den Arm genommen fühlte. Außerdem kam das Geschenk um Jahre zu spät. So befahl er, den Brunnen nicht in einem der Schloßhöfe sondern vor dem Schloß an der Straße aufzustellen. Dadurch hatten die Berliner erst recht ihren Spaß an dem Kunstwerk. Wie ein Lauffeuer ging gleich eine neugeschaffene Redensart durch die Reichshauptstadt: »*Warum sind Sie denn so beleidigt? Ick hab' Ihnen doch keinen Brunnen jeschenkt!*« Der Brunnen selbst bekam in Anspielung sowohl auf den Namen des Oberbürgermeisters als auch auf Neptuns Dreizack den Namen »*das Forckenbecken*«. Die üppigen Nymphen aber hießen vom Tage der Aufstellung an »*die schweigsamen Jungfrauen*«, weil sie *Tag und Nacht dasaßen und den Rand hielten!*

REIM *Ich kann mir keinen Reim (Vers) darauf machen:* ich kann mir das nicht erklären; ich verstehe das nicht, wie ich auch keinen deutschen Reim auf »Mensch« kenne. — Der Reim entspringt einer Neigung des Menschen, mit seiner Sprache zu spielen; deutlicher: gleichklingende Sprachteile zusammenzufügen. Das beginnt schon in der Kinderzeit mit den Abzählversen oder mit dem gereimten Unsinn auf die Namen der Gespielen: »Walter, wenn er fällt, dann knallt er« oder »Hedwich, was du verlangst, das geht nich'«. *Reim' dich, oder ich freß' dich!* Diese Redensart in der Bedeutung »was sich nicht von selbst regelt, muß gewaltsam gelöst werden« ist der Titel einer satirischen Schrift von Gottfried Wilhelm Sacer (1635—1699), die 1673 in Nordhausen erschien, und in der die Unsitten der zeitgenössischen Dichtkunst kritisiert werden. Wir gebrauchen die Wendung noch heute, wenn wir schlechte Gedichte tadeln wollen. Reime haben eine lockende, provozierende Kraft. Aber darin liegt auch eine Gefahr: zuweilen vergewaltigt der Reim das Sprachgefüge, dann kommen uns auch die Redensarten zur Hilfe: *Wie reimt sich das zusammen?* für Dinge, die sich widersprechen, oder *was ist das für ein ungereimtes Zeug?* = was ist das für ein wirres, törichtes Gerede? — Besser hatte es Christian Morgenstern (1871–1914) in seinen »Galgenliedern«: »Das raffinierte Tier tats um des Reimes willen!«

REST *Jemandem den Rest geben:* ihn zugrunde richten. — Neben der in der KUHHAUT (K s. REST) gegebenen Erklärung kann noch eine zweite Quelle angenommen werden: das Wort »Rest« als Übernahme vom lateinischen restis = das Seil, der Strick. Gemeint ist der Strick für den Galgen, durch den der andere umkommt! — *Sich den Rest holen* = gefährlich krank werden; auch sich stark erkälten. *Das ist der Rest vom Schützenfest!* sagt man humorvoll zu seinen Gästen, wenn in der letzten Flasche nur noch ein schäbiger Rest ist.

RETOURKUTSCHE *Das war eine Retourkutsche:* das war ein billiges, läppisches Zurückgeben eines Vorwurfes oder eines Angriffs mit gleichen Mitteln. — Bei Fahrten mit Kutschen benutzte man früher gern dieselbe Kutsche für die Rückfahrt. Das war (genau wie heute) billiger. Außerdem ersparte man sich die Bestellung einer teuren Extra-Kutsche mit frischen Pferden. — Die Retourkutsche fährt — wie man sieht — auch heute noch, zum mindestens in unserer Phantasie als Redensart — seit Beginn des 19. Jahrhunderts.

ROHRSPATZ *Er schimpft (räsoniert) wie ein Rohrspatz*: er schimpft laut und mit lärmendem Wortschwall. — Der Rohrspatz (oder die Rohrammer) ist unserem Haussperling nicht unähnlich. Er hat nur einen dunkleren Kopf und ist ein unermüdlicher Sänger und Schwätzer im Rohr- und Weidendickicht. Unserem Jäger fällt er bei der Pirsch häufig auf die Nerven, weil der Rohrspatz blitzschnell reagiert und Warnrufe ausstößt. Der Volksmund hat sein pausenloses Rufen humorvoll als Schimpfen gedeutet. Die Redensart ist selbst aus dem 18. Jahrhundert belegt, so bei Bürger: »Sie schimpfte wie ein Rohrsperling, wenn man sie wollte necken.« Bei Wieland: »und wie ein Rohrspatz auf mich schimpfet«. (Pervonte, 2. Teil, Vers 56.) Und schließlich bei Bismarck (1. Bd., S. 186): »Sie werden wahrscheinlich sagen, daß ich aus Ärger, weil Sie nicht meiner Meinung sind, schwarz sehe und *räsoniere wie ein Rohrspatz!*«

ROM *Das sind ja Zustände wie im alten Rom!* Ironische Kennzeichnung eines unbeschreiblichen Zustandes von Verwirrung, Bestechung oder sexueller Verkommenheit. — Die catilinarischen Reden Ciceros (106—43 v. Chr.), die übrigens zum ersten Mal in der Geschichte von Tiro *mitstenographiert* wurden, entrollen ein wüstes Bild der Zeit. »O TEMPORA, O MORES!« »O Zeiten, o Sitten!« klagt der große Redner der Antike. Der wortkarge Historiker Cornelius Tacitus (55—120 n. Chr.) bestätigt das düstere Urteil und den Ruf Roms als Brutstätte der Schamlosigkeit: »In Rom fließen alle Sünden und Laster zusammen, um verherrlicht zu werden!« ROMAM CUNCTA UNDIQUE ATROCIA AUT PUDENDA CONFLUUNT CELEBRANTURQUE (ann. 15, 44). Der römische Satiriker Juvenal (47—130 n. Chr.) geißelt mit scharfem Witz und leidenschaftlicher Entrüstung den Sittenverfall in Rom zur Zeit Domitians; vor allem die zunehmende Verderbtheit der Frauen. Vergeblich hatte schon ein paar Jahrhunderte früher der Staatsmann und Historiker Cato (234—149 v. Chr.) gewarnt. Vor den Karthagern kapitulierte er nicht, aber vor den Frauen: »Sobald die Frauen anfangen, uns gleichgestellt zu sein, sind sie uns auch schon überlegen« (Liv. 34, 2). Cato war es auch, der am Schluß jeder Senatsversammlung sein berühmtes CETERUM CENSEO CARTHAGINEM ESSE DELENDAM aussprach: ich meine im übrigen, Karthago müsse zerstört werden; — weil die punische Hauptstadt unter anderem auf dem Weltmarkt auch in Wein und Öl herrschte. Als Rom hemmungslos verlotterte und versumpfte und von Stufe zu Stufe sank, war die freie Liebe so gang und gäbe geworden, daß nur noch besonders ausgefallene Skandale Aufsehen erregen konnten. Um die geistreiche Jedermanns-Freundin und Gattin des Antonius, Fulvia, die dem abgeschlagenen Kopf Ciceros die Zunge spaltete, und um Messalina, Kaiserin, Dirne und Bordellbesitzerin in einer Person, Gattin des Kaisers Claudius, die jede unbequeme Person ermorden ließ, ranken sich ganze Dickichte der Ausschweifung und Verkommenheit! — Die alleinige Schuld am Untergang Roms aber trifft nicht die Römerin sondern den Römer! Um wie vieles muß er lasterhafter und schamloser gewesen sein, wenn ihm solche Frauen gefielen?!

SALZ *Man muß erst einen Scheffel Salz mit ihm essen:* man muß lange mit jemandem zusammenleben, um ihn genau kennen zu lernen. — Ein Scheffel war früher ein deutsches Hohlmaß, das in den verschiedenen deutschen Königreichen und Herzogtümern (Preußen, Sachsen, Bayern, Hannover etc.) zwischen 30 und 300 Litern pro Scheffel schwankte (daher auch das Wort *scheffeln* für geizig zusammenraffen). Um mit einem Bekannten oder Freund einen Scheffel Salz zu verzehren, braucht man also eine geraume Zeit, denn unser Körper kann immer nur geringe Salzmengen vertragen, soll er nicht ruiniert werden. Mit der Wendung: *Wir haben noch keinen Scheffel Salz mit-*

einander gegessen weist man die plumpvertrauliche Anbiederung eines Unbekannten zurück. Die Wendung war schon in der Antike bei Cicero beliebt und ist bei uns im 14. Jh. in Heinrich von Wittenweilers (Dichter und Advokat in Konstanz) Epos »Der Ring« bezeugt: »Doch scholt du getrawen swach einem in vil grozer sach, hast du noch nicht mit im gessen ein vierding salz wol aufgemessen.« Goethe verwendet die Redensart in »Hermann und Dorothea« (6. Gesang, Vers 162): »Eh' du den Scheffel Salz mit dem neuen Bekannten verzehret, darfst du nicht leichtlich ihm trauen.« Eine elsässische Wendung *»Wo'r uf d'Welt kummen is', hän si kein Salz ghabt«* erinnert erstaunlich an *das attische Salz* im griechischen Altertum; das ist der geistreiche Witz, der der kultivierten athenischen Bildung entspricht! *Er hat nicht das Salz zum Brot* ist: er leidet Mangel. *Das hat weder Salz noch Schmalz* (das ist ohne Gehalt). *Er liegt tüchtig im Salz* (er ist in einer unangenehmen Lage); *Du hast es noch im Salz* (du hast es noch zu büßen). *Das* (oder: *die Suppe) werde ich ihm gründlich versalzen!* = das werde ich mit allen Mitteln zu verhindern versuchen, auch: *ich werde ihm in die Suppe spucken.* CUM GRANO SALIS = *mit einem Körnchen Salz.* Die Redensart beruht auf einer Stelle bei Plinius dem Älteren (23—79 n. Chr. † beim Vesuvausbruch) in der »Naturalis historia« (23, 8) und bedeutet »das ist nicht wörtlich, sondern nur mit Einschränkung zu verstehen«. Die Wendung: *Du hast Salz verschüttet, das bedeutet Streit!* fußt auf der uralten Hochschätzung des Salzes, das wegen seiner Kostbarkeit von fast allen Völkern heilig gehalten wird. Es verliert jedoch seine Glückskraft, so meinen die Abergläubischen, wenn man liederlich und leichtfertig mit ihm umgeht. Daher soll, um Streit und Unheil abzuwehren, wer Salz verschüttet hat, sofort mit der rechten Hand eine Prise Salz über die linke Schulter werfen und *sich dabei nicht umblicken!* Dieses merkwürdige Verfahren erinnert uns entfernt an die biblische Sage von Lots Weib, das sich bei Sodoms Vernichtung gegen Gottes Willen umgeschaut hatte und nun *zur Salzsäule erstarrte,* eine Redewendung, die wir noch heute gebrauchen, wenn wir ausdrücken wollen, daß einer *wie vom Donner gerührt dasteht,* weil er vor Schreck sprachlos ist!

SCHLAF *Er verdient sein Geld im Schlaf:* er ist sehr reich, ohne sich anzustrengen. — Manche brauchen überhaupt nichts zu tun, weil ihr Geld nämlich »arbeitet«, d. h. Zinsen bringt, während der Besitzer schläft. — *Sie schlief wie ein Ratz:* sie schlief ganz fest. Der Ratz wird in der Redensart oft mißverständlich als Ratte gedeutet, die auch nicht fester schläft als andere Tiere. Hier ist der Ratz mundartlich wegen seiner Ähnlichkeit mit der Ratte das Murmeltier, das bekanntlich einen langen Winterschlaf hält. — *Komm' du mir in die Buntkarierten!* Humorvolle Aufforderung einer Frau an den Ehemann oder Liebsten (die manchmal identisch sind!), einen gerade aufgekommenen harmlosen Streit im Bett zu schlichten. — *Eine Schlafmütze* ist eine unaufmerksame, schläfrige Person. Seit der Mitte des 18. Jh. bei Lessing und Lichtenberg. Gemeint ist ursprünglich die nächtliche Kopfbedeckung, da aber umgangssprachlich gilt, daß man das ist, was man hat, so wird die Bezeichnung auf den Träger angewendet. — Wir brachten in diesem Band unter ABBEISSEN und AB-GEHEN Hunderte von Ausdrücken und Wendungen, die sich auf das Essen und Trinken beziehen. Für »schlafen« haben wir knappe 20 Wendungen, woraus man vielleicht schlußfolgern kann, daß der Deutsche nicht ganz so müde ist, wie ihn die politische Karikatur mit der Schlaf- und Zipfelmütze hinstellen möchte. Hier sind sie: *schlafen wie ein Murmeltier (Ratz, Dachs, Bär, Sack, Klotz, wie ein Toter); sich von innen begucken; ratzen; dachsen; schlummern* (leicht schlafen, mit der Nebenvorstellung des Friedlichen); *dösen; duseln* (gewisse Reize werden noch aufgenommen); *ein Nickerchen machen* (ein wenig, um auszuspannen); *etwas nicken (einnicken); ein Schläfchen machen; Siesta halten* (italien. »die sechste Stunde« des Mittagsschlafes); *torfen* (Marinedt.) — *oller Torfkopp* = alte Schlafmütze; *filzen; Augenpflege machen* (Augenschondienst haben); *die Augen auf Null stellen* (Marine); *an der Matratze horchen* (Matratzenhorchdienst, Marine); *pennen; koksen; runksen* (Runks = ungehobelter Flegel, Klotz vom latein. truncus = Klotz, Baumstamm; *einen abrunksen* heißt geräuschvoll fest schlafen); *ins Paradies der Träume entschweben; in Morpheus Armen liegen.* Morpheus ist der Traumgott, Sohn des Hypnos, Gott des Schlafes, Sohn der Nacht und Zwillingsbruder des Todes bei den Griechen. Hypnos wird auf griechischen Vasen als schöner, lächelnder Jüngling dargestellt mit Flügeln an den Schläfen, in den Händen Mohnstengel und ein Horn, aus dem er den Schlaf ausgießt. — Wer die ganze Nacht geschlafen hat, darf sich am Tage auch ausruhen! sagt ein humorvolles persisches Sprichwort.

SCHNEE *Und wenn der ganze Schnee verbrennt!* ist der Ausruf, der einen festen Entschluß unterstreichen soll. — Gerhart Hauptmann (1862—1946) nimmt diese seit der Mitte des 19. Jh.s geläufige Redensart am Ende des V. Aktes seines sozialen Dramas »Die Weber« (1892) auf. Der unersättliche Volksmund vervollständigte die Wendung auf diese Weise: *Und wenn der ganze Schnee verbrennt — die Asche bleibt uns doch! — Allerhand Schnee* heißt sehr viel. 40 Jahre Rundfunkarbeit ist allerhand Schnee. — Nach 1918 kam für das schneeweiße Kokain und Heroin in Gaunerkreisen die Sammel- und Tarnbezeichnung *Schnee* für Rauschgift auf.

SCHÖNSAUFEN *Sich ein Mädchen schönsaufen* gilt für folgende Begegnung: ein Mann lädt ein häßliches Mädchen ein. Als die beiden im Laufe des Abends dem Alkohol mehr und mehr zusprechen, entdeckt der Mann plötzlich, daß die Häßlichkeit des Mädchens von Stunde zu Stunde schwindet, daß sie sich zu verwandeln scheint und daß sein weiblicher Gast, je später es wird, immer anziehender auf ihn wirkt. Der manchmal kaltschnäuzige, ironisierende Volksmund behauptet: *er hat sich das Mädchen schöngesoffen!* — ohne den Ausspruch des großen französischen Bildhauers Rodin (1840—1917) zu kennen: »Was man insgemein mit Häßlichkeit bezeichnet, kann in der Kunst zu großer Schönheit werden!« — (Seit Beginn des 20. Jh.s in Studentenkreisen.)

SCHULTER *Jemandem die kalte Schulter zeigen:* ihn keines Blickes würdigen; ihm alle Zeichen völliger Verachtung erweisen. — Die Redensart kommt aus dem Englischen und heißt dort wörtlich *to show a person the cold shoulder.* Die Wendung entspringt einer alten englischen Tischsitte, liebenswerte Freunde zum Lammbraten am brennenden Kamin einzuladen. Nun ist für die Gastgeberin nichts ärgerlicher, als wenn ein unhöflicher Gast zu spät zum Dinner kommt. In diesem Falle macht die Hausfrau aus ihrem Zorn auch kein Hehl. Sie läßt dem Zuspätkommenden *die kalte Lammschulter* (die übrigens kalt scheußlich schmeckt!) servieren. *Sie zeigt* also dem Übeltäter nicht *ihre* kalte Schulter — sondern *die kalte Schulter* des Lammes, was im Enderfolg das gleiche ist!

SCHWAMM *Schwamm drüber!* heißt: Nichts mehr davon! — Kommt von der mit Kreide auf die Tafel aufgeschriebenen Schuld, die — fährt der nasse Schwamm darüber — ausgelöscht und vergessen ist. — Goethe war gegenüber der Tafel anspruchsvoller. In seiner Ausgabe letzter Hand (Bd. 53, S. 64) sagt er: »mit dem Schwamm über alles hinzufahren, was bisher auf der Tafel der Menschheit verzeichnet worden war.« — *Einen Schwamm im Magen haben* zielt auf den starken Trinker, denn der Schwamm im Magen saugt alle Flüssigkeit auf. Wer aber meint, *er kann sich mit dem Schwamm frisieren, der* schießt auf die Glatzköpfigen. Dabei haben gerade sie eine so wunderbare Schützenhilfe bei dem geistreichen und kahlköpfigen Bismarck, der wieder einmal von einem weißhaarigen Diplomaten wegen seiner berühmten drei Haare auf dem markanten Schädel angeödet — schlagfertig erwiderte: »Jeder Esel wird grau, aber niemals bekommt ein Ochse eine Platte!«

SEELEUTE UND LANDRATTEN   *Er hat mit seinem Geschäft völligen Schiffbruch erlitten:* er hat großen Verlust gehabt oder mehr: er ist in Konkurs gegangen; *er hat Bankrott erklärt; er hat Pleite gemacht.* — Ein Schiff kann durch schweren Sturm oder durch Auflaufen auf ein Riff usw. manövrierunfähig werden oder leckschlagen, d. h. Schiffbruch erleiden. Das Bild vom Schiffbruch ist, wie auch viele andere Wendungen und Ausdrücke der Seemannssprache, von den Seeleuten in die Umgangssprache der *Landratten* (spöttischer Seemannsausdruck für Nichtseeleute) *eingeschleust* worden. Wir verdanken unseren Seeleuten viele bildhaft geprägten Ausdrücke aus ihrer Fachsprache, daneben jedoch auch gelegentliche, durch ihre Weltreisen bedingte, Übernahmen von Begriffen aus nahen und fernen Ländern. *Ihm die kalte Schulter zeigen* wurde z. B. von unserer Marine aus England bezogen. Auch wer noch niemals etwas mit der Schiffahrt zu tun gehabt hat, kann dennoch ein kühner Seefahrer in bildhaften Redensarten werden. Sollte er seine Vergangenheit immer noch nicht bewältigt haben, so ist es ratsam, sie schnellstens *über Bord zu werfen, seine Schiffe hinter sich zu verbrennen* und *alle Brücken hinter sich abzubrechen.* Denn es ist immer noch besser, die Vergangenheit *geht über Bord,* als du selbst! Dann kommt nämlich der Schreckensruf und das Kommando: *Mann über Bord!* und du bist dann in höchster Lebensgefahr! Aber du willst doch nicht *mit wehender Fahne untergehen* (d. h. stolz auf den Seemannstod sein), sondern *mit vollen Segeln* und *allen Winden* in ein neues Leben *steuern,* am besten mit einem brandneuen *Schiff,* das gerade *vom Stapel gelaufen ist.* Wenn das Schiff dann ausläuft, so ist das zugleich für dich *der Stapellauf vor dem Winde,* einem günstigen Schicksal entgegen. Natürlich darfst du nicht *die Segel streichen* (aufgeben), bevor dein *Lebensschifflein vor allen Stürmen sicher ist.* Aber nun kannst du ruhig *vor Anker gehen, an neuen Ufern* ausruhen und glücklich sein, daß du niemanden *am Schlepptau mit dir führen mußt* (der dich behindert; Schlepptau: aus der Schiffahrt (P s. SCHLEPPTAU) aber auch: ein am Korb des Freiballons befestigtes, freihängendes Seil (zur Erleichterung der Landung). Natürlich besteht dann auch die Möglichkeit, *in den Hafen der Ehe einzulaufen.* Für manche heißt es, *das Meer austrinken wollen* oder *das Meer pflügen* (etwas Unmögliches tun, schon bei den alten Römern!), bei einer großen Auswahl von Frauen die Richtige zu finden. Schlimm ist es, wenn du dann auf *ein altes Reff* (alte, häßliche Frau) oder *eine abgetakelte Fregatte* (widerliche, verlebte Frau, P s. Index) hereinfällst. Da sitzt du nämlich *lausig in Lee* (bist sehr benachteiligt; P s. LEE). *Eine abgetakelte Fregatte* darf bei dir überhaupt nicht *landen,* wenn du nicht *Schiffbruch erleiden* willst! Zu der mußt du sagen: *Zieh' Leine!* (Hau ab! — »Zieh' Leine« aus der Schleppschiffahrt entnommen: vom *treideln* — latein. tragulare = schleppen — d. i. das Schleppen eines Schiffes auf Flüssen und Kanälen vom Ufer aus [Leinpfad] durch Menschenkraft.) Nimm dir lieber eine hübsche, treue *Seejungfer,* und wenn es dann noch so ist, daß deines Vaterlandes *Staatsschiff* (der Staat) von tüchtigen Leuten *gesteuert wird* und fähige Politiker *am Ruder* sind (an der Regierung), dann steht eurer glücklichen Zukunft überhaupt nichts mehr im Wege!

Aus der Soldatensprache des Heeres sind Redensarten, Wendungen und Ausdrücke noch reichlicher in die Umgangssprache geflossen als aus dem Seemannsleben. Da ist zunächst die hübsche Wendung: *Vorne großes Getrommel und hinten keine Soldaten!* das heißt mehr Schein als Sein; sich den Anschein geben, als ob man etwas bedeute; falsches Spiel treiben; Prahlerei; Aufschneiderei; Großsprecherei. — Die Redensart kommt aus Frankfurt (Main) und ist sehr bald in allen deutschen Landesteilen volkstümlich geworden. Sie müßte eigentlich hessisch wörtlich heißen: *Vorne groß Gedrommel un hinne keine Soldade!* — Archivdirektor Dr. Dietrich Andernacht vom Frankfurter Stadtarchiv verwahrt eine Reihe von wertvollen Farbstichen, die die legendäre »Bundespatrouille« darstellen, die von 1849—1963 die Stadt Frankfurt »sicher machte« und die durch den Frankfurter Heimatdichter Friedrich Stoltze (1816—1891) damals Weltberühmtheit erlangte. Es handelte sich um eine »nationale Truppe« von sage und schreibe 12 Soldaten: 3 Preußen, 3 Bayern, 3 Frankfurtern und 3 Österreichern, die jeden Mittag in ihren malerischen Uniformen an der Frankfurter Hauptwache mit einem großen Trommler- und Pfeifercorps stolz aufzogen, durch die Stadt marschierten und bei den Frankfurtern mehr die Lachmuskeln als Bewunderung erregten. Seitdem ist das in der Redensart verankerte Bild ein Ausdruck für Großmannssucht. — *Er fühlte sich beim Portepee gefaßt:* man appellierte an sein Ehrgefühl. — Das Portepee ist die silberne oder goldene Quaste am Degen, Säbel oder Dolch eines Offiziers, die nach mehreren Zitaten Bismarcks die Ehre symbolisiert. Der Degen spielt in unserem Sprachgut überhaupt eine gewisse Rolle: *die Hand am Degengriff* heißt bereit sein zum Zuschlagen. *Mit dem Säbel rasseln* war schon in der wilhelminischen Zeit eine Drohung; während *mit dem Rücktrittssäbel rasseln* noch heute bei Ministern (oder Industriellen) bedeutet, dem Regierungschef (oder Aufsichtsrat) mit der Rücktrittsdrohung einen Schrecken einjagen. Eine Steigerung ist *den Degen ziehen* = zum Kampf antreten, während *jedesmal den Degen* ziehen für »gleich eingeschnappt sein« oder »aggressiv sein«

steht. *Gewehr bei Fuß* heißt friedlich aber wachsam. Wenn man *jemanden außer Gefecht setzen will* (lahmlegen), dann muß man ihm erst einmal *preußisch Feuer geben* (hart angreifen) oder *man gibt ihm Zunder* (Zunder = Zündstoff; jemanden zurechtweisen). Natürlich muß man aufpassen, daß man nicht *mit brennender Zigarre über der Pulvertonne sitzt* (gefährliche Lage vermeiden!) oder *sein Pulver vorher verschießt* (seine Kräfte wirkungslos zu früh einsetzen). Es hat keinen Sinn, *die Lunte ans Pulverfaß zu legen* oder *den Funken ins Pulverfaß zu schleudern* (Angriff vorbereiten), wenn der Gegner *keinen Schuß Pulver wert ist* (unmoralischer, verkommener Mensch). Die Palette der aus der Soldatensprache entnommenen Wendungen ist recht bunt: da gibt es *Rohrkrepierer* (typische Versager) und *familienpolitische Blindgänger* (die keine Kinder bekommen). Wer eine *Ladehemmung* hat, der stottert und wer als *Hinterlader* bezeichnet wird, frönt homosexuellen Neigungen. Es hat keinen Zweck, auf bedauernswerte Menschen *aus allen Rohren zu schießen* (sie mit allen zu Gebote stehenden Mitteln anzugreifen). Schon gar nicht auf einen Kammersänger, der *eine große Röhre hat* (ein umfangreiches Stimmvolumen), und dem viel eher *eine Rollsalve zukommt* (zusammengefaßtes Feuer von Schußwaffen auf ein bestimmtes Ziel: hier lauter, langanhaltender Beifall). Völlig sinnlos ist es, *mit Kanonen nach Spatzen zu schießen* (unverhältnismäßig große Mittel anwenden). Wem einiges unklar ist, dem geben wir *Feuer frei für Fragen. Wer auf verlorenem Posten steht, bedarf* unbedingt *der Schützenhilfe.* Ehe dies geschieht, muß man *Rückendeckung bekommen* (sich vorher absichern). *Er ist eine große Kanone,* wenn er auf irgendeinem Gebiete hervorragt. Aber manchmal nützt es auch nichts, *eine tolle Kanone* zu sein; man wird sich trotzdem oder gerade deshalb *auf ihn einschießen* (aufs Korn nehmen, einkreisen), *um ihn abzuschießen* (aus der Stellung zu entfernen). Er wird stark *unter Beschuß* genommen, und während er noch *Schützenhilfe* (Feuerunterstützung durch andere) sucht, wird bereits wieder *quergeschossen*. Schließlich wird er *abgeschossen* wie ein feindliches Flugzeug von der Flak oder *herausgeschossen*. Voller Zorn wird er dann von den *Heckenschützen* (die aus dem Hinterhalt schießen) sprechen. In allen Betrieben wird *scharf geschossen* (intrigiert, verleumdet, Knüppel zwischen die Beine geworfen). Lebensgefährlich aber wird es, wenn jemand *mit Blei gefüllt wird;* dann wird er nämlich mit einem richtigen Gewehr oder Revolver erschossen. Daher sagt man auch: *die Luft ist bleihaltig* oder *eisenhaltig,* wenn in irgendeiner Gegend viel *geballert wird.* Die »Eisenhaltige Luft« ist während des Krieges ein gefährlicher Frontabschnitt mit Feindeinsicht und heftigem Beschuß. Die Wendung kommt aus der Heilkunde und bezieht sich auf eisenhaltige Heilquellen, sodann auf das Eisen der Granaten und ihre Splitter. *Die Luft ist eisenhaltig* wird aber von den Fliegern auch friedlich gedeutet, wenn ein starker Flugbetrieb in der Luft ist. Wer nun mit der deutschen Sprache nicht *auf Kriegsfuß steht* (gut im Deutschen ist), der könnte den Autor jetzt *mit Fragen bombardieren,* da wir doch einmal beim *Kriegshandwerk* sind. Außer den *Griffen, die man kloppt* (D s. GRIFF), ist auch die *Bombe* auf erotisches Feld geworfen worden: die Nachricht vom Erscheinen der *bombigen Frau* hatte in dem kleinen Nest *wie eine Bombe eingeschlagen. Sie war eine Bombe, ein ganz gewaltiger Sprengkörper!* Alle Männer waren hinter ihr her, und die älteren, mit den weißen Schläfen, die erfahrenen *alten Hasen* flüsterten sich zu: *sie ist so heiß wie eine leergeschossene MP* (Maschinenpistole)! Ihr war von vornherein klar, daß sie einen *Bombenerfolg* haben würde; das stand für sie *bombenfest,* das war für sie *bombensicher!* Aber es kam anders: als ihr Vorleben bekannt wurde, gab es *einen Bombenskandal. Überall hing der Haussegen schief.* Mit vereinten Kräften der Ehefrauen wurde sie aus dem Dorf

wieder *hinauskatapultiert*. Schade, dabei war sie doch eine so wunderschöne *Sexbombe mit einem herrlichen Atombusen!*

(Offenbar hat der Autor hier *die Hand am Puls des Volkes [schaut den Leuten aufs Maul!]*, dennoch ist dieses durch Texasfilme verursachte *Kauderwelsch* eine erstaunliche Sprachverwirrung, die aber der Vollständigkeit halber nicht fehlen sollte. —)

STECKNADEL *Eine Stecknadel fällt zu Boden:* aber man hört sie nicht. Trotzdem behaupten die Musikkritiker in ihren Rezensionen immer wieder: »Zwischen Konzert und Zugabe des Virtuosen war es *so still im Saal, daß man eine Stecknadel hätte zu Boden fallen hören können.*«

STERBEN   *Unser lieber Vater ist sanft entschlafen,* verkündet die Familie in der Zeitung oder sie sagt »er ist von
uns gegangen«, »er ist heimgekehrt«, »er hat die Augen
geschlossen«, »er ist verblichen, verschieden«, »er hat uns
verlassen«, »Gott hat ihn gerufen«, aber niemals (oder
sehr selten!) wird sie sagen, daß das Familienoberhaupt
»verstorben« sei. Das möchte unsere Sprache auch nicht:
sie will alles verhüllen, beschönigen, euphemistisch darstellen; und obgleich das Sterben (weiß Gott!) keine lustige
Sache ist, so will sie dennoch dem Tod und jedem von uns
ein buntes Röckchen anmessen, damit jeder weiß, welche
Art des »Hinscheidens« ihm gemäß ist: Der *Gelehrte* gab
den Geist auf; dem *Dichter* wurde die Feder aus der Hand
genommen; der *Pfarrer* segnete das Zeitliche; der *Atheist*
mußte dran glauben; der *Koch* hat den Löffel weggelegt;
des *Kerzenmachers* Lebenslicht wurde ausgeblasen; der
General wurde zur großen Armee abberufen; der *Matrose*
blieb auf See, der *Infanterist* auf dem Felde der Ehre; der
Forstmeister ist in die ewigen Jagdgründe hinübergewechselt (Indianerromantik); der *Revierförster* hat den grünen
hölzernen Rock angezogen; der *Forstgehilfe* hört den
Kuckuck nicht mehr rufen; der *Waldarbeiter* riecht nach
Tannenholz; der *Wilddieb* wurde zur Strecke gebracht;
das *leichte Mädchen* ging um die Ecke; der *Gärtner* kann
die Radieschen von unten besehen; der *Landschaftsgärtner*
kommt in die Pappelallee (Friedhofstraße); dem *Glöckner*
schlug das letzte Stündlein; des *Uhrmachers* Uhr ist abgelaufen; der *Maurer* kratzte ab; der *Wucherer* mußte mit
seinem Leben bezahlen; der *Metzger* ging den Weg allen
Fleisches; der *Lokführer* liegt in den letzten Zügen; der
Lokheizer tat den letzten Schnaufer; der *Bauarbeiter*
wurde zu Staub; der *Rechtsbrecher* bekam seine letzte
Zelle; der *Kumpel* hat die letzte Schicht gefahren; der
Flötist pfiff auf dem letzten Loch; der *Fußballspieler* biß
ins Gras; der *Fotograf* verschwand von der Bildfläche; dem
Polizisten wurde Feierabend geboten; beim *Kraftfahrer*

brannte das Stopplicht; der *Optiker* schloß die Augen; dem *Zahnarzt* tut kein Zahn mehr weh; dem *Beleuchter* fiel der letzte Scheinwerfer aus; der *Bergassessor* ist in die Grube gefahren; der *Viehhändler* brach in den Sielen zusammen (in den Sielen — »Seilen« — also während der Arbeit bricht der Ochse tot zusammen); dem *Narkosearzt* schwanden die Sinne; der *Feldwebel* ist zum alten Haufen gefahren; der *Pförtner* ging durch die dunkle Pforte; der *Bäcker* ißt kein Brot mehr; der *Priester* hat seine Seele ausgehaucht; den *Vogelwart* holte der Geier; der *Schauspieler* ist von der Bühne abgetreten; die *Tänzerin* verneigte sich das letzte Mal; der *Kammersänger* bekam den eisernen Vorhang, und schließlich ist der *Nachtwächter* des Theaters eingeschlafen.

STORCH *Da brat' mir einer 'nen Storch:* heute meist scherzhafter Ausdruck der Überraschung und Verwunderung über etwas Unerhörtes, das man mit etwas ebenso Unerhörtem erwidert, denn das in sich Widersprechende der Redensart liegt darin, daß Störche bei unseren Vorfahren heilige Tiere waren. Ihr Genuß war streng verboten, also wurden sie auch nicht gebraten! Seit jeher steht der Storch in hoher Verehrung beim Volk. Wenn Störche auf einem Dach nisten, wertet man es als glückbringendes Zeichen. Man sagt auch, der Blitz schlage nicht ein, wo der Storch sich niederläßt. — *Der Storch hat die Mutter ins Bein gebissen,* sagte man früher zu Kindern, wenn in der Familie ein neues Brüderchen oder Schwesterchen angekommen war. Das Wochenbett als eine Krankheit am Bein darzustellen, wie es in dieser scheinbar nur für kleine Kinder zurechtgemachten Redensart geschieht, hat in Wirklichkeit sehr tiefe Gründe. Hierbei herrschen alte Vorstellungen, wonach dem Bein (oder dem Fuß) Zeugungskraft zugesprochen wird. Geburten aus dem Bein sind in der Frühzeit keineswegs unbekannt. So zeugte nach der mythologischen Sage der germanische Urriese Ymir, dem wir die

Schöpfung der Welt verdanken, mit seinen beiden Füßen einen Sohn. — *Er stolzierte wie ein Storch im Salat* rügt und veralbert das geckenhafte, gezierte und steife Benehmen eines Mannes. In der Wendung liegt ein hervorragendes Bild, das von dem auf der Wiese spazierenden Adebar (althochdeutsch = odobero »Glückbringer«) abgeschaut wurde. Schon der Name Storch vom althochdeutschen storchanen (starr werden, nach der steifen Haltung des Vogels) kennzeichnet das Verhalten des Tieres. Wie das Tier, so der Mensch. —

STROH *Nach dem rettenden Strohhalm greifen:* sich an eine letzte, trügerische Hoffnung klammern. — Wer im Meer ertrinkt, kann nicht durch einen Strohhalm gerettet werden. — Wer *Stroh zum Feuer tut,* macht die Sache nur noch schlimmer, denn *Feuer und Stroh — eins des andern froh,* sagt ein alter deutscher Reim. Natürlich brennt ein Feuer lichterloh, das nur von Stroh genährt wird. Es ist aber auch ebenso schnell wieder zu Ende. Daher wird eine schnell aufkommende, aber auch schnell verebbende Begeisterung *Strohfeuer* genannt, das schon Ovid (43 v. Chr. bis 18 n. Chr.) in die elegante Form brachte: »Unsere Liebesglut wird von Stroh und kurz sein«, FLAMMA DE STIPULA NOSTRA BREVISQUE ERIT. — Intimitäten über die *Strohwitwe* findet der Leser in der KUHHAUT unter STROH. Die Beschäftigung mit ihr ist amüsanter als mit einem *Strohkopf,* der so dumm wie eine Puppe ist, die Stroh im Kopf hat; *dumm wie Bohnenstroh* (K s. BOHNE). Auch der Umgang mit einem *Strohmann* hat nichts besonders Reizvolles an sich. Er war früher die Vogelscheuche in Feld und Garten und rückte zu einer Person auf, die an Stelle der wirklich tätigen und verpflichteten Person vorgeschoben wird. Im Recht ist Strohmann, wer in verdeckter Treuhänderschaft als Inhaber bestimmter Rechte und Pflichten erscheint, während die wirtschaftlichen Auswirkungen zugunsten und zu Lasten anderer eintreten. Dennoch ist das Geschäft eines Strohmannes kein Scheingeschäft. Er wird aus seinen Handlungen berechtigt und verpflichtet! — *Leeres Stroh dreschen:* Nutzloses tun; Vergebliches verrichten; immer wieder dasselbe dumme Zeug schwatzen. — Nicht nur Stroh-, auch Phrasendrescher geistern auf unseren zahllosen Kongressen, Tagungen, öffentlichen Anhörungen und Diskussionsabenden mit ihren Seichtheiten und *abgedroschenen Gemeinplätzen,* um sich wichtig zu machen und uns anzuöden. Sie wiederholen zum tausendsten Male alles das, was wir längst wissen, und es klingt bei ihnen so bedeutsam! Wir nennen es jedoch *alte Kamellen* und *aufgewärmten Kohl,* vor dem man sich schon in der Antike zu schützen wußte. War eine Sache abgetan oder war ein rechtskräftiges Urteil gesprochen, durfte die Angelegenheit nicht ein zweites Mal aufgerollt werden. NE BIS IN IDEM. Schon gar nicht durfte jemand wegen ein und derselben Straftat zweimal bestraft werden. Das alte lateinische Sprichwort ACTUM NE AGAS »betreibe Abgetanes nicht wieder« war zunächst ein Schutz vor Rache und Willkür. Im Laufe der Zeit verlor sich jedoch der juristische Beigeschmack, und aus dem Rechtssatz entstand die allgemeine segensreiche Forderung: *Drisch kein leeres Stroh!* − Um zu zeigen, welch eine reiche und farbige Wortschatz-Palette unsere Vorfahren schon vor 350 Jahren hatten, eine einzige Redensart (nämlich die des Leeren-Stroh-Dreschens) phantasievoll zu erläutern, sei hier Christoph Lehmann aus Finsterwalde (1570−1638) mit einer Probe aus seiner Sprichwörtersammlung zitiert: »Welcher vergebliche unnütze Arbeit gethan, von dem sagt man: er hat *leer Stroh getroschen,* ein leer Nuß aufgebissen, den Esel beschoren, einen Mohren gebadet, den Krebs lernen für sich gehen, den Tauben ein Lied gesungen, den Blinden ein Spiegel geschenckt, den Fröschen ein Fuder Wein zum Bad verehret. Hat Speck im Hundesstall gesucht, der Flöh gehüt, die Garn vergebens gesteckt, Moses Grab gesucht. Welche das thun, die verrichten eben so viel, als die mit dem Hindern ein Nuß wollen aufbeißen!« − Das letztgenannte drastische Bild kann man nur mit einem Schrei der Verwunderung − einer scherzhaft-verhüllenden Anrufung Gottes − beantworten:

Ach, du heiliger Strohsack!

SÜSS *Er hat bei ihr mächtig Süßholz geraspelt!* Er hat ihr die Kur geschnitten (K s. HOF); er hat ihr sehr viel Schmeichelhaftes gesagt; er hat endlos von der Liebe gesprochen; er hat ihr süße Worte ins Ohr geflüstert. − Das Süßholz ist die südeuropäisch-asiatische Staude Glycyrrhiza glabra, deren Wurzel den Süßholzzucker enthält. Der daraus gekochte Süßholzsaft gibt nach Eindicken die

Lakritze. In unserer Wendung steht Süßholz für süße, schmeichelhafte Reden. Besonders gut ist in diesem Bild der Gebrauch des Wortes »raspeln«. Die Raspel ist bekanntlich das Reibeisen, eine grobe Feile. Raspeln heißt »kratzend zusammenscharren, raffen«, und das soll mit feinem Unterton in unserer Redensart auch zum Ausdruck kommen. *Süßholz raspeln* ist nämlich nicht die zarte, elegante Art, sich in Frauenherzen einzuschmeicheln, sondern eher die plumpe, grobe Manier des Schürzenjägers (K s. dies), weshalb die Wendung auch die Bedeutung von »falscher Freundlichkeit« bekam. Bei Hans Sachs (1494—1576), dem Meistersinger von Nürnberg, lesen wir schon: »Süßholz in den Mund nehmen.«

Er arbeitet gerade an seiner Süßlupine: einen dienstlichen Auftrag mit privatem Vorteil verbinden. — Man sagt auch: *eine Süßlupine machen; seine Süßlupine pflegen, begießen.* Diese in Kreisen der Publizistik (Film, Fernsehen, Hörfunk) verbreitete Redensart hat einen wahren, sehr komischen Hintergrund: Während des Zweiten Weltkrieges mußten auf dem Lande Lupinen angepflanzt werden, um dem Boden den in der Wurzel der Lupine (Schmetterlingsblütler, von lat. lupus = Wolf) enthaltenen Stickstoff zuzuführen. Leider konnten diese Lupinen nicht an das Vieh verfüttert werden, da sie zu sauer schmeckten. So lag das Land ein Jahr ohne Ertrag und Nutzen brach. Aus diesem Grunde züchtete man eine Süßlupine, die bitterstoff-frei war und deren Körner geschrotet vorzügliches Kraftfutter für die Milchkühe ergaben, die dieses begierig aufnahmen. Um den Vorzug solcher Süßlupinen der Landwirtschaft klarzumachen, wurde die UFA (Kurzwort für Universum-Film AG Berlin) vom Reichspropagandaministerium mit der Herstellung eines Kulturfilmes über die Süßlupinen beauftragt. Dieser Film war kriegswichtig, und alle an ihm Beteiligten waren automatisch vom Frontdienst befreit. Somit versuchten sämtliche Mitarbeiter, die Arbeit solange wie möglich hinauszuschieben. Wenn also jemand von einem Wehrmachtsbeauftragten oder einer anderen Aufsichtsperson gefragt wurde, was er denn eigentlich gerade mache, antwortete er wie aus der Pistole geschossen: »Ich arbeite an der Süßlupine!« Dieser Film ist nie fertig geworden! Da die Mitwirkung an der Süßlupine aber große Vorteile mit sich brachte, so wandte man den Ausdruck später immer dann an, wenn jemand unerlaubt seine dienstliche Tätigkeit mit persönlichen Vorteilen verknüpfte: also wenn z. B. jemand einen Film, den er im Auftrage seiner Gesellschaft für das Fernsehen gedreht oder an dem mitgewirkt hatte, noch einmal privat für sich kopieren ließ, um ihn an den Interessenten für seine eigene Börse zu verkaufen. — Die Süßlupine kann sich auch auf Tonbänder im Hörfunk oder andere Produkte der Massenmedien beziehen. —

TAG   (auch P s. Index)
Der redet viel, wenn der Tag lang ist: ironisch abwertendes Urteil über einen Schwätzer. Die Bedingung »wenn der Tag lang ist« soll das Humorvolle der Wendung noch unterstützen, denn die Tage sind gleich lang oder gleich kurz, wie man will. Sie bedeutet somit: er redet von morgens bis abends nur dummes Zeug. — *Ich sage ihm nur »Guten Tag« und »Guten Weg«:* meine Unterhaltung mit ihm beschränkt sich lediglich auf den notwendigen Gruß, d. h. ich will mit ihm nichts zu tun haben. — *Seit Wochen macht er die Nacht zum Tage:* er ist ein großer Faulpelz und Herumtreiber geworden. — Im Gegensatz zu den ehrlich und hart im Schichtdienst bei Nacht arbeitenden Menschen jagt er seit langer Zeit nachts nur seinem Vergnügen nach. *Die Nacht zum Tage machen* ist immer abwertend und nicht bezogen auf jene seltenen harmlosen Feiern, die bis zum Morgen dauern. Übrigens: Schöne Tage soll man abends loben — schöne Frauen morgens! —

TECHNIK, SPORT, VERKEHR *Er hat schnell ge-schaltet:* er hat rasch begriffen und entsprechend prompt gehandelt. — In unseren 356 Zwillingswendungen unter DONNER (D) finden wir auch *schalten und walten;* eine reimgebundene Form, die auf jene Zeiten weist, in denen »die züchtige Hausfrau« — weit davon entfernt, berufstätig zu sein — in ihrem Hause nach Gutdünken schaltete und waltete, d. h. tat, was ihr beliebte. Heute ist »walten« zumeist in *ver*walten umgestiegen; ein Begriff, der in seinen Auswüchsen vielen unangenehm ist, während »schalten« durch die *Technik* einen neuen Inhalt bekommen hat. Es ist nur zu verständlich, daß unsere Sprache sich ihre neuen Redewendungen aus allen modernen Lebensbereichen holt. So entlieh sie aus der Elektrotechnik die bildhafte Verwendung des Schaltens und des Schalters. Wer *nicht richtig schaltet,* der weiß auch nicht, um was es geht. Wer aber *schnell schaltet,* der begreift sofort und ruft zufrieden aus: *»Ich habe gleich geschaltet!«* und dann nimmt er auch das für diese Situation Notwendige in Angriff. Sein »gleich geschaltet« hat aber nichts mit *gleichschalten,* einer politischen Zwangsmaßnahme der Diktaturen, zu tun. Auf keinen Fall hat er *eine lange Leitung* (P s. LANG). Man muß bei ihm auch nicht *Dampf dahinter machen* (K s. DAMPF). Freilich besteht beim zu schnellen Schalten die Gefahr eines *Kurzschlusses,* eines seelischen Zusammenbruchs, der sein Bild aus einer Störung bezieht, die durch widerstandslose Überbrückung der Pole einer elektrischen Spannungsquelle verursacht wird. Daraus ergab sich sprachlich wieder die *Kurzschlußhandlung,* unter der der Arzt ein Handeln auf der Grundlage plötzlich oder zufällig auftauchender Motive, Stimmungen und Affekte, ohne Überblick über Sinn und Folgen versteht: z. B. Selbstmord beim Eintreffen einer Nachricht. — Manche Menschen können eben nicht *abschalten* und mal richtig Urlaub machen. Andere wieder verstehen das *Umschalten* ausgezeichnet, nämlich von einer Partei auf die andere, von einer Meinung auf die andere. Das ist natürlich kein medizinisches Problem, sondern ein moralisches. Da müßte sich einmal ein starker Mann *einschalten*, um diese Gesinnungslumpen *auszuschalten*. Freilich müßte er *einen direkten Draht* — eine vorzügliche Verbindung nach oben *haben:* er müßte sozusagen *am Drücker sitzen*, denn wer am Drücker sitzt, kann aus der Entfernung den Verschluß einer Tür lösen, hat also — bildlich gesprochen — eine entscheidende, einflußreiche Stellung. — Aber nun wollen wir mit unseren aus der Technik entliehenen Bildern wie beim Gasherd *auf Sparflamme gehen* oder *Dampf ablassen* (drosseln, sparsamer werden) und uns dem Sport zuwenden. —

In einem Rundfunkgespräch des Frankfurter Senders sagte der Chef der Bundesanstalt für Arbeit in Nürnberg, Präsident Stingl, dem Reporter am 5. 7. 1971 auf dessen Fragen nach der Arbeitslosigkeit in der Bundesrepublik: »Es ist noch nicht ganz so schlimm wie Sie fürchten. Wir befinden uns mit der Arbeitslosigkeit bis jetzt erst auf den *leicht abfallenden Idiotenhügel* und noch nicht *in der gefährlichen Schußfahrt!*« Diese trefflichen, aus dem *Sport* genommenen Bilder zeigen nicht nur, daß der Präsident offenbar ein begeisterter Skiläufer ist, sondern auch, daß er einen guten Blick für die prägekräftigen Wendungen unserer Sprache hat. Er wird sicher *am Ball bleiben!* — Neulich *kletterte* ein Professor für die Freiheit der Wissenschaft *in den Ring*. Wird er *über die Runden kommen?* Das wird von der Politik abhängen. Das *politische Tauziehen* hat gerade wieder begonnen. Die Ministeranwärter *gehen schon in die Startlöcher*, und wer nicht *auf der Strecke bleibt* (Jagdsport), sondern sich *einige Sporen verdient, in allen Sätteln gerecht ist* und auch noch über die letzte Hürde kommt (Reitsport), hat alle Aussichten, daß die Wähler *bei ihm anbeißen* (Fischereisport). Aber wir wollen jetzt *abpfeifen* (Fußball) und den *Verkehr* beobachten! *Jemanden schneiden* war schon immer die üble Angewohnheit rücksichtsloser Fahrer, auch in der Antike beim Wagen-

rennen! Wenn man jemanden überholt — ob mit den
Kutschpferden, dem Fahrrad oder dem Auto ist gleichgültig — und ihn schneidet, dann schneidet die Linie unserer Fahrtrichtung die Linie des Überholten, den wir mit
unserem Manöver nicht nur ärgern, sondern auch gefähr-
den! Wir sind unverschämt genug, ihn nicht zu beachten;
und das ist genau das, was unsere Redensart auch meint:
wenn ich jemanden schneide, beachte ich ihn nicht, *lasse
ihn links liegen.* Dabei muß mein Motiv nicht Ungehörig-
keit oder Unverschämtheit sein. Ich kann auch gute Gründe
dafür haben, einen zu schneiden (z. B. den Verleumder).
Beim Schneiden im Verkehr kann man böse *ins Schleudern
kommen.* Wer redensartlich ins Schleudern kommt, hat *das
Steuer nicht mehr fest in der Hand.* Das Steuer kommt
natürlich vom Kraftwagen und nicht vom Schiff, denn

beim Schiff heißt es *Ruder*. Man kann mit seinen Regierungsmitteln *ins Schleudern kommen,* aber auch mit seiner Rede, die man gerade vor einem großen Kreis Prominenter halten muß; obgleich es hier besser ist zu sagen: *er kommt ins Schwimmen*. Auch dem Eisenbahnwesen sind eine Reihe von Wendungen entlehnt. Während *Sand im Getriebe* (im übertragenen Sinne: verborgenes Hindernis), *jemanden Sand ins Getriebe schütten (schmeißen)* = »ein erfolgversprechendes Vorgehen heimtückisch beeinträchtigen« sicher der allgemeinen Maschinentechnik entnommen wurde, ist *die Weichen stellen* (die Richtung eines Vorgehens beeinflussen, ja bestimmen) eindeutig der Schiene abgeguckt. *Der Zug ist abgefahren* heißt: du kommst zu spät; damit ist es endgültig vorbei. Manchmal muß auch der Omnibusverkehr herhalten. So sagten die Engländer nach dem vergeblichen Versuch Hitlers, Anfang August 1944 die Invasion aufzuhalten: *Hitler hat den Bus verpaßt. Den Bus verpassen* für »sich eine günstige Gelegenheit entgehen lassen« ist dadurch in den allgemeinen europäischen Sprachgebrauch als Redensart eingedrungen. Der *Senkrechtstarter* kommt von der Fliegerei und bezeichnet den Erfolgsmenschen mit kometenhaftem Aufstieg unter Vermeidung der *Ochsentour*. Die Ochsentour ist die harte Arbeit des pflügenden Ochsen, im übertragenen Sinne: die beschwerliche Laufbahn — insbesondere der Angestellten und Beamten (ein Redensartenbuch zu schreiben ist auch eine Ochsentour, eine mühselige, langwierige Schinderei, die aber noch besser mit der dornenvollen Fron des Galeerensträflings zu vergleichen ist!). — Wer in seinem Betrieb *Leerlauf hat,* kann vorübergehend nicht alle Mitarbeiter beschäftigen; von der Umdrehung einer Motorwelle in unbelastetem Zustand genommen. Im Gegensatz dazu: *läuft* ein Betrieb *auf Hochtouren,* dann ist die Vollbeschäftigung wieder da! Man muß nur *den richtigen Gang einschalten,* um die gewünschte Geschwindigkeit zu erhalten; so ist es auch im übertragenen Sinne gemeint. Wer freilich *zuviel Gas gibt,* sollte auch ruhig mal wieder *auf die Bremsen treten* oder *auf die Eisen steigen;* das kann nicht schaden. Das gebietet auch unser Umgang mit anderen Menschen im täglichen Leben, denn wenn erst *die Luft aus den Reifen ist* (wenn wir *einen Platten haben),* wird es meist zu spät sein! Dann hilft es auch nichts mehr, wenn wir *mit ausgekuppeltem Verstand reden (leeres Stroh dreschen).* Die Hauptsache ist, daß man recht oft *grünes Licht bekommt* = Handlungsfreiheit erhält. Diese 1950 aufgekommene Redensart nahm die Verkehrsampeln an wichtigen Straßenkreuzungen zum Vorbild. Am 27. 7. 1971 bekam der Kommandant des amerikanischen Raumschiffes Apollo 15 von Houston *grünes Licht für die Mondlandung.* — Der Verkehr ist durch strenge Gesetze geregelt. Aber wir dürfen uns nicht einbilden, daß solche Gesetzgebung eine Errungenschaft der modernen Zeit ist. Den sicher erstaunten Lesern möchte ich ein Gesetz vorlegen, das die *Fahrerflucht* betrifft und zwar *vor 700 Jahren!* Im Stadtrecht von Lübeck lesen wir im Bardewikschen Codex von 1294: »Wäre es, daß Jemand einen Wagen lenkt und würde da Jemand dadurch verletzt und wäre es, daß derjenige, der den Wagen gelenkt hatte, flüchtig würde, so sind der Wagen und die Pferde frei; dann soll man ihn mittels *Friedloslegung* verfolgen um den Schaden, den die Sache erreicht.« — An diesem Gesetz ist deutlich erkennbar, wie unsere Vorfahren über die schändliche Fahrerflucht dachten und sie mit der härtesten Strafe, die es gab, ahndeten. Die im germanischen Recht bekannte Form der Friedloslegung (auch K s. VOGEL) war der Untergang für den Täter und seine Familie: Durch Gerichtsspruch wurde der Missetäter aus dem Rechtsverband ausgestoßen, für *vogelfrei,* ehrlos und rechtlos erklärt. Jeder durfte ihn bußlos töten gleich dem Wolf. Er verlor Haus und Vermögen, sein Weib wurde zur Witwe, seine Kinder zu Waisen. — So endete im Mittelalter eine Fahrerflucht! —

TISCH *Etwas vom Tisch wegwischen:* eine Sache schleunigst erledigen. — Was auf dem Schreibtisch liegt, ist immer noch nicht erledigt. Man muß eben reinen Tisch machen (P s. TISCH) und die liegen gebliebenen Dinge aufarbeiten; besonders, wenn es sich um Wichtiges handelt. — Wenn man *jemanden unter den Tisch trinkt,* kann man mehr vertragen als er. Wenn sich Eheleute *von Tisch und Bett trennen,* so ist dieses meistens der Anfang von der Scheidung. Schade um diese netten Leute, denn sie *führten einen so guten Tisch* (bei ihnen wurde gut gespeist) und *hatten für den feinen Tisch* (die gute Küche) *immer etwas übrig!* Wie oft haben sie uns *zu Tisch gebeten* (waren wir ihre Gäste). Aber nun ist alles vorbei — »und die Mutter blickte stumm auf dem ganzen Tisch herum« (Struwwelpeter). Wahrscheinlich suchte sie die Blumen. Also mache es wie der Tiroler Dichter Hermann von Gilm: *»Stell auf den Tisch die duftenden Reseden!«*

TRAUEN *Dem kann man soweit trauen, wie man ein Klavier schmeißen kann:* nämlich gar nicht, weil diese Kraftleistung kein Mensch fertigbringt!

ÜBERKANDIDELT *Sie ist reichlich überkandidelt:* sie ist sehr überspannt; übertrieben vornehm; übergescheit. — Vom norddeutschen kandidel — vergnügt, angeheitert. *Sich eenen ankandideln* sagt der Berliner für sich bezechen, denn kandidel kommt vom lateinischen candidus, d. i. fröhlich, glücklich, heiter.

UMGEKEHRT *Umgekehrt wird ein Schuh draus:* wenn man es nicht so, sondern andersherum (umgekehrt) anfinge, würde etwas Rechtes daraus. — Es gibt Schuhe, bei denen das Oberleder so auf die Sohlen genäht wird, daß man das Werkstück nachher umwenden muß: man hat den

Schaft mit der linken Seite nach oben aufgezwickt und genäht, dann Leisten entfernt und den Schuh bei der Spitze herumgedreht, so daß die Oberlederschicht, der sogenannte Narben, nach oben kommt, daher »gewendeter Schuh«. Das kann man jedoch nur mit Ziegenleder machen — das Rindsleder ist zu hart dazu. Das Verfahren eignet sich auch nur für Damenschuhe. So ist auch der berühmte Schnabelschuh entstanden. Er kann überhaupt nicht anders gearbeitet worden sein. Die »gewendete Machart« ist schon bei den alten Ägyptern bekannt. Die Griechen und Römer kannten sie nicht. Die Kreuzritter brachten ihren Frauen diese hübschen Schuhe mit, die dadurch in Europa sehr beliebt und unseren Schuhmachern im Mittelalter ein Vorbild wurden. — Schon Luther sagte: »Kehren aber den schuch umb, und lehren uns das gesetz nach dem evangelio, und den zorn nach der gnade.« Im niederdeutschen Spiel vom »Claws Bur« (vom Bauern Klaus) lesen wir: »Her Fiscal, keret dat umme, so wert it en got Scho!« — *Das sind zwei Paar Schuhe* bedeutet, das sind zwei ganz verschiedene Dinge! —

UNRUHIG *Hummeln im Hintern haben:* nicht ruhig sitzen bleiben können; immer in Bewegung sein. — Auch hier können wir wieder Luther zitieren, der in seiner Sprichwörtersammlung ungeniert erklärt: »Er hat humel ym arse!« — Nach den Hummeln, den gesellig lebenden, plumpen, dicht behaarten und meist bunten Bienen wird auch das junge, unruhige und ausgelassene Mädchen die wilde Hummel genannt. Der Erkennungsruf der Hamburger: *Hummel! Hummel!* hat mit dem Tierchen nichts zu tun, sondern kommt von dem Wasserträger, einem Hamburger Original, namens Hummel, der den Ausruf seines Namens stets mit *Mors! Mors!* erwiderte.

VERFLUCHT UND ZUGENÄHT (D s. HOSE)

VERTEUFELN *Er wurde von allen Gegnern verteufelt:* er wurde schwer verleumdet; zum »Teufel« gestempelt. — Die unritterlich gewordene Kampfesweise auf allen geistigen Ebenen scheint in der Neuzeit altrömische Formen anzunehmen. Jeder ist der Teufel des anderen! O tempora! O mores!

VOLKSSTURM *Sie ist beim pädagogischen Volkssturm gelandet.* Beim deutschen Zusammenbruch im Zweiten Weltkrieg (1939—1945) hatte Hitler zum äußersten Widerstand aufgerufen und am 18. 10. 1944 den Volkssturm, das waren die männlichen Personen vom 16.—60. Lebensjahr, gebildet. Dementsprechend nennt man die Hausfrauen, die von den Kultusministern der Bundesrepublik Deutschland wegen des akuten Lehrermangels zum Einsatz als Hilfslehrerinnen in den Schulen aufgerufen wurden, scherzhaft *den pädagogischen Volkssturm.*

VORHANG *Der Eiserne Vorhang* ist an sich ein feuersicherer und rauchdichter metallener Vorhang, der bei Feuergefahr im Theater herabgelassen wird und das Bühnenhaus gegen den Zuschauerraum abschließt. Dieses Bild hat Winston Churchill (1874—1965) nach dem Zweiten Weltkrieg zu einem politischen Schlagwort gemacht. Er erhob den *Eisernen Vorhang* zu einem weitverbreiteten politischen Begriff und bezeichnete mit ihm die Abschließung des von der Sowjetunion beherrschten Machtbereichs von der übrigen Welt. —

WALD *Nicht für einen Wald von Affen:* um keinen Preis; nimmermehr. — Der zur Redensart gestempelte Satz ist von Shakespeare (1564—1616). Im »Kaufmann von

Venedig« sagt Shylock, als ihm von seinem Freund Tubal berichtet wird, daß seine Tochter Jessica einen Ring, den er einst als Geschenk empfing, in Genua für einen Affen hingegeben habe: »Du marterst mich, Tubal. Es war mein Türkis, ich bekam ihn von Lea, als ich noch Junggeselle war; ich hätte ihn nicht für einen Wald von Affen weggegeben!« — Der aufmerksame Leser wird bemerken, daß in der KUHHAUT unter WALD fast die gleiche Wendung erläutert und mit einer volkstümlichen Berliner Geschichte — im Sinne eines Nachschubs für das Shakespeare-Wort — begründet wurde. Die Wendungen sind aber nicht identisch, sondern nur ähnlich. Sie unterscheiden sich nämlich durch ein wesentliches Wort! Einmal heißt es »ein Wald *voll* Affen«, dann »ein Wald *von* Affen«! Die Lesart »ein Wald voll Affen« ist die bessere und bei uns im Volksmund auch gebräuchliche, denn die Schlegel-Tiecksche Übersetzung scheint in diesem Falle versagt zu haben. Der Text, der den Übersetzern vorlag, lautete: *»a wilderness of apes«,* zu deutsch eine »Affenwildnis«. Wer die Affenwildnis kennt, weiß, daß sie keineswegs voller Affen sein muß, da die Herden ständig wandern. Was Shylock ausdrücken wollte, war eine Vielzahl von Affen im Gegensatz zu dem einen, den seine Tochter erwarb, also »a wilderness *full of apes«* = ein Wald voll Affen und nicht ein Wald von Affen. Wahrscheinlich ist durch das viele handschriftliche Vervielfältigen der Textbücher, wie es zu Shakespeares Zeiten üblich war, das kleine Wörtchen »full« unter den Tisch gefallen. Aber da der Volksmund ein sehr feines Gespür für die Sprache hat, so hat er aus »von« schnell »voll« gemacht, und dabei sollte es künftig auch bleiben und den deutschsprachigen Theatern zur Nachahmung empfohlen werden: »ich hätte ihn nicht für einen Wald *voll* Affen weggegeben!« Wie wunderbar ausgeprägt das Sprachgefühl des Volkes ist, läßt sich an Hand vieler klassischer Zitate nachweisen, die der Volksmund *verbessert* und nicht verballhornt hat, zum Beispiel

Der Mohr hat *seine Arbeit* getan,
    der Mohr kann gehen!   (Fiesco, III, 4)
heißt es bei Schiller. Der Volksmund sagt viel eleganter:
    Der Mohr hat *seine Schuldigkeit* getan,
    der Mohr kann gehen.
Schiller sagt:
    Was *man* von der Minute ausgeschlagen,
    gibt keine Ewigkeit zurück   (Gedicht »Resignation«)
Der Volksmund:
    Was *du* von der Minute ausgeschlagen,
    bringt keine Ewigkeit zurück.
(Viel besser durch die persönliche Ansprache und das
»bringt« anstatt »gibt«).
    Die schönen Tage *in* Aranjuez
    sind nun *zu Ende.*
(Meint Schiller in Don Carlos, I, 1, etwas holprig.) Der
Volksmund bügelt den Vers auf zu:
    Die schönen Tage *von* Aranjuez
    sind nun *vorüber.*
Bei Shakespeare hört man im Hamlet (I, 5):
    Es gibt mehr Ding' im Himmel und auf Erden,
    als *eure* Schulweisheit *sich träumt,* Horatio!
Der Volksmund gibt dem Satz durch geringfügige Ände-
rungen Flügel:
    Es gibt mehr Ding' im Himmel und auf Erden,
    als *unsre* Schulweisheit *sich träumen läßt,* Horatio!
Und auch der Olympier Goethe würde seinen Vers nicht in
die Ewigkeit hinübergerettet haben, hätte der deutsche
Volksmund nicht ein wenig daran gedreht!
Bei Goethes »Erinnerung«:
    Willst du immer weiter schweifen?
    Sieh, das Gute liegt so nah!
Viel besser der Volksmund:
    Warum in die Ferne schweifen?
    Sieh, das Gute liegt so nah!

Wenn man mit Goethe »weiter schweift«, dann kann man auch mit dem Guten als Mittelpunkt immer um dasselbe herumschweifen, ohne sich ihm zu nähern oder sich von ihm zu entfernen. Erst dadurch, daß man »in die *Ferne* schweift«, kennzeichnet der Volksmund den erwünschten Gegensatz, den das Bild verlangt und macht das »nahe Gute« zum lockenden Ziel. —

Mit untrügerischer Sicherheit macht der Volksmund nicht nur manches mundgerecht, sondern er gibt ihm mit feinem Zartgefühl auch oft den letzten Schliff, den besseren Rhythmus und die erstrebenswerte Klangfarbe. Könnten wir die großen Dichter heut' um uns versammeln, um ihnen die kleine Filigrankorrektur zu zeigen, die das Volk an ihnen vornahm (es handelt sich ja niemals um größere Änderungen!), unsere Poeten würden (ich bin sicher!) beifällig lächelnd nicken und zufrieden sein. —

WASSER *Bei dem kannst du Wasser saufen gehen!* Der zahlt schlecht; bei dem ist nichts zu holen; er ist ein unsicherer Kantonist. — Anstatt Wein kann man bei ihm nur Wasser trinken, d. h. schmale Kost und wenig Geld. Man sagt auch: *da kannst du Wasser saufen gehen,* d. h. im übertragenen Sinne: wenn du diese Entscheidung triffst, wird es dir übel ergehen. — *Mir läuft das Wasser im Munde zusammen* (D s. MAUL, MUND). *Das Wasser steht ihm bis zum Halse* (K s. MESSER): er muß schwimmen oder ins Boot, wenn eins da ist; für alle bedrohlichen Situationen. — *Rotz und Wasser heulen:* unaufhörlich weinen; untröstlich sein. Wir haben gestern bei dem sentimentalen Film alle *Rotz und Wasser geheult!* Spöttische Redensart seit der Mitte des 19. Jh.s. Kinder sondern bei heftigem Weinen oft Nasenschleim ab. — *Sie kochen alle mit Wasser* (K s. WASSER): beim Reichsgründer Bismarck (1815 bis 1898) in seinen Erinnerungen (3. Bd., S. 114): »Ich habe gehört, daß der Kaiser die Bedenken, welche Caprivi gegen meine Nachfolge geäußert, mit den Worten beschwichtigt

habe: ›Seien Sie ohne Sorge, *sie kochen alle mit Wasser,* und ich werde die Verantwortlichkeit für die Geschäfte übernehmen.‹ Hoffen wir, daß die nächste Generation die Frucht dieses königlichen Selbstvertrauens ernten werde!« (Wir *haben* geerntet! D. Autor). — *Wasser ins Meer* (oder: *in die See) tragen* (K s. EULE): etwas Überflüssiges oder Unsinniges tun. — Bei Spaniens größtem Dichter Miguel de Cervantes Saavedra (1547—1616) in seinem »Don Quijote« (Winkler-Verl. München, S. 203): »Als Don Quijote sich so übel zugerichtet sah, sprach er zu seinem Schildknappen: »Immerdar, Sancho, habe ich sagen hören, gemeinem Volke Gutes tun, heißt *Wasser ins Meer tragen.* Hätte ich deinen Worten gefolgt, so hätte ich mir dieses Ungemach erspart, aber es ist einmal geschehen.« —

WEIN *Jemanden reinen (klaren) Wein einschenken:* ihm (ihr) unumwunden die volle Wahrheit sagen. — Die Wendung ist seit dem 16. Jh. verbucht. Der reine Wein ist das

Wahre! »Denn ich habe ihr reinen Wein eingeschenkt«
(Gottsched, Dt. Schaubühne, 1741, Bd. 1, S. 533). — Die
deutschen Lehnwörter der Weinkultur, die alle aus dem
Lateinischen kommen, könnten davon Zeugnis ablegen,
daß es die Römer waren, die den Weinbau in Deutschland
einführten. Das stimmt aber nicht. Die Weinkultur ist zuerst in den Flußtälern Vorderasiens aufgekommen. Die
Weinbereitung ist den Assyrern und Ägyptern bereits um
3500 v. Chr. bekannt. Die Griechen, deren homerische Helden durchaus weinfreudig waren, lernten noch vor der
Mitte des 2. Jahrtausends v. Chr. den Weinbau kennen. So
geht unser Weinbau auch auf die Griechen und nicht auf
die Römer zurück. Griechische Phokäer hatten um 600
v. Chr. Massilia — das heutige Marseille — gegründet und
verbreiteten den Weinbau nach Westen und Norden. Nach
der Besetzung Galliens durch die Römer drang der Weinbau nach Burgund, ins Elsaß und auch an den Rhein und
an die Mosel vor. Auf die griechische Herkunft des deutschen Weinbaus weist noch das Hauptgerät des Winzers,
das Rebmesser, hin, das nicht die italische, sondern die süd-
gallische (griechische) Form hat. Durch die Römer wurde
dann allerdings der Weinbau im 2. und 3. Jahrhundert
n. Chr. kultiviert und gefördert, wodurch unsere mit der
Weinkultur zusammenhängenden Lehnwörter entstanden:
so *Wein* vom latein. vinum; *Winzer* von vinitor; *Most* von
mustus = frisch, neu; *Spund* von expunctum = Stichloch
(in eine Röhre gebohrte Öffnung); *Kelter* von calcare =
treten (gemeint ist das Treten der Trauben mit den Füßen);
Becher von bicarium; *Kelch* von calix; *Trichter* von tra-
jicere = von einem Gefäß ins andere gießen; *Pflücken*
von piluccare = entfernen; und *Pfropfen* von propagare
= erweitern, fortpflanzen. — Aber der reine Wein ist nicht
dazu da, daß man über ihn redet, man soll ihn trinken.
Halten wir uns an den berühmten deutschen »Erzdichter«
— den Archipoeta —, der im 12. Jh. in lateinischer Sprache
dichtete und dessen Werke von Jakob Grimm in der Göt-

tinger Universitätsbibliothek aufgefunden wurden. Der Archipoeta stellt die klassische Gleichung auf, und damit teilt er die Meinung von Horaz: TALES VERSUS FACIO, QUALE VINUM BIBO — Wie der Wein, so die Verse! —

WITWE *Die grünen Witwen* sind Ehefrauen, die am äußersten Rande einer Großstadt oder in einer ländlichen Siedlung im Grünen wohnen und deren Männer in aller Herrgottsfrühe aufstehen, den ganzen Tag in der oft weit entfernten Stadt arbeiten und spät abends oder nachts nach Hause kommen, so daß ihre Frauen einsam und verlassen wie die Witwen sind. Zeiterscheinung seit der Mitte des 20. Jahrhunderts.

WOLF *Jemanden durch den Wolf drehen:* ihn hart und rücksichtslos behandeln; ihm mit peinlichen Fragen zusetzen; ihn gewaltig herannehmen; mit anstrengender Arbeit überhäufen. — Von der Fleischhackmaschine des Metzgers genommen. Seit Beginn des 20. Jh.s — *Hungrig wie ein Wolf:* sehr hungrig. Die sprichwörtliche Gefräßigkeit des Wolfs bereicherte unseren Wortschatz mit dem *Wolfshunger!* —

WORT *Da habe ich aber noch ein Wörtchen mitzureden:* da habe ich mitzuentscheiden. — Die Verkleinerungsform »Wörtchen« schaut zunächst recht bescheiden aus, ist jedoch ironisch gemeint und bedeutet nicht nur das gewichtige Wort, sondern die Hauptentscheidung! — *Ein Wörtchen mitreden,* wollte ich vor allem in der Familie. Als ich nach Hause kam, beschwor mich meine Frau: »Du mußt endlich mal *ein Machtwort sprechen!* Die Kinder waren wieder ungezogen.« (Das *Machtwort* ist hier entweder eine ernsthafte, letzte Verwarnung oder sogar ein handgreifliches Einschreiten.) »*Hast du Worte?*« entgegnete ich erstaunt, »ich habe die Kinder doch erst vorige Woche *vergattert* (vergattern = die Wache durch Signal versammeln und auf die Wachvorschriften verpflichten. Die vergatterte Wache hat besondere Befehlsbefugnisse, unterliegt aber auch schärferen Strafbestimmungen. Vergattern hier als Redensart heißt die Freiheit beschränken.) *»Hast du Worte?«* (Damit wird die Frage gestellt, ob der andere angesichts dieser Äußerung oder Handlung nicht sprachlos sei.) Nach diesem *Wortgeplänkel* fragte ich meine Frau, ob sie mir schon den Anzugstoff besorgt habe. »Er *war für Geld und gute Worte nicht zu haben* (er war nirgends zu erhalten)«, sagte sie. »*Ist das Ihr letztes Wort?«*, fragte ich die Verkäuferin. »*Auf ein Wort!* (Ich möchte Sie sprechen!)« *Sie wollte es nicht Wort haben,* daß der Stoff noch auf dem Lager sein müsse. *Ich glaube meiner Frau aufs Wort, denn sie liest mir die Worte vom Munde ab* (tut alles, was ich will). Dann werde ich den Anzug wohl am *Nimmerleinstag* bekommen, *wenn Ostern und Pfingsten auf einen Tag fallen,* nämlich nie! — Ich wollte aber auch im Betrieb *ein Wörtchen mitreden,* hatte dort jedoch einen Gegner, der bei jeder Gelegenheit *das große Wort führte,* um sich selbst herauszustellen. *Er muß immer das letzte Wort haben. Er kann sich an seinen eigenen Worten berauschen. Ich lasse mich aber nicht mit leeren Worten abspeisen. Ein Wort gab das andere! Ich finde keine Worte für solche Frechheit! Aber ich verliere darüber kein Wort mehr,* denn sein Leben *hängt ohnehin an einem Zwirnsfaden* (er ist lebensbedrohend erkrankt). Außerdem ist er der Mensch, *der ständig über Zwirnsfäden stolpert* (wegen Kleinigkeiten Anstoß erregt). Schließlich kam mein Freund Rudi, der für ihn *ein gutes Wort einlegte.* Rudi kenne ich als *einen Mann von Wort,* den man *beim Wort nehmen kann* (ihn darauf festnageln kann). »Laß ihn gehen«, sagte mein Freund, »sein *Wortreichtum* entspricht dem Umfang seiner Dummheit!« »*Du nimmst mir das Wort aus dem Munde«,* antwortete ich und schloß mit dem *Goethe-Wort:* »*Du sprichst ein großes Wort gelassen aus!«* Das heißt eigentlich: etwas Wichtiges bescheiden äußern. Als Redensart genommen besagt es jedoch ironisch, daß man gerade etwas sehr Dummes *vom Stapel gelassen hat* (= anfangen, beginnen, eröffnen; D s. SEELEUTE und LANDRATTEN).

Herr X   Gestern kam ein gewisser Herr X zu mir: wenn man von einem gewissen Herrn X spricht, so besagt das, daß man seinen Namen nicht nennen will oder daß man ihn tatsächlich nicht kennt. Jedenfalls ist X (auch P s. X-BELIEBIG) in der Mathematik und auch in der Umgangssprache eine unbekannte Größe, sonst das Zahlzeichen zehn. Wer unerkannt bleiben will, hüllt sich gern in Anonymität, d. h. er verschweigt seinen Namen, er verheimlicht seine Identität und reist inkognito (unerkannt). Aber soweit braucht es mit dem großen Unbekannten ja gar nicht zu kommen (K s. UNBEKANNT). Es ist ja auch möglich, daß er sich uns mit dem richtigen Namen vorgestellt hat, und wir diesen nur vergaßen: dann ist er für uns eben Herr *Dings,* Herr *Dingskirchen,* Herr *Dingsbums* (K s. DING), Herr *Soundso* oder schließlich *Herr X! —*

YORICK   *Er ist ein echter Yorick:* er ist ein Mann mit unendlichem Humor. — Seit Ende des 18. und Beginn des 19. Jahrhunderts im Zuge der steigenden Beliebtheit von Shakespeares Werken in Deutschland als Redensart gebraucht. Bei William Shakespeare (1564—1616) ruft der Prinz von Dänemark aus: »Ach, armer Yorick!« (»Alas, poor Yorick!« Hamlet, V, 1.) Hamlet nennt ihn »den Spaßmacher des Königs, einen Burschen von unendlichem Humor«, der freilich im LACHENDEN DRITTEN nicht fehlen durfte.

ZAHN   *Einen tollen Zahn (einen Affenzahn) drauf haben:* mit höchster Geschwindigkeit fahren. — Der Hinweis auf das Zahnradgetriebe des Motors bringt uns einer richtigen Erklärung der Redensart zwar recht nahe, ursprünglich stammt diese Wendung jedoch aus der Fliegersprache des Ersten Weltkrieges: In den kleinen, primitiven Jagdmaschinen von 1914 hatte der Flugzeugführer, um Gas zu geben, eine auf der Unterseite mit Zähnen versehene Stange. Diese wurde durch eine einfache Feder in ihrer Halterung nach unten gedrückt und dadurch festgehalten. Schob man die Stange von sich weg nach vorn, so gab man mehr Gas, man legte »einen oder mehrere Zähne zu«. Bald nach dem Start, der mit Vollgas erfolgte, mußte ja zur Schonung des Motors eine leichte Drosselung durch »Zurücknahme des Gases« erfolgen. Wenn also ein Flugzeugführer — etwa im Luftkampf — mit Vollgas und dabei auch noch abwärts flog (die Maschine »drückte«), so kam es zu besonders hohen Geschwindigkeiten, und das Flugzeug hatte *einen tollen Zahn drauf!* Der Motor heulte dann durch überhöhte Tourenzahl auf, was den Flieger bald veranlaßte, »einen oder mehrere Zähne zurückzunehmen«. — Der *Affenzahn* ist natürlich nicht der Zahn eines Affen, sondern »Affe« ist hier lediglich ein Verstärkungswort wie bei *Affenhitze. — Er lacht auf seinem Stockzahn,* er lacht heimlich und verhalten. — Das Wort »Stockzahn« ist in Süddeutschland, Österreich und der Schweiz üblich; in österreichischer Mundart »Stockzahnd« genannt. Dieser Ausdruck spielt auf die klotzige, an einen breiten Baumstumpf erinnernde Form des Molaren (Mahlzahnes) an, denn »Stock« ist ein altes Wort für »ausgehöhlter Baumstumpf«. Bei Viktor von Scheffel heißt es im »Ekkehard«: *»Er lachte auf seinem Stockzahn; er kannte seine Kunden.«* In Südtirol wird aus dem Stockzahn ein »Wangenzahnd«. Er frißt auf drei Backen, sagt man von einem Menschen mit ausgezeichnetem Appetit. Da das Wort »Backe« auf die indogermanische Wurzel »bhag —

essen« zurückgeht, kann man die Backe als »Esserin« verstehen. Auch der »Zahnd«, den man von der gleichfalls »essen« besagenden indogermanischen Wurzel »ed« herleitet, ist der »Essende« (fries. eten). Die beiden wortspielerischen Redensarten *auf den Stockzähnen lachen* und *der frißt auf drei Backen* weisen darauf hin, daß der volkstümliche Sprachgebrauch seine eigenen Auffassungen über das Wesen der Zähne hat, daß dem Sinn oft eine uralte Symbolik und den damit zusammenhängenden Volkssprüchen eine tiefe Lebensweisheit innewohnt:

Wer keine Zähne hat, ist schlimm dran.

Wer aber kein Brot hat, ist ein noch ärmerer Mann! —

Bruno H. Bürgel konfrontiert den gefürchteten *Zahnarzt* mit der *Relativität der Zeit* in »Hundert Tage Sonnenschein«: »Ich habe schon vor einem Jahrzehnt entdeckt, daß die Stunden, die man mit einer schönen Frau verbringt, zu Minuten zusammenschrumpfen, während eine Stunde beim Zahnarzt zu einer Ewigkeit wird!« — Der Däne Hakon Mielche, der 1933 mit einem kleinen Segler eine Weltreise machte, berichtet in seinem Buche »Wollen mal sehen, ob die Erde rund ist« über seinen Besuch bei einem Kannibalenstamm in der Südsee: »Die Ehe wird in der Regel dadurch eingegangen, daß der Herr der gnädigen Frau ein paar Schneidezähne ausschlägt — das ist die einfache Zeremonie. Daheim entspringt derselben Ursache die Scheidung!« Wenn man von einer solchen Grausamkeit hört, möchte man beschwichtigend sagen: *Der Zahn der Zeit, der schon manche Träne getrocknet hat, wird auch über diese Wunde Gras wachsen lassen!* — War das ein Satz?! — *O Backe, mein Zahn!* (Ausruf der Verwunderung oder Empörung.) — Wer aber *jemandem die Zähne zeigen* (ihm drohen) *muß*, der sollte sich merken: *Das Lächeln ist immer noch die eleganteste Art, die Zähne zu zeigen!*

ZITRONE   *Jemanden ausquetschen wie eine Zitrone:* ihn

gründlich ausfragen. — Wie man eine Zitrone auspreßt, um ihren Saft zu gewinnen, so wird im übertragenen Sinne der Mensch wie eine Zitrusfrucht ausgepreßt, um seine Geheimnisse zu erfahren, wobei quetschen gröber ist als pressen. — *Sich ausquetschen* ist eine Berliner Wendung für »sich ausdrücken«, seit Beginn des 20. Jh.s. — *Da hast du aber mit Zitronen gehandelt* heißt: das war ein saures (schlechtes, mieses) Geschäft; da hast du Pech gehabt! — Ein spanisches Wort sagt: Ich heirate eine alte, reiche Zitrone, und für das Geld, das sie mitbringt, kaufe ich mir süße Mandarinchen! —

VOM HUMOR
IN DER DEUTSCHEN SPRACHE

Der Humor, das Hätschelkind des überlegenen Geistes, ist fast allen schöpferischen Genies eigen. Um nur wenige zu nennen, unter den Musikern: Haydn, Mozart und Beethoven (»Die Wut über den verlorenen Groschen«); bei den Dichtern denken wir in der Antike zum Beispiel an Homer, später — während der Renaissance — Shakespeare und Cervantes, die beide im gleichen Jahre (1616) die Augen schlossen, dann aber früher — der Zeitgenosse von Christoph Kolumbus — Leonardo da Vinci, Bildhauer, Baumeister, Maler und Forscher, ein Künstler von höchster Universalität, der sich gewiß etwas dabei gedacht hat, als er seiner Mona Lisa das geheimnisvolle, fein humorige Lächeln auf ihr schönes Gesicht malte. Auch Rembrandt (1606—1669) zeigt seinen Humor im übermütigen Selbstbildnis mit seiner jungen, schönen und verwöhnten Frau Saskia, die er — der Müllersohn — keck auf seinem Schoße dem Betrachter präsentiert und ihm dabei lachend mit dem Champagnerglas zutrinkt. Auch sein Einfall im Gemälde »Ganymed in den Fängen des Adlers«, den Götterliebling, dessen weithin berühmte Schönheit die Leidenschaft des Göttervaters Zeus erregte, als ein jammervoll plärrendes, häßliches Kind darzustellen, das dem Zuschauer den nackten, fleischigen Bauernhintern zudreht, beweist, daß Rembrandt in den Göttern der Antike humorvoll das Menschliche sucht! —
Der Humor ist die liebenswürdige Zuchtrute für alles Ungezügelte, Rücksichtslose und Unduldsame, denn sein Zielpunkt ist ja der Humorvolle selbst, der wie der Kaiser in

der rumänischen Sage mit dem rechten Auge lacht und mit
dem linken weint, weil er in den Missetaten oder Fehlern
seiner Mitmenschen seine eigene Unfertigkeit erkennt. Den
gleichen Gedanken finden wir in Shakespeares »Hamlet«
(1, 2):

> With one auspicious and one dropping eye.
> Mit einem heitern, einem nassen Aug'.

Darum gibt es auch keinen »schwarzen Humor«; es gibt
bestenfalls eine »schwarze Satire«, einen »schwarzen Sarkasmus« oder einen »makabren Zynismus«. Wenn Humor
lateinisch die Feuchtigkeit bedeutet, so ist der »trockene
Humor« ein Widerspruch in sich (Oxymoron). Solcherlei
gegensätzliche Begriffe in einer rhetorischen Figur verzeich-
nen wir öfter. Die Lieblingsredensart des Pastor Hirte in
Thomas Manns »Die Buddenbrooks« ist »grenzenlos bor-
niert«, was wörtlich »grenzenlos begrenzt« heißt. Sieht
man von dem gewiß beabsichtigten »beredten Schweigen«
und dem schon bei Horaz (65—8 v. Chr.), Freund des
Kaisers Augustus vorkommenden »öffentlichen Geheimnis« ab, so sind auch die Ausdrücke »alter Junggeselle«
und »eingefleischter Vegetarier« entweder im Scherz oder
durch Unachtsamkeit entstanden, aber sie sind noch kein
sichtbares Zeichen für den Humor in unserer Sprache.
Gelegentlich wird oberflächlich geurteilt, unsere Sprache
weise wenig humorvolle, sondern eher freudlose, ja le-
bensverneinende Züge auf, weil viele deutsche Wörter im
Laufe der Jahrhunderte einen Bedeutungswandel ins Negative durchgemacht haben. Manche Begriffe wurden ver-
schönt und aufgeputzt, so die berühmte *»Strohwitwe«*,
die früher ein *»gefallenes«*, im Stroh entehrtes *Mädchen*
war, die heute aber ganz harmlos die von ihrem Manne
lediglich vorübergehend getrennte Ehefrau ist! Auch der
ordensgeschmückte *»Marschall«* (wie prächtig klingen die
Titel »Marschall von Frankreich« oder »Reichsmarschall«!)
hat sich im Laufe der Jahrhunderte erstaunlich »hochge-

arbeitet«, denn er war früher nichts anderes als ein ganz gewöhnlicher »Mährenschalk« — also ein Pferdeknecht! — Oft tritt aber auch eine Verschlechterung der Bedeutung (Pejoration) ein, so beim Wort »gemein«, das nur in der Bedeutung von »allgemein« oder »gemeinsam« gebraucht wurde. »Die gemeinen Leute« waren früher die »ehrenwerten Schiedsrichter«. Als aber das mittelalterliche Genossenschaftswesen zum Erliegen kam und der vornehme, bildungsstolze Gelehrte als Individualist das nicht mehr schätzte, was so vielen einfachen Menschen gemeinsam war, so wurde das Wort »gemein« schnell abgewertet. Unsere Klassiker verwendeten es bereits im Sinne von »niederträchtig«, wenn z. B. Schiller in »Wallensteins Tod« sagt:

»denn aus Gemeinem ist der Mensch gemacht,
und die Gewohnheit nennt er seine Amme!«

Oder wenn Goethe zu Schillers Totenfeier 1805 seinen Weimarer Bruder in Apoll mit den Worten ehrt:
»und hinter ihm in wesenlosem Scheine
lag, was uns alle bändigt, das Gemeine!«

Heute heißt die Erklärung für »gemein«: gaunerhaft, schmutzig, niederträchtig, charakterlos und was derart ehrlose Bezeichnungen mehr sind. Erst die Massenbewegung des Sozialismus im 19. und 20. Jahrhundert wertete den Begriff etwas auf und brachte ihn mit »Gemeinwesen, Gemeinnutz, Gemeinschaft, Gemeinsinn und Gemeinwirtschaft« wieder zu bescheidenem Ansehen. — Genauso ist es mit »schlecht« und »einfältig«, die früher »schlicht« und »einfach« bedeuteten. Auch diese Wörter wurden im 15. Jahrhundert in die Gesindestube unserer Sprache verbannt. Hier ist derselbe Vorgang: das Schlichte und Einfache war nicht mehr fein genug. Ja, man ging sogar so weit, aus »schlicht« auch in der sittlichen Vorstellung das Gegenwort »gut« zu machen: was schlecht ist, ist minderwertig! Nur im heutigen »schlecht und recht« (eigentlich: schlicht und richtig), in »schlechtweg« (ohne große Umstände) und in »schlechthin« (ganz einfach, geradezu) oder »schlechterdings« (ganz und gar, durchaus) schimmert noch nebelhaft der einstige gute Ruf dieses gewaltsam zur Wortdirne gestempelten Begriffs. Nahezu bedenklich scheint schon der Bedeutungssturz in »albern« zu sein, das vom Althochdeutschen ala-wari = offenherzig, wahrhaftig, aufrichtig und vertrauensselig herzuleiten ist. Die sprachliche Tragödie liegt darin, daß die Anständigkeit des Menschen der Lächerlichkeit und der Verachtung preisgegeben wird! — Auch das Wort »stinken« hatte keineswegs immer den »anrüchigen« Charakter. Das althochdeutsche »stinken« bedeutete lediglich einen Geruch — also auch einen vorzüglichen — verbreiten. Uns ist heutzutage recht befremdlich, wie einst fromme Mönche »vom süßen stank Christi« gesprochen und geschrieben haben und wie man zu Beginn des 14. Jahrhunderts in Straßburgs »badestuben zum stank« die Zeit vertändeln konnte. Daß es sich dabei um wohlriechende, parfümierte Bäder handelte, ist jetzt nicht mehr ersichtlich. Andere Wörter, die der Sinnverschlechterung zum Opfer fielen, sind z. B. das Luder (vom lat. ludere = spielen, foppen; somit die Lockspeise) oder das Gift, das durch die Zusammensetzungen »Mitgift« und »Giftbude« zu erkennen gibt, daß sein ursprünglicher und ehrlicher Name »die Gabe« war! So ist heute noch an der deutschen Nordseeküste die »Giftbude« eine Schänke, in der es »wat gift«, in der es was (zu trinken und zu essen) gibt! — Auch der Spießgeselle ist bis zur Mitte des 18. Jahrhunderts der vertraute und liebenswerte Waffenbruder und Kriegskamerad, den man erst gegen Ende des 18. Jahrhunderts zum zwielichtigen Lumpen und Verbrecherkumpan erniedrigte. Erfreulicherweise hat im Plattdeutschen die »seute Deern« (das süße Mädchen) und in süddeutschen Mundarten die »Dirne« (eigentlich: die Dienerin) noch einen guten Klang; das »Dirndlkleid« kann sogar in

Österreich und ganz Deutschland ohne Scham angeboten werden. Von Berlin über Frankfurt nach Flensburg ist die Dirne jedoch eindeutig das Straßenmädchen, und wenn wir ihm noch das »schmückende« Beiwort »niederträchtig« zulegen, dann wissen wir, wie wir »ein solches Mensch« (unmoralisches »Frauenzimmer — Frauenzimmer! Ooch mal wat Besseres jewesen!! Siehe Lessing »Minna von Barnhelm«!) einzuschätzen haben! Vor Jahrhunderten konnte man noch singen und sagen oder — wenn man wollte — öffentlich kundtun:

>»Unser Landesfürst und seine hohe Gemahlin
>sind gar niederträchtige Herrschaften!«

ohne eine Verhaftung oder Beleidigungsklage einzuhandeln. »Niederträchtig« — sich niedrig tragend — hieß nämlich im übertragenen Sinne nichts anderes als »herablassend« (auch hier die Wandlung von demütig zu hochmütig!) oder besser »leutselig«, aus dem sich dann in der Gedankenverbindung mit »nachgiebig«, ja vielleicht sogar »knechtisch«, zu Beginn des 18. Jahrhunderts der Sinn von »schmutzig«, »charakterlos« oder »unehrenhaft« entpuppte. —
Solche Bedeutungsveränderungen und Sinnverschlechterungen, die in vielen Sprachen vorkommen, beweisen aber noch nicht, daß unser Deutsch etwa überwiegend von freudlosen Zügen durchsetzt ist, und daß man es als pessimistisch oder humorlos charakterisieren müßte. Ebensowenig wird man die Franzosen als unmoralisch anprangern wollen, nur weil sie ihre Bezeichnungen für »junges Mädchen« (fille, garce, touse usw.) auf die schiefe Bahn brachten und von »Jungfrau« auf »Freudenmädchen« absacken ließen.
Es gibt keinen nihilistischen, keinen sarkastischen Humor. Auch Spott- und Schimpfnamen, Verquatschungen und Sprachmengerei, das heißt z. B. deutschen Wörtern griechische oder lateinische Endungen anzuhängen oder sie

grammatikalischen Gesetzen fremder Sprachen zu unterwerfen, können spaßig, witzig oder unterhaltsam sein,
haben aber nichts mit dem Humor der Sprache zu tun. Zu
dieser Scherzgattung des sogenannten »Makkaroni« gehören: Futteralien, Fressalien, Wichtikus, Schwachmatikus,
schluckzessive, sich verlustieren, schauderös, Mogelant,
sich verdünnisieren, Klecksographie, Dichteritis u. a. m. Die
an sich komisch gemeinte »Klecksographie« hat allen
Ernstes Eingang in den DUDEN gefunden und bedeutet heute das von dem Schweizer Rorschach entwickelte
Verfahren, aus Tintenklecksen psychologische Deutungen
herzuleiten. Aus dem niederdeutschen »Sammelsur« (aus
Fleischresten zubereitetes vorzüglich schmeckendes saures
Gericht) wird das abgewertete »Sammelsurium«, und selbst
das in der Welt hochangesehene Firmenschild »Telefun-
ken« entstammt einer griechisch-deutschen makkaronischen
Ehe. —
Aus dem reichen Schatz der Schelt- und Scherzworte in
der Soldaten- und Studentensprache nennen wir ein paar
den Militärärzten und ihren Hilfspersonen zugedachte
»Kosenamen«: Schlangenmensch (für Arzt in Anspielung
auf die sich am Äskulapstab ringelnden Schlangen); Kno-
chenschuster (Chirurg); Lakritzenfähnrich (Unterarzt); As-
pirinhengst (Apotheker); Schnauzenmaurer oder Gebiß-
klempner oder Eßzimmer-Dekorateur (Zahnarzt); Jod-
baron (Heilgehilfe). Die Krankenschwestern treten je nach
Gestalt und Wuchs als Lysolwalküren, Karbolmäuschen
oder Spitalwachteln auf, während die Nachtdienstbeflis-
senen eine »Schleichpatrouille« bilden. Neben diesen »me-
dizynischen« Ausdrücken erfand man schon um die Jahrhundertwende (vom 19ten zum 20ten!) spöttelnde Verschmelzungswörter wie »Cleopold« für König Leopold II.
von Belgien, dessen offen zur Schau getragene Freundschaft
zur Tänzerin Cléo de Mérode Aufsehen erregte. Der Führer der indischen Freiheitsbewegung Mahatma Gandhi
(1869—1948) wurde wegen seiner hohen Kunst der Mas-

senbeeinflussung mit dem Ausdruck »Mahatma Propa-
gandi« ironisiert, der dann zwangsläufig auf fähige Pro-
paganda- und Informationsminister, Presse- und Werbe-
chefs überging. Die hübschen Berliner Sodawasser-Verkäu-
ferinnen vor dem Ersten Weltkrieg hießen im Volksmund
»Sodalisken«, und die neue zeltartig konstruierte Philhar-
monie in Berlin, in der Herbert von Karajan Triumphe
feiert, nennt der Berliner Mutterwitz »Zirkus Karajani«!
Einen steinalten, vergreisten Opernsänger, der nicht von
der Bühne abtreten will, verspottet man hartherzig als
einen »Sklerosenkavalier«. Der »Dilettantalus«, der uns
in ein peinliches »Krokodilemma« bringen kann, geistert
in allen Betrieben. Er ist ebenso unangenehm wie der »Ra-
dikalinski« oder eine bestimmte gewissenlos und hetzerisch
arbeitende Tagespresse, von dem bekannten Literaturkri-
tiker und Wiener Hofburgtheaterdirektor Alfred Freiherr
von Berger (1853—1912) als »Journaille« (aus »Journal«
+ »Canaille«) gebrandmarkt oder der »poeta Kalaurea-
tus« (aus »poeta laureatus« = lorbeerbekränzter Dichter
+ »Kalauer« = fauler Witz), ein komischseinwollender,
von der »Dichteritis« befallener »Skribifax« (Schreiberling). — Übrigens reichen die Wurzeln dieses barbarischen
Sprachmischmasch bis weit in die Antike hinein. Horaz
verweist in den Sat. 1, 10, 20 ff. auf den großen Satiriker
Gaius Lucilius (gest. 102 v. Chr.):

»At magnum fecit, quod verbis Graeca
Latinis miscuit.«

(»Großes hat er vollbracht, denn er vermischte griechische
mit lateinischen Wörtern!«).
Heute können wir Horaz nicht verstehen, wenn er die
Laune des Gaius Lucilius als Großtat preist, — oder wollte
er ihn nur ironisieren? Aber es galt ja als vornehm, — so
wie Julius Cäsar zu Hause nur griechisch sprach — alles
nach griechischem Vorbild zu gestalten und einzurichten,
alles zu hellenisieren! —

»Nichtsdestotrotz« (nichtsdestoweniger + trotzdem) haben auch wir solche Verschmelzungswörter (die ursprünglich nicht auf scherzhafte Wirkung angelegt waren) wie das »Automobil«, die makkaronisch griechisch-lateinische Ehe von »autos« (griech. selbst) und »mobilis« (lat. beweglich). Grotesk würde es heute klingen, wollten wir korrekterweise das Wort ganz griechisch oder ganz lateinisch bilden. Dann hieße der Kraftwagen nun bei uns griechisch: »Autokinetikon« oder lateinisch: »Ipsomobil«!

In der Umgangssprache behält er jedoch weiterhin die lustige redensartliche Wendung »der fahrbare Untersatz«. Hier wird etwas verschleiert, obwohl kein Anlaß dazu vorliegt. Die echten, verharmlosenden Umschreibungen, sogenannten Euphemismen oder Hüllwörter, die gewisse Sachverhalte mildern, beschönigen oder gar versüßen, werden dort angewandt, wo die Sprache Angst hat, den harten Tatsachen in die Augen zu sehen: der Tote ist nicht tot, er ist nur ein »Entschlafener«, der vorübergehend Abschied genommen hat, um uns bald wiederzusehen; und das Sterben ist nur ein »Dahinscheiden«, ein Weiterwandern, ein Davonlaufen mit der Aussicht auf Wiederkehr! Die Fülle von sinnverwandten Wörtern für »das Zeitliche segnen« (um gleich ein anderes Hüllwort zu gebrauchen) erlaubt uns an dieser Stelle nur wenige Beispiele (ausführlich in diesem Band unter STERBEN). Bezeichnend ist dabei, daß der Volkswitz auch vor dem Tode nicht haltmacht, und sich Scherzbolde zu allen Zeiten phantasievoll ausgeklügelt haben, welche sprachliche Todesart wohl den verschiedenen Berufen gemäß sei:

der Gelehrte gibt den Geist auf; dem Nachtwächter schlägt die letzte Stunde; der General wurde zur großen Armee abberufen; der Förster ist in die besseren Jagdgründe hinübergewechselt und dem Zahnarzt tut kein Zahn mehr weh!

Gedenksteine mit solchen und ähnlichen sarkastischen Inschriften, wie sie in früheren Jahrhunderten auf unseren

Friedhöfen oft zu lesen waren, sind heute nicht mehr erwünscht. Man hält sie für geschmack- und pietätlos, obwohl sie meistens mit beneidenswerter Phantasie geschaffen wurden, mit derselben Phantasie, mit der unsere Volkssprache liebenswürdig übertreibt, mit der sie leichtsinnig in hyperbolischen Zahlen schwimmt. Während der römische Dichter Vergil (70—19 v. Chr.) sich noch mit »hundert Zungen« und »hundert Kehlen« (Aen. 6, 625) begnügt, sendet bei uns der Liebhaber seiner Braut »tausend Küsse«, später sogar »hunderttausend Küsse«, bis er es zum Kußmillionär gebracht hat! Er ist ja auch ein »Tausendsassa«, ein rechter »Tausendkünstler«, und seine Angebetete könnte man fast mit einem »Tausendschönchen« vergleichen. Wenn sie ihm liebevoll antwortet, wird er nicht mit »hundert Dank« (das wäre albern [!], geizig, schäbig und ungewöhnlich!), sondern mit »tausend Dank« erwidern! »O, daß ich tausend Zungen hätte und einen tausendfachen Mund!« die Phantasie unserer Dichter zu preisen, wiewohl es ihnen häufig an Humor mangelt. Goethe hatte weniger Humor als man ihm auf Grund seiner mütterlichen Erbmasse zutrauen dürfte; er läßt ihn gelegentlich sparsam in »Hermann und Dorothea« oder im »Faust« bei Mephisto aufleuchten, dem der beißende Spott jedoch gemäßer als der gütige Humor ist. Übrigens verstand Goethe das Wort »Humor« auch anders als wir heute. So schildert er in »Dichtung und Wahrheit« (Insel, S. 105, 106) die possenhafte Unterrichtsweise seines Klavierlehrers: »Für jeden Finger der rechten und linken Hand hat er einen Spitznamen, womit er aufs lustigste bezeichnet, wenn er gebraucht werden soll. Die schwarzen und weißen Tasten werden gleichfalls bildlich benannt, ja die Töne selbst erscheinen unter figürlichen Namen. Eine solche Gesellschaft arbeitet nun ganz vergnüglich durcheinander. Applikatur (Fingersatz) und Takt scheinen ganz leicht und anschaulich zu werden, und indem der Schüler *zu dem besten Humor aufgeregt wird,* geht auch alles zum schönsten vonstatten.« Sowohl hier als auch in der Klage über seinen Reitlehrer (im selben Werk S. 133) bedeutet »Humor« lediglich »Stimmung«: »Vergaß man die Kinnkette ein- oder auszuhängen, ließ man die Gerte fallen oder wohl gar den Hut, jedes Versäumnis, jedes Unglück mußte mit Geld gebüßt werden, und ward noch obendrein ausgelacht. *Dies gab mir den allerschlimmsten Humor,* besonders da ich den Übungsort selbst ganz unerträglich fand.« Die Unannehmlichkeiten der Reitstunde versetzten ihn also in die übelste Stimmung, verdarben seine Laune. — Übrigens weist die Geschichte des Wortes Humor in der heute allein positiven Bedeutung nach England, wo im 17. und 18. Jahrhundert unter dem Namen »humour« eine besondere Stilgattung verspielter Heiterkeit entstand, die mit der alten Bezeichnung neuen Inhalts erst im 19. Jahrhundert zu uns kam.

Hatte Goethe (im heutigen Sinne) nur wenig Humor, so war Schiller völlig humorlos! In seiner Abhandlung »Über naive und sentimentale Dichtung« fehlt in der Liste der Grundbegriffe der Humor ganz. Aber trotz des Versagens jener beiden Klassiker finden wir in der deutschen Literatur den Humor reichlich, so bei Wolfram von Eschenbach, Walther von der Vogelweide, bei Luther, Hans Sachs und Grimmelshausen, bei Lessing, E. T. A. Hoffmann und Heinrich von Kleist, bei Fritz Reuter und Wilhelm Busch — um nur wenige zu nennen. Die deutsche Literatur ist jedoch nicht Gegenstand unserer Untersuchung, sondern der Wortschatz unserer Sprache, der sich in den Redensarten von seiner bildhaftesten und prägefreudigsten Seite enthüllt und zu Deutung und Auslegung reizt und lockt. Das war es auch, was Wilhelm von Humboldt meinte, als er als erster Sprachwissenschaftler die Forderung stellte, aus den Sprachen der Menschheit den Charakter der Kulturen und Nationen herauszulesen. —

Die Sprache kann unterrichten, erregen, erheitern, erschüttern, zügeln, trösten. Sie kann auch, wie Ramsegger sagt, mit feinem Spott, mit blutigem Hohn, mit stechendem Witz, mit heiligem Zorn, mit blanker Ironie, mit machtvoller Beschwörung oder furchtbarer Drohung, mit polterndem Schimpf oder grobem Hieb verletzen. Sie kann auch im Liebesgeflüster beglücken!!

Eigentlich kann man nur unter Tränen lächelnd sagen, daß Ernst und Humor eng beisammen sind, ineinander überfließend an einer brennenden Grenze zwischen düsterer Trauer und heiterem Traum. Seneca (1–65 n. Chr.), der bedeutende römische Philosoph und Dichter, — Erzieher des Kaisers Nero — hegt keinen Zweifel:

ECHTER HUMOR IST EINE ERNSTE SACHE!
VERUM GAUDIUM RES SEVERA EST!

Wollten wir sardonisches Lachen, Zynismus, Ironie, Satire, galligen Witz, Sarkasmus oder die hämischen Bemerkungen, denen allen ein glimmender Funke Haß, Verachtung oder doch Geringschätzung innewohnt, in den Kreis unserer Betrachtung ziehen, so ständen wir noch nicht einmal an der Pforte des Humors.

Die Urbedeutung des Wortes Humor (lat. humor, humoris) ist »Feuchtigkeit, Flüssigkeit«. Sowohl in der Antike als auch im Mittelalter waren die Naturwissenschaftler der Meinung, daß Temperament und Gemütsart des Menschen von verschiedenen im Körper wirksamen Säften abhängig seien. Waren die Körperkräfte harmonisch und gesund gemischt, so offenbarte sich dies in einer blendenden Laune des Erdenbürgers. Man ist fast versucht, solche Vorstellung mit dem neuzeitlichen Ausdruck von der »feuchtfröhlichen Stimmung« zu verknüpfen, hätte dieser nicht ausschließlich den Sinn, nur den Alkohol als Triebfeder unbefangener Vergnüglichkeit verantwortlich zu machen. Aber das Bild von den klug gemischten Körpersäften ist — wenn auch biologisch nicht haltbar — doch ein Beweis schöner Erfindungsgabe; und ich muß einem bekannten Literatur-Lexikon die Gefolgschaft versagen, wenn es mit der Grundbedeutung »Feuchtigkeit, gesunde Mischung der Körpersäfte, daraus hervorgehend: gute Stimmung« nichts anzufangen weiß. Die Alten hatten mehr Vorstellungskraft. Sie bemühten sich wenigstens, dahinterzukommen, wo die Quelle des Humors sprudelt; uns bleibt dies heute und künftig verschlossen. — Dennoch wollen wir versuchen zu erklären, was wir unter Humor verstehen:

Der Humor — mit der souveränen Spielkraft des Geistes unlösbar verbunden — betrachtet Erde und Weltraum fast adleräugig aus großem Abstand. Ungewöhnliche Zustände und bemerkenswerte Lebensvorgänge, insbesondere aber der Mensch selbst (ja, die Kreatur schlechthin) sind das lockende Ziel seiner mild-kritischen Beobachtung. In seiner vornehmsten Erscheinung sind Weisheit und Liebe seine ständigen Begleiter. Er bezieht Frohsinn aus der harten Wirklichkeit und vermag durch die Distanz der ästhetischen Haltung feindliche Gegensätze harmonisch auszugleichen. Nicht nur die Besonderheiten — auch die alltäglichen Widerwärtigkeiten des Daseins — und die Konflikte allzumenschlicher Schwächen löst der Humor, der alle Seelenkräfte — vornehmlich die des Gemüts — bindet, mit verständnisvollem Lächeln auf.

Immer sucht er das Menschliche — auch bei den Göttern. Immer sucht er das Göttliche — auch bei den Menschen!

Mit allen Strömungen seiner Zeit verwachsen, tief bis in das Unbewußte versenkt, richtet der Humor sogar seine Blicke weit über die Zeit und über das nur Menschliche hinaus. —

Die von Witz und Satire gewalttätig entblößten Schwächen entschleiert der Humor nur mit leichter Hand, um sie gleich wieder mit dem Mantel der Liebe zu verhüllen. Während Zynismus und Sarkas-

Pferd am Schwanz aufzäumen«, »jemandem einen Korb geben«, »verliebte Nasenlöcher machen«, »nicht alle Tassen im Schrank haben«, »mit affenartiger Geschwindigkeit«, »wie ein dreimal frischgeölter Blitz«, »es ist die höchste Eisenbahn«, »Bier nach München bringen«, »sich aufs hohe Roß setzen«, »ein Engel geht durchs Zimmer«, »ein Leutnant bezahlt seine Schulden«, »jemandem Honig ums Maul schmieren«, »ich dacht', mich küßt ein Bischof«, »sie ausnehmen wie eine Weihnachtsgans«, »er grinst wie ein Honigkuchenpferd«, »ein Brett vor dem Kopf haben«, »etwas in den Schornstein schreiben«, »jemandem etwas abknöpfen«, »ein Auge riskieren«, »mich laust der Affe«, »jemandem einen großen Bahnhof bereiten«, »Feuer im Dach haben«, »jemandem aufs Dach steigen«, »sich vor Wut in die Kniescheibe beißen«, »die Ohren auf Durchzug stellen«, »dir fällt keine Perle aus der Krone«, »den Teufel an die Wand malen«, »bei uns hängt der Haussegen schief«, »jemanden durch den Kakao ziehen«, »das ist unter aller Kanone«, »mit der Tür ins Haus fallen«, »daß die Fetzen fliegen«, »Vorsicht ist die Mutter der Porzellankiste«, »auf keinen grünen Zweig kommen«, »sie ist eine aus der sechsten Bitte« (führe uns nicht in Versuchung); »er ist einer aus der siebten Bitte« (erlöse uns von dem Übel); »aus dem Regen in die Traufe kommen«, »bei dem kommt kein Text«, »ihr dürft mal an der Tischkante riechen«, »gegen den bin ich ein Waisenknabe«, »er arbeitet ohne Netz«, »dem kann man soweit trauen, wie man ein Klavier schmeißen kann«, »beim kalten Imbiß mit dem Oktavgriff der Presse zulangen«, »dastehen wie ein begossener Pudel«, »sich auf den Schlips getreten fühlen«, »mit der Zunge schnell zu Fuß sein«, »das reicht gerade für den hohlen Zahn«, »auf dem falschen Bein Hurra schreien«, »er streichelt 'ne dufte Fichte« oder »er streicht 'nen

kessen Darm« (spielt wundervoll Geige), »sich ein
Mädchen schönsaufen«, »hochdeutsch mit Streifen reden« (geziert), »seinen Senf dazugeben«, »ein Mann
mit zugeknöpften Taschen«, »davonlaufen wie die
Sau vom Trog«, »Nachtigall, ick hör dir trapsen!«,
»ich denk', mich tritt ein Pferd«, »das haut den stärksten Eskimo vom Schlitten«, »mach' keine Fisimatenten«, »da lachen ja die Hühner«, »das geht auf keine
Kuhhaut«, »wie aus der Pistole geschossen«, »der
lachende Dritte«, »von Pontius zu Pilatus«, »den Rest
für die Gottlosen«, »die Finger in der Pastete haben«,
»jemandem den Zahn ziehen«, »abwarten und Tee
trinken«.

Vom »Dreikäsehoch« über den »Schürzenjäger« bis zum
»Salonlöwen«, der nach einem Mißerfolg mit »qualmenden
Socken« davonzieht, blinzelt uns der Humor aus dem fun-
kelnden Schatz unserer Sprache an. Und wenn der geschei-
terte »Casanova« dennoch von seinem Glück bei Frauen
protzt, prahlt und »aufschneidet«, dann werden wir ihm
»zu guter Letzt« antworten: »jetzt schlägt's aber dreizehn!« »Das kannst du einem erzählen, der keine Krempe
am Hut hat!«
Diese fast hundert Wendungen sind hier ungeordnet und
wahllos angeführt. Jahrelange Untersuchungen ergaben sogar, daß wir in unserem Deutsch mit rund fünfhundert
allein *humorvollen* sprichwörtlichen Redensarten rechnen
dürfen, ohne daß man allerdings jemals eine genaue Zahl
bestimmen kann, denn die Sprache ist ja dauernd im Fluß,
und wir erleben mindestens halbjährlich die Geburt einer
neuen Prägung, die einen unverwischbaren Stempel der
Schöpferkraft deutscher Volkssprache trägt. Freilich verschwinden auch einige wieder in der Versenkung, um in
hundert oder zweihundert Jahren abermals ausgegraben
und mit einem kräftigen Nachschub in unsere Umgangssprache zurückgeschossen zu werden.

In ihr strömen verschiedenartige Kräfte zusammen. Die Redensarten, wichtige Glieder der Sprache, sind mit Münzen zu vergleichen. Manche sind recht abgegriffen und werden gerade noch als Wechselgeld geduldet, einige wurden in einer bekannten Prägestätte geschlagen und sind ins Rollen gekommen; andere wieder gehören zu den numismatischen (sprachlichen!) Kostbarkeiten! Man hat sie erst kürzlich ausgegraben; sie sind aber schon vor tausend Jahren im Umlauf gewesen und leuchten heute noch so schön wie am ersten Tag (»er glänzt durch Abwesenheit«!). Ihre Seltenheit bestimmt ihren Wert und der aufgeprägte Herrscherkopf zeigt, »wes Geistes Kind sie sind«!

Der Humorgehalt unserer Wendungen darf sich durchaus stellvertretend für die Ausdruckskraft der Sprache präsentieren. Seneca beruft sich in seinen Epistulae morales (114, 1) in einem unvergleichlichen Brief über seine lateinische Muttersprache auf ein griechisches Sprichwort:

> »Denn die Sprache der Menschen ist ihrem Leben gleich!«

TALIS HOMINIBUS FUIT ORATIO QUALIS VITA.

Wenn dem so ist, dürfen wir uns in bescheidener Selbstachtung zugute halten, daß das Gefühl stiller Heiterkeit einen Logenplatz in der deutschen Seele hat, denn »der Humor ist keine Gabe des Geistes, er ist eine Gabe des Herzens«, sagt Ludwig Börne in seiner Gedenkrede auf Jean Paul. Von jenem stammt auch das Wort:

»Die deutsche Sprache hat 1000 Farben und 100 Schatten!« Jene deutsche Sprache nämlich, in deren weitgespanntem Bogen sich »Rosenmund« und »Fresse« verdutzt gegenüberstehen!

SCHRIFTTUM

Adelung, Joh. Christoph: Versuch eines vollständigen grammatisch-kritischen Wörterbuches der hochdeutschen Mundarten, Leipzig 1793—1801.

Agricola, Joh.: 300 gemeyner Sprichwörter, der wir Deutschen uns gebrauchen, Hagenau 1529.

Bebel, Heinrich: Proverbia Germanica, Leiden 1879.

Benecke, Georg Friedrich: Mittelhochdeutsches Wörterbuch, Leipzig 1854—1861.

Die Bibel nach der deutschen Übersetzung von Dr. Martin Luther, Stuttgart, privil. Württembergische Bibelanstalt.

Bismarck, Otto Fürst von: Gedanken und Erinnerungen, Bd. 1—3, Cottasche Buchhandlung, Stuttgart, Berlin 1919, 1921, 1966.

Bismarck, Otto Fürst von: Die politischen Reden, Stuttgart, Herausgeber H. Kohl.

Borchardt-Wustmann: Die sprichwörtlichen Redensarten im Deutschen Volksmund, F. A. Brockhaus, Leipzig 1925; VEB Leipzig 1954.

Brant, Sebastian: Narrenschiff, herausgegeben von Zarncke, Leipzig 1854.

Der Große Brockhaus, 16. Aufl., F. A. Brockhaus, Wiesbaden 1954.

Brockhaus Enzyklopädie in 20 Bänden, F. A. Brockhaus, Wiesbaden 1966.

Brummküsel, Hannes: 1000 Worte Marinedeutsch, Verlag Lohses Nachf., Wilhelmshaven 1933.

Büchmann, Georg: Geflügelte Worte, Haude und Spenersche Verlagsbuchhandlung, Berlin W 1964.

Campe, Joachim Heinrich: Wörterbuch der deutschen Sprache, Bd. 1 bis 5, Braunschweig 1807—1811.

Cervantes Saavedra, Miguel de: Don Quijote, Winkler-Verlag, München.

Cicero, Marcus Tullius: Sämtliche Reden und Schriften, Artemis Verlags-AG, Zürich 1970.

Dornseiff, Franz: Der deutsche Wortschatz nach Sachgruppen, de Gruyter, Berlin 1954.

Der Große DUDEN, Bibliographisches Institut, Mannheim, sämtl. Bde.

DUDEN-Lexikon, Bibliographisches Institut, Mannheim, 1961/62.

Ebel, Wilhelm: Curiosa juris germanici, Vandenhoeck & Ruprecht, Göttingen, 1968.

Eiffe, Peter Ernst, Fregattenkapitän: Seemannsgarn, Heitere Marinegeschichten, Klotz-Verlag, Magdeburg 1943.

Eiffe, Peter Ernst: Splissen und Knoten, Heiteres aus der Kriegsmarine, Klotz-Verlag, Magdeburg 1940.

Franck, Sebastian: Sprichwörter, schöne, weise Lugreden und Hofsprüche, Frankfurt (Main) 1541.

Grimm, Jacob und Wilhelm: DWB, Deutsches Wörterbuch, Leipzig 1854.

Grimm, Jacob: Sammlungen von Weistümern, 1840—1863, fortgesetzt von R. Schröder 1868—1878.

Grimm, Jacob: Deutsche Rechtsaltertümer, Göttingen 1899.

Hoefer, Edmund: Wie das Volk spricht, Verlag Krabbe, Stuttgart 1859.

Kluge, Friedrich: Etymologisches Wörterbuch der deutschen Sprache, Walter de Gruyter, Berlin 1967.

Kolmarer Handschrift, Meisterlieder, Herausgeber Karl Bartsch, Stuttgart 1862.

Krüger-Lorenzen, Kurt: Handbuch deutscher Redensarten, 1. Bd. DAS GEHT AUF KEINE KUHHAUT, Deutsche Redensarten und was dahintersteckt, 1960; 2. Bd. AUS DER PISTOLE GESCHOSSEN, Deutsche Redensarten und was dahintersteckt, 1966; 3. Bd. DER LACHENDE DRITTE, Deutsche Redensarten und was dahintersteckt, 1972; ECON Verlag, Düsseldorf — Wien.

Künssberg, E. von: Deutsche Bauernweistümer 1926.

Küpper, Heinz: Wörterbuch der deutschen Umgangssprache, Claassen-Verlag, Hamburg 1964, Bd. 1—5.

Lexikon der Goethe-Zitate, Artemis Zürich, 1968, Herausgeber Richard Dobel.

Lexikon für Theologie und Kirche, von Bischof Dr. Michael Buchberger, Verlag Herder, Freiburg/Br. 1933.

Liliencron, Rochus von: Die historischen Volkslieder der Deutschen vom 13. bis 16. Jh., Leipzig 1865—1869.

Lipperheide, Franz Freiherr von: Spruchwörterbuch, Haude und Spenersche Verlagsbuchhandlung, Berlin 1965.

Müller, Fritz C.: Wer steckt dahinter? Namen, die Begriffe wurden, ECON Verlag, Düsseldorf — Wien 1964.

Murner, Thomas: Narrenbeschwörung, herausgegeben von M. Spanier, Halle 1894.

Murner, Thomas: Schelmenzunft, herausgegeben von E. Matthias, Halle 1890.

Namenlose Sammlung vom Jahre 1532, Herausgeber Latendorf, Pößneck 1876.

Otto, A.: Die Sprichwörter und sprichwörtlichen Redensarten der Römer, Georg Olms Verlagsbuchhandlung, Hildesheim 1965.

Pansner, Lorenz von: Deutsches Schimpfwörterbuch, Verlag Meinhardt, Arnstadt 1839.

Pekrun, Richard: Das deutsche Wort, Georg Dollheimer Verlag, Leipzig 1933.

Peltzer, Karl: Das treffende Wort, Ott-Verlag, Thun 1959.

Peltzer, Karl: Das treffende Zitat, Ott-Verlag, Thun 1957.

Puetzfeld, Carl: Jetzt schlägt's dreizehn, Metzner-Verlag, Berlin 1937.

Rabben, Ernst: Die Gaunersprache, Breer und Thiemann, Hamm (Westf) 1906.

Seiler, Friedrich: Sprichwörterkunde, München 1922.

Simplicissimus von H. J. von Grimmelshausen, Herausgeber A. Keller, Stuttgart 1854—1862.

Thiele, Ernst: Luthers Sprichwörtersammlung, Weimar 1900.

Tunnicius, Antonius: Die älteste deutsche Sprichwörtersammlung, Herausgeber Hoffmann v. Fallersleben, Berlin 1870.

Waldvogel, Wilhelm: Demosthenes' Rede über den Kranz, Philipp Reclam jun., Stuttgart 1968.

Wasserzieher, Ernst: Woher? Ableitendes Wörterbuch der deutschen Sprache, Dümmlers Verlag, Bonn 1959.

Wehrle-Eggers: Deutscher Wortschatz, Verlag Ernst Klett, Stuttgart 1961.

Wolf, Siegmund A.: Wörterbuch des Rotwelschen — Deutsche Gaunersprache, Bibliographisches Institut AG, Mannheim 1956.

Zimmerische Chronik, Herausgeber K. A. Barack, Bibliothek des lit. Vereins zu Stuttgart, Bd. 91—94, Stuttgart 1869.

Zoozmann, Richard: Zitatenschatz der Weltliteratur, Verlag Praktisches Wissen, 9. Auflage, Berlin 1958.

Zwanzger, Hans: Sonderbare Sprachfrüchte, Verlag für Jugend und Volk, Wien 1949.

Wortweiser

In diesem „Wortweiser" finden Sie alle wichtigen Haupt- und Nebenstichwörter aus den Büchern DAS GEHT AUF KEINE KUHHAUT, AUS DER PISTOLE GESCHOSSEN und DER LACHENDE DRITTE. Alle Hauptstichwörter sind in Großbuchstaben geschrieben, die Abkürzungen (K), (P), (D) bedeuten KUHHAUT, PISTOLE und DRITTE. Mit Hilfe des Wortweisers können Sie z. B. alle Redensarten mit „Arm" aufsuchen, auch wenn diese im Buch unter einem ganz anderen Stichwort stehen: Auf den Arm nehmen, K. s. SCHIPPE; einen langen Arm haben, P. s. HAND, D. s. HEBEL usw.

A

A (K)
  Das ~ und O
A (P)
  Wer ~ sagt, muß auch etc.
AAL (K)
  Glatt wie ein ~ etc.
AAS (K)
  Altes ~ etc.
AB (P)
  ~ dafür etc.; ~ nach Kassel, K. s. HESSEN; der Bart ist ~, K. s. BART
ABBAUEN (D)
  Jem. ~ etc.
ABBEISSEN (D)
  Einen ~; auch: einen abknabbern. Hier alle Wendungen über TRINKEN, SAUFEN etc.
abbekommen
  Sein Fett ~, K. s. FETT, WURST
ABBLASEN (P)
  Eine Veranstaltung ~
ABBLITZEN (K)
  Einen ~ lassen
ABBRECHEN (P)
  Brich dir keine Verzierung ab etc.; die Brücken hinter sich ~, K. s. BRÜCKE, P. s. Würfel; einer Sache die Spitze ~, K. s. SPITZE

ABBRUCH (D)
  Einen warmen ~ vornehmen etc.
ABC-Schützen
  K. s. A; D s. LEHRGELD
abdrehen
  Einem die Luft ~, P. s. LUFT
ABEND (P)
  Es ist noch nicht aller Tage ~ etc.; je später der ~, P. s. ABWESENHEIT; du kannst mir mal, K. s. MOND
abfallen
  Einen ~ lassen, K. s. KORB
ABFUHR (K)
  Jemandem eine ~ erteilen
abgebrannt
  Ich bin völlig ~, K. s. BRAND
ABGEBRÜHT (K)
abgedroschen, D. s. STROH
ABGEFEIMT (K)
abgelaufen
  Er hat sich die Hörner noch nicht ~, K. s. HORN
ABGEHEN (D)
  Etwas geht gut ab;
  ~ wie warme Semmeln; etc.
  sich nichts ~ lassen.
  Hier alle Wendungen über ESSEN und FRESSEN
abgeschnitten
  Sie hat ausgezeichnet ~, K. s. AB-

SCHNEIDEN; dreimal ~ . . ., P. s.
DREI; von aller Welt ~, P. s. WELT
abgesehen
    Es auf etw. ~ haben, P. s. ANLEGEN
ABGESPANNT (P)
    ~ sein etc.; auch P. s. ERSCHOSSEN
abgestoßen, K. s. HORN
abgestunken, K. s. FAHREN
abgetakelt
    Eine ~e Fregatte, K. s. REFF
abgraben
    Jemandem das Wasser ~, K. s. Wasser
abhauen, K. s. HAUEN, SACK, D s.
    ABBAUEN
abkanzeln, P. s. AUSEINANDERNEH-
    MEN, MINNA, K. s. MARSCH
ABKARTEN (K)
    Eine abgekartete Sache; auch K. s.
    KARTE
ABKAUFEN (P)
    Das Wort vom Munde ~ etc.; auch
    P. s. ANKOMMEN, ZAHN, ZAUM
ABKLAPPERN (P)
    Die ganze Gegend ~; auch P. s. AB-
    KLOPFEN, DORF
ABKLOPFEN (P)
abkloppen, P. s. ABKLAPPERN
ABKNÖPFEN (K)
    Jemandem etwas ~; auch P. s. ADER
Ablaufen
    Sich etwas an den Schuhsohlen ~, K. s.
    SCHUH; sich die Hörner ~, K. s.
    HORN; einem den Rang ~, K. s.
    RANG
ABNEHMEN
    Das nehme ich dir nicht ab; auch P. s.
    ANKOMMEN, ABKAUFEN
abreißen
    Den Kopf ~, P. s. KOPF
Abschaum der Menschheit, K. s. ABGE-
    FEIMT
abschießen
    Jemanden ~, K. s. STRICH D s. AUF;
    den Vogel ~, K. s. VOGEL
ABSCHNALLEN (D)
    Da schnallst du ab etc.
ABSCHNEIDEN (P)
    Eine Scheibe ~ etc.; die Ehre ~, K. s.
    EHRE
absehen
    Es auf jemanden abgesehen haben, K. s.
    KORN; Absicht, K. s. KORN
ABSPAREN (D)
    Sich etwas vom Munde ~ etc.
abspeisen
    Sich ~ lassen, P. s. REDENSART
ABSPIELEN (D)
    Da spielt sich gar nichts ab.

ABSTAUBEN (D)
    Er hat ganz schön abgestaubt etc.
absteigend
    ~er Ast, P. s. AST
ABSTELLGLEIS (D)
    Jemand aufs Abstellgleis schieben (rük-
    ken) etc.
abstoßen, K. s. HORN
ABWARTEN (P)
    ~ und Tee trinken!
ABWESENHEIT (P)
    Durch ~ glänzen
abzählen
    Sich etwas an den fünf Fingern ~,
    P. s. FINGER
abziehen
    Seine Hand von jemandem ~, P. s.
    HAND; mit hängender Nase ~, P. s.
    NASE
ACH (P)
    Mit ~ und Krach; auch P. s. HÄNGEN
ACHILLESFERSE (K)
ACHSEL (K)
    Auf die leichte ~ nehmen etc.; auch
    P. s. WIND
Acht
    ~ und Bann, P. s. BANN; acht Tage,
    P. s. JAHR
Adam
    Den alten ~ ausziehen, K. s. HAUT;
    nach ~ Riese, P. s. RIESE, A.; ~sapfel,
    P. s. APFEL
ADER (P)
    zur ~ lassen etc.
Adlerauge
    D s. AUGE
ADONIS (P)
AFFE (K)
    Einen ~n haben etc.; dastehen wie ein
    lackierter ~, K. s. LACK; mich laust
    der ~, K. s. LAUS; ein Wald voll
    ~n, K. s. WALD; ~nartige Geschwin-
    digkeit, P. s. AB, BLITZ, PISTOLE;
    ~nbrotbaum, P. s. PALME
Affenzahn
    D s. ZAHN
Agent provocateur, P. s. LOCKSPITZEL
AHASVER (P)
Ahnung
    Keinen Schimmer einer ~, K. s. DUNST
Akazie, P. s. PALME
all, alle, alles
    Nicht ~ auf dem Christbaum haben,
    K. s. CHRISTBAUM; nach ~n Regeln
    der Kunst, K. s. REGEL; ~ Register
    ziehen, K. s. REGISTER; in ~n Sätteln
    gerecht, K. s. SATTEL; ~ Brücken
    hinter sich abbrechen, K. s. SCHIFF,
    BRÜCKE; mit ~n Schikanen, K. s.

SCHIKANE; nicht ~ Tassen im Schrank, K. s. TASSEN, P. s. MANN; nicht ~ Sinne, K. s. TASSEN; nicht ~ Windeln in der Kommode, K. s. TASSEN; mit ~n Wassern gewaschen, K. s. WASSER; noch nicht ~r Tage Abend, P. s. ABEND; über ~ Berge, P. s.. BERG; aus ~n Wolken, P. s. BLITZ, HIMMEL; wir sitzen ~ in einem Boot, P. s. BOOT; ~r guten Dinge, P. s. DREI, TÜR, K. s. DING; ~ Puppen tanzen lassen, P. s. DUNKEL; ~ Fäden . . ., P. s. DUNKEL; ~s bewegt sich in ausgefahrenen Gleisen, P. s. GLEIS; bei Nacht sind ~ Katzen . . ., P. s. KATZE; ~ Minen springen lassen, P. s. MINE; ~ Wasser auf seine Mühle . . ., P. s. MÜHLE; ~ Türen öffnen, P. s. TÜR; um ~s in der Welt!, P. s. WELT; das weiß doch ~ Welt!, P. s. WELT; von ~r Welt verlassen, P. s. WELT; ~ Wetter, P. s. WETTER; in ~ Winde zerstreut, P. s. WIND; mit ~n Winden segeln, P. s. WIND; ~s in Ordnung, K. s. O.K.; ~s in einen Topf . . ., K. s. TOPF; ~s in Butter, K. s. BUTTER

ALLÜREN (D)
Allüren haben Sie, die sollten Sie sich mal rausnehmen lassen etc.

ALP (K)
Wie ein ~ auf der Brust etc.

ALT (D)
Heute werde ich nicht alt etc., ~e Schreckschraube, K. s. SCHRAUBE; ~er Hase, K. s. HASE; ~es Haus K. s. HAUS; ~er Adam, K. s. HAUT; ~er Hecht, K. s. HECHT; ~er Esel, K. s. ESEL; das ~e Lied, K. s. LIED; ~es Reff, K. s. REFF; die ~e Leier, K. s. LIED, WALZE; ~er Casanova, K. s. CASANOVA; ~es Eisen, P. s. EISEN; das ~e Gleis, P. s. GLEIS; eine ~e Jacke, P. s. JACKE; ~e Leier, P. s. JACKE; vom ~en Schlag, P. s. SCHLAG; ~er Hut, P. s. JACKE

ALTENTEIL (P)
Sich auf sein ~ setzen

AMAZONE (P)
Amboß, K. s. HAMMER
Amtsschimmel, K. s. SCHIMMEL
anäppeln, P. s. APFEL

ANBÄNDELN (K)
Mit jemandem ~ etc.; auch P. s. LUFT

ANBEISSEN (D)
Er hat darauf angebissen etc.
Sie ist zum Anbeißen etc.

anbellen
Den Mond ~, K. s. MOND

anbeten
Das Goldene Kalb ~, P. s. KALB

anbieten
~ wie saures Bier, P. s. BIER

anbinden
Mit jemandem ~, K. s. ANBÄNDELN; einen Bären ~, K. s. BÄR

ANBRENNEN (D)
Nichts anbrennen lassen etc.

anbrennen,
Nichts anbrennen lassen, auch: D s. ABGEHEN

andere, anderes
Ja, Bauer, das ist ganz was ~, P. s. BAUER; eins wie's ~, K. s. WURST, P. s. JACKE; ~ Saiten aufziehen, P. s. SAITE; die Beine unter eines ~n Tisch stecken, P. s. TISCH; ~ Umstände, P. s. UMSTAND; ein ~r Wind!, P. s. WIND; mit ~n Zungen reden, P. s. ZUNGE

andonnern, P. s. MINNA

anfahren
Jemanden ~ wie . . ., P. s. SAU

anfassen
Ein heißes Eisen ~, P. s. EISEN, TEUFEL; jemanden mit Glacéhandschuhen ~, P. s. GLACEHANDSCHUH; dir darf man wohl bloß mit Jlasees ~?, P. s. GLACEHANDSCHUH; etwas nicht mit der Zange ~ mögen, P. s. ZANGE

anfauchen, P. s. MINNA

angeben
Den Ton ~, K. s. GEIGE

Angebinde
K. s. ANBÄNDELN

angeblasen werden, P. s. WIND

angebunden
Kurz ~, K. s. ANBÄNDELN

angefangen
Der Karnickel hat ~, K. s. KARNICKEL

angehen
Das geht dich einen feuchten Staub (Dreck, Schmutz, Kehricht) an, K. s. STAUB; das geht ihn einen Schmarren an, K. s. SCHMARREN

Angel
Zwischen Tür und ~, P. s. RAUB, ZWISCHEN, TÜR; K. s. TÜR

Angeln
Die Welt aus den ~ heben, P. s. WELT

angegossen
Sitzt wie angegossen, D. s. RADFAHRER

angeprangert, K. s. PRANGER

angeschrieben
Bei ihm gut ~ sein, P. s. NUMMER, K. s. KREIDE

Anglerlatein, K. s. JAGD
Angst, K. s. HASE, die ~ beflügelt den eilenden Fuß; ~ vor der eigenen Courage, D s. COURAGE
anhaben
Einem nichts ~ können, D. s. ANTUN
anhalten
Um die Hand eines Mädchens ~, K. s. HAND
ANHÄNGEN (K)
Jemandem etwas ~
ankandideln
D s. ÜBERKANDIDELT
Anker, Ankerspill, D s. LOCKER
ANKOMMEN (P)
Das ist gut ~ etc.
ANKRATZ (K)
Guten ~ haben
ankreiden
Einem etwas ~, K. s. KREIDE
anlangen
Auf dem toten Punkt ~, K. s. PUNKT
ANLEGEN, ANLIEGEN (P)
Es auf etwas ~ etc.
Anpfiff
Jemandem einen ~ verpassen, D. s. HASE
anpflaumen, K. s. PFLAUMEN
anranzen, P. s. MINNA
anschärfen, P. s. ANSPITZEN
Anschlag
Einen ~ auf jemanden verüben, P. s. ANLEGEN
anschlagen, P. s. TON
ANSCHLUSS (P)
~ suchen etc.
anschmieren, P. s. HAND
ansehen
Die Katze sieht den Kaiser an, P. s. KATZE, K. s. SCHIEF
ANSPITZEN (P)
Jemanden ~ etc.
Anstand
Das schlägt allen Regeln des ~s ins Gesicht, K. s. BODEN
anstecken
Den Tag ~, P. s. TAG
Anstoß
Der Stein des ~es, K. s. STEIN
anstreichen
Es einem ~, K. s. KREIDE; im Kalender rot ~, K. s. ROT
antreten
Den Gang nach Canossa ~, P. s. CANOSSA
ANTUN (D)
Es einem angetan haben; sich etwas ~; einem nichts anhaben können etc.

Antwort
Jemandem Rede und ~ stehen, K. s. REDE
anzetteln, K. s. VERZETTELN
Anzug
Ich stoße dich aus dem ~, P. s. HEMD
anzünden
Dem Teufel ein Licht (eine Kerze) ~, P. s. TEUFEL
APFEL (P)
In den sauren ~ beißen etc.
APFELMUS (D)
D s. BERLINISCH
apploncentrieren
D. s. TEUFELSDEUTSCH
APOLL (P)
Der reinste ~ etc.; Bruder in ~, P. s. DORN
Apotheke
Da kann man Pferde kotzen sehen — und das noch vor der ~, P. s. PFERD
Appel
Für einen ~ und ein Ei!, P. s. BUTTERBROT, APFEL
APRIL (P)
Einen in den ~ schicken etc.
Arbeit
Die ~ ist kein Frosch, D s. FROSCH
arbeiten
~ wie ein Pferd, P. s. PFERD
Arbiter Elegantiarum
D s. FISCH
ärgern
Sich über die Mücke (Fliege) an der Wand ~, P. s. MÜCKE; sich vor Ärger in den Bauch beißen, P. s. BAUCH; sich schwarz ~, K. s. SCHWARZ
ARGUS (K)
Etwas mit ~augen beobachten
Ariadnefaden, K. s. Faden
Ärmel
Aus dem ~ schütteln, P. s. LEHMANN; sich wie Rotz am ~ benehmen, P. s. ROTZ
ARM (K)
Unter die ~e greifen, etc.; auf den ~ nehmen, K. s. SCHIPPE; einen langen ~ haben, P. s. HAND; längeren ~ haben, D s. HEBEL; arme Sau, P. s. SAU; arm wie eine Kirchenmaus, K. s. MAUS; armer Hund, K. s. HUND
Armenkasse
K s. ARM
Armleuchter, K. s. LICHT
Armutszeugnis, K. s. BRAND
Arschwisch, K. s. IGEL
arten
Nach jemandem ~, P. s. SCHLAG; entartete Kunst, P. s. SCHLAG

793

ARZT (D)
  Sie müssen mal den ~ wechseln etc.
  Dieses Mädchen hat mir der ~ ver-
  ordnet etc.
AS (P)
  Er ist ein großes ~ etc.
Asche
  D s. SCHNEE; in Sack und ~ . . .,
  P. s. SACK
ASSMANN (P)
  Das kannst du halten wie der Pfarrer ~
AST (P)
  Auf einem absteigenden ~; den ~ ab-
  sägen, auf dem man sitzt etc., K. s. AST
Äthiopien, P. s. BERSERKER, LAND,
  MOHR, ZWISCHEN
atmen
  Wir ~ die gleiche Luft, P. s. LUFT
attisches Salz
  D s. SALZ
au
  ~ pair, P. s. ANSCHLUSS
AUF (D)
  ~ und davon, P. s. BERG, VERSEN-
  KUNG
aufbauen
  D s. ABBAUEN
aufbauschen, K. s. BAUSCH
aufbinden
  Jemandem einen Bären ~, K. s. BÄR
aufdecken
  Die Karten ~, K. s. KARTE
AUFDONNERN (K)
  Ist die aber aufgedonnert; auch P. s.
  ABBRECHEN
auffahren
  Ein grobes Geschütz ~, K. s. GE-
  SCHÜTZ
auffliegen
  Die Konferenz fliegt auf, K. s. HOCH
aufführen
  Einen wahren Eiertanz ~, K. s. EI
aufgebracht sein, K. s. HARNISCH
aufgehen
  Mir geht ein Licht auf, K. s. LICHT;
  mir geht ein Seifensieder auf, K. s.
  LICHT
aufgehoben
  besorgt und ~, P. s. NUMMER
aufhalsen
  Sich etwas ~; D s. AUF
AUFHEBEN (K)
  Viel ~s von etwas machen, etc.; auch
  K. s. TRARA; die Tafel ~, K. s. TA-
  FEL; den Handschuh ~, K. s. FEHDE;
  kein ~s . . ., K. s. HAHN
aufhören
  Da hört sich die Weltgeschichte auf,
  P. s. WELT

aufklaren
  D s. AUF
auflaufen
  Jemanden auf- oder anlaufen lassen,
  D s. AUF
aufnehmen
  Es mit jemandem ~, K. s. AUFHEBEN
aufpassen
  ~ wie ein Schießhund, K. s. SCHIESS-
  HUND
aufreißen
  Das Maul ~, K. s. MAUL
aufschießen
  Schieß dich hier nicht auf, P. s. WIND
AUFSCHNEIDEN (K)
  Schneidet der aber auf etc.; auch P. s.
  MESSER
aufsetzen
  Einem Hörner ~, K. s. HORN; jeman-
  dem einen Dämpfer ~, K. s. DAMPF;
  einem Daumenschrauben ~, K. s. DAU-
  MEN, P. s. BRUST, PISTOLE
aufsperren
  Die Löffel ~, P. s. LÖFFEL; Mund und
  Nase ~, K. s. NASE
aufspielen
  Einem ~, K. s. PFEIFE; sich ~, K. s.
  DICK
aufstecken
  Ein Licht ~, K. s. LICHT
aufstehen
  Mit dem linken Fuß zuerst ~, K. s.
  FUSS
aufstoßen
  Sauer ~, K. s. SAUER
auftauchen
  Aus der Versenkung ~, P. s. VERSEN-
  KUNG
auftischen
  Starke Stücke ~, K. s. AUFSCHNEI-
  DEN
aufwirbeln
  Viel Staub ~, K. s. STAUB
aufzäumen
  Das Pferd am Schwanz ~, K. s. PFERD
aufziehen
  Jemanden ~, P. s. BESEN, K. s. ARM;
  andere Saiten ~, P. s. SAITE
AUGAPFEL (D)
  Jemand wie seinen ~ hüten etc.
AUGE (K)
  Ein ~ zudrücken, etc.; die ~n sind
  größer als sein Magen, K. s. MAGEN;
  Sand in die ~n streuen, K. s. SAND;
  wie Schuppen von den ~n, K. s.
  SCHUPPEN; unter vier ~n, K. s. TECH-
  TELMECHTEL; ganz grün vor ~n,
  K. s. BLUME; den Daumen aufs ~ set-
  zen, K. s. DAUMEN; ein Dorn im ~,

P. s. DORN; zu tief ins ~ schauen,
P. s. GLAS; sich die Augen auswei-
nen etc., ein ~ auf jemand werfen,
D. s. ANBEISSEN

AUGIAS (K)
Einen ~stall reinigen

AUGUREN (D)
Mit einem ~ lächeln etc.

AUS (D)
Etwas ausgefressen haben etc.

AUSBADEN (K)
Etwas ~ müssen etc.

ausbeißen
Die Zähne ~, P. s. ZAHN

ausbieten
Etwas ~ wie saures Bier, P. s. Bier;
D. s. ABGEHEN

ausblasen
Das Lebenslicht ~, K. s. LEBEN

ausbrennen
Dem Tag die Augen ~, P. s. TAG

ausbringen
Einen Toast auf jemanden ~, K. s.
TOAST

AUSBUND (K)
~ von Tugend

AUSEINANDERNEHMEN (P)
Jemanden völlig ~; auch P. s. ADONIS

ausfragen
So lasse ich mich nicht ~, P. s. BAUER;
so fragt man einen Bauern aus, P. s.
BAUER

ausgefahren
In ~en Gleisen, P. s. GLEIS

ausgegangen
Ihm ist die Luft ~, P. s. LUFT

ausgekocht, K. s. ABGEBRÜHT

ausgepowert, P. s. ADER

AUSGESCHLAFEN (P)
Ein ~er Bursche; auch P. s. DECK

ausgespielt haben, K. s. AUSBADEN

ausgezogen
Die Kinderschuhe noch nicht ~ haben,
P. s. KIND

aushäusig sein, P. s. BETT

ausklopfen
Einem die Jacke ~, P. s. JACKE

auslöffeln
Die Suppe ~ . . ., P. s. A

AUSMERZEN (K)

ausposaunen, K. s. POSAUNE, GLOCKE

ausreißen
Ich könnte Bäume ~, P. s. BAUM

ausrenken
Sich die Zunge ~, P. s. ZUNGE

ausruhen
Auf seinen Lorbeeren ~, P. s. LOR-
BEER

ausrutschen
Mit der Zunge ~, P. s. ZUNGE

ausschütten
Sich ~ vor Lachen, K. s. BUCKEL;
sein Herz ~, K. s. HERZ; das Kind mit
dem Bade ~, K. s. AUSBADEN

aussehen
~, als wenn man kein Wässerchen trüben könne, K. s. WASSER; ~ wie der
Tod von Ypern (Leiden Christi etc.), K.
s. YPERN; ~ wie ein Posaunenengel,
K. s. POSAUNE; bei euch sieht's aus
wie bei Hempels unterm Wohnwagen,
P. s. HEMPEL; wie Milch und Blut ~,
P. s. MILCH

außer
~ Rand und Band, K. s. RAND

äußerst
Es geht aufs Äußerste, P. s. BIEGEN

ausspannen, P. s. ABGESPANNT, PFERD;
K. s. SIELE

ausspielen
Den höchsten Trumpf ~, K. s. FARBE

AUSSTECHEN (K)
Einen ~ etc.

austreiben
Den Teufel durch den Beelzebub ~,
K. s. TEUFEL, P. s. SACHE

Auswahl
Erste ~, P. s. EINS

auswetzen
Eine Scharte ~, K. s. SCHARTE

AUSWISCHEN (K)
Jemandem eins ~; auch K. s. DAU-
MEN, DING

ausziehen
Das zieht einem die Schuhe aus, K. s.
SOCKE; jemanden bis aufs Hemd ~,
P. s. HEMD

B

BABYLON (P)
Das ist eine babylonische Sprachverwirrung etc.

Backe
O ~, mein Zahn! Auf drei Backen
fressen, D. s. ZAHN

BACKFISCH (K)

Bäckerkinder
~n Stuten schenken, K. s. EULE

BAD (D)
Das ~ in der Menge nehmen; etwas
ausbaden müssen; baden gehen; das
Kind mit dem ~e ausschütten, K. s.
AUSBADEN; du bist als Kind zu heiß
gebadet worden, K. s. SCHIEF

baff
Da bist du ~, D. s. ABSCHNALLEN
K. s. PAFF
BAHN (K)
Aus der ~ geworfen etc.; auf der
schiefen ~, D. s. EBENE
BAHNHOF (K)
Großer ~; auch: ich verstehe immer ~
(P)
Balken
Lügen, daß sich die ~ biegen, K. s.
BALKEN, P. s. A
Ball
Am ~ bleiben, P. s. MANN
~horn, K. s. VERBALLHORNEN
Balzflug, K. s. STRICH
Banause, K. s. SPIESS
Band
Außer Rand und ~, K. s. RAND
BANK (K)
Auf die lange ~ schieben etc.
bankrott, P. s. BERAPPEN; K. s. BANK
BANN (P)
Der ~ ist gebrochen etc.
~bulle, P. s. BANN
~strahl, P. s. BANN
Den ~strahl schleudern
BÄR (D)
Er ist ein ungeleckter ~
BÄR (K)
Jemandem einen ~en aufbinden etc.
Bärendienst
Jemandem einen ~ erweisen, K. s. BÄR,
P. s. KATZE
Bärenführer, K. s. BÄR
Bärenhaut, Bärenhäuter
Auf der ~ liegen, K. s. HAUT, P. s.
BERSERKER
barbieren
Jemanden über den Löffel ~, K. s.
LÖFFEL
BART (K)
Einem um den ~ gehen etc., der ~ ist
ab!, K. s. BART, P. s. AB; D. s. HONIG
BARTHEL (K)
Er weiß, wo ~ den Most holt
Basel
Aussehen wie der Tod von ~, K. s.
YPERN
BASILISK (D)
Mit Basiliskenblick etc.
BASSERMANN (K)
~sche Gestalten
Baßgeigen
Der Himmel voller ~, D. s. ANBREN-
NEN
Bataillon, D. s. GOTT
BASTA (P)
Und damit ~!

Batzen
Einen ganzen ~, P. s. BERAPPEN
BAUCH (P)
Wut im ~ haben etc., sich den ~ hal-
ten vor Lachen, ein Loch in den ~ la-
chen, K. s. AST; ein Loch in den ~
reden, K. s. LOCH
Bauchweh
D. s. LEIB, D. s. LEHRGELD
bauen
Auf den hätte ich Häuser gebaut, K. s.
HAUS; einen Türken ~, K. s. TÜRKE;
sie hat nahe ans Wasser gebaut, K. s.
WASSER; jemandem goldene Brücken
~, K. s. BRÜCKE; Luftschlösser ~,
P. s. LUFT
BAUER (P)
Die dümmsten ~n haben die dicksten
Kartoffeln etc.; ~nfänger, ~nkost,
~nlümmel, bauernschlau, ~ntrampel,
~ntrine
BAUM (P); auch K. s. WALD
Zwischen ~ und Borke etc., den Wald
vor Bäumen nicht sehen, K. s. WALD;
auf die Bäume klettern, P. s. PALME;
zwischen ~ und Borke, P. s. ZWI-
SCHEN
BAUSCH (K); auch K. s. AUSBADEN
In ~ und Bogen etc.
Becher
Jemandem den ~ kredenzen, K. s. KRE-
DENZEN
BEDIENEN (P)
Ich bin bedient etc.
Beefeaters, K. s. KREDENZEN
Beelzebub, K. s. TEUFEL, P. s. SACHE
BEEINTRÄCHTIGEN (D)
Jemand ~
befinden
Sich auf dem absteigenden Ast ~, P. s.
AST
begegnen
Du kannst mir mal im Mondschein (am
Abend) ~, K. s. MOND
begießen
Sich die Jacke ~, P. s. JACKE; die Nase
~, K. s. NASE
begraben
Da liegt der Hund ~, K. s. HUND;
die Streitaxt ~, K. s. STREIT; das
Kriegsbeil ~, K. s. STREIT
Behaglich, K. s. GEHEGE, HAGESTOLZ
behalten
Den Kopf oben ~, P. s. KOPF; daß du
die Nase im Gesicht behälst, K. s.
NASE; die Trümpfe in der Hand ~,
K. s. FARBE
behandeln
Jemanden wie ein rohes Ei ~, K. s. EI;

ihn mit Engelsgüte ~, P. s. ENGEL;
jemanden wie Luft ~, P. s. LUFT
BEHELLIGEN (D)
Jemanden ~
beibringen
Jemandem die Flötentöne ~, K. s.
FLÖTEN
BEIGEBEN (D)
Klein ~
beileibe
Beileibe nicht!, K. s. LEIB
BEIN (K)
Etwas ans ~ binden, etc.; einen Knüp-
pel am ~ haben, jemandem Knüppel
zwischen die ~e werfen, K. s. KNUP-
PEL; Stein und ~ schwören, K. s.
STEIN; es geht mir durch Mark und ~,
P. s. MARK; die ~e unter eines ande-
ren Tisch stecken, P. s. TISCH
BEIN (D)
Mit dem linken ~ zuerst aufstehen etc.
Beinbruch (Hals- und ~), K. s. HALS
Beinheinrich, K. s. HEIN
beimengen
Der Freude ist Wermut beigemengt,
P. s. WERMUT
beißen
Ins Gras ~, die Zähne zusammen~,
K. s. GRAS; daß dich das Mäusle beiß',
da beißt keine Maus einen Faden ab,
K. s. MAUS; auf die Lippen ~, K. s.
VERBEISSEN; in den sauren Apfel ~,
P. s. APFEL; sich vor Ärger in den
Bauch ~, P. s. BAUCH; sich auf (in)
die Zunge ~, man beißt sich lieber
(eher) die Zunge ab, P. s. ZUNGE
bekannt
~ wie ein bunter Hund, K. s. HUND
bekennen
Farbe ~, K. s. FARBE
bekloppt sein, P. s. SAU
bekommen
Einen Hexenschuß ~, K. s. HEXE;
sein Fett ~; eine geschmiert ~, K. s.
Fett; den Löwenanteil ~, K. s. LÖWE;
Luft ~, P. s. LUFT; von etwas Wind ~,
P. s. WIND
BELÄMMERT (D)
Er hat mich dauernd mit der Sache ~
BELÄMMERT (K)
Ihm geht es ~
bemänteln
Eine Sache ~, K. s. MANTEL, P.
s. KIND
bellen
In Buxtehude, wo die Hunde mit dem
Schwanz ~, K. s. BUXTEHUDE
benehmen
Hemdsärmeliges Benehmen, K. s. TEP-

PICH; ~ wie ein Backfisch, K. s.
BACKFISCH; wie ein Halbstarker ~,
K. s. HALBSTARK; ~ wie ein Elefant
im Porzellanladen, P. s. ELEFANT; wie
Graf Rotz ~; sich wie Rotz am Ärmel ~,
P. s. ROTZ; er benimmt sich wie eine
gesengte Sau, P. s. SAU
beniesen
Etwas ~, K. s. NIESEN
benossen
Er hat es ~, K. s. NIESEN
benutzen
Eine Eselsbrücke ~, K. s. ESEL
BERAPPEN (P)
Einer muß ~
BERG (P)
Über alle ~e sein etc.; hinter dem ~e
halten, K. s. BUSCH; die Haare stehen
einem zu ~e, K. s. HAAR; dastehen wie
der Ochs am (vorm) ~e, P. s. OCHSE
Berliner
Ein waschechter ~, K. s. WASCHEN
BERLINISCH (D)
Heitere Berliner Redensarten und Wen-
dungen
BERSERKER (P)
Kämpfen wie ein ~; ~wut
berücken
Jemanden ~, K. s. FALLSTRICK
Beruf
Der ~ ernährt seinen Mann, P. s.
MANN
berühren
Einen wunden Punkt ~, K. s. PUNKT;
unangenehm ~, K. s. STRICH; das mag
ich nur mit Glacéhandschuhen ~, P. s.
GLACEHANDSCHUH
BESCHEID (P)
Jemandem ~ tun etc.
BESCHEIDEN (P)
Sein ~ Teil
BESCHERUNG (P); auch K. s. BRATEN
Da haben wir die ~ etc.
BESCHLAGEN (P); auch K. s. SCHMIE-
DE
Gut ~ sein etc.
BESEN (P)
Einen ~stiel verschluckt etc.; mit eiser-
nem ~ kehren, P. s. DRAKON; ~gar-
de, ~stiel, ~binder, K. s. BÜRSTEN-
BINDER
besiegelt
Sein Schicksal ist ~, P. s. AST
besitzen, K. s. STUHL
besorgt und aufgehoben, P. s. NUMMER
besser
Die ~e Hälfte, K. s. HÄLFTE; ~ als
sein Ruf, P. s. DRAKON, RUF, SAU;
~e Tage, P. s. TAG

BEST (K)
Etwas zum ~en geben etc.; ihn zum ~en haben, P. s. APFEL, BESEN; die ~en Jahre, P. s. JAHR; das ~e Pferd im Stall, P. s. PFERD

bestehen
Wie Butter an der Sonne ~, K. s. BUTTER; die Feuerprobe ~, K. s. FEUER; eine Odyssee ~, P. s. ODYSSEUS

BESTELLT (D)
Er (sie) sitzt da wie ~ und nicht abgeholt

bestimmen
Etwas vom grünen Tisch ~, K. s. TAPET

BETT (P)
Sich ins gemachte ~ legen (auch: P. s. ELTERN) etc., ~hupferl, ~schoner, ~schwere, ~sprung, K. s. DECKE; ~zipfel

BETT (D)
Sie ist eine ~schönheit etc.

BETTEL (P)
An den ~stab kommen etc.; ~sack; jemanden anfahren wie die Sau den ~sack, P. s. SAU

Betthase, D. s. HASE

beugen
Jemanden unter das Kaudinische Joch ~, K. s. JOCH; einem den Nacken ~, P. s. NACKEN

BEURGRUNZEN (K)
Etwas ~

BEUTEL (K)
~schneiderei etc.

BEUTEL (P); auch K. s. BEUTEL, DAUMEN, P. s. TASCHE; das geht an den ~ etc.

bewaffnet
Bis an die Zähne ~, P. s. ZAHN

bewegen
Sich auf dem Parkett ~, K. s. TEPPICH; Himmel und Hölle ~, P. s. HIMMEL; es bewegt sich alles im alten (ausgefahrenen) Gleis, P. s. GLEIS

BEWENDEN (P); auch P. s. HAND
Es dabei ~ lassen etc.

bezahlen
D. s. GELD, GOLD; P. s. BERAPPEN; ein Leutnant bezahlt seine Schulden, P. s. ENGEL; die Zeche ~ müssen, P. s. ZECHE

Beziehungen
Abbruch diplomatischer ~, P. s. ABBRECHEN

BIEGEN (P); auch P. s. MESSER
Es geht auf ~ oder Brechen; lügen, daß sich die Balken ~, K. s. LÜGE

BIEN (K)
Der ~ muß!

BIER (P)
Ausbieten (anbieten) wie saures ~ etc.; ~ nach München bringen, K. s. EULE; ~bibel, P. s. BESCHEID; ~orgel, P. s. BESCHEID; ~eifer, ~idee, ~reise, ~ruhe, ~ulk, P. s. BIER

BIER (D)
Das ist nicht mein ~ etc.

bieten
Jemandem Paroli ~, K. s. PAROLI

BILD (D)
Das war ein ~ für die Götter

BILD (K)
(Nicht) im ~e sein etc.; von der ~fläche verschwinden, P. s. AST, NASE, SACK, VERSENKUNG

BINDE (P); auch P. s. BIER
Einen hinter die ~ gießen etc.

binden
Etwas ans Bein ~; einem etwas auf die Seele ~, K. s. BEIN; einem etwas auf die Nase ~, K. s. NASE

BINSEN (K); auch K. s. BRUCH
Eine ~wahrheit etc.

BINSEN (D)
Eine ~wahrheit; auch: D s. FISCH, D s. LEHRGELD

bis
~ in die Puppen, K. s. PUPPE

BISSEN (K)
Da bleibt einem der ~ im Halse stecken etc.

BITTE (P)
Er ist einer aus der siebenten ~

bitten
Um gut (schön) Wetter ~, P. s. WETTER

bitter
Eine ~e Pille versüßen, K. s. BLUME; eine ~e Pille schlucken, P. s. APFEL

BLASE (D)
Die ganze ~ kann mir den Buckel herunterrutschen etc.

blasen
In ein Horn ~, K. s. HORN; jemandem den Marsch ~, K. s. MARSCH, P. s. BESCHEID

blaß
Der blasse Neid, K. s. NEID; keinen blassen Dunst, K. s. DUNST

BLATT (D)
Er ist ein unbeschriebenes ~ etc.

BLATT (K)
Kein ~ vor den Mund . . . (auch: K. s. DEUTSCH, MUND) etc.

BLAU (K)
~er Montag etc.; das ~e vom Himmel

herunterlügen, P. s. HIMMEL, K.
s. LÜGE; ~e Bohnen, K. s. BOHNE;
~e Enten, K. s. ENTE; ~es Wunder . . .,
K. s. WUNDER; ~er Dunst, K. s.
DUNST, WUNDER; mir wird ganz
grün und ~ vor Augen, K. s. BLUME;
~es Auge, K. s. AUGE; ~es Blut, K.
s. BLUT; ~strumpf, K. s. BLAU

Blech
  blechen müssen; rede kein ~, P. s. BE-
  RAPPEN
blecken
  Einem die Zähne ~, P. s. ZAHN
BLEI (P)
  Es liegt mir wie ~ in den Gliedern etc.
BLEI (D)
  ~ in den Schwingen haben etc.
bleiben
  Bei der Stange ~, K. s. STANGE; ge-
  wogen (gestohlen) ~, K. s. GEWICHT,
  MOND; bleib mir vom Halse, K. s.
  HALS; bleib mir vom Leibe, K. s.
  LEIB; Schuster, bleib bei deinem Leisten,
  K. s. LEISTEN; auf der Strecke ~, K.
  s. STRECKE; auf dem Teppich ~, K.
  s. TEPPICH; er ist und bleibt ein toller
  Christ, P. s. CHRIST; mir bleibt die Luft
  weg, P. s. LUFT; am Mann (Ball) ~,
  P. s. MANN; es bleibt immer etwas
  hängen, P. s. RUF
Bleikedoot
  Aussehen wie der ~ von Haarlem, K.
  s. Ypern
Blick
  Einen bösen ~ haben, K. s. AUGE
Blicke
  Wenn ~ töten könnten, D. s. AUGE;
  Liebe auf den ersten Blick, D. s.
  AUGE; jemand mit seinen Blicken ver-
  schlingen, D. s. ANBEISSEN
BLIND (P), BLINDHEIT
  Wie der ~e von der Farbe reden etc.
BLITZ (P)
  Wie ein ~ aus heiterem Himmel etc.;
  auch; wie ein geölter ~, P. s. PISTOLE
BLOCKSBERG (P)
  Jemanden auf den ~ wünschen
BLOSS (K)
  Sich eine Blöße geben
Blum, Robert, P. s. ERSCHOSSEN
BLUME (K)
  Durch die ~ . . . etc.; auch: Blümchen-
  kaffee, blümerant
Blumentopf
  Damit ist kein ~ zu gewinnen, K. s.
  BLUME
BLUT (K)
  Blaues ~ etc.; auch: ~brüderschaft, K.
  s. DECKE; Fleisch und ~, P. s. FLEISCH,

JACKE; bis aufs ~ schwitzen, P. s.
EINHEIZEN; wie Milch und ~, P. s.
MILCH
Blutgruppe
  Sie ist meine ~, D. s. ARZT
BOCK (K)
  Einen ~ schießen etc.; D. s. PUDEL;
  auch: einen ins ~shorn jagen, K. s.
  DRUCK; D. s. HAUFEN; ~sprünge,
  K. s. WIPPCHEN
BODEN (K)
  Ihm brennt der ~ unter den Füßen etc.;
  auch: jemanden ungespitzt in den ~
  hauen, P. s. ANSPITZEN; keine Nadel
  konnte zu ~ fallen; der ~ brennt ihm
  unter den Füßen, P. s. NADEL
Bodenfeuer, K. s. LAUF
Bodensee
  Ihm geht es wie dem Reiter überm ~,
  K. s. BODEN
BOGEN (K)
  Den ~ nicht überspannen etc.; auch: in
  Bausch und ~, K. s. BAUSCH; im ho-
  hen ~ rausfliegen, D. FEUER
BOHNE (K)
  Nicht die ~ etc.; auch: dumm wie
  ~nstroh, K. s. DUMM
BÖHMISCH (K)
  ~e Dörfer
bohren
  . . . ein Loch ins Knie ~, K. s. LOCH
BOMBE (P), BOMBIG
  Die ~ ist geplatzt etc.
BOOT (P)
  Wir sitzen alle in einem ~
Bord, P. s. MANN
Borke
  Zwischen Baum und ~, P. s. BAUM,
  ZWISCHEN
bös
  Den ~en Blick, ein ~es Auge haben,
  K. s. AUGE; das erregt ~es Blut, K. s.
  BLUT; gute Miene zum ~en Spiel,
  K. s. FARBE, P. s. KATZE; der ~e,
  Mann, P. s. MANN; die ~e Sieben,
  P. s. SACHE
BOYKOTT (K)
  Den ~ über jemanden verhängen etc.
BRAND (K)
  ~brief (auch: ~marken) etc.; ~eilig,
  K. s. NAGEL
BRATEN (K)
  Den ~ riechen etc.
Bratkartoffelverhältnis
  D. s. KARTOFFEL
Braus
  Saus und ~, P. s. ACH, K. s. SAUS
Braut
  ~lauf, ~kauf, ~schau, P. s. FREIERS-

FÜSSE; wer's Geld hat, führt die ~
heim, P. s. MILCH

brechen
Den Hals ~, K. s. HALS; etwas vom
Zaun ~, K. s. ZAUN; eine Sache übers
Knie ~, K. s. KNIE; mit jemandem ~;
den Stab ~, K. s. STAB, BRUCH; eine
Lanze für jemanden ~, K. s. LANZE;
~d voll, P. s. APFEL; auf Biegen und ~,
P. s. BIEGEN, MESSSER

BREDULLJE (K)
In die ~ kommen

Brei
Wie die Katze um den heißen ~, K.
s. KATZE

breit
Einen ~en Buckel (Rücken) haben, K.
s. BUCKEL

brennen
Der Boden brennt ihm unter den Fü-
ßen, K. s. BODEN, P. s. NADEL; ein
Loch in den Tag ~, P. s. TAG; es
brennt ihm auf den Nägeln, K. s. NA-
GEL; der Christbaum brennt, K. s.
CHRISTBAUM

BRESCHE (K)
Für jemanden in die ~ springen

BRETT (K)
Ein ~ vor dem Kopf haben etc.! auch:
einen Stein im ~ haben, K. s. STEIN

BRIEF (K)
Einem ~ und Siegel geben etc.; auch:
ein blauer ~, K. s. BLAU; den ~ . . .
nicht hinter den Spiegel stecken, K.
s. SPIEGEL

BRIMBORIUM (K)
Großes ~ um etwas machen

bringen
Jemanden ins Kittchen ~, K. s. KITT-
CHEN; jemanden auf den Trab ~, K.
s. TRAB; etwas unter Dach und Fach ~,
K. s. DACH; jemanden um die Ecke ~,
K. s. ECKE; jemanden in den Harnisch
~, K. s. HARNISCH; nicht übers Herz
~, K. s. HERZ; unter einen Hut ~, K.
s. HUT; etwas ans Licht (an den Tag) ~,
K. s. LICHT, P. s. TAG; etwas ins Lot ~,
K. s. LOT; etwas an den Mann ~, K.
s. MANN; die Sonne bringt es an den
Tag, K. s. SONNE, P. s. TAG; sein
Schäfchen ins trockene ~, K. s. SCHAF;
den Stein ins Rollen ~, K. s. STEIN;
jemanden zur Strecke ~, K. s. STRECKE;
etwas aufs Tapet ~, K. s. TAPET; etwas
zuwege ~, K. s. WEG; jemanden auf
Trab ~, P. s. ANSPITZEN; jemanden
an den Bettelstab ~, P. s. BETTEL; eine
Sache ins Blei (Lot) ~, P. s. BLEI;
Leben in die Bude ~, P. s. BUDE; auf

die Spur ~, P. s. GLEIS; etwas ins rechte
Gleis ~, P. s. GLEIS; frische Luft in
etwas ~, P. s. LUFT; jemanden auf die
Palme ~, P. s. MESSER, PALME; keine
zehn Pferde ~ mich dazu, P. s. PFERD

brocken
Er hat nicht viel in die Milch zu ~, P.
s. MILCH

BROT (P)
Nötig wie's liebe ~ etc.; auch: von ihm
nimmt kein Hund ein Stück ~, K.
s. HUND, die Butter vom ~ . . ., K.
s. BUTTER; D. s. EIGENBRÖTLER,
D. s. HUND, D. s. FUSS

BROTKORB (P)
Einem den ~ höher hängen

BRUCH (K)
In die Brüche gehen; ~bude, P. s. BUDE

BRÜCKE (K)
Goldene ~n bauen etc.; auch: die ~en
hinter sich abbrechen, P. s. WÜRFEL

Bruder
~ in Apoll, P. s. APOLL, DORN;
gleiche Brüder — gleiche Kappen, K. s.
GLEICH, P. s. SAU

BRUNNEN (D)
Das ist eine Brunnenvergiftung
schlimmster Art etc.; D. s. RAND: den
Rand halten

BRUNNEN (P)
Den ~ zudecken, wenn das Kind hineingefallen ist etc.

brüsten, P. s. BRUST

BRUST (P)
Sich in die ~ werfen etc.; auch: die
Pistole an die ~ setzen, K. s. DRUCK,
P. s. PISTOLE

BUCH (K)
Er redet wie ein ~ etc.

BUCHHOLZ (K)
Da kennen Sie ~en schlecht etc.

BUCHSTABE (P)
Setz dich auf deine vier ~n etc.

BUCKEL (K)
Einen breiten ~ haben etc.

bucklig, P. s. LACHEN

BUDE (P)
Et wird ihn eklich in de ~ rejen etc.;
~nangst (auch: P. s. Decke), ~nzauber;
jemand die ~ einrennen, D. s. LEIB

Bug
Jemandem einen Warnungsschuß vor
den ~ geben, P. s. WARNUNG

BÜHNE (P)
Es geht glatt über die ~

bunt
Jetzt wird mir's zu ~, K. s. DICK;
bekannt wie ein bunter Hund, K. s.
HUND

Buntkarierte
Komm' mir in die ~n, D. s. SCHLAF
Bums
Es hat einen lauten ~ gegeben, P. s.
BOMBE; ~dickevoll, P. s. APFEL
Bursch
Bursch, P. s. BESCHEID; ein ausgeschla-
fener ~e, P. s. AUSGESCHLAFEN,
DECK; Bursche, K. s. BÜRSTEN-
BINDER
BÜRSTENBINDER (K)
Saufen (trinken, rennen, laufen) wie
ein ~
BUSCH (K)
Auf den ~ klopfen etc.; auch: Zieten
aus dem ~, P. s. ZIETEN; D. s.
FÜHLER
BUSEN (K)
~freund etc.
BUTTER (K)
Es ist alles in bester ~ etc.
BUTTERBROT (P)
Etwas für ein ~ hingeben etc.
BUXTEHUDE (K)
Wo die Hunde mit dem Schwanz bel-
len etc.
BYZANTINISMUS (D)
Er benahm sich reichlich byzantinisch
etc.

C

C (D)
Er ist ein Ritter vom hohen ~ etc.
CANOSSA (P)
Den Gang nach ~ antreten etc.
CASANOVA (K)
auch D. s. BYZANTINISMUS
Catilinarisch, P. s. KATILINARISCH
Chance; auch K. s. SCHANZE
Sich eine ~ an der Nase vorbeigehen
lassen, P. s. NASE
Charybdis, P. s. ODYSSEUS
CHRIST (P)
ein toller ~
CHRISTBAUM (K)
Der ~ brennt etc.
Christus
Aussehen wie das Leiden Christi, K. s.
YPERN
Cislawäng, P. s. ZISLAWÄNG
Claque, K. s. LACK
Clown, P. s. BAUER
Corona, P. s. BESCHEID
Corpus juris, K. s. F
Couleurmütze, P. s. BESCHEID
Cour, K. s. HOF
COURAGE (D)
Jemandem die ~ abkaufen etc.; Zivil-
courage: K. s. ZIVIL

courant
Etre au ~, K. s. LAUF
Crème
Die ~ de la ~, P. s. ZEHNTAUSEND

D

DACH (K), auch P. s. BESCHEID
Jemandem aufs ~ steigen etc.; auch:
~ und Fach, P. s. ACH; Glas auf dem
~ haben, P. s. GLAS
Dachrinne
Das ist beim Deibel auf der ~, P. s.
DEIBEL; wenn Se so lang wärn, wie Se
dumm sind, könnten Se aus der ~ sau-
fen, P. s. LANG
Dachschaden
Einen leichten (kleinen) ~ haben, D. s.
GESUND
DAHINTER (D)
Wir werden bald ~kommen etc. Da-
stehen
DALLES (K)
Im ~ sitzen
Damaskus
Seinen Tag von ~ erleben, K. s. SAU-
LUS
Dame, P. s. WELT
dämlich, P. s. DECK, NUSS
dämmern
Bei ihm dämmert's, K. s. LICHT,
DUNST
DAMM (K)
Auf dem ~ sein
Damokles(schwert), K. s. HAAR
DAMPF (K)
~ vor etwas haben etc.
DANAER (K), DANAERGESCHENK
DANAIDEN (K)
Ins ~faß schöpfen
dasitzen
~ mit dem dicken Kopf, P. s. KOPF
dastehen
~ wie ein lackierter Affe, K. s. LACK;
~ mit dem gewaschenen Hals, K. s.
HALS; ~ wie eine geknickte Lilie, K.
s. LILIE; ~ wie ein Ölgötze, K. s. ÖL;
~ wie der Ochs am (vorm) Berge, P.
s. OCHSE; ~ mit gehöhlter Klaue,
P. s. KLAUE
DAUMEN (K)
Den ~ halten etc.; auch: die ~schrau-
ben ansetzen, P. s. BRUST, PISTOLE
Daus
Ei der ~!, P. s. AS
davon
Auf und ~, P. s. BERG, VERSEN-

KUNG; ~laufen wie die Sau vom Trog,
P. s. SAU; mit heiler Haut ~kommen,
K. s. HAUT
davonkommen
Wir sind noch mal davongekommen,
D. s. ABGEHEN
dazugeben
Seinen Senf ~, P. s. SENF
dazwischen
Die Finger ~ haben, P. s. FINGER; er
fuhr wie ein Wetter ~, P. s. WETTER
DECK (P)
Nicht ganz auf ~ sein etc.; mit keinem
Bein an ~ kommen, D. s. BEIN
DECKE (P)
Die ~ ist zu kurz etc.
DECKE (K), auch P. s. FRIEDEN
Unter einer ~ stecken etc.; auch: sich
nach der ~ strecken, P. s. BESCHEI-
DEN, P. s. DECKE, K. s. DECKE; der
Kalk rieselt von der ~, P. s. MARK;
vor Freude an die ~ springen, P. s.
WAND
DECKEL (K)
Eins auf den ~ kriegen etc.
Deckmantel, K. s. MANTEL
DEIBEL (P), auch K. s. TEUFEL
Das ist beim ~ auf der Dachrinne
DEICHSEL (P)
Eine Sache deichseln etc.
Demokrat, K. s. WASSER
DENKEN (K)
Jemandem einen Denkzettel geben (auch
P. s. BESCHEID); das ~ müssen Sie den
Pferden überlassen; denkt ja keen Pferd
dran, P. s. PFERD
Denkungsart
Die Milch der frommen ~, P. s. MILCH
deus
~ ex machina, P. s. VERSENKUNG
DEUT (K), auch P. s. BERAPPEN
Keinen ~ wert sein etc.
DEUTSCH (K)
~ mit jemandem reden; auch: in Län-
dern ~er Zunge, P. s. ZUNGE
Deutschland
Setzen wir ~ in den Sattel, P. s. REITEN
Dichter
Von des ~s letzter Hand, P. s. HAND
DICK (K)
Sich ~etun etc.; auch: das ist ein ~er
Hund, K. s. HUND; das ~e Ende,
K. s. ENDE; ein ~es Fell, K. s. FELL;
~e Luft, K. s. LUFT; die dümmsten
Bauern haben die ~sten Kartoffeln,
P. s. BAUER; eine ~e Elefantenhaut
haben, P. s. ELEFANT; dasitzen mit
dem ~en Kopf, P. s. KOPF
dickfellig sein, P. s. ELEFANT

Dickkopf, K. s. SCHLAFEN
Diebio, P. s. ZETER
dienen
Von der Pike auf ~, K. s. PIKE; als
Folie ~, K. s. FOLIE
DIENER (D)
Einen tiefen ~ machen etc.
Dienst
Seinen ~ quittieren, P. s. ALTENTEIL
Digesten, K. s. F
DING (K)
Aller guten ~e sind drei etc. (auch:
P. s. DREI, TÜR); D. s. BEIN; Dings,
Dingskirchen, Dingsbums etc. D. s. X
Dionysius, K. s. HAAR
diplomatisch, P. s. ABBRECHEN
Dollar
D. s. GELD, GOLD
doof, K. s. DUMM, P. s. DECK, NUSS
DONNER (D)
Auf ~wache stehen, ~wache haben
etc. Hier alle Zwillingswendungen un-
ter: Donner und Doria. Vom ~ gerührt,
D. s. DONNER; D. s. SALZ
DORF (P), auch K. s. BÖHMISCH
Auf die Dörfer gehen etc. (auch P. s.
TINGELN); die Kirche im ~ lassen,
K. s. KIRCHE; Potemkinsche Dörfer,
K. s. POTEMKIN; das sind für mich
bömische Dörfer, K. s. BÖHMISCH
Dorfschullehrer
Frieren wie ein nackter ~, P. s. SCHNEI-
DER
DORN (P)
Er ist mir ein ~ im Auge etc. (dor-
nenvoll)
DRAHT (K)
Auf ~ sein (auch P. s. DECK) etc.; der ~
ist gerissen, K. s. LOCH; ~zieher (auch
K. s. SCHNUR, P. s. DUNKEL)
DRAKON (P)
~ische Maßnahmen etc.
dran
Es ist was ~, K. s. OHNE
Draufgänger, K. s. HECHT
draußen
Die Tür von ~ zumachen, P. s. EIN-
PACKEN
DRECK (K)
~ am Stecken haben etc.; auch: das
geht dich einen ~ an, K. s. STAUB;
der letzte ~, P. s. BESEN; auch D. s.
QUARK
dreckig
~es Lachen, P. s. LACHEN
drehen
Ein Ding ~, K. s. DING; auch P. s.
WETTERFAHNE; einen Strick ~, K. s.

STRICK; eine Nase ∼, K. s. NASE;
der Wind hat sich gedreht, P. s. WIND
DREI (P)
Nicht bis ∼ zählen können etc. (auch
P. s. HUT); auch: ewig und ∼ Tage, P.
s. JAHR; ∼ Schritt vom Leibe!, P. s.
OLYMP; der lachende Dritte, K. s.
LACHEN; aller guten Dinge sind ∼,
K. s. DING
Dreiecksverhältnis
D. s. DRITTER
dreimal
∼ darfst du raten; ∼ abgeschnitten
und immer noch zu kurz, P. s. DREI
DREIZEHN (K)
Jetzt schlägt's ∼!
Dresche
∼ kriegen wie . . ., P. s. NUSS
dressieren
Den Hund auf den Mann ∼, P. s. MANN
DRITTER (D)
Der lachende Dritte etc.
drüber
Drunter und ∼, P. s. DRUNTER
drücken
Den Daumen ∼, K. s. DAUMEN; wis-
sen, wo einen der Schuh drückt, K. s.
SCHUH; Drückeberger; sich ∼, K. s.
DRUCK; ans Herz ∼, K. s. HERZ;
etwas in die Hand ∼, P. s. HAND;
an die Wand ∼, P. s. WAND
DRUCK (K) und (P)
Jemanden unter ∼ setzen etc.; unter
∼ stehen etc.; unter ständigem ∼,
P. s. BLEI
DRUNTER (P)
Da geht alles ∼ und drüber etc.
DUMM (K)
Stock∼, sau∼ etc.; ∼ wie Bohnenstroh,
K. s. BOHNE; ∼ aus der Wäsche guk-
ken, K. s. WASCHEN; dümmer, als es
die Polizei erlaubt, K. s. DUMM; die
dümmsten Bauern, P. s. BAUER; wenn
Se so lang wärn, wie Se ∼ sind, P.
s. LANG; mach keine ∼en Sprüche,
P. s. REDENSART
dünn
Mit einem durch dick und ∼ gehen,
K. s. DICK
DUNKEL (P)
Ein ∼mann etc.; im ∼n tappen, P.
s. MÜCKE
DUNST (K)
Keinen blassen ∼ etc.; durch und durch,
P. s. MARK
keinen blassen ∼ etc.
Jemand blauen ∼ vormachen, D. s.
ANBEISSEN
durch und durch, P. s. MARK

durchbrennen, K. s. FRANZÖSISCH
durchfallen, K. s. KORB, P. s DRUNTER
er ist durchgefallen, K. s. FAHREN; mit
Pauken und Trompeten ∼, K. s. PAUKE
durchhecheln, K. s. HECHEL
DURCHSTECHEREI (K)
durchziehen
Jemanden ∼; jemanden durch die Zähne
(den Kakao) ziehen, K. s. HECHEL
Düsenflugzeug
Im ∼ durch die Kinderstube . . ., P. s.
KIND
DURST (D)
Sie haben eine ∼strecke durchzuma-
chen etc. P. s. ROSE; ∼ löschen, D. s.
ABBEISSEN
dusselig, P. s. DECK
D-Zug
Im ∼ durch die Kinderstube . . ., P. s.
KIND

E

EBENE (D)
Er ist auf die schiefe ∼ gekommen etc.
echt
Ein Mann von ∼em Schrot und Korn,
K. s. SCHROT, P. s. SCHLAG, MANN
ECKART (P)
Ein getreuer ∼
ECKE (K)
Jemanden um die ∼ bringen; aus der ∼
kommt der Wind; die windige ∼,
P. s. WIND
Ehe
Die ∼ zu dritt, D. s. DRITTER
Ehebruch
D. s. DRITTER
EHRE (K), EHRENMANN
Die ∼ abschneiden etc.; ein dunkler
∼nmann, P. s. DUNKEL
EI (K)
Das ∼ des Kolumbus etc.
EI (P)
Das war nicht das Gelbe vom ∼; für
einen Apfel (Appel) und ein ∼, P.
s. APFEL, BUTTERBROT
Ei der Daus!, P. s. AS
eigen
Sich ins ∼e Fleisch schneiden, P. s.
FLEISCH; sich in seinen ∼en Beutel
(seine ∼e Tasche) lügen, P. s. BEUTEL;
es kehre jeder vor seiner ∼en Tür,
P. s. TÜR
EIGENBRÖTLER (D)
Er ist ein richtiger ∼
ein
Mit ∼em Fuß im Grabe, P. s. AB-
BRECHEN; an jedem Finger ∼en, P. s.
FINGER

einbilden
Er bildet sich einen Stiefel ein, K. s. STIEFEL

einbrocken, P. s. A.; sich etwas ~, D. s. AUS

einerlei
Das ewige ~, P. s. JACKE

EINFALL, EINFALLEN (P)
Das fällt mir nicht im Traume ein etc.; Einfälle haben wie ein altes Haus, K. s. HAUS

eingegeben
Das hat ihm ein guter Engel ~, P. s. ENGEL

eingesogen
Mit der Muttermilch ~, P. s. MILCH

eingestellt
Von Kopf bis Fuß auf Liebe ~, P. s. KOPF

EINHEIZEN (P)
Einem tüchtig ~

einlaufen
Er lief mir die Bude ein, P. s. BUDE

einleuchten
Es leuchtet ihm ein, K. s. LICHT

einlochen
Jemanden ~, K. s. LOCH

einmal
~ ist keinmal, P. s. TÜR

einnehmen
Er hat ein ~des Wesen, P. s. WESEN

EINPACKEN (P)
Damit kannst du ~!

Einrede, K. s. REDE

einrennen
Sich den Kopf ~, P. s. KOPF; mit einem dummen Menschen kann man Wände ~, P. s. WAND; offene Türen ~, K. s. TÜR

EINS (P)
Das ist Ia etc.; das ist ~ wie's andere, P. s. JACKE, K. s. WURST! ihm ~ auf die Nuß geben, P. s. NUSS; ~ hinter die Ohren . . ., P. s. OHR

einschlafen
Auf seinen Lorbeeren ~, P. s. LORBEER

einschlagen
Einen Weg ~, K. s. WEG

einschnappen
D. s. LEBERWURST

Einspänner, K. s. HAGESTOLZ

Einsturz, einstürzen
Ich hätte eher des Himmels ~ erwartet; eher stürzt der Himmel ein, P. s. HIMMEL

EINTRÄNKEN (D)
Dem habe ich es aber eingetränkt etc.

EINWICKELN (K)
Jemanden ~; auch P. s. GÄNGELBAND

EIS (K)
Jemanden aufs Glatt~ führen etc.; wenn dem Esel zu wohl ist, geht er aufs ~, P. s. PALME; etwas auf ~ legen, D. s. FISCH

EISEN (P)
Zum alten ~ . . . etc.; mehrere ~ im Feuer, K. s. FEUER; ein heißes ~ anfassen. P. s. TEUFEL; ein Mann aus ~ und Stahl, P. s. MANN

EISENBAHN (K)
Es ist die höchste ~

eisern
Mit einem ~en Besen kehren, P. s. DRAKON

ELDORADO (D)
Dieses Fischerdorf ist ein ~ der Feinschmecker

ELEFANT (P)
Sich benehmen wie ein ~ im Porzellanladen etc.

ELEMENT (P)
In seinem ~ sein etc.

ELEND (K)
Im ~ sein etc.

ELFENBEINTURM (D)
Ein Teil unserer Professoren sitzt immer noch im ~

Elfenkönig
D. s. ERLKÖNIG

Elite
~ der Gesellschaft, P. s. ZEHNTAUSEND

ELLE (P)
Etwas nach (mit) der ~ messen etc.

ELLENBOGEN (P)
Seine ~ gebrauchen etc.

Elster, K. s. RABE; diebische ~, D. s. LINK, LINKS

ELTERN (P)
Nicht von schlechten ~ etc.

Eminenz
Die graue ~, P. s. GRAU

empfehlen
Sich französisch ~, K. s. FRANZÖSISCH

Emser Depesche, K. s. FANFARE

ENDE (K) — ENDE (D)
Das dicke ~ kommt nach etc.; auch: mit seinem Latein am ~, K. s. LATEIN; das ~ vom Lied, K. s. LIED; eine Schraube ohne ~, K. s. SCHRAUBE; am ~ seiner Weisheit sein, P. s. HÄNGEN; das ~ aller Tage P. s. TAG; bis ans ~ der Welt, P. s. WELT

enfant terrible, P. s. KIND

ENGEL (P)
  Es geht ein – durchs Zimmer etc.; die
  ~ im Himmel pfeifen hören, K. s.
  GEIGE
entartet, P. s. SCHLAG
ENTE (K)
  Das ist eine ~; lahme ~, P. s. SCHLEPP-
  TAU
entleiben, K. s. LEIB
entrichten
  Seinen Obolus ~, P. s. OBOLUS
entrüsten, K. s. HARNISCH
entsetzt
  ~ sein, D. s. AUF; auch: K. s. HAR-
  NISCH
Erben
Die lachenden ~, D. s. GELD, GOLD
erblicken
  Das Licht der Welt ~, P. s. WELT
Erdboden
  Dem ~ gleichmachen, P. s. BLITZ
Erde, Erdteil
  Es konnte kein Apfel zur ~ fallen,
  P. s. APFEL; der dunkle Erdteil, P. s.
  DUNKEL; den Himmel auf ~n haben,
  P. s. HIMMEL; keine Nadel konnte
  zur ~ fallen, P. s. NADEL; mit keinem
  Fuß auf die ~ kommen, D. s. FUSS;
  Beene hatta, bis uff de ~ D. s. BER-
  LINISCH
erfahren
  unterderhand ~, K. s. HAND
erfunden
  Er hat das Pulver nicht ~, K. s. PUL-
  VER
erfüllen
  Seine Verpflichtungen bis auf den letz-
  ten Buchstaben ~, P. s. BUCHSTABE;
  ein Gesetz dem Buchstaben nach ~,
  P. s. BUCHSTABE
ergreifen
  Das Hasenpanier ~, K. s. HASE
erhalten
  Die Feuertaufe ~, K. s. FEUER
erheben
  Jemanden in den Himmel ~, P. s.
  HIMMEL; jemanden auf den Schild ~,
  K. s. SCHILD
Erkenntnis
  Der Baum der ~, P. s. BAUM
erklären
  Jemanden für vogelfrei ~, K. s. VOGEL
erlauben
  Dümmer sein, als es die Polizei erlaubt,
  K. s. DUMM
erleben
  Sein blaues Wunder ~, K. s. WUN-
  DER; seinen Tag von Damaskus ~,
  K. s. SAULUS

erledigen
  Etwas nach Schema F ~, K. s. F, P. s.
  ELLE
erleiden
  Tantalusqualen ~, K. s. TANTALUS;
  ein Fiasko ~, P. s. VERRATEN
ERLKÖNIG (D)
  Wer reitet so spät durch Nacht und
  Wind?
erlogen
  Von A bis Z ~, P. s. A
ermannen, P. s. MANN
ernähren
  Der Beruf ernährt seinen Mann, P. s.
  MANN
ernten
  Lorbeer ~, P. s. LORBEER
erobern
  Die Welt ~, P. s. WELT
erpicht sein, K. s. PECH
erregt
  Das ~ böses Blut, K. s. BLUT
erscheinen
  Auf der Bildfläche ~, K. s. BILD
erschlagen
  ~ sein P. s. ABGESPANNT
ERSCHOSSEN (P)
  ~ wie Robert Blum etc.; ~ sein, P.
  s. ABGESPANNT
erschüttern
  Das kann doch einen Seemann nicht ~,
  P. s. DECK
erst
  Vom ~en Wasser, K. s. WASSER; die
  ~e Geige, K. s. GEIGE; ~e Auswahl,
  P. s. EINS
ersticken
  Mögest du daran ~, K. s. BISSEN
erteilen
  Eine Lektion ~, K. s. LEVITEN, P.
  s. TEXT; jemandem eine Abfuhr ~,
  K. s. ABFUHR; jemandem einen Denk-
  zettel ~, P. s. BESCHEID
erwarten
  Des Himmels Einsturz ~, P. s. HIM-
  MEL
erweisen
  Jemandem einen Bärendienst ~, K.
  s. BÄR, P. s. KATZE
erzählen
  Das mußt du einem ~, der keine
  Krempe am Hut hat, P. s. HUT
ESEL (K)
  Jemandem einen ~stritt geben etc.;
  wenn dem ~ zu wohl ist . . ., P. s.
  PALME
ESPE (K)
  Zittern wie ~nlaub

Esse
  Etwas in die ~ schreiben, K. s.
  SCHORNSTEIN
ESSEN (D)
  Mit ihm ist nicht gut Kirschen ~ etc.;
  die Äpfel nicht ~ mögen, P. s. APFEL;
  ~ für drei, P. s. DREI; wenn der Tel-
  ler leergegessen ist, gibt's morgen gu-
  tes Wetter, P. s. WETTER; mit langen
  Zähnen ~, P. s. ZAHN
ESSIG (D)
  Die Sache ist ~ geworden etc.
ETEPETETE (K)
  Ist der aber ~
etwas
  Das gewisse ~, D. s. BETT
EULE (K)
  ~n nach Athen . . . etc.
ewig
  Das ~e Einerlei, P. s. JACKE; ~ und
  drei Tage, P. s. JAHR
Existenzen, P. s. KATILINARISCH, P.
  s. DUNKEL
explodieren, K. s. HOCH

F

F (K)
  Nach Schema F . . . etc.; etwas aus dem
  Effeff kennen, P. s. TASCHE; D. s. AL-
  LÜRE
Fach
  Dach und ~, P. s. ACH
FACKEL (K)
  Nicht lange fackeln (auch P. s. AN-
  SPITZEN)
FADEN (D)
  Der rote ~, der sich durch die Sache
  zieht etc.
FADEN (K)
  Den ~ verlieren etc.; alle Fäden laufen
  . . . zusammen, P. s. DUNKEL; es hängt
  am seidenen ~, P. s. MESSER; lügen
  nach Strich und ~, K. s. LÜGE; da
  beißt keine Maus einen ~ ab, K. s.
  MAUS; nach Strich und ~, K. s. FA-
  DEN, STRICH
FAHNE (K)
  Die ~hochhalten etc.
FAHREN (K)
  Was ist in dich ge~? etc.; aus der Haut
  ~, K. s. HAUT; jemandem über den
  Mund ~, K. s. MUND; jemandem in
  die Parade ~, K. s. PARADE; er fährt
  aus der Haut, P. s. GALLE; er fährt
  mit hundert Sachen, P. s. SACHE; er
  fuhr wie ein Gewitter dazwischen, P.
  s. WETTER

Fahrt ins Blaue, K. s. BLAU
Fall
  Knall und ~, K. s. KNALL, P. s. ACH
Falle
  Jemandem eine ~ stellen, K. s. FALL-
  STRICK, EIS; in die ~ gehen, K.
  s. GARN; sich in eine – locken lassen,
  K. s. NETZ; aus der ~ rollen, P. s.
  ROLLE
Fallen
  Ins Wasser ~, K. s. WASSER; auf die
  Füße ~, K. s. FUSS; aus allen Wolken
  ~, K. s. KORB, P. s. BLITZ, HIMMEL;
  in des anderen Netz ~, K. s. NETZ; es
  fällt mir wie Schuppen von den Augen,
  K. s. SCHUPPE; mir fällt ein Stein vom
  Herzen, K. s. STEIN; mit der Tür ins
  Haus ~, K. s. TÜR; dir fällt keine Per-
  le aus der Krone, P. s. ABBRECHEN;
  es konnte kein Apfel zur Erde ~, P.
  s. APFEL; die Decke fällt mir auf den
  Kopf, P. s. DECKE; vom Fleische ge~,
  P. s. FLEISCH; jemandem in die Hände ~, P. s. HAND; unter die Räuber
  ~, P. s. HEMD; wie aus dem Himmel ~, P. s. HIMMEL; einem auf den
  Wecker ~, P. s. LAST; jemandem zur
  Last ~, P. s. LAST; etwas unter den Tisch
  ~ lassen, P. s. TISCH, MÜCKE; keine
  Nadel konnte zur Erde ~, P. s. NADEL;
  aus der Rolle ~, P. s. ROLLE; schwer
  in die Waagschale ~, P. s. WAAGE
FALLSTRICK (K)
  Einem ~e legen etc.
falsch
  Etwas in den ~en Hals kriegen, K.
  s. HALS; ~er Hund, K. s. HUND;
  auf die ~e Karte . . ., K. s. KARTE;
  ins ~e Gleis . . ., P. s. GLEIS; ~ wie
  eine Katze, P. s. KATZE; ~ wie Gal-
  genholz, P. s. KATZE; er hat einen
  ~en Zungenschlag, er hat eine ~e
  Zunge, er ist eine ~e Zunge, P. s.
  ZUNGE; Vorspiegelung ~er Tatsachen,
  P. s. ZAUBER
Falschmeldung, K. s. ENTE
Familienanschluß, P. s. ANSCHLUSS
FANFARE (K)
  ~ blasen etc.
fangen
  Feuer ~, K. s. FEUER
färben
  In der Wolle gefärbt sein, K. s. WOLLE
FARBE (K)
  ~ bekennen etc.; wie der Blinde von
  der ~ reden, P. s. BLIND
FASS (D)
  Ein ~ aufmachen etc.; das schlägt dem
  ~ den Boden aus, K. s. BODEN

fassen
Fuß ~, K. s. FUSS; die Gelegenheit beim Schopfe ~, K. s. GELEGENHEIT; er faßte sich ein Herz, K. s. HERZ; sich selbst an (bei) der Nase ~, K. s. NASE; faß mal einem nackten Mann in die Tasche, P. s. TASCHE

FASSON (P)
Bei mir kann jeder nach seiner ~ selig werden etc.

Fassung
Die ~ verlieren, K. s. HAUT

Fastenvelum, K. s. HUNGER

Fatzke
D. s. FAXEN

faul
Auf der ~en Haut . . ., K. s. HAUT; ~er Esel, K. s. ESEL; ~e Sache, P. s. FINGER; ~e Katze, P. s. KATZE; ~er Zauber, P. s. ZAUBER

Fäustchen
Sich ins ~ lachen, P. s. LACHEN

Faust
Das paßt wie die ~ aufs Auge, D. s. AUGE; wie die ~ aufs Auge, K. s. AUGE; die ~ im Nacken, P. s. NAK-KEN; ihm die ~ unter die Nase halten, P. s. NASE

faustdick
~ hinter den Ohren . . ., K. s. OHR, WASSER

FAXEN (D)
Mach keine ~ etc.

FECHTEN (K)
~ gehen etc., auch P. s. A

FEDER (D)
Auf den ~ball gehen etc.

FEDER (K)
Mit fremden ~n . . . etc., eine spitze ~ schreiben, P. s. BLEI; die ~ aus der Hand legen (nehmen), P. s. HAND; sich mit fremden ~n schmücken, P. s. KALB

Federfuchser, P. s. BLEI

Federlesen
Nicht viel ~s machen, P. s. BIEGEN; K. s. FEDER

Federn lassen, K. s. HAAR

FEHDE (K)
Jemandem den ~handschuh hinwerfen etc.

feiern
Fröhliche Urständ ~, P. s. URSTAND

feiger Hund, K. s. HUND

feilhalten
Maulaffen ~, K. s. MAUL

Feind
Den ~ im Nacken, P. s. NACKEN

FELL (K)
Seine ~e fortschwimmen sehen etc.

FENSTER (D)
Er ist weit weg vom ~ etc.; daß die ~ klirren, P. s. MARK

FERSE (K) — FERSENGELD (D)
~ngeld geben; D. s. HASE

fertig
~ ist der Lack, K. s. LACK; ~ ist die Laube, K. s. LAUBE; jemanden ~machen, P. s. ANSPITZEN, BEDIE-NEN

fesseln
der Redner fesselte uns, P. s. BANN

Fest
Ein ~ aufziehen, D. s. AUF; ~ im Sattel sitzen, K. s. SATTEL; in ~er Hand sein, P. s. HAND

FESTNAGELN (D)
Jemand auf etwas ~ etc.

FETT (K)
Sein ~ bekommen etc. (auch K. s. WURST)

FETT (D)
Er hat das ~ bereits abgeschöpft

feucht
Das geht dich einen ~en Staub an, K. s. STAUB

FEUER (K) — FEUER (D)
Die Hand ins ~ . . . etc.; Lauf~, K. s. LAUF; Öl ins ~ gießen, K. s. ÖL; die Kastanien aus dem ~ holen, K. s. KASTANIE; feurige Kohlen auf jemandes Haupt sammeln, K. s. KOHLEN; ~ fangen, D. s. ANBEISSEN; Öl ins ~ gießen, D. s. HUND; D. s. SEE-LEUTE UND LANDRATTEN

Feuermelder
Er hat einen Kopf wie ein ~ — so rot!, P. s. KOPF

Feuerurteil, K. s. FEUER

Feurio, P. s. ZETER

FIASKO (K)
Er hat ~ gemacht; ein ~ erleiden P. s. VERRATEN

finden
Den Platz an der Sonne ~, P. s. BETT; ein Haar in der Suppe ~, P. s. EI; die Spur ~, P. s. GLEIS; ein geneigtes, offenes, williges Ohr ~, P. s. OHR

FINGER (K) und (P)
Durch die ~ sehen etc.; sich in die ~ schneiden etc.; keinen ~ rühren, P. s. BEWENDEN; jemandem auf die ~ sehen, K. s. DUNST; sich die ~ verbrennen, K. s. FEUER

FINGER (D)
Die ~ in der Pastete haben etc.

fingern, P. s. FINGER

Fingerspitzengefühl, P. s. FINGER
Fingerzeig, P. s. FINGER
FIRLEFANZ (D)
    Das ist ein richtiger ~ etc.
FISCH (K)
    Im trüben fischen etc.
FISCH (D)
    Er ist stumm wie ein ~ etc.
FISIMATENTEN (K) und (D)
    Mach keine ~
Fittiche
    Etwas unter seine ~ nehmen, P. s.
    KLAUE
FLACHS (K)
    Mit jemandem flachsen
FLAGGE (P)
    Unter fremder ~ segeln etc. (auch:
    K. s. FAHNE)
Flaggenparade, K. s. FAHNE
Flamme
    Feuer und ~ sein, K. s. FEUER
FLAPS (K)
    Er ist ein richtiger ~ (auch: K. s.
    SCHLAFEN) etc.
FLASCHE (K)
    Er ist eine ~
FLAUSEN (K)
    Mach doch keine ~; auch: K. s. FAK-
    KEL, KINKERLITZCHEN
Fleck
    Er trug sein Herz auf dem rechten ~,
    K. s. HERZ; keinen ~ auf der weißen
    Weste haben, K. s WESTE; nicht vom
    ~ kommen, P. s. MÜCKE
FLEEZEN (K)
    Sich ~
FLEISCH (P), auch K. s. FISCH
    Der Pfahl im ~e etc.; in ~ und Blut
    übergehen, P. s. JACKE; weder Fisch
    noch ~, K. s. FISCH
Fleischerhund
    Ein Gemüt wie ein ~, D. s. GEMÜT,
    GEMÜTLICHKEIT
flicken
    Einem etwas am Zeuge ~, K. s. ZEUG
Fliege
    Sich über die ~ an der Hand ärgern,
    P. s. MÜCKE; ~ machen, P. s.
    MÜCKE; zwei ~ mit einer Klappe
    schlagen, D. s. AUGE
fließen
    Bis dahin fließt noch viel Wasser . . .,
    K. s. WASSER
FLINTE (P)
    Die ~ ins Korn werfen etc.
FLITTER (K)
    ~wochen
FLOH (P)
    Der hört die Flöhe husten etc.; jeman-

dem einen ~ ins Ohr setzen, K. s.
LAUS; er hört die Flöhe husten, K. s.
GRAS
Floskel, K. s. BLUME
FLÖTEN (K)
    Er ist ~ gegangen etc.
flott
    ~ unter der Nase sein, P. s. NASE
flüssig, P. s. BROT
FOLIE (K)
    Als ~ dienen
Folter
    Einen auf die ~ spannen, D. s. AUF
Forckenbecken
    D. s. RAND
fordern
    Jemanden in die Schranken ~, K. s.
    SCHRANKE
fort
    Er ist ~ auf Nimmerwiedersehen, P.
    s. BERG; seine Felle ~schwimmen
    sehen, K. s. FELL
Frack
    In ~ und Claque und Lack, K. s. LACK;
    Feuer unterm ~ machen, K. s. FEUER;
    sich einen ~ lachen, K. s. AST
Fracksausen
    Sie kriegen das große ~, D. s. HASE
fragen
    Einem anderen ein Loch in den Bauch
    ~, P. s. BAUCH
FRAKTUR (K)
    ~ mit einem reden
Frankreich
    Er lebt wie Gott in ~, K. s. GOTT
Fransen
    Sich ~ an den Mund reden etc.; D. s.
    HOCHDEUTSCH
FRANZÖSISCH (K)
    Sich ~ empfehlen (auch: K. s. BUSCH)
FRAU (D)
    Da muß eine alte ~ lange für stricken
    etc.; Wer eine nackte ~ sieht, wird
    blind, D. s. AUGE; die ~, die mir der
    Arzt verordnet hat, D. s. FRAU
frech
    ~er Hund, K. s. HUND
Frechheit
    Der Gipfel der ~, P. s. BAUM
Fregatte
    Sie ist eine abgetakelte ~, K. s. REFF
frei, Freiheit
    ~ von der Leber weg . . ., K. s. LEBER;
    die Ellenbogen ~ haben, Ellenbogen~,
    P. s. ELLENBOGEN; ~ wie der Vogel
    in der Luft, P. s. LUFT; seiner Zunge
    ~en Lauf lassen, P. s. ZUNGE
FREIERSFÜSSE (P)
    Auf ~n gehen (auch: P. s. ANSCHLUSS)

FREITAG (D)
Das war wieder ein schwarzer ~ etc.

fremd
Sich mit ~en Federn schmücken, K. s. FEDERN, P. s. KALB; mit ~em Kalbe pflügen, P. s. KALB; mit ~en Zungen reden, P. s. ZUNGE

fressen
Hab' dich zum ~ gern, K. s. NARR; jemanden ge~ haben, D. s. ANBEIS-SEN, K. s. NARR, MAGEN; einen Narren an jemandem ge~ haben, jemanden vor Liebe ~, K. s. NARR; wenn das wahr ist, fress' ich 'n Besen, P. s. BESEN; jemandem aus der Hand ~, P. s. HAND; friß Vogel oder stirb, P. s. VOGEL; gefundenes ~, D. s. JOURNAILLE; D. s. ABGEHEN

Freude
Vor ~ an die Decke springen, K. s. DECKE, P. s. WAND; vor ~ die Wände hochspringen, P. s. WAND; der ~ ist Wermut beigemengt, P. s. WERMUT

freuen
Sich ~ wie ein Schneekönig, K. s. SCHNEE; ich freue mich wie ein Kind . . ., P. s. KIND

Freund
Kein ~ von Traurigkeit sein, P. s. BUDE

FRIEDEN (P)
Ich traue dem ~ nicht etc.; laß mich in ~, K. s. BUCKEL

Friedenspfeife, P. s. FRIEDEN; D. s. MOHIKANER

Friedloserklärung, K. s. VOGEL

FRIEDRICH WILHELM (D)
Er hat seinen ~ druntergesetzt

frieren
~ wie ein nackter Dorfschullehrer; ~ wie ein Schneider, P. s. SCHNEIDER

frikassieren
Dich soll der Teufel ~, P. s. TEUFEL

frisch
~e Luft in etwas bringen, P. s. LUFT; ~ von der Palme geschüttelt, P. s. PALME

Fritz
Alter Fritz, D. s. ALT

fröhlich
~e Urständ feiern, P. s. URSTAND

frohlocken, K. s. STACHEL

Frontrapport, K. s. F

FROSCH (D)
Er hat einen ~ im Hals etc.; kalt wie ein ~, D. s. FISCH

FUCHS (K), auch: P. s. BESCHEID
Wo sich die Füchse gute Nacht sagen etc.; auch fuchsen

FUCHS (D)
Er ist ein alter, schlauer ~ etc.; ~ und Hase zugleich, D. s. HASE

FUCHTEL (K)
Unter der ~ stehen etc.; auch fuchtig sein

Fug
Mit ~ und Recht, P. s. ZWISCHEN

fühlen
Einem auf den Zahn ~, K. s. ZAHN; sich auf den Fuß getreten ~, K. s. FUSS; sich wie gerädert ~, K. s. RAD; sich unangenehm berührt ~, K. s. STRICH; sich abgespannt ~, P. s. AB-GESPANNT; sich gebauchkitzelt ~, sich gebauchpinselt ~, P. s. BAUCH; sich in seinen vier Wänden (Pfählen) am wohlsten ~, P. s. WAND

FÜHLER (D)
Er hat seine ~ ausgestreckt etc.

führen
Jemanden aufs Glatteis ~, etwas im Schilde ~, K. s. EIS, SCHILD; einen hinteres Licht ~, K. s. LICHT, PECH; einen am Gängelband ~, P. s. GÄN-GELBAND

Fülle
Alles in Hülle und ~ haben, K. s. HÜLLE, P. s. APFEL

füllen
Sich die Taschen ~, P. s. TASCHE

FÜNF (K)
Er kann nicht bis ~ (drei) zählen etc.; auch: das ~te Rad am Wagen, K. s. RAD; ~ Buchstaben, P. s. BUCH-STABE; nicht bis ~ zählen können, P. s. DREI; ~ Finger und een Jriff, ~fingerhandwerk, sich etwas an den ~ Finger abzählen können, P. s. FINGER

FÜNFZEHN (D)
Die Arbeiter machen gerade ~

Funken
Einen ~von etwas kriegen, K. s. LICHT

für
~ naß, K. s. NASSAUER

Furcht
Ein Ritter ohne ~ und Tadel, P. s. RITTER

Füße
Vor die ~ werfen (schmeißen), K. s. KRAM, STAB, P. s. BETTEL; ihm brennt der Boden unter den ~n, K. s. BODEN, P. s. NADEL; meine ~ sind wie Blei, P. s. BLEI; über seine eigenen ~ stolpern, P. s. ELEFANT, NASE; sich mit Händen und ~n sträuben, P. s. HAND

FUSS (K)
Sich auf den ~ getreten fühlen etc.;

auch: Hand und ~ haben, K. s. HAND;
~stapfen, K. s. SCHUH; mit einem ~
im Grabe stehen, P. s. ABBRECHEN;
von Kopf bis ~ auf Liebe eingestellt,
P. s. KOPF; einem den ~ auf den
Nacken setzen, P. s. NACKEN; mit der
Zunge schnell zu ~ sein, P. s. ZUNGE

FUSS (D)
Seine Füße unter einen fremden Tisch
stecken etc.; mit dem linken ~ zuerst
aufstehen, D. s. BEIN; auf großem
Fuße leben, D. s. NUMMER

fusselig
Sich den Mund ~ reden, K. s. MUND,
D. s. HOCHDEUTSCH

FUTSCH (K)
Er ist ~ etc.; auch: ~ ist ~ und hin ist
hin, P. s. MILCH

futschikato perdutti, K. s. FUTSCH

G

gäbe
gang und ~, K. s. GANG, P. s. HIMMEL

Gabel, K. s. SCHLAFEN; sich mit Messer und ~ umbringen, D. s. MESSER

GALGEN (K)
Jemandem eine ~frist geben etc.; auch
~holz und ~humor

Galgenholz, auch: P. s. KATZE

GALLE (P), auch: K. s. LEBER
Die ~ läuft ihm über etc.; auch: Gift
und ~ speien, P. s. BERSERKER

Galopp
Im ~ durch die Kinderstube geritten,
P. s. KIND

GAMASCHEN, K. s. MANSCHETTEN

GÄNGELBAND (P)
Einen am ~ führen etc.; auch: jemanden gängeln

GANG (K), auch P. s. HIMMEL
~ und gäbe sein; auch: den Gang nach
Canossa antreten, P. s. CANOSSA;
D. s. ABBEISSEN

GANS (D)
Sie ist eine dumme ~ etc. Eine Gänsehaut kriegen etc.

ganz
Die ~e Welt umarmen, P. s. WELT;
eine ~e Welt . . ., P. s. WELT; nichts
Halbes und nichts Ganzes, K. s. FISCH;
ich danke dir von ~em Herzen, K. s.
HERZ; der ~e Kram, K. s. KRAM

GARAUS (K)
Einen den ~ machen

GARDINE (K)
Hinter schwedischen ~n etc.

GARN (A)
MASCHE, NETZ
Einem ins ~ gehen etc.; auch K. s.

Gärtner
Den Bock zum ~ machen, K. s. BOCK

Gast
Je später der Abend desto schöner die
Gäste, P. s. ABEND

Gaumen
Mir klebt die Zunge am ~, P. s. ZUNGE

gebacken
Dem ist sein Brot ~, P. s. BROT

gebadet
Du bist als Kind zu heiß ~ worden,
K. s. SCHIEF

gebauchkitzelt, gebauchpinselt, P. s.
BAUCH

gebaut
Sie hat nahe ans Wasser ~, K. s. WAS-
SER; auf den hätte ich Häuser ~,
K. s. HAUS

geben
Etwas zum besten ~, K. s. BEST; sich
eine Blöße ~, K. s. BLOSS; jemandem
eins aufs Dach ~, K. s. DACH; jeman-
dem eins auf den Deckel ~, K. s. DACH;
jemandem einen Denkzettel ~, K. s.
DENKEN; jemandem einen Eselstritt ~;
K. s. ESEL; Fersengeld ~, K. s. FERSE;
jemandem eine Galgenfrist ~, K. s.
GALGEN; jemandem einen Gnadenstoß
(Gnadenschuß) ~, K. s. GNADE; etwas
oder jemandem in die Hand ~, K. s.
HAND; jemandem einen Korb ~,
K. s. KORB; einem den Laufpaß ~, K.
s. LAUF; einem den Rest ~, K. s.
REST; gib ihm Saures, K. s. SAUER;
große Stücke auf jemanden ~, K. s.
STÜCK; einem Brief und Siegel ~,
K. s. BRIEF; das Heft aus der Hand ~,
K. s. HEFT; jemandem Bescheid ~,
P. s. BESCHEID; es hat einen lauten
Bums ge~, P. s. BOMBE; einen Korb
~, P. s. DRUNTER; jemandem einen
Fingerzeig ~, P. s. FINGER; es ihm ~,
eine Nase ~, P. s. NASE; einem eine
harte Nuß zu knacken ~, ihm eins auf
die NUSS ~, P. s. NUSS; ihm eins hinter die Ohren ~, P. s. OHR; Sachen
gibt's, die gibt's gar nicht!, SACHE;
jemandem einen Warnungsschuß vor
den Bug ~, P. s. WARNUNG

GEBET (K)
Einen ins ~ nehmen etc.; auch: K.
s. FLÖTEN, P. s. EINHEIZEN, LUFT,
ZANGE; des Teufels ~buch, K. s.
BUCH

gebettet
Nicht auf Rosen ~, P. s. OCHSE,
ROSE

geboren
Dumm ~ und nichts hinzugelernt, K. s.

DUMM; mit einem silbernen (goldenen) Löffel im Munde ~, P. s. LÖFFEL

gebrauchen
Die Ellenbogen ~, P. s. ELLENBOGEN

gebrochen
Der Bann ist ~, P. s. BANN

gebunden
Mir sind die Hände ~, K. s. HAND, GELIEFERT; dem Teufel auf den Schwanz ~, P. s. TEUFEL

Gedanke
Der ~ ist ihm in Fleisch und Blut übergegangen, P. s. FLEISCH; kein ~!, P. s. IDEE

GEDRÄNGE (D)
Sie gehen auch noch mit im ~ etc.

gedrängt
~e Wochenübersicht, P. s. LAST

gedruckt
Er lügt wie ~, K. s. LÜGE

GEDULD (P)
Mit ~ und Spucke etc.; auch: geduldig, ~sfaden

gefahren
Im D-Zug durch die Kinderstube ~, P. s. KIND

gefallen
Endlich ist der Groschen ~, K. s. GROSCHEN; nicht auf den Mund ~, K. s. MUND; nicht auf den Kopf ~, P. s. KOPF; seine Nase gefällt mir nicht, P. s. NASE; der Würfel ist ~, P. s. WÜRFEL, RUBIKON

gefärbt
In der Wolle ~, K. s. WOLLE

Gefecht
Außer ~ setzen, D. s. ABSTELLGLEIS; auch: SEELEUTE UND LANDRATTEN

geferkelt
Sie sind von einer Sau ~, P. s. SAU

geflogen
Im Düsenflugzeug durch die Kinderstube ~, P. s. KIND

gefressen
Die Weisheit mit Löffeln ~, K. s. LÖFFEL; einen ~ haben, K. s. MAGEN; mit Haut und Haar ~, K. s. HAAR

gegangen
Er ist flöten ~, K. s. FLÖTEN

Gegend
Er hat die ganze ~ abgeklappert, die ~ unsicher machen, P. s. ABKLAPPERN; eine ~ abkloppen, P. s. ABKLOPPEN

gegessen
Die Weisheit mit Löffeln ~, K. s. LÖFFELN; die Dummheit mit Löffeln ~, K. s. DUMM

gegriffen
Aus der Luft ~, K. s. LUFT

gehauen
Nicht ~ und nicht gestochen, K. s. HAUEN

GEHEGE (K)
Einem ins ~ kommen

gehen
Vor die Hunde ~, K. s. HUND; das geht über die Hutschnur, da geht einem der Hut hoch, es geht mir bis an den Hals, K. s. HUT; wie die Katze um den heißen Brei ~, K. s. KATZE; es geht um Kopf und Kragen, es geht ihm an den Kragen, K. s. KRAGEN; krumme Wege ~, K. s. KRUMM; baden ~, K. s. AUSBADEN; einem um den Bart ~, K. s. BART; in die Binsen ~, in die Wicken ~, K. s. BINSEN, BRUCH; in Brüche ~, K. s. BRUCH, LOCH; über die Brücke möchte ich nicht ~, K. s. BRÜCKE; an die Decke ~, K. s. DECKE; mit einem durch dick und dünn ~, K. s. DICK; wie auf Eiern ~, K. s. EI; ins Garn ~, in die Falle ~, K. s. GARN; fechten ~, K. s. FECHTEN; durchs Feuer ~, K. s. FEUER; auf den Strich ~, K. s. STRICH; flöten ~, K. s. FLÖTEN; leicht von der Hand ~, K. s. HAND; durch die Lappen ~, K. s. LAPPEN; die Uhr geht nach dem Mond, K. s. MOND! jemandem ins Netz ~, K. s. NETZ; an die Nieren ~, K. s. NIERE; auf den Leim ~, K. s. PECH; dahin ~, wo der Pfeffer wächst, K. s. PFEFFER; wie am Schnürchen ~, K. s. SCHNUR; gegen den Strich ~, K. s. STRICH; ins Geschirr ~, scharf ins Zeug ~, K. s. ZEUG; ihm geht es belämmert, K. s. BELÄMMERT; auf Freiersfüßen ~, P. s. ANSCHLUSS, FREIERSFÜSSE; das geht an den Beutel, P. s. BEUTEL; es geht auf Biegen oder Brechen, es geht aufs Äußerste, P. s. BIEGEN; glatt über die Bühne ~, P. s. BÜHNE; nach Canossa ~, P. s. CANOSSA; auf die Dörfer ~, P. s. DORF; das geht auf keine Kuhhaut, K. s. KUH, P. s. EINFALL; ein Engel geht durchs Zimmer, P. s. ENGEL; den Weg allen Fleisches ~, P. s. FLEISCH; in die Luft ~, P. s. GALLE, LUFT; um den Kopf ~, P. s. KOPF; durch Mark und Bein ~, P. s. MARK; um die Wurst ~, P. s. MESSER; ins Ohr ~, P. s. OHR; wenn dem Esel zu wohl ist, geht er aufs Eis, P. s. PALME; das geht wie's Teufelshaschen, das ist zum Teufel gegangen, P. s. TEUFEL; auf die Dörfer ~,

P. s. TINGELN, DORF; aus der Welt
~, mit jemandem bis ans Ende der
Welt ~, P. s. WELT; auf dem Zahnfleisch nach Haus ~, P. s. ZAHN

gehetzt
Mit allen Hunden ~, K. s. HUND

gehöhlt
Mit ~er Klaue dastehen, P. s. KLAUE

gehören
Klappern gehört zum Handwerk, P. s.
HANDWERK; dann gehört er der Katz',
P. s. KATZE; dem Mutigen gehört die
Welt, P. s. WELT

gehütet
Wir haben doch keine Schweine zusammen ~, K. s. SCHWEIN

GEIGE (K)
Einem die Wahrheit geigen etc.

Geist, geistig
Den Heiligen ~ erscheinen lassen,
P. s. BUDE; ~ zurückgeblieben sein,
~ unterbelichtet sein, P. s. DECK

Geizhals, Geizkragen, K. s. KRAGEN

geplappt
Es hat ~!, K. s. KLIPP

geknallt
Es hat ~, P. s. BOMBE

geknickt
Dastehen wie eine ~, Lilie, K. s. LILIE;
er ist ~, K. s. VERKNACKEN

gekocht
Auch da wird nur mit Wasser ~, K. s.
WASSER

gekracht
Jetzt hat's ~, P. s. BOMBE

gekränkt
Die ~e Leberwurst, K. s. LAUS

gelacht
Das wäre ja ~!, P. s. LACHEN

gelackmeiert sein, K. s. LACK

geladen
Er ist ~, auf einen ~ sein, schwer (schief)
~ haben, P. s. LADEN (SCHLAG)

gelassen
Er hat ihn tüchtig zur Ader ~, P. s.
ADER

gelb
Das war nicht das Gelbe vom Ei, P.
s. EI

GELD (K)
~ stinkt nicht!, auch: verschiedene
Ausdrücke für ~, K. s. DRAHT, MÜN-
ZE; Kniefall vor dem ~, P. s. KALB;
wer's ~ hat, führt die Braut heim, P. s.
MILCH; er hat ~ wie Mist, P. s. MIST;
Zeit ist ~, P. s. ZEIT; sein ~ auf die
hohe Kante legen, K. s. KANTE; Buchholz hat kein ~ dazu, K. s. BUCH-

HOLZ; ~schneiderei, K. s. BEUTEL,
P. s. BERAPPEN

GELD, GOLD (D)
Mit Geld weint sich's leichter etc.;
das ~ zum Fenster rauswerfen, D. s.
FENSTER

geleckt
Er hat Blut ~, K. s. BLUT

GELEGENHEIT (K)
Die ~ beim Schopfe fassen; D. s. AN-
BRENNEN

gelegt
Er hat ihn aufs Kreuz ~, P. s. ADER

Geleit
Dem ~ nicht trauen, P. s. FRIEDEN

GELIEFERT (K)
Er ist ~

gemacht
Sich ins ~e Bett legen, P. s. BETT,
ELTERN; ein ~er Mann, P. s. MANN

gemein, K. s. SCHLECHT

Gemeinde
Einen Zug durch die ~ machen, K.
s. ZUG; ~bulle, K. s. FELL

Gemeinplätze
abgedroschene ~, D. s. STROH

GEMÜT, GEMÜTLICHKEIT (D)
Es geht nichts über die Gemütlichkeit
etc.

geneigt, P. s. OHR

Genie
Kopp, ~ und Ellenbogen, P. s. ELLEN-
BOGEN

Genosse, K. s. KNOTEN

genießen
Das Leben in vollen Zügen ~, K. s.
ZUG

geölt
Wie ein dreimal frisch ~er Blitz, P.
s. BLITZ, PISTOLE

gepellt
Wie aus dem Ei ~, K. s. EI

geplättet
Da bist du ~, D. s. ABSCHNALLEN

geputzt
~ wie ein Palmesel, P. s. PALME

gerädert, P. s. ABGESPANNT
Sich wie ~ fühlen, K. s. RAD

gerade
Drei ~ sein lassen, P. s. DREI; fünf ~
sein lassen, K. s. FÜNF

gerammelt voll, P. s. APFEL

gerappelt voll, P. s. APFEL

geraten
In die Wolle ~, K. s. WOLLE; ins
Hintertreffen ~, K. s. HINTER; in
die Maschen (des Gesetzes) ~, K. s.
MASCHE; sich in die Haare ~, K. s.
WOLLE; in eines Menschen Bann ~,

P. s. BANN; aus der Fasson ~, P. s. FASSON; ins falsche Gleis ~, P. s. CLEIS; in eine Sackgasse ~, P. s. MÜCKE

gerben
Jemandem das Fell ~, K. s. FELL

gerecht
In allen Sätteln ~, K. s. SATTEL

Gerichtsvollzieher, K. s. KUCKUCK

gerissen
Der Draht . . . ist ~, K. s. DRAHT, LOCH

geritten
Im Galopp durch die Kinderstube ~, P. s. KIND; vom Teufel ~, P. s. PANIK

geritzt
Die Sache ist ~, Puppe, P. s. SACHE

GERN (D)
Du kannst mich ~ haben etc.

GERUCH (K)
In keinem guten ~ stehen

GERUHEN (K)
Etwas zu tun ~

gesagt, getan, K. s. KNALL

Gesangbuch
Das richtige ~ haben, P. s. VETTER

geschält
Wie aus dem Ei ~, K. s. EI

Geschichte
Eine haarige ~, K. s. HAAR

Geschirr
Ins ~ gehen, K. s. ZEUG; sich ins ~ legen, P. s. ELLENBOGEN

GESCHLAGEN (K)
Ein ~er Mann; auch: mit Dummheit ~, K. s. DUMM; er weiß, was die Glocke ~ hat, K. s. GLOCKE; mit Blindheit ~, P. s. BLIND

geschlossen
Ins Herz ~, K. s. HERZ

Geschmäcker
Die ~ sind verschieden, P. s. NACHTIGALL

geschmiert
Eine ~ bekommen, K. s. FETT; es geht wie ~, K. s. SCHMIERE

geschoben
Aufs tote Gleis ~ werden, P. s. GLEIS

geschossen
Wie aus der Pistole ~, P. s. PISTOLE, BLITZ, LACHEN, BRUST

GESCHREI (K)
Viel ~ und wenig Wolle

geschrieben
Auf den Leib ~, P. s. ROLLE

geschüttelt
Frisch von der Palme ~, P. s. PALME

GESCHÜTZ (K)
Das grobe ~ auffahren

Geschwader
Aus einem ~ ausscheren, P. s. SCHEREN

Geschwafel
Endloses ~ machen, K. s. BRIMBORIUM

Geschwindigkeit
Ab mit affenartiger ~, P. s. AB, BLITZ, PISTOLE

Gesellschaft
Die Crème (Elite) der ~, P. s. ZEHNTAUSEND

gesengt
Er benimmt sich wie eine ~e Sau, P. s. SAU

Gesetz
In die Maschen des ~es geraten, durch die Maschen des ~es schlüpfen, K. s. MASCHE

GESICHT (K)
Das ~ wahren etc.; auch: das schlägt dem Faß die Krone ins ~, K. s. BODEN; das ~ verlieren, K. s. BRÜCKE; daß du die Nase im ~ behälst, K. s. NASE; ein ~ . . . wie Aprilwetter, P. s. APRIL; ein langes ~, P. s. NASE; ~serker, P. s. ABBRECHEN; aus dem ~ geschnitten, D. s. AUGE

Gesinnung
Seine ~ wechseln, D. s. HEMD

gesoffen
Du hast wohl Tinte ~, K. s. TINTE

gesogen
Aus den Fingern ~, K. s. FINGER

gespalten
Mit ~er Zunge reden, P. s. ZUNGE

gesprochen
Das ist mir aus dem Herzen ~, K. s. HERZ

Gestalt
Ein Ritter von der traurigen ~, P. s. RITTER; Bassermannsche ~en, K. s. BASSERMANN

gestanden
Er ist ein gestandenes Mannsbild, D. s. MANN

GESTERN (K)
Nicht von ~ sein; auch: du suchst wohl den gestrigen Tag?, P. s. TAG

gestochen
Nicht gehauen und ~, K. s. HAUEN; wie ~, K. s. BUCH; Augen machen wie ein ~es Kalb, K. s. AUGE; wie von der Tarantel ~, K. s. TARANTEL; sie schreit wie eine ~e Sau, P. s. SAU

gestohlen
Er kann mir ~ bleiben, K. s. GEWICHT, MOND

gestopft voll, P. s. APFEL
GESUND (D)
Er hat sich ~ gestoßen; sie ist ~ etc.;
Er ist ~ wie ein Fisch im Wasser,
D. s. FISCH
getreten
Sich auf den Fuß ~ fühlen, K. s. FUSS
getreu
Ein ~er Eckart, P. s. ECKART
gewachsen
Er ist mir ans Herz ~, K. s. HERZ;
seinen Eltern über den Kopf ~, P. s.
ELTERN; das ist nicht auf seinem Mist
~, P. s. MIST
gewaschen
Dann steh' ich da mit dem ~en Hals,
K. s. HALS; mit allen Wassern ~, K.
s. HUND, WASSER
gewendet
Das Blatt hat sich ~, K. s. BLATT
GEWICHT (K)
Großes ~ auf etwas legen etc.; auch:
ein bleiernes ~, P. s. BLEI; sein ganzes
~ . . ., P. s. DUNKEL, WAAGE; ~
auf etwas legen, P. s. WAAGE
gewickelt
Du bist schief ~, K. s. SCHIEF
gewinnen
Damit ist kein Blumentopf zu ~, K.
s. BLUME
Gewitter
Er fuhr wie ein ~ zwischen sie, P. s.
WETTER
Gewohnheit
Kindische (kindliche) ~en, P. s. KIND
gewöhnlich, K. s. SCHLECHT
gewogen
Einem ~ sein (bleiben), K. s. GE-
WICHT
geworfen
Aus dem Gleis ~, P. s. GLEIS; aus der
Bahn ~, K. s. BAHN
gezählt
Seine Tage sind ~, P. s. TAG
Giebel, P. s. ABBRECHEN
gießen
Wasser in den Wein ~, K. s. WASSER;
einen auf die Lampe ~, K. s. LEBEN;
Öl ins Feuer ~, Öl auf die Wogen ~,
K. s. ÖL; einen hinter die Binde ~,
P. s. BINDE, BIER; einen Wermuts-
tropfen in den Wein ~, P. s. WER-
MUT; auch K. s. KREDENZEN
GIESSKANNE (D)
Etwas mit der ~ beregnen etc.
GIFT (K)
Darauf kannst du ~ nehmen; auch: ~
und Galle speien, P. s. BERSERKER,
GALLE; ~bude, P. s. GLAS

Gipfel
Der ~ der Frechheit, P. s. BAUM
GLACEHANDSCHUH (P)
Jemanden mit ~en anfassen etc.
glänzen
Durch Abwesenheit ~, P. s. ABWE-
SENHEIT
GLAS (P)
War dein Vater ~er? etc.; auch: jeman-
dem den Teufel im Gläslein zeigen,
P. s. TEUFEL
GLAUBEN (K)
Er hat daran ~ müssen etc.
GLEICH (K)
Etwas auf seine Kappe nehmen etc.;
auch: ~e Brüder — ~e Kappen, P. s.
SAU; ~es mit ~em vergelten, K. s.
WURST; sich ~en wie ein Ei dem
anderen, K. s. EI; die ~gestimmten
Saiten . . ., P. s. SAITE; etwas dem
Erdboden ~machen, P. s. BLITZ
GLEIS (P)
Etwas ins rechte ~ bringen etc.
Glieder
Es liegt mir wie Blei in den ~n, P. s.
BLEI
GLOCKE (K)
Etwas an die große ~ hängen etc.
GLÜCK (K)
Auf gut ~ etc.
glühen
Auf ~den Kohlen sitzen, K. s. FEUER
GNADE (K)
Den ~nstoß geben etc.; auch: ~ für
Recht ergehen lassen, K. s. AUGE
GOLD (K)
Seine Worte auf die ~waage legen etc.;
auch: ~ene Brücken bauen, K. s.
BRÜCKE; ~ geht durch alle Türen;
das Goldene Kalb, D. s. GELD, GOLD;
Morgenstund' hat ~ im Mund, K. s.
MUND; jemandem ~ene Berge ver-
sprechen, P. s. BERG; das ~ene Kalb
anbeten, ums ~ene Kalb tanzen, P. s.
KALB; mit einem ~enen Löffel im
Munde geboren, P. s. LÖFFEL; sich
eine ~ene Nase verdienen, P. s. NASE;
~probe, K. s. FEUER
gönnen
Einem nicht das Schwarze unter dem
Nagel ~, K. s. SCHWARZ, NAGEL
Göre, K. s. KIND
gordisch, K. s. KNOTEN
Gorgonen, K. s. ABKNÖPPEN
Götterdämmerung, K. s. HAHN
Götz von Berlichingen, P. s. BUCH-
STABE, BUCKEL
GOTT (D)
Sie weiß, wo ~ wohnt etc.

GOTT (K)
Er lebt wie ~ in Frankreich, D. s. AN-BRENNEN; auch: Mann ~es, K. s. MANN; den lieben ~ einen guten Mann sein lassen, dem lieben ~ den Tag stehlen, P. s. TAG; ~ und die Welt, P. s. WELT; ~esurteil, K. s. FEUER

Gottlosen
Der Rest ist für die ~, K. s. REST

GRAB (D)
Er würde sich im ~ herumdrehen, wenn er das wüßte! etc.; mit einem Fuß im ~e stehen, P. s. ABBRECHEN

GRÄFIN (D)
Ein Dienstmädchen im Bett ist besser als eine ~ auf dem Dach!

Grand-Popel, K. s. POPLIG

GRAS (K)
Das ~ wachsen hören etc.; auch: ~-witwe, K. s. STROH

GRAU (P)
Die ~e Eminenz; auch bei Nacht sind alle Katzen ~, P. s. KATZE; ~ in ~, K. s. ELEND; laß dir keine ~en Haare wachsen, K. s. HAAR

GRAZIE (D)
Die ~n haben nicht an seiner Wiege gestanden

greifen
In die Luft ~, P. s. LUFT; tief in die Tasche ~, P. s. TASCHE; in ein Wespennest ~, P. s. WESPE

GRETCHEN (P)
Die ~frage stellen

GRIFF (D)
Er hat die Sache im ~ etc.

Grips
~ im Kopf haben, K. s. GRÜTZE, KRIPS

grob, Grobheit
Eine hanebüchene ~, K. s. HANE-BÜCHEN; ein ~es Geschütz auffahren, K. s. GESCHÜTZ

Groll
Mit verbissenem ~, K. s. VERBEISSEN

GROSCHEN (K), auch K. s. KRÖTE
Nicht bei ~ sein etc.

groß
Der ~e Unbekannte, K. s. UNBE-KANNT; ~er Zapfenstreich, K. s. ZAPFEN; ~er Bahnhof, K. s. BAHN-HOF; ~e Bogen spucken, K. s. BO-GEN; ~es Brimborium um etwas machen, K. s. BRIMBORIUM; ein ~es As, P. s. AS; ~e Stücke auf jemanden halten, P. s. BERAPPEN; jenseits des ~en Teiches, P. s. BERG; keine ~en Sprünge machen, P. s. BESCHEIDEN;

ein ganz ~es Dorf, P. s. DORF; ein ~s Kaff, P. s. DORF; ein ~es Kind, P. s. KIND; der ~e Knalleffekt, P. s. KNALLEFFEKT; ~en Mohr machen, P. s. MOHR; ein ~er Tag, P. s. TAG; die ~e, weite Welt, P. s. WELT

Großmutter, P. s. TEUFEL

GRÜN (K), auch P. s. MINNA
Einem nicht ~ sein etc.; auch: mir wird ganz ~ und blau vor Augen, K. s. BLUME; etwas vom ~en Tisch her bestimmen, K. s. TAPET; die ~e Minna, P. s. MINNA

GRÜTZE (K)
~im Kopf haben etc.

gucken
In den Mond ~, K. s. MOND; dumm aus der Wäsche ~, K. s. MOND, WA-SCHEN; durch die Röhre ~, K. s. MOND; in die Karten ~, K. s. FARBE; tief ins Glas ~, P. s. GLAS

günstig
Im ~en Winde segeln, P. s. BETT

GUSCHE (D)
Halt die ~ etc.

GUSS (D)
Aus einem ~ sein

GÜTE (D)
Ach, du meine ~!

gut
Wo sich die Füchse ~e Nacht sagen, K. s. FUCHS; Leib und Gut, K. s. LEIB; in keinem ~en Geruch stehen, K. s. GERUCH; auf ~ Glück, K. s. GLÜCK; kein ~es Haar an jemandem lassen, K. s. HAAR; zu ~er Letzt, K. s. LETZT; einen ~en Schnitt machen, K. s. SCHNITT; mir schwant nichts Gutes, K. s. SCHWAN; ~e Miene zum bösen Spiel machen, K. s. FARBE, P. s. KATZE; Übermut tut selten ~, P. s. PALME; aller ~en Dinge . . ., P. s. TÜR, DREI, DING; um ~ Wetter bitten, auf ~es Wetter hoffen; wenn der Teller leergegessen ist, gibt's morgen ~es Wetter, P. s. WETTER; ein ~er Wind . . ., P. s. WIND

H

HAAR (K)
Es hing an einem ~ etc.; auch: ein ~ in der Suppe, P. s. EI; der Kopf wächst ihm durch die ~e, P. s. KOPF; rotes ~, K. s. FEUER

HAAR (D)
Es ist zum ~e ausraufen etc.; ~e lassen, D. s. FEDER

Haarlem
Aussehen wie der Bleikedoot von ~,
K. s. YPERN
Habicht
Dem ~ die Tauben anvertrauen, K. s.
BOCK
Habsburg
D. s. ÖSTERREICH
Haderkatze, P. s. KATZE
HAFER (K)
Ihn sticht der ~
hageln
Es wird ihm eklig in die Bude ~, P.
s. BUDE
HAGESTOLZ (K)
HAHN (K)
~ im Korbe sein etc.; auch: wo kein ~
kräht, kräht die Henne, P. s. TÜR;
Hahnrei, K. s. HORN
HAKEN (K)
Die Sache hat einen ~; auch: K. s.
PFERD
halb
Nichts ~es und nichts Ganzes, K. s.
FISCH; mit ~em Ohr hinhören, P.
s. OHR
HALBLANG (K)
Mach mal ~
halbmast (halbstocks), K. s. FAHNE,
HALBSTARK; halbseemännische Be-
völkerung, K. s. HALBSTARK
HALBSTARK (K)
Sich wie ein ~er benehmen
Halbweltdame, P. s. WELT
HÄLFTE (K)
Die bessere ~
HALLELUJA (K)
~mädchen etc.
HALS (K)
Die Sache hängt mir zum ~e heraus
etc.; auch: das Wasser steht ihm bis
zum ~e, K. s. HALS, MESSER; der
Bissen bleibt im ~e stecken, K. s. BIS-
SEN; es geht mir bis an den ~, K. s.
HUT
Halsband, Halsbinde
Es paßt wie der Sau das ~, P. s. SAU;
schlag dir man was vor die Halsbinde,
P. s. BINDE
HALTEN (K)
Einen kurz~ etc.
halten
Einem die Stange ~, K. s. STANGE;
sich (einen) über Wasser ~, K. s. WAS-
SER; sich den Bauch ~, ..., K. s. AST,
P. s. BAUCH; die Hand über jemanden
~, K. s. HAND; einem den Daumen ~,
den Daumen auf etwas ~, K. s. DAU-
MEN; seine Henkersmahlzeit ~, K. s.

HENKER; sich jemanden vom Leibe ~,
K. s. LEIB; die Ohren steif ~, K. s.
OHR! jemanden in Schach ~, K. s.
SCHACH; Schäferstündchen ~, K. s.
SCHAF; Stich ~, K. s. STICH; große
Stücke auf jemanden ~, K. s. STÜCK,
P. s. BERAPPEN; was das Zeug hält!,
K. s. ZEUG; hinter dem Busch ~, K.
s. BUSCH; hinter dem Berge ~, K.
s. BUSCH; ihn zum Narren ~, P.
s. APRIL; das kannst du ~ wie . . ., P.
s. ASSMANN; er hält mich im (in) Bann,
P. s. BANN; halt die Luft an!, P. s.
LUFT; die Faust unter die Nase ~, P.
s. NASE; die Hand auf der Tasche
(Beutel) ~, P. s. TASCHE; einem die
Waage ~, P. s. WAAGE; die Zunge in
Zaum ~, P. s. ZAUM, ZUNGE
HAMMEL (K)
Und wieder auf besagten ~ zurückzu-
kommen etc.; auch: dem Wolf die ~
anvertrauen, K. s. BOCK
HAMMEL (P), Hammelbeine
Jemanden bei den ~ kriegen etc.
HAMMEL (D)
Im Hammelsprung abstimmen etc.
HAMMER (K)
Unter den ~ kommen etc.
Hände
Seine ~ in Unschuld waschen, K. s.
WASCHEN; zwei linke ~ haben, je-
manden auf ~ tragen, mir sind die ~
gebunden, K. s. HAND; sein Herz in
beide ~ nehmen, K. s. HERZ
Händel, K. s. HUHN
HAND (K) und (P)
Die ~ auf etwas legen (K), das liegt auf
der ~ etc. (P), die Trümpfe in der ~
behalten, K. s. FARBE; mit gebundenen
Händen, K. s. GELIEFERT; das Heft in
der ~ haben (aus der ~ geben), K.
s. HEFT, P. s. MESSER; sein Herz in
beide Hände nehmen, K. s. HERZ;
~ von der Butter, K. s. BUTTER; alle
Fäden in einer ~, K. s. FADEN, P.
s. DUNKEL; die ~ im Spiele, K. s.
FARBE, P. s. REPTIL; die ~ ins Feuer
legen, K. s. FEUER; ~ und Fuß, K.
s. PAPPE; die Hände in den Schoß
legen, P. s. BEWENDEN; zwei linke
Hände haben, P. s. ELEFANT; die ~
auf der Tasche (auf dem Beutel) halten,
P. s. TASCHE; jemandem die Hände
binden, D. s. ABSTELLGLEIS; ein
Mann mit zwei linken Händen, D. s.
BEIN
Handgelenk
Etwas aus dem ~ machen, ein lockeres
~ haben, P. s. HAND

handgreiflich
  Er wird ~, K. s. HAND
Handkuß, Handschlag, K. s. HAND
HANDSCHUH, K. s. FEHDE
Handtuch
  Das paßt wie der Igel zum ~, K. s.
  IGEL
Handumdrehen
  Im ~, P. s. PISTOLE, D. s. ALLÜREN
HANDWERK (P), auch K
  Einem ins ~ pfuschen etc.
HANDWERK (K)
  Jemandem das ~ legen
Hand vom Sack!, K. s. BUTTER
HANEBÜCHEN (K)
  Eine ~e Grobheit
HÄNGEN (P)
  Mit ~ und Würgen
hängen
  An einem seidenen Faden ~, K. s. FA-
  DEN, P. s. MESSER; der Himmel hängt
  voller Geigen, K. s. GEIGE, etwas an die
  große Glocke ~, K. s. GLOCKE; er . . .
  weiß nicht, wo die Glocken ~, K. s.
  GLOCKE; zum Halse heraus ~, K.
  s. HALS; den Kopf ~ lassen, K. s.
  LILIE; der Magen hängt mir schief, K.
  s. MAGEN; den Mantel nach dem
  Winde ~, der Sache ein Mäntelchen
  um~, K. s. MANTEL; etwas an den
  Nagel ~, K. s. NAGEL; die Ohren ~
  lassen, K. s. OHR; es hängt an einem
  Haar, K. s. HAAR; da hängt der Haus-
  segen schief, K. s. HAUS; es hängt
  (völlig) in der Luft, K. s. LUFT; das muß
  niedriger gehängt werden, K. s. NIED-
  RIG; einem den Brotkorb höher ~,
  P. s. BROTKORB; den Kopf ~ lassen,
  P. s. KOPF; mit ~der Nase . . ., P. s.
  NASE; es hängt ein Pferd in der Luft,
  P. s. PFERD; es bleibt immer etwas ~,
  P. s. RUF
hänseln, K. s. HANSE
Hans
  Hans und Franz, D. s. HINZ
Hansa, K. s. HANSE
HANSE (K)
  Jemanden hänseln
HARKE (K)
  Einem zeigen, was eine ~ ist
HARNISCH (K)
  Jemanden in den ~ bringen
HASE (K), Hasenfuß
  Mein Name ist ~ etc.; auch: das ~n-
  panier ergreifen
HASE (D)
  Da muß man ~ und Fuchs zugleich
  sein etc.

Hasenschlaf
  D. s. AUGE
haste
  haste was kannste, D. s. HASE; haste
  was, biste was, D. s., GELD, GOLD
HAUBE (K)
  Unter die ~ kommen
Haudegen
  Alter ~, D. s. ALT
HAUEN (K)
  Nicht ge~ und nicht gestochen etc.;
  auch: einen übers Ohr ~. K. s. OHR;
  in den Sack ~, ab~, K. s. SACK;
  über den Zapfen (Zappen) ~, K. s.
  ZAPFEN; in dieselbe Kerbe ~, K. s.
  KERBE; auf die Pauke ~, K. s. PAU-
  KE; einen in die Pfanne ~, K. s. PFAN-
  NE; jemanden ungespitzt in den Boden
  ~, P. s. ANSPITZEN; über die Schnur
  ~, K. s. SCHNUR; das haut nicht hin,
  K. s. WURM; wo der hinhaut, wächst
  kein Gras, K. s. GRAS
Häufchen, K. s. ELEND
HAUFEN (D)
  Alle Pläne wurden über den ~ gewor-
  fen etc.; in hellen ~
Haupt
  Feurige Kohlen auf jemandes ~ sam-
  meln, K. s. KOHLEN
Hauptsache
  ~ die Kohlen stimmen!, K. s. KOHLEN
Häuschen
  Aus dem ~ sein, D. s. LEIB
HAUS (K)
  Auf den hätte ich Häuser gebaut etc.;
  auch: mit der Tür ins ~ fallen, K. s.
  TÜR; er hat Einfälle wie ein altes ~,
  P. s. EINFALL; auf dem Zahnfleisch
  nach ~e gehen, P. s. ZAHN
hausen
  ~ wie die Wandalen, K. s. WANDA-
  LISMUS
Haussegen
  Da hängt der ~ schief, K. s. HAUS
HAUT (K)
  Seine ~ zu Markte tragen etc.; auch:
  er fährt aus der ~, P. s. GALLE; mit
  ~ und Haaren, K. s. HAAR; alte,
  ehrliche ~; es geht unter die ~ D. s.
  ALT (bei »alter Schwede«)
heben
  Die Welt aus den Angeln ~, P. s.
  WELT; jemanden aus dem Sattel ~, K.
  s. SATTEL
HECHEL (K)
  Einen durchhecheln etc.
HECHT (K)
  Der ~ im Karpfenteiche etc.

Hechtsuppe
  Hier zieht es wie ~, K. s. HECHT
Hefekuchen
  Sie geht auf wie ein ~, D. s. AUF
HEFT (K), auch P. s. MESSER
  Das ~ in der Hand haben etc.
Heftzwecke, K. s. NAGEL
HEIDEN (K)
  ~angst etc.
heil
  Mit ~er Haut . . ., K. s. HAUT
heilig
  Hoch und ~ . . ., K. s. HOCH
HEIM (K)
  ~leuchten etc.; auch: jemanden ~-
  geigen, K. s. GEIGE, HEIM, PFEIFE
Heimatschnulze, K. s. SCHNULZE
heimzahlen
  Mit gleicher Münze ~, K. s. MÜNZE
HEIN (K)
  Freund ~, auch: ~z und Henne
heiraten
  Auf Abbruch ~, P. s. ABBRECHEN
heiß
  Du bist als Kind zu ~ gebadet worden,
  K. s. SCHIEF; einem die Hölle ~
  machen, K. s. HÖLLE, P. s. EINHEI-
  ZEN; der Boden wurde ihm zu ~,
  K. s. BODEN; ein ~es Eisen, P. s.
  EISEN
Held, P. s. MANN
helfen
  Auf die Sprünge ~, K. s. SPRINGEN
Hellegatt
  D. s. HAUFEN
Heller
  Keinen ~ wert etc., P. s. BERAPPEN
HEMD (P)
  Das ~ ist mir näher als der Rock etc.;
  auch: . . . und du stehst im ~e, P. s.
  NASE; ~enmatz, K. s. MATZ; ~s-
  ärmelig, K. s. TEPPICH
HEMD (D)
  Er wechselt die Gesinnung wie das ~
HEMPEL (P)
  Bei euch sieht's aus, wie bei ~s unterm
  Wohnwagen
HENKER (K)
  Seine ~smahlzeit halten; D. s. Fisch
Henne
  Wo kein Hahn kräht, kräht die ~,
  P. s. TÜR
HERAUS (K)
  Er nimmt sich viel ~ etc.; auch: den
  Bogen ~ haben, K. s. BOGEN; da
  guckt der Pferdefuß ~, K. s. PFERD;
  etwas ~kriegen, mit etwas ~rücken,
  K. s. BUSCH; ~schinden, K. s. SCHIN-
  DEN

herbeiziehen
  An den Haaren ~, K. s. HAAR
herhalten
  Dafür ~, K. s. HALTEN; als Prügel-
  knabe ~, K. s. PRÜGEL
Herr
  Der Tag des ~n, P. s. TAG
Herrschaft, K. s. HUT
herrschen
  Hier herrscht üble Vetternwirtschaft,
  P. s. VETTER
herum
  Jemandem die Worte im Munde ~-
  drehen, K. s. MUND; ~fuchteln, K. s.
  FUCHTEL; jemanden an der Nase
  ~führen, K. s. NASE; auf seinem Prin-
  zip ~reiten, P. s. REITEN; jemandem
  auf der Nase ~tanzen, K. s. NASE
herunter
  ~kommen, K. s. HUND; das Blaue
  vom Himmel ~lügen, K. s. LÜGE,
  P. s. HIMMEL; ~putzen, K. s. KAUF,
  MACHE, P. s. MINNA
HERZ (K)
  Aus seinem ~en keine Mördergrube
  machen etc.; auch: mir fiel ein Stein
  vom ~en, K. s. STEIN; ans ~ legen,
  K. s. BEIN; sich ein ~ fassen, K. s.
  HÖHLE; er hat ein ~ wie Butter, K.
  s. BUTTER; jemanden auf ~ und
  Nieren . . ., K. s. NIERE, P. s. GRET-
  CHEN; er hat ihm das ~ abgekauft,
  P. s. ABKAUFEN, ZAHN; ein Stein
  auf dem ~en, P. s. BLEI; seinem ~en
  Luft machen, P. s. LUFT; er trägt das
  ~ auf der Zunge, P. s. ZUNGE, ZAUM;
  jemand das ~ abkaufen, D. s. COU-
  RAGE; ein ~ und eine Seele, D. s.
  LEIB; ~ fällt in die Hose, D. s. HOSE
herzählen
  Etwas an den Fingern ~, P. s. FINGER
HESSEN (K)
  Ein blinder ~ etc.
Heuhaufen, P. s. NADEL
heulen
  ~ und Zähneklappern, P. s. BERSER-
  KER; das ~de Elend, K. s. ELEND;
  ~ wie ein Schloßhund, K. s. HUND;
  mit den Wölfen muß man ~, K. s.
  WOLF
heurig, K. s. HASE
HEXE (K)
  ~nschuß
Hieb und Stich, K. s. HAUEN
HIMMEL (P), auch P. s. FLINTE, K. s.
  GEIGE
  Das Blaue vom ~ herunterlügen etc.;
  auch: im siebten ~, K. s. SIEBEN,
  P. s. HIMMEL, D. s. HAMMEL;

~hund, K. s. HUND; die Engel im ~
pfeifen hören, der ~ hängt voller Geigen, K. s. GEIGE; das Blaue vom ~
herunterlügen, K. s. LÜGE; wie ein
Blitz aus heiterm ~, P. s. BLITZ,
DRUNTER; ~, haste keene Flinte?,
P. s. FLINTE

hin, hinaus
Futsch ist futsch, und ~ ist ~, P. s.
MILCH; jemanden beim Kehren ~-
fegen, P. s. BESEN; sein Gesichtskreis
geht nicht über seine eigene Nase ~,
P. s. NASE; nicht über seine eigene
Nase ~sehen, P. s. NASE

HINEIN (K)
Er ist ~gefallen; auch: es will mir nicht
in den Kopf ~, P. s. KOPF; den Brunnen zudecken, wenn das Kind ~gefal-
len, P. s. BRUNNEN; in den Tag
~leben, P. s. TAG

hingeben
Etwas für ein Butterbrot ~, P. s.
BUTTERBROT

hinhalten
Jemanden ~, K. s. HALTEN

hinhauen
Wo der hinhaut, da wächst kein Gras,
K. s. GRAS; das haut hin, K. s. WURM

hinhören
Mit halbem Ohr ~, P. s. OHR

hinken
Der Vergleich hinkt. K. s. PFERD

hinlegen
Er hat den Löffel hingelegt, P. s. LÖF-
FEL

hinten
Katzen, die vorne lecken und ~ kratzen, P. s. KATZE

HINTER (K)
~ etwas kommen etc.; auch: ~ die
Kulissen schauen, K. s. KULISSE,
RUMMEL; ~ den Spiegel stecken, K.
s. SPIEGEL; ~ schwedischen Gardinen,
K. s. GARDINE; sich auf die ~beine
stellen, P. s. MANN; ~beine, ~hand,
~treffen

hinwerfen
Jemandem den Fehdehandschuh ~, K.
s. FEHDE; den Bettel ~, P. s. BETTEL

HINZ (D)
Er läßt sich mit ~ und Kunz ein etc.

hinzugelernt
Dumm geboren und nichts ~, K. s.
DUMM

Hiobspost, P. s. BOMBE

HOCH (K)
Jemanden ~nehmen etc.; auch: da geht
einem der Hut ~, K. s. HUT; ~gehen,
K. s. HOCH, PFROPFEN; die Wände

~gehen, P. s. PALME, WAND; es ist
höchste Eisenbahn, K. s. EISENBAHN;
~gestochen, P. s. ABBRECHEN; die
Fahne ~halten, K. s. FAHNE; ~näsig,
K. s. NASE, P. s. ABBRECHEN; vor
Freude die Wände ~springen, P. s.
WAND; ~ trabend, K. s. PFERD, P. s.
ABBRECHEN

HOCHDEUTSCH (D)
Er spricht ~ mit Streifen etc.

Hochzeit
D. s. JUNG, JUNGFRAU

Höflichkeit
Die Pünktlichkeit ist die ~ der Könige,
P. s. ABEND

HOF (K)
Jemandem den ~ machen

hoffen
Auf gutes Wetter ~, P. s. WETTER

HÖHLE (K), auch: K. s. LÖWE
Sich in die ~ des Löwen wagen

hohl
Nicht in die ~e Hand!, P. s. HAND;
das reicht gerade für den ~en Zahn,
P. s. ZAHN; mit ~er Hand, K. s.
HAND; mit gehöhlter Klaue, P. s.
KLAUE

holen
Hol dich der Kuckuck (Teufel)!, K. s.
KUCKUCK; die Kastanien aus dem
Feuer ~, K. s. KASTANIE; wissen, wo
Barthel den Most holt, K. s. BARTHEL;
hol ihn die Pest, P. s. BLOCKSBERG;
dich soll der Teufel ~, P. s. TEUFEL

HÖLLE (K), auch: P. s. EINHEIZEN
Einem die ~ heiß machen; auch Him-
mel und ~ . . ., P. s. HIMMEL; den
Teufel in die ~ schicken, P. s. TEUFEL

HOLLAND (K)
Da ist ~ in Not

HOLZ (K)
Auf dem ~wege sein etc.; aus anderem ~ geschnitzt, D. s. BLEI

Holzauge
~ sei wach! D. s. AUGE

Homerisches Gelächter, P. s. LACHEN

HONIG (D)
Er grient (grinst) wie ein ~kuchen-
pferd etc.; das Land, darinnen Milch
und ~ fließen, P. s. MILCH

HOPFEN (K)
An dem ist ~ und Malz verloren

hoppnehmen, K. s. HOCH

hopsen
Dem Tod von der Schippe ~, K. s.
SCHIPPE

hören
Er kann ~, wie die Wolle auf den
Schafen wächst; die Flöhe husten ~;

das Gras wachsen ~, K. s. GRAS; etwas läuten ~. K. s. GLOCKE; Nachtigall, ich hör dir trapsen (laufen, trampeln), P. s. NACHTIGALL

HORN (K)
Einem Hörner aufsetzen etc.; auch: ins selbe (gleiche) ~ blasen, K. s. STRANG; den Stier bei den Hörnern packen, P. s. BIEGEN, WÜRFEL; einem Ochsen ins ~ petzen, P. s. OCHSE

Hornberger Schießen, K. s. HORN

horror vacui, P. s. GLAS

HOSE (D)
Er hat seinem Sohn die ~n stramm gezogen etc.; verflucht und zugenäht; auch: P. s. JACKE; die Frau hat die Hosen an, D. s. FRAU; das ist Jacke wie ~, K. s. WURST; das Herz fiel ihm in die ~, K. s. HERZ; ~nlatz, K. s. VERFLUCHT; ~nmatz, K. s. MATZ; ~nsack, K. s. SACK

hott und hü!
D. s. KARTOFFEL

HUCKE, K. s. LÜGE

HUHN (K)
Ein Hühnchen mit jemandem rupfen; auch: da lachen ja die Hühner, P. s. LACHEN

HÜLLE (K), auch P. s. APFEL
Alles in ~ und Fülle haben

Hummeln
~ im Hintern haben; Hummel, Hummel! D. s. UNRUHIG

HUMOR (D)
VOM HUMOR IN DER DEUTSCHEN SPRACHE

HUND (K)
Da liegt der ~ begraben etc.; auch: K. s. HASE, PUNKT; der Knüppel liegt beim ~, K. s. KNÜPPEL; mit allen ~en gehetzt, K. s. WASSER; wo die ~e mit dem Schwanz bellen, K. s. BUXTEHUDE; . . . wie der ~ Flöhe, P. s. FLOH; auf den Mann dressierter ~, P. s. MANN; ~sgemein

HUND (D)
Den letzten beißen die ~e etc.

HUNDERT (K)
Vom ~sten ins Tausendste kommen, s. D. HAUFEN

HUNGER (K)
Am ~tuche nagen etc.; D. s. ABSPAREN; auch: ~pfoten

husten
die Flöhe ~ hören, K. s. GRAS, P. s. FLOH

Hürde
Über die ~ kommen, D. s. TECHNIK, SPORT, VERKEHR

hüten
Lieber Flöhe ~ . . ., P. s. FLOH; der Ladenhüter, K. s. HUT; wir haben doch keine Schweine zusammen gehütet, K. s. SCHWEIN

Hütte
Sie hat Holz vor der ~, K. s. HOLZ

Hurra
Auf dem falschen Bein ~ schreien, D. s. BEIN

HUT (K), auch K. s. DECKEL
Unter einen ~ bringen etc.; auch: eins auf den ~ kriegen, K. s. DACH; er hat Spatzen (Vögel) unterm ~, K. s. VOGEL; ~schnur: das geht über die ~schnur, K. s. HUT, BODEN; das mußt du einem erzählen, der keine Krempe am ~ hat!, auch: das ist ein alter ~!, P. s. JACKE

I

I (D)
Da fehlt noch das Tüpfelchen auf dem i

Ich (P)
Das liebe ~ etc.

Ichthyosaurus, K. s. KREIDE

IDEE (P)
Das ist eine ~ von Schiller etc.

IGEL (K)
Das paßt wie der ~ zum Taschentuch etc.

IGNORANZ (D)
Ja nich' ignorieren etc.

immer
Es bleibt ~ etwas hängen, P. s. RUF

Irrlicht
D. s. IRRWISCH

IRRWISCH (D)
Das Mädchen ist ein richtiger ~

IXION (D)
Und wenn sie mich auf ~s Rad nach Rom bringen

J

JACKE (P), auch K. s. WURST
Das ist ~ wie Hose etc.

JAFFA (P)
In ~ liegen

Jägerlatein, K. s. JAGD
Das ist echtes ~ etc.; K. s. JAGD

jagen
Es ist so schlechtes Wetter, daß man keinen Hund vor die Tür jagt, K. s.

HUND; einen ins Bocksshorn ∼. K. s.
BOCK; jemanden durch die Spieße ∼,
P. s. AB
JAHR (P)
Seit (vor, nach) ∼ und Tag etc.; auch:
zwischen den ∼en, P. s. ZWISCHEN;
die sieben fetten ∼, D. s. FETT
jahraus, jahrein, P. s. JAHR
JAKOB (K)
Das ist der wahre ∼
jappen, japsen, P. s. JAFFA
JEMINE (K)
O ∼!
Jericho
Die Posaunen von ∼ K. s. POSAUNE
JOCH (K)
Jemanden unter das Kaudinische ∼
beugen
JOURNAILLE (D)
Das ist wieder ein gefundenes Fressen
für die ∼ etc.
JOTA (K)
Nicht ein ∼
JUBEL (K), ∼jahre
Das kommt nur alle ∼jahre vor etc.
Jubiläum, K. s. JUBEL
jucken
Ihn juckt das Fell, K. s. FELL
Juda
Der Löwe von ∼, D. s. LÖWE
JUDE (D)
Es geht hier zu wie in einer Juden-
schule etc.
jung
Der Jüngste Tag, P. s. TAG
JUNG, JUNGFRAU (D)
So jung kommen wir nicht wieder zu-
sammen; wie die Jungfrau zum Kind
etc.
Junge
Ein ausgeschlafener ∼, P. s. AUSGE-
SCHLAFEN
Jungfernbraten
D. s. JUNG, JUNGFRAU
Jungfrauen
Die schweigsamen ∼, D. s. RAND
Jüngstes Gericht, K. s. POSAUNE
Jüngster Tag, P. s. TAG
Juno Moneta
D. s. GELD, GOLD
Justinianische Gesetze, K. s. F

K

Kabelgatt, Kattegat
D. s. HAUFEN
KADAVER (K)

∼gehorsam
KADI (K)
Zum ∼ laufen
Kaff
Ein großes ∼, P. s. DORF
KAFFEE (K)
Das ist kalter ∼
KAIN (K)
Das ∼szeichen tragen
Kaiser
Die Katze sieht den ∼ an, P. s. KATZE;
um des ∼s Bart streiten, K. s. BART
Kakao
Durch den ∼ ziehen, D. s. AUF; K. s.
HECHEL
KALB (P), auch K. s. AUGE
Das Goldene ∼ anbeten etc.; auch:
Augen machen wie ein gestochenes ∼,
K. s. AUGE
Kalender
Etwas im ∼ rot anstreichen, K. s. ROT
Kalk
daß der ∼ von der Decke rieselt, P.
s. MARK
Kallen, K. s. KEILEN
KALT (K)
Jemanden ∼stellen etc.; auch: ∼er
Kaffee, K. s. KAFFEE; die ∼e Schulter,
K. s. ACHSEL, P. s. OLYMP, WIND;
∼e Füße kriegen, K. s. FUSS; kalt
wie ein Fisch, D. s. FISCH
kaltstellen
D. s. ABBAUEN
Kamel
Mücken seihen und ∼e verschlucken,
P. s. MÜCKE
Kamellen
Olle ∼, D. s. LEHRGELD; D. s. STROH
KAMM (K), auch K. s. LEISTEN
Alles über einen ∼ scheren etc.
kämpfen
∼ wie ein Berserker, P. s. BERSERKER;
∼bis zum letzten Mann, P. s. MANN;
mit offenem Visier ∼, P. s. VISIER;
gegen Windmühlen ∼, P. s. WIND
Kampf
∼ bis aufs Messer P. s. MESSER;
∼ um das Ohr, D. s. OHR
Kanal
Unterirdische Kanäle, P. s. DUNKEL
Kandare
Jemanden an die ∼ nehmen, K. s.
GEBET
KANEEL (D)
Auf den ∼ aufpassen etc.
Kanne
In die ∼ steigen, P. s. BESCHEID
KANONE (K)
Unter alle ∼ etc.

KANTE (K)
Sein Geld auf die hohe ~ legen etc.;
auch: jemanden beim Kanthaken neh-
men, K. s. KAUF, KRIPS, SCHLA-
FITTCHEN; ~ Schnaps, D. s. ABBEIS-
SEN

KANTONIST (K)
Ein unsicherer ~

Kapaun, K. s. HORN

Kapitel
Ein dunkles ~, P. s. DUNKEL

Kappe
Etwas auf seine ~ nehmen, K. s.
GLEICH, BUCKEL, gleiche Brüder —
gleiche ~n, K. s. GLEICH, P. s. SAU

Kapriolen, K. s. WIPPCHEN

kaputt, P. s. LACHEN

KARNICKEL (K)
Das ~ sein etc.

Karpfenteich
Der Hecht im ~, K. s. HECHT

KARTE (K), Kartenhaus
Jemanden in die ~n sehen etc.; auch:
alles auf eine ~ setzen, sich nicht in
die ~n gucken lassen, K. s. FARBE

KARTOFFEL (D)
Er wird dich fallen lassen wie eine
heiße ~ etc.; auch: P. s. BAUER

KASSE (D)
Jemand zur ~ bitten; der Text liegt
an der ~, P. s. TEXT

Kassel
Ab nach ~!, K. s. HESSEN, P. s. AB

KASTANIE (K)
Die ~n aus dem Feuer holen

KASTE, KASTEN (D)
Hier herrscht ein übler Kastengeist etc.
Etwas auf dem Kasten haben etc.

kastriert, K. s. HORN

Kasus
Der ~ macht mich lachen!, P. s. LA-
CHEN

Kater, P. s. KATZE, K. s. KATZE

Kathederblüte, P. s. SACHE

KATILINARISCH (P)
~e Existenzen

KATTUN (P)
~ kriegen

Katzbalgen,
Katzelmacher, katzbuckeln, D. s. KAT-
ZE; P. s. KATZE

KATZE (K) und (P)
Die ~ im Sack kaufen etc.; sie ist
falsch wie eine ~ etc.; auch: sie sind
wie Hund und ~, K. s. HUND;
~nsprung, P. s. VERSENKUNG

KATZE (D)
Verschwinden wie Schmidts ~ etc.

KAUDERWELSCH (D)
Sie sprachen ein furchtbares ~ etc.

kaudinisch, K. s. JOCH

KAUF (K), auch P. s. APFEL
Etwas in ~ nehmen etc.; auch: die
Katze im Sack ~en, K. s. KATZE;
etwas für einen Pappenstiel ~en, K. s.
PAPPE

KAVALIER (D)
Er ist ein ~ alter Schule etc.

KAVENTSMANN (D)
Er ist ein toller ~

Kegel, K. s. KIND

Kehle
Einem das Messer an die ~ setzen, K.
s. MESSER; das Messer sitzt ihm an
der ~, K. s. MESSER; Gold in der ~
haben, K. s. GOLD

kehren
Jemanden beim ~ hinausfegen, P. s.
BESEN; mit eisernem Besen ~, P. s.
DRAKON; es kehre jeder vor seiner
eigenen Tür, P. s. TÜR

Kehricht
Das geht dich einen ~ an, K. s. STAUB

KEILEN (P)
Jemanden für eine Sache ~

kein, keine
Das kann ~ Schwein lesen, K. s.
SCHWEIN; ~ großen Sprünge machen,
K. s. SPRINGEN; auf ~n grünen Zweig
kommen, K. s. ZWEIG; ~ Blatt vor
den Mund nehmen, K. s. BLATT; damit ist ~ Blumentopf zu gewinnen,
K. s. BLUME; ~ Flausen, K. s.
FACKEL; ~ Fisimatenten, K. s.
FISIMATENTEN; ~n Flecken . . ., K.
s. WESTE; dir fällt ~ Perle aus der
Krone, brich dir ~n ab, P. s. ABBRE-
CHEN; es konnte ~ Apfel zur Erde
fallen, P. s. APFEL; das ist ~n Deut
wert, das ist ~n Heller wert, rede ~
Blech, P. s. BERAPPEN; ~ großen
Sprünge, P. s. BESCHEIDEN; ~n Finger rühren, P. s. BEWENDEN; ~ Freund
von Traurigkeit, P. s. BUDE; ~n Zollbreit nachgeben, P. s. DRAKON; das
geht auf ~ Kuhhaut, K. s. KUH, P. s.
EINFALL; das letzte Hemd hat ~ Taschen, P. s. HEMD; ~ Idee, ~ Gedanke, P. s. IDEE; das spielt ~ Rolle, P. s.
JACKE, ROLLE, ~ Nadel konnte zur
Erde (zu Boden) fallen, P. s. NADEL;
~ zehn Pferde . . .; det hält keen Pferd
aus, denkt ja keen Pferd dran, nu mach
ma keene Pferde scheu, P. s. PFERD;
~ Redensarten, mach ~ dummen
Sprüche, P. s. REDENSART; er hat
heute ~n guten Tag, P. s. TAG; bei

dem kommt ~ Text, P. s. TEXT; wo ~
Hahn kräht, . . ., P. s. TUR; sich ~
Umstände machen, unter ~n Umständen, P. s. UMSTAND; dem tut ~ Zahn
mehr weh, P. s. ZAHN

keinmal
Einmal ist ~, P. s. TUR

Keller
D. s. KARTOFFEL

kennen
Ich kenne meine Pappenheimer, K. s.
PAPPE; den Rummel ~, K. s. RUM-
MEL; er kennt den Pfiff; etwas aus dem
ff ~, P. s. TASCHE; die Stadt wie
seine Westentasche ~, P. s. TASCHE

KERBE (K)
In dieselbe ~ hauen etc.; auch: etwas
auf dem Kerbholz haben, P. s. NADEL,
K. s. SÜNDE

Kerl
Er ist ein ~ wie ein Baum, P. s. BAUM;
ein ~, der sich gewaschen hat, K. s.
WASCHEN

Kerze
Dem Teufel eine ~ anzünden, P. s.
TEUFEL

Kesselfang, K. s. FEUER
Kettenkasten, K. s. TRARA

Kieker
Einen auf dem ~ haben, K. s. KORN

Kien
Auf dem ~ sein, D. s. KANEEL

Kimme, K. s. KORN

KIND (P), auch: K. s. AUSBADEN,
KIND
Mit ~ und Kegel; man muß das ~
beim rechten Namen nennen etc.: auch:
du bist als ~ zu heiß gebadet worden,
K. s. SCHIEF; das ~ mit dem Bade
ausschütten, K. s. AUSBADEN; den
Brunnen zudecken, wenn das ~ hineingefallen ist, P. s. BRUNNEN; das ~
schaukeln, P. s. BÜHNE; auch ~erei,
~erleicht, ~erschuhe, ~erspiel, ~er-
stube, ~isch, ~lich

KINKERLITZCHEN (K), auch P. s.
BÜHNE
~ machen

Kippe
Es steht auf der ~, P. s. WAAGE

KIRCHE (K)
Die ~ im Dorf lassen; auch: ~nlicht,
K. s. LICHT; ~nmaus, K. s. MAUS

KITTCHEN (K)
Jemanden ins ~ bringen

KLAMM (K)
~ sein etc.

klapp, klappen
klipp, ~; es hat geklappt, K. s. KLIPP;
nun klappt der Laden, P. s. LADEN

klappern
~ gehört zum Handwerk, P. s. HAND-
WERK

klar
Klipp und ~; ~ wie Kloßbrühe, K.
s. KLIPP

Klarheiten
Alle ~ beseitigen, D. s. IGNORANZ

KLAUE (P)
Mit gehöhlter ~ dastehen

kleben, klebrig
~e Finger haben, P. s. FINGER; mir
klebt die Zunge . . ., P. s. ZUNGE

Klee
Über den grünen ~ loben, K. s. GRÜN

klein
sich ~ machen, K. s. DRUCK; unsere
~e Welt, P. s. WELT; Klein-Däumling, P. s. FINGER; ~vieh macht auch
Mist, P. s. SACK

Kleinvieh
P. s. SACK

Klemme
In der ~ sitzen, K. s. KLAMM, DAL-
LES, PATSCHE, P. s. BAUM, ENGEL

klettern
Es ist, um auf die Bäume zu ~, P. s.
BAUM, PALME; es ist, um auf die
Palme (Akazie, Affenbrotbäume) zu ~,
P. s. PALME, WAND; es ist, um die
Wände hinaufzu~, P. s. WAND

KLINGE (K)
Einen über die ~ springen lassen

klingen
Mir ~ die Ohren, K. s. OHR

KLIPP (K)
~ und klar, etc.

klippen, K. s. KLIPP

klirren
daß die Fenster ~, P. s. MARK

klopfen
Auf den Busch ~, K. s. BUSCH;
jemandem auf die Finger ~, P. s. FIN-
GER

Klosterbrühe, Kloßbrühe, K. s. KLIPP

knacken
Eine harte Nuß ~, P. s. NUSS

Knacks
Einen ~ weghaben, D. s. OHR

KNALL (K)
~ und Fall; auch: P. s. ACH

KNALLEFFEKT (P)
Das war der große ~; auch: P. s.
BOMBE

Knast, K. s. VERKNACKEN
Kneipant, P. s. BESCHEID

knicken
Dastehen wie eine geknickte Lilie, K.
s. LILIE
KNIE (K)
Eine Sache übers ~ brechen; auch: ein
Loch ins ~ bohren . . ., K. s. LOCH;
~fall vor dem Gelde, P. s. KALB
Knochen, auch: P. s. MARK, D. s. HUND
Nur noch Haut und ~, K. s. HAUT
Knopf
Ihm geht der ~ auf, D. s. AUF;
Knopfaugen, D. s. AUGE
KNORKE (P)
Das ist ~
KNOTEN (K)
Den gordischen ~ lösen
knülle, K. s. KNÜLLER
KNÜLLER (K)
KNÜPPEL (K)
Einen ~ am Bein . . . etc.; auch: es
~dick hinter den Ohren haben, K. s.
OHR; jemand ~ zwischen die Beine
werfen, D. s. ABSTELLGLEIS
Köcher
Den Pfeil im ~ haben, K. s. PETTO
kochen
Auch da wird mit Wasser gekocht, K.
s. WASSER, D. s. WASSER
Kohl
Aufgewärmter ~, D. s. AUF, D. s.
STROH
Kohldampf
~ schieben, K. s. HUNGER
KOHLEN (K)
Feurige ~ auf jemandes Haupt sam-
meln etc.; auch: auf heißen ~ sitzen,
P. s. NADEL, K. s. FEUER
Kolumbus, K. s. EI
Komma
Ohne Punkt und ~ sprechen, K. s.
BUCH
kommen
Auf keinen grünen Zweig ~, K. s.
ZWEIG; komm an meine grüne Seite,
K. s. GRÜN; unter den Hammer ~,
K. s. HAMMER; hinter etwas ~, K.
s. HINTER; unter die Haube ~, K. s.
HAUBE; auf den Hund ~, K. s. HUND;
vom Hundertsten ins Tausendste ~,
K. s. HUNDERT; zu kurz ~, K. s.
KURZ; schlecht weg~, K. s. KURZ;
in die Bredullje (Patsche, Schlamassel,
Schwulität) ~, K. s. BREDULLJE; in
Druck ~, K. s. DRUCK; das dicke
Ende kommt noch, K. s. ENDE; zwi-
schen zwei Feuer ~, K. s. FEUER;
einem ins Gehege ~, K. s. GEHEGE;
unter die Räder ~, K. s. RAD; mit
einer Sache zu Rande ~, K. s. RAND;

aus dem Regen in die Traufe ~, K. s.
REGEN; ans Ruder ~, K. s. RUDER;
einem auf die Schliche ~, K. s. SCHLI-
CHE; vor die rechte Schmiede ~, an
den Richtigen ~, K. s. SCHMIEDE;
unter den Pantoffel ~, K. s. DACH;
ins Schwabenalter ~, K. s. SCHWABE;
an den Bettelstab ~, P. s. BETTEL;
ans Tageslicht ~, P. s. DUNKEL; nich
mit n' Ellbogen in de Westentasche ~,
P. s. ELLENBOGEN; in Weißglut ~,
P. s. GALLE; in die Jahre ~, zu (sei-
nen) Jahren ~, P. s. JAHR; ich werde
dir auf den Kopf ~, P. s. KOPF; der ~de
Mann, P. s. MANN; nicht vom Fleck ~,
P. s. MÜCKE; vom Pferd zum Esel ~,
P. s. PFERD; I kumm nur auf an Raub,
P. s. RAUB; es kommt an den Tag,
P. s. TAG; in Teufels Küche ~, P. s.
TEUFEL; bei dem kommt kein Text,
P. s. TEXT; mit dem Rücken an die
Wand ~, P. s. WAND; aus der Ecke
kommt der Wind, es kam wie der
Wind, P. s. WIND
Kommers, Kommersbuch, P. s. BESCHEID
Kommode
Nicht alle Windeln in der ~ haben,
K. s. TASSEN
Konferenz
Die ~ platzt, K. s. HOCH
König
Die Pünktlichkeit ist die Höflichkeit
der ~e, P. s. ABEND
können
nicht ~ vor Lachen, K. s. LACHEN;
einen Stiefel vertragen ~, K. s. STIE-
FEL; mehr ~ als Brotessen, P. s. BROT;
nicht bis drei (fünf) zählen ~, P. s.
DREI, HUT; sich etwas an den fünf
Fingern abzählen ~; die Rippen zählen
~, P. s. FINGER; weder volle noch
leere Gläser sehen ~, P. s. GLAS; Sie
~ sich auf den Kopf stellen, P. s. KOPF;
det kann Lehmanns Kutscher ooch,
P. s. LEHMANN
Kontor
Das war ein Schlag ins ~, P. s. SCHLAG
Kontrapunkt, K. s. KUNTERBUNT
Köpfchen, P. s. KOPF
Körnchen
Ein ~ Salz, D. s. SALZ
KOPF (P)
Jemandem den ~ verdrehen etc.; auch:
ein Brett vor den ~ . . ., K. s. BRETT;
jemandem auf den ~ kommen, K. s.
DACH; Hals über ~, K. s. HALS;
Grütze im ~; Grips im ~; Stroh im
~, K. s. GRÜTZE; es geht um ~ und
Kragen, K. s. KRAGEN; den Nagel auf

den ~ treffen; Nägel mit Köpfen machen; er hat einen Nagel im ~, K. s. NAGEL; den ~ in den Sand stecken, K. s. SAND; jemandem die Haare vom ~e fressen, K. s. HAAR; die Hände über dem ~ zusammenschlagen, K. s. HAND; Butter auf dem ~, K. s. BUTTER; ein Dach überm ~, K. s. DACH; große Rosinen im ~e, K. s. ROSINE; ihm den ~ zurechtsetzen, P. s. BESCHEID; auf den ~ stellen, P. s. BUDE; die Decke fällt mir auf den ~, P. s. DECKE; seinen Eltern über den ~ gewachsen, P. s. ELTERN; das Denken müssen Sie den Pferden überlassen, die haben größere Köpfe, P. s. PFERD; das schlag dir mal aus dem ~, D. s. ALLÜREN; den ~ in den Sand stecken, K. s. SAND, D. s. HUND

kopflos, P. s. KOPF

Kopfnuß, P. s. NUSS

Kopp
~, Genie und Ellenbogen, P. s. ELLENBOGEN

KORB (K)
Jemandem einen ~ geben (auch P. s. DRUNTER) etc.; auch: Hahn im ~e, K. s. HAHN

KORN (K)
Jemanden aufs ~ nehmen etc.; auch: ein Mann von echtem Schrot und ~, K. s. SCHROT, P. s. MANN, SCHLAG; die Flinte ins ~ werfen, P. s. FLINTE; sein Ziel aufs ~ nehmen, P. s. ANLEGEN

kosten
Es kostet ihn den Hals, K. s. HALS; ick weeß schon, wat de Elle davon kost', P. s. ELLE; das wird die Welt nicht ~, P. s. WELT

kotzen
Da kann man Pferde ~ sehen, und das noch vor der Apotheke, P. s. PFERD

Krach
mit Ach und ~, P. s. ACH, HÄNGEN

Kraft
Mit seinen Kräften Raubbau treiben, P. s. RAUB

KRAGEN (K)
Es geht um Kopf und ~ etc.

Kragenweite
Sie ist meine ~, D. s. ARZT

krähen
Nach dem kräht kein Hahn mehr, K. s. HAHN; es kräht kein Hahn danach, K. s. HAHN; wo kein Hahn kräht, kräht die Henne, P. s. TÜR

KRAM (K)
Das paßt ihm nicht in den ~ etc.; auch:

dann wird die Elle länger als der ~, P. s. ELLE

krank, P. s. LACHEN

kratzen
. . . die vorne lecken und hinten ~, P. s. KATZE

Kratzfuß, K. s. ANKRATZ

Kraut
Wie ~ und Rüben, P. s. DRUNTER

KRAWATTE (K)
Er ist ein ~nmacher etc.; auch: ~ndreher, P. s. LUFT

KREDENZEN (K)
Jemandem den Becher ~

KREIDE (K)
In der ~ stehen etc.; auch: tief in der ~ sitzen, P. s. FLOH, NADEL; ~bleich, P. s. WAND

Krempe
Das mußt du einem erzählen, der keine ~ am Hut hat, P. s. HUT

KRETHI (K)
~ und Plethi; auch, P. s. ACH

KREUZ (D)
Ihr werdet noch zu ~e kriechen etc.; er hat ihn aufs ~ gelegt, P. s. ADER, BAUER; zu ~e kriechen, P. s. NACKEN

kriechen
Auf den Leim ~, K. s. GARN

Krieg
Kalter ~, K. s. KALT; ~ bis aufs Messer, P. s. MESSER

kriegen
Jemanden bei den Hammelbeinen ~, K. s. HAMMEL, eins auf den Hut ~, K. s. HUT; eins auf den Deckel ~, K. s. DECKEL; jemanden am (beim) Kanthaken ~, K. s. KANTE; eins aufs Dach ~, K. s. DACH; Dunst ~, K. s. DUNST; Eisbeine ~, K. s. EIS; einen Funken von etwas ~, K. s. LICHT; kalte Füße ~, K. s. FUSS; den Hals nicht voll ~; etwas in den falschen Hals ~, K. s. HALS; ein Loch ~, K. s. LOCH; in die Mache ~, K. s. MACHE; du kriegst die Motten, K. s. MOTTE; du kriegst die Tür nicht zu, K. s. TÜR; jemanden bei den Hammelbeinen ~, P. s. HAMMEL; Kattun ~, P. s. KATTUN; etwas hinter die Löffel ~, P. s. LÖFFEL; eine Nase ~, P. s. NASE; Dresche ~ wie ein Nußsack, P. s. NUSS

Kriegsbeil, Kriegspfad
D. s. MOHIKANER, K. s. STREIT

Krimskrams, K. s. KRAM, LARIFARI

kringeln, kringlig, P. s. LACHEN

KRIPS (K)
Jemanden beim ~ nehmen

Kroate, K. s. KRAWATTE

Krone, auch: K. s. BODEN, STEIN
Dir fällt keine Perle aus der ~, P. s.
ABBRECHEN
KRÖTE (K)
Die paar ~n; auch: P. s. BERAPPEN
KROKODIL (K)
~stränen
Krückstock
Das sieht ein Blinder mit dem ~, P. s.
BLIND
KRUMM (K), auch: P. s. LACHEN
Etwas ~nehmen etc.; auch: einen ~en
Buckel machen, K. s. BUCKEL
krümmen
Er konnte niemandem ein Härchen ~,
K. s. HAAR
Küche
In Teufels ~, P. s. TEUFEL
KUCKUCK (K)
Das mag der ~ wissen etc.; auch: zum
~!, P. s. BLOCKSBERG
kugeln, P. s. LACHEN
KUH (K)
Das geht auf keine ~haut!
KUH (D)
Der ~ das Kalb abschwatzen etc.
Kuhhaut, K. s. SÜNDE, P. s. EINFALL
kühlen
Sein Mütchen ~, K. s. MUT
KULISSE (K), auch: K. s. RUMMEL
Hinter die ~n schauen
kümmern
Sich um ungelegte Eier ~, K. s. EI
Kunst
Nach allen Regeln der ~, K. s. REGEL;
entartete ~, P. s. SCHLAG
KUNTERBUNT (K)
Kupferstecher
Alter Freund und ~, D. s. ALT
KUPPELN (K)
Sich den Kuppelpelz verdienen
KURZ (K)
Den kürzeren ziehen etc.; auch: ~en
Prozeß machen, P. s. BIEGEN; die
Decke ist zu ~, P. s. DECKE, dreimal
abgeschnitten und immer noch zu ~,
P. s. DREI
kurzerhand, K. s. HAND
kurzhalten, K. s. HALTEN
Kutscher
Det kann Lehmanns ~ ooch, P. s.
LEHMANN

L

LABAN (P)
Ein langer ~ etc.
Labbes, Lappes, Laps, P. s. LABAN
Labyrinth, K. s. FADEN

Lächeln
Dafür habe ich nur ein müdes ~, P.
s. LACHEN
LACHEN (K) und (P)
Der ~de Dritte etc.; auch: sich aus-
schütten vor ~, sich einen Buckel ~,
sich bucklig ~, sich den Buckel voll~,
K. s. BUCKEL; sich den Bauch halten
vor ~, sich ein Loch in den Bauch ~,
sich einen Frack ~, K. s. AST; auch
P. s. BAUCH; da ~ ja die Hühner etc.,
P. s. BAUCH; die lachenden Erben,
D. s. GELD, GOLD etc.
LACK (K)
Wir sind die ~ierten etc.
LADEN (P)
Seinen ~ zumachen etc.; auch: einen
auf den Besen ~, P. s. BESEN
Ladenhüter, K. s. HUT, KRAM
lahm
Eine ~e Ente, P. s. SCHLEPPTAU
LAMETTA (K)
Lampe
Einen auf die ~ gießen, K. s. LEBEN
LAND (P)
~ sehen etc.; auch: das ~, wo der
Pfeffer wächst, P. s. BLOCKSBERG;
das ~, darinnen Milch und Honig
fließen, P. s. MILCH; in Ländern deut-
scher Zunge, P. s. ZUNGE
Landesvater stechen, P. s. BESCHEID
Landfrieden
Ich traue dem ~ nicht, P. s. FRIEDEN
LANG (P)
Er hat eine ~e Leitung etc.; auch: von
~er Hand vorbereitet, K. s. HAND;
etwas auf die ~e Bank schieben, K. s.
BANK; ~e Finger machen, P. s. FIN-
GER; jemandem die Hammelbeine
~ziehen, P. s. HAMMEL; einen ~en
Arm haben, eine ~e Hand haben, P. s.
HAND; ~er Laban, ~e Latte, ~er
Lulatsch, ~es Laster, P. s. LABAN;
~e nicht so gelacht!, P. s. LACHEN;
eine ~e Nase machen, P. s. NASE;
einen ~en Senf über etwas machen, P.
s. SENF; mit ~en Zähnen essen, P. s.
ZAHN
LANZE (K), auch K. s. STANGE
Eine ~ für jemanden brechen
Laokoon, K. s. DANAER
LAPPEN (K)
Durch die ~ gehen
Laps, P. s. LABAN
Lärm
Viel ~ um nichts, K. s. TRARA, P. s.
MÜCKE
LARIFARI (K)
Das ist ~; D. s. FIRLEFANZ

lassen
Federn ∼, Haare ∼, kein gutes Haar an jemandem ∼, laß dir keine grauen Haare wachsen, K. s. HAAR; die Ohren hängen ∼, K. s. OHR; die Kirche im Dorf ∼, K. s. KIRCHE; keinen guten Faden an jemandem ∼, K. s. FADEN; sich nicht in die Karten gucken ∼, K. s. FARBE; fünf gerade sein ∼, K. s. FÜNF; die Katze aus dem Sack ∼, K. s. KATZE; einen über die Klinge springen ∼, K. s. KLINGE; ihr Licht leuchten ∼, K. s. LICHT; den Kopf hängen ∼, K. s. LILIE; wo der Zimmermann das Loch ge∼ hat, K. s. LOCH; sich nicht lumpen ∼, K. s. LUMP; etwas zu einem Ohr herein- und zum anderen heraus∼, K. s. OHR; etwas springen ∼, K. s. SPRINGEN; jemanden im Stich ∼, K. s. STICH; es dabei bewenden ∼, P. s. BEWENDEN, HAND, den Heiligen Geist erscheinen ∼, P. s. BUDE; drei gerade sein ∼, P. s. DREI; alle Puppen tanzen ∼, P. s. DUNKEL; ∼ Sie sich mal etwas einfallen, P. s. EINFALL; jemanden bis aufs Blut schwitzen ∼, P. s. EINHEIZEN; die Finger von etwas ∼, P. s. FINGER; einem etwas an Hand ∼, P. s. HAND; sich vollaufen ∼, P. s. JACKE; den Kopf hängen ∼, P. s. KOPF; die Luft aus den Preisen ∼; ∼ Sie mal die Luft aus dem Glas, P. s. LUFT; alle Minen springen ∼, P. s. MINE; etwas unter den Tisch fallen ∼, P. s. MÜCKE, TISCH; sich eine Chance an der Nase vorbeigehen ∼, P. s. NASE; sich mit Redensarten abspeisen ∼, P. s. REDENSART; ehe ich mich schlagen lasse, P. s. SCHLAG; den lieben Gott einen guten Mann sein ∼, P. s. TAG; sich nicht an die Wand drücken ∼, P. s. WAND; das hat er sich nicht träumen ∼, P. s. WIEGE; sich den Wind um die Nase wehen ∼, P. s. WIND; seiner Zunge freien Lauf ∼, P. s. ZUNGE; sich jedes Wort abkaufen ∼, P. s. ZAUM
LAST (P)
Einem etwas zur ∼ legen etc.
Laster, P. s. LABAN
LATEIN (K)
Mit seinem ∼ zu Ende sein
LATERNE (D)
Jemand oder etwas mit der ∼ suchen
Latte, P. s. LABAN
LAUBE (K)
Fertig ist die ∼
LAUF (K)
Auf dem ∼enden sein etc.; auch: das

ist der ∼ der Welt, P. s. WELT; seiner Zunge freien ∼ lassen, P. s. ZUNGE
laufen
. . . wie der Hase läuft, K. s. HASE; zum Kadi ∼, K. s. KADI; ihm ist eine Laus über die Leber ge∼, K. s. LAUS; ∼ wie ein Bürstenbinder, K. s. BÜRSTENBINDER; über den großen Onkel ∼, K. s. ONKEL; mit qualmenden Socken ∼, K. s. SOCKE; Spießruten ∼, K. s. SPIESS; alle Fäden ∼ in seiner Hand zusammen, P. s. DUNKEL; die Galle läuft ihm über, P. s. GALLE; Nachtigall, ich hör dir ∼, P. s. NACHTIGALL
Laufpaß
Jemand den ∼ geben, D. s. KARTOFFEL
launisch
Sie ist ∼ wie der April, P. s. APRIL
LAUS (K)
Ihm ist eine ∼ über die Leber gelaufen etc.
lausig
∼ in Lee sitzen, P. s. LEE
läuten
Er hat etwas ∼ hören, K. s. GLOCKE
LEBEN (K)
Jemandem das ∼slicht ausblasen etc.; auch: sein ∼ in die Schanze schlagen, K. s. SCHANZE; in Saus und Braus ∼, K. s. SAUS; in der Tretmühle ∼, K. s. TRETEN; auf gespanntem (schlechtem, vertrautem) Fuße mit jemandem ∼; auf großem Fuße ∼, K. s. FUSS; das ∼ in vollen Zügen genießen, K. s. ZUG; er lebt wie Gott in Frankreich, K. s. GOTT; von der Hand in den Mund ∼, K. s. HAND; von der Luft und Liebe ∼; von der Luft allein kann er nicht ∼, P. s. LUFT
LEBER (K), auch P. s. LUFT
Frei von der ∼ weg reden; auch: ihm ist eine Laus über die ∼ gelaufen, K. s. LAUS
LEBERWUST (D)
Er (sie) spielt die gekränkte (beleidigte) ∼, die gekränkte ∼ spielen, K. s. LAUS
lecken
Sich die Finger danach ∼, K. s. FINGER; wider den Stachel ∼ (löcken), K. s. STACHEL; Katzen, die vorne ∼ und hinten kratzen; mir war, als hätt' mich das Kätzchen geleckt, P. s. KATZE
LEDER (K)
Vom ∼ ziehen
LEE (P)
Lausig in ∼ sitzen

leer

Mit ~en Händen kommen, K. s. HAND;
der ~e Buchstabe, P. s. BUCHSTABE;
~e Gläser nicht sehen können, P. s.
GLAS; zu ~en Wänden reden, P. s.
WAND

legen

Die Hand auf etwas ~, K. s. HAND;
sein Geld auf die hohe Kante ~, K.
s. KANTE; die Hand ins Feuer ~, K.
s. FEUER, HAND; großes Gewicht auf
etwas ~, K. s. GEWICHT; auf die
Goldwaage ~, K. s. GOLD; sich ins
Mittel ~, K. s. MITTEL; die Hände
in den Schoß ~, K. s. HAND,
SCHOSS; sich ins Zeug ~, K. s.
ZEUG; einem etwas ans Herz ~,
K. s. BEIN; einem Fallstricke ~, K.
s. FALLSTRICK; jemandem das
Handwerk ~, K. s. HANDWERK;
einen aufs Kreuz ~, P. s. BAUER;
die Hände in den Schoß ~, P. s.
BEWENDEN; sich ins Geschirr ~,
P. s. ELLENBOGEN; sich ins ge-
machte Bett ~, P. s. BETT, ELTERN;
den Finger auf die Wunde ~, P. s.
FINGER; die Feder aus der Hand ~,
P. s. HAND; einem etwas zur Last
~, P. s. LAST; sich aufs Ohr ~,
P. s. OHR; Gewicht auf etwas ~,
P. s. WAAGE; sich ein Schloß vor
den Mund ~, P. s. ZAUM

LEHMANN (P)

Det kann ~s Kutscher ooch!

lehren

Die Nachtigall singen ~, P. s. NACH-
TIGALL

LEHRGELD (D)

Laß dir dein ~ wiedergeben etc.

LEIB (K)

Bei~e nicht! etc.; ~arzt, ~rente; kein
Hemd am ~e haben, P. s. HEMD;
drei Schritte vom ~e, P. s. OLYMP;
er hat Quecksilber im ~, P. s.
QUECKSILBER; auf den ~ geschrieben, P. s. ROLLE

LEIB (D)

Das hält ~ und Seele zusammen
etc. Das Hemd vom ~e gefragt, D.
s. HEMD; die Rolle auf den ~ geschrieben, D. s. ANBRENNEN, P. s.
ROLLE

Leibarzt

D. s. LEIB

Leichenschmaus, K. s. FELL

leicht

Es geht ~ von der Hand, K. s. HAND;
auf die ~e Achsel nehmen, P. s.
WIND, K. s. ACHSEL

Leichtmatrose, K. s. HALBSTARK

Leiden

Aussehen wie das ~ Christi, K. s.
YPERN

Leier

Es ist die alte ~, K. s. LIED, WALZE;
P. s. JACKE

Leim, leimen

Auf den ~ kriechen, K. s. GARN,
NETZ; er läßt sich ~, K. s. PECH; so
geht der Vogel auf den ~, P. s. PECH;
sie geht aus dem ~, D. s. AUF

Leimrute, P. s. LOCKVOGEL

LEISTEN (K)

Schuster, bleib bei deinen ~! etc.

leiten

Alle Wasser auf seine Mühle ~, P. s.
Mühle

Leitfaden, K. s. FADEN

Leitung

Lange ~, P. s. LANG

Lektion, K. s. LEVITEN

Jemandem eine ~ erteilen, P. s. TEXT

lesen

Das kann kein Schwein ~, K. s.
SCHWEIN; jemandem die Leviten ~,
K. s. LEVITEN; das Buch der Könige
~, K. s. BUCH; einem den Text ~
(die Leviten ~), P. s. TEXT; zwischen
den Zeilen ~, P. s. ZWISCHEN

LETZT (K)

Zu guter ~ etc.; auch: bei dem ist's
Matthäi am ~en, K. s. MATTHÄUS;
in den ~en Zügen liegen, K. s. ZUG;
der ~e Dreck, P. s. BESEN; bis auf
den ~en Buchstaben, K. s. BUCH-
STABE; von ~er Hand, P. s. HAND;
das ~e Hemd . . ., P. s. HEMD; der
~e macht die Tür zu, P. s. TÜR

Leuchte, leuchten

~ der Wissenschaft, K. s. CHRIST-
BAUM; er ist keine große ~, K. s.
LICHT; ihr Licht ~n lassen, K. s.
LICHT

Leutnant

Ein ~ bezahlt seine Schulden, P. s.
ENGEL

LEVITEN (K), auch P. s. TEXT

Jemandem die ~ lesen etc.

LICHT (K)

Mir geht ein ~ auf etc.; auch: ~ der
Gelehrtenwelt, K. s. CHRISTBAUM;
sich nicht hinters ~ führen lassen, K.
s. HASE; was das ~ scheut, K. s.
SCHWARZ; jemanden hinters ~ führen, K. s. PECH; sich selbst im ~
stehen, P. s. NASE; dem Teufel ein

~ anzünden, P. s. TEUFEL; das ~
der Welt erblicken, P. s. WELT
lieb, Liebe
    Das ~e Ich, P. s. ICH; Kind der ~,
    ~ Kind sein, P. s. KIND; von Kopf
    bis Fuß auf ~ eingestellt, P. s. KOPF;
    von der Luft und ~ leben, P. s. LUFT;
    jemanden vor ~ fressen, K. s. NARR;
    ~ auf den ersten Blick, D. s. AUGE
LIED (K)
    Ein ~ davon singen etc.; auch: das
    Ende vom ~, K. s. ENDE
liefern
    jemanden an den Bettelstab ~, P. s.
    BETTEL; einen ans Messer ~, P. s.
    MESSER
LIEGEN (K)
    Wir ~ richtig; auch: in den letzten
    Zügen ~, K. s. ZUG; da liegt der Hase
    im Pfeffer, K. s. HASE, PUNKT; sich
    in den Haaren ~, K. s. HAAR, WOL-
    LE; auf der faulen Haut (Bärenhaut)
    ~, K. s. HAUT; der liegt mir im Ma-
    gen, K. s. MAGEN; Schlösser, die im
    Monde ~, K. s. MOND; auf der Nase
    ~, K. s. NASE; da liegt der Hund
    begraben, K. s. HUND, HASE,
    PUNKT; es liegt mir wie Blei in den
    Gliedern, P. s. BLEI; in der Geduld
    ~, P. s. GEDULD; das liegt auf der
    Hand, P. s. HAND; in Jaffa ~, P. s.
    JAFFA; einem in den Ohren ~, P. s.
    OHR; jemandem auf der Tasche ~,
    P. s. TASCHE; der Text liegt an der
    Kasse, P. s. TEXT; das liegt nicht aus
    der Welt; es ~ Welten zwischen uns,
    P. s. WELT; das Wort liegt mir auf
    der Zunge, P. s. ZUNGE
LILIE (K)
    Dastehen wie eine geknickte ~
LINK, LINKS (D)
    Er ist ein ganz linker Vogel etc.; je-
    mand links liegen lassen etc.; der
    Mann mit den zwei ~en Händen, P.
    s. ELEFANT
Linsengericht, P. s. BUTTERBROT
LIPPE (K)
    Eine dicke (große) ~ riskieren; auch:
    auf die ~n beißen, K. s. VER-
    BEISSEN; die ~n versiegeln, P. s.
    ZAUM
Liste
    Schwarze ~, D. s. JOURNAILLE
loben
    Etwas über den grünen Klee ~, K. s.
    GRÜN; den Tag nicht vor dem Abend
    ~, P. s. ABEND
LOCH (K)
    Er säuft wie ein ~ etc.; auch: auf dem

letzten ~ pfeifen, K. s. PFEIFE; einem
anderen ein ~ in den Bauch . . ., P. s.
BAUCH; ein ~ zurückstecken, P. s.
BESCHEIDEN; das reißt ein ~ in den
Beutel, P. s. BEUTEL; Löcher in die
Luft stieren, P. s. LUFT
LOCH (D)
    Ein ~ zurückstecken etc.
löcken
    Wider den Stachel ~, K. s. STACHEL
locken
    Damit lockt man keinen Hund vom
    Ofen, K. s. HUND; jemanden ins
    Netz (in eine Falle) ~, K. s. NETZ
LOCKER (D)
    Nicht ~ lassen etc.; auch D. s. AUF
LOCKSPITZEL (P)
LOCKVOGEL (P)
LÖFFEL (P)
    Er hat den ~ hingelegt etc.
LÖFFEL (K)
    Jemanden über den ~ barbieren etc.;
    auch: die Dummheit mit ~n gegessen,
    K. s. DUMM
löffeln, P. s. BESCHEID
lösen
    Jemandem die Zunge ~, P. s. ZUNGE
LORBEER (P)
    ~ ernten etc.
LOS (K)
    Einen ~eisen; auch: bei dem ist eine
    Schraube ~, K. s. SCHRAUBE; über
    jemanden ~ziehen, K. s. STRICK
LOT (K)
    Im ~ sein; auch: P. s. BLEI, LADEN
    etc.
LÖWE (K), auch K. s. HÖHLE, P. s.
    MANN; ~nanteil etc.
Longe
    Jemand an der ~ haben, D. s. LOK-
    KER
LÖWE (D)
    Er war der ~ des Tages etc.; D. s.
    HUND
LÜCKE (K)
    ~nbüßer
lüften
    Sein Visier ~, P. s. VISIER
LUFT (K) und (P)
    Es hängt in der ~ etc., K. s. LUFT;
    einem die ~ abdrehen etc.; auch: er
    geht in die ~, P. s. GALLE; es hängt
    ein Pferd in der ~, P. s. PFERD
Luftikus, K. s. LUFT
Luftschlösser
    ~schlösser bauen, K. s. LUFT, MOND;
    P. s. LUFT
LÜGE (K)
    ~n, daß sich die Balken biegen etc.;

sich in seinen Beutel (in die eigene Tasche) ~, P. s. BEUTEL; ~ haben kurze Beine, D. s. BEIN; D. s. RAD-FAHRER

Lulatsch, P. s. LABAN

LUMPEN (K)
Sich nicht ~ lassen

Lumpenhund, K. s. HUND

LUNTE (K)
~ riechen etc.

Lupe
Etwas unter die ~ nehmen, P. s. BLIND, FLEISCH, LEE, MÜCKE, SAU

LYNCHEN (K)
Einen ~ oder: der Lynchjustiz übergeben

LYZEUM (D)
Hinten ~ – vorne Museum

M

MACHE (K)
In die ~ nehmen etc.

Macke
Er hat eine ~, P. s. MANN

MADIG (K)
Jemanden oder etwas ~ machen etc.

Mädchen
Spätes ~, D. s. ALT; ~ für alles, D. s. FAXEN; dieses ~ hat mir der Arzt verordnet, D. s. ARZT. K. s. VER-KNALLEN

MAGEN (K)
Jemanden im ~ haben etc.; auch: ein Loch im ~ haben, K. s. LOCH

MAKULATUR (K)
~ reden

malen
Den Teufel an die Wand ~, K. s. TEUFEL; P. s. SACHE, TEUFEL

Malz
An dem ist Hopfen und ~ verloren, K. s. HOPFEN

MANN (K) und (P)
Seinen ~ stehen etc.; K. s. MANN; du hast wohl einen kleinen ~ im Ohr etc.; ein ~ von echtem Schrot und Korn, K. s. SCHROT, P. s. SCHLAG; den lieben Gott einen guten ~ sein lassen; der ~ des Tages, P. s. TAG; faß mal einem nackten ~ in die Tasche; der ~ mit den zugeknöpften Taschen, P. s. TASCHE; ein ~ von Welt, P. s. WELT

MANN (D)
Er ist ein gestandenes Mannsbild etc.

MANSCHETTEN (K)
~ vor etwas haben etc.; auch: ~fieber

MANTEL (K)
Eine Sache bemänteln etc.

MARK (P)
Es geht mir durch ~ und Bein etc.

markieren
Den starken Mann ~, P. s. MANN

Markt
Seine Haut zu ~e tragen, K. s. HAUT

Marmor
Kühl wie ~, D. s. FISCH

MARSCH (K), auch P. s. BESCHEID
Einem den ~ blasen, D. s. MUSIK

MASCHE (K)
In die ~n geraten etc.

Maß
Das ~ ist voll, K. s. DENKEN; mit zweierlei ~ messen, P. s. BAUER; die Frau nach ~, D. s. FRAU

Maßnahmen
Drakonische ~ treffen, P. s. DRAKON

MATTHÄUS (K)
Bei dem ist's Matthäi am letzten

MATZ (K)
Mätzchen machen etc.

MAUL (K), auch: K. s. MUND
Einem das ~ stopfen etc.; auch: halt dein ungewaschenes ~, K. s. WA-SCHEN

MAUL, MUND (D)
Er hat den Leuten aufs Maul geschaut etc.; nach dem Munde reden etc.; Honig ums Maul schmieren, D. s. HONIG; D. s. RADFAHRER

Maulaffen feilhalten, K. s. MAUL

maulen, K. s. MOPS

Maulkorb
Jemand den ~ anlegen, D. s. AB-STAUBEN

Mäusle, K. s. MAUS

MAUS (K)
Arm wie eine Kirchen~ etc.; auch: sie spielt mit ihm Katze und ~, P. s. KATZE; mit Mann und ~ untergehen, K. s. MANN

mausen, K. s. PFERD, P. s. WESEN

mausetot, mausig, K. s. MAUS

MENKENKE (K)
Machen Se keene ~

Mensch
Ein quecksilbriger ~, P. s. QUECK-SILBER

merken
Det merkt 'n Pferd, P. s. PFERD

messen
Mit zweierlei Maß ~, P. s. BAUER; etwas (nicht) nach (mit) der Elle ~, P. s. ELLE

MESSER (K), auch: K. s. DAUMEN
Das ~ sitzt ihm an der Kehle etc.

MESSER (P)
Es steht auf des ~s Schneide etc.
MESSER (D)
Sich mit ~ und Gabel umbringen
Meter
Du riechst (stinkst) zehn ~ gegen
den Wind, P. s. WIND
MICHEL (D)
Der deutsche ~; ebenso: Michael Germanicus
Miene
Gute ~ zum bösen (falschen) Spiel,
K. s. FARBE, P. s. KATZE
MILCH (P)
Mit der Mutter~ eingesogen etc.;
~mädchenrechnung; wie ~ und Blut
aussehen, D. s. AUS
mildernd, P. s. UMSTAND
minderbemittelt (geistig), P. s. DECK
MINE (P)
Alle ~n springen lassen
MINNA (P), auch P. s. LUFT
Jemanden zur ~ machen etc.
MIST (P)
Das ist nicht auf seinem ~ gewachsen
etc., D. s. QUARK; auch: Kleinvieh
macht auch ~, P. s. SACK
mitgehen
~ heißen, D. s. ABSTAUBEN
MITSPIELEN (K)
Jemandem übel ~
Mitte
Ab durch die ~, P. s. AB
MITTEL
Sich ins ~ legen
mocca faux, K. s. MUCKEFUCK
mögen
Die Äpfel nicht essen ~, P. s. APFEL;
etwas nicht mit der Zange anfassen ~,
P. s. ZANGE
Möglichkeiten, P. s. LAND
MOHIKANER (D)
Der letzte ~ etc.
MOHR (P)
Einen ~en weißwaschen wollen etc.
Molle
Ihr paßt zusammen wie 'ne ~ und
een Korn, D. s. AUGE
MOND (K)
Hinter dem ~e sein, auch: ~kalb,
~schein, ~sucht etc.; den ~ mit der
Stange rausschieben, D. s. HUND
Moneten
D. s. GELD, GOLD
Montag
Blauer ~, K. s. BLAU
MOOS und MOSES (K)
Moses und die Propheten etc.

MOPS (K), auch P. s. DECK
Sich mopsen etc.
Mördergrube
Aus seinem Herzen keine ~ machen,
K. s. HERZ
Mordio, P. s. ZETER
Morgenstund', K. s. MUND
Morpheus
In ~ Armen, D. s. SCHLAF; Wendungen für schlafen, D. s. SCHLAF
Mors! Mors!
D. s. UNRUHIG
Moses und die Propheten, K. s. MOSES,
P. s. NERVUS RERUM
Most
Er weiß, wo Barthel den ~ holt, K. s.
BARTHEL
MOTTE (K)
Du kriegst die ~n etc.
MÜCKE (P), auch P. s. ELEFANT
~n seihen und Kamele verschlucken
etc.; auch: aus einer ~ einen Elefanten machen, P. s. ELEFANT
MUCKEFUCK (K)
Das schmeckt nach ~
Mucken, P. s. MÜCKE
müde
Dafür habe ich nur ein ~s Lächeln,
P. s. LACHEN
muffig, K. s. MOPS
MÜHLE (P), auch P. s. WASSER
Alle Wasser auf seine ~ leiten etc.;
auch: das ist Wasser auf die ~', K.
s. WASSER
Mummenschanz, K. s. SCHANZE
MUMPITZ (K)
Rede keinen ~
München
Bier nach ~ bringen, K. s. EULE
MUND (K)
Sich den ~ verbrennen etc.; auch: kein
Blatt vor den ~ nehmen, K. s. BLATT,
DEUTSCH; ~ und Nase aufsperren,
K. s. NASE; von der Hand in den ~
leben, K. s. HAND; jedes Wort vom ~
abkaufen, P. s. ABKAUFEN; jemandem den ~ wässerig machen, P. s.
BERG, BIER; mit einem silbernen
Löffel im ~ geboren, P. s. LÖFFEL; das
Wort aus dem ~, P. s. ZUNGE; ein
Schloß vor dem ~, P. s. ZAUM
mundtot, K. s. Mund
munkeln, P. s. DUNKEL
munter
~ wie ein Zeisig, P. s. DECK
Muntgewalt, K. s. KUPPELN
MÜNZE (K)
Mit gleicher ~ heimzahlen etc.; D.
s. GELD, GOLD

musikalisch
Er hat eine ~e Ader, P. s. ADER
müssen
Die Zeche bezahlen ~, P. s. ZECHE
Museum
D. s. LYZEUM
MUSIK (D)
Das ist ~ in meinen Ohren, D. s. MUSIK
Mütchen, K. s. MUT
MUT (K), auch K. s. ZIVIL(courage)
Sein Mütchen an jemandem kühlen
Mutter
Vorsicht ist die ~ der Weisheit (Porzellankiste), K. s. VORSICHT
Muttermilch, P. s. MILCH
Mütze
Eins auf die ~ kriegen, K. s. DECKEL

N

nach
Immer der Nase ~, P. s. NASE
nachfassen
Einen Schlag ~, P. s. SCHLAG
nachgeben
Keinen Zollbreit ~, P. s. DRAKON
Nachricht
Die ~ schlug ihm auf den Magen, K. s. MAGEN
NACHSTELLEN (K)
Jemandem ~
Nacht
Wo sich die Füchse gute ~ sagen, K. s. FUCHS; bei ~ sind alle Katzen grau, P. s. KATZE; sich die ganze ~ um die Ohren schlagen, P. s. OHR; wie Tag und ~, P. s. TAG; die ~ zum Tage machen, D. s. TAG
NACHTIGALL (P)
~, ich hör dir trapsen etc.; dem annern sin Nachtigall, D. s. MUSIK
nachziehen, P. s. BESCHEID
NACKEN (P), auch K. s. FUSS und OHR
Einem den Fuß auf den ~ setzen etc.; auch: den Schalk im ~ (hinter den Ohren) haben, K. s. OHR
Nächstenliebe
Mantel der ~, K. s. MANTEL
nackt
Frieren wie ein ~er Dorfschullehrer, P. s. SCHNEIDER; faß mal einem ~en Mann in die Tasche, P. s. TASCHE
NADEL (P)
Wie auf ~n sitzen etc.; auch: ~geld, ~stich
NAGEL (K)
Den ~ auf den Kopf treffen etc.

Nagelprobe, K. s. NAGEL, P. s. BESCHEID
nagen
Am Hungertuche ~, K. s. HUNGER
nähen
Mit heißer Nadel ~, P. s. NADEL
nahe
Jemandem zu ~ treten, P. s. ANLEGEN, D. s. LEBERWURST; das Hemd ist mir näher als der Rock, P. s. HEMD
Naht
Sie platzt aus allen Nähten, D. s. AUF
nähren
Eine Schlange an seinem Busen ~, K. s. BUSEN
Name
Mein ~ ist Hase, K. s. HASE; das Kind beim rechten ~n nennen; das Kind muß doch einen ~n haben, P. s. KIND
NARR (K)
Einen ~en an jemandem gefressen etc.; auch: ihn zum ~en halten, P. s. APRIL
NARR (D)
Einen zum Narren halten etc.; einen Narren an jemandem gefressen haben, D. s. ANBEISSEN
Naschkatze, P. s. KATZE
NASE (K) und (P)
Sich selbst an (bei) der ~ fassen etc.; auch: jemandem die Würmer aus der ~ ziehen, K. s. WURM; naselang, ~nlänge, ~nspitze, K. s. NASE; sich eine goldene ~ verdienen etc.; auch: sich den Wind um die ~ wehen lassen, P. s. WIND, D. s. GESUND; ~nstüber und Riecher, Zinken, Gurke, Giebel, Gesichtserker, Kolben, Glühbirne, P. s. NASE
NASSAUER und NASS (K)
Er ist ein Nassauer etc.; auch: nasse Katze, P. s. KATZE, nasser Sack, P. s. SACK
nassauern
D. s. ABSTAUBEN
Neese, K. s. NASE, P. s. NASE
nehmen
Etwas auf seinen Buckel ~, K. s. BUKKEL; etwas auf seine Kappe ~, K. s. GLEICH; die Butter vom Brot ~, K. s. BUTTER; jemanden ins Gebet ~, einen an die Kandare ~, K. s. GEBET; die Gelegenheit beim Schopfe ~, K. s. GELEGENHEIT; darauf kannst du Gift ~, K. s. GIFT; das nimmt überhand, etwas mit Handkuß ~, K. s. HAND; sein Herz in beide Hände ~,

K. s. HERZ; jemanden beim Kanthaken ~, K. s. KANTE, KRIPS, SCHLA-
FITTCHEN; etwas in Kauf ~, K. s.
KAUF; aufs Korn ~, K. s. KORN; jemanden beim Krips ~, K. s. KRIPS;
in die Mache ~, K. s. MACHE; etwas
für bare Münze ~, K. s. MÜNZE; jemanden bei den Ohren ~, K. s. OHR;
einen auf die Schippe ~, K. s.
SCHIPPE; einen auf den Arm ~, K.
s. ARM; SCHIPPE; einen beim Schlafittchen ~, K. s. SCHLAFITTCHEN;
eine Stichprobe ~, K. s. STICH; kein
Blatt vor den Mund ~, K. s. BLATT;
sein Ziel aufs Korn ~, P. s. ANLE-
GEN; etwas in Kauf ~, P. s. APFEL;
etwas unter die Lupe ~, P. s. BLIND,
FLEISCH, LEE, MÜCKE, SAU; einen
zur Brust ~, P. s. BRUST; jemanden
ins Gebet ~, P. s. EINHEIZEN, LUFT,
ZANGE; jemanden bei den Hammelbeinen ~, P. s. HAMMEL; die Feder
aus der Hand ~, P. s. HAND; unter
seine Fittiche ~, P. s. KLAUE; einen
ins Schlepptau ~, P. s. SCHLEPPTAU;
jemandem Wind aus den Segeln ~; es
auf die leichte Achsel ~, P. s. WIND;
Sie ~ mir das Wort von der Zunge,
P. s. ZUNGE; jemanden in die Zange
~, P. s. ZANGE

NEID (K)
Vor ~ platzen etc.

nennen
Man muß das Kind beim rechten Namen ~ P. s. KIND

NERVUS RERUM (P)
Den ~ treffen

NESSEL (K)
Sich in die ~n setzen; auch P. s.
MÜCKE

Nest (D)
Sich ins warme ~ setzen etc.

NETZ (K)
Jemandem ins ~ gehen etc.

NETZ (D)
Wir arbeiten ohne ~ etc.

neu
Die Neue Welt, P. s. WELT

nicht, nichts
~ gehauen und gestochen, K. s. HAUEN;
~ die Bohne, K. s. BOHNE; ~ alle
haben, K. s. CHRISTBAUM, TASSEN;
~ von gestern sein, K. s. GESTERN;
~ bei Groschen sein, K. s. GROSCHEN;
einem ~ grün sein, K. s. GRÜN; ~ aus
seiner Haut herauskönnen, K. s. HAUT;
ich möchte ~ in seiner Haut stecken,
K. s. HAUT; ~ ein Jota, K. s. JOTA;
~ alle über einen Kamm scheren, K. s.

KAMM; ~ auf den Mund gefallen, K.
s. MUND; die Sache ist ~ ohne, K. s.
OHNE; ~ von Pappe, K. s. PAPPE;
so schnell schießen die Preußen ~, K.
s. PREUSSEN; er hat das Pulver ~ erfunden, K. s. PULVER; ~ über seinen
Schatten springen, K. s. SCHATTEN;
mir schwant ~ Gutes, K. s. SCHWAN;
~ das Schwarze unter dem Nagel, K.
s. SCHWARZ, NAGEL; ~ stichhaltig,
K. s. STICH; ~ alle Tassen im Schrank;
~ alle Sinne; ~ alle Windeln, K. s.
TASSEN; ~ ganz bei Trost, K. s.
TASSEN, TROST; du kriegst die Tür
~ zu, K. s. TÜR; den Wald vor lauter
Bäumen ~ sehen; ~ für einen Wald
voll Affen, K. s. WALD; das ist ~ weit
her, K. s. WELT; ~ im Bilde, K. s.
BILD; den Bogen ~ überspannen, K. s.
BOGEN; ~ mit rechten Dingen, K. s.
DING; ~ gefackelt!, K. s. FACKEL; ~
viel Federlesens, K. s. FEDER; ~
Halbes und ~ Ganzes, K. s. FISCH; ~
aller Tage Abend, P. s. ABEND; den
Tag ~ vor dem Abend loben, P. s.
ABEND; das kaufe ich dir ~ ab, P. s.
ABKAUFEN; das nehme ich dir ~ ab,
P. s. ABKAUFEN, ABNEHMEN; so
lasse ich mich ~ ausfragen, P. s. BAUER;
noch ~ über den Berg sein, P. s. BERG;
~ viel Federlesens machen, P. s. BIE-
GEN; nach Canossa gehen wir ~, P. s.
CANOSSA; ~ ganz auf Deck sein, P. s.
DECK; das kann doch einen Seemann
~ erschüttern, P. s. DECK; ~ bis drei
(fünf) zählen können, P. s. DREI, HUT;
etwas ~ mit der Elle messen, P. s.
ELLE; ~ von schlechten Eltern; in der
Wahl seiner Eltern ~ vorsichtig sein,
P. s. ELTERN; ich traue dem Frieden
~, P. s. FRIEDEN; ~ in die hohle
Hand!, P. s. HAND; ~ auf den Kopf
gefallen, P. s. KOPF; von der Luft
allein ~ leben können, P. s. LUFT; ~
alle Tassen im Schrank, P. s. MANN;
einem ~ grün sein, K. s. GRÜN, P. s.
MINNA; das ist ~ auf seinem Mist
gewachsen; rede ~ solchen Mist, P. s.
MIST; ~ vom Fleck kommen, P. s.
MÜCKE; ~ den richtigen Riecher haben; ~ über seine eigene Nase hinaussehen, P. s. NASE; ~ auf Rosen gebettet, P. s. OCHSE, ROSE; ~ ungestraft
unter Palmen wandeln, P. s. PALME;
sich ~ an die Wand drücken lassen,
P. s. WAND; das wird die Welt ~
kosten; das liegt ~ aus der Welt; ich
verstehe die Welt ~ mehr; um alles in
der Welt ~, P. s. WELT; das hat er

sich ~ träumen lassen, P. s. WIEGE;
das ist ihm ~ an der Wiege gesungen
worden, P. s. WIEGE; schließ dich hier
~ auf!, P. s. WIND; etwas ~ mit der
Zange anfassen mögen, P. s. ZANGE

NIEDRIG (K)
Das muß ~er gehängt werden

NIERE (K)
Das geht mir an die ~n etc.; auch: sich
selbst auf Herz und ~n prüfen, K. s.
HERZ; P. s. GRETCHEN

NIESEN (K)
Etw. be~ etc.

Nimmerleinstag
D. s. WORT

Nimmerwiedersehen
Er ist fort auf ~, P. s. BERG

Nirgendheim, K. s. BUXTEHUDE

Nolte
Der Pfarrer ~ machte es, wie er wollte,
P. s. ASSMANN

non olet, K. s. GELD

Not, auch: P. s. MANN
Da ist Holland in ~, K. s. HOLLAND

NOTEN (D)
Er hat den Bengel nach ~ verprügelt
etc.

null
Eins zu ~, P. s. EINS

Nullkommanix
In ~, P. s. PISTOLE

NUMMER (P)
Eine gute (dicke) ~ etc.

NUMMER (D)
Bist du mit der ~ noch frei?

NUSS (P)
Eine harte ~ etc.

Nußsack
Dresche kriegen wie ein ~, jemanden
wie einen ~ prügeln, P. s. NUSS

O

OBER (K)
~wasser haben etc.; auch: ~hand
haben

oben
den Kopf ~ behalten, P. s. KOPF; die
~en Zehntausend, P. s. ZEHNTAU-
SEND

OBOLUS (P)
Seinen ~ entrichten

OCHSE (P), auch: K. s. HORN
Er steht da wie der ~ am (vorm) Berge
etc.; auch: ochsen (büffeln) und ~ntour

Ochsentour
D. s. TECHNIK, SPORT, VERKEHR;
hinter: Senkrechtstarter

ODYSSEUS (P)
Eine Odyssee bestehen

Ofen
Damit lockt man keinen Hund vom ~,
K. s. HUND

offen
~e Türen einrennen, K. s. TÜR; ein
~es Ohr finden, P. s. OHR; mit ~em
Visier kämpfen, P. s. VISIER

öffnen
Jemandem die Tür ~; ihm alle Türen
~, P. s. TÜR

OHNE (K)
Die Sache ist nicht ~ etc.; auch: ~
Punkt und Komma, K. s. BUCH

OHR (K) und (P)
Sich etwas hinter die ~en schreiben
etc.; auch: jemandem einen Floh ins ~
setzen, K. s. LAUS; jemandem das Fell
über die ~en ziehen, K. s. FELL; einem
in den ~en liegen etc.; auch: jemandem einen Floh ins ~ setzen, P. s.
FLOH; sich etwas hinter die ~en schreiben, P. s. LÖFFEL; einen kleinen Mann
im ~ haben, P. s. MANN; Wände
haben ~en, P. s. WAND

OHR (D)
Er hatte seine Ohren auf Durchzug
gestellt etc.

Ohrenfinger, P. s. FINGER

Ohrwurm, P. s. OHR

o Jemine!, K. s. JEMINE

o Jesus Domine!, K. s. JEMINE

O.K. (K)
~ alles in Ordnung

Oktavgriff
~ der Presse, D. s. ABSTAUBEN

ÖL (K)
~ ins Feuer gießen etc., D. s. HUND

Ölberggötze, K. s. ÖL

Old Henry, K. s. HEIN

Ölgötze, K. s. ÖL

OLIM (K)
Zu ~s Zeiten

OLYMP (P)
Auf dem hohen ~ sitzen

ONKEL (K)
Über den großen ~ laufen

Ooje
Mit's rechte ~ in de linke Westentasche, D. s. AUGE

Ordnung
Alles in ~, K. s. O.K.

Orgelpfeifen
Kinder wie die ~, P. s. KIND

OSKAR (D)
Frech wie ~ etc.

Ostern
  Wenn ~ und Pfingsten auf einen Tag
  fallen, D. s. WORT
ÖSTERREICH (D)
  Das ist der Dank vom Hause ~

P

P (D)
  Da will ich ein großes P vorschreiben
PAAR (K), auch P. s. NERVUS RERUM
  Zu ~en treiben
Pack
  Sack und ~, P. s. ACH, SACK
packen
  den Stier bei den Hörnern ~, K. s.
  HORN; P. s. BIEGEN, WÜRFEL; da
  packt einen die Wut, K. s. KRAGEN;
  pack' deine sieben Zwetschgen, pack'
  deine Siebensachen, P. s. SACHE
PAFF (K)
  ~ sein
pair
  au ~, P. s. ANSCHLUSS
PALAVER (K)
  palavern etc.; ~kiste
PALME (P)
  Jemanden auf die ~ bringen (auch: P.
  s. MESSER) etc.; auch: auf die ~
  (Akazie) klettern, P. s. WAND
Palmengymnasium, P. s. PALME
Palmesel
  Sie ist geputzt wie ein ~, P. s. PALME
Panier
  Das Hasen~ ergreifen, K. s. HASE
PANIK (P), auch: K. s. TOR
  Panischen Schrecken verbreiten
Panoptikum, K. s. ARGUS
Pantoffel
  Unter dem ~ stehen, K. s. DACH,
  SCHUH
Pantoffelheld, K. s. SCHUH
Papier
  ~ ist geduldig, P. s. GEDULD
Papierkragen
  Da platzt einem der ~, K. s. KRAGEN
PAPPE (K)
  Das ist nicht von ~ etc.
Pappenheimer, K. s. PAPPE
  Ich kenne meine ~ etc.
Pappenstiel. K. s. PAPPE, P. s. BUTTER-
  BROT, D. s. QUARK
PAPST (K)
  Päpstlicher sein als der ~; auch: den
  ~ zum Vetter haben, P. s. VETTER
PARADE (K)
  Jemandem in die ~ fahren
Paradepferd, P. s. PFERD

Parisurteil, K. s. ZANK
Parkett
  Er weiß sich auf dem ~ zu bewegen,
  K. s. TEPPICH
PAROLI (K)
  Jemandem ein ~ bieten, D. s. FREITAG
Parteibuch
  Das richtige ~ haben, P. s. VETTER
Passagier
  Der blinde ~, P. s. BLIND
passen
  Wie die Faust aufs Auge ~, K. s.
  AUGE; wie der Igel zum Taschentuch
  (zum Handtuch, zum Arschwisch) ~,
  K. s. IGEL; nicht in den Kram ~, K.
  s. KRAM; es paßt wie der Sau das
  Halsband, P. s. SAU; der paßt in die
  Welt, P. s. WELT
PATSCHE (K), auch K. s. BREDULLJE
  In der ~ sitzen (auch: P. s. BAUM,
  MÜCKE)
PAUKE (K)
  Auf die ~ hauen, D. s. FASS; mit
  Pauken und Trompeten durchfallen, D.
  s. DONNER
Pauker, K. s. PAUKE
Paulus, K. s. SAULUS
pauschal, K. s. BAUSCH
PECH (K), auch: K. s. GARN, P. s.
  BECHERUNG
  ~ haben etc.
Pechvogel, K. s. PECH
peilen
  Über den Daumen ~, K. s. DAUMEN
pekuniär
  D. s. GELD, GOLD
Pelle
  Jemanden auf die ~ rücken, D. s.
  LEIB
Pelz, K. s. KUPPELN
  Ihm eine Laus in den ~ setzen, K. s.
  LAUS
penibel, K. s. PINGELIG
Pennäler, K. s. PENNE, P. s. SCHLEPP-
  TAU
Pennbruder, K. s. PENNE
PENNE (K)
per naß, K. s. NASSAUER
pereat, K. s. DAUMEN
Perle
  Deswegen fällt ihm keine ~ aus der
  Krone, K. s. STEIN, P.s. ABBRECHEN
PEST (D)
  Hol ihn die ~, P. s. BLOCKSBERG
Peter Schlemihl, K. s. SCHATTEN
PETTO (K), auch: K. s. PFANNE
  Etwas in ~ haben
PETZEN (K)
  Jemanden ver~; aber auch im Sinne

von kneifen: wie wenn man einen Ochsen ins Horn ~, P. s. OCHSE

Pfahl
Der ~ im Fleische, P. s. FLEISCH; sich in seinen vier Pfählen am wohlsten fühlen, P. s. WAND

PFANNE (K)
Etwas auf der ~ haben etc.; da wird der Hund in der ~ verrückt, D. s. HUND

Pfarrer
Der ~ Nolte . . .; das kannst du halten wie der ~ Aßmann, P. s. ASSMANN

PFEFFER (K), auch P. s. BLOCKSBERG
Wo der ~ wächst; auch: da liegt der Hase im ~, K. s. HASE, HUND

PFEIFE (K)
Nach jemandes ~ tanzen etc.

pfeifen
Die Engel im Himmel ~ hören, K. s. GEIGE; auf dem letzten Loch ~, K. s. LOCH, PFEIFE

Pfeil
Den ~ im Köcher haben, K. s. PETTO

Pfennig, P. s. MARK

PFERD (K) und (P)
Das ~ am Schwanze aufzäumen etc.; er ist das beste ~ im Stall etc.; man immer langsam mit de jungen ~e, P. s. LANG; das Trojanische ~, P. s. ODYSSEUS

Pferdearbeit
Das war eine ~; ~ und Spatzenfutter, P. s. PFERD

Pferdefuß, K. s. PFERD

Pferdenatur, P. s. PFERD

Pferdestehlen, P. s. PFERD

Pfiff
Er kennt den ~, K. s. SCHLICHE

Pfifferling
Das ist keinen ~ wert, K. s. DEUT; D. s. QUARK

PFINGSTEN (K)
Geschmückt wie ein ~ochse; D. s. WORT

Pfingstochse, K. s. PFINGSTEN

PFLASTER (K)
Das ist ein teures ~

PFLAUMEN (K)
Anpflaumen

Pflicht, P. s. VERDAMMT

PFLOCK (K)
Einen ~ zurückstecken

Pflug, pflügen
Mit fremdem Kalbe pflügen, P. s. KALB; die Ochsen hinter den Pflug spannen; den Pflug vor die Ochsen spannen, P. s. OCHSE

PFROPFEN (K)
Auf dem ~ sitzen etc.

pfui!, P. s. DEICHSEL

pfuschen
Einem ins Handwerk ~, P. s. HANDWERK

Phantasie
Die Welt der ~, P. s. WELT

Philister, K. s. KRETHI

PHILIPPIKA (D)
Er hat gegen sie eine ~ gehalten

picken
Der Totenwurm ~, K. s. WURM

piepen
Bei dir piept's wohl, K. s. PFEIFE, VOGEL, P. s. MANN; das ist mir piepe, K. s. PFEIFE

PIESACKEN (K)
Jemanden ~

Pik
Er hat einen ~ auf mich, K. s. PIKE

pikant, K. s. PIKE

PIKE (K)
Von der ~ auf

pikiert, K. s. PIKE

Pilatus, K. s. PONTIUS
Von Pontius zu ~, P. s. APRIL

Pille
Die bittre ~ schlucken, P. s. APFEL; die bittre ~ versüßen, K. s. BLUME

PINGELIG (K), auch P. s. BLEI, UMSTAND
Seien Sie nicht so ~

Pink
He smitt mit de ~ na de Schink, K. s. WURST

pissen
Mit großen oder kleinen Hunden ~ gehen, D. s. HUND

PISTOLE (P), auch P. s. BLITZ
Wie aus der ~ geschossen etc.; auch: einem die ~ auf die Brust setzen, K. s. DRUCK, P. s. BRUST, LACHEN

platt
Da bist du ~, D. s. ABSCHNALLEN

Platz
Den ~ an der Sonne finden, P. s. BETT

platzen
Die Konferenz platzt, K. s. HOCH; vor Neid ~, K. s. NEID; der Kragen platzt einem, K. s. KRAGEN; er platzt vor Wut, D. s. AUF

plaudern
Aus der Schule ~, K. s. SCHULE

plein
Die Nase (Neese) ~ haben, K. s. NASE

PLEITE (K), auch K. s. FLÖTEN
~geier, auch: ~ gehen, K. s. BANK

Plethi, K. s. KRETHI, P. s. ACH

Pöbel, K. s. POPLIG
POCHEN (K)
  Auf etwas ~
poetisch
  Er hat eine ~e Ader, P. s. ADER
Poilu, K. s. HAAR
POLEN (K)
  Noch ist ~ nicht verloren etc.
Politik
  Die ~ der Nadelstiche, P. s. NADEL
Polizei
  Dümmer sein als die ~ erlaubt, K. s.
  DUMM
POMADE (K)
  Pomadig sein
PONTIUS (K), auch P. s. APRIL
  Jemanden von ~ zu Pilatus schicken
Pony
  Mit jemandem kleine ~s mausen kön-
  nen, K. s. PFERD
POPLIG (K)
  Er ist ~ etc.
Porzellan
  Sich benehmen wie ein Elefant im
  ~laden, ~ zerschlagen, P. s. ELEFANT
Porzellankiste
  Vorsicht ist die Mutter der ~, K. s.
  VORSICHT
POSAUNE (K)
  Etwas ausposaunen etc.; auch: ~engel
Post
  Ab geht die ~, P. s. AB
Posten
  Auf dem ~ sein, K. s. QUIVIVE; nicht
  auf dem ~ sein, P. s. DECK; auf ver-
  lorenem ~, D. s. HAUFEN
POTEMKIN (K)
  ~sche Dörfer zeigen
Potz, P. s. BLITZ
Prahlverwandtschaft
  D. s. BLASE
PRANGER (K)
  Einen an den ~ stellen etc.
PRÄSENTIERTELLER (K)
  Auf dem ~ sitzen
predigen
  Tauben Ohren ~, K. s. OHR; mit
  tausend Zungen ~, P. s. ZUNGE
Preis
  Die Luft aus den ~en lassen, P. s.
  LUFT
PREUSSEN (K)
  So schnell schießen die ~ nicht
prima, P. s. EINS
Prinzip, Prinzipienreiter, P. s. REITEN
Probe
  Jemanden auf die ~ stellen, K. s. EIS
probieren
  D. s. JUNG, JUNGFRAU

Professor (zerstreut), P. s. TAG
Prophet
  Moses und die ~, P. s. NERVUS
RERUM
proppenvoll, P. s. APFEL
Prost!, P. s. BESCHEID, K. s. NIESEN
Prozeß
  Kurzen ~ machen, P. s. BIEGEN
prüfen
  Jemanden auf Herz und Nieren ~,
  K. s. NIERE, P. s. GRETCHEN
PRÜGEL (K), auch: K. s. SÜNDE
  Als ~knabe herhalten
prügeln
  Jemanden wie einen Nußsack ~, P. s
  NUSS
PUDEL (D)
  Wie ein begossener ~ dastehen etc.
PULVER (K)
  Er hat das ~ nicht erfunden etc.
Pulverfaß
  Auf dem ~ sitzen, K. s. PFROPFEN
Pünktlichkeit
  Die ~ ist die Höflichkeit der Könige,
  P. s. ABEND
PUNKT (K), auch P. s. NERVUS
RERUM
  Das ist der springende ~ etc.; auch:
  ohne ~ und Komma, K. s. BUCH; ein
  dunkler ~, P. s. DUNKEL; ein wunder
  ~, P. s. FINGER
PUPPE (K)
  Bis in die ~n etc.; auch: alle ~n tan-
  zen lassen, P. s. DUNKEL; die Sache
  ist geritzt, ~, P. s. SACHE
PÜTSCHERIG (K)
  ~ sein
PYRRHUS (K)
  Das ist ein ~sieg!

Q

QUACKSALBER (K)
  Ein übler ~
Qualverwandtschaft
  D. s. BLASE
qualmen
  Mit ~den Socken laufen, K. s. SOCKE
QUARK (D)
  Davon verstehst du einen ~ etc.
QUECKSILBER (P)
  Er hat ~ im Leib etc.
quer
  ~ durch die Last, P. s. LAST
QUINTESSENZ (K)
quittieren
  Seinen Dienst ~, P. s. ALTENTEIL
QUIVIVE (K)
  Auf dem ~ sein

R

Rabatz, K. s. TRARA

RABE (K)
~nvater etc.

Rache
Der Tag der ~, P. s. TAG

RAD (K)
Sich wie gerädert fühlen etc.

radebrechen, K. s. RAD

RADFAHRER (D)
Er ist ein übler ~ etc.

Rahm
Den ~ abschöpfen, D. s. FETT

RAHMEN (D)
Diese Darbietung fiel ganz aus dem
~ etc.

RAND (K)
Das versteht sich am ~e etc.

RAND (D)
Er hat seinen ~ weit aufgerissen etc.

RANG (K)
Einem den ~ ablaufen etc.

Ränke, auch P. s. ZWISCHEN
~ schmieden, K. s. RANG, SCHILD

rätoromanisch
D. s. KAUDERWELSCH

Rappen
Auf Schusters ~, K. s. SCHUSTER

Rasen
Bis uns der ~ deckt, K. s. DECKE

rätselhaft
~ wie ein Sphinx, P. s. SPHINX

raten
Dreimal darfst du ~, P. s. DREI

RATTEN (K)
Die ~ verlassen das sinkende Schiff

Ratz
D. s. SCHLAF

Räuber
Unter die ~ fallen, P. s. HEMD

RAUB (P)
Mit seinen Kräften ~bau treiben etc.

rauchen
Die Friedenspfeife ~, P. s. FRIEDEN

Rauchfahne, K. s. FAHNE

räumen
Jemanden aus dem Wege ~, K. s.
ECKE

reagieren
Sauer ~, P. s. ANLEGEN, K. s. SAUER

RECHNUNG (K)
Die ~ ohne den Wirt machen etc.;
auch: jemandem einen Strich durch die
~ machen, K. s. STRICH, RECHNUNG,
PARADE; den Umständen ~ tragen,
P. s. UMSTAND

Recht
Das ~ mit Füßen treten, K. s. FUSS;

Gnade für ~ ergehen lassen, K. s.
AUGE; das verbriefte ~, K. s. BRIEF;
die rechte Hand von jemandem sein,
K. s. HAND; etwas schlecht und recht
machen, K. s. SCHLECHT; vor die
rechte Schmiede kommen, K. s. SCHMIE-
DE; das ~ des Stärkeren, P. s. ELLEN-
BOGEN; etwas ins rechte Gleis bringen,
P. s. GLEIS; man muß das Kind beim
rechten Namen nennen, P. s. KIND;
mit Fug und ~, P. s. ZWISCHEN

REDE (K), reden
Jemandem ~ stehen etc.; auch: er ~t
wie ein Buch; ohne Punkt und Komma
~, K. s. BUCH; deutsch mit jemandem
~, K. s. DEUTSCH; Fraktur mit einem
~, K. s. FRAKTUR; frei von der Leber
weg ~, K. s. LEBER; jemandem ein
Loch in den Bauch ~, K. s. LOCH,
P. s. BAUCH; Makulatur ~, K. s.
MAKULATUR; ins Blaue ~, K. s.
BLAU; sich den Mund fusselig ~, K.
s. MUND; der Redner zwang uns in
seinen Bann (fessele uns), P. s. BANN;
rede kein Blech!, P. s. BERAPPEN;
wie der Blinde von der Farbe ~, P. s.
BLIND; mit Engelszungen ~, P. s.
ENGEL; mit den Händen ~, P. s.
HAND; frei von der Leber weg ~, in
die Luft ~, P. s. LUFT; rede nicht sol-
chen Mist, P. s. MIST; wenn Wände
~ könnten, gegen Wände (zu leeren
Wänden) ~, P. s. WAND; in den Wind
~, P. s. WIND; mit anderen (fremden)
Zungen ~; mit gespaltener Zunge ~,
P. s. ZUNGE; ~ nicht so geschwollen,
D. s. FENSTER; eine ~ zum Fenster
hinaushalten, D. s. FENSTER

REDENSART (P)
Mach' doch keine ~en! etc.

REFF (K)
Ein altes ~ etc.

REGEL (K)
Nach allen ~n der Kunst

REGEN (K)
Aus dem ~ in die Traufe kommen;
auch: ein warmer ~ strömt auf ihn
herab, P. s. BETT

REGISTER (K)

regnen
Et wird ihn eklich in de Bude rejen,
P. s. BUDE; es regnet ihm in die Nase,
P. s. NASE

reiben
Jemandem etwas unter die Nase ~, K.
s. NASE; den Salamander ~, P. s.
BESCHEID

reichen
Einem nicht das Wasser ~ können, K.

s. WASSER; mir reicht es, P. s. BASTA, BEDIENEN; das reicht gerade für den hohlen Zahn, P. s. ZAHN

REIM (D)
Ich kann mir keinen ~ (Vers) darauf machen etc.

rein
vom ~sten Wasser, K. s. WASSER; ~e Bahn (reinen Tisch) machen, K. s. BAHN, P. s. TISCH; die Luft ist ~, P. s. LUFT; das ~e Quecksilber, P. s. QUECKSILBER; ein ~er Waisenknabe, P. s. WAISENKNABE

Reinfall
Das war ein ~ von Schaffhausen, K. s. HINEIN

reißen
Sich etwas unter den Nagel ~, K. s. NAGEL; wenn alle Stränge ~, K. s. STRANG; wenn alle Stricke ~, K. s. STRICK; das reißt ein arges Loch in den Beutel, P. s. BEUTEL; die Geduld (oder: der Geduldsfaden) reißt, P. s. GEDULD

Reißzwecke, K. s. NAGEL

REITEN (P)
Er ist ein ausgesprochener Prinzipienreiter etc.; auch: auf dem Messer nach Rom ~, P. s. MESSER; ihn reitet der Teufel, P. s. TEUFEL

Reiter
Ihm geht es wie dem ~ überm Bodensee, K. s. BODEN

rennen
~ wie ein Bürstenbinder, K. s. BÜRSTENBINDER

REPTIL (P)
~ienfonds

REST (K)
Der ~ ist für die Gottlosen etc.

REST (D)
Jemandem den ~ geben etc.

RETOURKUTSCHE (D)
Das war eine alberne ~

Rhein
Bis dahin fließt noch viel Wasser den ~ herunter, K. s. WASSER

Rheinfall von Schaffhausen, K. s. HINEIN

richten
Sich nach den Umständen ~, P. s. UMSTAND

richtig
Wir liegen ~, K. s. LIEGEN; an den Richtigen (vor die rechte Schmiede) kommen, K. s. SCHMIEDE; das ~e Gesangbuch (Parteibuch) haben, P. s. VETTER

riechen
Den Braten ~, K. s. BRATEN; Lunte ~, K. s. LUNTE; ihr dürft mal an der Tischecke ~, P. s. TISCH; du riechst zehn Meter gegen den Wind, P. s. WIND

Riecher
(Nicht) den richtigen ~ haben, P. s. NASE

Riemen
Den ~ enger schnallen, D. s. ABSPAREN

RIESE (P), auch P. s. A
Nach Adam ~

rieseln
Daß der Kalk von der Decke rieselt, P. s. MARK

Rippen
Die ~ zählen können, P. s. FLEISCH

riskieren
Ein Auge ~, K. s. AUGE; eine (dicke) große Lippe ~, K. s. LIPPE

RITTER (P), auch P. s. DRUNTER
Ein ~ von der traurigen Gestalt etc.; ~ vom hohen C; ~ ohne Furcht und Tadel, D. s. C

Robert Blum, P. s. ERSCHOSSEN

Rock
Das Hemd ist mir näher als der ~, P. s. HEMD

roh
Jemanden wie ein ~es Ei behandeln, K. s. EI

Röhre
Durch die ~ gucken, K. s. MOND

ROHRSPATZ (D)
Er schimpft wie ein ~

ROLLE (P), auch: P. s. JACKE
Das spielt keine ~ etc.

rollen
Aus der Falle ~, P. s. ROLLE; den Stein ins ~ bringen, K. s. STEIN

ROM (D)
Das sind Zustände wie im alten ~; auf dem Messer nach ~ reiten, P. s. MESSER

rosa
Sub ~ sprechen, K. s. BLUME

ROSE (P), auch: P. s. OCHSE
Nicht auf ~n gebettet sein etc.

rosig, K. s. ELEND

ROSINE (K)
Große ~n im Kopf haben etc.

Roß (K) und P. s. PFERD
Du sitzt auf hohem ~, P. s. ABBRECHEN, OLYMP, PFERD

Roßkur
P. s. PFERD

ROT
Etwas im Kalender ~ anstreichen etc.;

auch: einem den ~ Hahn aufs Dach
setzen, K. s. HAHN; der ~e Faden,
K. s. FADEN
ROTZ (P)
    Sich wie Graf ~ benehmen etc.
Rüben
    Wie Kraut und ~, P. s. DRUNTER
RUBIKON (P)
    Den ~ überschreiten
Rücken
    Einen breiten ~ haben, K. s. BUK-
KEL; mit dem ~ an die Wand kom-
men, P. s. WAND; dem anderen auf
die Bude rücken, P. s. BUDE
Rückgrat
    Verlängertes ~, P. s. BUCHSTABE
Rückzieher
    Einen ~ machen, K. s. FUSS
RUDER (K)
    Ans ~ kommen
RUF (P), auch P. s. DRAKON, SAU
    Er ist besser als sein ~
Ruhm
    Ihn dürstet nach ~, D. s. DURST
rühren
    Keinen Finger ~, P. s. BEWENDEN
rund
    Das ist eine ~e Sache, P. s. SACHE
Ruhe, ruhig
    Nun hat die liebe (arme) Seele ~',
K. s. SEELE; immer ~ Blut!, K. s.
BLUT
RUMMEL
    Den ~ kennen
rümpfen
    Die Nase ~, K. s. NASE
Rundfunk
    Ein alter ~hase, K. s. HASE
rupfen
    Ein Hühnchen mit jemandem ~, K.
s. HUHN
Rüste, K. s. HARNISCH
Rüstzeug, K. s. ZEUG
rutschen
    Rutsch mir den Buckel 'runter (ent-
lang, 'rauf)!, K. s. BUCKEL

S

SACHE (P)
    Das ist so 'ne ~! etc.; auch: die ~ ist
nicht ohne, K. s. OHNE; eine krumme ~, K. s. KRUMM; die ~ hängt
mir zum Halse heraus, K. s. HALS;
die ~ ist im Blei (im Lot), eine ~
ins Blei (ins Lot) bringen, P. s. BLEI;
eine ~ deichseln, P. s. DEICHSEL;
faule ~, eine ~ fingern, P. s. FIN-
GER

sachte
    Immer ~ mit den jungen Pferden,
K. s. PFERD
SACK (K) und (P)
    Einen in den ~ stecken etc.; mit ~
und Pack etc.; auch: Hand vom ~!, K.
s. BUTTER; ~ und Pack, K. s. DRECK;
die Katze im ~ kaufen, die Katze aus
dem ~ lassen, K. s. KATZE; große
Rosinen im ~ haben, K. s. ROSINE;
~ und Pack, P. s. ACH; in eine ~-
gasse geraten, P. s. MÜCKE
säen
    Zwietracht ~, K. s. ZWIETRACHT
sagen
    Etwas verblümt (unverblümt) ~, K. s.
BLUME; wo sich die Füchse gute Nacht
~, K. s. FUCHS; jemandem Bescheid
~, P. s. BESCHEID; unverblümt die
Wahrheit ~, P. s. EINHEIZEN; mein
kleiner Finger hat es mir gesagt, P. s.
FINGER; wie sag' ich's meinem Kin-
de?, P. s. KIND
SAITE (P)
    Andere (schärfere, gelindere) ~n auf-
ziehen etc.
Salamander
    Den ~ reiben, P. s. BESCHEID
Salat
    Da hast du den ~, K. s. BRATEN
SALBADER (K)
    Dieser lästige ~ etc.
Salm machen, K. s. SALBADER
Salonlöwe, K. s. LÖWE, D. s. LÖWE
SALZ (D)
    Man muß erst einen Scheffel ~ mit
ihm gegessen haben etc.
sammeln
    Feurige Kohlen auf jemandes Haupt ~,
K. s. KOHLEN
SAND (K)
    Einem ~ in die Augen streuen etc.;
D. s. ANBEISSEN und AUGE
Sarg
    Ein Nagel zu meinem ~, K. s. NAGEL
SATTEL (K)
    Jemanden aus dem ~ heben etc.; auch:
setzen wir Deutschland in den ~, P. s.
REITEN; D. s. ABBAUEN und AB-
STELLGLEIS
sattelfest sein, auch P. s. BESCHLAGEN
SAU (P)
    Davonlaufen wie die ~ vom Trog etc.;
auch: unter aller ~, K. s. KANONE
saudumm, K. s. DUMM
SAUER (P)
    Er reagiert darauf ~ etc.; auch: P. s.
ANLEGEN; in den sauren Apfel bei-
ßen, P. s. APFEL; etwas ausbieten

(anbieten) wie saures Bier, P. s. BIER; bei ihm ist die Milch ~, P. s. MILCH

saufen
Er säuft wie ein Loch, K. s. LOCH; er säuft wie ein Bürstenbinder, K. s. BÜRSTENBINDER; du hast wohl Tinte gesoffen?, K. s. TINTE; wenn Se so lang wärn, wie Se dumm sind, dann könnten Se aus der Dachrinne ~, P. s. LANG

saugen
An den Hungerpfoten ~, K. s. HUNGER

SAULUS (K)
Aus einem ~ zu einem Paulus werden etc.; auch: Tag von Damaskus

SAUS (K), auch K. s. DRECK, P. s. ACH
In ~ und Braus leben

SCHABERNACK (K), auch K. s. STREICH
Jemandem einen ~ spielen (auch: P. s. BESEN)

SCHACH (K)
~matt sein etc.

Schäfchen, Schäferstündchen, K. s. SCHAF

SCHAF (K)
Sein Schäfchen ins trockene bringen etc.; auch: er kann hören, wie die Wolle auf den ~en wächst, K. s. GRAS

schaffen
Sich jemanden vom Halse ~, K. s. HALS; sich Luft ~, P. s. LUFT

Schaffhausen
Das war ein Reinfall von ~, K. s. HINEIN

Schafskleider
Ein Wolf in ~n, K. s. WOLF

Schalk, K. s. OHR
Den ~ im Nacken haben, P. s. NACKEN

Schamade
~ blasen, K. s. FANFARE

SCHANZE (K)
Sein Leben in die ~ schlagen etc.

scharf
~ ins Zeug gehen, K. s. ZEUG; hier weht ein schärferer Wind, P. s. WIND

SCHARTE (K)
Eine ~ auswetzen

SCHARWENZELN (K)
Um jemanden ~

SCHATTEN (K)
Nicht über seinen ~ springen

SCHAU (K)
Jemandem die ~ stehlen

schauen
Jemandem auf die Finger ~, P. s. FINGER; zu tief ins Glas ~, jemandem zu tief ins Auge ~, P. s. GLAS

schaukeln
Das Kind ~, P. s. BÜHNE, KIND

scheckig, P. s. LACHEN

Scheffel
Sein Licht unter den ~ stellen, K. s. LICHT; D. s. SALZ

Scheibe
Sich eine ~ davon abschneiden, P. s. ABSCHNEIDEN

Schelle
Der Katze die ~ umhängen, K. s. KATZE

Schelm
Den ~ im Nacken haben, P. s. NACKEN

Scheltbrief, K. s. UNBESCHOLTEN

Schema (F)
Etwas nach dem ~ erledigen, K. s. F, P. s. ELLE

SCHEREN (K)
Scher dich zum Teufel! etc.; auch: (nicht) alles über einen Kamm ~; laß mich ungeschoren, K. s. KAMM

scheu
Nu mach' man keene Pferde ~, P. s. PFERD

schicken
Jemanden von Pontius zu Pilatus ~, K. s. PONTIUS; einen in den April ~, P. s. APRIL; den Teufel in die Hölle ~, P. s. TEUFEL

Schicksal
Sein ~ ist besiegelt, P. s. AST

schieben
Kohldampf ~, K. s. HUNGER; etwas auf die lange Bank ~, K. s. BANK; jemandem etwas in die Schuhe ~, K. s. SCHUH

SCHIEF (K)
Du bist ~ gewickelt etc.; auch: jemanden ~ ansehen, K. s. KRUMM; da hängt der Haussegen ~, K. s. HAUS; mir hängt der Magen ~, K. s. MAGEN; sich ~ lachen, P. s. LACHEN; ~ geladen haben, P. s. LADEN

schießen
Es geht aus wie das Hornberger Schießen, K. s. HORN; so schnell ~ die Preußen nicht, K. s. PREUSSEN; einen Bock ~, K. s. BOCK; schieß' mir mal was vor, P. s. A; schieß dich hier nicht auf, P. s. WIND; schieß in den Wind, P. s. WIND

SCHIESSHUND (K)
Aufpassen wie ein ~

SCHIFF (K)
Seine ~e hinter sich verbrennen etc.; auch: die Ratten verlassen das sinkende ~, K. s. RATTEN

SCHIKANE (K)
Mit allen ~n

SCHILD (K)
Etwas im ~e führen etc.
Schiller
Das ist eine Idee von ~, P. s. IDEE
SCHIMMEL (K)
Der berüchtigte Amts~
Schimmer
Keinen ~ (einer Ahnung) haben, K. s.
DUNST
Schimpf und Schande, K. s. DRECK
SCHINDEN (K)
Mit jemandem Schindluder treiben etc.
SCHIPPE (K)
Einen auf die ~ nehmen etc., D. s.
AUF
SCHLAF (D)
Er verdient sein Geld im ~ etc.; auch:
K. s. SCHLAFEN; P. s. ABGESPANNT
SCHLAFEN (K)
Schlafmütze etc.; Ausdrücke für ~;
schlafende Hunde, D. s. HUND
SCHLAFITTCHEN (K)
Einen beim ~ nehmen
SCHLAG, SCHLAGEN (P)
Er hat starke ~seite etc.; auch: ein ~
ins Wasser, K. s. WASSER; ins Gesicht
~, K. s. GESICHT; alles über einen
Leisten ~, K. s. LEISTEN; sein Leben
in die Schanze ~, K. s. SCHANZE;
jemandem ein Schnippchen ~, K. s.
SCHNIPPCHEN; über die Stränge ~,
K. s. SCHNUR; STRANG; das schlägt
dem Faß den Boden aus, K. s. BODEN;
sich seitwärts in die Büsche ~, K. s.
BUSCH; jetzt schlägt's dreizehn, K. s.
DREIZEHN; er hat uns alle in seinen
Bann ge~, P. s. BANN; schlag dir
man was vor die Halsbinde, P. s. BIN-
DE; an seine Brust ~, P. s. BRUST;
ein ~, und du stehst im Hemde, P. s.
HEMD; schlag dir das man aus dem
Kopf, P. s. KOPF; Nackenschläge,
einem in den Nacken ~, P. s. NACKEN;
sich die ganze Nacht um die Ohren ~,
P. s. OHR; seine Worte in den Wind
~, P. s. WIND
Schlagseite, P. s. SCHLAG
SCHLAMASSEL (K), auch K. s. BRE-
DULLJE
Im ~ sitzen
Schlampe, K. s. HAUS
Schlange
Eine ~ an seinem Busen nähren, K. s.
BUSEN
schlapp, P. s. LACHEN
SCHLAWINER (K)
Ein richtiger ~
SCHLECHT (K)
Etwas ~ und recht machen; auch: nicht

von ~en Eltern sein, P. s. ELTERN;
~ wegkommen, K. s. KURZ
schleifen, P. s. ANSPITZEN
SCHLEPPTAU (P)
Einen ins ~ nehmen
schleudern
Den Bannstrahl ~, P. s. BANN
SCHLICHE (K)
Einem auf die ~ kommen etc.
schlicht, K. s. SCHLECHT
~ um ~, P. s. ANSCHLUSS
Schlinge
Den Hals aus der ~ ziehen, K. s. HALS;
den Kopf aus der ~ ziehen, P. s. KOPF
Schlitzohr
D. s. OHR
Schlösser
~, die im Monde liegen, K. s. MOND
Schloß
Sich ein ~ vor den Mund legen, P. s.
ZAUM
Schloßhund
Heulen wie ein ~, K. s. HUND
schlucken
Die bittere Pille ~, P. s. APFEL
schlüpfen
Durch die Maschen des Gesetzes ~,
K. s. MASCHE
SCHLÜSSEL (K)
Die ~gewalt haben
Schmacht (er)
D. s. LOCH
Schmalhans
Bei denen ist ~ Küchenmeister, D. s.
ABSPAREN und LOCH
SCHMARREN (K)
Einen ~ davon verstehen etc.
Schmeichelkätzchen, P. s. KATZE
schmeißen
Jemandem den ganzen Kram vor die
Füße ~, K. s. KRAM; wir werden den
Laden schon ~, P. s. LADEN
SCHMIEDE (K)
Vor die rechte ~ kommen etc.
schmieden
Ränke ~, K. s. RANG, P. s. ZWI-
SCHEN
SCHMIERE (K)
~ stehen etc.
schmieren
Es einem aufs Butterbrot ~, P. s. BUT-
TERBROT
schmollen, K. s. MOPS
schmücken
Sich mit fremden Federn ~, K. s.
FEDER, P. s. KALB
Schmunzelauge
Klar bei ~ (Marine), D. s. AUGE

Schmutz, schmutzig
  Jemanden in den ~ ziehen, K. s.
  STRICK; das geht dich einen feuchten
  ~ an, K. s. STAUB; ~e Wäsche wa-
  schen, K. s. WASCHEN
schnappen
  Nach Luft ~, P. s. LUFT
Schnapsidee, K. s. KNÜLLER
Schnauze
  D. s. MAUL, MUND
SCHNEE (D)
  Und wenn der ganze ~ verbrennt! etc.
SCHNEE (K)
  Sich freuen wie ein ~könig
SCHNEIDEN (K)
  Jemanden ~ etc.; auch: sich in die
  Finger ~, P. s. FINGER; sich ins eigene
  Fleisch ~, P. s. FLEISCH; es steht auf
  des Messers Schneide, P. s. MESSER
SCHNEIDER (P), auch: K. s. SCHNEI-
DEN
  Frieren wie ein ~ etc.
schnell
  So ~ schießen die Preußen nicht, K. s.
  PREUSSEN; mit der Zunge ~ zu Fuß
  sein, P. s. ZUNGE
Schnepfe, Sumpfschnepfe, Schnepfen-
strich, K. s. STRICH
SCHNIPPCHEN (K)
  Jemandem ein ~ schlagen
SCHNITT (K)
  Einen guten ~ machen
SCHNITZER (K)
  Einen ~ machen
Schnürchen
  Es geht wie am ~, K. s. SCHNUR
SCHNULZE (K)
  Heimat~ etc.
SCHNUPPE (K), auch: K. s. PFEIFE
  Das ist mir ~
SCHNUR (K)
  Über die ~ hauen etc.
schnurz
  Das ist mir ~, K. s. PFEIFE
schön
  ~ wie Apoll, P. s. APOLL; um ~
  Wetter bitten, P. s. WETTER
SCHÖNSAUFEN (D)
  Sich ein Mädchen ~ etc.
schonen
  Das Bett ~, P. s. BETT
Schopf, schöpfen
  Die Gelegenheit beim ~e nehmen, K.
  s. GELEGENHEIT; ins Danaidenfaß ~,
  K. s. DANAIDEN
SCHORNSTEIN (K)
  Etwas in den ~ schreiben

Schoß
  Die Hände in den ~ legen, P. s. BE-
  WENDEN, K. s. HAND
Schoßkind, K. s. BUSEN
Schrank
  Er hat nicht alle Tassen im ~, K. s.
  TASSEN, P. s. MANN
SCHRANKE (K)
  Jemanden in die ~n fordern etc.
SCHRAUBE (K)
  Bei dem ist eine ~ los etc.; auch: eine
  ~ ohne Ende, K. s. ENDE; bei ihm ist
  eine ~ locker, P. s. MANN
Schreck, Schrecken
  Ihm blieb vor ~ das Wort im Halse
  stecken, K. s. HALS; ihm blieb vor ~
  der Bissen im Halse stecken, K. s. BIS-
  SEN; panischer ~, P. s. PANIK; vor ~
  kreidebleich werden, P. s. WAND
Schreckschraube, K. s. SCHRAUBE
schreiben
  Sich etwas hinter die Ohren ~, K. s.
  OHR; etwas in den Schornstein ~,
  Etwas in die Esse ~, K. s. SCHORN-
  STEIN; einen Brandbrief ~, K. s.
  BRAND; eine spitze Feder ~, K. s.
  BLEI; sich etwas hinter die Löffel
  (Ohren) ~, P. s. LÖFFEL
schreien
  Wenn Dummheit weh täte, müßte er
  den ganzen Tag ~, K. s. DUMM; sie
  schreit wie eine gestochene Sau, P. s.
  SAU; Zeter und Mordio ~, P. s.
  ZETER
Schritt
  Drei ~e vom Leibe, P. s. OLYMP
SCHROT (K), auch P. s. MANN, SCHLAG
  Ein Mann von echtem ~ und Korn,
  D. s. ALT
SCHUH (K), Schuhsohlen
  Wissen, wo der ~ drückt (auch: K. s.
  DRUCK) etc.; auch: das zieht einem
  die ~e aus, K. s. SOCKE; jemandem
  etwas in die ~e schieben, K. s. STAB
Schulden
  Er steckt bis über den Hals in ~, K. s.
  HALS; bis über die Ohren in ~ stecken,
  K. s. OHR; ein Leutnant bezahlt seine
  ~, P. s. ENGEL; ~ haben wie der
  Hund Flöhe, P. s. FLOH
Schuldigkeit, P. s. VERDAMMT
SCHULE (K)
  Aus der ~ plaudern etc.
Schulter
  Etwas auf die leichte ~ nehmen, K. s.
  ACHSEL; jemandem die kalte ~ zei-
  gen, K. s. ACHSEL, P. s. OLYMP,
  WIND

SCHULTER (D)
  Jemand die kalte ~ zeigen
Schumlepel
  De hett de Verstand mit ~ freten, K.
  s. LÖFFEL
SCHUPPE (K)
  Es fällt mir wie ~n von den Augen
  Schürze, K. s. SCHÜRZENJÄGER
Schürze, K. s. SCHÜRZENJÄGER
SCHURIGELN (K)
  Jemanden ~
SCHÜRZENJÄGER (K), auch K. s.
  HECHT
SCHUSTER (K)
  Auf ~s Rappen; auch: ~, bleib bei
  deinem Leisten, K. s. LEISTEN
schütteln
  Etwas aus dem Ärmel ~, K. s. ÄRMEL,
  P. s. LEHMANN
Schützenfest
  Das ist der Rest vom ~, D. s. REST
SCHWABE (K)
  Ins ~nalter kommen
schwach
  ~ auf der Brust, P. s. BRUST
Schwalbe
  Machen wir's den Schwalben nach, D.
  s. NEST
SCHWAMM (D)
  ~ drüber! etc.
SCHWAN (K)
  Mir ~t nichts Gutes etc.; auch: ~en-
  gesang, ~enjungfern, ~enfedern
schwänzen
  Die Schule ~, K. s. SCHULE
Schwanz
  Das Pferd am ~e aufzäumen, K. s.
  PFERD; in Buxtehude, wo die Hunde
  mit dem ~ bellen, K. s. BUXTEHUDE;
  das trägt die Katze auf dem ~ weg, P.
  s. KATZE; dem Teufel auf den ~
  gebunden; das hat der Teufel mit dem
  ~ zugedeckt, P. s. TEUFEL; D. s. HUND
SCHWARZ (K)
  Warten, bis man ~ wird etc.; auch:
  ins ~e treffen, K. s. LIEGEN, NAGEL,
  P. s. ABBRECHEN, ROTZ; das ~e
  unter dem Nagel, K. s. NAGEL; das
  ~e Schaf, K. s. SCHAF; ~sehen, K. s.
  UNKE; der ~e Mann, P. s. MANN
schwarzarbeiten, P. s. HANDWERK
schwarzfahren, -hören, -sehen, K. s.
  SCHWARZ
schweben
  Das Wort schwebt mir auf der Zunge,
  P. s. ZUNGE
Schwede
  Alter ~, D. s. ALT; auch: oller ~
schwedisch
  ~e Gardinen, K. s. GARDINE

schweigen
  In sieben Sprachen ~, P. s. SACHE
SCHWEIN (K)
  Das kann kein ~ lesen etc.
Schweizer
  Kein Geld, kein ~, D. s. GELD, GOLD
schwellen
  Ihm schwillt die Brust, P. s. BRUST;
  ihm schwillt der Kamm, K. s. KAMM
schwer
  ~ geladen haben, P. s. LADEN; ~ in
  die Waagschale fallen, P. s. WAAGE
SCHWERT (K)
  Sein ~ in die Waagschale werfen etc.;
  auch: vom Leder ziehen, K. s. LEDER
schwitzen
  Blut ~, K. s. BLUT, P. s. EINHEIZEN
schwören
  Stein und Bein ~, K. s. STEIN
Schwulität
  In ~en geraten, K. s. BREDULLJE
Scylla
  Zwischen ~ und Charybdis, P. s.
  ODYSSEUS
See
  Wasser in die ~ tragen, K. s. WAS-
  SER, EULE
SEELE (K)
  Nun hat die liebe (arme) ~ Ruh!;
  auch: einem etwas auf die ~ binden,
  K. s. BEIN; ein Herz und eine ~, K. s.
  HERZ; die gleichgestimmten Saiten
  verwandter ~n, P. s. SAITE; D. s.
  LEIB; Seelenarzt, D. s. LEIB
SEELEUTE UND LANDRATTEN (D);
  Wendungen aus der Soldaten- und
  Seemannssprache
Seemann
  Das kann doch einen ~ nicht erschüt-
  tern, P. s. DECK
Seemannsgarn, K. s. JAGD, GARN
Seemannssprache
  D. s. SEELEUTE UND LANDRATTEN;
  P. s. DECK
Segel, segeln
  Die ~ streichen, K. s. FAHNE; im
  günstigen Winde ~, P. s. BETT; unter
  fremder (falscher) Flagge ~; unter wel-
  cher Flagge segelt er?, P. s. FLAGGE;
  vor dem Winde ~; mit allen Winden
  ~; das ist Wind in seine ~; jeman-
  dem den Wind aus den ~n nehmen,
  P. s. WIND
segnen
  Das Zeitliche ~, K. s. ZEIT
sehen
  rot ~, K. s. ROT; sich nicht in die
  Karten ~ lassen, K. s. KARTE, FAR-
  BE; seine Felle fortschwimmen ~; K. s.

FELL; durch die Finger ~; jemandem auf die Finger ~, K. s. FINGER; jemandem in die Karten ~ (schauen), K. s. KARTE; das sieht man ihm an der Nasenspitze an, K. s. NASE; den Wald vor Bäumen nicht ~, K. s. WALD; das sieht ein Blinder mit dem Krückstock, P. s. BLIND; er sieht die Buchstaben doppelt, P. s. BUCHSTABE; jemandem auf die Finger ~, P. s. FINGER; weder volle noch leere Gläser ~ können, P. s. GLAS; Land ~, P. s. LAND; da kann man Pferde kotzen ~, P. s. PFERD

sehnen
sich nach dem Bettzipfel ~, P. s. BETT
Seide
Es hängt an einem ~nen Faden, K. s. FADEN, P. s. MESSER
Seifensieder
Mir geht ein ~ auf, K. s. LICHT
seihen
Mücken ~ und Kamele verschlucken, P. s. MÜCKE
Seite
Komm an meine grüne ~, K. s. GRÜN; die Lacher auf seiner ~ haben, P. s. LACHEN
selig
Wer's glaubt, wird ~, K. s. GLAUBEN; bei mir kann jeder nach seiner Fasson ~ werden, P. s. FASSON
Seligkeit
In ~ schwimmen, D. s. ANBRENNEN; auch: K. s. GLAUBEN und P. s. FASSON
SENF (P)
Seinen ~ dazugeben etc.
Senkrechtstarter
D. s. TECHNIK, SPORT, VERKEHR; hinter: »den Bus verpassen«
SENSE (K)
Bei mir ist ~ etc.
setzen
Einem den Daumen aufs Auge ~, K. s. DAUMEN; jemanden unter Druck ~, K. s. DRUCK; einem den roten Hahn aufs Dach ~, K. s. HAHN; alles auf eine Karte ~, K. s. KARTE, FARBE; auf die falsche Karte ~, K. s. KARTE; sich ins rechte Licht ~, K. s. LICHT; sich in die Nesseln ~, K. s. NESSEL; sich aufs hohe Pferd ~, K. s. PFERD; einem den Stuhl vor die Tür ~, K. s. STUHL; sich auf seinen Altenteil ~, P. s. ALTENTEIL; einem die Pistole auf die Brust ~, P. s. BRUST, PISTOLE; setz dich auf deine vier Buchstaben, P. s. BUCHSTABEN; je-

mandem einen Floh ins Ohr ~, P. s. FLOH, Himmel und Hölle in Bewegung ~, P. s. HIMMEL; sich etwas in den Kopf ~, P. s. KOPF; jemanden an die frische Luft ~, P. s. LUFT; einem das Messer an die Kehle ~, P. s. MESSER; einem den Fuß auf den Nacken ~, P. s. NACKEN; jemandem vor die Nase ~, P. s. NASE; ~ wir Deutschland in den Sattel, P. s. REITEN; sich zwischen zwei Stühle ~, P. s. ZWISCHEN

sicher
Nummer ~, P. s. NUMMER
SIEBEN (K)
Im siebten Himmel sein (K), auch P. s. DRUNTER; ein Buch mit ~ Siegeln, K. s. BUCH; aus der ~ten Bitte, P. s. BITTE; pack deine ~ Zwetschgen, pack deine ~sachen, in ~ Sprachen schweigen, die böse ~, P. s. SACHE
Siegel
Unter dem ~ der Verschwiegenheit, K. s. BLUME; einem Brief und ~ geben, K. s. BRIEF; ein Buch mit sieben ~n, K. s. BUCH
Siegespalme, P. s. LORBEER, PALME
SIELE (K)
In den ~n sterben etc.
Silber, P. s. LÖFFEL
singen
Ich kann ein Lied davon ~, K. s. LIED; er will die Nachtigall ~ lehren, P. s. NACHTIGALL; das ist ihm nicht an der Wiege gesungen worden, P. s. WIEGE
sinken
Die Ratten verlassen das ~de Schiff, K. s. RATTEN; sein Stern ist im ~, P. s. AST
Sinn
Nicht alle ~e haben, K. s. TASSEN
SISYPHUS (K)
Eine ~arbeit verrichten
sitzen
In der Bredullje ~, K. s. BREDULLJE; im Dalles (Druck) ~, K. s. DALLES; auf glühenden Kohlen ~, K. s. FEUER; hinter schwedischen Gardinen ~, K. s. GARDINE; in der Klemme ~, K. s. KLAMM, DALLES, PATSCHE; das Messer sitzt ihm an der Kehle, K. s. MESSER; auf den Ohren ~, K. s. OHR; in der Patsche ~, K. s. PATSCHE;•auf dem Präsentierteller ~, K. s. PRÄSENTIERTELLER; auf dem Pulverfaß (Pfropfen, Proppen) ~, K. s. PFROPFEN; auf hohem Pferd ~, K. s. PFERD; fest im Sattel ~, K. s. SAT-

845

TEL; im Schlamassel ∼, K. s. SCHLA-
MASSEL; in der Tinte ∼, K. s. TINTE;
du sitzt auf hohem Roß, P. s. ABBRE-
CHEN, OLYMP, PFERD; in der Pat-
sche ∼, P. s. BAUM, MÜCKE; in der
Klemme ∼, P. s. BAUM, ENGEL; in
der Kreide ∼, P. s. FLOH, NADEL;
auf den Händen ∼, P. s. HAND; lausig
in Lee ∼, P. s. LEE; er sitzt in der
Wolle, P. s. MILCH; auf dem trocknen
∼; in der Tinte ∼, P. s. MÜCKE; je-
mandem auf dem (im) Nacken ∼, P.
s. NACKEN; wie auf heißen (glühen-
den) Kohlen ∼; wie auf Nadeln ∼, P.
s. NADEL; auf dem hohen Olymp ∼,
P. s. OLYMP
Sitzredakteur, K. s. PRÜGEL
Skihase
D. s. HASE
SOCKE (K)
Mit qualmenden ∼ laufen etc.
Soldatensprache
D. s. SEELEUTE UND LANDRATTEN
SONNE (K)
Das ist doch sonnenklar etc.; auch: wie
Butter an der ∼ bestehen, K. s. BUT-
TER; den Platz an der ∼ finden, P. s.
BETT
Soundso
Herr ∼, D. s. X
spanisch
Das kommt mir ∼ vor, das waren dem
Gehirne ∼ Dörfer, K. s. BÖHMISCH;
∼e Stiefel, K. s. MANSCHETTEN
spannen
Die Ochsen hinter den Pflug ∼, den
Pflug vor die Ochsen ∼, P. s. OCHSE;
das Pferd hinter den Wagen ∼, P. s.
PFERD; die Saiten zu hoch ∼, P. s.
SAITE
Sparren
Er hat einen ∼ zuviel, P. s. MANN
spät
spätes Mädchen, D. s. ALT; ∼zün-
dung, K. s. GROSCHEN
Spatz
Der ∼ in der Hand, D. s. GRÄFIN
Spatzen
Er hat ∼ unter dem Hut, K. s. HUT,
VOGEL; ∼futter, P. s. PFERDE-
ARBEIT
Speck
Durch Dreck und ∼, K. s. DRECK;
∼seite: mit der Wurst nach der ∼seite
werfen, K. s. WURST
speien
Gift und Galle ∼, P. s. BERSERKER,
GALLE

SPERENZIEN (K)
∼ machen
SPHINX (P)
Rätselhaft wie eine ∼
SPIEGEL (K)
Den Brief wird er sich nicht hinter den
∼ stecken etc.; auch: ∼fechterei
Spiel
Gute Miene zum bösen ∼ machen, K.
s. FARBE, P. s. KATZE; ein abgekar-
tetes ∼; die Hand im ∼e haben, K. s.
KARTE; K. s. HAND; P. s. REPTIL
spielen
Den Bärenführer ∼, K. s. BÄR; mit
dem Feuer ∼, K. s. FEUER; die erste
Geige ∼, K. s. GEIGE; mit offenen
Karten ∼, K. s. KARTE; seinen höch-
sten Trumpf aus∼, K. s. KARTE,
FARBE; den wilden Mann ∼, K. s.
MANN; jemandem einen Schabernack
∼, K. s. SCHABERNACK, STREICH;
sich in den Vordergrund ∼, K. s.
SCHAU; jemandem einen Streich ∼,
K. s. STREICH; va banque ∼, K. s.
VA BANQUE, FARBE, P. s. BERAP-
PEN; einen Schabernack ∼, P. s. BE-
SEN; jemandem etwas in die Hände
∼, P. s. HAND; das spielt keine Rolle,
P. s. JACKE, ROLLE; Katze und Maus
∼, P. s. KATZE; eine glänzende (große,
wichtige, unrühmliche, beschämende,
traurige) Rolle ∼, P. s. ROLLE
SPIESS (K)
Den ∼ umdrehen etc.; auch: ∼ruten
laufen, K. s. JOCH; durch die ∼e
jagen, P. s. AB; ∼bürger, ∼geselle
spinnen
Ein Garn ∼, K. s. GARN
spitz
Mit ∼er Zunge, K. s. HECHEL
SPITZE (K), auch: P. s. ANSPITZEN
Einer Sache die ∼ abbrechen etc.; auch:
einen spitzen Bleistift haben, eine spit-
ze Feder schreiben, P. s. BLEI; ein
Prinzip auf die ∼ treiben, P. s. REI-
TEN
SPOREN (K)
Sich die ∼ verdienen; ∼ an den Ab-
sätzen haben, D. s. BLEI
spottbillig, P. s. APFEL
Sprachen
Babylonische ∼verwirrung. P. s.
BABYLON; in sieben ∼ schweigen,
P. s. SACHE
sprachlos
Da bist du ∼, D .s. ABSCHNALLEN
sprechen
Aus dem Stegreif ∼, K. s. STEGREIF;
durch die Blume ∼, K. s. BLUME;

ohne Punkt und Komma ~, K. s.
BUCH; sub rosa ~, K. s. BLUME, P.
s. ROSE; jemanden auf den Raub ~,
P. s. RAUB

Spreu, P. s. WIND

SPRINGEN (K)
Jemandem auf die Sprünge helfen etc.;
auch: für jemanden in die Bresche ~,
K. s. BRESCHE; vor Freude an die
Decke ~, K. s. DECKE, P. s. WAND;
einen über die Klinge ~ lassen, K. s.
KLINGE; das ist der ~de Punkt, K. s.
PUNKT, P. s. NERVUS RERUM; über
seinen Schatten ~, K. s. SCHATTEN;
dem Tod von der Schippe ~, K. s.
SCHIPPE; alle Minen ~ lassen, P. s.
MINE

Spritze
Der Mann an der ~, K. s. MANN

Spruch
Mach keine dummen Sprüche, P. s.
REDENSART

Sprung, Sprünge
Auf dem ~e sein, jemandem auf die
~ helfen, K. s. SPRINGEN; keine
großen ~ machen, K. s. KATZE,
SPRINGEN, P. s. BESCHEIDEN, D. s.
BEIN und RADFAHRER; der ~ ins
Dunkle, P. s. DUNKEL

Spucke, spucken
Große Bogen ~, K. s. BOGEN; Gift
und Galle ~, P. s. GALLE; jemandem
auf den Kopf ~, P. s. KOPF

Spur, spuren
Auf die ~ bringen, die ~ finden, er
spurt tadellos, P. s. GLEIS; eine heiße
~, D. s. FAXEN

STAB (K)
Über jemanden den ~ brechen etc.;
auch: K. s. BRUCH, P. s. BETTEL

STACHEL (K)
Wider den ~ löcken etc.

Stahl, P. s. MANN

Stall
Er ist das beste Pferd im ~; seine
Pferdchen im ~ haben, P. s. PFERD

Stammbaum, P. s. BAUM

Stammfeuer, K. s. LAUF

STANGE (K), auch: K. s. LANZE
Einem die ~ halten etc.; den Mond
mit der ~ rausschieben, D. s. HUND

stante pede, K. s. FUSS

Stapel
Etwas vom ~ lassen, D. s. WORT

STAR (K)
Einem den ~ stechen

stark
Das ist ein ~es Stück, P. s. EINFALL;
das Recht des Stärkeren, P. s. ELLEN-

BOGEN; er hat ~e Schlagseite, P. s.
SCHLAG

STAUB (K)
Sich aus dem ~e machen etc.; auch:
die Geschichte hat viel ~ aufgewirbelt,
K. s. GESCHREI

stechen
Ihn sticht der Hafer, K. s. HAFER;
einem den Star ~, K. s. STAR; sich
etwas durch den Bauch ~, P. s.
BAUCH; den Landesvater ~, P. s.
BESCHEID; in ein Wespennest ~, P.
s. WESPE

Steckbrief, K. s. STECKEN

STECKEN (K)
Es einem ~ etc.; auch: unter einer
Decke ~, K. s. DECKE; Dreck am
Stecken, K. s. DRECK; ihm blieb vor
Schreck das Wort im Halse ~; bis über
den Hals in Schulden ~, K. s. HALS;
in seiner Haut möchte ich nicht ~, K.
s. HAUT; jemanden ins Loch ~, K. s.
LOCH; die Nase in etwas ~, K. s.
NASE; bis über die Ohren in Schulden
~, K. s. OHR; einen Pflock zurück~,
K. s. PFLOCK; einen in den Sack ~,
jemanden in die Tasche ~, K. s. SACK;
den Kopf in den Sand ~, K. s. SAND;
den Brief nicht hinter den Spiegel ~,
K. s. SPIEGEL; zwischen Baum und
Borke ~, P. s. BAUM; unter einer
Decke ~, P. s. FRIEDEN; einen in
die Tasche ~, P. s. TASCHE; die
Beine unter eines anderen Tisch ~,
P. s. TISCH

Steckenpferd, K. s. STECKEN

STECKNADEL (D)
Eine ~ fällt zu Boden; etwas wie eine
~ (im Heuhaufen) suchen, P. s. NA-
DEL

STEGREIF (K)
Aus dem ~ sprechen

stehen
Wie es im Buche steht, K. s. BUCH;
unter der Fuchtel ~, K. s. FUCHTEL;
auf tönernen Füßen ~, ~den Fußes
etwas tun, K. s. FUSS; in keinem guten Geruch ~, K. s. GERUCH; in der
Kreide ~, K. s. KREIDE; seinen (ihren)
Mann ~, K. s. MANN; das Wasser
steht ihm schon bis zum Hals, K. s.
MESSER; jemandem Rede (und Antwort) ~, K. s. REDE; Schmiere ~, K.
s. SCHMIERE; unter dem Pantoffel ~,
K. s. SCHUH; mit einem Fuß im Grabe
~, P. s. ABBRECHEN; unter (ständigem) Druck (Zeitdruck) ~, P. s.
DRUCK, BLEI; ein Schlag, und du
stehst im Hemde, P. s. HEMD; es steht

auf des Messers Schneide, P. s. MES-
SER; sich selbst im Lichte ∼, P. s.
NASE; auf der Kippe ∼, P. s. WAAGE

stehlen
Mit jemandem Pferde ∼ können, K. s.
PFERD; jemandem die Schau ∼, K. s.
SCHAU; ∼ wie die Raben, K. s. RABE;
dem lieben Gott den Tag ∼, P. s. TAG

steif, steifen, steifhalten
Die Ohren ∼, K. s. OHR; ∼ wie ein
Besenstiel, P. s. BESEN; einen ∼
Nacken haben, jemandem den Nacken
∼, P. s. NACKEN

steigen
Jemandem aufs Dach ∼, K. s. DACH,
P. s. BESCHEID; in die Kanne ∼, P.
s. BESCHEID

STEIN (K)
Einen ∼ auf jemanden werfen etc.;
auch: ein ∼ auf dem Herzen, P. s.
BLEI; ∼alt, ∼reich; ∼ und Bein schwören, D. s. BEIN

stellen
Jemandem eine Falle ∼, K. s. EIS,
FALLSTRICK; jemanden auf die Pro-
be ∼, K. s. EIS; sich auf die Hinter-
beine ∼, K. s. HINTER; sein Licht
unter den Scheffel ∼, K. s. LICHT;
einen an den Pranger ∼, K. s. PRAN-
GER; jemanden zur Rede ∼, K. s.
REDE; die Bude auf den Kopf ∼, P.
s. BUDE; die Gretchenfrage ∼, P. s.
GRETCHEN; sich auf die Hinterbeine
∼, P. s. MANN

STERBEN (D)
Unser lieber Vater ist sanft entschla-
fen. Hier verschiedene Arten des
Hinscheidens; in den Sielen ∼, K. s.
SIELE

Sterbenswörtchen
D. s. BINSEN

Stern
Sein ∼ ist im Sinken, P. s. AST

STICH (K)
Jemanden im ∼ lassen etc.; auch: stichhaltig, ∼probe und: Hieb oder ∼, K.
s. HAUEN

STIEFEL (K)
Einen ∼ vertragen können etc.

Stier
Den ∼ bei den Hörnern packen, K. s.
HORN, P. s. BIEGEN, WÜRFEL

stieren
Löcher in die Luft ∼, P. s. LUFT

Stil
Guter ∼, D. s. LEHRGELD

stimmen
Hauptsache, die Kohlen ∼, K. s. KOH-
LEN

stinken
Geld stinkt nicht, K. s. GELD; das
stinkt zum Himmel, P. s. HIMMEL;
du stinkst zehn Meter gegen den Wind,
P. s. WIND

stirb
Friß Vogel oder ∼, P. s. VOGEL

Stock
Einen ∼ verschluckt haben, P. s. BE-
SEN

stockdumm, K. s. DUMM

Stockzahn
Auf seinem ∼ lachen, D. s. ZAHN

stolpern
Über seine eigenen Füße ∼, P. s. ELE-
FANT, NASE

stopfen
Einem den Hals ∼, K. s. HALS; einem
das Maul ∼, K. s. MAUL

STORCH (D)
Da brat' mir einer 'nen ∼! etc.

Stoß, stoßen
Seinem Herzen einen ∼ geben, K. s.
HERZ; ihn stößt der Bock, K. s. BOCK;
jemandem Bescheid ∼, P. s. BESCHEID;
jemanden aus dem Anzug ∼, P. s.
HEMD; jemanden vor den Kopf ∼, P.
s. KOPF; ihn mit der Nase drauf ∼, P.
s. NASE

stramm
∼stehen, D. s. ABBAUEN; Essen
durch stramme Haltung ersetzen, D. s.
ABSPAREN

STRANG (K)
Über die Stränge schlagen (auch: K. s.
SCHNUR) etc.

Straße
Jemand auf die ∼ setzen, D. s. AB-
STELLGLEIS

sträuben
Sich mit Händen und Füßen gegen
etwas ∼, P. s. HAND

Strauchritter, K. s. BUSCH

Strauß
Den Kopf in den Sand stecken, Vogel
∼-Politik, K. s. SAND

STRECKE (K)
Jemanden zur ∼ bringen etc.

strecken
Sich nach der Decke ∼, K. s. DECKE,
P. s. BESCHEIDEN

STREICH (K)
Jemandem einen ∼ spielen etc.

streichen
Die Flagge (Segel) ∼, K. s. FAHNE

STREIT (K)
Die ∼axt begraben etc.

streiten
Um des Kaisers Bart ∼, K. s. BART

Strenge
  Mit drakonischer ~, P. s. DRAKON
streuen
  Einem Sand in die Augen ~, K. s.
  SAND; jemandem Rosen auf den Weg
  ~, P. s. ROSE
STRICH (K)
  Auf den ~ gehen etc.; auch: nach ~
  und Faden, K. s. FADEN; lügen nach
  ~ und Faden, K. s. LÜGE; jemandem
  einen ~ durch die Rechnung machen,
  K. s. STRICH, RECHNUNG
STRICK (K)
  Wenn alle ~e reißen etc.; auch stricken
STROH (K)
  ~witwer etc.; auch: ~ im Kopf haben,
  K. s. GRÜTZE; ~feuer, K. s. FEUER
STROH (D)
  Nach dem rettenden Strohhalm greifen
  etc. Von der Feder aufs ~ kommen,
  D. s. FEDER
STRUMPF (K)
  Sich auf die Strümpfe machen etc.
STÜCK (K)
  Große ~e auf jemanden halten; auch:
  P. s. BERAPPEN und: starke ~e auf-
  tischen, K. s. AUFSCHNEIDEN; das
  ist ein starkes ~, K. s. ENDE, D. s.
  ENDE, P. s. EINFALL; von ihm nimmt
  kein Hund ein ~ Brot, K. s. HUND;
  sich ein ~ davon abschneiden, P. s.
  ABSCHNEIDEN
STUHL (K)
  Einem den ~ vor die Tür setzen; auch:
  sich zwischen zwei Stühle setzen, P. s.
  ZWISCHEN; den ~ vor die Tür setzen,
  D. s. ABBAUEN und ABSTELLGLEIS
Stupsnase, K. s. SCHLAFEN, P. s. NASE
Sturm
  ~ im Wasserglas, P. s. ELEFANT
Stuten
  Bäckerkindern ~ schenken, K. s. EULE
sub rosa sprechen, K. s. BLUME, P. s.
  ROSE
suchen
  Den Anschluß ~, P. s. ANSCHLUSS;
  etwas wie eine Stecknadel ~, P. s.
  NADEL; suchst du den gestrigen Tag?,
  P. s. TAG
SÜNDE (K)
  Der ~nbock sein etc.; auch: dumm
  wie die ~, K. s. DUMM
Sündenbabel, P. s. BABYLON
Sündenbock, K. s. SÜNDE, KARNICKEL,
  PRÜGEL
Sündenregister, K. s. SÜNDE
Suppe, P. s. A
  Die ~ auslöffeln müssen, K. s. AUS-
  BADEN, D. s. AUS und HUND; ein

Haar in der ~ finden, K. s. HAAR,
  P. s. EI
SÜSS (D)
  Er hat bei ihr mächtig Süßholz geras-
  pelt etc.; die Süßlupine
Süßholz
  ~ raspeln, D. s. SÜSS
Süßlupine
  D. s. SÜSS
swigen, K. s. MUND

T

Tabulatur, K. s. REGEL
Tadel
  Ein Ritter ohne Furcht und ~, P. s.
  RITTER
TAFEL (K)
  Die ~ aufheben
TAG (P), auch: P. s. ABEND
  In den ~ hineinleben etc.; auch: etwas
  an den ~ bringen, K. s. LICHT; seinen
  ~ von Damaskus erleben, K. s. SAU-
  LUS; die Sonne bringt es an den ~,
  K. s. SONNE; es ist noch nicht aller
  ~e Abend, man soll den ~ nicht vor
  dem Abend loben, P. s. ABEND; in
  (über) acht ~e(n), ewig und drei ~e,
  seit (vor, nach) Jahr und ~, P. s.
  JAHR, Mann des ~es, P. s. MANN
TAG (D)
  Der redet viel, wenn der ~ lang ist
  etc. Aller Tage Abend, D. s. FETT
Tageslicht
  Ans ~ kommen, P. s. DUNKEL
Tamtam, K. s. TRARA
TANTALUS (K)
  ~qualen erleiden
tanzen
  Nach seiner Pfeife ~, K. s. PFEIFE;
  nach seiner Geige ~, K. s. GEIGE; alle
  Puppen ~ lassen, P. s. DUNKEL; ums
  Goldene Kalb ~, P. s. KALB; man
  tanzt mir auf dem Kopf herum, P. s.
  KOPF
Tapet (K)
  Etwas aufs ~ bringen etc.
tappen
  Im Dunkeln ~, P. s. DUNKEL
TARANTEL (K)
  Wie von der ~ gestochen
Tarantella, K. s. TARANTEL
TASCHE (P)
  Sich die ~n füllen etc.; auch: jeman-
  den in die ~ stecken, K. s. SACK; sich
  in die eigene ~ lügen, P. s. BEUTEL;
  das letzte Hemd hat keine ~, P. s.

HEMD; da geht einem das Messer in der ~ auf, P. s. MESSER

Taschentuch
Das paßt wie der Igel zum ~, K. s. IGEL

TASSEN (K)
Nicht alle ~ im Schrank haben (auch: P. s. MANN) etc.

Tat, P. s. MANN

TATAR (P)
Das ist eine ~ennachricht

Tatsachen
Vorspiegelung falscher ~, P. s. ZAUBER

Tau
Vor ~ und Tag, P. s. TAG

taub
~en Ohren predigen, K. s. OHR; die ~e Nuß, P. s. NUSS

Taube
Die ~ auf dem Dach, D. s. GRÄFIN

tausend, auch: P. s. ZEHNTAUSEND
Vom Hundertsten ins ~ste kommen, K. s. HUNDERT; voll wie ~ Mann, K. s. MANN; mit ~ Zungen predigen, P. s. ZUNGE

TECHNIK, SPORT, VERKEHR (D)
Wendungen aus diesen Gebieten

TECHTELMECHTEL (K)
Ein ~ haben etc.

Tee
Abwarten und ~ trinken, P. s. AB-WARTEN

Teich
Jenseits des großen ~es, P. s. BERG

Teil
Sein bescheiden ~, P. s. BESCHEIDEN

Teller
Gutes Wetter bleibt, wenn alle ~ leergegessen sind, P. s. WETTER

TEPPICH (K)
Auf dem ~ bleiben etc.

TEUFEL (K), auch: K. s. KUCKUCK
Den ~ an die Wand malen etc.

TEUFEL (P), auch: P. s. DEIBEL
Dich soll der ~ frikassieren! etc.; auch: ~sbraten, ~ haschen und: vom ~ geritten, P. s. PANIK; den ~ mit dem Beelzebub austreiben, den ~ an die Wand malen, P. s. SACHE

TEXT (P)
Weiter im ~! etc.

Thema
Wir haben das ~ gründlich abgeklopft, P. s. ABKLOPFEN

ticken
Die Totenuhr ~, K. s. WURM

tief
~ in die Tasche greifen, P. s. TASCHE

TINGELN (P)
Das ist ein richtiger ~tangel; auch: ~tangeleuse etc.

TINTE (K)
In der ~ sitzen (auch: P. s. MÜCKE) etc.

TIPPTOPP (K)

TISCH (P)
Reinen ~ mit etwas machen (auch: K. s. BAHN) etc.; auch: etwas vom grünen ~ her, K. s. TAPET, etwas unter den ~ fallen lassen, P. s. MÜCKE

TISCH (D)
Etwas vom ~ wegwischen etc.; reinen ~ machen, D. s. LEHRGELD

Tischecke
An der ~ riechen, P. s. TISCH

TISCHTUCH (K), zerschneiden

TOAST (K), ausbringen

tobottern (zubuttern), K. s. BUTTER

Tod
Dem ~ von der Schippe hopsen, K. s. SCHIPPE; aussehen wie der ~ von Ypern (Basel, Haarlem), K. s. YPERN, D. s. AUS

toi! toi! toi!, K. s. DAUMEN

toll
Ein ~er Hecht, K. s. HECHT; die ~e Masche, K. s. MASCHE; er hat einen ~en Zahn drauf, P. s. ZAHN

Tomaten
~ auf den Augen haben, D. s AUGE

Ton
Auf tönernen Füßen stehen, K. s. FUSS; den ~ angeben, K. s. GEIGE; der ~ macht die Musik, D. s. MUSIK

TOPF (K)
Alles in einen ~ werfen; auch: K. s. LEISTEN

TOR (K), ~schlußpanik
Kurz vor ~schluß etc.

tot
Auf dem ~en Punkt anlangen, K. s. PUNKT; ~enuhr, ~enwurm, K. s. WURM; sich nach den ~en Buchstaben richten, P. s. BUCHSTABE; aufs ~e Gleis geschoben werden, P. s. GLEIS; ein ~geborenes Kind, ein Kind des ~es, P. s. KIND; sich ~lachen, P. s. LACHEN; ein Prinzip zu ~e reiten, P. s. REITEN; den Tag ~schlagen, P. s. TAG

Tour
Die krumme ~, K. s. KRUMM

TRAB (K), auch: P. s. ANSPITZEN
Jemanden auf den ~ bringen

traben
Das trabt auf einem Pferdefuß, K. s. PFERD

tragen
Eulen nach Athen ∼, Water in de See dragen, K. s. EULE; jemanden auf Händen ∼, K. s. HAND; seine Haut zu Markte ∼, K. s. HAUT; das Kainszeichen ∼, K. s. KAIN; die Nase hoch ∼, K. s. NASE; das trägt die Katze auf dem Schwanz weg, P. s. KATZE; das Herz auf der Zunge ∼, P. s. ZUNGE, ZAUM

trampeln
Nachtigall, ich hör dir ∼, P. s. NACHTIGALL

Tränen
Blutige ∼ weinen, K. s. BLUT; unter ∼ lächeln, P. s. LACHEN

TRAN (K)
Im ∼ sein

trapsen, s. trampeln

TRARA (K)
Ein großes ∼ um etwas machen etc.

TRAUEN (D)
Dem kann man soweit ∼, wie man ein Klavier schmeißen kann; ich traue dem Frieden nicht, P. s. FRIEDEN

trauern
In Sack und Asche ∼, P. s. SACK

Traufe
Aus dem Regen in die ∼, K. s. REGEN

träumen
Das hat er sich nicht ∼ lassen, P. s. WIEGE

Traum
Das fällt mir nicht im ∼e ein, P. s. EINFALL

traurig, Traurigkeit
Kein Freund von ∼ sein, P. s. BUDE; Ritter von der ∼en Gestalt, P. s. RITTER

treffen
Ins Schwarze ∼, K. s. SCHWARZ; P. s. ABBRECHEN, ROTZ, drakonische Maßnahmen ∼, P. s. DRAKON; den Nervus rerum ∼, P. s. NERVUS RERUM

treiben
Zu Paaren ∼, K. s. PAAR, P. s. NERVUS RERUM; mit jemandem Schindluder ∼, K. s. SCHINDEN; mit seinen Kräften Raubbau ∼, P. s. RAUB; ein Prinzip auf die Spitze ∼, P. s. REITEN

TREPPE (K)
∼nwitz der Weltgeschichte

TRETEN (K)
In der Tretmühle leben; ins Fettnäpfchen ∼, K. s. FETT; das Recht mit Füßen ∼; sich auf den Fuß ge∼ fühlen, K. s. FUSS; in die Fußtapfen eines anderen ∼, K. s. SCHUH

Triangel, P. s. TINGELN

trinken
∼ wie ein Bürstenbinder, K. s. BÜRSTENBINDER; ex ∼, P. s. BESCHEID; D. s. ABBEISSEN

trocken
∼ hinter den Ohren, K. s. OHR; auf dem ∼en sitzen, P. s. MÜCKE; sein Schäfchen ins ∼e bringen, K. s. SCHAF

Trog
Davonlaufen wie die Sau vom ∼, P. s. SAU

Troja
Das ∼nische Pferd, K. s. DANAER, P. s. ODYSSEUS

Trompete
Mit Pauken und ∼n durchfallen, K. s. PAUKE

TROST (K)
Nicht recht bei ∼e sein

trüben
Im ∼ fischen, K. s. FISCH; aussehen, als wenn man kein Wässerchen ∼ könnte, K. s. WASSER

Trumpf
Seine Trümpfe in der Hand behalten, K. s. FARBE, KARTE; den höchsten ∼ ausspielen, K. s. FARBE

Tuch
Das ist für ihn das rote ∼, K. s. ROT

tun
Jemandem Bescheid ∼, P. s. BESCHEID; seine verdammte Pflicht und Schuldigkeit ∼, P. s. VERDAMMT

TÜR (K) und (P)
Mit der ∼ ins Haus fallen etc. (K), ihm alle Türen öffnen etc.; sie hat Holz vor der ∼, K. s. HOLZ; . . ., daß man keinen Hund vor die ∼ jagt, K. s. HUND; einem den Stuhl vor die ∼ sezten, K. s. STUHL; die ∼ von draußen zumachen, P. s. EINPACKEN; die ∼ vor der Nase zuschlagen, P. s. NASE; Säcke vor den ∼en, P. s. SACK; zwischen ∼ und Angel, P. s. SACK und ZWISCHEN

TÜRKE (K)
Einen ∼n bauen

Turmbau
∼ zu Babel, P. s. BABYLON

Tuten und Blasen
D. s. BLASE; von ∼ keine Ahnung haben; es ist nicht alles Trübsal, was geblasen wird; K. s. HORN, K. s. MARSCH, P. s. BESCHEID

TZ (K)
Bis zum ∼; auch: P. s. A

U

U
  Jemandem ein X für ein ~ machen,
  K. s. X
übel
  Üble Elemente, P. s. ELEMENT
ÜBER (K)
  Jemanden ~fahren etc: auch: bis ~
  beide Ohren . . . K. s. OHR
überfahren, überführen, K. s. ÜBER
übergegangen
  Der Gedanke ist ihm in Fleisch und Blut
  ~, P. s. FLEISCH, JACKE
überhand
  Es nimmt ~, K. s. HAND
ÜBERKANDIDELT (D)
  Sie ist reichlich ~
überlassen
  Das Denken müssen Sie den Pferden
  ~, P. s. PFERD
übermannen, P. s. MANN
  Vom Schlaf übermannt werden, P. s.
  ABGESPANNT
Übermut
  ~ tut selten gut!, P. s. PALME
überschreiten
  Den Rubikon ~, P. s. RUBIKON
überspannen
  Den Bogen nicht ~, K. s. BOGEN
Überzeugung
  Im Brustton der tiefsten ~, P. s.
  BRUST
Uhl
  Wat dem einen sin ~, D. s. MUSIK
Uhr
  Die ~ geht nach dem Mond, K. s.
  MOND
umarmen
  Die ganze Welt ~, P. s. WELT
umdrehen
  Der Magen dreht sich um, K. s. MA-
  GEN; den Spieß ~, K. s. SPIESS
UMGEKEHRT (D)
  ~ wird ein Schuh draus; das sind zwei
  Paar Schuhe, K. s. SCHUH
umsatteln, K. s. SATTEL
UMSTAND, UMSTÄNDE (P)
  Sich nach den ~n richten, auch: Um-
  standskrämer etc.; und: die Sache ist
  die und der ~ ist der, P. s. SACHE
unangenehm
  Sich ~ berührt fühlen, K. s. STRICH
unbegrenzt
  Das Land der ~en Möglichkeiten, das
  Land der ~en Unmöglichkeiten, P. s.
  LAND

UNBEKANNT (K)
  Der große ~e
unberufen, K. s. DAUMEN, TEUFEL,
  P. s. DEICHSEL
UNBESCHOLTEN (K)
  ~ sein
ungelegt
  Sich um ~e Eier kümmern, K. s. EI
ungereimt
  Ungereimtes Zeug etc., D. s. REIM
ungeschoren
  Laß mich ~, K. s. KAMM
ungespitzt
  Jemanden ~ in den Boden hauen, P. s.
  ANSPITZEN
ungestraft
  Nicht ~ unter Palmen wandeln, P. s.
  PALME
ungewaschen
  Halt dein ~es Maul, K. s. WASCHEN
UNKE (K)
  Unken
Unmöglichkeiten, P. s. LAND
UNRUHIG (D)
  Hummeln im Hintern haben etc.
Unschuld
  Seine Hände in ~ waschen, K. s.
  HAND, WASCHEN
unsicher
  Ein ~er Kantonist, K. s. KANTONIST;
  die Gegend ~ machen, P. s. ABKLAP-
  PERN
unten, unter
  ~ durch sein, K. s. KORB, P. s. DRUN-
  TER; ~ der Fuchtel, K. s. FUCHTEL;
  ~ der Hand, K. s. HAND; ~ der
  Haube, K. s. HAUBE; ~ einen Hut;
  er hat Spatzen ~m Hut, K. s. HUT;
  ~ aller Kanone, ~ aller Sau, K. s.
  KANONE; ~ dem Pantoffel, K. s.
  SCHUH; ~ vier Augen, K. s. TECH-
  TELMECHTEL
unterbelichtet
  Geistig ~, P. s. DECK, MANN
untergehen
  Mit Mann und Maus ~, K. s. MANN
unterirdisch
  ~e Kanäle, P. s. DUNKEL
Unterschied
  Das ist ein ~ wie Tag und Nacht, P. s.
  TAG
Untreue
  D. s. DRITTER
unverblümt, K. s. HECHEL
  ~ die Wahrheit sagen, K. s. BLUME,
  P. s. EINHEIZEN, KIND
URSTAND (P)
  Fröhliche Urständ feiern

V

VA BANQUE (K)
~ spielen; auch: K. s. FARBE, P. s.
BERAPPEN
vae victis!, K. s. SCHWERT
Vater
War dein ~ Glaser?, dein ~ war doch
kein Glaser, P. s. GLAS; ~ des ~lan-
des, P. s. KATILINIARISCH
Veranstaltung
Eine ~ abblasen, P. s. ABBLASEN
VERÄPPELN (K)
Jemanden ~ (auch: P. s. APFEL)
VERBALLHORNEN (K)
Eine Sache ~
VERBEISSEN (K)
Sich in etwas ~ etc.
verbieten
Ich lasse mir nicht den Mund ~, K. s.
MUND
verbissen, K. s. VERBISSEN
verblümt
Etwas ~ sagen, K. s. BLUME
verbocken
Etwas ~, K. s. BOCK
verbreiten
Panischen Schrecken ~, P. s. PANIK;
eine Tatarennachricht ~, P. s. TATAR
verbrennen
Sich die Finger ~, K. s. FEUER, P. s.
FINGER; sich den Mund ~, K. s.
MUND; die Schiffe hinter sich ~, K.
s. SCHIFF
verbrieft
Das ~e Recht, K. s. Brief
VERDAMMT (P)
Seine ~e Pflicht und Schuldigkeit tun
verdienen
Sich den Kuppelpelz ~, K. s. KUP-
PELN; sich die Sporen ~, K. s. SPOREN;
seine Brötchen hart ~, P. s. BROT;
eine goldene Nase ~, P. s. NASE
verdrehen
Jemandem den Kopf ~, P. s. KOPF
verdrücken
Sich ~, P. s. NASE
verduften, P. s. MÜCKE
verfehlen
Den Zweck ~, K. s. NAGEL
VERFLUCHT (K)
~ und zugenäht, D. s. HOSE
verfolgen
Etwas verbissen ~, K. s. VERBEISSEN
VERFRANZEN (K)
Sich ~
vergattern
D. s. WORT

vergelten
Gleiches mit Gleichem ~, K. s. WURST
Vergleich
Der ~ hinkt, K. s. PFERD
verhängen
Den Boykott über jemanden ~, K. s.
BOYKOTT
VERHASPELN (K)
Sich ~
verhunzen, K. s. HUND
verkaufen
Für dumm ~ können, K. s. DUMM;
verraten und verkauft, P. s. VER-
RATEN
verkehrt
Eine ~e Welt, P. s. WELT
verkloppen
D. s. HOSE
VERKNACKEN (K)
Einen ~; D. s. OHR
VERKNALLEN (K)
Sich in ein Mädchen ~ etc.
verlassen
Die Ratten ~ das sinkende Schiff, K.
s. RATTEN; von aller Welt ~, P. s.
WELT
verleben
Die Flitterwochen ~, K. s. FLITTER
verleumden
Verleumde nur frech, D. s. JOUR-
NAILLE
verliebt
Bis über die Ohren ~ sein, K. s. OHR;
~ wie ein Kater, P. s. KATZE
verlieren
Den Faden ~, K. s. FADEN; das Ge-
sicht ~, K. s. GESICHT, BRÜCKE;
(nicht) den Kopf ~, P. s. KOPF
verloren
An dem sind Hopfen und Malz ~,
K. s. HOPFEN; noch ist Polen nicht ~,
K. s. POLEN
vermöbeln
D. s. HOSE und NOTEN
vernagelt
Da ist die Welt mit Brettern ~, K. s.
BRETT
verpassen
Einem ein Ding ~, K. s. DING; jemandem eine Zigarre ~, K. s. ZI-
GARRE; den Anschluß ~, P. s. AN-
SCHLUSS
verpetzen
Jemanden ~, K. s. PETZEN
verpflaumen, K. s. PFLAUMEN
verpulvern, P. s. PULVER
VERRATEN (P)
~ und verkauft

verrennen
Sich in eine Sackgasse ∼, P. s. SACK
verrichten
Eine Sisyphusarbeit ∼, K. s. SISYPHUS
Vers
Sich einen ∼ darauf machen, D. s.
REIM
versaufen
Das Fell ∼, K. s. FELL
verschieden
Die Geschmäcker sind ∼, P. s. NACH-
TIGALL
verschluckt
Einen Besenstiel (Stock) ∼, P. s. BE-
sen; eine Elle ∼, P. s. ELLE; Mücken
seihen und Kamele verschlucken, P. s.
MÜCKE
verschossen sein, K. s. VERKNALLEN
VERSCHÜTTEN (K)
Verschüttgehen
Verschwiegenheit
Unter dem Siegel der ∼, K. s. BLUME
verschwinden
Von der Bildfläche ∼, K. s. BILD,
P. s. AST, NASE, SACK, VERSEN-
KUNG
VERSENKUNG (P)
Aus der ∼ wieder auftauchen etc.;
auch; in der ∼ verschwinden (auch:
P. s. BINDE)
versetzen
Sich in die Rolle eines anderen ∼, P. s.
ROLLE
Versetzung zweifelhaft, K. s. BLAU
versiegeln
Die Lippen ∼, P. s. ZAUM
versprechen
Etwas hoch und heilig ∼, K. s. HOCH;
jemandem goldene Berge ∼, P. s.
BERG
Verstand, K. s. LÖFFEL
verstehen
Das versteht sich am Rande, K. s.
RAND; einen Schmarren davon ∼, K.
s. SCHMARREN; etwas aus dem ff
∼, K. s. F; ich verstehe immer Bahn-
hof, P. s. BAHNHOF; ich verstehe die
Welt nicht mehr, P. s. WELT
verstricken
Sich im eigenen Netz ∼, K. s. NETZ
Versuchsballon
Einen ∼ starten, D. s. FÜHLER
versüßen
Eine bittere Pille ∼, K. s. BLUME
VERTEUFELN (D)
Er wurde von allen Gegnern verteufelt!
vertragen
Einen Stiefel ∼, K. s. STIEFEL

verüben
Einen Anschlag auf jemanden ∼, P. s.
ANLEGEN
verwandt
Die gleichgestimmten Saiten ∼er See-
len, P. s. SAITE
Verwirrung
∼ der Sprachen, P. s. BABYLON
verzapfen
Verzapfe nicht solchen Mist!, P. s.
MIST
VERZETTELN (K)
Sich ∼ etc.
Verzierung
Brich dir keine ∼ ab!, P. s. ABBRE-
CHEN
Vespasian, K. s. GELD
VETTER (P)
Hier herrscht üble ∼nwirtschaft, auch
∼nreise, ∼nstraße etc.
viel
∼ Geschrei und wenig Wolle, K. s.
GESCHREI
vier
Unter ∼ Augen, K. s. TECHTEL-
MECHTEL; ∼ Buchstaben, P. s. BUCH-
STABE; in seinen ∼ Wänden (Pfäh-
len), P. s. WAND; in die ∼ Winde
zerstreut, P. s. WIND
Vigilant, P. s. ANSPITZEN
VISIER (P)
Mit offenem ∼ kämpfen etc.
VOGEL (K) und (P)
Einen ∼ haben etc., friß ∼ oder stirb!,
auch: so geht der ∼ auf den Leim, K.
s. PECH; frei wie der ∼ in der Luft,
P. s. LUFT
vogelfrei, K. s. VOGEL, P. s. BANN
VOLKSSTURM (D)
Sie ist beim pädagogischen ∼
voll
Er kann den Hals nicht ∼kriegen, K.
s. HALS; einem die Hucke ∼lügen,
K. s. LÜGE; ∼ wie tausend Mann,
K. s. MANN; das Leben in ∼en Zügen
genießen, K. s. ZUG; auch: brechend
∼, gerammelt ∼, gerappelt ∼, gestopft
∼, proppen∼, bumsdicke∼ (full), P.
s. APFEL; ∼e Gläser, P. s. GLAS; er
ist ∼ wie ein Sack, P. s. SACK; D. s.
AUGE; hinter: ein Auge voll (Schlaf)
nehmen = ein wenig schlummern; aus
dem vollen schöpfen; in die vollen
gehen etc.; D. s. MUND
vollhauen
Einem die Jacke ∼, P. s. JACKE
vollaufen
Sich ∼ lassen, P. s. JACKE
Vollmatrose, K. s. HALBSTARK

vollschlagen
 Sich den Bauch ~, P. s. BAUCH
vorbeigehen
 Sich eine Chance an der Nase ~ lassen, P. s. NASE
vorbereiten
 Von langer Hand ~, K. s. HAND
Vordergrund
 Sich in den ~ spielen, K. s. SCHAU
VORHANG (D)
 Der Eiserne ~
vorkommen
 Das kommt alle Jubeljahre vor, K. s. JUBEL
Vorkoster, K. s. KREDENZEN
vormachen
 Einem blauen Dunst ~, K. s. DUNST; einem Wind ~, P. s. WIND
vorn
 Katzen, die ~e lecken und hinten kratzen, P. s. KATZE; he krigt de Wind von vörn, P. s. WIND
vorneweg
 Immer mit dem Mund ~, K. s. MUND
Vorschußlorbeeren, P. s. LORBEER
VORSICHT (K)
 ~ ist die Mutter der Porzellankiste etc.
vorsichtig
 Man kann in der Wahl seiner Eltern nicht ~ genug sein, P. s. ELTERN
vorspiegeln
 Jemandem etwas ~, K. s. DUNST; Vorspiegelung falscher Tatsachen, P. s. ZAUBER
VORTEIL (K)
 Seinen ~ wahren
vorwerfen, K. s. STAB

W

WAAGE (P), auch: K. s. GOLD, SCHWERT
 Einem die ~ halten etc.; auch: das Zünglein an der ~, P. s. ZUNGE
Waagschale
 Sein Schwert in die ~ werfen, K. s. SCHWERT; sein Gewicht in die ~ werfen, P. s. DUNKEL, WAAGE
wachsen
 Haare um etwas ~ lassen, K. s. BART; er kann hören, wie die Wolle auf den Schafen wächst; das Gras ~ hören; darüber ist längst Gras ge~, K. s. GRAS; laß dir keine grauen Haare ~, K. s. HAAR; ans Herz ge~, K. s. HERZ; dahin gehen, wo der Pfeffer wächst, K. s. PFEFFER; mir ~ Schwans-

federn, K. s. SCHWAN; der Kopf wächst ihm durch die Haare, K. s. KOPF
wackeln
 Da wackelt die Wand!, P. s. WAND, MARK
Wagen
 Das fünfte Rad am ~, K. s. RAD; das Pferd hinter den ~ spannen, P. s. PFERD
wagen
 Sich in die Höhle des Löwen ~, K. s. HÖHLE
waghalsig, K. s. HALS
Wahl
 In der ~ seiner Eltern vorsichtig sein, P. s. ELTERN
Wahlverwandtschaft
 D. s. BLASE
wahr, wahren
 Das ist der ~ Jakob, K. s. JAKOB; seinen Vorteil ~, K. s. VORTEIL; sein Gesicht ~, K. s. GESICHT; wenn das ~ ist, fress' ich einen Besen, P. s. BESEN
Wahrheit
 Unverblümt die ~ sagen, P. s. EINHEIZEN; einem die ~ geigen, K. s. GEIGE
WAISENKNABE (P)
 Dagegen bin ich ein ~
WALD (K)
 Den ~ vor lauter Bäumen nicht sehen etc.
WALD (D)
 Nicht für einen ~ von Affen. Hier: Klassiker im Volksmund
WALZE (K)
 Auf der ~ sein etc.
wälzen, P. s. LACHEN
Walzer, K. s. WALZE
WAND (P), auch: P. s. KOPF, SPIEL
 Die Wände hinaufklettern etc.; auch: den Teufel an die ~ malen, K. s. TEUFEL, P. s. SACHE, TEUFEL; jemanden an die ~ drücken, K. s. SCHAU; mit dem Kopf durch die ~ wollen, P. s. KOPF; daß die Wände wackeln, P. s. MARK; sich über die Fliege (Mücke) an der ~ ärgern, P. s. MÜCKE; die Wände haben Ohren, P. s. OHR, die Wände hochgehen, P. s. PALME
Wandalen, K. s. WANDALISMUS, D. s. BYZANTINISMUS
WANDALISMUS (K)
 Hausen wie die ~
wandeln
 Nicht ungestraft unter Palmen ~, P. s. PALME

Wanst
Fetter ~, D. s. FETT

warm
Ein ~er Regen strömt auf ihn herab,
P. s. BETT

WARNUNG (P)
Jemandem einen ~sschuß vor den Bug
geben

Warnungsschuß, P. s. WARNUNG

warten
~, bis man schwarz wird, K. s.
SCHWARZ

Wäsche
Dumm aus der ~ gucken, K. s. MOND,
WASCHEN; schmutzige ~ waschen,
K. s. WASCHEN

waschecht
Ein ~er Berliner, K. s. WASCHEN

WASCHEN (K)
Ein Kerl, der sich ge~ hat etc.; auch:
eine Hand wäscht die andere, seine
Hände in Unschuld ~, K. s. HAND;
mit allen Wassern ge~, K. s. WASSER;
jemandem den Kopf ~, P. s. KOPF;
einen Mohren weiß~ wollen, P. s.
MOHR

Wässerchen, K. s. WASSER

wässerig
Ihm den Mund ~ machen, P. s. BERG,
BIER

WASSER (D)
Bei dem kannst du ~ saufen gehen
etc.; ~ auf meiner Mühle, D. s. MU-
SIK; mit ~ kochen, D. s. WASSER

WASSER (K)
Ein Schlag ins ~ etc.; auch: das ~
steht ihm bis zum Halse, K. s. HALS;
mit allen ~n gewaschen, K. s. ABGE-
FEIMT, HUND; Sturm im ~glas, P. s.
ELEFANT; alle ~ auf seine Mühle
leiten, P. s. MÜHLE

Water
~ in de See dragen, K. s. EULE

Wecker
Einem auf den ~ fallen, P. s. LAST

WEG (K)
Einen ~ einschlagen etc.; auch: ihn
still aus dem ~e räumen, K. s. ECKE;
auf kaltem ~e, K. s. KALT; krumme
~e gehen, K. s. KRUMM; jemandem
Rosen auf den ~ streuen, P. s. ROSE

weggehen
~ wie warme Semmeln, D. s. AB-
GEHEN

wegkommen
Schlecht ~, K. s. KURZ

wegschnappen
Einem etwas vor der Nase ~, K. s.
NASE

wehen
Wo hat dich der Wind hergeweht?,
etc.; P. s. WIND

weh tun
Wenn Dummheit weh täte, müßte er
den ganzen Tag schreien, K. s. DUMM;
dem tut kein Zahn mehr weh, P. s.
ZAHN

weich
Er hat ein ~es Herz, K. s. HERZ; er
ist ~ wie Butter, K. s. BUTTER

Weihnachten
Ich freue mich wie ein Kind auf ~,
P. s. KIND

WEIN (D)
Jemanden reinen (klaren) ~ einschenken etc. Hier: mit der Weinkultur
zusammenhängende Lehnwörter aus
dem Lateinischen; ~ beißen und
kauen, D. s. ABBEISSEN; Wasser in
den ~ gießen, K. s. WASSER; einen
Wermutstropfen in den ~ gießen, P.
s. WERMUT

weinen
Blutige Tränen ~, K. s. BLUT; Krokodilstränen ~, K. s. KROKODIL; über
verschüttete (vergossene) Milch ~, P.
s. MILCH

WEIS (K), auch: K. s. DUNST
Jemandem etwas ~machen

weisen
Von der Hand ~, K. s. HAND; je-
manden in die Schranken ~, K. s.
SCHRANKE

Weisheit
Die ~ mit Löffeln gegessen, K. s.
LÖFFEL; Vorsicht ist die Mutter der
~, K. s. VORSICHT; am Ende seiner
~, P. s. HÄNGEN

weiß
Ein ~er Rabe, K. s. RABE; schwarz
auf ~, K. s. SCHWARZ; eine ~e
Weste, K. s. WESTE; weißen Fuß
machen, D. s. FUSS

Weißglut
In ~ kommen, P. s. GALLE

WEIT (K)
Das ist nicht ~ her; auch: die große,
~e Welt, P. s. WELT

weitläufig, K. s. ANBÄNDELN

WELT (P), auch: K. s. BRETT
Die ~ aus den Angeln heben etc.;
auch: da ist die ~ mit Brettern vernagelt, K. s. BRETT; ein Mann von
~, P. s. MANN

Weltgeschichte
Da hört sich die ~ auf, P. s. WELT;
ein Treppenwitz der ~, K. s. TREPPE

wenig
  Viel Geschrei und ~ Wolle, K. s. GE-SCHREI
Wenzel, K. s. SCHARWENZELN
werfen
  Sich einem anderen an den Hals ~, K. s. HALS; jemandem einen Knüppel zwischen die Beine ~, K. s. KNÜPPEL; jemandem den ganzen Kram vor die Füße ~, K. s. KRAM, STAB; sein Schwert in die Waagschale ~, K. s. SCHWERT; jemandem etwas vor~, K. s. STAB; einen Stein auf jemanden ~, K. s. STEIN, alles in einen Topf ~, K. s. TOPF; mit der Wurst nach der Speckseite ~, K. s. WURST; sein ganzes Gewicht in die Waagschale ~, P. s. DUNKEL, WAAGE; etwas oder jemanden zum alten Eisen ~, P. s. EISEN; die Flinte ins Korn ~, P. s. FLINTE
WERMUT (P)
  Einen ~stropfen in den Wein gießen etc.
wert
  Keinen Deut ~, K. s. DEUT, P. s. BE-RAPPEN; keinen Pfifferling ~ sein, K. s. DEUT; er ist keinen Schuß Pulver ~, K. s. PULVER; das ist keinen Heller ~, P. s. BERAPPEN
Werwolf, P. s. BERSERKER, K. s. HAAR
WESEN (P)
  Er hat ein einnehmendes ~
WESPE (P)
  In ein ~nnest greifen etc.; auch: ~ntaille
WESTE (K)
  Eine weiße ~ haben
Westentasche
  Ick kann nicht mit'n Ellbogen in de ~ kommen, P. s. ELLENBOGEN; die Stadt wie seine ~ kennen, P. s. TA-SCHE
WETTER (P), auch K. s. HUND
  Um gut ~ bitten etc.
WETTERFAHNE, -HAHN (P)
  Er dreht sich wie eine ~ etc.
wetterfest, P. s. WETTER
Wetterleuchten, P. s. WETTERFAHNE
wettern, P. s. WETTERFAHNE
wetterwendisch, P. s. APRIL, WETTER-FAHNE
wickeln
  Du bist schief gewickelt, K. s. SCHIEF; jemanden um den Finger ~, K. s. FINGER
Wicken
  In die ~ gehen, K. s. BRUCH, BINSEN
Widder, K. s. HORN

WIEGE (P)
  Das ist ihm nicht an der ~ gesungen worden
wild
  Den ~en Mann spielen, K. s. MANN
willig, P. s. OHR
WIND (P), auch: K. s. MANTEL, P. s. LEE
  ~ von etwas bekommen etc.; auch: den Mantel nach dem ~e hängen, K. s. MANTEL; flüchtig wie der ~, K. s. GELEGENHEIT; im günstigen ~e segeln, P. s. BETT; mach' nich so ville Wind mit det kurze Hemde, D. s. HEMD
Windbeutel, P. s. WIND
Windeln
  Nicht alle ~ in der Kommode haben, K. s. TASSEN
Windeseile, P. s. WIND
Windhund, P. s. WIND
windig
  Ein ~er Bursche, K. s. LUFT
Windmacher, P. s. WIND
Windmühlen
  Gegen ~ kämpfen, P. s. WIND
WINKEL (K)
  ~züge machen
Winkeladvokat
  D. s. LINK, LINKS
winken
  Mit dem Zaunpfahl ~, K. s. ZAUN
WIPPCHEN (K)
  Mach keine ~
Wirt
  Die Rechnung ohne den ~ machen, K. s. RECHNUNG
Wirtschaft
  Die polnische ~, K. s. POLEN
wischen
  Einem die Nase ~, P. s. NASE
wissen
  ~, wo Barthel den Most holt, K. s. BARTHEL; mein Name ist Hase, ich weiß von nichts! – ~, wie der Hase läuft, K. s. HASE; das mag der Kuckuck ~, K. s. KUCKUCK; ~, wo einen der Schuh drückt, K. s. SCHUH; wer weiß wo? P. s. BERG; das weiß doch alle Welt, P. s. WELT
WITWE (D)
  Die grüne ~
Wochenübersicht
  Gedrängte ~, P. s. LAST
Wogen
  Öl auf die ~ gießen, K. s. ÖL
Wohnwagen
  Bei euch sieht's aus wie bei Hempels unterm ~, P. s. HEMPEL

WOLF (K)
Mit den Wölfen muß man heulen; auch: dem ~ die Hammel anvertrauen, K. s. BOCK

WOLF (D)
Jemand durch den ~ drehen etc.

Wolke
Aus allen ~n fallen, K. s. KORB, P. s. BLITZ, HIMMEL

Wolkenkuckucksheim, P. s. LUFT

WOLLE (K)
In der ~ gefärbt sein etc.; auch: er kann hören, wie die ~ auf den Schafen wächst, K. s. GRAS; viel Geschrei und wenig ~, K. s. GESCHREI; er sitzt in der ~, P. s. MILCH

WORT (D)
Da hab' ich noch ein Wörtchen mitzureden etc.; ihm blieb das ~ im Halse stecken, K. s. HALS; seine ~e auf die Goldwaage legen, K. s. GOLD; das ~ im Munde herumdrehen, K. s. MUND; ein Mann ein (von) ~, P. s. MANN; das ~ liegt mir auf der Zunge, P. s. ZUNGE; sich jedes ~ abkaufen lassen, P. s. ZAUN

wund, Wunde
Einen ~en Punkt berühren, K. s. PUNKT, P. s. FINGER; den Finger auf die ~ legen, P. s. FINGER

WUNDER (K)
Sein blaues ~ erleben

wunderlich
Ein ~er Christ, P. s. CHRIST

wünschen
Jemanden auf den Blocksberg ~, P. s. BLOCKSBERG

WÜRFEL (P), auch: P. s. RUBIKON
Der ~ ist gefallen

würgen
Mit Hängen und ~, P. s. HÄNGEN

WURM (K)
Die Würmer aus der Nase ziehen etc.; auch: da ist der ~ drin, K. s. MADIG

wurmen, K. s. WURM

WURST (K), auch: K. s. SCHNUPPE
Das ist mir ~! etc.; auch: es geht um die ~, P. s. MESSER

Wüste
Jemand in die ~ schicken, D. s. ABSTELLGLEIS

Wut
Da packt einen die ~, K. s. KRAGEN; ~ im Bauch haben, P. s. BAUCH; in blinder ~ dreinschlagen, P. s. BLIND

wüten
Gegen sein eigenes Fleisch und Blut ~, P. s. FINGER

X

Herr X (D)
Gestern kam ein gewisser ~ zu mir

X (K)
Jemandem ein X für ein U machen

XANTHIPPE (K)
Sie ist eine richtige ~; D. s. BYZANTINISMUS

X-BELIEBIG (P)
Ein x-beliebiger Mensch etc.

Y

YANKEE (P)
Er ist ein ausgesprochener ~

YORICK (D)
Er ist ein echter ~

YPERN (K)
Aussehen wie der Tod von ~ etc., D. s. AUS

Z

ZACK (K)
Auf ~ sein

Zacke
Deswegen fällt ihr keine ~ aus der Krone, K. s. STEIN; eine ~ abbrechen, P. s. ABBRECHEN

zäh
~ wie eine Katze, P. s. KATZE

zählen
Nicht bis drei (fünf) ~ können, K. s. FÜNF, P. s. DREI, HUT; die Rippen ~ können, P. s. FLEISCH

zahlen
Die Zeche ~ müssen, P. s. ZECHE

Zähne
Jemanden durch die ~ ziehen, K. s. HECHEL

Zähneklappern
Heulen und ~, P. s. BERSERKER

ZAHN (P), auch: K. s. GRAS, HAAR, ZAHN
Einem die Zähne zeigen etc.

ZAHN (K)
Einem auf den ~ fühlen etc.; auch: die Zähne zusammenbeißen, K. s. GRAS; Haare auf den Zähnen haben, K. s. HAAR, ZAHN

ZAHN (D)
Einen tollen ~ (einen Affenzahn) drauf haben etc. Den ~ laß dir man ziehen, D. s. ALLÜREN; jemand auf den ~ fühlen, D. s. ZAHN, FÜHLER

Zahnfleisch
Auf dem ~ nach Hause gehen, P. s. ZAHN

ZANGE (P)
  Ihn in die ~ nehmen etc.
ZANK (K)
  Der ~apfel sein
ZAPFEN (K)
  Bis zum ~streich etc.
ZAUBER (P)
  Das ist ein fauler ~
ZAUM (P), auch: P. s. ZUNGE
  Die Zunge im ~ halten
ZAUN (K)
  Etwas vom ~ brechen etc.
Zaunkönig, K. s. SCHNEE
Zaunpfahl, K. s. ZAUN
ZECHE (P), auch: K. s. HALTEN
  Die ~ zahlen müssen
ZEHNTAUSEND (P)
  Die oberen ~
ZEICHEN (K)
  Er ist seines ~s . . .
zeigen
  Einem ~, was eine Harke ist, K. s.
  HARKE; mit den Fingern auf jeman-
  den ~, P. s. FINGER; jemandem die
  kalte Schulter ~, P. s. OLYMP,
  WIND; jemandem den Teufel im
  Gläslein ~, P. s. TEUFEL; einem die
  Zähne ~, P. s. ZAHN
Zeile, P. s. ZWISCHEN
Zeisig
  .Munter wie ein ~, P. s. DECK
ZEIT (K) und (P)
  Das ~liche segnen; ~ ist Geld; auch:
  der Zahn der ~, K. s. ZAHN
Zeitdruck, P. s. DRUCK
Zeiten
  Zu Olims ~, K. s. OLIM
Zeitliche, K. s. ZEIT
Zeitungsente, K. s. ENTE, P. s. TATAR
zerbrechen
  Ich zerbreche mir den Kopf, P. s. KOPF
zerreißen
  Jemanden in der Luft ~, P. s. LUFT
zerschlagen
  Porzellan ~, P. s. ELEFANT
zerschmelzen
  Unter den Händen ~, P. s. HAND
zerschneiden
  Das Tischtuch ~, K. s. TISCHTUCH
zerstreut
  ~er Professor, P. s. TAG; in alle (die
  vier) Winde ~ P. s. WIND
ZETER (P)
  ~ und Mordio schreien
ZEUG (K)
  Einem etwas am ~e flicken etc.; auch:
  K. s. ANHÄNGEN, STAB und Zeugs,
  K. s. DING
Zickzack, K. s. LARIFARI

ziehen
  Einem das Fell über die Ohren ~, K.
  s. FELL, OHR; durch die Zähne ~,
  K. s. HECHEL, ZAHN; jemanden
  durch ~, K. s. HECHEL; hier zieht es
  wie Hechtsuppe, K. s. HECHT; jemanden durch den Kakao ~, K. s. HECHEL;
  den kürzeren ~, K. s. KURZ; vom
  Leder ~, K. s. LEDER; alle Register
  ~, K. s. REGISTER; das zieht einem
  die Schuhe aus, K. s. SOCKE; jeman-
  dem die Würmer aus der Nase ~, K.
  s. WURM; den Hals (Kopf) aus der
  Schlinge ~, K. s. HALS, P. s. KOPF;
  an einem Strang ~, K. s. STRANG;
  über jemanden los~, jemanden in den
  Schmutz ~, K. s. STRICK; jemanden
  durch die Zähne ~, K. s. ZAHN;
  etwas an Land ~, P. s. LAND; den
  Zahn werde ich dir schon ~, P. s.
  ZAHN
Ziel
  Sein ~ aufs Korn nehmen, K. s. KORN,
  P. s. ANLEGEN
ZIETEN (P)
  ~ aus dem Busch
ZIGARRE (K)
  Jemandem eine ~ verpassen
Zimmer
  Ein Engel geht durchs ~, P. s. ENGEL
Zimmermann
  Einem zeigen, wo der ~ das Loch ge-
  lassen hat, K. s. LOCH
Zimt, Zimtzicke
  D. s. KANEEL
ZISLAWÄNG (P)
  Etwas mit einem ~ machen
ZITRONE (D)
  Jemand ausquetschen wie eine ~ etc.
zittern
  ~ wie Espenlaub, K. s. ESPE
ZIVIL (K)
  ~courage haben, D. s. COURAGE
Zollbreit
  Keinen ~ nachgeben, P. s. DRAKON
zubuttern
  Daran habe ich zugebuttert, K. s.
  BUTTER
Zucker, K. s. AFFE
Zuckerlecken
  Das ist kein ~, D. s. HONIG
zudecken
  Mit dem Mantel der Liebe ~, K. s.
  MANTEL; den Brunnen ~, wenn das
  Kind hineingefallen ist, P. s. BRUN-
  NEN
zufügen
  Jemandem einen Schabernack ~, P. s.
  BESEN, K. s. SCHABERNACK

Zügel
    alle Wendungen mit ~, D. s. LOCKER
ZUG (K)
    In den letzten Zügen liegen etc.; auch:
    der ~ fuhr uns vor der Nase weg, P.
    s. NASE
zugedeckt
    Das hat der Teufel mit dem Schwanz
    ~, P. s. TEUFEL
zugehen
Nicht mit rechten Dingen ~, K. s. DING
zugeknöpft, P. s. TASCHE
zugenäht, K. s. VERFLUCHT
Zukunftsmusik
    D. s. MUSIK
zumachen
    Die Tür von außen ~, K. s. TÜR, P.
    s. EINPACKEN; seine Bude ~, P. s.
    BUDE; er kann seinen Laden ~, P. s.
    LADEN
Zünglein
    Das ~ an der Waage, D. s. AUS
ZUNGE (P)
    Er hat eine schwere ~ etc.; auch: mit
    spitzer ~, K. s. HECHEL; das Herz
    auf der ~ tragen, K. s. HERZ
Zungensalat machen, P. s. ZUNGE
Zungenschlag, P. s. ZUNGE
    Er hat einen falschen ~
zurechtrücken
    Jemandem den Kopf ~, P. s. KOPF
zurechtsetzen
    Jemandem den Kopf ~, P. s. BE-
    SCHEID
zurückgeblieben
    Etwas ~ sein, P. s. DECK
zurückkommen
    Um wieder auf besagten Hammel zu-
    rückzukommen, K. s. HAMMEL
zurückstecken
    Einen Pflock ~, K. s. PFLOCK; ein
    Loch ~, P. s. BESCHEIDEN
zurückziehen
    Sich auf sein Altenteil ~, P. s. ALTEN-
    TEIL
zusammen
    Alle Fäden laufen in seiner Hand ~,
    P. s. DUNKEL

zusammengebrochen
    In mir ist eine ganze Welt ~, P. s.
    WELT
zusammengefallen
    Der Plan ist wie ein Kartenhaus ~,
    K. s. KARTE
zusammenschlagen
    Die Hände über dem Kopf ~, K. s.
    HAND
zusammenstecken
    Die Köpfe ~, P. s. KOPF
zuschanzen
    Einem etwas ~, K. s. SCHANZE
zuschlagen, K. s. HAMMER
    Ihm die Tür vor der Nase ~, P. s.
    NASE
zustopfen
    Ein Loch mit dem anderen ~, K. s.
    LOCH
Zutrunk, P. s. BESCHEID
zuvorkommen
    Jemandem mit einer Nasenlänge ~,
    K. s. NASE
zuzubrocken
    Er hat nicht viel ~, P. s. MILCH
Zweck
    Den ~ verfehlen, K. s. NAGEL
zwei
    Sich zwischen ~ Stühle setzen, P. s.
    ZWISCHEN; das sind ~ Paar Schuhe,
    D. s. UMGEKEHRT
ZWEIG (K)
    Auf keinen grünen ~ kommen
Zwetschgen
    Pack deine sieben ~, P. s. SACHE
ZWIETRACHT (K)
    ~ säen
Zwillingswendungen
    D. s. DONNER
zwingen
    Der Redner zwang uns in seinen Bann,
    P. s. BANN
Zwirn, K. s. DRAHT
ZWISCHEN (P)
    ~ den Jahren etc.; auch: Hammer
    und Amboß, K. s. HAMMER; ~ Tür
    und Angel, K. s. TÜR
ZWITSCHERN (K)
    Einen ~, D. s. ABBEISSEN

HEYNE BÜCHER

Dieter E. Zimmer

*Der renommierte
Feuilleton-Redakteur
der ZEIT analysiert
witzig und pointiert
unseren modernen
Sprachgebrauch.*

**So kommt der Mensch
zur Sprache**
*Über Spracherwerb,
Sprachentstehung,
Sprache & Denken*
19/310

Die Elektrifizierung der Sprache
*Über Sprechen, Schreiben,
Computer, Gehirne und Geist*
19/483

19/310

19/483

Heyne-Taschenbücher

HEYNE
BÜCHER

Stichwort

»Die Taschenbuch-
Reihe gibt knappe,
übersichtliche und
aktuelle Auskünfte
zu den jeweiligen
Themen.«
Westfälische Rundschau

Eine Auswahl:

Angst
19/4062

Autismus
19/4019

BSE –
Rinderwahnsinn
19/4047

Buddhismus
19/4015

Chaosforschung
19/4033

Drogen
19/4046

E. Q.
19/4087

EU
19/4000

Geheimbünde
19/4004

Internet
19/4083

Jahrtausendwende
19/4108

Judentum
19/4055

Kelten
19/4072

Klonen
19/4110

Naturreligionen
19/4064

Okkultismus
19/4081

Philosophie
19/4071

Rechtschreibreform
19/4076

Religionen der Welt
19/4077

Prophezeiungen
19/4104

Scientology
19/4068

Heyne-Taschenbücher